Andreas Gößling

RATTENFLUT

True-Crime-Thriller

Namen, Orte und Abläufe sind verändert, Ähnlichkeiten der handelnden Figuren mit lebenden oder toten Personen wären reiner Zufall und nicht beabsichtigt. Beabsichtigt hingegen ist es, das Grauen der Taten in Erinnerung zu rufen, seine Hintergründe und seine Allgegenwart bis heute.

Besuchen Sie uns im Internet:
www.knaur.de

Aus Verantwortung für die Umwelt hat sich die Verlagsgruppe Droemer Knaur zu einer nachhaltigen Buchproduktion verpflichtet. Der bewusste Umgang mit unseren Ressourcen, der Schutz unseres Klimas und der Natur gehören zu unseren obersten Unternehmenszielen.
Gemeinsam mit unseren Partnern und Lieferanten setzen wir uns für eine klimaneutrale Buchproduktion ein, die den Erwerb von Klimazertifikaten zur Kompensation des CO_2-Ausstoßes einschließt.
Weitere Informationen finden Sie unter: www.klimaneutralerverlag.de

Originalausgabe April 2020
Knaur Taschenbuch
© 2020 Knaur Verlag
Ein Imprint der Verlagsgruppe
Droemer Knaur GmbH & Co. KG, München
Alle Rechte vorbehalten. Das Werk darf – auch teilweise – nur mit Genehmigung des Verlags wiedergegeben werden.
Ein Projekt der AVA International GmbH
Autoren- und Verlagsagentur
www.ava-international.de
Redaktion: Nina Hübner
Covergestaltung: ZERO Werbeagentur, München
Coverabbildung: Kai Beercrafter / shutterstock.com
Satz: Adobe InDesign im Verlag
Druck und Bindung: GGP Media GmbH, Pößneck
ISBN 978-3-426-52502-9

2 4 5 3 1

Prolog

Die Tür geht auf, Daria nimmt es nur verschwommen wahr. Ein weißer Schemen wabert herein, *ein Arzt*, denkt sie, und die Lider fallen ihr wieder zu.
Jemand beugt sich über sie, Daria zwingt sich, die Augen zu öffnen, ein rundes Männergesicht schwebt über ihr wie ein käsiger Mond. »Alles gut«, murmelt der Mann. Er hat einen weißen Kittel an, doch irgendetwas an ihm ist gar nicht gut. Aber was?
Sie kann die Frage nicht festhalten, so wenig wie die Bettdecke, die er ihr mit einem Ruck wegzieht. »Nur eine kleine Untersuchung«, flüstert er.
Er hat eine Halbglatze mit zotteligem Haarkranz, und seine Nase ist zu lang. Außerdem gummiweich, als sie gegen Darias Wange stupst. Sie erschauert, so einen Arzt hat sie hier nie gesehen. Doch das muss nichts bedeuten. Seit sie in der Kinderklinik ist, kommt alle naselang jemand in ihr Zimmer, um sie zu untersuchen, zu füttern, ihren Tropf auszutauschen.
»Dari, Kleines, ich bin's«, raunt er ihr ins Ohr. »Ich bin jetzt immer für dich da.« Während sie wieder wegdämmert, sickern die Worte ganz langsam in sie ein. *Mein Papa*, denkt sie, *jetzt wird wirklich alles gut.*
Als sie erneut zu sich kommt, liegt er bei ihr im Bett. *Papa.* Schlaftrunken schmiegt sich Daria an ihn. Ihr Leben lang hat sie auf ihn gewartet.
»Dari, Liebes, wie schön du bist.« Er schiebt ihr das Nachthemd hoch.
Sie verkrampft sich am ganzen Körper. *Das ist nicht Papa, und ein Arzt ist er auch nicht.* Sie will ihn wegdrücken, aber er ist schwer und hart wie ein Baum. Sie will schreien, da schnellt ein fetter Wurm in ihren Mund. Daria würgt und ringt um Luft. Der Wurm ist schleimig und schmeckt nach verdorbenem Fleisch. Seine Hand legt sich wie eine Zange um ihren Unterkiefer. Er

gräbt die Zähne in ihre Lippen und schlürft ihr hervortröpfelndes Blut.
Mit der anderen Hand erkundet er ihren Körper, seine Finger sind rau und rücksichtslos. Er stößt ihr seine Zunge so tief in den Rachen, dass Daria vor Angst und Atemnot zu sterben glaubt.

+++

Klopfen an der Tür. Unwirsch hält er inne. Können die Idioten nicht lesen? Schließlich hat er draußen das Schild angebracht:

Patientenbefragung!
ZUTRITT VERBOTEN!

Was daran ist so schwer zu verstehen? Haben diese Kretins immer noch nicht kapiert, dass niemand stören darf, wenn er Patienten interviewt – zusammen mit dem Doktor oder auch, wie jetzt eben, allein?
Erneutes Klopfen, zaghaft wird die Klinke heruntergedrückt. Natürlich ohne Erfolg, er hat zusätzlich abgeschlossen, damit ihm keiner die Party ruiniert. Trotzdem ist es eine Sauerei, ihn hier zu stören. Gerade war er ein bisschen in Fahrt gekommen, jetzt ist er total abgetörnt.
Endlich hört das Klopfen und Klinkendrücken auf. Er wendet sich wieder dem Mädchen zu, leckt sich ihr Blut von den Lippen. »Wie süß du schmeckst, Kleines.« Ihr Körper ist noch so kindlich, als wäre sie nicht vierzehn, sondern höchstens elf.

+++

Daria spürt, dass sie gleich das Bewusstsein verliert. Alles geht in ihrem Kopf durcheinander. *Ein Fremder kommt hier doch gar nicht rein. Also ist es doch mein Papa? Nein, bestimmt ein Arzt, aber was macht er mit mir?* Seine Hände sind überall. Oder bildet sie sich das nur ein? Im nächsten Moment glaubt sie, es wäre Nikki, der junge Pfleger, der sie immer so liebevoll betreut. Aber

sie ist so beduselt, sie kann nicht klar sehen, noch weniger klar denken.
Der Mann schiebt etwas in sie hinein. Daria will sich zusammenkrümmen, doch ihr Körper gehorcht nur noch ihm.

+++

Er steht neben ihrem Bett, und überall ist Blut. Okay, er hat die Zügel ziemlich schleifen lassen, wenn auch nur für ein paar Minuten. Höchstens für eine halbe Stunde oder so, und er bereut keinen Augenblick davon. Auch wenn er zugeben muss, dass er einen ziemlichen Schlamassel angerichtet hat.
Schlamassel, genau, denkt er und beruhigt sich wieder. *Massaker* wäre viel schlimmer, jedenfalls hier, mitten in Berlin.
Das Mädel ist nicht mehr vorzeigbar, da gibt es kein Vertun. *Aber was soll's, darum geht es ja letzten Endes*, sagt er sich. *Aus sich selbst hervorzuschießen wie ein Flaschengeist aus seinem Gefäß. Ein furchtbarer, grässlich mächtiger Geist.*
Mit all den Bisswunden und Quetschungen sieht die Kleine ziemlich hinüber aus. Sie ist bestimmt nicht irgendwie tot oder auch nur schwer verletzt, aber er kriegt sie trotzdem nicht wieder so zurechtgemacht, dass der Schlamassel als Allergie oder was auch immer durchgehen würde. *Die sieht wie von Ratten angefressen aus. Was soll's, das biegt der Doktor schon hin.*
Er bückt sich zu seiner Jeans, die er mit den restlichen Klamotten auf den Boden geworfen hat. Er fingert sein Smartphone aus der Hosentasche und ruft den Doktor an. *Mein Laufbursche*, so nennt er ihn immer, wenn er ihn ärgern will.
»Hallo?«, meldet sich der Laufbursche.
»Die Kleine – Daria, ja? Die wird jetzt mal zügig isoliert«, ordnet er an. »Auf Intensiv, oder was weiß ich. Wegen Rückfall, Lebensgefahr, blabla, da fällt dir schon was ein.« Er klemmt sich das Smartphone zwischen Schulter und Ohr, klaubt den Arztkittel – den *Laufburschenkittel* – auf und wischt das Blut von sich herunter. »Außerdem brauche ich Ersatz. Dass die Kleine so schnell schlappmacht, ist ganz klar gegen die Regeln.«

»Gegen die Regeln?« Der Doktor klingt entgeistert.
»Ihr braucht mich, also haltet die Abmachung ein.« Er knüllt den Kittel zusammen und lässt ihn neben dem Mädchen aufs Bett fallen. »Als Nächstes will ich einen Jungen. Nicht dich, Laufbursche, mach dir keine Hoffnungen, sondern einen knackfrischen Knabenarsch. Keinen Tag älter als vierzehn, kapiert?«
Er beendet das Gespräch, bevor der Laufbursche weitere dämliche Fragen stellen kann.

+++

**EINS:
Frost**

Dienstag, 12. Januar

**Berlin-Heiligensee,
Wohnhaus Daniel Makowski [00:08]**

Mitternacht ist vorbei, als sich Ria Hunold aus Niklas Makowskis Umarmung löst. »Ich muss jetzt wirklich los, Nikki.« Sie schiebt ihn sanft von sich weg, rappelt sich von der Couch auf und schafft es gerade noch rechtzeitig, den Kopf unter der Dachschräge einzuziehen. »Morgen früh löse ich dich hier ab.«
Sie zieht Strümpfe, Jeans und Pulli an, schnappt sich ihren Rucksack und geht zur Tür. Nikki springt gleichfalls auf und kommt hinter ihr her, als sie den schmalen Flur entlanggeht und die absurd steile Treppe mit den knarrenden Stufen hinunterklettert.
Das Haus von Nikkis Vater wirkt von innen noch ärmlicher als von außen. Und das will wirklich etwas heißen, mit seiner fleckigen Fassade, den morschen Fenstern und dem notdürftig geflickten Dach sieht es fast schon abrissreif aus.
Nikki läuft auf nackten Füßen hinter Ria die Treppe herunter und redet unablässig auf sie ein. Er war auch vorher schon schwer verliebt in sie, doch jetzt scheinen die letzten Dämme gebrochen. Sie hat ihm versprochen, vorübergehend hier bei seinem Vater einzuziehen, und er hat genauso reagiert, wie Perlsberg, ihre Chefin, es vorhergesagt hat. »Er wird dir die Füße küssen, Ria.« *Nicht nur die Füße,* denkt sie. Und dabei unterbricht er sich nur, um Luft zu holen oder ihr zum hundertsten Mal zu versichern, wie dankbar er ihr ist.
Der arme Kerl war wirklich verzweifelt, sagt sich Ria, während sie sich in dem altmodischen kleinen Bad die Hände wäscht und mit tropfnassen Fingern durch die kurzen, dunkelbraunen Haare fährt. Der Boiler ist zwar mit lautem Klacken angesprungen, als sie den Warmwasserhahn aufgedreht hat, aber das Wasser bleibt eiskalt.
Ihr Spiegelbild sieht distanziert und angespannt aus. Sie fühlt

sich gestresst, weil das hier auf grässliche Weise schiefgehen kann, und Nikki tut ihr leid.

Er glaubt, sie würde ihm helfen, sein Problem zu lösen, indem sie auf seinen dementen Daddy aufpasst. Aber in ein paar Tagen wird sie spurlos aus seinem Leben verschwunden sein, und dann fangen seine Probleme möglicherweise erst an. Doch daran will sie jetzt nicht denken. Sie ist so schon nervös genug. *Hoffentlich weiß Perlsberg wirklich, was sie tut. Was ich hier auf ihr Geheiß hin tue.*

Sie klatscht sich kaltes Wasser ins Gesicht, dann trocknet sie sich umständlich die Hände ab. Perlsberg wartet seit Stunden auf sie, und ihre Chefin ist die ungeduldigste Person, mit der sie jemals zu tun hatte. Aber aus irgendeinem Grund kann sich Ria noch immer nicht entschließen, die beiden hier allein zu lassen. Vater und Sohn Makowski, die sich erst vor sieben Jahren kennengelernt haben, nachdem eine längst verflossene Liebe von Daniel eines Tages hier aufgekreuzt war. Vor seinem heruntergekommenen Fünfzigerjahre-Häuschen jottwehdeh in Heiligensee. Eigentlich war das keine Liebe, sondern eine romantikfreie Kurzzeitliaison zwischen Daniel Makowski, damals Kellner beim *Bärenwirt* in Tegel, und einer gewissen Marion Holler, die auf der Suche nach einer Bleibe war. Zwei Tage zuvor war sie fristlos aus ihrem möblierten Apartment geflogen, »*wegen fortgesetzter Zweckentfremdung als Wohnungsbordell*«, wie es im Gerichtsurteil hieß. Aber das fand Nikkis künftiger Vater erst nach der zweiten Nacht mit ihr heraus. »Von einer plötzlichen Unruhe getrieben« habe er ihre Handtasche durchsucht, während sie unter der Dusche war, gestand er viel später seinem Sohn. In der Tasche fand er das zerknitterte Gerichtsurteil und den »Bockschein« vom Gesundheitsamt Berlin-Charlottenburg, mit dem Marion Holler bescheinigt wurde, nicht an Syphilis oder sonstigen Geschlechtskrankheiten zu leiden.

Nikkis Vater, zeitlebens ein Einzelgänger, war erbost, aber vor allem erleichtert. Erbost, weil er auf eine Nutte hereingefallen war, erleichtert, weil sie ihm einen Grund geliefert hatte, sie ab-

zuservieren. »Wenn man sich erst mal an eine gewöhnt hat, ist es viel schwerer«, so einer der späten väterlichen Ratschläge für Niklas. Er setzte sie vor die Tür, und keiner von beiden ahnte, dass sie bei ihrem Two-Nights-Stand ein Kind gezeugt hatten.
Niklas kam ein halbes Jahr nach seiner Geburt zu Pflegeeltern. Es war die erste Station auf einer langen, wechselvollen Reise durch Kinderheime und zeitweilige Ersatzfamilien. Seine Mutter bekam er oft über lange Zeiträume nicht zu sehen, aber irgendwie gelang es ihr, den Kontakt nicht gänzlich abreißen zu lassen. Bei einem ihrer seltenen Zusammentreffen starrte sie ihn plötzlich an, als sähe sie ihn zum ersten Mal. »Jetzt weiß ich, wer dein Vater ist!«
Nikki war gerade in die vierte Klasse gekommen, und er vergaß fast zu atmen, als er diese Worte von ihr hörte. Mehr oder weniger Tag und Nacht dachte er über nichts anderes nach, malte sich aus, wer sein Vater sein könnte, wie sie sich durch einen glücklichen Zufall finden und einander in die Arme fallen würden. Auch seine Mutter hatte er mit diesem Thema schon tausendmal gelöchert, bei jedem Besuch von ihr, am Telefon und in langen, ungelenken Briefen. Aber sie hatte immer behauptet, dass sie sich »leider nicht erinnern« könne. »Weißt du, Nikkilein, damals gab es in meinem Leben ein paar Drinks und ein paar Männer zu viel.«
Und plötzlich erinnerte sie sich doch! Dabei gab es in ihrem Leben nach wie vor von beidem viel zu viel, soweit er das beurteilen konnte. Aber das sagte er natürlich nicht. Aus Erfahrung wusste er, wie launisch sie sein konnte. Also hielt er die Luft an und hoffte, dass sie von sich aus weiterreden würde.
»Du siehst ihm wie aus dem Gesicht geschnitten aus«, fuhr sie schließlich fort. »Er war kein schlechter Kerl, hat nicht viel geredet, aber wozu auch. Und weißt du was, er hat sogar ein eigenes Haus. Hatte er wenigstens damals.« Sie schaute versonnen vor sich hin. »Willst du, dass ich ihn für dich suche?«
Er schrie »Ja!« und »Bitte, Mama!«, und er sah an ihrem Gesichtsausdruck, dass sich ihre Gedanken schon wieder von ihm

entfernten. »Versprich es mir, Mama!«, bettelte er. »Kannst du mir nicht schon mal sagen, wie mein Papa heißt? Was hat er für ein Auto? Und sehe ich wirklich aus wie er?«

Sie hörte ihm kaum noch zu. »Geh mir nicht auf die Nerven«, sagte sie zum Abschied. »Ich hab dir doch gesagt, dass ich ihn für dich suche. Aber mach dir keine großen Hoffnungen, das ist alles so lange her.«

Von da an ließ sie ihn zappeln, noch ganze fünfzehn Jahre lang. Bei jedem Zusammentreffen bekniete er sie, ihm zu sagen, wie sein Vater hieß, wo sie ihn kennengelernt hatte, wo das Haus stand, in dem er angeblich gezeugt worden war. Jedes Mal versprach sie, jetzt aber wirklich nachzusehen, ob er »überhaupt noch unter den Lebenden« sei.

Doch erst als sie selbst, an Speiseröhrenkrebs erkrankt, nur noch wenige Monate übrig hatte, machte sie ihr Versprechen endlich wahr. Niklas war mittlerweile sechsundzwanzig und arbeitete als Krankenpfleger in der Kinderklinik der Stiftung *Dignity of Youth* in Berlin-Steglitz. Sein Vater war siebzig, längst im Ruhestand und noch eigenbrötlerischer, als Marion ihn in Erinnerung hatte. Trotzdem erkannte sie ihn sofort. Kein Wunder, er sah aus wie Nikki in zerknittert.

Zuerst wollte er sie an der Haustür abfertigen. Er halte »nicht das Geringste davon, Erinnerungen aufzuwärmen«, versicherte er ihr. Als sie erwähnte, dass er ihr in einer ihrer zwei Nächte vor siebenundzwanzig Jahren ein Kind gemacht habe, wurde sein Gesicht noch verschlossener. »Mensch, Dany, der Knabe sieht aus wie du in deinen besten Zeiten!«, brach es schließlich aus ihr heraus.

Dieser Satz erwies sich als Sesam-öffne-dich. Der stark gealterte Dany komplimentierte sie herein, bewirtete sie mit Discounter-Sekt und fragte sie stundenlang nach seinem Sohn aus. Dabei hatten sie beide zeitweise Tränen in den Augen, vor Rührung oder aus krankheits- beziehungsweise altersbedingter Schwäche. »Sag ihm, ich will ihn sehen«, trug er ihr abschließend auf. »Und zwar schnellstmöglich.«

Ria Hunold schneidet ihrem Spiegelbild eine Grimasse. *Was für eine verrückte Story.* Vater und Sohn, beide überglücklich, weil sie sich so unverhofft gefunden hatten. Und der eine sieht wirklich wie eine jüngere Version des anderen aus.
Aber die Idylle dauerte nur wenige Jahre. Bald wurde Niklas klar, dass sein Vater an beginnender Demenz litt. Er bekniete seine Vorgesetzten von der Stiftung, ihn bei der Betreuung des mehr und mehr pflegebedürftigen alten Herrn zu unterstützen. Die Rente seines Vaters und sein eigenes Einkommen reichten bei Weitem nicht für häusliche Vollzeitbetreuung, und ins Heim wollte Niklas ihn auf keinen Fall geben.
Normalerweise scheuten sie bei *Dignity of Youth* keine Mühe, um als vorbildliche Arbeitgeber zu glänzen. Auch Niklas hatte schon mehrfach von der Großzügigkeit der Stiftung profitiert, doch diesmal ließen sie ihn im Regen stehen. Einen Heimplatz könne man für den alten Mann organisieren, kein Problem, aber für häusliche Pflege von Angehörigen der Belegschaft gebe es kein Budget. Sie erinnerten Nikki daran, dass »enge Außenkontakte« nicht gern gesehen seien. Das entsprach der generellen Philosophie der Stiftung, die ihre Mitarbeiter fast ausschließlich aus Waisenheimen rekrutierte, ihnen einzigartige Karrierechancen bot, dafür aber auch unbegrenzte Loyalität und unermüdlichen Einsatz für die gemeinsame gute Sache erwartete.
Was im Fall Makowski ein Fehler war, sagt sich Ria und verlässt das schimmlig riechende Badezimmer. *Gut für uns, schlecht für Dignity. Und möglicherweise auch für Nikki.*
Sie hat sich nicht in ihn verliebt, dafür ist sie zu professionell, auch wenn es sich um ihren ersten großen Einsatz handelt. Aber sie hat Angst, dass sie ihn in etwas hineinziehen – oder schon gezogen haben –, aus dem er nicht mehr unbeschädigt herauskommen kann.
»Ich bring dich noch raus«, flüstert Niklas, der in der Diele auf sie gewartet hat.
Sein Vater liegt im Zimmer gegenüber in seinem Bett und schläft. Falls er nicht still und leise wieder aufgestanden ist, um bei mi-

nus zwanzig Grad Celsius draußen spazieren zu gehen. In Pyjama und Pantoffeln, wie vor ein paar Tagen erst. Da wurde er glücklicherweise von einer Nachbarin entdeckt und ins Haus zurückgebracht, bevor er sich eine Lungenentzündung oder Schlimmeres holen konnte.
»Keine gute Idee«, sagt Ria. Sie ist in ihre Fellstiefel geschlüpft und zieht auch noch den dick gefütterten Parka an. Nikki dagegen ist nackt bis auf die himmelblauen Boxershorts und einen fadenscheinigen Frotteebademantel aus väterlichen Beständen. Laut Personalausweis ist er dreiunddreißig, aber er sieht wie Mitte zwanzig aus. Auch Daniel hat mit seinen fast achtzig immer noch etwas Jungenhaftes.
»Du würdest dir das hier abfrieren.« Sie stupst ihm gegen das betreffende Körperteil und geht dann schnell zur Haustür. »Morgen kurz vor acht bin ich wieder hier.« Sie pustet ihm einen Luftkuss zu und ist draußen, bevor er noch etwas sagen oder sie aufs Neue umarmen kann.
Nicht, dass es sich unangenehm anfühlen würde, von ihm umarmt zu werden. Ganz im Gegenteil. Aber um ihre Gefühle geht es hier nicht.
Sie wird nach Hause fahren, hat sie ihm erklärt, ein paar Sachen zusammenpacken und ihrer Chefin eine dienstliche Mitteilung schreiben: Aus privaten Gründen müsse sie in den nächsten Tagen im Home Office arbeiten. Das sei kein Problem, hat sie zu Niklas gesagt. Offiziell arbeitet sie bei *cosy living*, einem britischen Immobilienunternehmen mit Sitz in Ku'damm-Nähe. Ihre Chefin sei eine unkomplizierte, umgängliche Frau, hat sie Nikki versichert, doch das ist von der Wahrheit weit entfernt. Wie mehr oder weniger alles, was sie ihm über ihr angebliches Leben erzählt hat. Angefangen bei ihrem eigenen Namen.
Ria geht durch den schlauchförmigen Vorgarten und zieht das Gartentörchen auf. Es ist stockfinster und so kalt wie in einer Kühltruhe. Die Büchnerstraße könnte auch auf dem Mond statt in Heiligensee liegen, so ausgestorben wirkt hier alles. Sämtliche Fenster dunkel und die nächste funktionierende Straßenlaterne

fünfzig Meter entfernt. Trotzdem hat Ria ihre Kapuze übergezogen und hält zusätzlich den Kopf gesenkt.

Gestern Abend hat Niklas noch Splitt auf dem schmalen Gartenweg und auf dem Bürgersteig vorm Haus gestreut. Am Wochenende hat es ein wenig geschneit, doch der Schnee hat sich längst in eine tückisch glatte Eisfläche verwandelt. *Genauso wie sein Leben. Armer Nikki.*

Ria steigt in den hellblauen Hyundai i20, den sie am Rand des Wendehammers geparkt hat. Absichtlich hat sie die Patientenakte nicht mehr erwähnt, die er ihr morgen Nachmittag übergeben will. *Sonst bekommt er es doch wieder mit der Angst.* Er hat sich extra den halben Tag freigenommen, auf ihr Drängen hin, »du kümmerst dich so lange um Dany-Daddy, und ich gehe mit der Akte zur Polizei«. Er nickte, wenn auch mit einem Gesicht wie bei Zahnweh. Im Bett hat sie ihm Wünsche erfüllt, die er ihr kaum ins Ohr zu flüstern wagte, Jungenfantasien, ausschweifend, harmlos. Falls nötig, wäre sie noch viel weiter gegangen, »alles, um dich glücklich zu machen, Nikki«, und damit er ihr endlich die verdammte Akte bringt. Die Uhr im Armaturenbrett zeigt 00:17 Uhr, als Ria ihren schwarzen City-Rucksack auf den Beifahrersitz wirft und losfährt.

Berlin-Heiligensee, Wohnhaus Daniel Makowski [03:26]

Kurz vor halb vier, Kilroy pirscht sich an die Bruchbude heran. Eine Zeit lang fand er das total geil: zwischen Mitternacht und Morgengrauen durch die Gegend schleichen und in Häuser einsteigen. Mal in Butzen wie die hier, dann wieder in Villen wie die, die er selbst mittlerweile bewohnt. Immer in seiner schwarzen Motorradkluft, mit Stiefeln und Helm wie jetzt auch. Bevor die Dingelchen richtig wach waren, hatte er den Lederanzug abgestreift wie eine Schlangenhaut. Und glitt zu ihnen in die Kiste, auf sie drauf, in sie hinein. Sie oder ihn, ganz egal. Hauptsache, jung. Hauptsache, sehr jung. Hauptsache, sie zuckten und krümmten sich unter ihm. Hauptsache, er spürte ihre panische Angst.

Doch mittlerweile hat er keinen Bock mehr auf solche Nacht-und-Nebel-Aktionen, schon gar nicht bei minus zwanzig Grad. Die sind schließlich nicht nur mühsam, sondern auch scheißgefährlich. Lieber lässt er sich die Beute vor die Flinte treiben oder gleich auf dem Silbertablett servieren. Aber die Orangs gaben keine Ruhe. »Wer es verbockt, muss es in Ordnung bringen. Du kennst die Regeln, Kilroy, du hast sie wie wir alle abgenickt. Also sieh zu, dass du den Schlamassel beseitigst.«

»Ja, okay, mach ich dann schon«, lenkte er irgendwann ein. Damit sie endlich Ruhe gaben, aber von wegen, der Oberaffe ließ nicht locker. »Heute Nacht bringst du das in Ordnung«, sagte er mit dieser absurd tiefen Stimme und starrte Kilroy an.

Kilroy lässt sich so leicht von keinem einschüchtern. Er war früher mal Mittelgewichtsboxer, und auch wenn er im Lauf der Jahre Muskelmasse abgebaut hat, kann er sich mit seiner Rechten immer noch Respekt verschaffen. Den Doktor hat er mal mit einem einzigen Punch auf die Bretter geschickt, seitdem frisst ihm der Laufbursche aus dem Handschuh. Aber der Oberaffe mit dem Narbenzickzack auf der Stirn ist eine andere Liga. *Bei dem ist alles aus Stein*, denkt Kilroy. Seine Fäuste und sein Ego, sein Schwanz und sein Herz.

Kilroy dagegen hat ein puddingweiches Herz. Wenn er zu Hause in Erinnerungen schwelgt, kommen ihm regelmäßig die Tränen. Aber egal jetzt. Er muss in die Scheißbutze hier rein und für Ruhe und Ordnung sorgen, sonst wirft Narbenschädel *ihn* den Ratten zum Fraß vor. Dabei ist es doch nicht seine Schuld, wenn die ihre Leute nicht unter Kontrolle haben. Was kann er dafür, dass dieser kleine Scheißer überall rumschnüffelt? Wie heißt der noch gleich? Niklas Makowski. *Mal sehen, Niklas, was du in deinem Sack hast.*

»Wahrscheinlich hat der Junge schon angefangen, rumzuquatschen«, so Narbenschädel, während er Kilroy mit Augen wie Vul-

kanquarz niederstarrte. »Seinem Alten was erzählt und vielleicht auch der kleinen Schlampe, die er neuerdings an der Backe hat. Also stopf ihnen das Maul. *Jetzt!*«
Also steht Kilroy *jetzt* hier draußen in Heiligensee, fickt bei Scheißfrost das Scheißtürschloss mit der Scheißplatincard auf und ist drinnen.
Leise schließt er die Tür und lauscht. Alles still. Er steht in einer eh schon engen Eingangsdiele, die zusätzlich mit Plunder zugestapelt ist. Wandgarderobe, Schuhschrank, Sitzbank, Kunststoffteppich, alles uralt, zertrampelt und zerschrammt. Eine Wandlampe mit Tropfenglühbirne funzelt vor sich hin. Kilroy fühlt sich wie in einer Tropfsteinhöhle, so eng und verwinkelt ist es hier. Dazu brutheiß. Und er mit seiner Ledermontur. Die muss er unbedingt anbehalten, einschließlich Stiefeln und Helm, das haben die Orangs ihm mindestens tausendmal eingeschärft. »Du darfst keine Spuren hinterlassen« und blabla. Als ob er geistig minderbemittelt wäre. Als ob er nicht seit vielen Jahren auf Tour wäre, ohne jemals erwischt worden zu sein. *Na gut, ein paarmal war es verdammt knapp. Aber trotzdem, das mach mir erst mal nach, Narbenschädel.*
Er zieht die Bikerhandschuhe aus und lässt sie auf den Schuhschrank fallen. Stattdessen pult er die Latexfingerlinge, die der Doktor ihm noch aufgedrängt hat, aus der sterilen Verpackung und zwängt seine Hände hinein. »Lass es wie einen aus dem Ruder gelaufenen Einbruch aussehen. Mach alles klar und hau sofort wieder ab, ohne eine Spur zu hinterlassen«, dröhnt Narbenschädel in seinem Kopf.
Der verdammte Oberaffe bildet sich auch noch was auf seine Stimme ein, denkt Kilroy. Vor ein paar Tagen erst musste er mal wieder mit anhören, wie sie Narbenschädel wegen seiner angeblich so umwerfenden Bassstimme anhimmelten. Mit der er angeblich alle in Verzückung versetzt, in Trance, in ekstatische Zuckungen und was sonst noch. Kilroy könnte jetzt noch kotzen, wenn er daran denkt, wie sie sich bei ihm eingeschleimt haben. Wie sie ihm regelrecht in den Arsch krochen, nicht nur der Dok-

tor, sondern auch etliche Orangs, denen Kilroy ein bisschen mehr Mumm zugetraut hätte. Aber nein, sie reihten sich auf und krochen ihm einer nach dem anderen in den Arsch.

Dabei bin ich *der mit der umwerfenden Stimme*, denkt Kilroy. Das Cover der *Rolling Stone*-Ausgabe, in der er als *Mr. Golden Voice* gefeiert worden ist, hängt hinter Glas bei ihm daheim. Von seiner Mutter eigenhändig eingerahmt. *Das ist zwar fünfzehn Jahre her*, sagt er sich, *aber auch als Sänger hab ich immer noch tausendmal mehr drauf. Als Sänger, Boxer und überhaupt.*

Von der Diele gehen vier Türen ab, zwei links, zwei rechts. Geradeaus führt eine schmale Treppe ins Dachgeschoss. Die Tür vorne rechts steht offen, dahinter zeichnen sich die Umrisse einer altmodischen Küche ab. Töpfe, Pfannen, Riesenlöffel an der Wand über dem klumpfüßigen Herd. Das öde Stillleben vom Mond beleuchtet, der durch zwei schmale Fenster funzelt. Auch die Tür daneben und die gegenüber sind so weit geöffnet, dass Kilroy von der Diele aus die Räume dahinter erkennen kann. Rechts das Bad mit Boiler überm Waschbecken und Wanne vis à vis. Links das winzige Wohnzimmer, gleichfalls mit Plunder vollgepfercht. Schrankwand, Fernsehsessel, absurd überdimensionierter Tisch.

Logischerweise wird der Alte sein Schlafzimmer hier unten haben, kalkuliert Kilroy. Der ist schon weit über siebzig, der kommt doch die Treppe kaum noch hoch. Und der Junge und seine Schlampe pennen oben. *Also erst den Opa?*

Kilroy will sich am Kopf kratzen, seine Latexfinger quietschen über den schwarzen Helmlack. *Scheißheizungshitze*, flucht er im Stillen. *Die können doch froh sein, wenn sie aus ihrem Elend erlöst werden.* Aber wenn er sich hier schon die Nacht um die Ohren hauen muss, will er wenigstens die guten alten Zeiten aufleben lassen. *So ein Tattergreis hat doch sowieso keine Freude mehr am Leben. Dafür kriegt er jetzt zumindest einen spaßigen Tod spendiert.*

Kilroy geht zur Tür hinten links und macht sie auf. Bingo, da liegt der Oldie in seinem Bett. Der Mund offen, das Gebiss auf dem Nachttisch grinst sich eins. Kilroy grinst zurück. *03:39.* Schaurig rot schimmern die Leuchtziffern an dem altmodischen Wecker.

Er setzt sich auf den Bettrand und zieht dem Alten das Kissen unterm Kopf weg. Makowski senior röchelt, seine Lider flattern, die eingesunkenen Lippen zucken, aber er verpasst seine Chance. Schafft es einfach nicht, ein letztes Mal wach zu werden. *Ein letztes Mal einem Mitmenschen in die Augen zu schauen,* denkt Kilroy, *mir.* Er ist ganz ergriffen, wie immer, wenn er sich in einer Reihe mit anderen Menschen sieht. Durch die unsichtbaren Bande der Humanität verknüpft und blabla.

Er will sich über die Augen wischen, aber da ist der verdammte Helm. Stattdessen drückt er das klumpige Kissen ins Greisengesicht. Der alte Mann röchelt und zappelt. Kilroy hockt sich rittlings auf den knochigen Rumpf, stemmt seine Ellbogen aufs Kissen, und da ist es auch schon vorbei.

Der Opa unter ihm erschlafft. *Das darf doch nicht wahr sein,* denkt Kilroy, *so hat doch keiner was davon.* Der Alte hatte keinen ehrenvollen Abgang, nicht mal ansatzweise. Und für ihn selbst ist erst recht nichts rausgesprungen, der Opa hat sich ja weniger als die schwächste kleine Fotze gewehrt. Da war praktisch kein Aufbäumen zu spüren, so gut wie keine Körperspannung, kein nennenswertes Zucken.

Absolut enttäuschend, denkt Kilroy. Auch bei ihm hat sich kaum etwas geregt. *Wie auch, verdammt noch mal, bei* mors praecox.

Da kommen ihm die Schritte draußen auf der Treppe gerade recht. Von der Diele her schwappt Licht ins Schlafzimmer, *in die Leichenkammer,* denkt Kilroy und wird doch noch hart. Er rutscht von dem Toten runter und geht hinter dem Sessel in Deckung, auf dem der Alte seine Klamotten absurd akkurat aufgereiht hat. *So ein Aufwand für das Lumpenzeug,* denkt er. *Das kommt jetzt direkt in den Müll.*

Makowski junior erscheint in der Tür und dreht das Deckenlicht an. Geblendet blinzelt er ins Zimmer, bekleidet nur mit himmelblauen Boxershorts. *Allerliebst,* denkt Kilroy.

»Paps?«, murmelt Niklas mit schlaftrunkener Stimme. »Alles in Ordnung bei dir?«

»Und ob«, flüstert Kilroy, während Niklas auf das Bett zugeht. Bevor er bei dem Toten ist, schnellt Kilroy aus seinem Versteck, wirft sich auf den Jungen und reißt ihn zu Boden. Niklas ist schon Anfang dreißig, haben sie gesagt, aber er sieht jünger aus als auf den Fotos. Schmächtig, fast unbehaart. Nicht wirklich jung genug, aber doch zu schade, um ihm sofort den Docht abzudrehen.

Kilroy ballt die Rechte und donnert sie dem Jungen gegen die Schläfe. Der schmale Kopf mit den weit aufgerissenen Augen und dem dichten, dunkelblonden Schopf knallt gegen den Bettfuß. Das Eisengestell scheppert, Niklas seufzt, verdreht die Augen und bleibt still liegen.

»Gut so, Baby.« Kilroy zieht ihm die Hose herunter, greift sich eine Handvoll Eier und Schwanz. Rhythmisch öffnet und schließt er seine Rechte, da fällt ihm die kleine Schlampe ein. Ist die irgendwo oben im Haus? »Komisch«, haben die Orangs gesagt, »die ist so plötzlich aufgetaucht wie ein U-Boot. Lass sie dir auf keinen Fall durch die Lappen gehen, okay?«

So was von okay, denkt Kilroy, während er sich aufrappelt. Draußen in der Diele zieht er die Stiefel aus und schleicht auf Strümpfen die Treppe hoch. *Saugeil, fast wie früher.* Die mürben Holzstufen knarren leise unter seinem Gewicht. Ende zwanzig soll das Flittchen sein, denkt er, auch nicht mehr taufrisch, aber für zwischendurch geht das schon mal.

Oben gibt es noch mal drei Zimmer, eigentlich nur mickrige Mansarden mit schrägen Wänden. Kilroy pirscht von Tür zu Tür, aber da ist keine U-Boot-Schlampe, nirgends. Im Zimmer hinten links ein Doppelbett, die rechte Seite unbenutzt. Sofa unter der Wandschräge, auf dem Nachttisch Smartphone und Brieftasche. Kilroy greift sich beides und sackt es ein. Aber keine Schlampe weit und breit. Dafür hört er es von unten röcheln.

Also wieder die Treppe runter, in Opas Totenzimmer, und da ist der Junge aufgewacht. Mit blödem Gesichtsausdruck sitzt er da,

starrt vor sich hin und begreift nicht, wieso er nackt auf dem Boden vor Daddys Bett hockt.
Warte, ich erklär's dir. Kilroy stürzt sich erneut auf ihn, verpasst ihm noch ein paar Schläge. Der Junge hebt die Arme, aber Kilroy kommt elegant durch die löchrige Deckung und trifft ihn einmal links, einmal rechts am Kopf. »Träum schön weiter, Kleiner.«
Niklas gehorcht aufs Wort. Er sackt wieder weg und schnappt mit den Lippen, während Kilroy ihn gründlich untersucht. Doktorspiele, macht immer wieder Spaß. Ohne die Latexfingerlinge wäre es allerdings gefühlsechter. Und schade auch, dass der Onkel Doktor seinen Urologenkittel nicht ablegen darf. So wenig wie den Chirurgenhelm, dessen Fenster langsam, aber sicher beschlägt.
Kilroy friemelt mit links Messer und Vaselinetube aus der Brusttasche, ohne mit rechts loszulassen. Diesmal wird er nichts von dem absäbeln, was er in der Hand hält. *Nicht schon wieder*, denkt er, *das hatten wir jetzt oft genug*. Obwohl er nie vergessen wird, wie es sich anfühlte, als er mal dreischwänzig vorm Spiegel stand.
Aber Souvenirs kann er heute nicht mitnehmen. Also setzt er das Messer höher an und zieht durch, was er sich vorgenommen hat.
»*Kilroy was here*«, singt er dabei leise vor sich hin, »*Left his name around the place, Kilroy was here, Thought I've never seen his face, Kilroy was here.*«

Berlin-Heiligensee, Pkw Ria Hunold [07:56]

Um kurz vor acht ist Ria zurück in Heiligensee. Die Waldsiedlung am nordwestlichen Berliner Stadtrand liegt eingezwängt zwischen dem Tegeler Forst, der Regionalbahn und dem flussartig lang gestreckten Nieder-Neuendorfer See. Der Wald glitzert wie ein Swarowski-Werbespot, der See ist eine einzige Eisbahn.

Aber Ria hat kaum einen Blick für die funkelnde Pracht dieses sibirisch kalten Morgens.

Vor dem Abzweig zur Büchnerstraße steigt sie auf die Bremse. Ihre schlimmsten Befürchtungen sind wahr geworden, am Ende der Sackgasse stehen Polizeiwagen und Notfallambulanz mit rotierendem Blaulicht. Direkt vor dem Haus der Makowskis.

Sekundenlang sitzt Ria wie gelähmt da. Dann legt sie den Rückwärtsgang ein.

Erst als sie mehrere Kilometer zwischen sich und den mutmaßlichen Tatort gebracht hat, stoppt sie erneut und ruft Niklas auf dem Handy an. *»Der Teilnehmer ist zurzeit leider nicht erreichbar.«*

Sie versucht es auf dem Festnetzanschluss seines Vaters. Eine Ewigkeit passiert gar nichts, dann meldet sich ein Fremder. »Ja?« Mit lauerndem Unterton.

Ria legt sofort wieder auf. Ihre Hände zittern, als sie die Prepaidkarte aus dem Schlichthandy herausfingert und in zwei Teile zerbricht.

Nikki ist tot, denkt sie. *Die Brüder haben ihn kaltgemacht. Und was mach ich jetzt, verdammt noch mal?*

Sie starrt in den Rückspiegel, schneidet Grimassen, um ihre Gesichtsmuskeln zu lockern. Ihre Augen sind weit aufgerissen, der Mund zusammengepresst. Die ganze Zeit schon hat sie befürchtet, dass genau so etwas passieren könnte. Dass sie Niklas wie ein Reh auf die mondbeschienene Lichtung treibt, bis die Jäger auf ihn aufmerksam werden.

Aber Perlsberg ließ sich nicht von ihrem Plan abbringen. *Sie ist hundertmal erfahrener als ich,* sagte sich Ria dann jedes Mal, *und top-erfolgreich.* Außerdem ist Katja Perlsberg ihre Chefin, nicht nur bei *cosy living*, sondern vor allem in ihrem streng geheim operierenden Team.

»Du musst weitermachen, Ria, das ist unsere einzige Chance«, hat Perlsberg wieder und wieder gesagt. »Uns bleiben nur noch ein paar Tage, dann muss Niklas alles ausgespuckt haben, was wir an Informationen brauchen. Sonst ist die ganze Aktion im Arsch!«

Also knickte Ria immer wieder ein. *Und jetzt?*, denkt sie. *Jetzt ist Nikki im Arsch. Für die gute Sache geopfert. Und als Nächstes werden sie versuchen, mich zum Schweigen zu bringen.* Nikkis Freundin, der er doch bestimmt alles anvertraut hat. *Vielleicht sind sie schon hinter mir her.*

Ria hat Mühe, klar zu denken. Ihr erster großer Einsatz ist vielleicht auch schon ihr letzter. Andererseits kann es immer noch sein, dass nur die Fantasie mit ihr durchgegangen ist. Womöglich gilt der Einsatz dahinten gar nicht den Makowskis, sondern irgendwem in der Nachbarschaft. Oder vielleicht ist der Notarzt zwar wegen Nikkis Vater da, aber nur, weil Daniel einen Schwächeanfall hatte. Was natürlich Blödsinn ist, bei so etwas kommt keine Polizei.

Sie zwingt sich, gleichmäßig ein- und auszuatmen. Ihr Gesicht im Spiegel sieht schon etwas weniger starr aus. Die Augen aber immer noch viel zu groß. Als ihr Dienst-Smartphone vibriert, wirft sie einen Blick aufs Display und drückt Perlsberg weg. Erst mal muss sie herausfinden, was wirklich passiert ist. Ob überhaupt etwas passiert ist. Dann kann sie mit ihrer Teamleiterin reden.

Ria fährt erneut nach Heiligensee und legt sich Ecke Am Dachsbau auf die Lauer. Diesen Abzweig muss zwangsläufig jeder nehmen, der von der Stadt her kommend zum Wohnhaus von Niklas' Vater fährt.

Berlin-Heiligensee, Wohnhaus Daniel Makowski [10:15]

Viertel nach zehn. Als Hauptkommissar Leif Jensen in der Büchnerstraße eintrifft, ist Oberkommissarin Svenja Wuttke noch dabei, ihre hastig zusammengestellten Notizen zu überfliegen. Vom Küchentisch des verstorbenen Daniel Makowski aus beobachtet sie, wie sich Jensen aus dem betongrauen Dienst-Passat wuchtet und auf Hausnummer 19 zustürmt. *Fast schon wie ein Baseballspieler beim Home Run*, denkt Svenja.

Polizeiobermeister Gebhardt, der vor der Haustür Wache hält, strafft seine bauchige Gestalt, und sein Gesicht nimmt einen alarmierten Ausdruck an. Mit seiner Wikingerstatur, dem weißblonden Bürstenhaarschnitt und den leuchtend blauen Augen wirkt Jensen sogar auf altgediente Kollegen einschüchternd.
Irgendwie tröstlich, denkt Svenja, sie selbst findet ihren Chef immer noch furchterregend. Obwohl sie mittlerweile seit anderthalb Jahren mit ihm zusammenarbeitet. Seit letzter Woche sogar als seine Partnerin beim LKA 11, Tötungsdelikte und erpresserischer Menschenraub. Zwei Partner hat er bereits verschlissen, und bestimmt wird hinter ihrem Rücken gewettet, dass auch sie nicht lange durchhalten wird.
Doch Svenja ist entschlossen, sich durchzubeißen. Das hier ist die erste größere Ermittlung, bei der die Leitung zumindest vorübergehend in ihren Händen liegt. Nur für ein paar Stunden, die in diesem Moment zu Ende gehen, aber immerhin. Sie hat die Fahnder eingeteilt, die in der Nachbarschaft mögliche Zeugen befragten, und sie hat selbst mit der Zeugin Christa Höttges, wohnhaft Haus Nummer 17, gesprochen, die heute früh um Viertel vor acht Uhr bemerkt hat, dass bei Makowski die Haustür offen stand. Als die ältere Dame nach nebenan ging, um nachzusehen, ob alles in Ordnung war, fand sie die beiden Toten.
Fieberhaft überlegt Svenja, was sie vergessen oder vermasselt haben könnte. Jensen hat null Verständnis für Fehler oder Nachlässigkeiten. *Verschmutzt mir nur nicht das Tatmuster,* der Satz, den er bei jeder Gelegenheit hervorbellt, verfolgt sie bis in die Träume. *Habe ich es verschmutzt?*
Ihr fällt auf, dass er wieder den dunkelblauen Anzug unter seinem schwarzen Parka anhat, wie jedes Mal, wenn er von einem »Arbeitsessen« mit jemandem von der Staatsanwaltschaft kommt. *Heute sogar ein Arbeitsfrühstück.* Sie starrt erneut auf ihre Notizen. *Mein Fass-Moment,* denkt sie und wünscht sich, Max an ihrer Seite zu haben. Max Lohmeyer, ihr Vorvorgänger beim LKA, so wie Jensen die Hauptkommissar-Stelle von Kira

Hallstein übernommen hat. Unter nach wie vor mysteriösen Umständen.

Vor drei Jahren wurden die berühmt-berüchtigten fünf Fässer voller Leichenteile in einem Schuppen in Berlin-Spandau entdeckt. Weil Hallstein dienstfrei hatte, fuhr Max als junger Oberkommissar allein zum Auffindeort und leitete die Beweissicherung, mit der die Ermittlungen zu einem der größten Serienmordfälle der deutschen Kriminalgeschichte begannen.

Das hier ist glücklicherweise ein paar Nummern kleiner, sagt sich Svenja. Nur zwei Leichen und keine davon stückweise in Formalin eingelegt. Trotzdem erinnert sie das Ganze hier irgendwie an die Fass-Morde. Vielleicht wegen der Manipulationen im Schambereich beider Opfer, die dem Fall einen unheimlichen Anstrich verleihen. Einen Hauch von Psycho, auch wenn ansonsten alles nach profanem Raubmord aussieht.

Einbruch mit eskalierender Tatentwicklung, sie hat Jensens Kommentar schon im Ohr, während sich der reale Hauptkommissar draußen in der Eingangsdiele über das »unglaubliche Tohuwabohu« ereifert.

Svenja klappt ihr Notizbuch zu und sputet sich, zum Rapport bei Jensen zu erscheinen. Wie Gulliver in der Zwergenhütte steht er in dem engen Vorraum des Nachkriegshäuschens und mustert das Durcheinander, das die Kriminaltechniker hinterlassen haben. Kreidekringel um Streuguthäufchen auf dem Fußboden, graue und schwarze Kontrastpulverspuren auf jeder halbwegs glatten Tür- oder Möbelfläche. Offene Schranktüren und herausgezogene Schubladen, die sie allerdings neben dem Garderobenschrank aufgestapelt haben. Im Unterschied zum Täter, der im Schlafzimmer des alten Makowski wie ein Tobsüchtiger gewütet hat.

»Die KT ist seit einer halben Stunde durch«, meldet Svenja, »Dr. Hünfeld ist gerade eben gegangen. Der Leichentransportdienst ist bestellt und müsste in Kürze hier sein.«

Jensen nickt, ohne sie anzusehen oder gar zu begrüßen. Wendungen wie *Guten Morgen* oder *Schönen Abend*, ganz zu schweigen von *Wie geht's* oder gar *Vielen Dank* kommen in seinem Repertoire nicht vor. Oder allenfalls einmal pro Schaltjahr. Svenja hat sich wohl oder übel angepasst und verhält sich zunehmend selbst wie eine gedrillte Soldatin, die ungerührt durch Tatorte stapft, ohne sich mit *Gemütskram* aufzuhalten. *Rührseliger Gemütskram*, genau so hat Jensen sich ausgedrückt, als sie und die anderen Kollegen ihm kurz vor Weihnachten zu seinem fünfundvierzigsten Geburtstag gratulieren wollten. Natürlich hat er auch kein Wort über ihre Beförderung zur Oberkommissarin verloren. »Auf gute Partnerschaft«, hat er nur (und immerhin) gesagt und ihre Rechte mit seiner bratpfannengroßen Hand fast püriert.

»Zwei Tote?«, sagt er anstelle einer Begrüßung. »Einbruch mit eskalierender Tatentwicklung?« Die fragende Betonung am Ende ist kaum zu hören.

»Mit ein paar ...« Svenja zögert. *Verschmutzungen*, hätte sie beinahe gesagt. »Zusätzen«, vollendet sie und zeigt auf die Tür hinten links.

Sie hat ihm den Übergabebericht der Kollegen vom Dauerdienst aufs Handy geschickt, aber die »Zusätze« kommen darin noch nicht vor.

»Verschmutzungen« hätte allerdings auch gepasst, vom Schlafzimmer des alten Makowski geht Brechreiz erregender Gestank aus. Das ganze Haus ist überheizt, die altertümlichen Heizkörper glühen fast, die rhythmischen Stöße von der Pumpe im Keller sind bis ins Dachgeschoss hinauf zu hören. Und beinahe körperlich zu spüren.

Entsprechend zügig haben die Fäulnisprozesse eingesetzt. Obwohl die Fenster wie üblich aufgerissen wurden, sowie der Rechtsmediziner die Totenscheine ausgestellt hatte, breitet sich der Leichengeruch im ganzen Haus aus. Schleimig sickert er in jedes Kleidungsstück, in Poren und Atmungsorgane. So wie Exkremente, Blut und sonstige Körpersäfte aus dem Leichnam des jungen Niklas Makowski in den abgenutzten Dielenboden sickern. Und in den Estrich darunter.

Jensen stürmt ihr voran ins Schlafzimmer. Die Türen des Kleiderschranks an der linken Wand stehen offen, Hosen, Hemden, Wäsche liegen in wirren Haufen davor. Sämtliche Schubladen sind herausgezogen und ausgeleert worden. Der Nachttisch neben dem Bett umgeworfen, auch hier die Lade herausgerissen und umgestülpt. Die Rigipswand dahinter wie mit Fußtritten zertrümmert, der einzige Sessel, ein bräunliches Ungetüm mit hoher Rückenlehne und verschlissenen Bezügen, steht kopfüber zwischen den beiden Toten, die Holzbeine zur Decke gereckt.

Daniel Makowski liegt in Rückenlage auf dem Bett, mit einem längs gestreiften Schlafanzug bekleidet, Hände und Füße in sterile Plastiktüten verpackt. Sein Gesicht halb verdeckt von dem Kopfkissen, mit dem er mutmaßlich erstickt worden ist. Das Gebiss verrutscht, es sieht aus, als würde er grinsen. Punktförmige Unterblutungen im Augenweiß und das Fehlen sichtbarer Verletzungen an Händen und Unterarmen deuten, so Dr. Hünfeld, auf Ersticken im Schlaf hin.

Der Sohn liegt rechts neben dem Bett auf dem Boden, gleichfalls in Rückenlage, jedoch in einer Lache aus getrocknetem Blut. Er ist lediglich mit blauen Boxershorts bekleidet, die großflächig mit Blut getränkt sind. Anders als sein Vater scheint er sich vehement verteidigt zu haben. Abwehrverletzungen an den Unterarmen und die blauviolett verfärbten Schwellungen an beiden Kopfseiten lassen auf heftige Gegenwehr schließen. Doch gegen das Messer seines Mörders hatte er keine Chance. Die Stichverletzung in der linken Brustseite, zwischen dritter und vierter Rippe, war laut Gerichtsarzt unmittelbar tödlich.

Svenja hat ihr Notizbuch aus der Manteltasche geholt und referiert den Ermittlungsstand. »Die Totenstarre ist bei beiden Geschädigten vollständig ausgeprägt. Eintritt des Todes vorbehaltlich der Obduktion letzte Nacht zwischen zwei und vier Uhr. Täterseitig durchsucht wurde offenbar nur das Schlafzimmer hier.«

Jensen nickt, und Svenja pausiert, um ihm Gelegenheit zu einer

Bemerkung zu geben. Aber er sieht mit seinen leuchtend blauen Augen nur weiter an ihr vorbei.

»Die Haustür war nicht abgeschlossen und wurde offenbar mit einer Plastikkarte geöffnet«, fährt sie fort. »Entsprechende Abriebspuren wurden am Türschloss gesichert. Was genau entwendet wurde, konnte noch nicht ermittelt werden. Weder beim Vater noch beim Sohn Makowski wurden aber Brieftasche oder Geldbörse aufgefunden. Desgleichen kein Smartphone, obwohl davon auszugehen ist, dass zumindest der junge Makowski ein Handy besessen haben muss.«

Jensen verschränkt die Arme vor dem enormen Brustkasten. »Also eskalierter Einbruch nach bekanntem Muster«, sagt er erneut mit kaum hörbarem Fragezeichen. »Hat irgendwer irgendwas gesehen?«

Svenja schüttelt den Kopf. »Hier lassen alle bei Einbruch der Dunkelheit die Rollläden runter. Und bei minus zwanzig Grad geht auch niemand in der Nacht mit dem Hund Gassi.«

»Anzunehmen.« Jensen macht sich keine Mühe, seine Ungeduld zu verbergen. »Irgendwas Relevantes über die beiden hier?«

Svenja blättert hektisch in ihrem Notizbuch. »Die Nachbarin aus Haus Nummer 17, Christa Höttges, hat die beiden Toten entdeckt. Laut Frau Höttges haben sich Vater und Sohn Makowski erst vor sieben Jahren kennengelernt und waren seitdem ein Herz und eine Seele.«

»Rührend«, sagt Jensen. Er kämpft sichtlich gegen Langeweile an, während Svenja weiter zusammenfasst: beginnende Demenz des Vaters, zunehmende Überforderung des Sohnes, der sich zwischen seinem Job als Kinderkrankenpfleger und Betreuung des alten Herrn mehr und mehr aufrieb.

»Möglicherweise hatte er letzte Woche eine Betreuerin für seinen Vater gefunden«, fährt sie fort. »Der alte Herr Makowski hat Frau Höttges etwas in dieser Richtung erzählt, aber er ist dement, wie gesagt, er kann da also auch was durcheinandergebracht haben. Frau Höttges selbst und eine andere Nachbarin, Frau Ellen Kauert aus Haus Nummer 21, wollen mehrfach eine junge Frau mit dunklen, kurzen Haaren gesehen haben, die mit einem grauen oder hellblauen Kleinwagen auf dem Wendehammer geparkt haben und ins Haus der Makowskis gegangen sein soll. Beziehungsweise von dort wieder weggefahren. Frau Höttges meint, die junge Frau könnte Niklas' Freundin sein. Aber näher beschreiben konnte sie keine der Damen.«

Jensen sieht aus, als wäre er in Gedanken zu seinem Arbeitsfrühstück zurückgekehrt. Hoch konzentriert, aber nicht auf den Bericht seiner Partnerin, sondern auf seinen neuesten Deal mit der Staatsanwaltschaft.

Svenja blättert noch hektischer. »Frau Höttges ist gelernte Krankenschwester. Sie hat bis vor Kurzem ein paarmal die Woche nach Herrn Makowski geschaut. Aber sie ist auch schon neunundsechzig, und sie betreut ihren jüngeren Bruder, der bei ihr im Haus lebt.« Sie blättert weiter und hastig wieder zurück. »Moritz Höttges, dreiundfünfzig, leidet seit seiner Kindheit an einer milden Form von Schizophrenie. Und seit letztem Jahr auch noch an Parkinson.«

»Na, prost Mahlzeit«, sagt Jensen. »Aber jetzt mal zu den *hard facts*. Auf dem Weg hierher habe ich mit Trautmann vom Einbruchdezernat gesprochen. Heiligensee ist in der Statistik weit vorne. Allein im letzten Quartal wurden hier weit über hundert Einbruchdelikte angezeigt. Sieben davon mit eskalierender Tatentwicklung. Drei Opfer krankenhausreif geprügelt, ein bettlägeriger alter Mann nach Herzinfarkt verstorben, als seine polnische Betreuerin vor seinen Augen von den beiden Einbrechern vergewaltigt wurde.«

Svenja kennt die Faktenlage so gut wie er. Seit Jahren wird der Großraum Berlin von Banden heimgesucht, die immer skrupelloser vorgehen. Längst beherrschen osteuropäische und nordafrikanische Gangs die Szene. Die Täter verschaffen sich Zutritt zu unzureichend gesicherten Objekten, vorzugsweise Einfamilienhäusern in einfachen Wohnlagen. Entsprechend ist ihre Beute meist überschaubar, ein paar Smartphones, ein paar Hundert Euro, vielleicht noch ein paar mittelmäßige Schmuckstücke.

Doch aufgrund der schieren Menge der bandenmäßig organisierten Raubzüge scheinen sich für sie auch bescheidene Erträge zu rentieren. Zumal ihr Risiko, erwischt zu werden, lächerlich gering ist. Dafür sorgt schon die demografische Struktur in Siedlungen wie Heiligensee. In den Einfamilienhäusern wohnen meist nur ein paar alte Leutchen, oftmals Singles jenseits der siebzig, die kaum Widerstand leisten können. Wer es trotzdem versucht, wird überwältigt, gefesselt, oft auch mit Messern attackiert, wobei es nicht ganz selten zu Tötungsdelikten kommt.

»Einbruch mit eskalierender Tatentwicklung«, sagt Jensen zum dritten Mal, diesmal komplett ohne Fragezeichen. Offenbar hat er die Makowskis bereits als Opfer »einschlägiger Banden« verbucht, die »nach sattsam bekanntem Muster« zugeschlagen haben.

Beim LKA ist Jensen für die blitzschnelle Entwirrung vermeintlich komplexer Tatmuster berühmt. Oder auch berüchtigt, je nachdem. Laut Kriminaldirektorin Franka Fundlandt, ihrer Dezernatschefin, ist er »ein genialer Vereinfacher«, der in kürzester Zeit das »zugrunde liegende Muster« finde. Svenja ist sich da nicht so sicher. Auch wenn Jensen eine Top-Aufklärungsquote hat.

»Da ist noch etwas, das du dir ansehen solltest.« Sie klappt ihr Notizbuch zu und versenkt es in der Tasche ihres pinkfarbenen Wollmantels. Der Schweiß läuft ihr den Rücken herunter. Dabei ist die stickige Heizungshitze längst durch die Fenster davongewabert.

Angstschweiß, denkt Svenja. Ihre Angst, es zu vermasseln, ist eher noch gestiegen. Ihr wird klar, dass sie sich nicht vor einem Anschiss von Jensen gefürchtet hat. Sondern im Gegenteil davor, dass er mit ihr zufrieden ist, weil sie ihn nicht daran hindert, den Fall auf seine schnelle, beiläufige Art abzuschließen. Ohne zu untersuchen, was wirklich dahintersteckt.

Nicht, dass sie ihn ernstlich daran hindern könnte. Er hat das Sagen, sie ist nur die Juniorpartnerin. Zudem könnte sie nicht einmal in Worte fassen, wieso es hier ihrer Meinung nach um mehr als »eskalierten Einbruch nach bekanntem Muster« geht.

Ihr ist klar, dass Jensen die mysteriösen Manipulationen an den Körpern der Opfer als nebensächlich abtun wird. Als »Psychokram, mit dem sich die Psychologen herumschlagen können«. Ganz bestimmt wird er sich dadurch nicht davon abbringen lassen, den Fall schnellstmöglich abzuhaken. Und Svenja kann es ihm nicht verdenken, sie versteht ja auch nicht, was es damit auf sich hat. Ob es überhaupt mit dem Fall selbst zu tun hat. Oder ob es eine andere Erklärung dafür gibt, dass sich jemand mit einem Messer im Schambereich beider Opfer zu schaffen gemacht hat. Postmortal oder kurz vor Eintritt des Todes.

Berlin-Heiligensee,
Pkw Ria Hunold [ca. 10:25]

Perlsberg ruft alle paar Minuten an, und Ria drückt sie jedes Mal weg.
Von ihrem Auto aus beobachtete sie, wie kurz nach zehn ein grauer Mercedes Transporter in die Büchnerstraße fuhr. Er stoppte am Ende der Sackgasse, zwei Männer in lichtgrauen Overalls stiegen aus. Sie trugen jeder einen überdimensionalen Aluminiumkoffer zu Haus Nummer 19, und da war ihr endgültig klar, dass ihre schlimmsten Befürchtungen wahr geworden waren. Doch im Grunde weiß sie das schon, seit die Ambulanz um kurz vor neun wieder weggefahren ist. Ohne Blaulicht und ohne einen Notfallpatienten aufgenommen zu haben.
Die Sackgasse ist mittlerweile gesperrt, zwei Streifenwagen stehen quer davor. Kurz nach den Kriminaltechnikern traf ein mokkafarbener Opel mit einer jungen Frau am Steuer ein. Einer der Streifenwagen setzte gerade so weit zurück, dass sie durch die Lücke fahren konnte. Die Frau mit der schwarzen Pagenfrisur kam Ria vage bekannt vor, auch wenn sie dem Gesicht im Moment keinen Namen zuordnen kann. *Eine Kollegin aus Perlsbergs früherem Team?*
Auf jeden Fall handelt es sich um eine Zivilpolizistin. Den Stall-

geruch hätte sie auf hundert Meter gewittert. Bei der jungen Frau und mehr noch bei dem riesenwüchsigen Mittvierziger mit der weißblonden Meckifrisur, der vor einer halben Stunde mit einem staubgrauen VW Passat an ihr vorbeirauschte.
Morddezernat, dachte sie wieder. *Nikki ist tot. Und sein Vater bestimmt auch.* Sie presste sich die Faust auf den Mund.
Als Perlsberg abermals anruft, drückt Ria sie, ohne hinzusehen, weg.

**Berlin-Heiligensee,
Wohnhaus Daniel Makowski [10:30]**

»Dann zeig mal«, sagt Jensen in desinteressiertem Tonfall.
Svenja geht neben dem toten Niklas in die Hocke. Die Fransen am Ende ihres silberfarbenen Schals stippen beinahe in die angetrocknete Blutlache, hektisch wirft sie den Schal über die Schulter zurück. Niklas sieht deprimierend jung aus, dabei ist er so alt geworden, wie sie selbst ist, dreiunddreißig. Aber er hat den Körper und das Gesicht eines viel jüngeren Mannes.
Dr. Hünfeld hat die Kleidung der Leichen notdürftig wieder hergerichtet, nachdem er dem alten Mann die Pyjamajacke geöffnet und beiden die Hosen heruntergezogen hatte, um ihre Körpertemperatur rektal zu messen, die Leichen auf äußere Verletzungen und sonstige Manipulationen zu untersuchen. Mit spitzen Fingern packt sie Niklas Makowskis Boxershorts und zieht sie ein paar Zentimeter weit herunter. Zum Vorschein kommt die (so Hünfeld) »bizarre Rasurregion«.
»Frisch geschoren, na und«, kommentiert Jensen. »Die rasieren sich doch heute fast alle den Arsch.«
Svenja sieht verwundert zu ihm hinauf. Jensen ist fast immer schroff, doch eigentlich nie vulgär. »Aber nur der Streifen hier ist freigelegt«, wendet sie ein. »Die restliche Genitalregion ist normal behaart.«
»Lass mal sehen.« Er klingt jetzt einen Tick interessierter. Als er

neben ihr in die Knie geht, wird seine riesenhafte Gestalt durch den Daunenparka noch zusätzlich aufgebauscht. Svenja fühlt sich buchstäblich an die Wand gedrängt beziehungsweise gegen die Rücklehne des Sessels, der hinter ihr Kopfstand macht.
»Runter mit dem Ding.«
Sie tut wie geheißen. Behutsam zieht sie dem Toten die Hose weiter herunter und achtet darauf, den kühlen Körper möglichst nicht zu berühren. Obwohl sie Latexhandschuhe trägt. Niklas Makowskis Penis kommt zum Vorschein, dunkler als das dunkelblonde Schamhaar, viel dunkler als der bleiche Hautstreifen eine Handbreit unter dem Nabel. »Laut Hünfeld wurde hier postmortal rasiert«, sagt Svenja. »Möglicherweise auch kurz vor Eintritt des Todes.«
»Logischerweise wohl Letzteres. Der Junge wird gerade angefangen haben, sich zu verschönern, als der Täter in die Szene geplatzt ist.«
»Das ist noch nicht alles, Leif.« Svenja richtet sich auf und geht um den kopfstehenden Sessel herum zum Bett mit der zweiten Leiche.
»Da bin ich aber gespannt.« Jensen rappelt sich gleichfalls auf, für Svenja ein immer wieder erstaunliches Schauspiel. Scheinbar hört er nicht auf, in die Höhe zu wachsen.
Den alten Mann zu entblößen macht ihr aus irgendeinem Grund weniger aus. Obwohl sein schiefes Grinsen unter dem Kissen hervor sie erneut irritiert. Sie greift in den Hosenbund und zieht die Pyjamahose an den dürren Schenkeln herunter. Daniel Makowskis Bauch ist von Faulgasen gebläht, an den Beinen aber lappt die Haut wie knittriges Laken. Das Schamhaar ist graues Gestrüpp, viel dichter als bei Niklas. Umso mehr springt die Hautpartie ins Auge, die bei dem alten Mann kahl geschoren worden ist, wiederum über der Peniswurzel, allerdings mehr in Richtung Nabel. Der freigelegte Streifen ist mit dunkelblondem Lockenhaar beklebt, bogenförmig drapiert wie eine buschige, übergroße Braue.
»Nach erstem Augenschein handelt es sich um die Schamhaa-

re, die bei Niklas Makowski abgeschoren worden sind«, sagt Svenja.

»Sagt wer?«

»Der Gerichtsmediziner. Dr. Hünfeld zufolge wurden die Haare mit einem Gleitgel auf Vaseline-Basis appliziert, das mit einem handelsüblichen Cyanacrylat-Kleber vermischt worden ist. Uhu vielleicht oder ein ähnliches Produkt. Die genaue Analyse wird ein paar Tage dauern.«

»Vaseline plus Uhu?« Jensen schüttelt sich kurz. Mit einem Ruck beugt er sich über den Trommelbauch des Toten. »Laut Nachbarin war er dement. Korrekt?« Er richtet sich wieder auf und sieht Svenja erstmals direkt an.

Svenja nickt. »Du meinst also ...«

»Meinen sollen andere«, fällt er ihr ins Wort. »Ich halte mich an die Fakten. Hünfeld hat doch bestimmt auch die Hände des alten Herrn gecheckt. Durftest du an seinen diesbezüglichen Erleuchtungen teilhaben?«

Jensen macht kein Geheimnis daraus, dass er von Gerichtsmedizin keine hohe Meinung hat. Er hält die »Hilfsdisziplin« für »maßlos überschätzt« und die Mehrheit ihrer Vertreter für »pedantische Pfauen, die nur gelegentlich Zielführendes beitragen können«. Damit liegt er nach Svenjas Ansicht nicht komplett daneben, aber warum er gerade Dr. Hünfeld bei jeder Gelegenheit mit ätzendem Sarkasmus bedenkt, hat sich ihr bisher nicht erschlossen. Der stellvertretende Leiter der Charité-Rechtsmedizin ist ein zurückhaltender, fast bescheiden auftretender Zeitgenosse.

Irgendwie hat das auch mit Hallstein zu tun, denkt Svenja. *Sie hat sich mit Hünfeld immer gut verstanden, also betrachtet Jensen ihn als seinen Feind.* »An der linken Hand gibt es wohl ein paar ›Klebstoff-suspekte Sprenkel‹, wie sich Hünfeld ausgedrückt hat«, sagt sie widerstrebend. »Aber meiner Meinung nach ist das zu wenig, um ...«

»Wie gesagt, meinen sollen andere«, schneidet Jensen ihr erneut das Wort ab, »wir halten uns an die Fakten. Die Pattex-Placken an Makowski seniors Fingern sind ein klarer Hinweis, dass er selbst dieses Affentheater veranstaltet hat. Natürlich ermitteln wir weiter in alle Richtungen, aber Stand jetzt haben wir es mit unterschiedlichen Mustern zu tun. Und die gilt es auseinanderzuhalten.«

Er ballt seine Rechte zur Faust und reckt den Daumen hoch.

»Erstens Einbruch durch einen oder mehrere Täter. Nach jetziger Spurenlage wahrscheinlich eine Ein-Mann-Aktion, zu zweit hätte sich wohl jeder eine Etage vorgenommen. Der rücksichtslose Gewalteinsatz deutet jedenfalls auf bandenmäßigen Hintergrund nach bekanntem Muster. Der alte Mann wird im Schlaf erstickt, der Täter ist gerade dabei, die Schränke im Schlafzimmer zu durchwühlen, als der junge Makowski durch den Lärm aufgeweckt wird. Er will nach seinem Vater sehen und stößt auf den Täter. Es kommt zum Kampf, der Junge wird getötet, und der Täter tritt den Rückzug an. Entweder, weil ihm die Sache zu heiß wird, oder weil er hier im Schlafzimmer schon genügend Bargeld oder sonstiges Diebesgut gefunden hat.«

Svenja nickt widerwillig. Jensen zeigt auf den Beckenbereich des Toten und deutet gestisch *Hoch damit* an. Sie beugt sich vor und zieht dem alten Mann die Schlafanzughose wieder bis zum Nabel hoch.

»Zweitens.« Jensen lässt seinen Zeigefinger hervorschnellen und richtet die imaginäre Pistole auf Makowski senior. »Der – ich sag mal – geronto-perverse Genitalkarneval. Das geht mit hoher Wahrscheinlichkeit auf das Konto des dementen Vaters. Vielleicht hat er seinem Sohn die Schamhaare abrasiert und sich selbst angeklebt, weil er sich in seinem verwirrten Geist irgendwas davon versprochen hat. Potenz, Verjüngung, was weiß ich.« Jensen bläht die Nüstern. »Laut Nachbarin ist er ja öfter mal herumgeirrt, da kann er auch letzte Nacht nach oben gegangen sein und den Jungen im Schlaf geschoren haben. Vielleicht ist auch was anderes zwischen den beiden gelaufen. Keine herkömmliche Vater-Sohn-Idylle, sondern mehr so was in Richtung abartiger Affäre. Mit den Einzelheiten dürfen sich dann gerne

die Psycho-Experten amüsieren.« Er zeigt auf den toten Sohn. »Zieh den auch mal wieder an.«
Svenja geht erneut um den umgestürzten Sessel herum und kauert sich neben den Toten. Postmortale Erektion tritt zwar bei Leichen in Rückenlage nicht auf, trotzdem macht es ihr einige Mühe, Niklas' totenstarre Anatomie wieder in den blutgetränkten Shorts zu verstauen.
In Gedanken ist sie noch bei Jensens Hypothese. *So viel zum Thema »Meinen sollen andere«.* Wie wahrscheinlich ist es, dass Daniel Makowski in Niklas' Schlafzimmer geschlichen ist und ihm die Genitalregion teilrasiert hat, ohne dass der Sohn etwas bemerkt hat? Oder sogar, dass Niklas davon wusste und einverstanden war? Warum hätte er mitmachen und den alten Mann noch in seinen Wahnvorstellungen bestärken sollen?
An den Haaren herbeigezogen, buchstäblich, denkt sie und rappelt sich wieder auf. »Kann es nicht sein, dass der Täter absichtlich etwas Kleber auf Daniel Makowskis Hand aufgebracht hat, um uns in die Irre zu führen?«
»Und sein Motiv?«
»Verschleiern, dass er selbst die Manipulationen durchgeführt hat«, sagt Svenja.
»Passt nicht zum Täterprofil. Wie schon gesagt.« Jensen sieht jetzt geradezu angeödet aus. »Die schieben gerne mal eine Vergewaltigung ein, wenn sich die Gelegenheit bietet. Aber das hier? Das ist Psychoquatsch. Damit haben die nichts am Hut.«
Die Vaselinetube haben sie bisher nicht gefunden, überlegt Svenja, sowenig wie die Stichwaffe, mit der Niklas getötet wurde. Aber das heißt nicht zwangsläufig, dass der Mörder sie mitgenommen hat, vielleicht haben sie nur nicht sorgfältig genug gesucht.
Svenja spürt, dass Jensen mit seiner »genialen Vereinfachung« des Tatmusters etwas Wesentliches ausblendet. Aber sie hat keine stichhaltigen Einwände, sondern nur ein Gefühl, das sie selbst kaum in Worte fassen kann. Geschweige denn, anhand des Spurenbildes begründen.

Ich hab's vermasselt, denkt sie und fühlt sich vollkommen orientierungslos. *Was würde Max jetzt machen?*
Jensen sieht sie fast mitfühlend an. »Du wirst schon sehen«, sagt er dann aber nur und stürmt aus dem Zimmer, um die gerade eintreffenden Sargträger vom Leichentransportdienst der Charité zurechtzuweisen.
Ihm geht immer alles viel zu langsam, und selbst die geradesten Wege sind ihm noch zu krumm. Kein Wunder, dass ihn die Chefin liebt.

Berlin-Charlottenburg, Büro *cosy living* [10:45]

Viertel vor elf, rastlos marschiert Katja Perlsberg in ihrem großzügig dimensionierten Büro auf und ab. Sanierter Altbau mit Stuck und Parkett, Beletage in der Wielandstraße, einen Steinwurf vom Kurfürstendamm entfernt. Offiziell hat die Räumlichkeiten *cosy living* angemietet, der britische Immobilienentwickler, für den Perlsberg und ihr Team Renditeobjekte im Großraum Berlin ankaufen und sanieren sollen.
Tatsächlich wurde Perlsberg vom BKA zu Europol entsandt, um den entscheidenden Schlag gegen ein global agierendes Kartell von Menschenjägern und Sklavenhändlern vorzubereiten. Ihr Team besteht lediglich aus Ria Hunold, Tony Jacobs und ihr selbst. Die Europol-Abteilung, der sie zugeordnet sind, kommt in offiziellen Organigrammen nicht vor.
In den geplanten Undercover-Einsatz auf der indonesischen Insel Maipaan hat Perlsberg ihre Vorgesetzte bisher nicht eingeweiht. Auch von dem vierten Mann in ihrem Team, den sie inkognito auf Maipaan einschleusen will, weiß Jeanne Bex, ihre Chefin in Brüssel, bisher nichts. Perlsberg hat ein Meeting mit ihr für morgen 18 Uhr vereinbart, in Bex' Brüsseler Büro oder auch per Videokonferenz, falls sie nicht rechtzeitig aus Berlin wegkommt. Thema des Treffens: »*Ermittlungsstand und weiteres Vorgehen in*

Sachen ›Bruderschaft‹«, bei Bex immer in Anführungszeichen, sie bevorzugt sachlichere Begriffe wie *Menschenhändlerkartell*. Aber es ist vor allem anderen der perverse Kick, der Rausch absoluter Macht, der die Brüder antreibt, davon ist Perlsberg überzeugt. Obwohl sie mit Verschleppung, Versklavung, Vermarktung menschlicher Handelsware in ihrem globalen Netzwerk zweifellos auch enorme Summen verdienen. Menschenhandel ist der lukrativste Erwerbszweig überhaupt, noch vor Drogenschmuggel und Waffenschieberei, und das bei deutlich geringerem Risiko. Allein in die Europäische Union werden nach konservativen Schätzungen jährlich fünfzigtausend Sklavinnen und Sklaven eingeschleust, die meisten als Zwangsprostituierte. Berücksichtigt man die Dunkelziffer, ist die Zahl noch um ein Vielfaches höher. Hunderttausende moderner Sklaven, meist junge Frauen, Teenager und Kinder, die im Darknet bestellt, in Depots bereitgehalten, wie reguläre Versandware an ihre neuen Besitzer geliefert werden. Von Zwischenhändlern weiterverkauft, von einem Land zum nächsten, von einem illegalen Bordell zum anderen verfrachtet, um Freier zu bedienen, in Kellerlöchern zwischengelagert und irgendwann diskret entsorgt zu werden. Der Lebenszyklus jeder Handelsware ist schließlich begrenzt, und gerade in diesem Marktsegment gehen Nutzung und Zerstörung Hand in Hand.
Seit Wochen liegen Perlsberg und ihr Team hier in Berlin auf der Lauer, und mittlerweile läuft ihnen die Zeit weg. Spätestens Ende der Woche muss der falsche »Don Francisco« im Hafen von Maipaan einlaufen, um das Erbe seines Großonkels Pedro Miller anzutreten, der ihn überraschend zu seinem Nachfolger ernannt hat. Als Anführer der sektenartigen »Colonia Miller«, die quasi über Nacht aus Paraguay verschwinden musste und von der Bruderschaft auf Maipaan großzügig aufgenommen wurde. Wenn auch zu dem Zweck, sie mit Nachschub zu versorgen, einem steten Strom sommersprossiger Teenager für das abartigste ihrer Rituale, die *Ekstase des glücklichen Jägers*.
Erst seit letztem Frühjahr weiß Perlsberg definitiv, wo sich das »Teufelsatoll« befindet, das »schwarze Herz« der Bruderschaft.

Maipaan liegt in der Timorsee, westlich von Papua, und gehört offiziell zum indonesischen Hoheitsgebiet. De facto aber steht die Insel, die etwa so groß ist wie das deutsche Bundesland Hessen, unter der Kontrolle von *Dignity of Youth*. Die Stiftung betreibt Kinder- und Jugendhospitäler, Rehazentren, Hospize und Boot-Camps für Minderjährige rund um den Globus. Wie bei den Mitarbeitern handelt es sich auch bei den Schützlingen der Stiftung fast ausschließlich um benachteiligte Minderjährige aus Erziehungsheimen und Pflegefamilien. Superreiche Mäzene aus aller Herren Länder gehören zu den Unterstützern der Stiftung, die einen erstklassigen Ruf hat.
Perlsberg bleibt am Fenster stehen und schaut auf die Wielandstraße hinaus, ohne den morgendlichen Trubel wahrzunehmen. Auf Maipaan betreibt *Dignity* gleich mehrere Vorzeigeprojekte, ein luxuriöses Reha-Resort für schwersterkrankte Kinder und Teenager sowie ein Palliativzentrum im Südwesten und ein Boot-Camp für verhaltensauffällige männliche Teenager im Südosten der Insel. Während in der Mitte und im Süden tropisches Klima herrscht, erhebt sich im Nordwesten von Maipaan eine Gebirgsformation, deren höchste Gipfel über dreitausend Meter aufragen und ganzjährig von Schnee bedeckt sind. Das Massiv ist von weithin unwegsamem Dschungel überwuchert, darin eingebettet ein subtropisches Hochtal, in dem das Kartell vor drei Jahren in einer geheimen Nacht-und-Nebel-Aktion den Stamm der Belé angesiedelt hat. Eine bis dahin in Amazonien beheimatete Ethnie auf steinzeitlicher Kulturstufe, die von Brandrodung und mafiosen Wilderern bedrängt und vom Aussterben bedroht war.
Im amazonischen Regenwald praktizierten die Belé das Ritual *Ekstase des glücklichen Jägers*, dem der deutsche Ethnologe Tom Astor vor vielen Jahren auf die Spur gekommen war. Offenbar läuft es darauf hinaus, zweibeinige Beute zu jagen und mit Speer und Blasrohr zu erlegen. Durch Gesänge und Trommeln, durch Frosch- und Krötengifte versetzen sich die Jäger in einen tranceartigen Zustand, sie beschmieren ihre nackten

Körper mit psychogenem Schlamm und verbergen ihre Gesichter hinter Tiermasken, wenn sie auf Menschenjagd gehen. Das zweibeinige Wildbret wird aufgebrochen und in kannibalischem Ritual teilweise verzehrt, wobei die Opfer zu Anfang noch am Leben sind. Perlsberg hat Anhaltspunkte dafür, dass Tom Astor bei der Bruderschaft eine führende Position innehat und die treibende Kraft hinter der Evakuierung der Belé ist. Er wird als Hüne mit ungewöhnlich tiefer Stimme und einer zackenförmigen Stirnnarbe beschrieben, darüber hinaus ist wenig über ihn bekannt. Die interkontinentale Umsiedelung von hundertfünfzig Stammesangehörigen, mitsamt Hütten, Waffen, Hausrat, Totems und sonstigen Gerätschaften, lässt erahnen, über welche Ressourcen und Machtmittel das Kartell mittlerweile verfügt.

All das ist in Geheimdienstkreisen ebenso wie beim BKA und bei Europol weitgehend unstrittig, doch nach wie vor fehlt es an belastbaren Beweisen. Die bestens vernetzten Brüder manipulieren die Behörden rund um den Globus mit dem Geschick von Puppenspielern und der Dreistigkeit von Männern, die sich für die eigentlichen Herren dieser Welt halten.

Und es möglicherweise auch sind, denkt Perlsberg, *zumindest von Teilen der Welt, und ihr Territorium wächst rapide.* Während die Weltöffentlichkeit durch Phantomkämpfe gegen den »internationalen Terrorismus« in Atem gehalten wird, werden weltweit Hunderttausende Sklavinnen und Sklaven von ihren Besitzern und Benutzern terrorisiert. Das Kartell, dessen Vernichtung für Perlsberg längst zur Obsession geworden ist, verfügt über diverse, strikt abgeschottete Insel- und Festlandsterritorien in Asien, Südamerika und Afrika. Maipaan in der Timorsee nimmt insofern eine Sonderstellung ein, als die Insel Vorzeigeprojekte der Stiftung beherbergt und zugleich Schauplatz einzigartig grausamer Folterorgien ist.

Perlsberg hat keinen Zweifel, dass die »Unregelmäßigkeiten« in der Krankenakte, über die Niklas Makowski gestolpert ist, nicht auf ein Versehen zurückzuführen, sondern systembedingt sind.

Die *Dignity*-Klinik in Berlin-Steglitz und höchstwahrscheinlich viele weitere Einrichtungen der Stiftung in aller Welt dienen dem Kartell als Hochglanzfassade und zugleich als Nachschubbasen und Verschiebestationen für ihre lukrative menschliche Ware. Da sie auf »*Betreuung, Förderung und Heilung*« von Waisen beziehungsweise von Kindern und Jugendlichen ohne Familienkontakt spezialisiert sind, brauchen sie keine besorgten Nachforschungen durch Eltern oder sonstige Angehörige zu befürchten. Wenn die jungen Patienten erst einmal nach Maipaan verbracht worden sind, in das »*luxuriöse Reha-Resort*« oder in das »*Palliativzentrum auf Premiumniveau*«, können die Brüder nach Belieben mit ihnen verfahren.

Ende letzten Jahres hat das Kartell einen weiteren Coup gelandet, die Verbringung der kompletten »Colonia Miller« aus der paraguayischen Provinz Zentral-Chaco in den Nordosten von Maipaan. Der Paraguayer Pedro Miller hat die Gemeinschaft vor einem halben Jahrhundert durch Abspaltung von der »Colonia Menno« gegründet, den Nachkommen niederländischer Auswanderer, die nach mennonitischem Glauben in vorindustrieller Schlichtheit und bitterer Armut leben. Nach dem Sturz des autokratischen Staatspräsidenten, der seine Hand über die Colonia Miller gehalten hatte, nahm die paraguayische Justiz Ermittlungen gegen Don Pedro auf. Unter anderem wurden ihm Freiheitsberaubung, sexuelle und ökonomische Ausbeutung seiner Community-Mitglieder vorgeworfen, die er wie Leibeigene behandle und bei Bedarf verschachere.

Nach Perlsbergs Erkenntnissen hatte es schon zuvor Kontakte zwischen Don Pedro und dem Kartell gegeben. Letztes Jahr kam er mit der Bruderschaft überein, die gesamte Colonia Miller, bestehend aus rund vierhundertfünfzig Personen, nach Maipaan umzusiedeln. Mit der Durchführung wurden Dr. Robert Althus und dessen Spezialfirma *ALEK – Agentur für Lebenskunst* beauftragt. Der in Berlin ansässige, weltweit erfolgreiche Designer von »Lebenswelten« für Multimilliardäre ließ im äußersten Nordosten der Insel ein komplettes Dorf im mennonitischen Stil errichten, und im Verlauf der letzten sechs Wochen wurde die gesamte Colonia auf Schiffen nach Maipaan verbracht.

Perlsberg bekam frühzeitig Wind von der geplanten Umsiedlung, da sie die Stiftung ebenso wie die Agentur ALEK mit internationaler, auch geheimdienstlicher Unterstützung observieren ließ. Alles lief nach Plan, das Dorf wurde erbaut, die Colonia auf den großen Treck eingeschworen. Nur die Gesundheit des dreiundachtzigjährigen Oberhauptes spielte nicht mehr mit. Keine drei Wochen, nachdem er mit seinen Schäfchen auf der Insel eingetroffen war, verstarb Don Pedro, mutmaßlich an den Folgen einer verschleppten Lungenentzündung.

Das Testament war eine böse Überraschung für seinen erstgeborenen Sohn, den einundsechzigjährigen Don Miguel. Als seinen Nachfolger und Haupterben setzte Pedro Miller nicht ihn, sondern Franz Hochfelder ein, seinen Großneffen aus dem angeheirateten bayerischen Zweig der Familie. Der dreiunddreißigjährige Hochfelder, in Bayern geboren und aufgewachsen, hatte seinen Großonkel nie getroffen, niemals mit ihm telefoniert oder Briefe gewechselt. Offenbar hatte Don Pedro ihn zu seinem Nachfolger bestimmt, um sich an Don Miguel zu rächen, der gegen die Umsiedlung nach Maipaan intrigiert und versucht hatte, ihn zu stürzen.

Nichts in seinem bisherigen Leben hatte Franz Hochfelder darauf vorbereitet, ein Sektenführer mit alttestamentarischer Macht über Leben und Tod seiner Jünger und Jüngerinnen zu werden. Er hatte sein Psychologiestudium nach drei Semestern geschmissen, anschließend Ausbildungen zum Programmierer und zum Immobilienmakler jeweils nach wenigen Monaten abgebrochen und arbeitete seither in Ingolstadt für eine Security-Firma.

Perlsberg nahm umgehend Kontakt mit ihm auf, als sie über eine Verbindungsfrau beim indonesischen Nachrichtendienst von dem Testament erfuhr. Mit drastischen Formulierungen machte sie ihm klar, dass er sein Todesurteil unterschreiben würde, wenn er das Testament von Don Pedro annähme. »Du würdest nicht mal deinen ersten Tag auf der Insel überleben«, versicherte sie ihm am Küchentisch in der umgebauten Remise am Rand von Ingolstadt. Franz war sichtlich fasziniert von seiner mysteriösen Besucherin, und Perlsberg ihrerseits war elektrisiert von der Chance, die sich ihr durch Don Pedros letzte Laune bot. Der Chance, einen Undercover-Mann auf der Insel einzuschleusen, mitten ins finstere Herz der Bruderschaft.

Sie redete, trank und lachte die halbe Nacht mit Franz, die zweite Hälfte verbrachten sie in seinem Bett. Er sah aus wie ein fitterer, rotblonder Bruder von Max Lohmeyer, ihrem früheren Partner beim LKA. Am nächsten Morgen erklärte sie ihm, dass er das Testament annehmen solle. »Aber du hast doch gesagt, dann bin ich tot?«, wandte er erschrocken ein. Sie schmiegte sich an seine muskulöse Schulter und kraulte ihm den Vollbart. »Du nimmst es an, kündigst deine Ankunft auf der Insel für – sagen wir – Mitte Januar an und tauchst direkt im Anschluss unter. Offiziell bist du auf Weltreise, tatsächlich bist du unauffindbar in einem Safe House von Europol, bis die Aktion über die Bühne gegangen ist.«

Er dachte darüber nach. »Was für eine Aktion?«

»Dazu kann ich dir nichts sagen. Und glaub mir, du willst es auch nicht wissen.«

Wieder überlegte er minutenlang. Es gefiel ihr, dass er erst nachdachte und dann redete, und auch darin erinnerte er sie an Max.

»Und was habe ich davon?«, fragte er.

»Du trägst entscheidend dazu bei, Dutzende Leben zu retten und Hunderte Menschen aus der Sklaverei zu befreien.« Sie hatte ihm schon während der Nacht auseinandergesetzt, worum es sich bei der Colonia seines Großonkels letzten Endes handelte. Um eine riesige Sklavenfarm, in der die Bewohner rechtlose Besitztümer des Oberhaupts waren. Don Pedro hatte Frauen nach Belieben geschwängert, Teenager missbraucht, die Männer als Arbeitssklaven ausgebeutet. Im Auftrag korrupter Politiker und mafiöser Bosse hatte er Kidnappingopfer gefangen gehalten und Folterungen durchgeführt. Die hübschesten Mädchen und jungen Frauen der Colonia verschenkte er regelmäßig an regionale Machthaber, um sich deren Gefälligkeit zu sichern, oder verkaufte sie an global agierende Menschenhändler. Dass diese die geheimen Herrscher der Insel waren, hatte Perlsberg nicht erwähnt. Franz schien auch so schon einigermaßen verunsichert. Sie musste aufpassen, dass er es nicht mit der Angst zu tun bekam und ausstieg.

Er sah sie unschlüssig an. »Wenn die Aktion erfolgreich ist, bekommst du natürlich auch eine Belohnung«, fügte sie hinzu. »Eine finanzielle Entschädigung, genug, um dich mit dem Fitnessstudio selbstständig zu machen, von dem du träumst.«

Ihr war klar, dass weder beim BKA noch bei Europol irgendwer für diese Zusage aufkommen würde, aber es war ihr egal. »Und du hast Erinnerungen, die dir niemand mehr nehmen kann«, spielte sie ihren stärksten Trumpf aus. »An ein leidenschaftliches Wochenende, das noch lange nicht vorbei ist.«

Seine Begeisterung wuchs, und am Ende des Wochenendes nahm er Onkel Pedros Testament an und verschwand in einem Safe House im Norden Finnlands.

Das war vor über einem Monat, und damals dachte Perlsberg noch, bis Mitte Januar wäre mehr als genug Zeit, um alles vorzubereiten. Aber Jeanne Bex, ihre Chefin in Brüssel, legte sie an die kurze Leine. »Keine Aktion ohne eindeutige Beweise, die von mir geprüft und bestätigt worden sind!«

Und jetzt schließt sich das Fenster der Gelegenheit, und Perlsberg dreht fast durch. Eine solche Chance kommt nie wieder, das ist ihr hundertprozentig klar.

Es ist die Chance ihres Lebens, die Bruderschaft von innen heraus zu zerstören, deshalb hat Perlsberg seit Wochen dieses Spiel mit mehreren hohen Einsätzen gespielt. Einer davon ist ihr gerade um die Ohren geflogen, und der zweite ist allem Anschein nach kurz davor. Niklas Makowski wurde umgebracht, bevor er Ria die Klinikakte geben konnte, und die junge Agentin verweigert nach wie vor jede Kommunikation. Dabei sollte sie direkt zum Haus der Makowskis fahren und sich von dort um acht Uhr melden. Stattdessen liegt sie seit Stunden auf der Lauer, vierhundert Meter vom Zielort entfernt. Der sich unterdessen in einen Tatort verwandelt hat, den Schauplatz eines Doppelmordes.

**Berlin-Dahlem,
Villa Morgencron [10:55]**

Als Kilroy aufwacht, ist es heller Tag. Aber nur draußen. Die schweren Schlafzimmervorhänge tauchen das Zimmer in burgunderrotes Dämmerlicht. Die beiden Kiddies liegen neben ihm in seinem Bett, zusammengerollt wie schlafende kleine Tiger. Alles so, wie er es mag.
Manchmal lässt er die Vorhänge einfach zu und bleibt mit den Kiddies in der Kiste, bis es auch draußen wieder dunkel ist. Aber heute ist er zu unruhig.
Er horcht in sich hinein. Wo kommt dieses Kribbeln in der Magengegend her? Als hätten ihm die Orangs eine Wanze in den Wanst gepflanzt. *Das würde Narbenschädel so passen.* Eher versenkt Kilroy seine Faust in dessen Fresse.
Also, was ist passiert?, fragt er sich. Bei der Aktion in Heiligensee ist doch alles glattgegangen. Kein Grund zur Nervosität, ganz im Gegenteil.
Okay, die kleine Schlampe hat er nicht erwischt, Niklas Makowskis Freundin, oder wie. Na und? War nicht sein Fehler. Der Oberaffe hat vorher ein Riesentheater gemacht: »Auch den Oldie und auch die Kleine, kapiert?« Aber die U-Boot-Schlampe war nicht da, und basta. Er hat allen das Maul gestopft, die in der Bruchbude waren, mehr ging nicht. Soll er vielleicht überall rumrennen, durch Kneipen, Bars und wo sonst noch, bis er das Flittchen vor der Flinte hat? Nicht mit Kilroy. Schon klar, er hatte Mist gebaut mit dieser Daria oder wie die hieß, aber den Fallout hat er beseitigt.
Alles nach Plan gelaufen, sagt er sich. *Jetzt sind die von DigYou wieder dran.* Nämlich mit dem Knaben, den er als Ersatz für Dari-oder-wie geordert hat. Namen merken ist nicht seine Stärke, aber die beiden hier, das zumindest weiß er, heißen Kim und Lee. Aus Thailand, Malaysia, Laos blabla, spielt keine Rolle, Hauptsache, sie tun, was er sagt. *Und das tun sie auch*, denkt er, da wird ihm schlagartig heiß.
Scheiße, was war das heute früh? Er will zu ihnen hinüberlangen,

nur mal schnell testen, ob sie sich warm anfühlen. Normal warm, lebendig warm. Auf keinen Fall kalt und blutverklebt.
Doch irgendwie traut er sich nicht, den Arm auszustrecken. Oder auch nur einen Finger, um eines der beiden anzustupsen. Oder ihre Namen zu flüstern, *Kim, Lee, lebt ihr noch? Scheiße, na klar leben die!* Auch wenn sie im Dunkeln daliegen wie Puppen. Kein Zucken, kein traumverlorenes Seufzen, nichts. Wie Plüschtiger liegen die da.
Kilroy wird abwechselnd brühheiß und arschkalt. Hat er den einen Schlamassel zusammengekehrt und gleich danach den nächsten angerichtet? *Das kann Scheiße noch mal nicht sein! Es lief doch alles optimal!*
Na gut, er war auf hundertachtzig, als er gegen fünf Uhr früh endlich wieder zu Hause war. In seiner Villa aus Kaisers Zeiten, auf die er immer noch stolz ist wie ein Königspudel auf seine Frisur. Obwohl er den Palast schon vor fünfzehn Jahren gekauft hat, beste Westberliner Villenlage, sechshundertachtundachtzig Quadratmeter, von denen allerdings gut die Hälfte leer steht. Er hat damals den Bunker mitsamt Inhalt gekauft, Grüner Salon, Blauer Salon, Herrenzimmer, Boudoir, Spielsalon, zwei Bibliotheken und schlag mich tot was noch alles. Der Vorbesitzer hatte schon einige Räume wieder her- und eingerichtet, wie es der Erbauer und Erstbewohner vorgesehen hatte, ein gewisser Samuel Morgencron, Gründer der *Medicinische Apparaturen Manufactur*, von den braunen Brüdern enteignet und deportiert. Kilroy kennt die triste Story in- und auswendig, er hat sie vor Mikrofonen und Kameras hundertmal runtergebetet und nie den Abschlussvers vergessen: »Um das Andenken der Morgencrons zu bewahren, habe ich beschlossen, einen großen Teil der Räumlichkeiten originalgetreu rekonstruieren zu lassen.«
Das brachte ihm fette Sympathiepunkte bei so ziemlich allen Medien ein. In Wirklichkeit ist ihm die Bude viel zu groß, vor allem, seit seine Mutter nicht mehr ist. Im Grunde hat er den Palast nur für sie gekauft, aber noch während sie hier am Herrichten waren, verstarb Mathilda Bartels, seine heiß geliebte Mami,

an einem Gerinnsel im Gehirn. Darüber ist er nie hinweggekommen, das will er auch gar nicht, das wäre Verrat und kommt nicht infrage.

Also haust er mehr oder weniger allein in dem Gruselschloss, acht Zimmer im Erdgeschoss, zehn in der Beletage und unterm Dach noch mal zehn Gesinde- und Abstellkammern. So haben zumindest die Toten, die Dämonen, die spukenden Erinnerungen genügend Auslauf.

Vor zwanzig Jahren, in seiner Popstar-Ära, hat Kilroy bald jeden Abend Party gemacht, mit seiner Band *Dopeless Hope* und Dutzenden zugekoksten Roadies und Groupies. Aber das ist lange vorbei, heute lebt er zurückgezogen. Sein Schlafzimmer, das allerdings riesig ist, und den Spa-Bereich im Souterrain, viel mehr braucht er eigentlich nicht. Dazu natürlich noch die Nebenräume für die Angestellten, Haushälterin und Sekretär. Die hat er in den Dachmansarden einquartiert, so weit weg wie möglich, und während ihm das durch den Kopf geht, wird ihm klar: *Heute früh war ich da oben. Aber Scheiße noch mal, wieso?*

**Berlin-Charlottenburg,
Büro *cosy living* [10:56]**

Was hast du vor, Ria?, fragt sich Perlsberg zum x-ten Mal. Durch das Mikro ihres Smartphones hört sie Ria hektisch atmen. Dank der Überwachungs-App, die sie vorsorglich auf Rias Handy installiert hat. In der Innennaht des kleinen City-Rucksacks, den die junge Agentin überallhin mitnimmt, hat sie zusätzlich einen Mikro-Tracker installiert. Daher ist sie ziemlich sicher, dass Ria nicht etwa ohne ihr Smartphone das Weite gesucht hat, sondern tatsächlich noch in ihrem Auto sitzt.

Aber sie ruft niemanden an, schreibt keine Mails oder anderweitige Messages, weder an Perlsberg noch an sonst jemanden. Also kann Perlsberg nur spekulieren, was gerade in ihr vorgeht. Was in ihr *kocht*, ein Cocktail aus Panik und Wut. Angst um ihr Leben und Wut auf sie, Perlsberg, die nicht auf ihre Warnungen gehört hat. *Vielleicht war sie auch doch in Niklas verliebt,* denkt Perlsberg. Obwohl Ria immer wieder beteuert hat, das könne sie auseinanderhalten, sie sei schließlich ein Profi.

Perlsberg kehrt zu ihrem todschicken Acrylschreibtisch zurück, setzt sich in den Chefsessel mit handgenähtem Rentierlederbezug (mitgemietet wie die ganze stylische Möblierung) und wirft einen Blick auf ihren Laptop.

Der pulsierende rote Punkt auf der dreidimensionalen Digitalkarte verharrt nach wie vor Heiligenseer Straße Ecke Am Dachsbau. Dort sitzt Ria seit bald drei Stunden in ihrem Hyundai, während immer wieder Streifenwagen, Notfallambulanz, Kriminaltechniker und so weiter an ihr vorbeifahren. Zur Büchnerstraße oder zurück in die Stadt. Kriminalbeamte vom LKA, Perlsbergs früherer Wirkungsstätte. Ein Rechtsmediziner für die Leichenschau, vielleicht der gute, alte Hünfeld. Zuletzt einer der grauen Kastenwagen vom Leichentransportdienst.

Perlsberg kann es sich mühelos vorstellen, sie war oft genug mit dabei. Und wird es auch bald wieder sein, obwohl sie scheinbar für immer aus dem Spiel gekegelt worden ist. Jedenfalls arbeitet sie pausenlos daran. An dem entscheidenden Schlag gegen die kriminelle Bruderschaft und an ihrer Rückkehr zum LKA. *Zwei Seiten desselben Mondes*, denkt Perlsberg.

Um kurz vor acht war sie schon seit einer halben Stunde hier im Büro und ließ den roten Punkt nicht aus den Augen. Sie sah, wie er sich der Büchnerstraße näherte und kurz davor abrupt anhielt. Ria wendete und raste zurück in Richtung City. Da bereits war Perlsberg klar, dass etwas passiert sein musste.

Nicht irgendetwas, sondern genau das, was in ihren Albträumen von Anfang an immer wieder passiert ist. Seit sie Ria angewiesen hat, sich an den jungen Krankenpfleger heranzumachen. Sein Vertrauen zu gewinnen, ihn zu umgarnen, damit er ihnen etwas liefert, das ihre Vorgesetzte bei Europol beeindruckt. Kriminaldirektorin Jeanne Bex hat Perlsberg bisher freie Hand gelassen, allerdings nur für die Observation mutmaßlicher Kartellmitglieder. »Observation ja, Intervention nein, soweit nicht ausdrücklich von mir freigegeben«, so Bex bei jeder sich bietenden Gelegenheit.

Doch Perlsberg hat sich nicht nur über diese Weisung hinweggesetzt, sie hat auch noch ein Mitglied ihres Teams ins Feuer geschickt.

Einen jungen Mann um den Finger zu wickeln, ist eigentlich eine ihrer leichteren Übungen. Doch ihr Gesicht war schon zu oft in Berliner Medien zu sehen. Mit ihren schwarzen Locken, dem stahlblauen Business-Kostüm und der getönten, übergroßen Brille hat sie zwar kaum noch Ähnlichkeit mit Hallstein. Doch das Risiko, erkannt zu werden, ist trotzdem zu groß, auch wenn sie sogar halb absichtlich ein paar Pfunde zugelegt hat.

Deshalb hat sie nicht sich selbst, sondern Ria auf Niklas Makowski angesetzt. Ein Fehler, das ist ihr mittlerweile klar. Über ein paar Umwege hat sie vorhin Erkundigungen beim LKA eingeholt. Seitdem weiß sie, was Ria vielleicht immer noch nicht wahrhaben will.

Beide Makowskis sind tot. Angeblich im Zuge eines Einbruchs ermordet, der dramatisch aus dem Ruder gelaufen sein soll. So jedenfalls die ersten Vermutungen der Beamten vor Ort. Die Mordermittlungen führt ausgerechnet KHK Jensen, Hallsteins Nachfolger im Dezernat 11, Tötungsdelikte und erpresserischer Menschenraub.

Perlsberg ist sich nicht sicher, ob das eine gute oder eine schlechte Nachricht ist. Auf den ersten Blick scheint es die schlechtestmögliche zu sein, Leif Jensen traut ihr – beziehungsweise Hallstein – das Schlimmste zu. Freiwillig würde er keinen Finger rühren, um ihr zu helfen. *Trotzdem,* denkt sie, *es hat auch sein Gutes, dass gerade er die Sache aufklären soll.* Der Mann mit der Yeti-Statur ist für seinen rasanten Ermittlungsstil bekannt. Wenn irgendjemand innerhalb von zwei Tagen herausfinden kann, was wirklich hinter den Makowski-Morden steckt, dann er. Und auf freiwillige Mithilfe verlässt sie sich schon lange nicht mehr. Dreißig Stunden, mehr Zeit haben sie nicht. Spätestens morgen 18 Uhr muss sie von Brüssel ihre Kamikaze-Aktion abnicken lassen, damit ihr Undercover-Mann am Freitag durch die Timorsee nach Maipaan schippern kann. Sonst war alles umsonst, und die Brüder drehen ihr wieder mal eine lange Nase.

**Berlin-Dahlem,
Villa Morgencron [10:58]**

Jetzt mal ganz ruhig, ermahnt sich Kilroy. Also, wie war das heute früh, er war total geladen, als er heimkam, logisch, weil er sich vorher ja so zusammengerissen hatte. Noch in der Vorhalle zog er alles aus, Helm, Handschuhe, Stiefel, Lederanzug, jeden verdammten Fetzen. Nackt trabte er runter ins Spa, nach einem kurzen Abstecher in die »kleine Bibliothek« und nachdem er die Alarmanlage wieder scharf gestellt hatte. So scharf, wie er selbst schon die ganze Zeit war. Erst als er in den Spiegel sah, fiel ihm auf, dass er noch die Kilroy-Maske trug. Haarkranz, Glotzaugen, lange Nase, nur Mund und Augen frei. Er riss sie sich runter, das Gesicht dahinter schweißglitzernd und käsig weiß. Kurz kämpfte er gegen den Drang an, die Maske wieder aufzusetzen, dann kickte er das labbrige Ding in Richtung Dampfbad.
Am Whirlpool drehte er sämtliche Hähne auf, schmiss sich ins Wasser und schrie nach Kim und Lee. Aber wer nicht kam, waren die verdammten Kiddies. Also wieder raus und hoch in sein Schlafzimmer, doch da waren die auch nicht. *Und dann?*, befragt er sich. *Was hab ich dann gemacht, verdammt noch mal?*
Er rannte im ganzen Haus rum, riss Türen auf, machte überall Licht an. Er wirbelte Staubwolken auf, erschrak vor dem nackten Maniac, der ihm in deckenhohen Spiegeln mit verzerrtem Gesicht und angeklatschten Locken entgegentaumelte, durch Salons und Säle, in denen die Möbel mit weißen Tüchern zugehängt waren wie in einem Totenhaus. »Kim! Lee!« Er schrie ihre Namen, aber sie stellten sich tot. Ließen ihn suchen und stampfen und sich mehr und mehr in Rage schreien, dabei mussten sie

alle doch wissen, dass das eine beknackte Taktik war. Der reinste Rohrkrepierer. Die Kiddies waren vielleicht noch zu klein, um das zu kapieren, aber Maylin, seine Haushälterin, und vor allem Hartlieb, sein Sekretär, Manager, Bodyguard, die hätten das wirklich wissen müssen. Ganz einfach, weil es nicht das erste Mal war, dass Kilroy die Kontrolle verlor und Dinge tat, die sonst nur in seinem Kopf stattfinden. In seinen Träumen, seiner Fantasie. Und es gehört verdammt noch mal zu Maylins und Hartliebs Aufgaben, dafür zu sorgen, dass das in seinem eigenen Haus nicht passiert.

Verschissene Scheiße. Kilroy ist jetzt mehr als nur beunruhigt. Eigentlich ist er schon fast sicher, dass er es wieder versaut hat. Er rückt so weit wie möglich von den Kleinen weg, um sie nicht aus Versehen anzulangen. Solange er keine kalte Haut gespürt hat, kann er zumindest hoffen, dass sie noch leben. Nicht, dass er sie im Fall der Fälle schmerzlich vermissen würde. Sie waren guter Durchschnitt, mehr nicht, weder besonders geschickt noch besonders ungeschickt. Aber es kostet ihn jedes Mal etliche Tage, ein neues Duo anzulernen, schon deshalb wäre es ärgerlich, wenn der Zirkus schon wieder von vorne losgehen würde. Ganz zu schweigen von dem Trouble, den zwei Leichen in seinen eigenen vier Wänden nach sich ziehen würden. Auch wenn es nur zierliche Leichen wären. Auch wenn die beiden offiziell nie ins Land gekommen sind, geschweige denn in die Villa Morgencron. Kilroy wird ruhiger. *Ganz genau, keiner weiß, dass die überhaupt hier sind.* Außer den Orangs von DigYou, und die werden natürlich wieder rumzetern: »Kilroy, wie konntest du«, und: »Kilroy, du musst endlich dies und das.« *Einen Affenscheiß muss ich,* sagt er sich, aber es überzeugt nicht mal ihn selbst.

Manchmal fragt er sich, ob er dabei ist, den Verstand zu verlieren. Oder sogar schon ziemlich weit vorangekommen auf diesem dunklen Pfad. Ob damals auch in seinem Gehirn etwas entzweigerissen ist, als er in ihr altes Haus kam, um mit Mami zu frühstücken, wie sie es immer getan hatten, soweit er zurückdenken kann. Nur sie und er. Sie war noch in dem Morgenmantel, japanische Rohseide, den er ihr gerade erst geschenkt hatte, und sie lag auf dem Esszimmerteppich, die üppigen, rotblonden Haare um ihren Kopf herum ausgebreitet. Wie verrenkt sie dalag, das Bild hat sich ihm eingebrannt. Wie verzerrt ihr Gesicht, wie starr ihre weit offenen Augen. Er fiel neben ihr auf die Knie und spürte, wie in ihm etwas zerbrach. Etwas, das auch vorher schon zerbrechlich gewesen war, mit Rissen durchzogen, und wie er so neben ihr kniete, zerplatzte es in unzählige Splitter und Scherben.

Vielleicht wird er irgendwann in eine Klapse eingebuchtet werden, sagt sich Kilroy, aber noch ist es nicht so weit. Noch ist er imstande, gewisse Dinge nur in seinem Kopf zu tun beziehungsweise nur dann, wenn alles entsprechend arrangiert worden ist. *Jedenfalls meistens. Und heute früh, wie war es da?* Da rannte er bis ins Dachgeschoss hoch, schrie nach Lee und Kim, trampelte den Mansardenflur entlang, riss eine Tür nach der anderen auf und entdeckte die Kiddies schließlich in Maylins Bett. Ein einziger Klumpen aus braunen Kulleraugen und schwarzen Wuschelhaaren, ineinander verschlungenen Gliedmaßen und atemloser Angst. Maylin bekam nichts davon mit, sie schlief mit offenem Mund, laut schnarchend, bestimmt hatte sie wieder eine Schlaftablette genommen, obwohl Kilroy ihr das schon mehrfach untersagt hat. *Und Hartlieb?*, dachte er. *Wo drückt sich der verdammte Sekretär herum?* Er wollte schon den Flur hinunterrennen, in Hartliebs Zimmer stürmen, da fiel ihm ein, dass Hartlieb gestern seinen freien Tag hatte, noch etwas, das er am liebsten verboten hätte, aber die Sklaverei ist leider abgeschafft, zumindest in Gesetzbüchern und Sonntagsreden.

Kilroy packte die Kiddies mit links und rechts im Nacken und hob sie hoch. Sie zappelten nicht mal, gaben keinen Ton von sich, sahen ihn nicht mal wütend oder bittend an. *Angststarre*, dachte er, *na klar.* So etwas vergisst man nie mehr, das ganze Leben lang nicht. Popstar, Villenbesitzer, Megamoderator und blabla, aber tief in dir drin hockt für immer dieses schockgefrostete Kind. Und Kilroy schrie, wie er nur manchmal schrie, es

brüllte aus ihm heraus, mit einer schrecklichen, dunklen, gurgelnden Stimme, die nicht seine war. Er schüttelte die Kleinen und donnerte Verwünschungen, und sie pissten vor Angst, nässten ihre Nachthemden ein, die sie sowieso nicht anhaben durften. »Ihr seid meine kleinen Tiger, und Tiger haben nichts an!«, schrie er, vollkommen außer sich. Maylin war mittlerweile aufgewacht, mit glasigen Augen sah sie von Kilroy zu den Kids. Er setzte die Kleinen unsanft auf dem Boden ab, riss ihnen die Hemden herunter, warf sich Lee links und Kim rechts über die Schulter und stampfte mit ihnen davon.
Er war immer noch scheißwütend, vor allem aber zum Heulen müde, während er die elegant geschwungene Marmortreppe nach unten stapfte. Die Kids rochen nach Pisse, aber er brachte sie direkt in sein Schlafzimmer, legte sich ins Bett und deckte sich mit den beiden zu. »Na los, macht schon«, sagte er, und obwohl sie nur ein paar Brocken Deutsch konnten, wussten sie genau, was er meinte. Geübt ist geübt.
Kim auf seinem Oberkörper, Lee auf seinen Beinen. Sie fängt oben bei seinem Gesicht an, er unten bei den Füßen. Mit ihren kleinen Zungen und Fingern lecken und streicheln sie sich seiner Körpermitte entgegen. Wenn sie alles richtig machen, fängt Lee genau dann an, Kilroys Eier zu lecken, wenn Kim mit ihren Lippen seine Schwanzspitze umschließt. Kilroy ist irre stolz auf diese Erfindung. Na gut, sie stammt nicht direkt von ihm, aber er hat sie entscheidend weiterentwickelt. Zu dieser hochkomplexen, extrem effektvollen Choreografie. Er ist der Dompteur, sie sind seine kleinen Tiger. Wenn alles perfekt abläuft, baut sich in ihm immer steiler diese irre Spannung auf und entlädt sich am Ende in einer thermonuklearen Explosion. *Bamm! Bäng! Wuuusch!* Er bäumt sich auf und schleudert seinen Rotz aus sich heraus und die Kiddies fast bis zur Zimmerdecke hoch. Eigentlich müsste er sich dann zur Seite rollen oder die beiden wieder auffangen. Aber meistens ist er dann so außer sich, im positiven Sinn außer sich, dass er weder das eine noch das andere macht. Dann knallen die Kids auf ihn runter wie unreifes Fallobst, aber

das macht ihm nichts, er ist dann so entspannt, so im Reinen mit sich, dass er keinem irgendwas übel nehmen könnte. Nicht mal wütend wird er dann, wenn die Kleinen rumheulen, weil ihnen angeblich irgendwas wehtut. Mehr als ein paar Kratzer oder Beulen fangen die sich dabei sowieso nie ein, genauso wie er selbst.
Aber heute war es anders, zuckt es ihm durch den Kopf. Haben die Kiddies es versaut? Weil sie zu viel Angst hatten, weil er immer noch wütend war und weil sie wussten, dass er sie bestrafen würde, egal, wie gut sie die Synchronnummer hinkriegen würden? Scheiße, er erinnert sich einfach nicht, und ein Filmriss ist oft ein schlimmes Vorzeichen.
Sein Herz schlägt jetzt viel zu schnell. Wie er sich auch den Kopf zermartert, er kann sich verdammt noch mal nicht erinnern. Aber er hat ein mieses Gefühl.
Sein Körper fühlt sich hölzern an, als er sich nach rechts aus dem Bett wälzt und zum Fenster geht. *Scheiße, Kilroy, was hast du gemacht?* Er zieht den Vorhang auf, reißt eine Hand vor die Augen. *Viel zu hell, verdammt noch mal!* Als er sich wieder umdreht, liegen zwei dunkle Schemen auf seinem Bett, zusammengerollt, reglos, jedes in seine eigene gleißende Aura aus Sonnenlicht gehüllt. *Als würden ihre jämmerlichen Seelen schon rausgewabert kommen.*
Er stürzt zum Bett zurück, packt die Kiddies im Nacken und schüttelt sie. »Aufwachen, faules Pack!«
Sie heben die Köpfe – genau gleichzeitig, kommt es ihm vor – und blinzeln ihn schlaftrunken an. *So was von lebendig*, denkt er, *die haben nur ein paar Kratzer*. Na gut, es sind ziemlich viele Schrammen, Beulen, Blutergüsse, aber nichts wirklich Schlimmes. Er drückt auf ihnen herum, und sie stöhnen und zappeln, doch das beweist ja nur, dass sie ziemlich okay sind. »Die paar blauen Flecken, das ist gar nichts«, erklärt er Kim und Lee. »Ihr hättet mal sehen sollen, wie ich in eurem Alter manchmal ausgesehen habe.«
Er wirft sich wieder auf sein Bett und nimmt die beiden links

und rechts in die Arme. Er ist dermaßen erleichtert, dass er gar nicht weiß, wohin damit. Er könnte glatt in die Kirche schlurfen und eine Kerze spenden, wie Pater Georg das laut Mami immer gemacht hat. »Einen Affenscheiß werd ich«, versichert er Kim und Lee und zerquetscht sie fast in seinen Armen.

Seine Welt ist die Kunst, und basta. Die Fantasie, die Musik. »*Kilroy was here*«, singt er und schlägt mit den flachen Händen auf die Rippen der Kids wie ein Bongospieler. »*Left his name around the place, Kilroy was here. Thought I've never seen his face, Kilroy was here.*«

**Berlin-Charlottenburg,
Büro *cosy living* [10:56]**

Kurz vor elf, immer noch überlegt Perlsberg hin und her, wie sie Ria aus der Schusslinie holen kann. Das hat allerhöchste Priorität, aber solange die junge Agentin so nah beim Tatort ist, können sie nicht einfach so intervenieren. Da draußen wimmelt es von Bereitschaft und LKAlern.

Sie könnte Tony Jacobs losschicken, damit er sie dazu bringt, sich unauffällig zurückzuziehen. Rias zwei Jahre älterer Teamkollege sitzt vorne am Empfangstresen im Stand-by, und Ria und er verstehen sich blind. Normalerweise. Aber so durch den Wind, wie sie jetzt anscheinend ist, würde der Schuss wohl nach hinten losgehen.

Erst recht, wenn ich selbst zu ihr rausfahren würde, sagt sich Perlsberg. Ria sitzt dort quasi im Schaufenster. Bestimmt haben Nachbarn in der Büchnerstraße den Kollegen eine junge Frau geschildert, die in den letzten Tagen mehrfach bei Makowskis war. Ende zwanzig, sportliche Figur, dunkle, kurze Haare. Vielleicht hat sich sogar jemand das Kennzeichen gemerkt oder kann zumindest ihr Fahrzeug ungefähr beschreiben. Hellblauer Kleinwagen, Berliner Nummernschild. Wenn sich Ria auch nur ansatzweise auffällig verhält, zum Beispiel eine Szene macht,

weil Tony oder Perlsberg sie zum Rückzug bewegen wollen, braucht ein zufällig vorbeifahrender Kollege vom LKA oder von der Bereitschaft nur noch eins und eins zusammenzuzählen.
Ich habe sie da reingeritten, wirft sich Perlsberg vor, *ich hätte die Aktion längst abbrechen müssen.* Natürlich war ihr das Risiko bewusst, dass sich Ria emotional verstricken könnte. Wenn eine junge Agentin den Auftrag hat, mit ihrer Quelle eine Liebesbeziehung einzugehen, lässt sich das selten ganz vermeiden. Aber Niklas war ihre Riesenchance, das musste sie einfach versuchen. In einer verschworenen Belegschaft aus ehemaligen Waisenkindern, in der so gut wie keiner irgendwelche engeren Außenkontakte hat, ist es fast unmöglich, eine Quelle anzuwerben. Da war Niklas Makowski mit seinem betreuungsbedürftigen Vater, für den sich bei der Stiftung niemand zuständig fühlte, für Perlsberg wie ein Jackpot. Sie glaubte wirklich, dass sie die Lage unter Kontrolle halten könnte, doch damit lag sie anscheinend falsch. Dass Ria seit Stunden da draußen in ihrem Auto sitzt, sich nicht von der Stelle rührt und nicht ans Telefon geht, kann nur eines bedeuten: Sie steht unter Schock. Und wenn sie erst wieder imstande ist, einen Entschluss zu fassen, wird sie womöglich etwas noch viel Unvernünftigeres tun. Zum Beispiel Hals über Kopf davonrasen, aus Panik, dass die Brüder auch hinter ihr her sind. Weil sie glauben, dass Niklas seine vermeintliche Freundin schon in Einzelheiten der von ihm entdeckten Manipulationen eingeweiht hat.
Dabei haben wir nichts als ein paar vage Andeutungen, sagt sich Perlsberg. *Nicht mal einen Namen, überhaupt nichts Konkretes. Sind sie uns wieder zuvorgekommen – oder hatten sie einfach unverschämtes Glück?* Perlsberg kaut an der Unterlippe, alte Angewohnheit von Hallstein. *So viel Glück auf einem Haufen gibt es nicht.*
Heute Nachmittag wollte er Ria die Akte der kleinen Patientin geben, die angeblich über Nacht wieder sterbenskrank geworden ist. Weshalb das Mädchen plötzlich nicht mehr als geheilt entlassen werden, sondern in das Palliativzentrum auf der stif-

tungseigenen Insel Maipaan gebracht werden soll. Laut Niklas, der sie auf seiner Station wochenlang betreut hat, ist es »medizinisch unmöglich«, dass sich das Krankheitsbild in so kurzer Zeit so dramatisch verschlechtert – »von praktisch wieder gesund zu unheilbar krank in weniger als zwei Tagen«. Aber genauso habe es in ihrer Krankenakte gestanden, die am Fußende ihres Bettes lag. Er habe nur die ersten Seiten überfliegen können, dann seien schon die beiden Pfleger von Station 3-2 gekommen, um sie abzuholen. Doch die Begriffe »*aggressives Rezidiv*«, »*letale Prognose*«, »*austherapiert*« und »*Palliativ Maipaan*« seien ihm förmlich in die Augen gesprungen. Seltsam fand er auch, dass das Mädchen in einen streng abgeschirmten Intensivbereich verlegt wurde, sodass er urplötzlich keinen Zugang mehr zu ihr hatte. Das alles beunruhigte ihn sehr.
Möglicherweise hat er mit jemandem in der Klinik über diese »Unregelmäßigkeiten« geredet, sagt sich Perlsberg – und die Hintermänner von *Dignity of Youth* haben keinen Augenblick gezögert, die Schwachstelle in der Fassade zu beseitigen. War es so?
Ihr ist bewusst, dass sie spätestens jetzt die Aktion abblasen müsste. Den großen Schlag gegen die Bruderschaft, auf den sie seit Wochen und Monaten, eigentlich schon seit Jahren und Jahrzehnten hingearbeitet hat. Schließlich trägt sie die Verantwortung für ihre Leute. Und es sind schon viel zu viele gestorben, auch durch ihre Schuld. Allen voran ihr eigener Bruder, aber darüber denkt sie jetzt besser nicht nach. Ihre neue Identität ist ein schützender Panzer, der sie auch vor ihr selbst abschirmt. Vor Kira Hallstein, die in ihr eingeschlossen ist wie in einem Berg. Mitsamt ihrem Selbsthass, ihren Schuldgefühlen, ihrem unerträglichen Phantomschmerz. Alles tief verschlossen in Katja Perlsberg, Niederlassungsleiterin von *cosy living*.
Seit Jahren ist sie – beziehungsweise Hallstein – dem Kartell auf der Spur, doch bisher waren die Brüder ihr immer mindestens einen Schritt voraus. Die Bruderschaft nutzte alle verfügbaren Hebel – von Bestechung und Erpressung bis hin zu Terror, Mord,

fingierten Unfällen und Suiziden –, um ihre Reihen zu schließen, Zeugen zum Schweigen zu bringen, Strafverfolger mundtot zu machen, Ermittlungen ins Leere laufen zu lassen.

Vorletzten Sommer ließen sie in Berlin und Brandenburg Dutzende Mädchen und junge Frauen kidnappen, um die Opfer in bizarrer Dschungelkulisse zu missbrauchen und etliche von ihnen zu Tode zu foltern. Angelockt von der Social-Media-Kampagne »Befrei dich!«, begaben sich unzählige junge Frauen auf den vermeintlichen Selbstverwirklichungstrip. Viele verschwanden spurlos, darunter auch Ria Hunolds Schwester Julia, mittlerweile zweiundzwanzig, sofern noch am Leben.

Zum Beuteschema der Brüder gehören auch männliche Teenager, und eines der Opfer aus dieser Gruppe heißt Ludwig Eichner, sechsundzwanzig, falls noch am Leben. Als Teenager wurde er bei einem Thailandurlaub von der Bruderschaft eingefangen und missbraucht, legte sich später den Künstlernamen Lou van Eyck zu und versuchte, seine Traumatisierung durch verstörende Kunstprojekte in den Griff zu bekommen. Mit dreiundzwanzig wurde er Hallsteins Liebhaber, bald darauf entführte ihn das Kartell erneut und brachte ihn auf die tropische Insel, wo allem Anschein nach das schwarze Herz der Organisation schlägt.

Mutmaßlich dort wurde auch das Video produziert, von dem ihr in unregelmäßigen Abständen immer wieder ein paar Schnipsel zugänglich gemacht werden, per Link zu einem Server in Postsowjetistan. Aufnahmen von einem jungen Mann, der wie Lou aussieht und bei lebendigem Leib skelettiert wird.

Nach jahrelangen Nachforschungen hat sie endlich einen Spalt in der Fassade ausgemacht. *Es hilft alles nichts, ich muss die Aktion abblasen*, sagt sich Perlsberg erneut.

Sie kann Max nicht nach Maipaan schicken, solange die Mordumstände in Heiligensee nicht geklärt sind. Ohne einen handfesten Beweis für die Machenschaften der Bruderschaft würde sie sowieso kein grünes Licht aus Brüssel bekommen. Und selbst wenn sie doch noch die manipulierte Krankenakte auftreiben könnten, was an ein Wunder grenzen würde, wäre es alles andere als sicher, dass die Bex der hochriskanten Einschleusung zustimmen würde. Natürlich hat Perlsberg auch immer wieder überlegt, die Aktion notfalls auf eigene Faust durchzuziehen, nur sie und Max. Aber sie hat schon zu viele Menschenleben geopfert in ihrem Kampf gegen die Bruderschaft. Sie kann und darf nicht noch jemanden ins Feuer schicken, schon gar nicht Max.

Max Lohmeyer, seinerzeit Hallsteins Partner beim LKA. Als er vor Kurzem fünfunddreißig wurde, erschien sie als Überraschungsgast in seiner soldatischen Stube, und Max kiekste vor Aufregung wie in alten Zeiten. Ansonsten erinnert nur noch wenig an den früheren Max. Seine Pfunde sind geschmolzen, seine Muskeln trainiert, seine Locken millimeterkurz geschoren, sein Gesicht mit den freundlichen Hütehund-Zügen hinter einem rotblonden Vollbart versteckt. »Hallstein!«, kiekste er. »Don Francisco«, sagte Hallstein und küsste ihn auf den Mund.

Kann Jensen die Makowski-Morde innerhalb von achtundvierzig Stunden aufklären?, überlegt sie. Nach allem, was sie über ihn gehört hat, wäre es nicht das erste Mal, dass er einen Mord- oder Kidnapping-Fall quasi über Nacht lösen würde. Böse Zungen im LKA behaupten allerdings, dass sein Ermittlungsstil mehr seiner Karriere als der peniblen Aufklärung der Tatumstände diene. Angeblich hat er eine Methode perfektioniert, die es ihm erlaubt, einmal festgenagelten Tatverdächtigen gleich noch weitere ungeklärte Fälle anzuhängen. Der Betreffende willigt ein, das von Jensen geschnürte »Tatpaket« auf sich zu nehmen, und bekommt im Gegenzug bestimmte Vergünstigungen eingeräumt. Handelt es sich beispielsweise um einen Albaner oder einen Algerier, erhält er die Zusicherung, dass er seine Strafe in einer deutschen Haftanstalt absitzen darf, also nicht in seine Heimat abgeschoben wird, wo er in der Regel mit Haftbefehl gesucht wird und wo ein längerer Gefängnisaufenthalt nicht selten zum vorzeitigen Ableben führt.

Jensen hat den Ruf, nicht nur ein »genialer Vereinfacher« zu sein, sondern auch ein gewiefter Deal-Macher, dem Staatsanwälte und Richter angeblich aus der Hand fressen. Was nicht heißen soll, dass er selbst oder sonst einer der Beteiligten von wem auch immer gekauft worden wäre. Jensens Methode beschert ihm selbst Top-Aufklärungsquoten, den Richtern zügige Verfahren und der Staatsanwaltschaft serienweise Siege. Eine Rundum-win-Situation, das räumen auch seine Kritiker ein. Was aber an ihrem Unbehagen wenig ändert.

Selbst wenn er es schaffen sollte, den oder die tatsächlichen Täter bis übermorgen zu identifizieren, sagt sich Perlsberg, *ohne die Patientenakte aus der Kinderklinik habe ich keine Chance, die Bex zu überzeugen.*

Sie starrt auf den pulsierenden roten Punkt. *Vielleicht hat Niklas eine Kopie der Akte oder Auszüge daraus bei seinem Vater oder in seiner Wohnung auf dem Klinikgelände versteckt.* Das ist sogar ziemlich wahrscheinlich, überlegt sie weiter, seit einer Woche hat Ria immer wieder hervorgehoben, dass er seinen Zweifeln auf den Grund gehen müsse. Sie sehe doch, wie ihn die Sache quäle. Wenn er herausfinden wolle, ob es in der Klinik zumindest in diesem Fall nicht mit rechten Dingen zugehe, bleibe ihm nichts anderes übrig, als Dokumente zu beschaffen, die von unabhängigen Fachleuten überprüft werden könnten. Seine Skrupel könne sie gut verstehen, schließlich verdanke er der Stiftung viel. Aber es gebe einen Ausweg: Wenn er ihr die fragliche Akte beschaffe, werde sie an seiner Stelle Anzeige erstatten und seinen Namen aus dem Spiel lassen.

An die Akte komme er nicht mehr heran, nachdem die Patientin in den abgeschlossenen Bereich verlegt worden sei, wandte Niklas ein. Ria hielt das für eine Ausrede, auch wenn sie es ihm gegenüber nicht so deutlich sagte. Sie vermutete, dass er zumindest Teile der Krankenakte bereits fotografiert oder auf andere Weise kopiert hatte. Anschließend habe er wohl wieder Skrupel bekommen und zögere deshalb, den nächsten Schritt zu tun.

Nachdem sein Vater bei minus zwanzig Grad im Schlafanzug auf der Straße herumgeirrt und nur durch das glückliche Eingreifen einer Nachbarin vor dem Erfrieren gerettet worden war, stand Niklas vor einem weiteren Dilemma. Er konnte seinen zunehmend dementen Vater nicht länger unbeaufsichtigt zu Hause lassen, aber er konnte auch keine häusliche Rund-um-die-Uhr-Betreuung bezahlen. Also blieb ihm nur die Wahl, ihn in ein Heim zu geben – oder zu riskieren, dass der verwirrte alte Mann daheim zu Schaden oder sogar zu Tode kam. »Ich würde mir für den Rest meines Lebens Vorwürfe machen, wenn ihm etwas passiert«, sagte er zu Ria. »Aber ihn in ein Heim zu stecken bringe ich auch nicht über mich. Das kann ich ihm nicht antun. Ich habe mein halbes Leben in Heimen verbracht, ich weiß genau, was das für höllische Orte sind.«

Auf Perlsbergs Weisung hin machte Ria ihm daraufhin ein unwiderstehliches Angebot: Sie würde vorübergehend bei Vater Daniel einziehen, den alten Mann betreuen und vom Home Office aus für ihre Firma arbeiten. »Aber dann musst du mir auch die Akte von dem Mädchen geben«, sagte sie. »Ich will nicht, dass du dich länger mit dieser Angelegenheit herumquälst. Ich will, dass du glücklich und unbeschwert bist, wenn du zu mir kommst.« Diesmal stimmte er sofort zu – im Gegensatz zu Ria selbst, die drauf und dran gewesen war, Perlsberg den Gehorsam zu verweigern. »Das kann ich nicht machen!«, hatte sie geschrien. »Ich will diese Akte nicht von ihm haben, wir schicken Nikki in den Tod!« Sie war zunehmend hin- und hergerissen zwischen Pflichterfüllung und Gewissensbissen.

Das war vorgestern, denkt Perlsberg, *und nicht einmal vierundzwanzig Stunden später war er tatsächlich tot. Wirklich nur Zufall – oder doch die Handschrift der Bruderschaft?*

Je länger sie darüber nachdenkt, desto sicherer ist sie, dass Niklas die Akte irgendwo versteckt hat. *Er war nicht der Typ, der leere Versprechungen macht. Er hätte Ria nicht zugesagt, ihr die Dokumente heute noch zu geben, wenn er sie nicht bereits irgendwo gebunkert hätte. Im Haus seines Vaters, in seiner Wohnung auf dem Gelände der Klinik oder vielleicht auch irgendwo in einem Schließfach. Ich muss Jensen davon überzeugen, mit mir zusam-*

menzuarbeiten, sagt sich Perlsberg. *Er muss die Akte suchen und seinen möglichen Fund mit mir teilen. Eine andere Option habe ich nicht.* Wie sie ihn dazu bringen soll, ist allerdings alles andere als klar. *Wenn er erfährt, wer Niklas' vermeintliche Freundin eingeschleust hat, dreht er durch.*

Perlsberg schaut zu der Wanduhr, die wie eine Zielscheibe gestylt ist, mit den Zeigern als Pfeilen, die ständig ins Schwarze treffen. Elf Uhr vorbei, *höchste Zeit, Ria zur Ordnung zu rufen.* Sie greift nach ihrem Smartphone. Im selben Moment beginnt es zu vibrieren, auf dem Display blinkt der Schriftzug *RiaH*.

»Endlich, Ria. Was ist los? Du solltest dich doch melden ...«

»... sobald ich im Haus bin«, fällt ihr Ria ins Wort. »Aber da bin ich ja nicht. Sie sind beide ...«

»... tot, ich weiß«, vollendet diesmal Perlsberg. »Ich habe es vorhin aus dem LKA gehört. Anscheinend Raubmord.« Sie sagt es so unaufgeregt wie möglich. »Schlimm, aber du kannst dich entspannen. Stand jetzt haben die Brüder nichts damit zu tun.«

»Das ist doch Bullshit«, sagt Ria heftig.

Perlsberg meint, im Hintergrund Kinderlachen zu hören. Dazu verwehte Lautsprecherdurchsagen und das Scheppern einer anfahrenden Bahn. Es klingt, als wäre Ria in einem Park irgendwo in der Nähe eines S-Bahnhofs. *Juchzer wie von einem Schlittenhügel,* denkt sie. Aber wie kann das sein? Der rote Punkt auf dem Laptop pulsiert unverändert an der Kreuzung in Heiligensee. Auch der Tracker in Rias Rucksack hat sich nicht von der Stelle bewegt.

Wusste sie die ganze Zeit, dass sie überwacht wird? Hektisch nimmt Perlsberg ihr Smartphone vom Ohr und schaut erneut aufs Display. *Da ist eine 2 hinter* RiaH. *Das ist nicht ihre normale Nummer. Sie ruft mit einer Prepaidkarte an, also Notfall-Handy, aber warum?*

Perlsberg zwingt sich, gleichmäßig zu atmen. »Du musst sofort ins Büro kommen.«

»Kannst du vergessen«, sagt Ria.

»Mir ist klar, dass du enorm unter Stress stehst.« Perlsberg bemüht sich um einen schonenden Tonfall. »Aber du darfst dich jetzt nicht von deinen Emotionen leiten lassen. Du musst mit der Polizei reden, die Nachbarn der Makowskis haben dich gesehen. Komm ins Büro, dann besprechen wir die nächsten Schritte. Ich erkläre dir, was du aussagen musst, um aus der Schusslinie zu kommen.«

Falsche Wortwahl, sie weiß es, noch bevor sie fertig geredet hat. Aber zu spät.

»Aus der Schusslinie?«, wiederholt Ria. »So wie du es geschafft hast, Nikki und seinen Vater aus der Schusslinie zu halten?«

Ihr zittriges Ein- und Ausatmen verrät, wie sehr sie mit den Nerven herunter ist. Dazu ihre hastigen Schritte, fast rennend, auf knirschendem Untergrund. *Sandweg, vereist*, denkt Perlsberg, *Tiergarten vielleicht? Aber was macht sie da?*

»Oder hast du schon vergessen, was du vorgestern gesagt hast? ›Den beiden krümmt keiner ein Haar, das garantiere ich dir.‹ Und jetzt, Perlsberg? Erwartest du im Ernst, dass ich dir noch vertraue?«

Perlsberg presst die Lippen aufeinander. *Ruhig bleiben.* »Mir ist klar, dass du an deine Grenzen gehen musstest«, sagt sie. »Aber schau jetzt bitte nach vorne, Ria. Denk daran, worum es hier geht. Denk an unsere Mission.« Sie unterbricht sich, doch aus dem Telefon dringt nur ein halb erstickter Schluchzer. »Wir sind so nah dran wie noch nie. Daran hat sich nichts geändert, verstehst du?« Perlsberg versucht, überzeugter zu klingen, als sie sich fühlt. »Wir können es immer noch schaffen. Die Brüder drankriegen und die Opfer befreien. Auch deine Schwester«, fügt sie hinzu.

Ria schluchzt lauter. Zugleich rennt sie immer schneller auf dem knirschenden Weg entlang. Im Hintergrund hört Perlsberg raue Stimmen, Flaschen klirren, dann Lärm von einer Straßenkreuzung.

»Ria, wo bist du?« Keine Antwort. »Warum bist du nicht mit dem Auto unterwegs?«

»Das fragst du, Perlsberg? Ich hatte Scheißangst wie noch nie.

Ich hab in der Kiste gesessen und bin mir vorgekommen, als hätte ich ein Fadenkreuz auf der Stirn. Die wissen doch bestimmt, mit was für einem Wagen ich immer zu Nikki gekommen bin. Marke, Farbe, Kennzeichen, alles. Ich war wie gelähmt. Es hat Ewigkeiten gedauert, bis ich die verdammte Autotür aufbekommen habe. Ich bin ausgestiegen, Kapuze drüber und weg. Nur Geld, Papiere und das LG-Handy hab ich dabei. Und meine Waffe natürlich. Aber der Rucksack, das Galaxy, alles noch im Auto, um die Ecke von der Büchnerstraße.«

Erzähl mir was Neues. Perlsberg verliert die Geduld. »Herrje, Ria, wo bist du?«

Wieder keine Antwort. Nur der Lärm schwillt weiter an. Hupen, Stimmengewirr, hallend wie in einer Straßenschlucht. Dazu dumpfes Dröhnen von einer vorbeieiernden Tram. *Sie muss in der City Ost sein,* denkt Perlsberg. *Vielleicht irgendwo Nähe Alexanderplatz.*

»Okay, wir machen es anders«, setzt sie neu an. »Du gehst jetzt ins Safe House, verstanden? Wir treffen uns dort um fünfzehn Uhr. Bis dahin habe ich bestimmt auch ein Update zum Ermittlungsstand. Okay, Ria?«

Ein weiterer zittriger Atemzug, dann ist die Leitung tot.

**Berlin-Lichtenberg,
Safe House [11:19]**

Ria hastet die Frankfurter Allee entlang, gegen den eiskalten Wind, der ihr Schnee ins Gesicht peitscht. Das Pärchen folgt ihr seit der U-Bahn-Station Frankfurter Tor. Sonnyboy und Riesenpinguin. Er Mitte dreißig, mit Parka und Fünftagebart, sie ein paar Jahre jünger, mit schwarzer Pelzmütze und weißem Daunenmantel.

Vor einem Schaufenster stoppt Ria und späht unauffällig nach links. Die beiden stehen eng umschlungen im Flockengestöber und mimen ein von Leidenschaft überwältigtes Liebespaar.

Aber darauf fällt sie nicht herein, die Nummer hat sie selbst oft genug abgezogen. Mal mit Wissen des Geküssten, mal ohne. Wie bei Nikki. Doch an ihn will sie jetzt auf keinen Fall denken. Sonst ist es mit ihrem bisschen Selbstkontrolle sofort wieder vorbei.

Seit sie es geschafft hat, ihr Auto zu verlassen, ist sie im Fluchtmodus, ständig kurz davor, die SIG Sauer aus dem Achselholster zu zerren. Die Vorstellung, von Flight auf Fight umzuschalten, ihre Verfolger zu stellen, einfach niederzuballern, fühlt sich großartig an. Aber ihr ist bewusst, dass sie das auf keinen Fall tun darf. Ihre Wahrnehmung ist verzerrt, sie darf ihren Sinneseindrücken nicht leichtfertig trauen. Solange es sich vermeiden lässt, wird sie die Schusswaffe nicht anrühren.

Ria wendet sich vom Schaufenster ab und sieht in den Augenwinkeln, dass sich auch ihre beiden Schatten voneinander lösen. Sie folgt weiter der Frankfurter Allee, und das Pärchen stapft hinter ihr her.

Das kann natürlich Zufall sein, sie sind keineswegs die Einzigen, die bei leichtem Schneefall in Richtung Osten marschieren. Auf dem zehn Meter breiten Bürgersteig neben der zehnspurigen Straße, die früher Stalinallee hieß. In Rias Windschatten schleppt sich eine alte Frau mit Kopftuch dahin. Ein kleiner Trupp junger Asiaten läuft seit der U-Bahn-Station schnatternd und lachend hinter ihnen her. Müllmänner in orangeroten Overalls zerren graue Tonnen aus Kellerschächten, Paketboten stapeln bunte Kisten auf ihre Karren. Alkis suchen die nächstgelegene Schnapstanke, Rucksacktouristen ihr Hostel.

Vielleicht sind ja auch Sonnyboy und Riesenpinguin einfach das, wonach sie aussehen, ein Liebespaar, das im Schneegestöber spazieren geht. Aber Ria ist sich ziemlich sicher, dass die beiden auf sie angesetzt worden sind. Bestimmt haben sie irgendwen abgelöst, der sie vorher in der U-Bahn beschattet hat. Jedenfalls haben sie oben am Ausgang gewartet, während Ria sich orientiert hat, und sind ihr dann ohne Zögern gefolgt.

Bilder flashen durch ihren Kopf, ein Wirrwarr aus Erinnerungen, Berichten, Albträumen. Wenn sie auch nur ganz kurz die Augen schließt, sieht sie ihre kleine Schwester vor sich. Julia nackt, weinend, zusammengekrümmt am Boden, und die Brüder fallen über sie her. Mit Messern und Speeren. Wie in den Snuff-Videos von der Insel, von denen ihr Perlsberg erzählt hat. Mit allen grauenvollen Details. Aber auch daran darf sie jetzt nicht denken.

Der Plattenbau Ecke Proskauer Straße sieht noch genauso heruntergekommen wie in ihrer Erinnerung aus. Zehn Meter davor bleibt sie unvermittelt stehen, und die Kopftuchfrau rennt von hinten in sie hinein. Ria dreht sich um und setzt zu einer Entschuldigung an.

Die alte Frau ist einen halben Kopf kleiner als sie. Ihr Kopftuch ausgeblichen, der abgewetzte Mantel viel zu dünn. In stummer Verbitterung starrt sie Ria an, während das Pärchen an ihnen vorbeistolziert, scheinbar ohne sie zu beachten. Ria entschuldigt sich noch immer wortreich bei der Frau, die abwehrend mit der Hand fuchtelt und etwas Unverständliches brabbelt. Anscheinend will sie einfach weitergehen, aber Ria legt ihr eine Hand auf den Unterarm und redet auf sie ein. Zugleich dreht sie den Kopf gerade weit genug nach rechts, um ihre mutmaßlichen Verfolger im Blick zu behalten. Die marschieren Arm in Arm die Straße entlang, ohne innezuhalten oder sich umzuwenden.

Ria schaut hinter ihnen her, bis sie im Schneegestöber verschwunden sind. Dann lässt sie die Kopftuchoma stehen und geht auf den Eingang des Plattenbaus zu, in dem das Safe House untergebracht ist. »Genau genommen ein Safe *Pent*house«, hat Perlsberg gesagt, als sie Tony und ihr die Notfall-Unterkunft zeigte. Damals fand Ria das cool. Jetzt ist ihr einfach nur kalt, auch wenn sie immer noch schwitzt und ihr Herz zu schnell schlägt.

Sie gibt den sechsstelligen Code ins Tastenfeld ein und drückt die Haustür auf. Schnell schaut sie noch einmal nach rechts, das

Pärchen ist nicht zu sehen. Waren die nun auf sie angesetzt oder nicht?

Die kleine Eingangshalle sieht kaum weniger schäbig aus als die Fassade des Sechzigerjahre-Baus. Das Kunststeinpflaster auf dem Boden zersprungen. Die Wände brauchen dringend einen frischen Anstrich. Alles Absicht, laut Perlsberg. Wer hier wohnt, will kein Aufsehen erregen, aus welchen Gründen auch immer.

Die Briefkästen an der rechten Seitenwand weisen keine Namensschilder, sondern lediglich Nummern auf. Genauso wie das Klingelbrett draußen. Auch der Lift ist mit einem elektronischen Schloss gesichert. Erneut gibt sie den Zahlencode ein.

Als Perlsberg sie vorhin anwies, zum Safe House zu fahren, war Ria längst auf dem Weg hierher. Wirklich sicher fühlt sie sich hier auch nicht, aber etwas Besseres ist ihr bisher nicht eingefallen. Den LKAlern wird sie sich auf keinen Fall stellen, da kann Perlsberg machen, was sie will. *Raubmord, so ein Schwachsinn*, denkt Ria. *Die stecken doch mit den Brüdern unter einer Decke.*

Scheppernd schieben sich die Lifttüren auf, Ria zuckt zusammen. Vor ihr steht ein groß gewachsener Mann Anfang vierzig, mit Blaumann und angegrautem Vollbart. Werkzeugkasten in der einen, Klemmbrett in der anderen Hand.

»Hab ich Sie erschreckt? Sorry.« Er grinst sie mit einem Ausdruck gutmütigen Erstaunens an. »Wenn icke mir vorstellen darf: Hausmeester Bernie, stets zu Diensten.« Er hält das Klemmbrett voll zerknickter Auftragszettel vor den Sensor, damit die Lifttür nicht wieder zugeht. »Wo wir zwee beede schon mal miteinander plaudern«, fährt er fort. »Zwecks Kontrolle der Heizungsventile müsste icke heute oder morjen mal kurz in jede Wohnung. Verraten Sie mir Ihre Apartmentnummer, gnä' Frau?« Er sieht vollkommen harmlos aus, ein Berliner Hausmeister wie aus dem Bilderbuch. *Fast schon übertrieben authentisch,* denkt Ria.

Trotzdem nennt sie ihm nach kurzem Zögern ihre Wohnungsnummer, 1101. »Bombenaussicht«, lobt er. »Wenn Sie jestatten, fahre icke gleich mit Ihnen hoch.«

Erschrocken schüttelt sie den Kopf. Sie sei in Eile, das passe gerade gar nicht, stammelt sie, und wieder schaut er sie mit diesem freundlichen Erstaunen an. »Null Problemo. Wie wär's morjen um elfe?«
Sofort stimmt sie zu, *von mir aus, dann bin ich längst wieder weg.* Sie kann es kaum erwarten, dass er den Lift verlässt.
Als sich die Türen endlich hinter ihr schließen und der Aufzug losfährt, starrt sie auf das spiegelnde Blech der Kabinenwand. Doch Ria sieht nicht sich selbst, sondern Julia. Ihre Schwester, die gefesselt von einem Ast herabhängt. »Sie hängen sie an den Handgelenken auf und schneiden das Fleisch von ihnen herunter. Am ganzen Körper, während die Opfer bei Bewusstsein sind. Starr gespritzt, aber am Leben.« Ria hört Perlsbergs Stimme so klar und deutlich, als stünde sie neben ihr. »Brüste, Hintern, Arme, Schenkel, und die Stücke werfen sie denen am Feuer zu. Streifenweise schälen sie das Fleisch von den Rippen, bis die Organe darunter bloßgelegt sind. Es ist ihr abartiges Spiel, Ria, und Sieger ist, wer es schafft, die Rippen freizuschälen, solange das Herz darunter noch schlägt.«
Der Lift stoppt, schleifend gleiten die Türen auf. Auf einmal ist Ria wieder wie gelähmt vor Angst. Wie heute Morgen im Auto. Die Augen geschlossen, die Lippen zusammengepresst. Auch ohne sich im Spiegel zu sehen, weiß sie, dass ihr Gesicht kalkweiß ist.
Stotternd gehen die Türen wieder zu. Im letzten Moment gibt sie sich einen Ruck und quetscht sich seitwärts durch den Schlitz. Ohne vorher einen Blick nach draußen zu werfen. Als hätte sie alles vergessen, verlernt. Aber sie hat Glück, der Gang vor dem Aufzug ist leer.
Was man so Glück nennt. Sie kann nicht klar denken, in ihrem Kopf gellen Schreie, zucken zerhackte Bilder. Julia, zusammengekrümmt in einer Zimmerecke. Nicht auf der Hölleninsel, sondern zu Hause. Mit fünfzehn, sechzehn, fast noch ein Kind. Dort, wo sie behütet sein sollte, von ihrer Mutter, ihrer großen Schwester geschützt. *Aber Mom hat weggeschaut, und ich auch. Und der widerliche Friedrich hatte freie Bahn.*

Mit Mühe schafft sie es, sich auf ihre Umgebung zu fokussieren. Enger, dämmriger Gang, zwei Türen, die vordere ist ihre. Sie zwingt sich, gleichmäßig ein- und auszuatmen, und schafft es tatsächlich bis zu ihrem Eingang. Mit zittrigen Fingern tippt sie erneut einen Zifferncode ein, stolpert in die Wohnung und knallt die Tür hinter sich zu.
Stangenschloss, Kette, Querriegel, sie verbarrikadiert sich mit allem, was da ist. Am Touchpanel hinter der Tür stellt sie die Alarmanlage wieder scharf, dann lässt sie sich mit der Schulter gegen die Wohnungstür fallen, die von innen mit Stahlblech verstärkt ist. Schält sich aus Parka und Stiefeln, zieht auch die Strümpfe aus, die feucht sind vor Schneematsche und Angstschweiß. *Angstmatsche*, denkt Ria. Aber hier in der Wohnung ist es wohlig warm. Sie freut sich auf eine heiße Dusche.
Das Penthouse besteht aus einem achtzig Quadratmeter großen »Living« mit offener Küche sowie Schlafzimmer und Bad en suite. Außerdem noch mal dreißig Quadratmetern Dachterrasse hinter der massiven Glaswand nach Süden.
Draußen hat sich das Flockengestöber zu heftigem Schneefall gesteigert. Ria dreht sich erneut zum Steuerpanel um, lässt mit einem Tastendruck sämtliche Rollläden herunter und schaltet überall das Deckenlicht ein.
Das Safe House ist im gleichen überdrehten Stil möbliert wie das Büro von *cosy living*. Marmorboden, schneeweiße Teppiche und zierliche Ledersitzmöbel, alles andere ist aus blassgrün getöntem Acryl. Schränke, Wandregale, Esstisch, ein kleiner Schreibtisch, auch sämtliche Stühle.
Ria durchquert den riesigen Raum, die Klimaanlage surrt, sonst ist nichts zu hören. Keine Geräusche aus dem Haus und nur minimales Brausen von der Straße elf Etagen tiefer.
Die Tür am anderen Ende des Livings steht halb offen. Sie stößt sie ganz auf, bevor sie darüber nachdenken kann, wer dahinter möglicherweise wartet. Auch das Bad hat surreale Ausmaße. Regendusche, Whirlpool, deckenhohe Spiegel. Sie erinnert sich an die launige Führung mit Maklerjargon, bei der Perlsberg ihnen

die Wohnung angepriesen hat. Das ist erst ein paar Wochen her und fühlt sich doch an wie aus einem anderen Leben. Perlsbergs – Hallsteins – Vater war Immobilienmakler, als Teenager hat er sie oft zu Kundenterminen mitgenommen. »Living«, »Bad en suite«, »hochwertig saniert«, »unverbaubarer Fernblick«, die Floskeln flossen ihr über die Lippen wie nichts. Ihre Rolle als Niederlassungsleiterin von *cosy living* spielt Perlsberg so glaubwürdig, als hätte sie ihr Leben lang Immobilien besichtigt, angekauft und saniert.

Dann die nächste Tür, dahinter das Schlafzimmer. Ria tritt ans Fenster, der Blick auf die verschneite City ist grandios. *Bombenaussicht*, das kriegerische Lob des Hausmeisters fällt ihr ein. Ihre Atemfrequenz hat sich ein wenig verlangsamt, aber ihr Herz schlägt immer noch zu schnell. Auf der Zunge hat sie den bitteren Geschmack von Adrenalin. Das Shirt klebt ihr am Körper. Und draußen tobt mittlerweile ein veritabler Schneesturm.

Ria zieht sich Pulli und Shirt über den Kopf, lässt beides auf das Kingsize-Bett fallen. Sie geht zum Einbauschrank, der laut Perlsberg Kleidung in mehr oder weniger allen Größen enthält. Sie sucht sich etwas halbwegs Passendes heraus und geht zurück ins Bad.

Die Dusche ist ein »tropischer Traum«, wiederum laut Perlsberg. In warmen Kaskaden strömt das Wasser über Rias Körper. Sie dreht sich hin und her, spürt die Tropfen wie kleine Explosionen auf der Haut.

Sie haben keine Beweise dafür gefunden, dass auch Julia auf die Insel gebracht worden ist. Sie wissen nicht einmal sicher, ob sie wirklich der Bruderschaft in die Hände gefallen ist. Aber alles, was sie herausbekommen haben, deutet darauf hin. »Vielleicht lebt sie noch«, so Perlsberg erst gestern wieder zu Ria. »Vielleicht können wir sie noch retten, Julia, Lou und viele andere, die auf Maipaan gefangen gehalten werden. Aber um das herauszufinden, müssen wir Max dort einschleusen. Und dafür bekommen wir nur dann grünes Licht, wenn Niklas dir die Patientenakte gibt. Und das alles muss in den nächsten zwei Tagen passieren.«

Ich weiß ja, denkt Ria, *Perlsberg hat von A bis Z recht.* Deshalb hat sie ja auch mitgemacht, sich immer wieder umstimmen lassen, wenn sie aussteigen wollte, weil ihr die Sache zu heiß wurde. »Zu gefährlich für Niklas«, sagte sie dann und gab nur vor sich selbst ganz leise zu, dass sie auch um sich selbst eine Höllenangst hat. Natürlich hat sie gelernt, Panik zu kontrollieren, Todesangst abzuschalten wie einen lästigen Wecker. Bisher hat das auch immer funktioniert, seit heute früh nicht mehr.

Was war da? Ria lauscht. Fernes Lärmen, gedämpft durch das Wasserrauschen. *Nur der Sturm*, denkt sie und achtet nicht weiter darauf.

Irgendwann stellt sie die Dusche ab und greift sich eines der Badetücher aus der Wandnische. Da hört sie es rappeln und krachen, nicht weit weg, sondern direkt nebenan – im Schlafzimmer! Fast im gleichen Moment beginnt die Alarmanlage zu heulen.

Über die Dachterrasse ... das Paar von vorhin ... Wasser tropft ihr aus den Haaren. Mit fliegenden Fingern wickelt sie sich in das schneeweiße Badetuch, zieht die SIG Sauer aus dem Holster, das auf dem Sockel neben dem Whirlpool liegt. Sie spannt den Schlaghammer, bleibt neben der Tür stehen und hält die Luft an. Dann drückt sie die Klinke herunter, kickt die Tür auf und späht ins Schlafzimmer.

Der linke Fensterflügel ist offen, der Wind knallt ihn rhythmisch gegen die Wand. Der Rollladen ist nur ein kleines Stück heruntergefahren und hat sich dann verkeilt. Der Sturm rüttelt daran, es rasselt wie rostige Ketten.

Das hätte mir auffallen müssen, sagt sich Ria. Sie hat sämtliche Rollläden per Knopfdruck heruntergefahren, und der hier ist oben geblieben. Doch vorhin stand sie hier am Fenster und bewunderte die Aussicht, ohne zu erkennen, dass etwas nicht stimmt. Auch jetzt steht sie sekundenlang einfach da, die Waffe in der Hand, und starrt den verkeilten Rollladen an.

Ihr Verstand arbeitet mühsam. Ihr Kopf voll überbelichteter Bilder von Julia, von Nikki, von der Insel. Und voller Schreie, die sich mit dem Heulen der Alarmanlage vermischen.

Das Fenster. Sie wirft die SIG Sauer aufs Bett, drückt den Flügel mit Gewalt in den Rahmen und verriegelt das Fenster mit dem Drehgriff. Der Sturm wirft sich gegen die Scheibe, sie meint, es ächzen zu hören, aber das verdammte Ding bleibt zu. *Wieso ist das überhaupt aufgeflogen? Und der Rollladen, wirklich nur ein technischer Defekt?*
Während sie darüber nachdenkt, schrillt auch noch die Türglocke los. Ria greift erneut ihre Waffe. *Vielleicht der Hausmeister, weil die Alarmanlage jault?*
Sie schüttelt das Handtuch von sich herunter und geht zurück ins Bad, um sich schnell etwas überzuziehen. Das Klingeln hat aufgehört, stattdessen wird gegen die Wohnungstür geschlagen. Es hört sich an wie Hammerschläge.
Die Mündung vor sich auf den Boden gerichtet, rennt Ria auf die Wohnungstür zu. Sie weicht schneeweißen Sesseln aus, spürt kalten Marmor und weichen Flor unter ihren Sohlen. Linkshändig tippt sie den Code ins Steuerpanel ein, das die Alarmanlage stilllegt.
Das Jaulen erstirbt, auch das Klopfen hört schlagartig auf. In der plötzlichen Stille rauscht ihr das Blut umso lauter in den Ohren. Sie versucht, ihren Atem zu kontrollieren. Der da draußen lauscht so angestrengt wie sie selbst, das spürt sie. Wenn es der Hausmeister oder vielleicht ein Wachmann wäre, würde er sich nicht zu erkennen geben? Würde er nicht irgendetwas wie *Ist bei Ihnen alles in Ordnung?* oder zumindest *Hallo!* rufen?
Sie hebt langsam ihre Waffe, bis die Mündung auf die Mitte des Türblatts zeigt. Ein Schauer läuft ihr über den Rücken, und erst da wird ihr bewusst, dass sie keinen Fetzen am Leib hat. Wie die Opfer auf der Insel. Wie Julia in ihrem Zimmer, wenn Moms Lover nachts zu ihr kam.

**Berlin-Dahlem,
Villa Morgencron [11:30]**

Die Kiddies sind okay, alles ist okay, sagt sich Kilroy. Ihn selbst eingeschlossen. Der Doktor hat schon versucht, ihn an die Strippe zu kriegen, aber Kilroy lässt ihn noch ein bisschen zappeln. »Sag ihm, ich muss Schlaf nachholen«, hat er Hartlieb angewiesen, »er soll es um zwölf noch mal versuchen.«
Dabei sitzt er längst rasiert und geduscht in einem der burgunderroten Plüschsessel aus Mamis Nachlass. Maylin hat ihm ein üppiges Frühstück serviert, Fruchtsaft und Tee, Ananas und Mango, Krabben und Rührei, aber er hat keinen Appetit. Die Haushälterin sah vergrämt, der Kinderarzt fast verschüchtert aus. Dabei war Dipl.-Med. Moritz, von den Orangs für »diskrete Nachsorge« empfohlen, bisher immer so zuverlässig. Auch diesmal kam er sofort angedüst und stakste mit seinem Notfallkoffer ins Dachgeschoss hoch.
Also alles paletti, sagt sich Kilroy, nur verhielt sich der Dipl. so seltsam verkrampft, als Kilroy ihn in der Eingangshalle abfing.
Allein schon wegen der Halle ist die Villa ihr Geld dreimal wert. Kilroy wird immer noch ganz ehrfürchtig ums Herz, wenn er die Komposition aus Marmor, Stuck und Blattgold auf sich wirken lässt. Dazu die riesigen Ölgemälde, Jerusalem und pipapo. Aber der Kinderarzt, Ende dreißig, lang und hager, im schwarzen Anzug, Anmutung eher Bestatter als Mediziner – der Dipl. tippelte so schnell auf die Haustür zu, dass es fast schon wie Rennen aussah. *Als hätte er Angst, dass auch an ihm rumgenagt würde. Bäh, der zähe Kerl.* »Auf ein Wort, Doc«, sagte Kilroy, eine Lieblingsfloskel seiner Mutter, und trat ihm in den Weg. »Wie sieht's mit den Kiddies aus?«
Moritz blieb notgedrungen stehen, einen Arm schon halb Richtung Klinke ausgestreckt. »Alles so weit okay«, murmelte er, ohne Kilroy anzusehen.
»Ich habe Maylin schon ausgeschimpft«, sagte Kilroy, »sie darf die Kleinen nicht allein lassen, solange sie in dieser …« – er ges-

tikulierte – »oralen Phase sind? Lutsch- und Beißphase? Oder wie nennt man das?« Er sah Moritz forschend an, doch der schaute weiter in Richtung Marmorboden. Wie bei einer erektilen Dysfunktion gab sein Arm langsam, aber unaufhaltsam der Schwerkraft nach.

»Wie auch immer, sie werden es wegstecken, ja?« Kilroy erhob absichtlich die Stimme, er findet es zu geil, wie seine Worte in der Halle hallen. Der Dipl. nickte. »Wie viel kriegen Sie für Ihre Mühen?«, rief Kilroy, und die Widerhalle warf den Widerhall von allen Seiten zurück. Er musste sich zusammenreißen, um die Frage nicht in schmetterndem Tremolo zu wiederholen. *Wie viel, Dipl., kriegen Sie?* Wenn es drauf ankommt, kann er höher singen als Ian Gillan in *Child in Time*.

»Ehrlich gesagt, es wäre mir lieber, wenn ich nicht mehr ...«

»Kein weiteres Wort, Doc!«, rief Kilroy. »Sie sind einfach zu bescheiden!« Seine Widerworte widerhallten. *Zum Gänsehautkriegen.* Er fasste links und rechts in die Jackentaschen und zog bündelweise Zweihunderter heraus. Er hielt sie sich vors Gesicht, schüttelte den Kopf und fischte weitere Scheine aus den Hosentaschen. »Da, da und da, eine kleine Anerkennung für Ihre große Kunst.«

Er packte alles zu einem dicken Stapel zusammen, den er in Moritz' ausgeleierte linke Sakkotasche schob. Fünf-, sechstausend Taler, schätzte er, die Bestattermiene hellte sich jedenfalls sichtbar auf. »Bis zum nächsten Mal, Doc.«

Moritz nickte zögernd, Kilroy trat zur Seite und zog sogar die Eingangstür für ihn auf. »Einen schönen Tag noch.«

Es war tatsächlich ein wunderschöner Tag, jedenfalls, wenn man wie er auf Märchenlandschaften abfuhr. Der Himmel tiefblau, der Park tief verschneit, die Äste tief gebeugt. Alles war so tief weiß, dass Kilroy Lust bekam, mit einem der Kiddies einen Schneemann zu bauen. Sich auf Lee zu stürzen, ihn zu Boden zu reißen, sein Gesicht in den Schnee zu drücken, ihn nackt auszuziehen und im Schnee hin und her zu wälzen, bis er von Kopf bis Fuß litfaßsäulendick in der glitzerkalten Matsche eingemauert wäre.

Er schwelgte in Bildern und Gefühlen. *Aber das geht jetzt nicht,* dämmerte ihm dann, *der Dipl. hat die Kiddies in den Schlaf gespritzt.* War auch gut so, nachdem sie endlos rumgejammert hatten, da ein Aua und da noch eins und blabla. Lee noch weinerlicher als seine Schwester. *Aber macht gar nichts,* dachte Kilroy, noch lieber würde er ein romantisches Bekenntnis in den Schnee schreiben – *If I find you, I will love you, Kilroy!* – in riesigen, blutig roten Lettern. Und am allerliebsten macht er sowieso das, was jetzt sowieso auf ihn wartet, in der DigYou-Klinik, als wohlverdiente Belohnung für seinen Einsatz letzte Nacht.

Startbereit sitzt er in Mamis altem Lieblingssessel in seinem ballsaalgroßen Schlafzimmer. Das Bett im hinteren Bereich hat Maylin frisch bezogen, mit Laken so weiß wie draußen der Schnee. Der Doktor wird ihn ermahnen, nicht noch mehr Aufsehen zu erregen, aber Kilroy braucht keine Ermahnungen. Er ist die Dignität in Person. Er hat sich für den dunkelgrauen Anzug mit dezenten Nadelstreifen entschieden und nicht etwa für eines seiner Fantasiekostüme. Die trägt er gerne mal zu Hause, manchmal auch in der Klinik, vor allem bei den Charity-Events, die unter dem Titel *Leuchtende Kinderaugen* vier Mal jährlich zur Primetime ausgestrahlt werden. Vom Privatsender 7sat in Deutschland und über ein verzweigtes Sendernetzwerk in halb Europa.

Ob im Elfenkleid, in Ritterrüstung oder Riesenreptilien-Look, Kilroy hat es bisher noch jedes Mal geschafft, sein Publikum in Erstaunen zu versetzen. Durch kreative Kostümierung und durch seinen eigenwilligen Moderationsstil. Die Mischung aus poppiger Lässigkeit und knallharter Moral macht ihm keiner nach. Lächelnd kämpft er für benachteiligte Kinder und Jugendliche aus aller Herren Länder, für ihr Recht, in Würde aufzuwachsen und bestmöglich betreut, geheilt, umsorgt zu werden. Diesem Kampf hat sich die Stiftung *Dignity of Youth* verschrieben, und *er* ist ihr Gesicht. Seit mittlerweile dreizehn Jahren. Seit er, für Fans und Medien völlig überraschend, mit gerade mal neunundzwanzig das Ende seiner Musikerkarriere erklärt hat.

Fortan wolle er all seine Energie und Kreativität den jungen Menschen widmen, die es nicht so gut getroffen hätten wie er selbst, verkündete er der gerührten Öffentlichkeit.

Seine Einschaltquoten sind nach wie vor phänomenal, Celebrities aus dem internationalen Pop- und Filmbusiness stehen Schlange für Gratisauftritte in seinen Charityshows. Reiche und Superreiche spenden sechs-, sieben-, achtstellige Summen live vor Kameras und Mikrofonen. Hänschen und Gretchen Müller tun es ihnen nach, nur mit mehr Nullen hinter dem Komma als davor.

Zum Anzug passend trägt Kilroy die Weißgold-Breitling und schaut alle drei Minuten drauf. *Hoffentlich ist es bald mal zwölf.* Er haut auf die Tischglocke aus Morgencrons Zeiten, knapp dreißig Sekunden später klopft Hartlieb an, wie Kilroy das mit ihm geübt hat (»Höchstens eine halbe Minute, egal, wo du gerade bist«). »Den Range!«, ruft er, noch bevor der Sekretär richtig im Raum ist. »Ich nehme heute den Range Rover«, wiederholt er in ausführlich. »Aber stell ihn unters Vordach, sonst schneit die Karre ein, während ich mir hier den Arsch platt warte.«

Hartlieb schaut angemessen schuldbewusst, soweit er das bei seiner Erscheinung hinbekommen kann. Polierte Glatze, hellblaue Knopfaugen unter wulstigen Brauen und mehr Muskelmasse, als Kilroy in seiner aktivsten Boxerphase jemals aufgebaut hatte. Sogar Hartliebs Wangen fühlen sich muskulös an, wenn Kilroy hineinzwackt. Was er ohne große Freude, aber immer wieder mal macht, um Hartlieb daran zu erinnern, wer hier der Herr ist. Und wer der Hund. (»Ich *war* Boxer, du *bist* jetzt meiner.«)

Er trommelt mit den Fingern auf die Sessellehne. Wenn er sich vorstellt, dass es mit seinem Date nachher irgendwelche Probleme geben könnte, wird ihm ganz anders. *Was für Scheißprobleme denn,* beruhigt er sich, *Deal ist Deal, ich habe meinen Teil erfüllt. Und die Stiftungs-Affen brauchen ihn wie die Luft zum Atmen.*

Als ihr »Markenbotschafter« tourt er durch die Lande, eröffnet Kinderkliniken, Teenie-Rehas, Palliativzentren und Hospize für die kleinen Patienten, die es trotz aller Bemühungen leider doch

nicht geschafft haben. Er ist der gütige Clown, der Jung und Alt mit seinen Kostümen, seiner Kilroy-Maske, seinen lockeren Sprüchen zum Lachen bringt. Er bringt lokale Sponsoren auf Trab und lässt die Augen von Politikern leuchten, die sich kaum einkriegen vor Begeisterung über die neuen Arbeitsplätze, die in ihrer Stadt entstehen. Über das tolle soziale Engagement der Stiftung, die vor allem Kinder ohne Eltern unterstützt und deren Mitarbeiter gleichfalls größtenteils frühere Heimkinder sind.
Kilroy braucht die Stiftung nicht weniger als sie ihn, das ist ihm klar. Aber er hat geliefert, er ist mit seiner Kawa bei Schnee und Eis durch die Nacht geschlittert, also ist jetzt verdammt noch mal der Doktor dran. Wieder pliert er auf die Breitling. Na gut, es ist noch immer nicht ganz zwölf, trotzdem könnte der beschissene Laufbursche endlich mal anrufen. Melden, dass alles bereit ist.
Zimmer 37 auf Station 3-2, ganz hinten links am Ende des Gangs. Zwei Betten, das eine leer, in dem anderen der kleine Sammi. Bisher hat ihm der Doktor nur den Namen verraten und das Alter, dreizehn. »Er heißt eigentlich Samuel, aber alle nennen ihn Sammi.« *Alle außer mir*, beschloss Kilroy sofort. Dass der Junge genauso heißt wie der Erbauer der Villa Morgencron, macht ihn nur noch heißer auf das Date. Sammi habe eine schwere Krankheit überstanden, so der Laufbursche, und werde in Kürze zur Reha nach Maipaan verlegt. Alles wie bei Daria oder wie die Kleine hieß, mit der er letztens in Zimmer 37 war.
Er starrt auf das Tischtelefon, wie er als kleiner Junge auf die Klinke seiner verrammelten Zimmertür gestarrt hat. Er wünschte sich mehr als alles andere, dass die Klinke endlich runtergedrückt würde, die Tür aufgehen würde, sein Zimmerarrest beendet wäre, aber gleichzeitig hatte er mehr Angst davor als vor allem anderen. Je nachdem, wer die Tür aufschließen, den Kopf zu ihm hereinstecken würde, der Pater oder Mami. Beides war möglich, und mal kam ihm die schlimme Variante, mal die schöne wahrscheinlicher vor. Bis er nicht mehr wusste, ob er sich wünschte, dass die Tür endlich aufging, oder sich aus Angst da-

vor fast in die Hose machte. Ein Gefühlsgemenge, das sich wie eine hochexplosive Sprengstoffmischung anfühlte. Wenn er auch nur eine unbedachte Bewegung machte, würde er zerplatzen, so angespannt fühlte er sich, so hin- und hergerissen. Und genau so fühlt sich Kilroy auch jetzt, *ruf endlich an und sag, dass alles okay ist*, denkt er, gleichzeitig hat er Bauchweh vor Angst, dass der Doktor anrufen und ihn zur Sau machen könnte, *aus und vorbei, Kilroy, verpiss dich, du hast es endgültig versaut.*

Berlin-Lichtenberg, Safe House [11:47]

Ria hat ihre Nerven wieder im Griff, zumindest im Moment. Sie kann wieder einigermaßen klar denken, auch wenn die Panik noch in ihr lauert wie ein in die Enge getriebenes Tier. *Wenn es das nächste Mal ausbricht, muss ich in Sicherheit sein.*
Hier im Safe House ist sie alles andere als safe, das steht für sie fest. Die ganze Aktion war von Anfang an ein Himmelfahrtskommando, Perlsberg hat sie behext und benutzt, sie hat Rias Schuldkomplex wegen Julia missbraucht, um sie in die gewünschte Richtung zu lenken. *Du gehst über Leichen, Perlsberg, siehst du das nicht? Wie ähnlich du denen geworden bist, hinter denen du herjagst? Aber ich will nicht dein nächstes Opferlamm sein.*
Sie hat Jeans und Shirt, Socken und Pullover aus Safe-House-Beständen angezogen, alles verwaschen blau und eine halbe Nummer zu groß. Vorne an der Wohnungstür schlüpft sie in Parka und Stiefel, klopft ihre Taschen ab. Geldbeutel, Handy, Waffe, alles an Bord. Sie vermutet seit Längerem, dass Perlsberg eine Überwachungs-App auf ihrem Smartphone installiert hat. Auf dem LG-Schlichtgerät geht das nicht ohne Weiteres, aber Ria will keine vermeidbaren Risiken eingehen. Schon die unvermeidbaren machen ihr genug zu schaffen. Also hat sie eine neue Prepaidkarte eingesetzt, die alte zerstört und das Handy danach nicht wieder eingeschaltet.

Devin wird aus allen Wolken fallen, wenn sie plötzlich vor seiner Tür steht. Aber sie wird sich bei ihm einquartieren, ob es ihm passt oder nicht. Warum also vorher anrufen und so tun, als hätte er eine Wahl? *Als hätte irgendwer in diesem Scheißspiel eine Wahl*, denkt Ria und spürt, wie das Paniktier in ihr zuckt.
Devin ist schwerstverknallt in sie, seit sie beide Teenager waren. Er wird ausflippen vor Begeisterung, wenn seine große Liebe bei ihm unterschlüpfen will. Nach so vielen Jahren schreibt er ihr immer noch diese schräg romantischen Mails an eine Hotmail-Adresse, von der nicht einmal Perlsberg weiß. Nur Devin und sie. »*Ich wohne in einer prächtigen Burg, ziemlich weit oben, mit Söller für meine Burgdame: dich*«, hat er gerade erst vor ein paar Wochen geschrieben. »*Wann kommst du?*«
Bin schon unterwegs, Devvie. Ria greift sich den kleinen Koffer, den sie auf dem Schlafzimmerschrank entdeckt und mit dem Allernötigsten vollgestopft hat. Shirts, Strümpfe, Wäsche für zwei, drei Tage, Hygieneset mit Zahnbürste et cetera, außerdem ein Hosenanzug, streng geschnitten und dunkelblau. Sie späht durch den gläsernen Spion, der Gang draußen sieht verlassen aus, jedenfalls der trapezförmige Ausschnitt, den sie durch die winzige Linse ausmachen kann. Links und rechts davon könnten sie auf der Lauer liegen, Sonnyboy und Riesenpinguin oder wer auch immer, aber wie wahrscheinlich ist das? Sie legt ein Ohr an den kühlen Blechbeschlag und lauscht. *Da draußen ist niemand.*
Sie entriegelt das Stangenschloss, hängt die Kette aus und schiebt den Querriegel zurück. Sie entholstert die SIG Sauer und atmet tief durch. Dann drückt sie die Klinke herunter, zieht behutsam die Tür auf und späht nach links und rechts.
Verlassen liegt der Flur im Licht der Mittagssonne. Der Schneesturm ist vorbei, der Himmel über den Dachflächenfenstern ozeanblau.
Sie zieht die Tür hinter sich zu und schiebt die Waffe unter ihre Achsel. Vorhin hat sie überreagiert, davon ist sie mittlerweile überzeugt. Der Rollladen im Schlafzimmer hatte sich verkeilt,

der Sturm das Fenster aufgedrückt und so den Alarm ausgelöst. Ende der Story.
Noch einmal sieht sie sich aufmerksam um, doch sie kann keine Auffälligkeiten entdecken. Keine Hammerspuren an der Tür, allerdings auch nichts, was als harmlose Erklärung für das Klingeln und Klopfen von vorhin herhalten könnte. Ein Post-it beispielsweise, vom Paketdienst oder von Hausmeister Bernie, der vielleicht routinemäßig nachschauen geht, wenn er irgendwo im Haus etwas Verdächtiges bemerkt. Als sie dann die Sirene ausstellte, dachte er sich wohl, dass es Fehlalarm war, und zog wieder ab. So ungefähr wird es gewesen sein, sagt sich Ria, jedenfalls ergibt es viel mehr Sinn als alles, was sie sich den Vormittag über zusammengesponnen hat. Wenn sie wirklich schon seit heute früh von der Bruderschaft beschattet worden wäre, warum hätten die ihr durch die halbe Stadt folgen sollen, anstatt sie an der nächsten Straßenecke abzustechen? Gelegenheiten hätten sich genug geboten, im Schneegestöber, wo keiner auf den anderen achtet und alle mit Mänteln und Kapuzen vermummt sind, oder im Gedränge an einem S-Bahn-Steig. Und wenn Sonnyboy und Riesenpinguin (oder wer auch immer) sie tatsächlich bis hierher verfolgt hätten, wie hätten sie es schaffen können, so schnell ins Haus und bis in den elften Stock zu gelangen? Dafür hätten sie entweder Hausmeister Bernie (oder wen auch immer) zwingen müssen, ihnen Rias Apartmentnummer und den Zahlencode für den Aufzug zu verraten – oder aber sie hätten schon im Voraus von dem Safe House wissen müssen. Beides hört sich jetzt, da ihr logisches Denkvermögen zurückgekehrt ist, nach purer Paranoia an.
Wenn tatsächlich solche Superprofis hinter ihr her waren, die mühelos in ein Hightech-gesichertes Anwesen eindringen und in kürzester Zeit die richtige Wohnung identifizieren können: Warum brachten sie ihren Job dann nicht zu Ende, sondern zogen nach ein paar Schlägen gegen die Wohnungstür wieder ab? Weil ihnen die Alarmanlage einen Schrecken einjagte? *Bullshit*, denkt Ria. *Darauf gibt es keine vernünftige Antwort.*

Sie hat die Puzzlestücke immer wieder hin- und hergeschoben, und das einzige schlüssige Bild, das sich daraus formen lässt, ist ihr eigenes Gesicht, von Panik verzerrt. Die ganze Verfolgungsjagd hat nur in ihrem Kopf stattgefunden. Niemand hat versucht, die Tür aufzubrechen oder durchs Fenster einzusteigen. Auf der Dachterrasse sind keinerlei Fußabdrücke im Schnee zu sehen, sie hat selbst nachgesehen, wenn auch reichlich spät.

Sie wissen nicht, wer ich bin, und sie wissen auch nicht, wo ich jetzt bin, sagt sich Ria. *Aber das ändert nichts daran, dass ich keine Minute länger hierbleiben kann. Und der Grund dafür heißt Perlsberg.*

Sie zieht die Tür gegenüber dem Aufzug auf und betritt das schmucklose Treppenhaus. Die Wände Sichtbeton, die Stufen Kunststein. Elf Etagen zu Fuß, doch es gibt Schlimmeres. Zum Beispiel aufgleitende Aufzugtüren, hinter denen Perlsberg auftaucht.

Sie ist jetzt meine größte Bedrohung, denkt Ria und eilt die Treppe hinunter. *Wenn sie mich zu fassen bekommt, schleppt sie mich höchstpersönlich zum LKA.*

Die Stufen dröhnen unter ihren Schritten, dabei bringt Ria nicht einmal sechzig Kilo auf die Waage. Angestrengt horcht sie in die Tiefe, aber außer ihr ist hier niemand unterwegs.

Sie kann sich mühelos vorstellen, wie Perlsberg den weiteren Ablauf geplant hat. Niklas hatte versprochen, ihr heute die Patientenakte zu bringen, also wird Perlsberg davon ausgehen, dass er irgendwo eine Kopie deponiert hat. Die braucht sie unbedingt, um grünes Licht für die Undercover-Aktion auf der Insel zu bekommen. Doch ohne die LKAler kommt sie nicht an die Kopie heran, und damit die sich von ihr einspannen lassen, muss sie ihnen auch umgekehrt etwas bieten, das sie dringend benötigen. *Und dieses dringend benötigte Etwas*, sagt sich Ria, *bin ich.*

Perlsberg wird ihr versichern, dass es um eine bloße Formalität gehe, um eine unbedenkliche Aussage, die sie nur zu Protokoll geben und unterschreiben müsse. *Aber dass ich diese Formalität überleben würde, ist unwahrscheinlich*, sagt sich Ria, als sie die

Glastür mit der Aufschrift *Etage 6* passiert. Auch bei den Berliner Strafverfolgungsbehörden gehören laut Perlsberg etliche höhere Chargen zur Bruderschaft oder werden von den Brüdern gelenkt. *Trotzdem würde sie mich denen ausliefern, weil sie die Akte unbedingt braucht. Und weil ihr das »höhere Ziel«, die Zerschlagung des Kartells, so ziemlich jedes Opfer wert ist.*

Vielleicht würde sie schon auf dem Weg zum LKA-Gebäude getötet werden, überlegt Ria, durch »Unfall mit Fahrerflucht« wie vor ihr so viele Zeugen, die bereit waren, gegen die Bruderschaft auszusagen. Oder sie würde die Dienststelle in der Keithstraße zwar lebend erreichen, sich bei ihrer Befragung aber »in Widersprüche verwickeln« und als mutmaßliche Mordkomplizin festgenommen werden. Dann würde sie wohl in der U-Haft getötet werden – offizielle Todesursache: Suizid. *Wie auch immer sie es konkret arrangieren, von dem Moment an, in dem ich wieder auf der Bildfläche erscheine, bin ich so gut wie tot.*

Bei jeder Gelegenheit hat Perlsberg ihr eingetrichtert, dass es ihre verdammte Pflicht sei, möglichst viele Opfer des Kartells zu retten, und bis vor Kurzem noch war Ria von ihrer Mission hundertprozentig überzeugt. Aber das ist jetzt definitiv vorbei. Sie will nicht mitverantwortlich sein, wenn Perlsberg weitere Opfer zur Schlachtbank schickt, und vor allem will sie nicht selbst zum Opfer werden, weder für Perlsbergs höhere Ziele noch für die niederen des Kartells. *Sie kann ja ihr Leben wegschmeißen, wenn sie unbedingt will,* denkt Ria, *aber meins verdammt noch mal nicht.*

Vor der Tür mit der Aufschrift *Etage 0* bleibt sie stehen und lauscht. Dumpf dringen zwei männliche Stimmen durch das massive Stahlblech. Zu verstehen ist nichts, aber Ria glaubt, den wohlgemuten Singsang von Hausmeister Bernie zu erkennen. Die zweite Stimme ist viel dunkler und klingt fremd.

Wer auch immer, denkt sie, atmet noch einmal durch und zieht die Tür auf. Der Hausmeister steht auf einer Leiter mitten in der kleinen Halle und tauscht Leuchtkörper in der Deckenlampe aus. Nickend grüßt er zu Ria hinunter, ohne seine Arbeit zu unterbrechen. Neben ihm steht ein glatzköpfiger Hüne mit Kaiser-Wilhelm-Bart und schwarzem Ledermantel. Gerade als Ria an ihnen vorbeigeht, dreht er sich weg, sodass sie sein Gesicht nicht richtig sehen kann.

Zufall oder nicht? Irgendwann hat Perlsberg mal einen hünenhaften Mann mit Kaiser-Wilhelm-Bart und einer Vorliebe für Lederkleidung erwähnt. Wie er hieß und was es mit ihm auf sich hatte, kriegt Ria jetzt nicht auf die Reihe. Aber sie spürt, dass der Ledermann mit der bizarren Bartfrisur nicht zufällig gerade jetzt hier aufgetaucht ist.

Das Paniktier in ihr zuckt stärker. Kaum hat sie die Haustür ein paar Schritte hinter sich, beginnt sie zu rennen, so schnell das im knöcheltiefen Pulverschnee geht.

ZWEI:
Monster

**Berlin-Dahlem,
Villa Morgencron [12:05]**

Endlich das Telefon, Kilroy reißt den Hörer hoch und haut ihn sich fast schon ans Ohr. »Ich hab geliefert«, sagt er anstelle einer Begrüßung, »jetzt bist du dran.«

»Geliefert? Und was ist mit der Kleinen?«

»Mit *dem* Kleinen«, korrigiert Kilroy. »Halte dich verflucht noch mal an unseren Deal.« *Hab ich's doch geahnt, die machen Probleme.*

Der Doktor schnappt nach Luft. »Du weißt schon, wen ich meine, die Tucke, die unserem Bubi an den Hacken hing. Die läuft irgendwo da draußen rum, und wir wissen nicht, wer sie eigentlich ist.«

»Na und?«

»Das liegt doch auf der Hand. Wir alle hoffen ja, dass die harmlos ist und sowieso nichts weiß. Aber das müssen wir erst noch abchecken.«

»Nicht mein Problem«, sagt Kilroy. »Die Schlampe war nicht da, sonst wäre sie jetzt auch im Kühlfach.« Er gibt sich Mühe, ruhig zu klingen. Dabei fühlt er sich wie eine Rakete beim Countdown. *Das muss klappen, heute, jetzt, sofort, verfickt noch mal.* »Um Punkt zwei stehe ich bei euch auf der Matte, wie besprochen. Also sieh zu, dass du bis dahin alles arrangiert hast.«

»Kilroy, beruhige dich. Natürlich bekommst du, was dir zusteht. Alles ist für dich bereit, wir müssen das Ganze nur um einen Tag verschieben. Okay?« Der Doktor wimmert wie Gary Glitter. »Bis wir die Frau gefunden haben. Oder zumindest, bis wir wissen, wie die hinterm KaDeWe die Sache handhaben wollen. Das sieht schon ganz gut aus, ist aber noch nicht in trockenen Tüchern. Und das« – er zögert kurz – »liegt auch an dir.«

»Wie war das?«, keilt Kilroy zurück. ›Die hinterm KaDeWe‹ sind die vom LKA, so weit klar, aber woran soll er schon wieder schuld sein? »Ich hab alles ausgeknipst, was greifbar war, oder etwa nicht?«

»Hast du«, gibt der Doktor zu. »Aber mit diesen Klebespielchen hast du es wieder versaut.«

»Versaut, wieso denn?« Er hat eine Schwäche für Klebespielchen, mit und ohne Vaseline, aber letzte Nacht war da doch nichts? Oder doch? Dunkel erinnert er sich, wie er das Messer angesetzt und danach irgendwas zusammengerührt hat, aber was genau, kriegt er jetzt nicht auf die Reihe. »Ich hab euch gleich gesagt, dass ich das auf meine Weise mache«, schiebt er noch hinterher. Es klingt auch für ihn selbst nicht gerade überzeugend.

»Mag schon sein, Kilroy, aber deshalb dauert es eben etwas länger, bis die Asche zusammengefegt ist.«

Verdammte Scheiße, was läuft hier?, empört sich Kilroy. *Ich hab die beiden kaltgemacht und soll trotzdem vertröstet werden? Nicht mit Kilroy!* Er will schon anfangen, loszuschreien, dass er sich das nicht bieten lässt, dass sie sich dann eben einen anderen suchen müssen, der den Kopf für sie hinhält, da hat er plötzlich einen Flash. So, wie wenn du im Stockdunkeln herumirrst und *pling!* geht vor deiner Nase ein Licht an.

»Apropos Asche«, sagt er. »Bei dem Alten im Schrank war was, das interessiert euch bestimmt brennend.«

»Apropos irgendwas« ist eine seiner absoluten Lieblingsfloskeln, in seiner persönlichen Hitliste noch weit vor »Auf ein Wort«. Mit Anfang zwanzig hat er ungefähr jeden zweiten Satz mit »Apropos dies« oder »Apropos das« angefangen und seine Mutter, seine Band und alle anderen damit fast wahnsinnig gemacht. Die Kunst besteht darin, zwei Dinge, die scheinbar nichts miteinander zu tun haben, metaphorisch zu verknüpfen. Assoziativ, traumlogisch oder wie immer man das nennen will. Wie in einem poetischen Song eben. Für Kilroy völlig klar, aber die meisten Leute sehen ihn nur komisch an, wenn er ihnen mit »Apropos« kommt.

»Und was soll das sein?«, will der Doktor wissen.

»Schon mal den Ausdruck ›Patientenakte‹ gehört?«

»Sag das noch mal.« Der Doktor hat plötzlich Mühe, seine Atmung zu kontrollieren. »Da war eine Krankenakte, aber zu Asche verbrannt?«

»Asche? Die Akte? Nee, wieso denn?«

»Du hast gesagt, apropos ...«

»Apropos *Asche*, das interessiert euch bestimmt *brennend*«, wiederholt Kilroy und hebt die Schlüsselwörter akustisch hervor. »Fällt der Groschen jetzt?« Er gibt dem Doktor Gelegenheit zu einer Antwort, aber außer Schnappatmung kommt da nichts. »Also, die bringe ich dir mit«, fügt er hinzu. »Wir sehen uns ja sowieso gleich.«

»Hör mir zu, Kilroy. Du bist zu Hause, ja? Sehr gut.« Der Doktor japst. »Bleib, wo du bist. Ich schicke jemanden vorbei, der die Dokumente abholt.«

Klick. Bevor Kilroy auch nur das K von »Kannst du vergessen« hervorgebracht hat, ist der Doktor weg.

Kannst du vergessen, denkt er, *ich bleib nicht hier, das halte ich nicht aus*. Er hat einen Überdruck wie seit ewig nicht mehr, und durch den Doktor ist alles noch schlimmer geworden. Durch sein ungerechtfertigtes »Du hast es versaut« und sein noch ungerechteres »Du bist schuld«. *Einen Affendreck bin ich! Klebespielchen hin oder her.* Wenn Kilroy so drauf ist wie jetzt, darf nichts schiefgehen, das weiß der Laufbursche doch. Dann können schon kleinste Erschütterungen zu größten Explosionen führen.

Deshalb hat er damals ja den Deal mit den Orangs gemacht. Und jetzt wollen die ihn schmoren lassen, obwohl er seinen Teil erfüllt hat? *Keine gute Idee,* denkt Kilroy. *Die beschissenste Scheißidee dieses beschissenen Scheißjahrtausends!*

Er springt auf, reißt sich das Jackett herunter, Weste und Krawatte. Kickt sich die Schuhe von den Füßen und stürmt ins Herrenzimmer nebenan. Holzvertäfelte Wände, riesiger, runder Eichentisch mit Intarsien, die Zigarren- und Pfeifenraucher mit allen Varianten von Kaiser-Wilhelm-Bärten darstellen. Von Hartlieb ist nichts zu sehen, aber auf den Anblick des stämmigen, mit Muskeln wie Starkstromkabel bepackten Glatzkopfs kann Kilroy im Moment gut verzichten. Er trabt weiter in den

Spielsalon, der original Twenties eingerichtet ist, mit Poker- und Roulettetisch und sogar einem hochbeinigen Schachtischchen im Erker, alles nach Kilroys Anweisungen neu angeschafft und so gut wie nie benutzt. Abgesehen von dem Snookertisch, an dem er manchmal halbe Nächte lang gegen sich selber spielt. Der eine mit Kilroy-Maske, der andere auch.
Den Pappordner mit dem Aufdruck PATIENTENAKTE, dem Logo der Stiftung (Händchen haltende Kindersilhouetten) und dem handschriftlich hingekrakelten Namen (Dari-oder-wie) hat er in der »kleinen Bibliothek« geparkt, noch einen Raum weiter. Die ist nicht wirklich klein, Regale bis zur Decke, vollgestopft mit Lederschwarten, aber die oben ist viermal so groß. Kilroy bekam fast einen Schlag, als er damals all die leeren Regale sah. Aber dann hatte Mami die Idee, ganze Privatbibliotheken bildungsnaher Gutverdiener aufzukaufen, und so füllten sich beide Büchersäle im Nu. Bibel, Büchner, Goethe, Schiller, Shakespeare et cetera, alles nach Sorten geordnet und in Reih und Glied aufgestellt.
Kilroy liebt es, an den Bücherrückenreihen vorbeizudefilieren wie an einer Armee, die auf sein Kommando hört. Heute aber hat er kaum einen Blick für Woyzeck, Faust und wie sie alle heißen. Er marschiert direkt zu dem kolossalen Eichenschreibtisch mit ledern bespannter Platte und einem komplizierten Innenleben aus Schubladen und Geheimfächern.
Im geheimsten Geheimfach hat er den Geldbeutel des Vaters und die Brieftasche des Sohns deponiert. Außerdem den Papphefter, der demnach dem Heiligen Geist gehört. Apropos Bibel, und apropos Büchner. Niklas' Smartphone hat er auf der Rückfahrt in die Spree geschmissen, nachdem er die SIM-Karte rausgepult und zertrampelt hatte. Schließlich ist er nicht von gestern und erst recht nicht geistig minderbemittelt, auch wenn einige Orangs das zu glauben scheinen.
Um das Zeug aus dem Fach zu holen, muss er halb unter den Schreibtisch kriechen. Er packt alles in den Aktenkoffer, den ihm der Doktor extra für solche Gelegenheiten gegeben hat. Er klickt

die Verschlüsse zu, verstellt das Zahlenschloss und ruft den Sekretär. Zwanzig Sekunden, fünfundzwanzig, bei siebenundzwanzig reißt Hartlieb die Tür auf.

»Gleich kommt ein Bote von der Stiftung, dem gibst du das hier mit.« Kilroy zeigt auf den schlanken Stahlkoffer. »Wenn jemand fragen sollte, ich hab mich wieder hingelegt. War anstrengend letzte Nacht.«

Hartlieb nickt, und Kilroy schickt ihn los, sein Jackett, Weste und Krawatte holen, die er irgendwo abgeworfen hat.

Während der Sekretär davonjagt, tigert Kilroy durch die Villa. Von der kleinen Bibliothek in den Grünen Salon, aber die weißen Tücher über allen Möbeln machen ihn verrückt. Sosehr er die Farbe Weiß liebt, den Anschein der Reinheit. Die verhängten Sofas und Spiegel erinnern ihn immer noch viel zu sehr an den Tag, als er Mami tot auf dem Teppich im Esszimmer fand. An die Trauer, den Schmerz, das unerträgliche Gefühl des Verlassenseins, das ihn monatelang wie ein Bleikorsett einschnürte und mehr und mehr in die Knie zwang.

Er stürmt die Treppe hoch in die Beletage, und Hartlieb tapert hinter ihm her. Blauer Salon, große Bibliothek, dann das mit nackten Nymphen ausgemalte Erkerzimmer, das er als Boudoir für Mami vorgesehen hatte. Auch hier ist alles mit Laken zugehängt, die Biedermeier-Sessel mit ihren krummen, goldverzierten Dackelbeinchen, der japanische Teetisch, alles nach Fotos vom Morgencronschen Original-Boudoir rekonstruiert.

Berlin-Tiergarten, LKA-Gebäude, Büro KHK Jensen [12:33]

Kurz nach halb eins, Svenja Wuttke sitzt an ihrem Schreibtisch im LKA. Das Büro im ersten Stock des wuchtigen Kaiserzeitbaus ist noch genauso düster wie zu Hallsteins Zeiten. Seit Jensens Namensschild an der Tür steht, kommt Svenja der schlauchförmige Raum sogar noch düsterer vor. Zusätzlich verdunkelt durch Leif Jensens Gegenwart, in der es ihr seltsam schwerfällt, klar zu denken. Vor allem dann, wenn es um ihre eigenen Überlegungen geht und nicht um Hypothesen ihres Seniorpartners, für den die Mordsache Makowski weitestgehend aufgeklärt scheint.

Vorhin in der Mittagspause hat sie ihren Stolz heruntergeschluckt und eine Nachricht abgeschickt. *»Hi Max, würde dich sehr gerne heute Abend treffen, lG Svenja«.*

Max Lohmeyer ist seit zwei Monaten beurlaubt, angeblich aus gesundheitlichen Gründen. Was dahintersteckt, weiß sie bis heute nicht, sie hat in all der Zeit nur zweimal mit ihm telefoniert und ein paarmal gechattet. Dabei vermisst sie ihn jeden Tag mehr, sein kriminalistisches Gespür und seine höfliche, altmodische Art. Ganz zu Anfang, als sie beide neu im LKA waren, hatte sie geglaubt, dass es zwischen Max und ihr was werden könnte. Einmal trafen sie sich abends, erst zum Essen, dann landeten sie in seiner Wohnung in Wilmersdorf, aber es war ein ziemliches Desaster. Sie war fasziniert von ihm, doch gleichzeitig genervt von seiner umständlichen Genauigkeit, seinem bayerischen Dialekt, überhaupt von seiner ländlichen Herkunft, auf die er sich auch noch einiges einzubilden schien. Sie machte sich lustig über ihn und ging ihnen beiden damit zunehmend auf die Nerven. Aber sie fand nicht mehr aus dieser Rolle der ironischen Hauptstädterin heraus, und so war sie anfangs sogar erleichtert, als Max sich beurlauben ließ.

Seine Stelle nahm Kristin Poller ein, eine junge Oberkommissarin, die Jensen auf seinen Wunsch hin vom LKA Brandenburg nach Berlin folgte. Kristin war sein »Gewächs«, wie er gerne betonte, seine »Kreatur«, die er offenbar schon in Potsdam erfolgreich abgerichtet hatte. Sie war immer seiner Meinung, redete wie er, hatte einen ähnlichen Kleidungsstil (weit geschnittene Hosen und Jacketts in seltsam sterilen Farben) und war ähnlich groß gewachsen, jedenfalls für eine Frau. Aber in der Keithstraße verwelkte Jensens Gewächs rasant. Bald schon hatte sie den Ruf weg, »Papa Jensens Papagei« zu sein. Der Neue mit dem forschen Auftreten war wenig beliebt, aber top-erfolgreich. Also wurde Kristin an seiner Stelle gehänselt, ja fast schon gemobbt. Nach gerade mal sechs Wochen gab sie auf und beantragte Rückversetzung nach Potsdam.

So bekam Svenja ihre Chance. Die letzte Überlebende aus Hallsteins altem Team. Mittlerweile weiß sie, was sie an Hallstein und Max hatte. Was Leif Jensen bei aller Effizienz und Routine nie haben wird: Hallsteins Furor und Max' Intuition. Und, nicht zu vergessen, den unbedingten Ernst, mit dem sie jede Ermittlung durchzogen. Für sie ging es immer um alles, sagt sich Svenja. Um Gerechtigkeit, Wahrheit, Menschenwürde. Damals schien ihr das manchmal *too much*, jetzt nicht mehr. Jensen dagegen sieht Ermittlungen als bloße Denksportaufgaben an, bei denen es darum geht, möglichst schnell plausible Lösungen zu finden. Darin ist er richtig gut. Aber für tiefere Dimensionen, für alles, was über die »hard facts« hinausgeht, hat er weder Interesse noch Gespür.

Das Telefon reißt Svenja aus ihren Gedanken. Bevor sie den Hörer greifen kann, hat Jensen das Gespräch an seinem Mobilteil angenommen. Er sitzt ganz hinten an Hallsteins Schreibtisch, ein riesenhafter Scherenschnitt vor dem Rechteck des Altbaufensters, hinter dem sich kahle Platanen im Schneegestöber wiegen.

»Was Sie nicht sagen, Frau Doktor.« Jensen lehnt sich zurück und grimassiert zur Decke hoch. »Nur um sicherzugehen, dass ich das richtig verstanden habe. Also, in Hünfelds vorläufigem Bericht steht, das Gebiss hätte vor Ort bei der Leichenbesichtigung fest im Kiefer gesessen, aber als Sie eben den Plastiksarg geöffnet haben, lagen die Beißer lose im Sarg?«

Er lauscht und nickt, gleichzeitig zu Svenja hin feixend. *Er amüsiert sich,* denkt sie, *aber was erheitert ihn so sehr? Dass er Hünfeld bei einem Fehler ertappt hat? Für unsere Ermittlungen spielt es doch keine Rolle, ob ... Und ob,* korrigiert sie sich, während sich Jensen mit der ihm eigenen höhnischen Höflichkeit von der Rechtsmedizinerin verabschiedet.

»Mitgekriegt?«, fragt er in Svenjas Richtung. Ohne sie anzusehen und ohne auf eine Antwort zu warten. »Dem guten Hünfeld ist doch glatt entgangen, dass der Alte ein künstliches Gebiss trägt. Er hat vorschriftsmäßig dran gezogen, und als ihm die Beißer nicht gleich entgegenkamen, hat er ›Gebiss festsitzend‹ ins Protokoll geschrieben. Aber seine Kollegin, Frau Dr. Hellweg, hat den Patzer glücklicherweise bemerkt. Sie haben sich das Mirakel genauer angesehen, und was glaubst du, was sie gefunden haben?«

»Uhu?«

»Laut Schnelltest derselbe Mehrkomponentenkleber, der bei der Genitalmaskerade zum Einsatz gekommen ist. Hier aber nicht mit Gleitgel auf Vaseline-Basis, sondern mit handelsüblicher Haftcreme für dritte Zähne gemixt. Und was sagt uns das?«

Svenja kneift die Augen zusammen. Das ist nicht so einfach, will sie antworten, aber Jensen redet schon weiter. Neben seinem hochtourig arbeitenden Verstand kommt ihr eigenes Gehirn ihr schwerfällig vor.

»In seinem verwirrten Geist hat der Alte sich offenbar eingebildet, dass er den Trick rausgefunden hätte, wie er sich wieder verjüngen kann. Mit Uhu!« Er gestikuliert, ohne Svenja anzusehen. »Das habe ich gleich gerochen, und jetzt ist es wohl dem Dümmsten klar. Der Senior verrührt den Kleber mit Haftcreme respektive Gleitgel, pappt sich die Zähne an den Gaumen, Juniors Haare unter den Nabel und – finito. Ende der Story. Null Verbindung mit der unmittelbar nachfolgenden Tat. Oder siehst du irgendein auch nur halbwegs plausibles Szenario, in dem ein Profi-Einbrecher seine Zeit mit so einem Blödsinn verschwenden würde?«

»Vielleicht war es kein Profi-Einbrecher.« Svenja spricht mit erhobener Stimme, damit Jensen nicht einfach über sie hinwegreden kann. »Vielleicht geht es um etwas ganz anderes, und wir haben nur noch nicht verstanden, was wirklich dahintersteckt.«

»Was dahintersteckt? Ein glasklares Tatmuster.« Jensen sieht schwer genervt aus. Entweder der Fall unterfordert ihn, oder ihre Störrischkeit strapaziert ihn. Oder beides. »Die Leichenöffner machen immer ein Riesentamtam um angebliche Zeichen auf und in den Körpern der Toten«, legt er sich ins Zeug. »Tätowierungen, ältere Knochenbrüche, Narben und was weiß ich noch.« Er beugt sich vor, legt die Unterarme auf der Tischplatte übereinander wie Palisaden. »Am Ende stellt sich fast regelhaft heraus, dass der ganze Quark zur Aufklärung des Falls nicht das Geringste beiträgt. Musterverschmutzung, sonst nichts. Wenn du das verstanden hast, wird vieles klarer. Als wärst du mit einer Binde vor den Augen herumgelaufen, und die ist dann auf einmal weg.«

Justitia ohne Binde, denkt Svenja, *ist das wirklich besser als mit?* Aber Jensen redet schon weiter.

»Von Trautmann kam vorhin noch der Bericht hier.« Mit dem Kinn zeigt er auf den Schnellhefter vor ihm auf dem Tisch. »Letzten Freitag gab es in Heiligensee zwei Straßen weiter einen ähnlichen Bruch, in einer ähnlichen Bruchbude.« Er greift sich die Akte, blättert darin. »Lenaustraße 7, keine Toten, keine Verletzten, die Bewohner hatten wohl schlicht und ergreifend Glück. Ein älteres Ehepaar namens Wössmann, waren zum Tatzeitpunkt bei einer Familienfeier in Frankfurt (Oder).«

Er schlägt den Schnellhefter zu und schiebt ihn weit von sich weg. »Auch hier kam der Täter nachts, die Haustür wurde gewaltsam geöffnet, allerdings mit einem halb stumpfen Metallgegenstand, vulgo Stemmeisen. Das Wohnzimmer und das angrenzende Schlafzimmer wurden durchwühlt, das restliche Haus hat den Täter nicht interessiert. Im Wohnzimmerschrank hatten die alten Leutchen eine Kassette mit ein paar Klunkern versteckt, im Schlafzimmer fünfhundert Euro. Anscheinend hat ihm das genügt, beziehungsweise die wissen aus Erfahrung, dass Wertsachen fast immer unter der Matratze und/oder in der guten Stube gebunkert werden. Die anderen Räume noch zu durchsuchen würde ihre Beute kaum vergrößern, dafür aber ihr Risiko deutlich erhöhen.«

So wie Jensen Tatmuster analysiert, hört es sich immer vollkommen plausibel an. *Wieso?*, überlegt Svenja. *Weil es tatsächlich plausibel ist? Oder weil er den Trick draufhat, alles so hinzubiegen, dass es scheinbar passt?*

»Und jetzt soll ich glauben«, fährt er fort, »dass der Täter auch Wössmann an die Wäsche und ans Gebiss gegangen wäre, wenn der alte Herr die Familienfeier geschwänzt hätte?« Er hebt eine weißblonde Augenbraue.

Svenja spürt, wie ein Schweißtropfen an ihrer Wirbelsäule herunterläuft. »Natürlich nicht«, sagt sie. »Wenn an meiner Vermutung was dran ist, müssen das zwei verschiedene Täter sein.« Wie aufs Stichwort macht sich ein zweiter Schweißtropfen auf den Weg.

»Kann schon sein«, räumt Jensen ein, »dann aber von der gleichen Bande. Die stecken ihre Territorien ab, Heiligensee gehört zurzeit den Albanern. Bei Wössmanns hat der Täter jedenfalls prachtvolle Fingerabdrücke hinterlassen. Vielleicht war er bei den Makowskis ja ähnlich generös? Frag doch mal bei den KT-lern nach, wann wir mit Ergebnissen rechnen dürfen.«

Svenja dröhnt der Kopf, als sie weisungsgemäß zum Telefon greift. *Wir brauchen mehr Informationen über die Opfer, vielleicht liegt da ja doch der Schlüssel,* überlegt sie, während sie darauf wartet, weiterverbunden zu werden. *Wie würden Max und Hallstein jetzt vorgehen?* Ihr Gesicht fühlt sich heiß an. *Jensen macht mich fix und fertig,* denkt sie. *Vielleicht bin ich einfach nicht smart genug für diesen Job. Oder zumindest nicht schnell genug.*

»Hi Svenja, hier Sven.« Eine energische junge Stimme. »Sven Carutz, erinnerst du dich nicht? Bei der Weihnachtsfeier?« Seine Tonlage wechselt von vorwurfs- zu hoffnungsvoll. »Ich war der mit den Rentierschlitten auf der Krawatte.«

Welcher jetzt von den zwei Dutzend?, denkt Svenja. Aber auch das hat sie bei Hallstein gelernt: Mit Leuten, die du brauchst, möglichst gut stellen, sonst lassen sie dich beim nächsten Mal auflaufen. »Ach, hallo, Sven«, sagt sie. »Schön, dass ich dich an der Strippe habe. Es geht um die Mordsache Makowski. Sag mal, habt ihr die Abdrücke schon abgeglichen?«

»Gerade damit durch«, sagt der KTler, an den sich Svenja jetzt vage erinnert. Schwarze Haare, mittelgroß, kräftig gebaut. *Der sieht eigentlich gar nicht so übel aus. Jedenfalls ohne Rentierkrawatte.* »Wir haben alles durchs System laufen lassen. Außerdem Abgleich mit den Abdrücken der Geschädigten und der direkten Nachbarn.« Er legt erneut eine Pause ein. »Sag mal, gehst du abends manchmal weg?«
»Was soll das denn jetzt.«
»Okay, sorry, war lieb gemeint.« Er hüstelt, und Svenja stellt sich vor, wie er nicht nur ohne Krawatte, sondern auch ohne Jacke und Hemd aussieht. Was sie an Max auch gestört hat, war seine – na ja – reichlich barocke Statur. Wenn er Svens Körper hätte oder Sven seine Intelligenz und Feinfühligkeit, seine Intuition und Wortgewandtheit … *Mein Gott, ich bin echt verknallt in ihn*, denkt Svenja und meint nicht Sven, sondern Max, fast schon egal, in welchem Körper.
»Und das Ergebnis?«, manövriert sie sie beide zum Ausgangspunkt zurück.
»Ach so, ja. Null Treffer, leider. Jede Menge Abdrücke von den beiden Geschädigten, Daniel und Niklas Makowski. Ziemlich viele auch von den Nachbarinnen links und rechts, Christa Höttges und – warte mal – Ellen Kauert. Außerdem von einer weiteren, mutmaßlich weiblichen Person. Die wurden aber vor allem im Bad und im Dachzimmer gesichert, wo der Sohn übernachtet hat. Vermutlich also Abdrücke von seiner Freundin. Identität unbekannt, sie ist nicht bei uns im System. Dunkelbraune Haare im Waschbecken, aber das ist so ziemlich alles, was wir über sie haben. Apropos Freundin …«
»Apropos Doppelmord«, fällt ihm Svenja ins Wort. »Wenn ihr noch irgendwas findet, gebt es sofort durch.«
»Ich finde was!«, sagt Sven.
Sie müssen beide lachen. Svenja lächelt noch immer, als sie den Hörer auflegt.

**Berlin-Dahlem,
Villa Morgencron [12:35]**

Kilroy starrt die nackten Nymphen an den Wänden von Mamis Boudoir an. Baumnymphen, Seenymphen, Quellnymphen. *Schön wär's*, denkt er, *in echt sind Wälder einfach nur öde*. Außer dem Dschungel auf der Insel, aber daran denkt er jetzt besser nicht. Schon wenn er sich nur ganz kurz den Wald in Maipaan vorstellt, lodert in ihm das Höllenfeuer hoch. Er selbst und die anderen Orangs mit Tiermasken, die Körper schlammbeschmiert, mit Skelettmuster bemalt, und dann die Kiddies, wie sie durchs Gebüsch torkeln, nackt, schreiend, und er mit Speer hinter ihnen her ... *Die Ekstase des glücklichen Jägers. Danach kommt dir alles wie schwarz-weiß und 2-D vor.* Kilroy stöhnt und drückt sich die Fäuste auf die Augen. *Schluss jetzt!*
Stattdessen denkt er schnell an Dr. Till Martens, seinen Spezialisten für das Austrampeln von Höllenfeuern. Kilroy muss sich nur das Pokerface und die unerschütterlich selbstgewisse Stimme des Topanwalts in Erinnerung rufen, da geht sein Puls schon um fünfzig Schläge pro Minute runter. *Gut so.* Ohne Martens wäre er nach Mamis Tod verloren gewesen, und dem Juristen mit der schlaksigen Statur verdankt er auch seine Aufnahme bei den Orangs.
Obwohl er damals völlig aus der Spur war, trat er gleich nach Mamis Beerdigung weiter mit seiner Band *Dopeless Hope* auf. Gerade hatten sie ihren neuesten Nummer-eins-Hit gelandet und tourten durch Clubs und Hallen in ganz Europa und der halben Welt. Aber Kilroy hatte sich zu viel zugemutet, jedenfalls schrammte er zweimal kurz hintereinander gerade noch so an der Katastrophe vorbei.
Beim ersten Mal hatte er plötzlich zwei Kiddies backstage unter sich liegen und null Ahnung, wie die da hingeraten waren. Wieso die nackt in seiner Garderobe herumlagen, wieso die so verdroschen aussahen, so zu Tode verängstigt wimmerten und wieso so viel Blut aus ihnen rauslief. So etwas war ihm vorher nie pas-

siert, niemals in echt. Und beim zweiten Mal noch viel schlimmer, da lag dieser Kleine neben ihm, als Kilroy zu sich kam. Draußen tobten die Fans, die Roadies brüllten rum, und alle schrien seinen Namen: »Tycho, Tycho!« Aber er konnte sich nicht einfach was überziehen und mit ihnen Party machen, diesmal nicht. Sein Mund mit Blut verklebt, sein Schwanz, seine Hände, alles, und der Kleine lag zusammengekrümmt in der Matsche und machte keinen Piep mehr.

Im ersten Moment dachte Kilroy, das war's jetzt. Er probierte Mund-zu-Mund-Beatmung, aber der Kleine roch nicht mehr süß und frisch aus dem Mund, sondern fast schon faulig. Kam ihm zumindest so vor. Er stieß den schlaffen Körper weg und saß einfach nur da. Leer im Kopf und ohne sich zu spüren. Als wäre er aus nichts als Nebel. Als wäre alles, was er zu sein glaubte, was er sich aufgebaut hatte, was er aus sich gemacht hatte, plötzlich weg. Reich, berühmt, Superstar, Mr Golden Voice, alles weg. Da war nur noch dieser reglose, verdroschene, blutverkrustete kleine Körper.

Das da bin ich, war das Einzige, was er denken konnte. Was er denken *musste*, wieder und wieder, während sie draußen nach jemandem riefen, den es anscheinend nie gegeben hatte. Auch wenn er sich selbst und allen anderen vorgemacht hatte, dass er Tycho Terry wäre, Gründer und Leadsänger der gefeierten Rockband *Dopeless Hope*. Tycho Terry, bürgerlich Timo Bartels, Spitzname Kilroy, der einen Top-Ten-Hit nach dem anderen raushaute, der mit Superstars wie Madonna, Bono, Sting, Lady Gaga auf der Bühne gestanden hatte und dem diese Geistervilla im reichsten Reichenviertel von Berlin gehörte. An das schockstarre kleine Kind, das er ganz, ganz früher mal gewesen war, hatte er jahrelang so gut wie keinen Gedanken mehr verschwendet, nicht mal mehr nachts. Aber da lag es neben ihm auf dem Garderobenboden, es rührte sich verflucht noch mal nicht von der Stelle, und doch kam es ihm tausendmal wirklicher vor als er selbst. Als Tycho Terry, der vielleicht nie realer gewesen war als eines der tanzenden Hologramme in seiner Bühnenshow.

Er starrte auf den toten Jungen, und es fühlte sich unfassbar beschissen an. *Das da bist du.* Der Schmerz zerfetzte ihn fast, der Ekel, der Hass auf sich selbst. Doch glücklicherweise brachte ihn genau das auch wieder zur Besinnung. *Ich bin Tycho Terry, ich habe mich selbst erschaffen, ich bin der berühmte Tycho Terry, ich habe mich selbst erschaffen, ich bin der schwerreiche Tycho Terry, ich habe mich selbst erschaffen,* hämmerte er sich in Endlosschleife ein. Bei jeder Wiederholung fühlte es sich ein kleines bisschen glaubhafter an. Allmählich konnte er wieder klar denken, jedenfalls einigermaßen. Und sich bewegen, wenn auch so schwerfällig wie eine Puppe aus Holz.
Er rappelte sich auf, durchsuchte seine Kleidung, fand seine Brieftasche und sein Smartphone. Die Horde draußen schrie seinen Namen, den richtigen, rettenden, »Tycho, Tycho!«. Er sah sie vor sich, all die gesunden jungen Frauen, die es irgendwie hinter die Bühne geschafft hatten und alles tun würden, was er von ihnen wollte. Die ihm Brüste, Fotze, Hintern hinhielten, er brauchte sich nur zu bedienen. Das Dumme war nur, er wollte nichts von ihnen. Der gesunde, einvernehmliche Sex, zu zweit, dritt, fünft, siebent, mit dem sie ihn ködern wollten, ödete ihn an. Er hatte es lange nicht wahrhaben wollen, viele Jahre lang sogar. Aber im Grunde hatte er es immer schon gewusst. Er musste ihre Angst riechen, das Salz ihrer Panik schmecken, den süßen Unterton von Hoffnung, sonst ließ es ihn kalt. Doch dafür waren seine Fans, all die schreienden Frauen da draußen, völlig ungeeignet. Viel zu sehr zu allem bereit und fast alle von ihnen zu alt.
Vor Jahren hat Kilroy sich mal mit einer unteren Charge bei den Orangs über genau diese Befindlichkeit ausgetauscht. Der Typ hieß Hardy oder so, er sah aus wie Quasimodo, humpelte, hatte eine gelb getönte Riesenbrille und ein Auge zu wenig, aber da war sofort eine Verbindung zwischen ihnen. Komisch, dass er gerade jetzt an den denken muss. Das war bei einer der Abrisspartys von Baulöwe Grohlich, irgendwo außerhalb von Berlin. In einer dieser abbruchreifen Ostfabriken wurden Schampus, Edel-

Fraß und asiatische Mädels en gros aufgefahren, die Orang-Horde soff und kokste und machte mit den Girlies rum, bis von allem kaum noch was übrig war.

Irgendwann zwischendurch stellte sich Kilroy mal draußen vor der Halle zu einem Security-Mann, bot ihm eine Cohiba an, und von jetzt auf gleich kamen sie ins Gespräch. Kilroy hat heute noch im Ohr, wie Hardy durch seinen Vollbart nuschelte: »Du musst ihr Zucken unter dir spüren, wie sie sich zu befreien versuchen, vor dir wegkriechen wollen, sonst ist es nur beschissene Gymnastik. Sie müssen schwitzen und zittern, vor Angst, vor Schmerzen, und du genauso, nur darum geht es doch. Nur so kannst du wieder mal spüren, dass es dich trotz allem immer noch irgendwie gibt. Dass du der oder die da unter dir *bist* und gleichzeitig *nicht* bist. Scheiße, ich kann's nicht richtig beschreiben.«

Aber Kilroy hat nie eine bessere Beschreibung gehört. Oder selbst geliefert. Und genauso war es damals mit dem Kleinen, der dann tot in Kilroys Garderobe lag. Die Meute draußen schrie seinen Namen, »Tycho, Tycho«. So langsam wie eine Schlange, die sich an ihre Beute heranschleicht, kroch die Erinnerung in seinen Kopf zurück. An den Kleinen, wie er unter ihm zuckte, und irgendwann nicht mehr. Trotzdem schaffte es Kilroy irgendwie, durch die Tür zu rufen, dass er gleich zu ihnen rauskommen würde. Dann rief er den Anwalt an, dessen Visitenkarte er seit Langem mit sich herumtrug.

Obwohl es nach elf Uhr abends war, nahm Dr. Till Martens das Gespräch sofort an. Kilroy hatte ihn einige Jahre zuvor kennengelernt, als er überlegte, wie er die Unmengen Kohle, die sich auf seinem Konto stapelten, gewinnbringend anlegen könnte. Zig Millionen, die er vor allem mit dem Hit verdient hatte, der ihn ganz nach oben katapultierte: *Kilroy was here*. Er hatte den Uralt-Song von der Dampfmaschinen-Band The Move gecovert, neu gesampelt und choreografiert. Sein Kilroy hatte nichts mit dem legendären GI zu tun, der überall auf der Welt die kranken Ambitionen von US-Präsidenten und Generälen ausbaden

musste. Sein Kilroy war genauso ruhelos unterwegs, aber er hörte auf kein Kommando. Er eroberte nichts und verteidigte nichts, er war auf der Suche nach etwas, das er garantiert nie finden würde, weil es schlichtweg nicht existierte: er selbst. Sein Kilroy war allgegenwärtig, aber nur als Name und als Maske, und ganz genauso fühlte auch er sich. »*I wonder could he be a cavalier / Or a roving musketeer / Or just a dustman who's insane / Kilroy was here / Left his name around the place / Kilroy was here / Thought I've never seen his face / Kilroy was here.*«
Auf der Bühne trat er fast nur noch mit Kilroy-Maske auf, und wenn er sie nach dem Auftritt wieder abnahm, erschrak er vor dem fremden Gesicht im Spiegel. Wie immer der Mann hinter der Maske aussehen mochte, so nicht. Die »*postmoderne Verlorenheit*«, die er in seiner Kilroy-Rolle angeblich ausstrahlte, brachte ihm superlativische Kritiken und surrealen Reichtum ein. Seine Plattenfirma empfahl ihm die Wirtschaftskanzlei Tornow & Martens, die hypervermögende Klienten beriet. Schon bei seinem ersten Treffen mit Dr. Martens spürte Kilroy, dass er auf den schlaksigen Anwalt mit dem Pokerface auch anderweitig zählen könnte, falls es mal nötig sein würde. Und Martens sollte ihn nicht enttäuschen.
Kilroy ist immer noch beeindruckt, wenn er daran denkt, wie schnell und leise der Anwalt damals alles in Ordnung brachte. Während er selbst mit der Band, mit Roadies und Fans in einem nahe gelegenen Club feierte, schafften Martens' Männer den Jungen weg, räumten die Garderobe auf, schrubbten das Blut weg, ließen den zerquetschten Körper auf Nimmerwiedersehen verschwinden. Kilroy weiß bis heute nicht, wie sie das angestellt haben, warum nie auch nur ein einziger Bulle aufgekreuzt ist und ihm lästige Fragen gestellt hat. Dabei musste doch irgendwer gesehen haben, wie er den Jungen, der sich backstage verirrt hatte, in seine Garderobe zog.
»Ich such meine Mami«, murmelte der Junge. »Ich glaub, die ist hier drin«, sagte Kilroy geistesgegenwärtig, zerrte ihn zu sich herein, und dann Filmriss. Totaler Kontrollverlust, obwohl er

nichts getrunken, geraucht, gesnifft, gedrückt oder eingeworfen hatte.

Wenn in dir ein Monster haust, tust du gut daran, nicht auch noch die Wachmannschaft zu betäuben. Diese Lektion hatte er damals schon gelernt, doch an jenem Abend vor dreizehn Jahren wurde ihm noch etwas klar: Egal, wie sehr er sich vorsah, er konnte nicht verhindern, dass es ab und zu passierte. Dass das Zornmonster in ihm erwachte, dass es mit dieser dunklen, furchtbaren Stimme aus seinem Innern hervorzubrüllen begann und er, Kilroy, erst wieder zur Besinnung kam, wenn sich das Ungeheuer ausgetobt hatte.

Wie sich herausstellte, hatte Martens auch für dieses Problem eine umfassende Lösung parat: *Dignity of Youth*, von den Orangs liebevoll *DigYou* genannt. Als »Markenbotschafter« der Stiftung sollte Kilroy seine Beziehungen zu Showgrößen spielen lassen, Spendenmillionen einsammeln und als Gegenleistung »Zugang zum Pool« bekommen, wie Martens das umschrieb. Was das genau bedeutete, wurde Kilroy erst nach und nach klar, und es übertraf seine verrücktesten Fantasien. Auch wenn ihm zunächst nur der »lokale Pool« zugänglich gemacht wurde. Er bekam ein Büro in der Teenie-Klinik in Steglitz. Der Doktor wurde ihm als Verbindungsmann zugeteilt, und alles entwickelte sich zu allseitiger Zufriedenheit.

Insgeheim fand er es zum Schießen, dass sie zum Gesicht der Stiftung ausgerechnet ihn gekürt hatten, der mit dem Song vom gesichtslosen Kilroy berühmt geworden war. Aber er war ihnen so was von dankbar, ihnen allen, sogar Narbenschädel, sogar dem Laufburschen, auch wenn er es nie durchblicken ließ. Sie hatten ihn gerettet, nichts weniger als das, vor dem Absturz, dem Knast, dem Untergang in Schmach und Schande, dem er mehr als einmal nah gewesen war.

Vor allem aber ist er Till Martens dankbar. Auf den ungefähr gleichaltrigen Juristen konnte er sich immer verlassen. Bestimmt würde ihm auch diesmal eine Lösung einfallen, sagt sich Kilroy, doch unglücklicherweise ist Martens nicht mehr in Berlin. Angeblich in Jakarta, schon seit vorletzten Herbst, vielleicht auch auf Maipaan, zumindest zwischendurch mal.

Aber egal, wo Martens jetzt gerade ist, Kilroy muss ohne ihn klarkommen. Mit den anderen Anwälten der Kanzlei ist er nicht so dicke, dass er einen von ihnen beauftragen könnte, »die Akteure zu beruhigen«, wie Martens das gerne umschrieben hat. Besonders gut war er darin, den Doktor zu beruhigen, wenn der am Durchdrehen war, weil Kilroy es angeblich mal wieder versaut hatte.

Wie zur Hölle bringt er den Doktor jetzt dazu, seinen Teil des Deals einzuhalten? Er kann auf keinen Fall länger warten, er muss heute noch den kleinen Samuel haben, sonst explodiert er. Während Kilroy sich zu Hartlieb umdreht, sich die Krawatte umbinden, in die Weste, dann ins Jackett helfen lässt, denkt er noch einmal alles durch, aber eigentlich steht sein Entschluss fest. Er hat in der Klinik sein eigenes Büro, und für das nächste Charity-Event gibt es bestimmt noch einiges zu organisieren. Dafür hat er zwar seine Leute, die sich um den Papierkram und fast alles andere kümmern, Assistenten, PR-Experten, blabla. Aber die *Leuchtenden Kinderaugen* sind immer noch sein Baby, besser gesagt, sein Teenager, mittlerweile dreizehn Jahre alt.

Er steckt sein Smartphone, die Kilroy-Maske und den anderen Kram ein. *Kilroy kommt, ob es euch passt oder nicht.* Den Range Rover hat er lange nicht gefahren, aber bei dem Schnee ist Vierradantrieb ideal. Ganz im Gegensatz zu der Kawa Z 900, mit der er letzte Nacht unterwegs war. In seiner Garage stehen außerdem eine Harley und eine BMW-Maschine zur Auswahl, neben der S-Klasse, zwei Porsche Carrera und dem Saab 900, alles restaurierte Youngtimer aus den späten Achtzigerjahren.

Als Tycho Terry, Spitzname Kilroy, noch Timo Bartels hieß und fast jede Nacht schreiend aus Albträumen aufschreckte. Und jedes, jedes Mal kam seine Mami und tröstete ihn.

**Berlin-Tiergarten,
LKA-Gebäude, Büro KHK Jensen [13:05]**

»Also, Svenja?« Jensen starrt gelangweilt ins Leere.

»Kein Treffer. Leider.« Der KTler Sven ist definitiv nicht ihr Typ, ob mit oder ohne Oberbekleidung, aber das Telefonat mit ihm hat Svenjas Stimmung aufgehellt. »Also auch kein Hinweis auf eine mögliche Verbindung zwischen den beiden Einbruchdelikten«, fügt sie nach kurzem Zögern hinzu. »Richtig?« Ihr Pulsschlag steigt rapide.

»Außer den kongruenten Tatmustern. Also dem wichtigsten Hinweis.« Er redet jetzt so schleppend, als wäre sie der Mühe kaum wert. »Entscheidend ist, dass täterseitig in beiden Fällen nach dem gleichen Modus Operandi vorgegangen worden ist. Denk dir die Musterverschmutzungen weg, dann ist das klar zu erkennen.«

Wieder weiß Svenja nicht, was sie antworten soll. Wie würde sich Max jetzt verhalten? Auf Jensens Linie einschwenken oder an seinen Zweifeln festhalten, auf die Gefahr hin, sich zu verrennen?

Schließlich gibt sie sich einen Ruck. »Stand jetzt stimmen die Tatmuster nicht vollständig überein. Im Fall Wössmann hat der Täter Fingerabdrücke hinterlassen, bei den Makowskis nicht.«

»Wie gesagt, das können auch zwei Täter aus derselben Bande gewesen sein. Oder es war eben doch ein und derselbe, nur hat er diesmal keine Fingerabdrücke hinterlassen.«

»Wie hat er das gemacht?«, fragt Svenja. »Laut KT-Bericht gab es an Türklinken und Lichtschaltern jede Menge Abdrücke, nur eben nicht vom Täter. Also hat er seine Abdrücke nicht nachträglich weggewischt, sondern Handschuhe getragen? Das müssten dann aber Latex-Fingerlinge wie aus der klinischen Praxis gewesen sein, mit denen er Messer, Klebstoff und so weiter handhaben konnte.«

Jensen nickt fast unmerklich und zuckt gleichzeitig mit den Schultern. Svenja deutet es als widerwilliges »Kann sein«.

»Wenn er aber schon so vorsichtig war«, spinnt sie ihren Gedanken weiter, »wird er vermutlich auch darauf geachtet haben, keine DNA-Spuren zu hinterlassen. Damit wären wir dann weit weg vom Tatmuster der Einbrecherbanden. Auch wenn ich ihn nicht mit einem Profi-Schutzanzug bei den Makowskis einsteigen sehe.«

»Sondern wie sonst? Wenn wir schon beim munteren Halluzinieren sind?« Zur Abwechslung setzt Jensen ein amüsiertes Grinsen auf.

Svenjas Gesicht wird glühend heiß. Was hat sie geritten, ihm einen solchen Vortrag zu halten? Egal, jetzt ist sowieso alles zu spät, da kann sie ihre »Halluzinationen« auch noch zu Ende spinnen.

»Ich kann es nicht begründen«, sagt sie, »aber heute früh, als ich die vielen Splittsteinchen in der Diele, im Schlafzimmer und sogar auf dem Bett des alten Herrn Makowski gesehen habe, kam mir spontan der Gedanke: Der Täter könnte einen Motorradanzug und Bikerstiefel getragen haben. Dazu Helm und Handschuhe, dann würde er weder Haare oder Hautschuppen noch Fingerabdrücke zurücklassen.«

»Ende der Märchenstunde.« Jensen sieht nicht mehr belustigt, sondern nur noch angeödet aus. »Ein Biker mit Latex-Fingerlingen? Dem würden bei dem Frost doch die Flossen abfrieren. Abgesehen davon, dass bei Eis und Schnee niemand, der seinen Verstand beisammenhat, mit dem Motorrad durch die Gegend fahren würde.«

In Svenjas Vorstellung trägt der Biker die Fingerlinge unter gepolsterten Lederhandschuhen, aber das erwähnt sie jetzt nicht mehr. So wenig wie den Umstand, dass der Täter ihrer Ansicht nach seinen Verstand eben nicht beisammenhat, sondern psychisch gestört ist. Vor allem aber darf sie Jensen auf keinen Fall erzählen, was ihr heute Morgen in den Sinn gekommen ist, als sie die Splittsteinchen auf Daniel Makowskis Oberbett besah. Vor rund anderthalb Jahren, kurz vor ihrem Ausscheiden aus dem LKA, bekam Hallstein einen Anruf aus Bangkok. Hallstein saß genau dort, wo Jensen jetzt sitzt, und den Soundtrack der Motorrad-Verfolgungsjagd aus ihrem laut gestellten Handy wird Svenja nie mehr vergessen. Das Hupen, die brüllenden Motoren, die junge Stimme, die abgehackt auf Hallstein einschrie, dann die Explosion eines Schusses ... Auch wenn es keine logische Verbindung zwischen den damaligen Geschehnissen in Bangkok und dem Fall Makowski zu geben scheint, bekommt Svenja seitdem das Bild nicht mehr aus dem Kopf: Ein Motorradfahrer mit Lederanzug, Stiefeln und Handschuhen, der das Tor zu Makowskis Vorgarten öffnet und über den schmalen, frisch bestreuten Weg zur Haustür stapft.

»Auf jeden Fall brauchen wir mehr Informationen über die Opfer«, sagt Svenja, »und über die junge Frau.« Sie kann sich nicht einfach so geschlagen geben, sie spürt doch, dass er etwas Wesentliches ausblendet. »Angeblich heißt sie Mia, Ria oder vielleicht auch Rita. Je nachdem, welche Nachbarn man fragt. Nachname unbekannt, direkt mit ihr gesprochen hat keiner. Möglicherweise war sie Niklas Makowskis neue Freundin, vielleicht auch eine Pflegerin oder so etwas, die den alten Herrn betreuen sollte.«

»Was sich jetzt wohl erledigt hat. Das eine wie das andere.«

»Aber wir ermitteln in alle Richtungen, oder? Wie du selbst gesagt hast.« Svenjas Stirn fühlt sich glühend heiß an. Im Geiste sieht sie, wie Max anerkennend nickt. »Ich meine ja nur, dass wir noch ein paar Infos über den alten Herrn Makowski brauchen. Nur um sicherzugehen, dass der Täter nicht doch aus seinem privaten Umfeld kommt. Außerdem sollten wir die junge Frau finden und befragen. Und uns an Niklas' Arbeitsstelle umhören, ob jemandem was aufgefallen ist. Ob er sich bedroht gefühlt hat oder so etwas.«

Jensen zieht einen Flunsch. So präzise wie auf einem alten Foto sieht Svenja mit einem Mal, wie er als kleiner Junge ausgesehen hat. Beziehungsweise als immer schon viel zu großer Junge. Mit viel zu langen Beinen und Armen, viel zu hellblonden, fast schon farblosen Haaren, Wimpern, Brauen, die sein Gesicht nackt aussehen lassen. Und mit wie zum Ausgleich viel zu leuchtend blauen Augen.

»Das wird alles abgearbeitet, klar.« Jensen unterdrückt einen Gähnreiz. »Wir schicken Leute rum, alles nach Vorschrift. Aber während die Kollegen noch Häkchen auf ihre Fragebögen malen, sind wir beide schon beim nächsten Fall.«

»Beim nächsten Fall? Aber doch nicht heute schon?«

»Ich bin gleich zum Briefing bei Frau Fundlandt. Es brennt wieder mal, und wir sollen das löschen.«

»Glaubst du denn wirklich, dass der Fall Makowski schon …«

»Also gut, noch mal zum Mitdenken.« Jensen erhebt sich zu seiner ganzen triumphalen Größe und kommt um seinen – Hallsteins – Schreibtisch herum. »Trautmann hat seinen Täter heute elf Uhr dreißig in einer Nuttenbar am Westhafen festgenommen. Den Kerl, der bei den Wössmanns eingebrochen ist. Ein Albaner, Erjon Duko, siebenundzwanzig, mehrfach vorbestraft wegen Einbruch- und Raubdelikten. Besagter Duko hat nicht nur letzte Woche im Hause Wössmann, sondern auch letztes Jahr bei einem Bruch in Potsdam seinen fetten Daumenabdruck hinterlassen. Da sogar in Farbe, und dreimal darfst du raten, ob in Rot, Rot oder Rot.«

Jensen verschränkt die Arme vor dem kolossalen Brustkorb und marschiert so auf Svenja zu. Ungelenk wie ein Maschinenmensch. Und genauso unaufhaltsam. Ganz zu Anfang hat er Svenja mal erzählt, dass er früher Schach in der Landesliga gespielt hat. In Potsdam sei er vor fünf Jahren bei den Stadtmeisterschaften im Simultanschach immerhin Dritter geworden. Beim Schach komme es drauf an, möglichst viele Züge weit vorauszudenken, und bei Ermittlungen sei es im Grunde nicht anders. Wenn man imstande sei, eine Partie zu lesen, wisse man lange vor dem tatsächlichen Ende, wie das Ganze zwingend ausgehen müsse. Entsprechend spiele man die restlichen Züge regelkonform herunter, könne aber seine Aufmerksamkeit weitgehend schon anderen Partien zuwenden, bei denen der Ausgang noch weniger klar sei.

Das Bild hat sich in Svenjas Kopf festgesetzt: Wie bei einem Simultanschachturnier geht Jensen von Tisch zu Tisch, schaut kurz auf jede Partie beziehungsweise den Ermittlungsstand und sieht sofort den kürzesten Weg zum Schachmatt.
»Die richtige Antwort ist: Rot und nochmals Rot«, fährt er fort. »Zwei Mordopfer, getötet mit Stichen ins Herz. Kommt uns bekannt vor, ja? Morgen fuffzehn Uhr wird Duko mit der Beweislage konfrontiert, ich bin übrigens dabei. Vorher esse ich noch mit den zuständigen Staatsanwälten zu Mittag. Roehler aus Potsdam und die Behrendt aus unserem Laden. Nach Lage der Dinge wäre es fast schon ein Wunder, wenn wir den guten Mann nicht auch noch wegen der Makowski-Sache drankriegen. Nicht Roehler natürlich, sondern den Albaner.«
Er bleibt vor Svenjas Schreibtisch stehen und schaut mit undurchdringlicher Miene zu ihr herunter. »Aber klar, schick noch ein paar Mann raus, die Hintergründe der Geschädigten checken. Alles nach Vorschrift. Und dann wirst du ja sehen.«
»Okay, mache ich.« Eigentlich sollte sie sich freuen, weil er nachgegeben hat. Aber sein »Dann wirst du ja sehen« macht ihr wenig Mut. Was wird sie dann sehen? Worum geht es ihr hier eigentlich? Glaubt sie wirklich, dass mehr dahintersteckt als profaner Raubmord? Und zwar was genau? Ein Motorrad fahrender Psychopath mit Uhu-Fimmel?
Svenja schüttelt den Kopf. Dass die unbekannte junge Frau irgendetwas mit den Morden zu tun hat, kommt auch ihr unwahrscheinlich vor. Als Komplizin hätte sie den Täter wohl ins Haus gelassen, tatsächlich aber wurde die Haustür von außen geknackt. Und die Schläge, die Niklas Makowski außer Gefecht gesetzt haben, wurden »*von einem kräftigen Mann mit überdurchschnittlich großen Fäusten ausgeführt, möglicherweise von einem ausgebildeten Boxer oder anderweitig trainierten Nahkämpfer*«, so Dr. Hünfeld in seinem vorläufigen Bericht. Als mögliche Mörderin kommt die junge Frau also noch weniger infrage.
Wahrscheinlich hat Jensen recht, und der Fall ist praktisch gelöst, sagt sich Svenja, *auch wenn die letzten Züge bis zum Schachmatt*

noch heruntergespielt werden müssen. Bei den Tausenden Raub- und Einbruchdelikten, die pro Jahr in Berlin verübt werden, ist es schon aus Ressourcenknappheit unmöglich, jedes Mal den Hintergrund der Geschädigten auszuleuchten. Und in neunundneunzig Komma fünf Prozent der Fälle würde es wohl auch keinen Sinn machen. *Aber dieser hier gehört möglicherweise zu den null Komma fünf Prozent*, sagt sich Svenja. Deshalb müssen sie hier gründlicher nachsehen, und dafür wird sie nicht irgendwen losschicken, sondern Lars Bredow und Timo Holms. Die erfahrenen Fahnder, auf die auch Hallstein und Max immer zurückgegriffen haben, wenn es drauf ankam. *Hoffentlich sind die beiden frei.*
Sie ruft Bredow an, und schon seine ruhige Stimme zu hören flößt ihr neuen Mut ein. »Machen wir, na klar«, sagt er, nachdem sie ihn kurz gebrieft hat. »Wo sollen wir anfangen?«
»Bei Daniel Makowski«, antwortet sie nach kurzem Überlegen. »Ich schicke dir die relevanten Infos aufs Smartphone. Fragt mal bei den Nachbarn nach, auch im etwas weiteren Umkreis, wie er so war. Mit wem er gesehen wurde, ob er mal irgendwie auffällige Besucher hatte, du weißt schon. Er wird als Eigenbrötler beschrieben, aber vielleicht gab es auch engere Beziehungen. Und dann geht doch auch mal beim *Bärenwirt* in Tegel vorbei, obwohl Herr Makowski ja wirklich seit einer Ewigkeit in Rente ist. Trotzdem erinnert sich da vielleicht noch jemand an Freunde oder Bekannte von ihm. An einen handgreiflichen Streit oder etwas in dieser Art.«
»Alles klar. Wir legen gleich los.«
»Danke.« Svenja will das Gespräch schon beenden, als Bredow sich umständlich räuspert. »Ist noch was, Lars?«
»In letzter Zeit was gehört?«, fragt er zurück.
»Nichts«, sagt sie und klickt ihn weg.
Nichts über Hallstein, hieß das. Im vorletzten Herbst spürte Hallstein praktisch im Alleingang die »unterirdische Stadt« auf, ein perfekt ausgebauter Kerker für zehn und mehr Opfer, und ermöglichte so die Festnahme des Profikillers und -kidnappers

Eric Menz. Und dann, direkt danach, verschwand sie von der Bildfläche.

Offiziell heißt es seitdem: »aus gesundheitlichen Gründen beurlaubt«, aber an diese Version glaubt kaum jemand beim LKA. Daneben kursieren Gerüchte, denen zufolge sie gehen musste, weil sie angeblich ihren Bruder jahrelang gedeckt hatte. Tobias Hallstein, fünf Jahre jünger als sie, der mit siebzehn gekidnappt und von seinem Entführer, dem psychopathischen Serienkiller Alex Soltau, missbraucht, gefoltert und zum Folter- und Mordgehilfen abgerichtet worden war. Unter dem Namen Hardy Seibling lebte er viele Jahre lang in Berlin, während Hallstein in jeder freien Minute nach ihm suchte. Für Svenja ist es extrem unglaubwürdig, dass Hallstein davon gewusst haben könnte. Jensen, der angeblich zu ihrem Sturz beigetragen hat, schweigt sich über die Umstände ihrer Beurlaubung aus. Auch Max wechselt sofort das Thema, wenn sie ihn nach Hallstein fragt.

Ihr Handy vibriert, in der Kopfleiste des Displays taucht das WhatsApp-Icon auf. *Apropos Max.* Sie wirft einen Blick in den hinteren Bereich des Büros. *Er ist bei der Fundlandt,* fällt ihr ein, *Notfall-Briefing.* Jensen ist FFs neuer Star, mit einer noch höheren Aufklärungsquote als früher Hallstein. Vor allem ist er noch schneller, dafür liebt ihn die Chefin, und die meisten anderen Kollegen, die schon viel länger dabei sind, beneiden und hassen ihn.

Sie klickt Max' Message auf. »*Gerne heute 20 h, Ort folgt, lG Max*«.

Brandenburg, bei Jüterbog, Ex-DDR-Kaserne [13:50]

Von acht bis zehn Ausdauertraining, dann zwei Stunden im Kraftraum. Von halb eins bis halb zwei Krav Maga, anschließend Mittagspause. Ab halb drei Einsatztraining mit Schusswaffen. Zum Ausklang Lauftraining mit Gewichten von vier bis sechs. Daneben Spanisch-Crashkurs via Internet.

Noch vor einem halben Jahr hätte Max jeden für verrückt erklärt, der ihm einen solchen Tagesablauf prophezeit hätte. Zumal seine sämtlichen Lieblingsmahlzeiten vom Speiseplan gestrichen sind, Leberkässemmel genauso wie Schnitzel oder die Currywurst-Variationen, an die er sich in Berlin gewöhnt hatte. Stattdessen gibt es Bio-Smoothies, Veggie-Burger oder Reisnudeln mit Tofu. Und unendliche Mengen Salat.
Zum Aus-der-Haut-Fahren, denkt Max, als er im Essenssaal der ehemaligen DDR-Kaserne in seinem Chlorophyll-Cocktail stochert. Obwohl, auf der anderen Seite fühlt er sich in seiner Haut so wohl wie fast noch nie. Rein körperlich gesehen. Früher war ihm seine Pfundigkeit oft peinlich. Er genierte sich, wenn Hallstein ihn wegen der Fettröllchen aufzog, die ihm über den Gürtel quollen. Schwitzend schnaufte er hinter ihr her, wenn sie wie schwerelos Treppen hochlief.
Mittlerweile könnte er locker mit ihr mithalten oder sie sogar abhängen, wenn er es drauf anlegen würde. Wie die eitlen Pfauen, über die er sich früher immer mokiert hat, kommt er kaum mehr an Spiegeln vorbei, ohne sich wohlgefällig zu mustern. Na gut, der Bart irritiert ihn immer noch, schon wegen der fuchsroten Färbung. Aber da Don Francisco nun mal rote Haare hat und einen wilden Vollbart trägt, bleibt seinem Double keine Wahl.
Ansonsten aber ist Max mit seiner neuen Erscheinung hochzufrieden. Seit Anfang Dezember hat er gut zwanzig Kilo abgenommen und selbst an den entlegensten Körperstellen Muskeln aufgebaut. Ganz zu schweigen von den weniger entlegenen Partien. Sogar morgens nach dem Duschen posiert er jetzt manchmal vor dem Spiegel, nur mit einem Handtuch um die Hüften.
Noch vor Kurzem ein Ding der Unmöglichkeit, sagt sich Max, doch seine Freude an der neuen Fitness ist trotzdem nicht ungetrübt. Nicht nur wegen der herben Diät, sondern vor allem, weil er von Hallstein getrennt ist.
Max weiß genau, wie sie leidet, sich grämt und verflucht, er spürt es mit jeder Faser, in jedem Augenblick. Und er kann nichts tun, um ihren Kummer zu lindern. Oder doch, eines bleibt ihm, die

Vorbereitung auf den großen Schlag, das Einzige, was für sie noch zählt.

Was sie noch am Leben hält. Deshalb schindet er sich jeden Tag, jede Stunde, ohne je nachzulassen oder sich zu beklagen. Im Kraftraum, beim Nahkampftraining, am Schießstand, an der Kletterwand, beim Psychodrill oder draußen im Gelände. Unerbittlich gegen sich selbst und jeden Sparringspartner. Nicht im Traum hätte er sich vor Kurzem noch vorstellen können, dass er jemals ein solcher Kämpfer werden würde. Fast jeden Gegner schickt er mittlerweile auf die Matte, kaum einer rennt schneller, zerlegt die Waffen mit verbundenen Augen rascher und setzt sie wieder zusammen als er.

Ausgerechnet er, Max Lohmeyer, der als Kind und Teenager und noch als junger Kommissar in Rosenheim immer zu den Langsamsten und Ungeschicktesten gehörte. Auch zu den Trau-minets, die lieber in Deckung blieben, um nicht von den forschen Jungs eins in die Fresse zu kriegen. Mittlerweile teilt Max härter als fast jeder andere aus, dabei sind seine Kameraden Elitekämpfer von der Bundespolizei und den Geheimdiensten, die hier für Spezialeinsätze ausgebildet werden. Im Prinzip genauso wie er, nur mit dem Unterschied, dass Max offiziell gar nicht hier ist. Hallstein hat irgendetwas ausgekungelt, mit irgendwelchen oberen Chargen, die ihr aus irgendwelchen Gründen noch etwas schuldig waren. Deshalb darf er in der Ex-DDR-Kaserne mittrainieren, obwohl er weder Bundespolizist noch Angehöriger eines Geheimdienstes ist. Sondern ein schlichter Oberkommissar beim Berliner LKA, »aus gesundheitlichen Gründen« für vorerst drei Monate beurlaubt. Doch das weiß hier sowieso keiner.

Er schiebt seinen Salatteller zur Seite und nimmt ihn sich dann doch wieder vor. *Zumindest werde ich die vitaminreichste Leiche weit und breit sein.* Er schaufelt Grünzeug, Sojasprossen, Ziegenkäsewürfel in sich hinein wie früher Pommes rot-weiß.

Wenn er mal Motivationsprobleme hat, braucht er nur an den Abend vor drei Wochen zu denken, als Hallstein plötzlich in seiner Stube stand. Es war sein fünfunddreißigster Geburtstag, und niemand hier wusste davon. Er war gerade vom Lauftraining zurück, hatte sein Sportzeug schon ausgezogen und wollte sich eben ein Badetuch um die Hüften schlingen, um zum Waschraum zu gehen. »Warte noch«, sagte Hallstein und nahm ihm das Tuch weg. Sie stellte sich ganz nah vor ihn, hob sich auf die Zehenspitzen und küsste ihn auf den Mund. Auch er fühlte sich sehr gehoben, speziell in der Leibesmitte. »Hallstein!«, stieß er hervor und entriss ihr das Tuch. »Don Francisco!«, hauchte sie und küsste ihn abermals. Sein Gesicht glühte rot, und ihre Augen glühten so grün, dass es ihm jetzt noch, bei der Erinnerung, Schauer über den Rücken jagt. »Na los, geh schon duschen«, sagte sie, »du riechst wie ein Marine.«

Dass sie weiß, wie Marines riechen, wundert ihn kein bisschen. Als er aus dem Waschraum zurück war, vorschriftsmäßig bekleidet, lag sie auf seinem Bett und blätterte in seinem Notizbuch, in dem er Tag für Tag seine Lernfortschritte dokumentiert.

Kurz fragte er sich, was passieren würde, wenn er sich neben sie legte. Aber dann setzte er sich an den Tisch, sein Herz klopfte wie verrückt, und er dachte: *Wenn ich lebend aus Maipaan zurückkomme, sage ich ihr, wie sehr ich sie liebe.*

Als wüsste sie das nicht sowieso, denkt er jetzt, während sie wie durch Magie auf dem Display seines Smartphones erscheint. Im schilfgrünen Bikini dem Schlachtensee entsteigend, heimlich aufgenommen im Sommer vor zwei Jahren. *Perlsberg*, der Schriftzug blinkt so ungeduldig wie sonst bei keinem Anrufer.

»Hi, Katja«, sagt er und staunt über sich selbst, wie er sich traut, sie aufzuziehen. Beim Vornamen will sie nach wie vor nicht genannt werden, egal ob Kira oder Katja. Sie heißt Perlsberg, und basta.

»Wer?«, gibt sie zurück. Aber es war keine Frage, sie redet schon ohne Punkt und Komma weiter. »Hör zu, Niklas ist tot, und Ria ist verschwunden.«

»Was?«, ruft Max. »Das gibt's nicht.« Zum Glück ist außer ihm niemand mehr beim Essen. In zehn Minuten fängt die nächste Trainingseinheit an.

»Und ob es das gibt«, sagt Hallstein. Sie klingt abgekämpft und hoch konzentriert, bei ihr kein Widerspruch. »Wer dahintersteckt, brauche ich dir nicht zu sagen. Genauso wenig, was das bedeutet, für Ria, für ...« – kurzes Stocken –, »für alles. Aber wir kriegen das hin, Max. Leif Jensen hat den Fall bekommen, und Svenja ist jetzt seine Partnerin. Du musst dich mit ihr treffen, ja? Heute noch.«

»Das gibt's nicht«, sagt Max wieder. Er ist so verblüfft, dass ihm nicht gleich etwas Neues eingefallen ist. »So ein Zufall, Ha... Perlsberg. Svenja hat mich vorhin angesimst. Sie will mich heute Abend sehen.«

»Kein Zufall«, entscheidet Perlsberg. »Sie will schon seit Langem mit dir ins Bett.«

»Wie bitte?«

»Es gab eine Zeit, da wolltest du das auch, Max. Glaub nur nicht, dass du mir etwas vormachen kannst.«

»Das habe ich noch nie geglaubt«, antwortet er aus tiefstem Herzen.

»Besser so. Schreib ihr, dass du dich gerne heute Abend mit ihr triffst.«

»Hab ich schon gemacht. Ich muss ihr nur noch sagen, wo.«

»Perfekt. Hör zu, bestimmt will sie auch, dass du sie bei ihrem Fall berätst. Das ist ihre erste Ermittlung als Jensens Partnerin. Wahrscheinlich hat sie Angst, dass er sie genauso überfährt, wie er das dem Vernehmen nach bei ihrer Vorgängerin gemacht hat.«

»Du bist ja wieder mal gut informiert«, sagt Max. »Wenn man bedenkt, dass du seit anderthalb Jahren von der Bildfläche ...«

»Schon klar«, fällt sie ihm ins Wort. »Hör mir zu, Max. Wir brauchen die verdammte Akte, und zwar bis morgen Nachmittag. Um sechs Uhr bin ich in Brüssel bei der Bex. Ohne klotzige Beweise brauche ich da gar nicht erst anzutanzen. Der junge Makowski wollte Ria die Dokumente heute Nachmittag geben. Jede Wette, dass er schon irgendwo eine Kopie bereitgelegt hatte, und die muss Svenja finden.«

»Bis morgen Nachmittag?«, wiederholt Max. »Wissen die beim LKA denn überhaupt ...«
»Gar nix wissen die. Die gehen von Einbruch aus, der aus dem Ruder gelaufen ist.« Sie umreißt kurz den Ermittlungsstand. »Die brauchen die ›unbekannte junge Frau‹, um den Fall abzuschließen«, fährt sie fort. »Mach Svenja klar, dass du herausfinden kannst, wer und wo sie ist. Aber dafür brauchst du die Akte.«
Max lässt sich das durch den Kopf gehen. »Und du glaubst, sie lässt sich darauf ein, weil sie sich in meine blauen Augen verguckt hat?«
»Komm, Max, nicht so schüchtern. Wenn sie sieht, was du jetzt hermachst, schmilzt sie wie Aprilschnee.«
»Was mache ich denn jetzt her?«, erkundigt er sich. Perlsberg schnaubt. »Okay, ich versuch's. Aber was ist mit Jensen? Nach dem, was *ich* so aus der Keithstraße höre, schließt dein Herr Nachfolger den Fall auch ohne die ›unbekannte junge Frau‹ ab, wenn die nicht schnell genug aus der Deckung kommt.«
»Guter Punkt«, sagt Perlsberg. »Aber ich kenne Leifs wunden Punkt. Da drücke ich notfalls mal ein bisschen drauf.«
»Um Himmels willen, Hall... Perlsberg. Mach nichts, was du nachher bereuen würdest.«
»Für diesen Ratschlag ist es etwas zu spät.« Perlsberg gibt eine Art Prusten von sich, halb Lachen, halb Schluchzer. »Also, Max, klopf sie weich. Und ruf mich anschließend an.«

**Berlin-Charlottenburg,
Wohnung Devin Siebert [14:03]**

So eine Luxusbude passt nicht zu ihm, ist Rias erster Gedanke, als sie kurz nach vierzehn Uhr an der Helmholtzstraße aus dem Bus steigt und auf die Wohnanlage zugeht. *Oder hat sich Devin so verändert?*
Drei helle, siebengeschossige Apartmenthäuser, mit großzügigen Abständen in parkähnlicher Umgebung erbaut. Massive Me-

tallumzäunung mit Kameras, um ungebetene Besucher abzuschrecken. Die Technische Universität um die Ecke, dazu noch direkte Spreelage, die Quadratmeterpreise müssen galaktisch sein.

Seit wann verdient er mit seinem IT-Zeug so viel Geld?
Eine Schranke versperrt die Zufahrt. Über dem Glashäuschen steht in Schnörkelschrift *Concierge*, aber der bullige Mann hinter der Scheibe sieht mehr nach Security aus. Was nicht ausschließt, dass er für seine kaufkräftige Klientel auch Theatertickets nebst Nanny besorgt.

Bevor Ria die Schranke passiert, späht sie noch einmal nach links und rechts. Keine Spur von Sonnyboy und Riesenpinguin, genauso wenig von dem Hünen mit Kaiser-Wilhelm-Bart. Natürlich könnten auch der ältere Herr mit Spazierstock, der vorsichtig über den vereisten Gehsteig trippelt, oder die beiden jungen Männer, die wie Maschinenbaustudenten aussehen, auf sie angesetzt sein. *Aber das ergibt keinen Sinn*, beruhigt sich Ria. *Wenn die Brüder wüssten, wo ich bin, hätten sie längst zugeschlagen.*

Sie spürt den argwöhnischen Blick des Concierge im Rücken, als sie dem geräumten Weg folgt, der sich zwischen verschneiten Rasenflächen der Spree entgegenwindet. Devin wohnt in Haus C – »*C wie cauberhaft, C wie Commst du bald?*« –, das hat er ihr in unzähligen Variationen geschrieben. Vor der Haustür stellt sie ihren Koffer in den Schnee und mustert die Klingelanlage. Es gibt keine Namensschilder, nur ein Display und eine Reihe von Knöpfen, deren Funktionen sich ihr nicht gleich erschließen. Sie fühlt sich beobachtet, das alles hier läuft gar nicht so, wie sie sich das vorgestellt hatte. Ungeduldig klickt sie auf den Knöpfen herum, bis sie fast zufällig auf seinen Namen stößt, Devin Siebert. Sie drückt auf den Knopf mit Glockensymbol, ein wohltönender Gong erklingt, und dann seine vertraute Stimme: »Ja?«

»Devvie, ich bin's«, sagt sie. »Ronja.«

Fast hätte sie *Ria* gesagt, aber für ihn ist sie Ronja Liebig, seine große Jugendliebe, zwei Jahre jünger als er. Devin und sie sind beide in Essen-Scherbeck aufgewachsen, einem Brennpunkt-

viertel mit hohen Arbeitslosen- und Kriminalitätsraten, in dem ein Großteil der Bewohner Hartz-IV-Leistungen bezieht. Jason, Devins großer Bruder, ist mehrfach wegen Einbruchs und Autodiebstahls vorbestraft. Julia, ihre fünf Jahre jüngere Schwester, brach mit sechzehn das Gymnasium ab und fing eine Ausbildung als Bürokauffrau an, die sie nach einem halben Jahr gleichfalls schredderte. Sie alle wuchsen ohne ihre leiblichen Väter auf, dafür mit diversen Ersatz- und Kurzzeit-Daddys.
Vor Überraschung scheint es Devin die Sprache verschlagen zu haben. *Waren seine versponnenen Einladungen überhaupt noch ernst gemeint?*, fragt sich Ria. Vor ein paar Jahren bestimmt noch, da malte er ihr in langen Mails aus, wie sie morgens zusammen aufwachen und auf seinem Balkon frühstücken würden, während unter ihnen die Spreedampfer vorbeituckerten. Ria hat sich immer vorgestellt, dass er in einer billigen Mietskaserne wohnt, mehr Hafengegend als Wohnbezirk, alles laut und schmutzig, mit Graffiti an den Wänden und permanent kaputten Aufzügen. Eben wie früher in Scherbeck. *Aber er wollte immer da raus, genau wie ich.*
Nur hat sie ihm nicht zugetraut, dass er es schaffen würde. Nicht, weil es ihm an Intelligenz oder Ehrgeiz gemangelt hätte, aber er hing auf eine Weise an Scherbeck, die ihr nicht geheuer war. Während sie nach dem Abi loszog, um die Welt zu erkunden, wohnte er mit zwanzig immer noch daheim in seinem Jugendzimmer. Ria reiste von New York nach Los Angeles, von Mexiko bis Brasilien und kreuz und quer durch die Karibik, jobbte als Tippse, Erntehelferin und bei lokalen NGO-Projekten. Als sie nach zwei Jahren zurück war, wusste sie zwar immer noch nicht, was sie aus ihrem Leben machen wollte, aber Devin hatte sich diese Frage anscheinend noch nicht mal gestellt. Er hatte schon mit achtzehn als Web-Designer ganz gut verdient, und genau damit brachte er sich immer noch durch. Im Gegensatz zu seinem Bruder war er nie straffällig geworden, hatte sich keiner Jugendgang angeschlossen und nie mit Drogen gedealt. Aber er teilte Jasons Verachtung für geregelte Arbeitsverhältnisse, mit

Chef und festen Bürozeiten. »Das ist was für Idioten«, hatte er ihr mehr als einmal erklärt. »Ich lass mir doch von so einem Vollspast nicht sagen, wo es langgeht.« Doch Devin ist der ehrlichste und sanftmütigste Mann, dem sie je begegnet ist.

»Ronja?«, dringt es aus dem Türlautsprecher. »Echt jetzt?«
Er klingt überrascht, kein Wunder, denkt Ria, *wenn auch nicht gerade hocherfreut.* »Lässt du mich rein, Dev?«
Kurzes Zögern, dann: »Ja, klar. Nummer 64, sechster Stock rechts.«

Der Türöffner summt. Kurz darauf steht sie vor Devin, und er wirkt immer noch verblüfft. Und angespannt. »Mensch, Ronja, ich glaub es nicht.«

Er lehnt im Türrahmen, starrt sie an. Erst als sie einen halben Schritt nach vorne macht, tritt er zur Seite und lässt sie herein.

Von der Vordiele gehen drei Türen ab. Links Bad, geradeaus Küche, scannt Ria, rechts Wohnzimmer. »Meine Bude kennst du ja aus meinen poetischen Ergüssen.« Er stößt die Tür zum Wohnzimmer weiter auf, macht eine einladende Handbewegung.

»Das ist wunderschön, Dev.« *Und bestimmt mordsteuer,* denkt sie wieder und sieht sich in dem großen, hellen Raum um. Schiffsparkett, elefantengraue Designercouch, riesiger Metallschreibtisch mit aufgeklapptem Laptop und zwei zusätzlichen Monitoren. Auf allen drei Bildschirmen flimmern lautlose Videos. Eine Luxusjacht läuft in eine südliche Marina ein, Supersportwagen rasen kurvige Gebirgsstraßen hoch.

Von so was träumt er jetzt?, denkt Ria. Ist Devin wirklich noch der Junge, mit dem sie aufgewachsen ist? Er wirkt nervös, gleichzeitig irgendwie euphorisch. Vielleicht war es doch keine gute Idee, ihn ohne Vorwarnung zu überfallen? *Aber ich habe keine Wahl,* sagt sie sich dann wieder, *und es ist ja nur für ein paar Tage.*

In seinen Mails hat er immer wieder ausgemalt, wie sie sich in die Arme fallen würden. Noch eben im Aufzug versuchte sie, sich vorzustellen, ob und wie sie sich küssen würden, zum ersten Mal nach so langer Zeit. Doch er verhält sich distanziert. Nicht direkt abweisend, aber irgendwie wachsam.

»Du hast dich verändert, Dev«, sagt sie, als sie neben ihm auf der Couch sitzt. Vor dem bodentiefen Fenster glitzert silbergrau die zugefrorene Spree. Der Blick bis zum Charlottenburger Schloss ist grandios. Devins Blick dagegen flackert zwischen ihr und seinem Schreibtisch hin und her.

»Na ja, du bestimmt auch«, gibt er zurück. »Lange her, dass wir uns zuletzt gesehen haben.«

»Schrecklich lang, ich weiß.« Schnell rechnet sie nach. Im Herbst vor drei Jahren liefen sie sich in Scherbeck mal zufällig über den Weg. Das letzte Mal, dass sie einen Abend und eine Nacht miteinander verbrachten, ist schon mehr als fünf Jahre her. Sie lächelt ihn an. »Aber ich erinnere mich gut, was wir nach Julias Geburtstagsfeier gemacht haben.«

Nach einer schrecklich bleiernen Feier, keine Gäste, nur ihre Mom, Julia und sie selbst. Die Mutter in weinerlicher Stimmung, weil sie schon wieder einen Lover verschlissen beziehungsweise aus dem Haus getrieben hatte. Mit ihren Launen und ihrem Weinkonsum, der mehr und mehr außer Kontrolle geriet. Am schlimmsten aber war, dass Julia wie eine kaputte Puppe mit ihnen am Tisch saß. Apathisch, wie hinter Glas. Sie hatte ihre Ausbildung zur Bürokauffrau gerade abgebrochen und hing den ganzen Tag zu Hause herum. Schloss sich in ihrem Zimmer ein, wollte niemanden sehen. »Hoffentlich kriegst du die Pubertät bald mal hinter dich, Kindchen«, sagte ihre Mom, und Julia sah sie an wie ein Alien, der gerade auf der Erde gelandet war.

»Stimmt, das war richtig gut.« Auf Devins Gesicht breitet sich ein genießerisches Grinsen aus.

Damals lag ihre Trennung schon Ewigkeiten zurück, trotzdem fühlte sich alles gleich wieder wie früher an. Seine Umarmung, sein Geruch, seine Haut. So aufregend und so vertraut. Kurz darauf zog er nach Berlin, sie selbst wurde Ria und fing bei der Spezialeinheit in Brüssel an.

Devin strahlt sie an. »Und du siehst richtig gut aus.« Jetzt erst scheint er sie bewusst wahrzunehmen.

»Du auch, Dev«, sagt sie. »Und noch kräftiger geworden, ja?« Sie

zeigt mit dem Kopf zur Tür rechter Hand, die halb offen steht. Dahinter ist eine gewaltige Bodybuilding-Maschine mehr zu erahnen als zu sehen, mit Hantelbank, Butterfly- und Curling-Features. »Aber die Muckis stehen dir gut«, behauptet sie, obwohl sie da nicht so sicher ist.
Er war auch früher schon muskulös, doch jetzt sieht er fast schon aufgepumpt aus. Die schwarzen Haare trägt er zurückgegelt wie DiCaprio in *The Wolf of Wallstreet*. Nur die ausgebeulte Trainingshose und das T-Shirt mit dem verblichenen Schriftzug über der Brust passen nicht so richtig zu dem neuen Devin.
»Jetzt erzähl doch mal«, sagt er, »wieso kreuzt du so plötzlich hier auf? Nach all den Jahren?«
»Du hast mich erst letzten Monat wieder eingeladen, schon vergessen?« Lächelnd streift sie ihm mit zwei Fingern über den Unterarm. »Da konnte ich einfach nicht mehr widerstehen.«
»Na ja, meine romantischen Mails.« Er zuckt mit den mächtigen Schultern. »Das ist für mich irgendwie zu einem Ritual geworden. Aber ich bin kein Idiot, Ronja, mir ist schon klar, dass es zwischen uns seit Langem aus ist.«
Er sagt es ganz sachlich, und sie gibt sich Mühe, unbeirrt weiterzulächeln. Obwohl die Panik wieder in ihr zuckt. Sie muss ihn dazu bringen, ihr für ein paar Tage Unterschlupf zu gewähren, egal wie. Wenn er nichts mehr für sie empfindet, muss sie notfalls eben dafür sorgen, dass er sich aufs Neue in sie verliebt. Damit sie nicht endet wie der arme Nikki und sein Vater. Und damit bei Perlsbergs besessenem Kampf gegen die Bruderschaft nicht noch mehr Unschuldige auf der Strecke bleiben.
Außerdem mag ich ihn wirklich noch, sagt sich Ria. Oder redet sie sich das ein, weil es ihr gerade so passt? *Nein, bestimmt nicht*. Sie ist mit Niklas ins Bett gegangen, weil das zu ihrem Job gehörte. Im Vergleich dazu sind ihre Gefühle für Devin ziemlich echt. Allerdings hat sie von Perlsberg gelernt, dass sich mit echten Gefühlen besonders gut manipulieren lässt.
»Bleib locker, Devvie«, sagt sie. »Ich hocke dir nicht lange auf der Pelle, versprochen. Ich hab meinen Bachelor in Verwaltungs-

wissenschaft, und jetzt versuche ich, einen Master-Platz zu ergattern.« Sie lächelt so entspannt, wie sie nur kann. »Am Donnerstag oder Freitag gewährt mir meine potenzielle Doktormutter an der FU eine Privataudienz, damit ich ihr mein Masterprojekt vorstellen kann. Wann genau, teilt sie mir noch kurzfristig mit. Und da dachte ich, es wäre doch nett, bei der Gelegenheit bei dir vorbeizuschauen.«

»Super Idee.« Er sieht sie geistesabwesend an. »Ich bin allerdings schwer unter Zeitdruck.« Seine Blicke wandern zu seinem Laptop, dann gibt er sich sichtlich einen Ruck. »Sorry, Ronja, ich bin ein miserabler Gastgeber. Willst du was essen oder trinken? Ich wollte sowieso gleich Pasta machen. Und einen guten Rotwein habe ich auch.«

Sie nickt und lächelt. *Und danach?*

»Und klar kannst du hier auch übernachten«, fährt er nach kurzem Zögern fort. »Du kriegst mein Bett, kein Problem.« Er zeigt auf die Tür, hinter der die Fitnessmaschine funkelt. »Ich komme im Moment sowieso kaum zum Schlafen. Höchstens lege ich mich mal zwischendurch kurz auf die Couch. Weißt du, ich habe ein Riesenprojekt an Land gezogen, und wie immer muss alles bis vorgestern fertig sein.«

»Danke, Dev, das ist lieb von dir.« Vor Erleichterung wäre sie ihm fast um den Hals gefallen, aber sie reißt sich zusammen. »Worum geht es bei deinem Projekt?«

Als hätte er nur auf diese Frage gewartet, beginnt er, von seinem IT-Auftrag zu erzählen. Er schreibt Algorithmen für ein Start-up, das »Psychotherapien digitalisiert«. Schon ab kommendem Frühjahr sollen User Onlinetherapien buchen können, und mittelfristig sollen auch »Shrink-Bots«, »humanoide Heiler mit künstlicher Intelligenz«, eingesetzt werden, die »algorithmenbasierte Diagnosen erstellen, Therapien verordnen und Online-Sprechstunden abhalten«.

Ria macht große Augen, nickt, sieht ihn bewundernd an. »Das hört sich echt spannend an.« Der Kopf dröhnt ihr von seinen Erklärungen zu Neuronennetzwerken, Mensch-Roboter-Schnittstellen und selbst lernenden Algorithmen. »Und Kohle bringt es offenbar auch. Glückwunsch, Dev.«

»Na ja, ich kann nicht klagen.« Er grinst sie an. »Und du bist also bei der Verwaltungswissenschaft geblieben?«

Ria nickt und macht eine ulkige Grimasse. »Du kennst mich doch, ich brauche einfach das Gefühl, mich für etwas einzusetzen, das größer ist als ich.«

Nachdem sie mit zwanzig von ihrer Weltreise zurück war, schrieb sie – Ronja – sich für Soziale Arbeit an der Uni Köln ein. Doch ihr wurde bald schon klar, dass sie nie in diesem Beruf arbeiten würde. Sie hatte ein starkes Bedürfnis, das Zusammenleben der Menschen zu verbessern, aber es dauerte noch eine ganze Weile, bis sie herausfand, dass sie diesen Drang am besten als Strafverfolgerin ausleben konnte. Nachdem sie ihren Vertrag beim Staat unterschrieben hatte, absolvierte sie ein dreijähriges Studium, das neben Fächern wie Kriminalistik, Jura und Psychologie auch Einsatztraining mit und ohne Waffen umfasste. Doch offiziell studierte sie Verwaltung. Das klang so sterbenslangweilig, dass so gut wie nie jemand nachfragte.

»Muss ich das verstehen? Nee, muss ich nicht.« Devins Grinsen kommt ihr fast schon selbstgefällig vor. »Begleitest du mich in die Küche? Dann reden wir beim Kochen weiter.«

Als er aufsteht, ächzt das Parkett unter seinen geschätzt neunzig Kilo. Die definierten Brust- und Bauchmuskeln zeichnen sich unter seinem Shirt ab. Er ist zwanzig Zentimeter größer als sie und dreißig Kilo schwerer, sagt sich Ria. Wenn er es drauf anlegen würde, hätte sie keine Chance gegen ihn, auch wenn sie eine Reihe hocheffizienter Nahkampftechniken gelernt hat, von Krav Maga bis Jiu-Jitsu. Aber Devin ist ein friedfertiger Muskelmann, vor dem in Scherbeck auch hartgesottene Schlägertypen Respekt hatten.

Der Schriftzug auf seinem Rücken ist so verblichen wie der auf seiner Vorderseite. Irgendetwas mit »Happy Days«, entziffert Ria, als sie Devin in die Küche folgt.

**Berlin,
Pkw Kilroy [14:26]**

Kurz vor halb drei, Kilroy fährt im Kriechtempo die Straße des 17. Juni entlang. Hier irgendwo muss der Teenie-Strich sein, »unbegleitete minderjährige männliche Flüchtlinge« im Gutmenschsprech. Aber es ist so arschkalt, dass die sich bestimmt verkrochen haben, vielleicht am Eingang zum Tiergartentunnel, sagt sich Kilroy. Als Jäger ist er aus der Übung, da braucht er sich nichts vorzumachen. Zumindest auf der städtischen Wildbahn. Früher hätte er die Früchtchen im Vorbeifahren pflücken können, jetzt ist er seit Stunden auf der Pirsch und findet nicht mal mehr die Lichtung, auf der die Kitze grasen.
In dem Märchen, das Mami ihm immer vorgelesen hat, freuten sich die Rehkinder wie blöd über das saftige Gras, und dann kamen die Wölfe. *Aber das hier ist kein Märchen, das ist ein verfickter Albtraum!*
»Scheiße!«, brüllt Kilroy und prügelt auf das Lenkrad seines Range Rovers ein. Das Gefährt antwortet mit einem röhrenden Hupton, und da kommen die Kiddies doch tatsächlich hinter den verschneiten Büschen hervorgesteppt. Drei, vier, fünf magere Knaben, vermummt und verfroren, und reihen sich nebeneinander auf.
Wer sagt's denn, denkt Kilroy, *das ist hier ja doch wie im Märchen.* Mami hat es ihm bestimmt zehntausend Mal vorgelesen, auch noch, als er längst selber lesen konnte. Das letzte Mal nur ein paar Tage vor ihrem Tod. Und jedes, jedes Mal hat er mit den Kitzen gezittert und wie die Wölfe Blut geleckt.
Im Schritttempo rollt er an der Teenie-Parade entlang, doch mit seiner Hochstimmung ist es schon wieder vorbei. Aus der Nähe betrachtet, sind die viel älter, als er zuerst gedacht hat. Eher siebzehn, achtzehn als dreizehn, vierzehn, wie er es unbedingt braucht. *Verdammte Scheiße! Das sind ja praktisch schon Männer.* Kilroy ist schließlich nicht schwul, die Unterscheidung zwischen schwul und nichtschwul ist für ihn aber sowieso nur Schulbuch-

quark. Vielleicht gibt es Typen, die sind einfach nur schwul oder einfach nur nichtschwul, doch für ihn sind die einfach krank. Was ihn selbst betrifft, er geht mal auf die eine, dann wieder auf die andere Art ab. Wenn er so richtig unter Druck ist, braucht er einen Knaben, wenn er gut drauf ist, gerne ein Girlie, so einfach ist das. Und einen Typen mit Haaren am Arsch braucht Kilroy nie.

Er fährt auf den Parkstreifen, stoppt den Range und starrt die Afghanen oder was sie sein mögen, durchs Seitenfenster an. Syrer, Marokkaner, blabla. Der eine hat einen viel zu großen Mantel, der andere eine viel zu kurze Hose. Und die glotzen so, als sollte er Mitleid haben, aber gleichzeitig sieht er ihnen an, dass sie nur überlegen, wie sie ihn ausnehmen können. Abziehen, dann abstechen, das würde denen so passen. Die reinsten Wegelagerer.

Kilroy kriegt Lust, den Spieß umzudrehen. Messer hat er sowieso dabei, und der Picklige mit den bescheuerten Bartflusen bettelt praktisch darum, ausbluten zu dürfen. »Kannst du haben, Arschloch«, knurrt Kilroy.

Aber dann fährt er doch lieber weiter. Ganz da draußen im Osten, in Pankow nahe Stadtgrenze, hat es zumindest früher mal eine Fabrikruine gegeben, in der sich die Ausreißer aus aller Herren Länder trafen. Den Tipp hat Kilroy, wenn er sich richtig erinnert, auch von diesem Hardy bekommen, der ging da wohl gerne mal auf die Pirsch. Ist aber schon Jahre her. Hardy wurde dann in die Luft gesprengt, angeblich von seiner eigenen Bullen-Schwester, und der Fabrikruine ist es schätzungsweise nicht besser ergangen.

Verfickte Scheiße, denkt Kilroy wieder, *was zur Hölle mache ich jetzt?* Er kommt vor Druck fast um. Er braucht jetzt umgehend einen Knabenschwanz. Aber sein Plan von vorhin – zur Klinik fahren, den Doktor zur Sau machen und dann ab in Zimmer 37 mit Klein Samuel – war schon reif für den Reißwolf, als Kilroy die Villa Morgencron fast noch im Rückspiegel hatte. Da blinkte nämlich auf seinem Smartphone der Schriftzug *DocSiff* auf, kurz für Professor Dr. Jens Sievering alias Laufbursche, und Kilroy hatte auf einmal ein ganz mieses Gefühl.

Anstatt den Anruf anzunehmen, schaltete er sein Telefon stumm. Als er kurz danach wieder aufs Display schielte, buhlte da eine Message um seine Gunst. Ohne groß nachzudenken, klickte er sie auf, und peng – bekam er voll was vor den Latz.
»*Kilroy, bitte sofort Rückruf wg. Beendigung deines Jobs, lG JS.*«
Was für ein beschissener Schock. Seitdem kann Kilroy nicht mehr klar denken. *Beendigung deines Jobs? Was zur Hölle soll das heißen, Doktor?*
Zwei Möglichkeiten, buchstabiert er sich immer wieder vor. *A, DigYou kickt dich raus, und das heißt, du bist so richtig am Arsch.* Oder B, sie haben die bescheuerte U-Boot-Schlampe aufgespürt, und er soll wieder die Drecksarbeit machen. Also erneut bei minus fünfundfrostig Grad in irgendeine Butze einsteigen und das Flittchen umnieten. Das wäre zwar besser, als von den Orangs gefeuert zu werden. Aber das macht er jetzt trotzdem nicht, ums Verplatzen macht er das nicht, solange er so unter Druck steht. Er braucht jetzt einen Sammi, Timmy, Scheißegal-wie, oder er explodiert genau hier, mitten auf dem Großen Stern, und reißt die verfickte Siegessäule mit sich ins donnernde Nichts.
Apropos Siegessäule. Und apropos donnerndes Nichts. Beim Anblick der einen fällt ihm wie aus dem anderen die Lösung ein. Den Typ kennt er auch von einer Orang-Orgie. Riesenkerl, Riesenschnauzbart, Riesenvorderzähne, riesenhaft schwul. Aber nicht von der Schwuchtelsorte, sondern von der Hardcore-Fraktion. Leder und Peitsche. »Jestatten, icke bin der Master aller Qualen«, so stellte er sich Kilroy damals vor.
Und wie hieß der jetzt? Kilroy greift sich erneut sein Smartphone. Er hat fünf unbeantwortete Anrufe, zehn Nachrichten auf der Mailbox, fünfzehn SMS und noch mal so viele WhatsApp-Nachrichten. Aber die interessieren ihn jetzt alle einen Affenscheiß.
Er scrollt seine Kontaktliste durch. »Verfickt noch mal, wie heißt du?«, knurrt er, und dass sie hinter ihm wie blöd hupen, interessiert ihn genauso einen Scheiß. *Bingo, das ist er.* Kilroy brüllt den Namen, und das digitale Flittchen wählt die Mobilnummer von *Fritz the Rat.*

**Berlin-Lichtenberg,
Safe House [14:59]**

Kurz vor drei, Perlsberg gibt den Zahlencode ein, das Schloss springt auf. Sie wirft Tony Jacobs einen Blick zu, er nickt. Beide ziehen ihre Waffen aus dem Achselholster, dann schiebt Perlsberg die Tür zum Penthouse mit der Spitze ihres mitternachtsblauen Stiefels auf.

Sie geht als Erste rein, die SIG Sauer vor sich auf den Boden gerichtet. Tony folgt, drückt auf den Lichtschalter, schließt hinter sich die Tür.

Im Living ist niemand, das sieht sie auf einen Blick. Hinter den filigranen Ledersitzmöbeln könnte sich nicht mal ein Pygmäe verstecken, die restlichen Einrichtungsgegenstände sind aus Acryl. Nicht nur schick, sondern vor allem safe.

Aber warum ist die Alarmanlage aus? Normalerweise fängt die sofort mit dem Countdown an, wenn man das Safe House betritt. Nach zehn Sekunden schrillt die Sirene los, falls sie bis dahin nicht ausgeschaltet worden ist. *Entweder hier ist doch jemand,* sagt sich Perlsberg, *oder Ria hat vergessen, wieder scharf zu stellen.*

Sie macht Tony ein Zeichen, er soll weiter sondieren. Der junge Agent sichert vorschriftsmäßig nach links und rechts, während er das Living durchquert. Er ist hochgewachsen, breitschultrig und durchtrainiert. In seinem eng geschnittenen, dunkelgrauen Anzug sieht er wie ein modebewusster Bankangestellter aus, aber Tony ist hochbegabt und hat eine glänzende Karriere vor sich. Falls er diese Episode unter Perlsbergs Kommando überlebt. Was alles andere als sicher ist, für alle Beteiligten der laufenden Aktion.

Perlsberg tritt vor die Steuereinheit, vergewissert sich, dass die Kontrolllampen grün sind, und fährt die Rollläden hoch. Zusätzlich schaltet sie überall Deckenlicht ein. Erst drei Uhr nachmittags, aber nachdem der Himmel kurz aufgerissen war, ist es mittlerweile wieder zappenduster.

Sie folgt Tony, der mit der Waffe im Anschlag auf die geöffnete Badezimmertür zugeht. Ria hat allem Anschein nach eine Dusche genommen, das benutzte Badetuch liegt am Boden vor der Duschnische, rings um den Abfluss sind noch Reste von Schaum. Tony sieht Perlsberg an, sie nickt. Der Agent drückt die Klinke herunter und stößt die Tür zum Schlafzimmer auf.
Eisige Luft schwappt ihnen entgegen, das linke Fenster steht weit offen. *Von außen gewaltsam geöffnet?* Perlsberg macht Tony ein Zeichen, er soll zurückbleiben. Wieder geht sie als Erste rein.
»Sicher.« Sie holstert ihre SIG.
Der Rollladen über dem offen stehenden Fenster ist verkeilt. Auf dem Parkettboden unter dem Fenster hat sich eine Pfütze gebildet, offenbar geschmolzener Schnee. Perlsberg beugt sich nach draußen, auf der Dachterrasse liegt der Schnee gut dreißig Zentimeter hoch. Weit und breit keine Spuren von Einbrechern.
»Die können schon vor Stunden hier eingestiegen sein«, sagt Tony hinter ihr. »Dann wären ihre Spuren da draußen längst wieder zugeschneit.« Er spricht perfektes Deutsch mit drolligem Liverpool-Akzent.
»Aber das glauben wir beide nicht.« Perlsberg untersucht die Fensterverriegelung und den Rahmen. »Hier hat keiner rumgehebelt«, sagt sie. »Der Rollladen ist verkeilt, der Sturm hat das Fenster aufgedrückt. Und Ria hat es mit der Angst gekriegt.«
»Die Arme. Ich mache mir Vorwürfe, Perlsberg.« Tony legt sein schmales Gesicht in Kummerfalten. »Ria hat immer wieder davon angefangen, wie schuldig sie sich wegen ihrer Schwester fühlt. Und dass sie durchdrehen würde, wenn auch noch Niklas was passiert. Meinst du nicht, wir hätten …«
»Hätte, wäre, würde«, fällt ihm Perlsberg ins Wort. »Was bringt das jetzt, Tony? Sie ist von der Rolle, aber das gibt sich wieder. Entscheidend ist, dass wir sie finden, und zwar sofort. Wir brauchen Ria, und wir brauchen die verdammte Akte, alles andere ist jetzt sekundär.«
Sie drückt das Fenster in den Rahmen und stellt den Riegel waagrecht. »Der ist wacklig«, sagt sie, »beim nächsten Windstoß

geht er wieder auf. Such mal einen Keil oder irgendwas zum Blockieren. Und sag dem Hausmeister Bescheid, der muss das umgehend reparieren.«

Tony macht sich auf die Suche. Mit seinem akkurat getrimmten Bart sieht er noch jünger aus als ohne, auch wenn er sich wohl die entgegengesetzte Wirkung erhofft hat. In ihrem früheren Leben hätte sich Tony, wie alle jüngeren Männer in Hallsteins Umgebung, heftig in sie verknallt. Und sie hätte ihm die kalte Schulter gezeigt, nicht ohne Bedauern, aber Untergebene sind nun mal tabu. Doch seit Lou verschwunden ist, mutmaßlich verschleppt, gefoltert, höchstwahrscheinlich nicht mehr am Leben, seit jenem grauenvollen Tag, an dem sie seine Kupferhalskette in einem Kerker der abartigen Brüder fand, hat sie keinen Spaß mehr am Flirten. Na gut, mit einer Ausnahme, dem jungen Fischer in der indonesischen Timorsee, Wayan.

Max hat recht, denkt sie, *seine blauen Augen sind nicht genug. Wir müssen Jensen und Svenja schon etwas mehr bieten, damit sie uns die Akte apportieren. Und dieses »Mehr« hat einen Namen: Ria.*

Rasch geht sie die Kleiderbestände im Schlafzimmerschrank durch. Wäsche für drei, vier Tage fehlt, außerdem Shirts, Jeans, ein Hosenanzug. Alles in Rias Größe. »Verdammter Mist«, presst Perlsberg hervor. Auch der Koffer, der immer oben auf dem Schrank lag, ist weg.

Wieso hat sie die junge Agentin so falsch eingeschätzt? Perlsberg hat immer darauf gesetzt, dass Ria nicht viel anders als sie selbst tickt. Dass sie sich wegen ihrer Schwester Vorwürfe macht und dadurch zu einer besessenen Jägerin geworden ist. So wie sie selbst getrieben wird von dem Drang, ihre Schuld am Schicksal ihres Bruders zu tilgen. Oder zumindest winzige Stücke davon abzutragen.

Aber vielleicht sind wir uns doch nicht so ähnlich, sagt sich Perlsberg. *Vielleicht hat sie einfach nicht genug Kraft, um bis zum bitteren Ende vor sich selbst davonzurennen.*

»Der Hausmeister ist im Anmarsch«, sagt Tony, sein Smartphone noch in der Hand.

»Ich rede mit ihm.« Der Türgong ertönt, Perlsberg sprintet zum Eingang. Die Profile ihrer Winterstiefel hinterlassen bizarre Schneematschmuster auf dem Parkett. »Hast du ihre Prepaidkarten gefunden?«, ruft sie Tony zu. Er verneint. »Dann such noch mal alles durch.«
Schon auf dem Weg vom Büro hierher haben sie kurz darüber gesprochen: Rias sämtliche Prepaidnummern sind inaktiv. Mögliche Erklärungen: Erstens, sie war so in Panik, dass sie ihren SIM-Karten-Vorrat hier vergessen hat, als sie das Safe House wieder verließ. Zweitens, sie hat die Karten mitgenommen, sich dann aber entschlossen, sie nicht zu benutzen, um für Perlsberg und Tony unerreichbar zu sein. Oder drittens, sie ist von den Brüdern geschnappt und/oder getötet worden. Keine dieser drei Varianten ist geeignet, Perlsbergs Nerven zu beruhigen.
Rias Hyundai haben sie mittlerweile durchsucht. Tony hat den Wagen vorhin aus Heiligensee geholt und auf einem der von *cosy living* angemieteten Parkhaus-Stellplätze am Ku'damm abgestellt. Bei der Durchsuchung hat er Rias Rucksack mitsamt ihrem Smartphone sichergestellt, aber weder ihre Brieftasche noch die Prepaidkarten und das LG-Handy gefunden. Ihre Dienstwaffe hat Ria gleichfalls mitgenommen, und auch das trägt nicht zu Perlsbergs Beruhigung bei. Ganz im Gegenteil.

Berlin-Charlottenburg,
Wohnung Devin Siebert [15:10]

Geschickt bereitet Devin in seiner kleinen, gut eingerichteten Küche eine leichte Mahlzeit zu. Ria hilft ihm beim Salatputzen, Zwiebelnschneiden, Paprikaschnippeln. *Er hat Scherbeck wirklich hinter sich gelassen,* denkt sie, *früher hat er sich wie fast alle dort hauptsächlich von Mikrowellenfraß ernährt.*
Der Bio-Chardonnay schmeckt samtweich und fruchtig. Bevor die Penne fertig sind, haben sie das erste Glas geleert, und Ria kämpft gegen die Müdigkeit an. Letzte Nacht hat sie kaum die

Augen zugemacht, seit heute früh war sie permanent im Panik- und Fluchtmodus. Jetzt ist ihr Adrenalin-Tank leer, und sie würde am liebsten nur noch schlafen. Aber sie muss ihre Rolle als liebenswerter Überraschungsgast noch eine Weile weiterspielen, damit Devin sie nicht morgen früh wieder vor die Tür setzt. Sie muss hier für zwei, drei Tage in Deckung bleiben, und sie wird alles tun, was dafür erforderlich ist.

Also kramt sie in ihrer gemeinsamen Vergangenheit, wählt die schönsten, schrägsten, komischsten Begebenheiten aus und hübscht sie im Erzählen noch weiter auf. »Weißt du noch, Devvie, wie wir zusammen von der Schaukel gefallen sind?« Nicht im Sandkastenalter, sondern mit vierzehn beziehungsweise sechzehn. Sie saß auf ihm, und sie waren beide so fasziniert von dem, was mit seinem Penis passierte, dass sie sich festzuhalten vergaßen. Oder: »Erinnerst du dich, wie du mich zum ersten Mal geküsst hast?« Sie spürt förmlich, wie ihre Augen leuchten, und spätestens, als sie ihn daran erinnert, wie er sie im Heizungskeller entjungfert hat, zwischen dampfenden Rohren und zischenden Ventilen, ist auch Devin mit Feuereifer dabei. »Unsere Steampunk-Phase.« Sie überbieten sich gegenseitig mit verrückten oder verruchten Anekdoten. Gleichzeitig kommen in Ria immer wieder Erinnerungen an ihre Schwester hoch, aber Julia erwähnt sie jetzt lieber nicht.

Aus Devins Mails weiß sie, dass er keinen Kontakt mehr zu ihrer alten Heimat hat. Sein Bruder ist mit einer Polin liiert und lebt irgendwo an der Oder. Seine Mutter hat einen Griechen geheiratet und ist nach Thessaloniki gezogen. Ohne Ronjas gelegentliche Mails wüsste Devin wohl nicht einmal, dass ihre Schwester seit vorletztem Sommer verschwunden ist. Julia sei zu Hause ausgezogen, ohne irgendwem Bescheid zu sagen, schrieb sie ihm damals. Ihre Mutter habe vorher noch mitbekommen, dass sich Julia für die Social-Media-Kampagne »Befrei dich!« begeistert habe. Mehr als ein Jahr lang habe ihre kleine Schwester apathisch zu Hause herumgegangen, dann plötzlich sei sie zu neuem Leben erwacht. Wahrscheinlich habe sie sich zu einem

»Selbstverwirklichungstrip« irgendwo in freier Natur aufgemacht, wie das in den Videos der Kampagne angepriesen worden sei.

Ihren Verdacht, dass Julia wie so viele andere Teenager und junge Frauen von einem schwerkriminellen Sexkartell gekidnappt und möglicherweise auf die indonesische Insel Maipaan verschleppt wurde, vertraute sie Devin natürlich nicht an. Genauso wenig erwähnte sie das Tagebuch, das sie kurz nach Julias Verschwinden im Zimmer ihrer Schwester in einem Wandloch gefunden hat. *»Letzte Nacht war er wieder hier, und es war noch widerlicher als sonst«*, lautet eine von Dutzenden ähnlichen Eintragungen. *»Ich kann es nicht beschreiben, sonst sterbe ich vor Ekel, aber ich darf es auch sowieso nicht, sonst bringt er mich um.«*

Die Eintragungen sind alle mit Datum versehen. Demnach wurde Julia als fünfzehnjähriger Teenager von einem Täter, der nachts in ihr Zimmer eindrang, über Monate hinweg mindestens einmal wöchentlich missbraucht. Sie war zu verängstigt, um den Namen auch nur ihrem Tagebuch anzuvertrauen. Auch die sexuellen Handlungen, zu denen sie gezwungen wurde, wagte sie nicht einmal andeutungsweise zu umschreiben. Aber für Ria sieht alles danach aus, dass sie von Friedrich Oertel, dem damaligen Liebhaber ihrer Mutter, fortgesetzt vergewaltigt worden war. Der selbst ernannte »Finanzberater« war in Scherbeck allgemein als »der schmierige Friedrich« bekannt, da er ständig versuchte, einem Bausparverträge oder Goldzertifikate anzudrehen. Im Frühjahr vor sieben Jahren zog er bei ihnen ein, knapp drei Wochen später beginnen die fraglichen Eintragungen in Julias Tagebuch. Mit der Regelmäßigkeit eines Uhrwerks war ihre Mutter spätestens um elf Uhr abends hinüber und schlief im Schlafzimmer oder auf der Couch ihren Rausch aus. So konnte sich Oertel unbemerkt an Julia heranmachen, deren Zimmer am anderen Ende der Wohnung lag.

Ria hat den schmierigen Friedrich nur einmal gesehen, als sie in Köln studierte und ihre Familie übers Wochenende besuchte. Oertel lag in gestreiftem Pyjama auf der Couch und wiederholte ständig den lahmen Witz, dass er seinen »Nadelstreifenanzug« anhabe. Sie fand ihn abstoßend, wie er sich, das Oberteil über dem dicken Bauch hochgerutscht, nashornartig auf dem Sofa fläzte. Aber auch nicht widerlicher als viele seiner Vorgänger. Ihre Mom verwöhnte ihn von vorne bis hinten, wie sie das mit ihren Liebhabern immer gemacht hat. Sie bekochte ihn, deckte auf, deckte ab, fragte ihn ständig, ob er noch etwas haben wollte. Das machte sie allerdings nicht ganz uneigennützig, jedes Mal, wenn er sie in die Küche schickte, ging sie als Erstes zum Kühlschrank und tankte aus der Weißweinflasche nach. Bei Rias nächstem Besuch in Scherbeck war Oertel angeblich »auf einer Fortbildung«, kurz darauf beendete er die Beziehung mit ihrer Mutter und zog wieder aus.

Von alledem erzählt sie Devin nichts. Auch nicht von ihren Schuldgefühlen, weil sie Julia und ihre offensichtlich überforderte Mutter damals mit dem schmierigen Friedrich allein gelassen hat. Oder von dem immerhin tröstlichen Umstand, dass Oertel, nachdem er ihre Mom sitzen gelassen hatte, mit seiner neuen Flamme nach Frankfurt an der Oder zog, wo er Jahre später im innerstädtischen Kleistpark Opfer eines mutmaßlichen Raubmordes wurde. Der Täter konnte bis heute nicht identifiziert werden, jedoch geht das lokale Morddezernat davon aus, dass es sich um den Unbekannten handelt, der in den Monaten zuvor in demselben Park zwei weitere Männer getötet und ausgeraubt hat. Alle drei Opfer kamen durch stumpfe Gewalt im Schädelbereich ums Leben, mutmaßlich verübt mit einem Baseballschläger.

»Wir zwei waren das schärfste Pärchen von Scherbeck, Devvie«, sagt sie und lächelt ihn an.

Devin kippt die Chilisoße über die Nudeln. »Ja, glaubst du?« Er wirft ihr einen Blick zu. »Hast du überhaupt irgendwas von dem mitbekommen, was damals abgelaufen ist? Du wolltest doch immer nur so schnell wie möglich aus Scherbeck weg.«

**Berlin-Lichtenberg,
Safe House [15:15]**

Viertel nach drei, Perlsberg öffnet die Tür, winkt den Mann im blauen Overall herein. »Hoppla, Gnädigste, jestern sahen Sie noch janz anders aus«, berlinert er drauflos.

»Stellen Sie den Kasten erst mal hier ab.« Sie zeigt ihm, wo er seine Werkzeugkiste deponieren soll. »Ich habe ein paar Fragen, Herr –?«

»Hausmeester Bernie – Bernhard Gomulka«, präzisiert er, als Perlsberg ihn weiter anstarrt. Obwohl er einen halben Kopf größer als sie ist, scheint ihn die smarte Frau im Businesskostüm einzuschüchtern.

Gut so, denkt Perlsberg. Gewohnheitsmäßig scannt sie sein Gesicht auf Anzeichen des Erkennens. Bis vorletztes Jahr war Hallstein in Berlin eine semi-prominente Erscheinung, ihre spektakulären Ermittlungserfolge und ihr noch sensationellerer Sturz bescherten ihr Dauerpräsenz in der Boulevardpresse und in den lokalen Rundfunk- und Fernsehprogrammen. Aber mit ihrer schwarzen Lockenfrisur und der getönten Riesenbrille ähnelt sie der blonden Ironwoman Hallstein, deren Markenzeichen Ultraskinny-Chinos waren, so wenig wie der bauchige Bernie einem Leichtathleten.

»BKA.« Sie hält ihm kurz ihren Dienstausweis hin. »Herr Gomulka, Sie haben also die junge Frau, die heute Vormittag hier in der Wohnung war, gesehen?«

Bernhard Gomulka wischt sich mit dem Handrücken über die Stirn. »Ist was nicht in Ordnung?« Perlsberg starrt ihn an. »Icke habe die junge Dame nur janz kurz jesehen«, murmelt er, »unten im Eingangsbereich.« Sie habe einen nervösen Eindruck auf ihn gemacht, fährt er fort und weiß selbst nicht, wohin mit seinen Händen.

»Schildern Sie mal ganz in Ruhe, wie sich das abgespielt hat«, hakt Perlsberg nach.

Stockend gibt er zum Besten, die »junge Dame« sei »panisch zusammengezuckt«, als sie in den Aufzug steigen wollte und er in der Kabine stand. Er habe sie gefragt, in welchem Apartment sie wohne, und vorgeschlagen, gleich mit ihr nach oben zu fahren. »Icke warte die Ventile, verstehense, Gnädigste?« Mit knappem Kopfschütteln weist Perlsberg ihn an, weiterzusprechen. »Da hatse wieder fast der Schlag jetroffen«, ringt er sich ab. »Ditte jinge jetze jar nich und pipapo.«

Perlsberg platzt fast der Kragen ihrer Bottom-down-Bluse. »Und weiter?«

Hausmeister Bernie zieht einen ölfleckigen Lappen aus der Blaumanntasche und wischt sich damit die Hände ab. Er habe einen anderen Termin vorgeschlagen, morgen Nachmittag, und sie habe sich sofort einverstanden erklärt. Aber er habe gleich gerochen, dass sie ihn nur abwimmeln wollte. »Und nachher kriege icke es wieder dicke, wenn die Bude nicht warm wird.« Also habe er wenig später, nachdem er die Heizungsventile in der Nachbarwohnung überprüft habe, kurzerhand an die Tür von Nummer 1101 geklopft. »Die Alarmsirene hat jejault wie ein janzes Tierasyl, und icke dachte still bei mir: Bestimmt Fehlalarm. Passiert alle naselang irjendwo im Haus.« Er habe dann noch »Allet paletti?« durch die Tür gerufen, aber die junge Dame habe ihn entweder nicht gehört oder »von ihrem Recht auf Privatsphäre Jebrauch jemacht«. Die Alarmanlage sei jedenfalls ausgeschaltet worden. »Icke also ab, man will ja nicht lästig fallen.«

Perlsberg ahnt, dass das noch nicht alles ist. Sonst würde Gomulka nicht derart schwitzen und sich sichtlich weit weg wünschen. Wenn jetzt Max hier wäre, sagt sie sich, er würde den Mann mit seiner höflichen Art um den Finger wickeln. Aber Max ist nicht hier, also muss sie ihre eigene beste Waffe einsetzen, maximalen Druck.

»Hören Sie gut zu, Herr Gomulka«, sagt sie, »ich frage Sie nur einmal. Wenn Sie nicht die vollständige und ungeschminkte Wahrheit sagen, sind Sie wegen Behinderung von Mordermittlungen dran.«

»Mord?« Gomulka knetet das schmierige Tuch zwischen den Händen. »Aber icke weeß doch ...«

»Letzte Warnung, Herr Gomulka«, fällt sie ihm ins Wort. »Sie halten ermittlungsrelevante Informationen zurück, das rieche ich so deutlich wie Ihren Angstschweiß. Wenn Sie mir jetzt mit ›Aber ich weiß doch nichts‹ kommen, wird Ihr Leben zu einem Albtraum. Ich bringe Sie hinter Gitter, ich sorge persönlich dafür, dass Sie zu den ganz harten Jungs gesperrt werden. Die drücken ihre Kippen auf Ihnen aus, die schieben Ihnen hinten ...«

»Um Gottes willen!« Gomulkas Augen flackern, der Schweiß läuft ihm aus Haaren und Bart. Er wischt sich mit dem Tuch übers Gesicht und produziert ölige Schlieren auf Wangen und Stirn.

»Ich weiß doch auch nicht, was der eigentlich wollte.« Vor Schreck vergisst er zu berlinern. »Das war nicht lange, nachdem ich wieder nach unten gefahren war. Ich hatte die Haustür nur kurz mal aufgelassen, während ich auf dem Gehweg Sand gestreut habe. Eigentlich war ich dabei, in der Halle Glühlampen auszuwechseln, aber bei dem Wetter heißt es andauernd streuen oder schippen. Und als ich dann wieder reinkam, stand er bei den Briefkästen. Suchte wohl nach Namen, aber denkste.«

Perlsberg starrt ihn schweigend an.

»Ich frage ihn, ob ich helfen kann«, fährt Gomulka fort, »und da dreht er sich ganz langsam zu mir um. Ein Hüne von Mann, mit Ledermantel, Lederhose, Stiefeln, alles in Schwarz. ›Ditte is mir jetzt peinlich‹, sagt er, ›aber icke hab mir mächtig verliebt. In ein kleenes Frollein, das hier bei Ihnen wohnt.‹«

Der Mann habe die junge Dame aus Nummer 1101 präzise beschrieben: circa eins fünfundsechzig, kurze, dunkelbraune Haare, schwarzer Daunenmantel, sportliche Figur. »Wenn Sie mir verraten könnten, wo die Kleene wohnt, würde icke mir erkenntlich zeigen«, habe er hinzugefügt und Gomulka »einen Grünen« in die Latztasche seines Blaumanns geschoben.

»Einen Fünfer?«, vergewissert sich Perlsberg.

»Einen Hunni.«

»Und da sind Sie schwach geworden?« Er presst die Lippen zusammen. »Herr Gomulka?« Keine Reaktion.
Perlsberg winkt Tony heran. »Schauen Sie, Herr Gomulka, das ist mein Kollege. Er hat gerade eine Weiterbildung zum Thema innovative Verhörmethoden gemacht. Möchten Sie, dass er die weitere Befragung übernimmt?«
Hausmeister Bernie schüttelt krampfhaft den Kopf. »Um Gottes willen, nein.«
»Sie haben also den Hunderter behalten?« Er nickt kaum merklich. »Und dann?«
»Dann habe ich gesagt, dass ich ihm gerne weiterhelfen würde, aber dafür müsste er mir den Namen der betreffenden Mieterin nennen. So sind nun mal die Vorschriften, habe ich gesagt.«
Perlsberg wirft Tony einen Blick zu.
»Und damit hat sich der Mann zufriedengegeben?« Der junge Brite stellt sich so dicht neben Gomulka, dass der den Kopf zurücklegen muss, um Tony ins Gesicht zu sehen.
»Irgendwie schon.«
»Geht das auch genauer?«, fährt ihn Perlsberg an.
Bernie Gomulka sieht jetzt wie ein Android am Rand des Systemabsturzes aus. Öl und Wasser schwitzend, schwarze Schlieren und alarmrote Flecken im Gesicht. »Erst hat er mich noch gelöchert«, murmelt er. »Aber dann ist das Frollein aus dem Lift gestiegen und nach draußen gegangen, und der Kerl hat ihr hinterhergestarrt und war auf einmal ganz still.«
»Und weiter?« Perlsberg muss sich Gewalt antun, um ihn nicht am Kragen zu packen.
»Nichts weiter. So gut wie nichts«, schränkt er ein, als ihm Tony noch mehr auf die Pelle rückt. »Er meinte nur noch, wenn ich irgendwem was sage, bin ich tot«, murmelt Gomulka. »Und dass er wüsste, wo mein kleener Sohn in die Kita geht. Dann ist er dem Frollein hinterher.« Seine Augen schimmern.
»Nur die Ruhe, Herr Gomulka, gleich sind wir durch«, sagt Perlsberg. »Letzter Punkt, wie sah der Mann aus? Alter, Hautfarbe, Frisur? Dick oder dünn? Brille, Bart, sonstige Auffälligkeiten?«

»Ein Baum von einem Mann, wie schon gesagt«, antwortet Gomulka prompt. »Eins fünfundneunzig, mindestens. Alter Mitte, Ende vierzig, schwer zu sagen. Muskeln, Glatze. Und Hasenzähne, oder wie man das nennt. Vor allem aber ein mordsmäßiger Kaiser-Wilhelm-Bart. Sehen Sie vor sich? So mit aufgezwirbelten Schnäuzerzipfeln?«

Perlsbergs Gedanken wirbeln. »Tattoos?«, fragt sie.

»Ist mir nicht aufgefallen. Aber bei der Erscheinung, wissen Sie, was mir da als Erstes in den Sinn gekommen ist?«

»Verraten Sie es uns, Herr Hausmeister«, sagt Tony mit seinem niedlichen Akzent.

»Na ja, der Kerl ist schwul, das konnte ein Blinder mit Krückstock sehen. Der und in das Frollein verliebt? Nie im Leben.«

Da hat er wohl recht, denkt Perlsberg. Seine Beschreibung trifft zu hundert Prozent auf Friedrich Tuchalsky zu, unter dem Spitznamen *Fritz the Rat* in der Berliner Lederszene bekannt. Als Barkeeper und Sadomaso-Zuchtmeister tätig im Schwulenclub *Adam & Dave*. Vormals Mitarbeiter der Soltau Hoch- und Rückbau GmbH. Deren Chef Alex Soltau, einer der mörderischsten Serienkiller der bundesdeutschen Geschichte, stand mutmaßlich in Diensten der Bruderschaft. Vor drei Jahren, als sie mit Hochdruck nach Soltaus Mordkomplizen suchten, nahmen Hallstein und Max auch die Angestellten seiner Baufirma unter die Lupe. Doch sie fanden keine Anhaltspunkte dafür, dass Tuchalsky oder sein Kollege, der durchgeknallte »Philosoph« Jonas Moosberg, ihrem Chef auch bei der Verschleppung, Folterung und Ermordung junger Frauen vom Straßenstrich geholfen hatten.

Aber Max hat es gleich geahnt, sagt sich Perlsberg. Max hat manchmal diese fast schon hellseherische Intuition, und bei Tuchalsky hat er sofort gespürt, dass dessen Maskerade als schwuler Ledermann mit Peitsche eben nicht bloß Sadomaso-Show war. Sondern dreiste Tarnung für seinen Drang, ganz real zu foltern und zu morden.

Sie zieht ihr Smartphone aus der Jackentasche, gibt *Fritz*

Tuchalsky ins Suchfeld ein. »Ist er das?« Sie hält Gomulka das Gerät vor die Nase.

»Ja, genau. Hundertpro.« Er schaut Perlsberg erst verblüfft, dann wieder ängstlich an. »Woher wussten Sie – ich meine, wer ist der Kerl? Ein polizeibekannter Ganove, ja? Ich bin mir schon gar nicht mehr so sicher, ob er das wirklich ... Darf ich das Bild noch mal sehen?«

Aber Perlsberg hat ihr Smartphone schon wieder eingesteckt. Gedächtnisschwund bei Zeugen gegen die Bruderschaft, das kennt sie zur Genüge. Wer partout keine Erinnerungslücken vorschützen will, wird zum Schweigen gebracht. Doch sie braucht ohnehin keine offizielle Zeugenaussage, sondern eine Fährte, die auf schnellstem Weg zu Ria führt. Und zu der verdammten Akte.

»Das war's erst mal, Herr Gomulka«, sagt sie. »Wenn Sie irgendwem von diesem Gespräch berichten, sind Sie wegen Behinderung von Mordermittlungen dran. Welche Konsequenzen das nach sich ziehen würde, haben Sie verstanden?« Gomulka nickt hastig. »Zeig ihm das Fenster«, wendet sie sich an Tony. »Und lass ihn nicht aus den Augen. Was ist mit den Karten?« Tony schüttelt den Kopf. »Okay, wir treffen uns im Büro.«

Noch vom Lift zur Tiefgarage aus, wo sie den Firmen-GLK geparkt hat, ruft Perlsberg Max an. Wenn er sich nachher mit Svenja Wuttke trifft, muss er sie sofort auf die Fährte setzen. Die Zeit läuft ihnen davon. »Wie immer, Hallstein«, würde Max sagen, wenn er jetzt bei ihr wäre.

Ach, Max, denkt sie, *was tue ich euch an?*

**Brandenburg, bei Jüterbog,
Ex-DDR-Kaserne [15:40]**

»Ich noch mal«, sagt Perlsberg schnell, bevor er sie wieder Katja nennen kann. »Ganz kurz, Max, erinnerst du dich an den Friedhof in Hakenfelde? *In den Kisseln,* wo Soltau beerdigt worden ist?«

Max stoppt das Laufband und japst ein atemloses Ja ins Headset. *Als ob ich das je vergessen könnte*, denkt er. Sein erster großer Fall in Berlin, als Partner von Hallstein. Alex Soltau, der vermeintlich biedere Familienvater und Kleinunternehmer, wohnhaft in einer braven Kleinbürgersiedlung in Spandau-Hakenfelde, stellte sich posthum als monströser Serienkiller heraus. Und Hallsteins Bruder Tobias, alias Hardy Seibling, als eines von Soltaus Opfern, das im Zuge von Missbrauch, Folter, Traumatisierung zu Soltaus Mordkomplizen mutiert war.

»Ein paar Straßen weiter westlich gibt es ein Ensemble aus schrägen Themenhäuschen«, fährt Perlsberg fort. »Schwarzwaldhaus, Almhütte und so weiter. Für Berlinbesucher, die können das wochen- oder auch tageweise mieten. Ich bin vor Kurzem draufgestoßen, als ich für *cosy living* in der Nähe was angesehen habe.«

»Aha?«, sagt Max. »Sorry, Perlsberg, aber ich kapiere gerade gar nichts.« Er nimmt das Handtuch von seinen Schultern und wischt sich über das schweißnasse Gesicht.

»Buch mal so eine Bude für dein Date heute Abend.«

»Wieso das denn?«, protestiert er. »Ich wollte Svenja im Gasthaus ...«

»*Fritz the Rat*«, unterbricht ihn Perlsberg. »Sagt dir der Name noch was?«

»Ja, klar«, sagt Max. Er verlässt das Laufband und geht stoßweise atmend in Richtung Umkleide ab. Auf den anderen Laufbändern, auf Fahrrädern und Rudermaschinen wird weiter trainiert und geschwitzt. Insgesamt sind sie zu zehnt in Max' Team, davon drei Frauen.

»Ich war letztes Frühjahr sogar mal im *Adam & Dave*«, fährt er immer noch schwer atmend fort, »diesem Hardcore-Club in Schöneberg, wo Tuchalsky den Sadomaso-Master gibt. Bin bei einer Razzia mitgegangen, quasi zu Fortbildungszwecken. Unglaublich, was sich da abspielt. Peitsche, Ketten, Streckbetten. Aber alles legal und einvernehmlich. Warte mal kurz.«

Kalle Möhlmann, ihr Oberschinder beim Ausdauertraining,

kommt Max hinterhergerannt. »Was soll das hier werden, Max? Du machst doch nicht etwa schon schlapp?«

»Bin sofort wieder da. Meine Kleine braucht nur ein bisschen Trost«, fügt er hinzu, nachdem er sich das Smartphone gegen die Brust gedrückt hat.

Möhlmann, der so aussieht, wie es sein Name erwarten lässt, vierschrötig, glatzköpfig, nahezu halslos, grinst Max zu und macht eine eindeutige Hüftbewegung. Zwei Minuten, deutet er mit Victory-Zeichen an.

Max nickt und bedankt sich, gleichfalls gestisch. »Wie kommst du jetzt auf Tuchalsky?«, fragt er Perlsberg, als Möhlmann außer Hörweite ist. »Du hast mir doch damals erklärt, dass er ein harmloser Zeitgenosse ist, der mit Soltaus Doppelleben und mit dessen Hintermännern nichts zu tun hat.«

»Irrtum meinerseits. Du hattest den richtigen Riecher, Max. Tuchalsky gehört zu deren Fußvolk.« Sie referiert kurz, was sie aus Gomulka herausgequetscht haben. »Die Brüder wussten offenbar, dass es eine potenzielle Mitwisserin gibt«, fährt sie fort. »Nachdem sie die in der Mordnacht nicht angetroffen haben, beobachteten sie wohl die Umgebung und wurden auf Ria aufmerksam, die nicht weit vom Haus der Makowskis in ihrem Auto saß. Stundenlang und vermutlich mit allen Anzeichen eines schweren Schocks.«

»Klingt plausibel«, sagt Max. »Also mal angenommen, Tuchalsky hat da auf der Lauer gelegen, allein oder mit Komplizen. Warum haben sie Ria durch die halbe Stadt verfolgt? Wieso haben sie nicht irgendwo unterwegs zugeschlagen? Je länger sie warten, desto größer wird aus ihrer Sicht doch das Risiko, dass sich die mögliche Mitwisserin wem auch immer anvertraut.«

»Trotzdem haben sie es so gemacht«, sagt Perlsberg.

Max lässt sich auf die Sitzbank vor den Spinden fallen. »Dafür kann es eigentlich nur einen Grund geben. Sie wollten erst mal checken, wer die junge Frau eigentlich ist, die so plötzlich in Niklas Makowskis Umfeld aufgetaucht ist.«

»Sehe ich auch so, Max. Aber da beißen sie sich die Zähne aus.

Rias Legende ist perfekt, und das Safe House ist offiziell die Gästewohnung von *cosy living*. Dass sie die Adresse jetzt kennen, bringt sie auch nicht weiter.«

»Vermutlich nicht.« *Arme Ria*, fügt er in Gedanken hinzu. Wäre sie im Safe House geblieben, wäre ihr wohl nichts passiert. Aber nach dem, was der Hausmeister beobachtet hat, sieht es sehr danach aus, dass sie von der Bruderschaft geschnappt worden ist. Das würde jedenfalls erklären, warum Ria sich seitdem nicht mehr gemeldet hat und weshalb sie unter keiner ihrer Prepaidnummern erreichbar ist. Und es würde bestens zu Tuchalsky passen. Max hat damals sofort gespürt, dass sich hinter der szenetypischen Kostümierung ein lupenreiner Psychopath verbirgt. Dessen Spaß an ausgesuchten Grausamkeiten keineswegs nur gespielt ist und ganz bestimmt nicht bei ein paar einvernehmlichen Peitschenhieben endet. »Was, glaubst du, haben die mit ihr gemacht? Vielleicht sind die ja auch hinter der Akte her?«

»Unwahrscheinlich«, sagt Perlsberg prompt. »Bei Makowskis wurde nur im Schlafzimmer des Vaters rumgestochert. Gerade genug, damit es nach Raubmord aussieht. Wenn sie wirklich auch die Akte gesucht haben, müssten sie die dort im Schlafzimmer gefunden haben. Sonst hätten sie doch das ganze Haus auf den Kopf gestellt.«

»Das stimmt wohl«, sagt Max. »Also bleibt uns nur zu hoffen, dass Ria ihnen entwischt ist.«

»Oder dass sie entkommen kann. Sie ist für genau solche Situationen trainiert worden, Max. Sie war die Beste in ihrem Jahrgang. Was glaubst du, warum ich gerade sie in meinem Team haben wollte?«

Dazu fällt Max keine gescheite Antwort ein. Wenn er sich den Riesen Tuchalsky vorstellt, fast zwei Meter hoch, bestimmt hundertzwanzig Kilo schwer, davon der größte Teil Muskeln, sieht es für die Kollegin düster aus. Max hat es hier beim Training oft genug erlebt: Wer so viel kleiner, schwächer, leichter als sein Gegner ist, hat keine echte Chance. Zumal Tuchalsky bestimmt keine Beißhemmungen hat, auch nicht gegenüber hoffnungslos unterlegenen Gegnern.

»Wenn sie Ria töten wollen«, fügt Perlsberg hinzu, »haben sie vermutlich vor, es wieder als Raubmord oder Einbruch mit Zufallsopfer zu stagen. Das verschafft uns zumindest noch etwas Luft, denn das müssen sie erst irgendwie arrangieren.«

Viel mehr als Wunschdenken ist das nicht, sagt sich Max, aber etwas Besseres hat er auch nicht zu bieten. »Eins kapiere ich nicht«, sagt er. »Was haben deine neuen Erkenntnisse über Tuchalsky mit Svenjas und meinem Treffpunkt zu tun?«

»Fritze hat seit Kurzem eine neue Spielwiese«, erklärt Perlsberg. »Einen Ultrahardcore-Club namens *Zuchtanstalt*, von den Touristenbuden aus circa zwei Kilometer stadtauswärts. Heute Abend beim Candle-Light-Dinner steckst du Svenja, dass du eventuell Hinweise auf eine verdächtige Person hast, die in Tatortnähe gesehen wurde.«

»Tuchalsky? Traust du ihm auch die Makowski-Morde zu?«

»Ihm oder einem Bruder im Geiste.« Sie berichtet Max von den Manipulationen, die an den Körpern der Opfer vorgenommen wurden. »Nach eurem Schäferstündchen machst du mit Svenja einen kleinen Abendspaziergang, der euch wie zufällig zur *Zuchtanstalt* führt«, fährt sie fort. »Pass auf, dass du ihm nicht über den Weg läufst. Wahrscheinlich würde er dich nicht wiedererkennen, aber man weiß nie. Mir geht es erst mal nur darum, dass du Svenja auf die Fährte setzt. Erzähl ihr von Tuchalsky und dem neuen Club. Was im *Adam & Dave* abgeht, ist Pillepalle dagegen. Die *Zuchtanstalt* ist ein Ultra-Sadomaso-Laden für Lebendbluttrinker und Scheißefresser, sag ihr das bitte genau so. Zuchtmeister Tuchalsky und eine Handvoll weiterer Folterknechte peitschen ihre Opfer aus, bis die Schwarte platzt, penetrieren sie mit Baseballschlägern und kerkern sie in Erdlöchern ein. Um nur ein paar Highlights aus dem Folterprogramm zu erwähnen.«

»Und das soll mit Recht und Ordnung vereinbar sein?«, empört sich Max.

»Alles abgesichert und insoweit legal«, bestätigt Perlsberg. »Es hat zwei Razzien gegeben, ohne Resultat. Die Klienten von Tuchalsky & Co. unterschreiben seitenlange Verträge, in denen Punkt für Punkt aufgeführt ist, auf welche Weise sie malträtiert zu werden wünschen und welche gesundheitlichen Risiken damit verbunden sind, von Knochenbrüchen bis zum Ausbruch von Psychosen. Die wollen das so, Max, und die bezahlen auch noch kräftig dafür, angepisst, vermöbelt und auf jede vorstellbare Weise erniedrigt zu werden. Beziehungsweise andersherum, wenn sie von der aktiven Fraktion sind. Für gut betuchte Sadisten hält die *Zuchtanstalt* einen Kerkertrakt voll abgerichteter Sklaven bereit, die sie auf wiederum vorher genau definierte Weise verdreschen und demütigen dürfen, bis beiden einer abgeht.«

»Herrje, Hall... Perlsberg.« Max pustet durch die Backen. Sie hat ihn schon öfter damit aufgezogen, dass er in Sexdingen hoffnungslos naiv sei. Trotzdem findet er noch immer, dass Leute mit gewissen Vorlieben besser in Gummizellen gesteckt werden sollten statt in Erdlöcher oder in Foltererkutten à la Tuchalsky. Auch Svenja hat sich gerne über seine ländliche Kindheit lustig gemacht. Max ist in den oberbayerischen Bergen aufgewachsen, größtenteils auf dem Hof seiner Oma, die ihm beigebracht hat, immer auf dem »rechten Weg« zu bleiben. Sie verfügte über einen unerschöpflichen Fundus an Märchen und Schauergeschichten von Leuten, die abgeirrt und den überall lauernden Teufeln und Dämonen anheimgefallen waren. An die bösen Geister seiner Kindheit glaubt Max zwar seit Langem nicht mehr, doch als Kriminalpolizist hat er gelernt, dass seine Oma mit ihren Warnungen auf andere Weise richtiglag. Vor allem, seit er an Hallsteins Seite gegen das perverse Kartell ermittelt, das ihren Bruder Tobi und unzählige andere junge Menschen entführt, versklavt, verschachert, gefoltert und getötet hat. Unter bestimmten Umständen, davon ist Max überzeugt, ist jeder Mensch imstande, anderen das Leben zur Hölle machen. *Weil in jedem von uns ein Teufel haust, ein böser Geist, der auf seine Chance wartet.*

»Ich weiß ja, Max«, reißt ihn Perlsberg aus seinen Grübeleien. »Aber jetzt zurück zu deinem Date mit Svenja. Lass sie von sich aus auf die Pointe kommen, ja? Das ist psychologisch wichtig.«
»Verstehe.« Max fühlt sich unbehaglich, wie immer, wenn Perlsberg im verschärften Manipulationsmodus ist. Doch zugleich fasziniert es ihn, wie geschickt sie die Figuren hin- und herschiebt, Kulissen arrangiert, die Beleuchtung optimiert. »Und die Pointe soll also sein«, vergewissert er sich, »dass jemand mit so sinistren Hobbys auch für die Ermordung der beiden Opfer und die Manipulationen an den Leichen verantwortlich sein könnte?«
»Exakt«, sagt Perlsberg. »Mach Svenja klar, dass du ihr helfen kannst, den Täter zu überführen. Wenn nötig, kannst du ja zusätzlich andeuten, dass du eventuell auch Informationen zu Identität und Verbleib der geheimnisvollen jungen Frau beschaffen kannst. Aber im Gegenzug willst du die Akte, und zwar umgehend. Die müssen gleich morgen jeden Stein umdrehen, Max. In Makowskis Butze, in der Klinik, überall.«
»Und warum will ich die Akte?« Max wird immer unbehaglicher zumute. Wenn Perlsberg so aufdreht, ist jeder Ausgang möglich, von Durchbruch bis Desaster, und er selbst hat so gut wie keinen Einfluss darauf. *Also alles wie früher*, denkt er.
»Denk dir was aus. Oder nein, lass es im Dunkeln«, weist sie ihn an. »Svenja wird sich schon denken, dass ich irgendwie dahinterstecken könnte, aber meinen Namen lass aus dem Spiel. Und falls sie sich erinnert, dass Tuchalsky bei Soltaus Baufirma angestellt war, sag einfach, eine Mittäterschaft hätten wir damals ausgeschlossen.«
Was ja auch stimmt. Nur hat Perlsberg gerade eingeräumt, dass sie damit falschlag. Max wedelt sich mit dem Handtuch heiße Luft zu. Sein Bart ist triefend nass vor Schweiß. Von der Trainingshalle dringen heisere Anfeuerungsrufe in den Umkleideraum. Nach dem Warmlaufen zettelt Kalle Möhlmann meistens Wettkämpfe an – wer auf dem Laufband die höchste Geschwindigkeit schafft, am längsten durchhält, mit den schwersten Gewichten und so weiter.

»Du hast das eben so komisch ausgedrückt«, sagt er zu Perlsberg. »Glaubst du jetzt, dass Tuchalsky die Makowskis umgebracht hat, oder willst du nur, dass Svenja das glaubt?«
»Er ist das Beste, was wir im Moment haben«, antwortet Perlsberg so schnell, als hätte sie längst mit dieser Frage gerechnet. Und so vieldeutig beziehungsweise nichtssagend. »Also ruf jetzt an, Max, und reserviere die Steigerwaldklause. Oder von mir aus die Rennsteig-Baude. Und ruf mich nach eurem Stelldichein an, egal, wie spät es dann ist.«
Lieber die Almhütte, will Max antworten, aber Hallstein hat ihn schon weggeklickt.

Berlin-Tiergarten, LKA-Gebäude, Büro KHK Jensen [16:54]

Kurz vor fünf, Lars Bredow lässt sich auf den Besucherstuhl vor Svenjas Schreibtisch fallen, der bis letztes Jahr Max' Schreibtisch war. Sie fühlt sich irgendetwas zwischen gerührt und geschmeichelt, weil Bredow ihr persönlich Bericht erstattet, wie früher Hallstein.
Hallstein hat ihm blind vertraut. Der wortkarge Fahnder war bei ihrer Jagd auf Soltaus Komplizen dabei, der sich dann als ihr eigener Bruder herausstellte. Und er war auch im vorletzten Herbst an ihrer Seite, als sie Eric Menz ins Visier nahm, den Kidnapper, Kerkermeister und Mörder einer möglicherweise zweistelligen Anzahl junger Frauen und Männer, teilweise noch im Teenageralter.
Tobias hat sich vor Hallsteins Augen in die Luft gesprengt, und Menz sitzt seine lebenslange Haftstrafe ab, aber die Auftraggeber und Drahtzieher laufen nach wie vor frei herum. Während Hallstein von der Bildfläche verschwunden ist, möglicherweise auf Betreiben der Bruderschaft, deren Einfluss (laut Hallstein) bis tief in Politik und Behörden hineinreicht.
Bredow, wie üblich in Lederjacke und Jeans, ist seit Hallsteins

Abgang noch sehniger geworden. Die angegrauten Haare trägt er neuerdings stoppelkurz wie ein Soldat im Kampfeinsatz.

»Wir haben alles abgeklappert, die Büchnerstraße hoch und runter«, beginnt er, »außerdem etliche Kneipen, in denen Makowski früher gekellnert beziehungsweise verkehrt hat.« Er tippt mit dem Zeigefinger auf sein Notizbuch, das aufgeschlagen vor ihm liegt. »Der Mann ist nicht nur polizeilich ein unbeschriebenes Blatt«, fährt er in seiner ruhigen Art fort, »der war auch sonst unauffällig bis unscheinbar. Abgesehen von seinem ›Jugendwahn‹, Zitat Ellen Kauert, die Nachbarin zur Rechten. Er ging wohl ziemlich oft ins Sonnenstudio, auch noch im fortgeschrittenen Alter, und kleidete sich ›ein bisschen sehr jugendlich‹, Zitat Christa Höttges, die Nachbarin zur Linken. Etliche Damen in der Straße haben das wohl mit einem gewissen Interesse beobachtet und auch gerne mal darüber getratscht.«

Er deutet ein Lächeln an. »In jüngeren Jahren soll er ganz gut ausgesehen haben«, fährt er fort, »und ab und zu brachte er auch mal eine Frau mit nach Hause. ›Aber das hat nie lange gehalten, zum Glück für den armen Mann‹, darin stimmt die halbe Büchnerstraße mit Frau Kauert überein. Makowski soll, was Frauen angeht, ›einen furchtbaren Geschmack‹ gehabt haben. ›Die sahen durch die Bank wie abgehalfterte Bardamen aus, richtig nuttige Weiber‹, Zitat Moritz Sommerfeldt, Pächter des *Lenau-Ecks,* wo Makowski ab und zu abends ein Feierabendbier getrunken hat. ›Fast immer allein, und nie mehr als zwei Mollen, dann still und leise wieder raus‹, Zitatende.«

Bredow blättert weiter. »Still, leise, unscheinbar, so hat ihn praktisch jeder beschrieben, den wir gefragt haben. Schon irgendwie komisch, auf der einen Seite hat er sich aufgemotzt mit Sonnenbank und Klamotten für junge Hengste. Auf der anderen Seite hat er ›wie auf Zehenspitzen gelebt‹, Zitat wieder Ellen Kauert, die ihn wohl irgendwie ins Herz geschlossen hatte. Die alte Dame ist neunundsiebzig, zwei Jahre älter als er. Sie ist in der Büchnerstraße geboren, er mit elf nebenan eingezogen. In das

Haus seines Onkels, der hieß – warte mal – Martin Makowski, selbstständiger Maurermeister.«

Bredow blickt kurz auf, schaut Svenja dann verwundert an. »Alles in Ordnung mit dir?«

Svenja nickt und gibt vor, sich Notizen zu machen. Offenbar sieht sie so niedergeschmettert aus, wie sie sich fühlt. Vom Hang des alternden Makowski zu jugendlichem Outfit führt eine schnurgerade Linie zu den obskuren Gebiss- und Schamhaarmanipulationen, das liegt auch für sie auf der Hand. Und es macht sie fix und fertig, dass Jensen offenbar nur kurz aufs Lagebild schauen musste, um den richtigen Schluss zu ziehen. *Wie konnte er wissen, dass Daniel Makowski schon vorher einen Forever-Young-Fimmel hatte, der mit seiner Demenzerkrankung nur verrücktere Formen annahm? Wieso kann er ganze Fälle auf einen Blick lesen,* grübelt Svenja, *während ich wie blind davorstehe?* Sie kann es kaum erwarten, mit Max darüber zu reden.

»Der Onkel hat ihn Anfang der Fünfziger aufgenommen, nachdem Daniels Eltern kurz nacheinander verstorben waren«, fährt Bredow fort. »Der Vater, gelernter Dachdecker, durch einen Sturz vom Baugerüst, die Mutter zwei Jahre darauf durch Krebs. Der Junge wuchs dann in der Familie des Onkels auf, fing mit sechzehn eine Lehre als Kfz-Mechaniker an, wie das damals hieß, brach nach ein paar Monaten ab und ließ sich in der Folgezeit zum Kellner ausbilden. Den Beruf hat er dann bis zum Ruhestand ausgeübt, zuletzt fünfzehn Jahre lang beim *Bärenwirt* in Tegel. Und der Onkel, das ist vielleicht noch interessant, der ist mitsamt Familie Anfang der Sechziger nach Kanada ausgewandert. Seinem Neffen hat er das Haus in der Büchnerstraße zu unentgeltlicher Nutzung überlassen, und Daniel Makowski hat dort sein Leben lang gewohnt. ›Ein zurückhaltender, friedlicher Mann, der am liebsten für sich geblieben ist‹, Zitat Heinz Jannowitz, Hausnummer 7, gleichfalls Rentner.«

Bredow kratzt sich im Nacken, blättert mehrere Seiten weiter. »Die Wirte, bei denen er gearbeitet hat, und seine ehemaligen Kollegen, mit denen wir gesprochen haben, haben dem nichts

Wesentliches hinzugefügt. Die Aussagen wiederholen sich, das brauche ich hier nicht alles wiederzugeben. Kriegst du dann ja auch noch schriftlich. Makowski rauchte nicht, trank so gut wie nicht, fuhr nie in Urlaub, war in keinem Verein, hatte keine Hobbys, soweit bekannt, war nie länger liiert, fing niemals Streit an, war auf der Arbeit beliebt und immer zuverlässig.
Also, kurz zusammengefasst« – Bredow klappt sein Notizbuch zu und lehnt sich zurück –, »der gute Mann hat ab und zu etwas zweifelhaft aussehende Damen mit nach Hause gebracht, und er hat noch mit fünfzig eng geschnittene Hosen und Shirts getragen. Ansonsten gibt es über ihn schlicht und ergreifend nichts zu sagen. Oder na gut, er hat sich die Haare blond gefärbt, als sie anfingen, grau zu werden, und er war laut Frau Kauert ›unmäßig stolz auf seine ebenmäßigen, weißen Zähne und entsprechend niedergeschlagen, als er mit Ende sechzig ein Gebiss bekommen hat‹, Zitatende.« Bredow mustert Svenja besorgt. »Wirklich alles okay bei dir?«
Svenjas Gesicht glüht, doch irgendwie schafft sie es, ihn anzulächeln. »Vielleicht brüte ich eine Erkältung aus.« Tatsächlich ist ihr siedend heiß, weil sie sich dermaßen aufgeplustert hat mit ihrem »Wir wissen nichts über den Hintergrund der Opfer«. *Wirklich nicht?*, höhnt eine böse Stimme in ihrem Innern, die verdächtig nach Jensen klingt. *Er wusste schon nach einem kurzen Blick genug, um den Fall abzuschließen.*
»Und Niklas?«, bringt sie schließlich hervor. »Der muss das Leben seines eigenbrötlerischen Vaters doch ziemlich umgekrempelt haben.«
Bredow hebt kurz die Schultern. »Irgendwie nicht. Der Junge hat ihn wohl ein paarmal die Woche besucht, und manchmal, wenn der Alte in der Siedlung spazieren ging oder im *Lenau-Eck* eine Molle trank, war er mit dabei. ›Aber geredet haben die wenig‹, Zitat Sommerfeldt, ›die waren mehr so wie Hund und Herr‹, Zitatende.«
»Wie hat er das denn gemeint?«
Das habe er den Wirt des *Lenau-Ecks* auch gefragt, sagt Bredow

und blättert erneut in seiner Kladde. Daraufhin habe Sommerfeldt beschrieben, wie der Alte still am Tresen gesessen und mit diesem abwesenden Ausdruck vor sich hin geschaut habe, den sie alle an ihm kannten. »Nicht abweisend, aber nicht ganz da.« Der junge Makowski habe ihn von der Seite angestarrt, »dankbar bis dorthinaus, kitschig fast, der war so froh, dass er seinen Papa gefunden hatte, der arme Waisenknabe. Der verhielt sich richtig unterwürfig, der Junge hätte alles gemacht, was der Alte wollte. Aber der sah ihn nur ab und zu kurz an und schüttelte den Kopf, als könnte er kaum glauben, was er zu sehen bekam.« *Was er zu sehen bekam,* wiederholt Svenja in Gedanken. *Sich selbst in jung.*

Eigentlich will sie Bredow jetzt nur noch loswerden. Damit er zumindest nicht mehr hier ist, wenn Jensen gleich zurückkommt. Sonst wird ihr Partner unweigerlich fragen, was denn die Nachforschungen zu den »biografischen Abgründen der Herren Makowski« ergeben hätten.

Aber Bredow ist mit seinem Bericht noch nicht zu Ende, und sie kann ihn ja nicht gut rauswerfen. Hallstein hätte das locker gebracht, hat sie mehr als einmal gemacht, mit Bredow, Max, mit jedem.

»Die Damen Höttges und Kauert haben übrigens ihre eigene Theorie«, fügt er hinzu, »was das Verhältnis von Vater und Sohn Makowski betrifft. Vor sieben Jahren, als Niklas in seinem Leben auftauchte, gab es bei dem alten Herrn wohl schon erste Anzeichen von Demenz. Er ging zwar nicht mehr ins Bräunungsstudio und trug auch keine eng geschnittenen Hosen mehr, aber laut Frau Höttges ›hat er nie wirklich akzeptiert, dass er ein alter Mann war‹. Und dass plötzlich dieser Junge bei ihm aus und ein ging, der so aussah wie er selbst vor vierzig Jahren, das hat er laut Frau Kauert ›irgendwie nicht mehr richtig auf die Reihe gekriegt‹, Zitatende. Normalerweise war ihm durchaus bewusst, um wen es sich bei seinem jüngeren Ebenbild handelte. Aber in Phasen geistiger Verwirrung brachte er wohl Wunschbild und Wirklichkeit zunehmend durcheinander. Frau Höttges hat ja in den letzten Jahren ab und zu nach ihm gesehen, und da bekam sie so einiges zu hören. Zum Beispiel hat der alte Herr mehrfach einen Spiegel erwähnt, in dem er so jung aussehe, wie er tatsächlich sei. Mit diesem Spiegel müsse er sich ›energisch verbinden‹, dann sei ›der Spuk bald wieder vorbei‹, so Daniel Makowski laut Frau Höttges.«

Bredow blättert. »›Und jetzt stellen Sie sich vor‹, hat sie zu mir gesagt, ›das war erst vor ein paar Wochen, da war er wieder mal besonders durch den Wind. Der Spiegel ist weg, einfach weg, hat er zu mir gesagt. Der Spiegel, der mich zeigt, wie ich wirklich aussehe. Bitte, Christa, du musst mir helfen, ihn zu finden!‹ Ende des Zitats. Sie sei ganz erschüttert gewesen, weil er sich so gequält habe. ›Du irrst dich, Dany‹, habe sie gesagt, ›das ist kein Spiegel, das ist dein Sohn Niklas!‹ Da sei er zornig geworden, habe sie eine Lügnerin genannt und sich dann ›die Seele aus dem Leib geheult‹, Ende des Zitats.«

Die Tür geht auf, Jensen stürmt ins Büro. »Aha, der Kollege Bredow.« Er reißt sich den Parka vom Leib und schleudert ihn auf den Garderobenständer. Sein Gesicht ist vor Kälte krebsrot, die Augen leuchten kobaltblau. »Und, was Weiterführendes entdeckt?«

Svenja schüttelt den Kopf. »Bis jetzt negativ.«

»Sehen Sie auch so, Bredow?« Jensen verschränkt die Arme vor der Brust und marschiert in dieser Haltung an ihnen vorbei in den hinteren Bereich des Büros.

»Bin mir nicht ganz sicher«, sagt Bredow. »Das Verhältnis zwischen Vater und Sohn Makowski war – zurückhaltend formuliert – ungewöhnlich.« Er fasst nochmals kurz zusammen, was sie diesbezüglich zusammengetragen haben. »Niklas hat laut diversen Zeugen fast unterwürfig versucht, seinem Vater jeden Wunsch zu erfüllen.«

Jensen nimmt nickend Platz. »Wundert mich nicht. Deshalb hat er sich von dem Alten sogar die Schamhaare abscheren lassen. Mit der eigentlichen Tat hat das aber nichts zu tun.«

»Ich bin mir nicht sicher«, wiederholt Bredow. »Die Interpreta-

tion liegt natürlich bei Ihnen. Aber da ist noch etwas. Die Aussage eines Zeugen, der uns zufällig in die Arme gelaufen ist. Slavo Antecic von den Stadtwerken, seit letzter Woche in der Waldsiedlung unterwegs, um die Gaszählerstände abzulesen.«
Wieder blättert Bredow in seinem Notizbuch. »Wenn der Gasmann dreimal klingelt«, sagt Jensen und schaut so gelangweilt wie nur möglich.
»Hier«, sagt Bredow. »Am Freitag war Antecic bei Makowski, um die Zähler zu kontrollieren. Er musste ewig warten, bis jemand an die Tür kam. ›Ein alter Mann im Schlafanzug‹, laut Antecic, ›er war wütend und im Kopf durcheinander.‹ Er habe ihn ›Niklas‹ genannt und massiv bedrängt, seine Arbeitsstelle aufzugeben. Antecic wusste gar nicht, wie ihm geschah«, fährt Bredow fort. »Er heiße nicht Niklas, und er liebe seine Arbeit, versicherte er dem alten Mann. Aber der schien ihn nicht zu hören. Er hielt den Gasmann bei den Schultern fest und sagte in beschwörendem Tonfall: ›Ich habe doch mitbekommen, wie du dich bei der Kleinen ausgeheult hast. Die in der Klinik machen krumme Sachen, ja?‹ Er schüttelte Antecic, bis der Gasmann halbherzig nickte. ›Dann schmeiß denen die Brocken hin und komm nach Hause. Ganz einfach!‹, habe sich der Alte ereifert. ›Die Kleine will dir einflüstern, dass du die Strolche anzeigen sollst. Aber am Ende bist du der Dumme, das sag ich dir. Lass dich nur in nichts reinziehen. Einfach kündigen und heimkommen‹, hat der Alte laut Antecic noch mehrfach wiederholt und den Gasmann dabei geschüttelt.«
Bredow klappt sein Notizbuch wieder zu und schiebt es in die Innentasche seiner Lederjacke. »Holms und mir kam Antecic glaubwürdig vor. Vielleicht macht es Sinn, der Sache noch mal nachzugehen. Nicht meine Entscheidung.« Er nickt in Jensens Richtung, beugt sich im Aufstehen über den Tisch und umarmt Svenja kurz, wie er es früher bei Hallstein gemacht hat.
Sie ist geschmeichelt und gerührt. Und fast so durcheinander wie Makowski senior, der den Gasmann für seinen Sohn und seinen Sohn für einen Spiegel hielt.

Berlin-Spandau,
Zuchtanstalt [19:28]

Halb acht abends, Kilroy tief in seiner Märchenwelt. Er liegt im Bett mit dem Jungen, und der hat wirklich grüne Haut. Genau wie von *Fritz the Rat*, bürgerlich Tuchalsky, offeriert. »Wir haben meistens ein paar auf Lager«, sagte der am Telefon nach kurzer Verblüffungspause. »Aktuell einen in Weiß, einen in Braun und einen in Grün.«
»In Grün?« Kilroy dachte, *der verarscht mich doch*, aber von wegen.
»Olivgrün«, präzisierte Tuchalsky, »nageln Sie mich nicht fest, Herr Terry, aber ich sag mal, aus Guatemala. In der Gegend haben die eine ins Grünliche schillernde Haut. Ein kleiner Indio jedenfalls, dreizehn, vierzehn, heißt Pepe. Oder José? Muss ich nachsehen.«
»Pepe ist okay.« Kilroy kroch fast durch die imaginäre Telefonleitung zu Tuchalsky hinüber. Der versprach ihm ohne langes Hin und Her, dass in einer Stunde ein Zimmer für ihn bereit sei.
»Mit dem Grünen, frisch gewaschen und geölt.«
»Olivenöl?«, fragte Kilroy, und sie beide kamen minutenlang aus dem Lachen nicht mehr heraus. Kilroy raste mehrfach um den Großen Stern, bis er die richtige Abfahrt traf. Statt nach Pankow ging es jetzt also nach Spandau, äußerster Berliner Westen.
»Wenn Sie wollen, malen Sie ihn noch grüner an, Herr Terry. Wir können Ihnen auch Farbe bereitstellen.« Kilroy sah sein feistes, vom Lachen stark gerötetes Gesicht mit den ins Leere hackenden Rattenzähnen schmerzlich genau vor sich.
»Danke, nein«, sagte er. »Ich bin in einer Stunde da. Und nenn mich Kilroy, okay?«
»Allet klar, Kilroy. Icke bin der Fritze.«
Endlose Autokarawanen krochen quälend langsam durch die Stadt. Kilroy platzte fast vor Ungeduld, hupte, überholte rechts und links und fiel am Theodor-Heuss-Platz erneut zurück. Wie-

der verpasste er die Abfahrt, schlingerte eine Strafrunde und dann mit Karacho in die Heerstraße.

Spandau-Hakenfelde, nie gehört. Geschweige denn da gewesen. Komische Idee, ein Hardcore-Club jottwehdeh statt mitten im Gewimmel.

Als er laut Navi schon fast am Ziel war, ging es erst noch ewig an einem Friedhof entlang. Das gefiel Kilroy, die bröckligen Grabsteine, kahlen Birken, schmalen Alleen, alles tief verschneit. Natürlich musste er an Mamis Beerdigung denken, an die gigantische Trauershow, für die er den kompletten Friedhof hatte sperren lassen, und an die Zeit davor, als sie in ihrem Haus aufgebahrt war. Zwei Wochen lang hielt er Trauerwache an ihrem offenen Kingsize-Sarg, und jede Nacht legte er sich für ein paar Stunden zu ihr. Wie früher, wie immer, und wie er ohne sie weiterleben sollte, war einfach unvorstellbar. Er zog sie aus, er zog sich aus und legte sich zu ihr. Aber sie rührte sich nicht, berührte ihn nicht, küsste ihn nicht, sondern lag kalt und kalkweiß in ihrem Sarg. Er weinte und schrie. Er aß nichts mehr und trank nur ab und zu eine Handvoll Wasser, wenn er im Bad vor dem Spiegel stand, ausgezehrt und bis auf die Kilroy-Maske nackt. Er rannte zurück zu ihr, nahm ihre Hand und streichelte sich damit. Nahm ihren Finger und steckte ihn sich in den Arsch.

Schluss jetzt, befiehlt sich Kilroy. »Dein Gedächtnis ist abnormal«, hat mal jemand zu ihm gesagt. Natürlich weiß er noch, wer das war, aber an den will er jetzt nicht denken. Jetzt nicht und nie.

Stattdessen dreht er sich zu dem olivgrünen Kiddie und stupst ihm gegen den Brustkorb. Der Kleine schluchzt im Schlaf. *Na gut, penn erst mal, Pepe,* gesteht ihm Kilroy zu. Er hat ihn wirklich hart rangenommen, und alle Achtung, der Bengel hat nicht groß rumgeheult. Auch wenn es bestimmt scheiß wehgetan hat. Und immer noch scheiß wehtut, das hört so schnell nicht wieder auf. Da kann keiner Kilroy was vormachen, das hat er alles selber erlebt. Und er erinnert sich noch so genau an jeden Schlag, Tritt, Schluchzer, jede beschissene Träne, die ihm damals aus

den Augen gespritzt ist. An die Pisse, die ihm die Beine runtergelaufen ist, an das dunkle, schreckliche Brüllen hinter ihm, an seine Füße, die übereinandergestolpert sind.
Er befühlt Pepes Rippen, ein paar davon lassen sich leicht nach innen drücken. Wie Klaviertasten. Der Kleine wimmert und krümmt sich, als Kilroy gedankenverloren weiter an ihm herumdrückt. *Falsche Beweglichkeit* heißt das im Pathologenjargon, hat ihm ein Leichendoktor mal erzählt. Ein Gerichtsarzt, Obduzent, Rechtsmediziner oder wie diese nervigen Typen sich nennen.
Kilroy hat einen ganzen Haufen von ihnen bei Empfängen von *DigYou* kennengelernt, ein paar auch bei Orang-Gelagen, und ausnahmslos alle waren pedantische Wichtigtuer. Die meisten auch noch maßlos eitel, so als würde die Erde aufhören, sich zu drehen, wenn sie nicht mehr die Gnade hätten, Leichen in steife Streifen zu schneiden. Aber Kilroy tat immer so, als würde er sich brennend für ihren Stuss interessieren. »Auf ein Wort, Doktor, können Sie wirklich feststellen, ob jemand vor oder nach Ableben Verkehr hatte? Haha.« Einem von ihnen luchste er den Schlüssel zur Unterwelt ab, fertigte eine Kopie an und verbrachte fiebrige Nächte im Sektionssaal. Obwohl es auch da arschkalt war. Er zerrte eine Leiche nach der anderen aus der Kühlung, aber eine Göttin wie Mami fand er nie. Natürlich nicht, Mami gab's schließlich nur einmal. Er fand nicht mal eine Frau, die ihr auch nur entfernt ähnlich gesehen hätte. Er legte sich neben sie und spürte nichts. Er berührte sie, nichts. Er küsste sie, wieder nichts. Er nahm ihre Hand und legte sie sich auf den Schwanz, nichts.
Schluss mit dem Trübsinn, befiehlt er sich erneut. Dreht den Jungen auf den Bauch und legt sich mit seinem ganzen Gewicht auf ihn. »Na, mach schon, kriech weg.« Aber der Kleine winselt nur, zittert nur so ein bisschen und liegt dann starr wie ein Stück Totholz da.
»Scheiße, du machst doch nicht etwa schon schlapp?«, schreit Kilroy. »Das gibt's nicht, wieso halten die nix mehr aus?« Die paar angeknacksten Rippen sind doch noch lange kein Grund,

den Löffel abzugeben. Da hat er selbst seinerzeit viel mehr eingesteckt, ohne auch nur zu mucksen. Na gut, er hat auch rumgeplärrt, aber ist er vielleicht abgenippelt, nur weil ihm der Arsch aufgerissen worden ist? Nicht die Bohne. Er hat geblutet wie Sau, genau wie der Grüne hier, aber er hat verdammt noch mal nicht aufgehört zu atmen!
Kilroy wälzt sich von dem Knaben wieder runter und rappelt sich vom Bett auf. Das Zimmer ist im Stil einer mittelalterlichen Kerkerzelle designt, »pittoresk und stimmungsvoll«, wie Tuchalsky beim Rundgang durch sein Reich gerühmt hat. »Aber natürlich bist du nicht wirklich eingesperrt«, hat er hinzugefügt. »Klopf einfach an die Tür, Kilroy, dann wird dir aufgetan.«
Also knotet sich Kilroy ein Laken um, stapft zur Eisentür und hämmert dagegen. Die Zelle hat kein Fenster, Untergeschoss zwischen der Tiefgarage und den eigentlichen Themenräumen. Die Einrichtung ist mittelalterlich karg, nacktes Mauerwerk, mit rostigen Ketten dekoriert. Immerhin gibt es einen Nebenraum mit Dusche und Klo.
Kilroy trommelt gegen die Tür, dann endlich Schritte im Gang. Schlüssel klirren, das Schloss quietscht, die Tür schwingt auf, und wer steht vor Kilroy, mit dünner, grauer Künstlermähne, im schlabberigen grauen Anzug wie eigentlich immer? Kilroy sorgenvoll beäugend, als wäre der eine Tonne Sprengstoff, die gleich in die Luft fliegen wird? Natürlich Doktor Sievering, mit Tuchalsky im Schlepptau.
»Du hattest jetzt deinen Spaß«, hebt der Doktor an und versucht, ins Zimmer zu spähen. Aber Kilroys breite Schultern versperren ihm die Sicht. »Warum bist du nicht ans Telefon gegangen, warum hast du mich nicht zurückgerufen, ich habe dir doch geschrieben, dass es dringend ist?«
»Auf ein Wort, Fritz«, sagt Kilroy, ohne den Laufburschen zu beachten. »Dein Kleiner hier hat einen Durchhänger, spritz den doch schnell mal wieder fit.«
Er tritt zur Seite, doch als der Doktor ins Zimmer schlüpfen will, hält ihn Kilroy an der Schulter fest. »Du nicht.« Er schiebt

ihn zurück in den Gang und sich selbst hinterher. »Beendigung des Jobs«, raunzt er den Doktor an, »was zur Hölle soll das heißen?«

Während sich Tuchalsky in der Zelle übers Bett beugt, den Jungen beklopft, schüttelt, abhorcht, hört sich Kilroy an, was der Doktor auf dem Herzen hat. »Wir wissen jetzt, wo sich das Flittchen verkrochen hat. Heute Nacht beendest du den Job.«

»Den Job beenden, ich höre immer nur, den Job beenden«, nölt Kilroy, aber eigentlich findet er es ganz okay. Dann kriegt er die kleine Schlampe quasi zum Dessert. *Es gibt schlimmere Schicksale*, denkt Kilroy, tut aber weiter so, als wäre es ihm total lästig. »Schon wieder raus in die Arschkälte und in so eine Dreckbutze einsteigen, das ist doch nicht gesund!«

Dabei beobachtet er in den Augenwinkeln, wie Tuchalsky eine Fertigspritze aus der Lederjacke nestelt, Adrenalin oder sonst was, und leicht gegen den Kolben drückt, bis ein fadendünner Strahl aus der Nadelspitze schießt.

Der Doktor labert irgendwas von »gehobenem Ambiente«, die Kleine sei »bei einem offenbar gut verdienenden Bekannten untergekommen, Programmierer, Anfang dreißig, dem leckt die jetzt die Eier, damit er sie bei sich wohnen lässt, aber du bringst das heute Nacht zu Ende, Kilroy, mit tatkräftiger Unterstützung, Tuchalsky kommt mit. Und ach ja, die Akte ist für den Müll.«

»Du verarschst mich doch«, erbost sich Kilroy. »Wie kann die für den Müll sein, da stand Dari-oder-wie drauf, deshalb hat der die doch ...«

»Dany, da stand Dany drauf«, fällt ihm der Laufbursche ins Wort. »Und drin sind die gesammelten Arzt- und Laborberichte von Daniel Makowski. Und du hast gedacht ...«

Der Doktor quatscht immer weiter, aber Kilroy hört ihm nicht mehr zu. Auf dem Bett bäumt sich Pepe auf, schreit auf, setzt sich aufrecht hin. Er schaut sich wild in alle Richtungen um und erstarrt, als er Kilroy sieht.

»Bin schon unterwegs, Pepe!«, ruft Kilroy und lässt den Doktor stehen.

»José, er heißt José«, sagt Tuchalsky im Hinausgehen. »Icke habe nachjesehen.«
»Mir scheißegal«, sagt Kilroy, »für mich ist der jetzt Pepe.«
»Auch gut.« Tuchalsky tippt ihm auf die Schulter. »Wünsche jutes Jelingen, Kilroy. Um Punkt zwölfe stehe icke hier wieder vor der Tür.«
Kilroy geht zurück ins Zimmer, und der Junge weicht auf dem Bett so weit wie möglich vor ihm zurück. »Ja, super, weiter so«, sagt Kilroy. Er knallt die Tür zu und reißt sich das Laken runter. »Versuch, zu entwischen, dann kommt hier richtig Schwung rein.«

DREI:
Block O

Berlin-Charlottenburg,
Wohnung Devin Siebert [19:34]

Um halb acht ist Ria so hinüber, dass sie fast mit offenen Augen schläft. Ihre Adrenalinreserve bis auf den letzten Tropfen verbraucht.

»Dir fallen ja die Augen zu«, sagt Devin.

Sie kämpft halbherzig gegen einen Gähnkrampf. Beim Essen hat sie ihm erzählt, dass sie sich seit Wochen fast jede Nacht mit verwaltungswissenschaftlicher Fachliteratur um die Ohren haut, um für das Interview mit der möglichen Doktormutter gewappnet zu sein.

»Also ab ins Bett mit dir«, fährt Devin fort. »Schlaf dich mal ordentlich aus. Ich hab wirklich mehr als genug zu tun. Wir können ja morgen noch zusammen frühstücken.«

Das klingt, als wollte er sie anschließend vor die Tür setzen. Wieder regt sich die Angst in ihr, aber sie spielt ihre Rolle eisern weiter. Sie ist die sympathische Besucherin aus der Vergangenheit, seine große Jugendliebe, die er nach Jahren wiedergetroffen hat. Noch ist das Eis zwischen ihnen nicht gebrochen, fast im Gegenteil. Nach seiner Bemerkung vorhin, dass sie nie mitbekommen habe, was in Scherbeck abgelaufen sei, war die Atmosphäre auf einmal ziemlich frostig. Ria fragte nicht nach, sondern lenkte das Gespräch auf sicheres Gelände zurück.

Damals waren sie wirklich ein scharfes Pärchen. Sie hatten Sex an den ungewöhnlichsten Orten, zum Beispiel auf der Dachterrasse eines abrissreifen Wohnblocks am Rand der Siedlung, allgemein bekannt als Block O. Sie erinnerte ihn daran, wie sie die mit Bretterzäunen abgesperrte Ruine erkundeten und schließlich ganz oben auf dem Flachdach landeten. »Das war irre«, sagte sie, »solche Sachen wie damals mit dir habe ich später nie mehr erlebt.« Sein Grinsen kam ihr immer noch verkrampft vor. »O wie Orgasmus«, legte sie nach, »erinnerst du dich an unser Scherbecker Alphabet? Du hast in Block K wie Keine Kohle gewohnt, ich in N wie Nix wie weg. Und weißt du noch, was auf der

Dachterrasse alles herumlag? Flaschen, Kondome, vergessene Unterwäsche? Wir waren anscheinend nicht die Einzigen, die es da oben im Mondschein getrieben haben.«

»Nee, Ronja, ganz bestimmt nicht.« So richtig entspannt kam er ihr immer noch nicht vor. Doch sie malte unbeirrt weiter an dem bunten Bild ihrer damaligen Liebe. Bis er schließlich doch noch etwas lockerer wurde. Und sie zum Umfallen müde war.

»Ich beziehe dir schnell das Bett«, sagt er und geht nach nebenan. Ria verschwindet mitsamt Koffer im Badezimmer, macht sich frisch, putzt die Zähne und zieht das blassblaue Nachthemd aus dem Safe House an. Mit einem Anflug von schlechtem Gewissen denkt sie an Perlsberg. *Sie wird verzweifelt sein. Der große Schlag gegen die Bruderschaft fällt ins Wasser, wenn sie mich nicht bis morgen aufgespürt und den LKAlern zum Fraß vorgeworfen hat.*

Aber schlechtes Gewissen hin oder her, sie tut das Richtige, sagt sich Ria, sie hätte schon viel früher aus Perlsbergs Harakiri-Aktion aussteigen müssen. Dann wären Nikki und sein Vater jetzt noch am Leben. Also muss sie unbedingt unsichtbar bleiben. *Perlsberg würde uns alle opfern, um ihr Ziel zu erreichen, mich, Tony und sogar den hoffnungslos in sie verliebten Max. Und, allen voran, sich selbst.*

Der Nebenraum ist viel kleiner als das Wohnzimmer. Die Fitnessmaschine nimmt fast die gesamte vordere Hälfte ein. Zwischen dem Queensizebett und dem Kleiderschrank an der hinteren Wand ist nur ein schmaler Gang, gerade breit genug, dass die Schranktüren aufgehen.

»Lass dein Gepäck besser im Bad«, sagt Devin. »Hier ist wenig Platz.«

»Geht schon, danke.« Mit all den heiklen Dingen darin will sie den Koffer unbedingt in ihrer Nähe behalten. Sie quetscht ihn aufrecht zwischen Schrank und Bettrahmen und lächelt über Devins verwunderten Blick.

Dann endlich liegt sie in seinem Bett, das nach frischer Wäsche und nach ihm riecht. Er wünscht ihr süße Träume, macht das Licht aus und die Tür hinter sich zu.

Ich habe noch die ganze Nacht, um ihn rumzukriegen, denkt Ria. Sie muss ihn dazu bringen, sie für ein paar Tage hier wohnen zu lassen. Devin muss zustimmen, eine andere Möglichkeit hat sie nicht. Wenn sie in einem Hotel oder einer Pension ihren Ausweis vorzeigen würde, hätte sie kurz darauf entweder Perlsberg oder das LKA am Hals. Vielleicht bekämen die Brüder auch einen Tipp und könnten ihre Killer direkt zu ihr schicken. Sonnyboy und Riesenpinguin, den Glatzkopf mit dem Kaiser-Wilhelm-Bart oder wen auch immer.

Mir bleibt noch die ganze Nacht, sagt sich Ria wieder. Erst einmal muss sie ihren Akku auffüllen mit ein paar Stunden Schlaf. Dann wird sie Devin umstimmen, mit allen Mitteln, die dafür erforderlich sind.

Ein paar Atemzüge lang lauscht sie noch dem leisen Klappern seiner Laptop-Tastatur, dann dämmert sie weg.

Berlin-Spandau, Hotel *Unter den Kisseln* [19:56]

Kurz vor acht, Svenja Wuttke parkt ihren Opel Mokka auf dem vereisten Parkplatz und steigt aus. Wie um Himmels willen ist sie nur auf die Idee gekommen, Schuhe mit hohen Absätzen anzuziehen? Viel lieber hätte sie jetzt Stiefel mit grobem Profil an. Auch der Weg zum Eingang des »Erlebnishotels« ist tückisch glatt. Und die Kälte kriecht ihr durch die dünnen Sohlen.

Als sie nach der Arbeit schnell noch nach Hause fuhr, um sich umzuziehen, dachte sie, dass Max und sie sich irgendwo in der Stadt treffen würden. Warum nicht in einer Bar oder einem Restaurant? Wieso in diesem Hotel am westlichen Stadtrand, fast schon in Brandenburg? Bei der möglichen Antwort wird ihr trotz der sibirischen Temperaturen schlagartig warm.

Die plakatwandgroße Tafel neben dem Eingangstor verkündet:

Erlebnishotel Unter den Kisseln
Wo Provinz und Weltstadt kuscheln
Es muss nicht immer Unter den Linden sein

Laut seiner SMS hat Max den Themenbungalow »Almhütte« gebucht. *Typisch*, denkt Svenja, *das bayerische Landei*. Doch sie hat sich vorgenommen, ihn nicht wie früher mit seiner Herkunft und seinem Hang zu Vergleichen aus der Tierwelt aufzuziehen. Sie meinte es nie wirklich böse, aber Max reagierte zunehmend dünnhäutig auf ihren Spott.

Das Hotelgelände ist unübersichtlich, doch zum Glück entdeckt sie gleich in der ersten Reihe der bizarr designten Häuschen ein rustikales Holzbauwerk mit dem Schriftzug *Almhütte* am Giebel. Das Areal dahinter, ein Labyrinth aus spitzen Dächern und schmalen Wegen, ist im trüben Schein der Vintage-Laternen nur vage auszumachen.

Svenja stöckelt die Stufen zur Veranda hoch und drückt auf die Türklingel. Mit ihrem auberginefarbenen Hosenanzug und den Absatzschuhen ist sie in dieser Umgebung definitiv falsch angezogen.

»Svenja. Das ist ja eine Ewigkeit her.« Den groß gewachsenen Mann mit dem fuchsroten Vollbart, der ihr die Tür aufmacht, erkennt sie nur an der Stimme. Und an dem Lächeln, das sein Gesicht in die Breite zieht.

Seit wann hat er einen Bart? Und wieso ist der rot?, fragt sich Svenja, während sie Max ins Innere der Hütte folgt. *Er sieht aus wie ein Anarchist. Oder wie ein ausgemergelter Asket.*

Im Kamin prasselt ein Feuer, davor liegt ein Bärenfell, mutmaßlich unecht, auf dem Dielenboden. Die Möbel sehen selbst gezimmert aus, Tisch und Bänke, eine Küchenzeile im Landhausstil. Im Hintergrund zwei Türen, eine davon so weit offen stehend, dass dahinter ein altmodisches Bett mit aufgetürmten Oberbetten sichtbar ist.

Svenja überrollt die nächste Hitzewelle, obwohl sie Mantel, Mütze, Schal, Handschuhe schon in der Vordiele ausgezogen hat.

»Krass hier«, sagt sie beeindruckt. »Wie bist du auf die Idee ...?«
»Erkläre ich dir später, okay?«
Sie nickt und starrt ihn an. Er hat Jeans und ein langärmliges Shirt an, im Prinzip wie früher. Nur hat er sonst immer Übergrößen getragen, um seine Pfunde zu kaschieren, jetzt zeichnet sich ein durchtrainierter Körper unter dem eng anliegenden Hemd ab.
»Du bist undercover«, platzt sie heraus. »Deshalb der komische Bart?«
»Echt schön, dich mal wieder zu sehen.« Mit einer Hand zieht er sich das rote Gekräusel unterm Kinn lang, mit der anderen zeigt er in Richtung Tisch. »Setzen wir uns? Ich hab ein paar Kleinigkeiten kommen lassen. Hoffentlich ist alles nach deinem Geschmack.«
»Ein paar Kleinigkeiten« ist stark untertrieben. Der Tisch biegt sich fast unter zwei mächtigen Salatschüsseln, Saft und Wasser in Karaffen und zwei Platten mit Snacks.
»Keine Bouletten? Kein Leberkäse?« Sie lächelt ihn an. »Ich bin beeindruckt, Max.«
»Und ich erst. Alles garantiert vegan. Wenn die Entzugserscheinungen überhandnehmen, sage ich mir immer, dass es nur eine Phase ist.« Er zieht eine Grimasse. »Wie das ganze Leben, sozusagen. Viel zu kurz, auch wenn es am Anfang endlos lang schien.«
Auf einmal sieht er schwermütig aus.
»Was ist los, Max? Du klingst so ...« Sie beugt sich über den Tisch, will seine Hand greifen, zieht ihre im letzten Moment zurück. »Du bist doch nicht krank oder so etwas?«
Er schüttelt den Kopf. »Schau mich an. Ich war in meinem ganzen Leben nie gesünder. Wenn ich morgen sterben würde, könnte man mich noch wochenlang als Vitaminspender verwenden.«
»Was sollen dann die düsteren Anspielungen? Wie kurz das Leben ist und so?« Er gibt ihr keine Antwort, aber das ist auch nicht nötig. *Er bereitet sich auf einen lebensgefährlichen Einsatz vor. Oder er ist schon mittendrin. Und dahinter steckt natürlich Hallstein.*

»Nur ein bisschen Wintertrübsinn. Achte einfach nicht drauf.« Er schenkt ihr und sich selbst naturtrüben Apfelsaft ein. Sie lassen sich die Salate und veganen Vollkornsandwiches schmecken und geben sich Mühe, die Stimmung aufzulockern. Sie tratschen über Kollegen, frischen Erinnerungen an gemeinsam geschlagene Schlachten auf. Irgendwann fragt sie ihn, wo er jetzt wohnt und durch welche Art von Hardcore-Training er dermaßen fit geworden ist. Seine Antwort ist ein stilles Lächeln. »Du siehst einfach super aus, Max, umwerfend gut. Bis auf den Bart«, fügt sie hinzu, und beide müssen lachen. Sie etwas zu schrill, das merkt sie selbst, er ein wenig verlegen und ziemlich geschmeichelt. Aber ihre Fragen beantwortet er trotzdem nicht.

Schließlich erkundigt er sich, wie sie mit ihrem neuen Partner Jensen zurechtkomme. Auf dieses Stichwort hat sie gewartet, wenn auch immer wieder abirrend zu wirren Gedanken: wie es wäre, wenn sie und Max doch noch zusammenkämen. Warum sonst er sie in dieses Häuschen bestellt hat, wenn nicht, um mit ihr in dem gigantischen Bett zu landen, der stummen Verheißung hinter dem Türspalt.

Sie stecke mitten in ihrem ersten großen Fall, sagt sie. Natürlich zusammen mit Jensen, und das bedeute, dass er die Akte fast schon wieder schließen wolle – »Fall gelöst, der Nächste, bitte«. Dabei seien sie erst heute früh zum Tatort gerufen worden, aus ihrer Sicht gebe es noch einigen Ermittlungsbedarf. »Obwohl, da bin ich mir auch wieder nicht so sicher«, fügt sie kleinlaut hinzu. »Entweder ich bin zu doof, um wichtige von unwichtigen Punkten zu unterscheiden, oder Jensen macht alles platt, was ihn daran hindern könnte, den Fall nach Schema F zu lösen.«

»Du meinst, er lässt Beweise unter den Tisch fallen?« Max sieht sie stirnrunzelnd an. »So habe ich ihn aber nicht erlebt.«

Svenja schüttelt hastig den Kopf. »Um Himmels willen, nein, das will ich damit nicht sagen. Ich meine nur, woher weiß er, was relevant ist und was nicht, bevor wir alle Spuren abgearbeitet oder auch nur gesichert haben? Er wirft einen Blick auf Tatort und Opfer und knallt seine Stempel drauf: ›Einbruch mit eskalierender Tatentwicklung‹, *bamm!* ›Bandenkriminalität nach bekanntem Muster‹, *paff!*« Mit der Faust ahmt sie rabiates Stempeln nach. »Und das macht mir Angst, Max. Angst, mich zu blamieren, falls ich mich in eine Richtung verrenne, die einfach nur Blödsinn ist. Und mehr noch Angst, meinen ersten großen Fall zu vermasseln. Falls ich nämlich meine Zweifel runterschlucke, nur um mich *nicht* zu blamieren. Verstehst du das?«

»Im Prinzip schon. Jensen kann ganz schön Dampf machen.« Er gönnt sich noch ein Körnersandwich mit veganer Salami. »Aber jetzt mal der Reihe nach, Svenja. Wenn du willst, sage ich dir nachher gerne, wie ich euren Fall einschätze. Aber dafür musst du erst mal ein bisschen konkreter werden.«

Sie berichtet in Kurzform von den Makowski-Morden. Wie sie heute früh den Ort des Geschehens vorgefunden hat. Ein bescheidenes Häuschen in Heiligensee. Die abgewohnte Einrichtung, das durchwühlte Schlafzimmer, die Splittspuren auf Boden und Bett. Die beiden Toten, Vater und Sohn. Der eine im Bett mit seinem eigenen Kissen erstickt, der andere mit einem Stich in die Herzgegend getötet, als er nach dem Vater sehen wollte. »Auffindeort gleich Tatort, in beiden Fällen.«

Dann die bizarren Manipulationen an den Körpern der Opfer. Partielle Rasur der Schamhaare beim Sohn, die im Genitalbereich des Vaters appliziert wurden. Auch das Gebiss des alten Herrn schief im Kiefer angeklebt, »möglicherweise das Werk eines Psychopathen«, fügt sie hinzu und forscht in Max' Gesicht nach Zeichen der Zustimmung. Aber er bleibt hinter seinem Bart in Deckung. Nur ganz zu Anfang, als sie den Namen Makowski erwähnte, meinte sie, in seinen Augen ein Aufleuchten wahrzunehmen. So als hätte er von dem Fall schon gehört.

»Jensen hat sich sofort festgelegt: Für ihn hat das eine mit dem anderen nichts zu tun«, fährt sie fort. »Hier ›Einbruch mit eskalierender Tatentwicklung‹« – sie malt Anführungszeichen in die Luft –, »dort der ›Psychokram‹, den er sofort dem alten Makowski zugeordnet hat. Begründung: Der leidet schließlich an fort-

geschrittener Demenz. Das kam mir zunächst völlig aus der Luft gegriffen vor«, fügt sie hinzu. »Dass er den ›geronto-perversen Genitalkarneval‹ einfach mit der Demenz des alten Herrn erklärt hat.«
»So hat Jensen das genannt?« Max sieht sie verwundert an. »So flapsig habe ich ihn nie über Geschädigte sprechen hören.«
»Vielleicht reißt er sich bei mir weniger zusammen. Aber eher wohl hat er sich verändert, Max. Durch Berlin, durch seine Erfolge oder durch beides zusammen.« Ihr Gesicht fühlt sich an, als stünde es in Flammen. Falls Jensen je erfährt, wie sie hinter seinem Rücken über ihn redet, wird er sie ungespitzt in den Boden rammen. Als wäre auch sie nur eine »Verschmutzung«, die es unterzupflügen gilt. »Aber viel mehr macht mir etwas anderes zu schaffen«, berichtet sie weiter. »Allem Anschein nach hat er damit ins Schwarze getroffen. Die Manipulationen passen tatsächlich zu dem Bild, das Dutzende Zeugen von dem alten Makowski gezeichnet haben. Praktisch alle, die ihn näher kannten, haben darauf hingewiesen, dass er einen Jugendlichkeitsfimmel hatte.«
Max sieht sie fragend an. Sein Appetit scheint so groß wie früher zu sein, nur lebt er den jetzt an Pflanzlichem statt an Fleischpflanzerln aus. Svenjas Magen dagegen ist wie zugeschnürt. Außer ein paar Salatblättern und einem Guacamole-Toast hat sie nichts herunterbekommen. Aber sie hat sowieso keine Zeit zum Essen. Sie redet und gestikuliert. Während Max die Delikatessen dezimiert, trägt sie penibel alle Details zusammen. Sie darf nichts weglassen, alle Puzzlestücke müssen auf dem Tisch liegen, damit er sie am Ende zu dem Bild zusammensetzen kann, das aus seiner Sicht einen Sinn ergibt.
Sie erklärt ihm, dass Niklas Makowski das Ergebnis einer Nacht ist, die Vater Daniel mit einer Prostituierten verbracht hat. Seinen Erzeuger habe er erst vor sieben Jahren kennengelernt, als Daniel schon an Demenz im Frühstadium litt. Möglicherweise hätten dessen Forever-Young-Spleen und der Umstand, dass Niklas wie Daniels jüngeres Ebenbild aussah, im bereits erkrank-

ten Gehirn des Vaters folgenreiche Fehlschaltungen ausgelöst. »So könnte er zu der Wahnvorstellung gelangt sein, dass er wieder jung wie Niklas werden könne, wenn er sich das Gebiss in den Mund und Niklas' Schamhaar unter den Nabel klebt. So abgedreht sich das anhört, zu seiner Persönlichkeit und seinem Krankheitsbild würde es wohl wirklich passen.«

»Ja, der Wahnsinn.« Max wischt sich den Mund mit einer Stoffserviette ab. »Kurze Unterbrechung, Svenja, ich muss nur rasch nachheizen.« Er springt auf und ist mit drei federnden Schritten beim Kamin.

Svenja starrt ihm hinterher und vergisst, was sie zum Fall Makowski noch ausführen wollte. So gebannt ist sie von Max' Verwandlung, seiner kraftvollen Gestalt, seinen dynamischen Bewegungen, seiner überhaupt nicht mehr schwerfälligen Art. Er kauert vor dem Kamin, hantiert mit Scheiten und Schürhaken, und sie bewundert das Spiel seiner Muskeln unter dem Shirt. Im Nu ist er zurück, Rauchgeruch im feurigen Bart.

»Und der Sohn soll das mitgemacht haben?« Max gleitet neben ihr auf die Bank. »Ich meine, dem Papa mal eben einen Satz Schamhaar spendieren, das ist ja nicht unbedingt Standard.«

»Bei Niklas wäre es vorstellbar.« Sie referiert, was die Zeugen über das eigenartige Verhältnis von Vater und Sohn ausgesagt haben. »Wie Herr und Hund sollen die gewesen sein. Niklas war so glücklich, seinen Vater gefunden zu haben, der hätte seinem Papa praktisch jeden Wunsch erfüllt.«

»Also stimmst du Jensen letzten Endes zu? Hat der ganze ›Psychokram‹ mit dem eigentlichen Tatgeschehen nichts zu tun?«

Max sieht sie fragend an, Svenja schüttelt den Kopf. Jedes Mal, wenn sie zu ihm hinschaut, gerät ihr die offene Tür mit dem Bett dahinter in den Blick. Und Max sitzt fast schon in Kussdistanz neben ihr.

»Und deine Zweifel an Jensens These«, fragt er weiter, »ist das nur ein Bauchgefühl? Oder hast du irgendwelche Anhaltspunkte dafür gefunden, dass die beiden Makowskis nicht bloß Zufallsopfer sind?«

Sie merkt an seiner Stimme, wie engagiert er auf einmal ist. *Weil ihn der Fall so fasziniert? Oder wegen mir?*
»Svenja?«
»Wie? Ja, klar. Oder eigentlich nein.« Sie muss erst ihre Gedanken sammeln. Mit Gewalt wegreißen von seinem Mund, der das rote Bartgekräusel teilt, von seiner Brust, die das moosgrüne Shirt spannt, von dem Bett im Hintergrund, das immer größer anzuschwellen scheint. »Es gibt noch einen Zeugen«, bringt sie hervor. »Slavo Antecic, Mitarbeiter bei den Gaswerken. Seine Aussage deutet auf einen möglicherweise ganz anderen Tathintergrund hin.«
Sie berichtet ihm von Bredows Gespräch mit Antecic, der den Gaszählerstand bei Makowski abgelesen habe. »Der alte Herr hat ihn für seinen Sohn gehalten und auf ihn eingeredet, dass er sich auf keinen Fall mit seinem Arbeitgeber anlegen soll.«
Max macht große Augen. »Hat er das noch weiter ausgeführt? Ich meine, worum es bei der Auseinandersetzung mit dem Arbeitgeber ging?«
Er fragt es betont beiläufig, und Svenja fühlt sich plötzlich ernüchtert. »Sag mal, kennst du den Fall schon?« Sie sieht ihn argwöhnisch an. Hat er sie etwa nur deshalb hierhergelockt, um ihr Informationen zu ihrem Fall zu entlocken? Oder interpretiert sie die Lage schon wieder falsch?
»Ich kriege schon noch das eine oder andere aus unserem Laden mit«, sagt er. »Was hat der Gasmann denn sonst noch gesagt?«
Sie zuckt mit den Schultern. »Sehr konkret ist er nicht geworden. Aber nach Einschätzung von Bredow und Holms ist Antecic ein vertrauenswürdiger Zeuge.«
Sie schließt kurz die Augen. Um sich zu konzentrieren und um Max' Gesicht nicht so nah vor ihrem zu sehen. »Also, laut dem Zeugen soll Daniel Makowski gesagt haben: ›Die in der Klinik machen krumme Sachen. Schmeiß denen die Brocken hin und komm nach Hause.‹« Sie macht die Augen wieder auf. »Außerdem, und damit wird es richtig interessant: ›Die Kleine will dir

einflüstern, dass du die Strolche anzeigen sollst, aber am Ende bist du der Dumme. Lass dich nur in nichts reinziehen.‹«

»Die Kleine?« Max sieht sie fragend an. »Das ist die junge Frau, die du vorhin erwähnt hast?«

Er macht ihr etwas vor, das spürt sie doch genau. Dabei ist Max eigentlich ein guter Schauspieler, bei Befragungen fallen Zeugen und Verdächtige scharenweise auf sein Schwiegersohn-Getue herein. Aber bei ihr gibt er sich keine große Mühe, so als wollte er ihr etwas zu verstehen geben, das er nicht offen aussprechen darf.

»Gegenfrage, Max: Was hast *du* mit dem Fall zu tun?« Sie zwingt sich, ihm direkt in die Augen zu sehen. »Oder wohl eher: Hallstein und du?«

Er erwidert ihren Blick, ohne mit der Wimper zu zucken. »Von Hallstein habe ich schon Ewigkeiten nichts mehr gehört.«

»Und das soll ich dir jetzt glauben?«

»Lassen wir sie aus dem Spiel«, schlägt Max vor. »Du willst wissen, wie ich deinen Fall sehe? Möglicherweise kann ich dir ein paar Informationen verschaffen, die für eure Ermittlungen nicht ganz unwichtig sind. Und mit Jensens Hypothese definitiv nicht vereinbar.«

»Du meinst Anhaltspunkte dafür, dass ein psychisch gestörter Täter die Makowskis getötet hat? Echt jetzt, Max?« Svenja fällt ihm um den Hals und küsst ihn dorthin, wo eben noch sein Mund war und plötzlich nur noch Bart ist.

Berlin-Charlottenburg, Wohnung Devin Siebert [21:44]

Eine dunkle Stimme, hohl und hallend wie aus Grabestiefe, reißt Ria aus dem Schlaf. *Was war das?* Im Nu sitzt sie aufrecht, lauscht in die Dunkelheit. Sie ist bei Devin, fällt ihr ein. Durch die Tür ist nur das leise Klappern der Computertasten zu hören. Hat sie das dumpfe Rufen geträumt? *Nein, das war kein Traum. Aber was sonst?*

Sie schlägt die Bettdecke zur Seite. Gerade noch rechtzeitig fällt ihr der Koffer ein, sie schwenkt die Füße weiter nach links und steht auf. So leise wie möglich tappt sie im Dunkeln den schmalen Gang entlang, am Fußende linksherum und tastet sich in Richtung Tür.

Durch Ritzen im Rollladen sickert fadendünnes Licht, eben genug, um dem Gestänge der Muckimaschine ein mattes Funkeln zu entlocken. Die hohle Zombiestimme muss sie doch geträumt haben, sagt sich Ria, als sie vor der Tür steht und mit angehaltenem Atem lauscht. Devin schaut keinen Film und spielt auch kein Computerspiel, sondern tippt nur in regelmäßigen Abständen auf eine Taste. Klack, Stille, klack. Es klingt, wie wenn man eine Datei abschnittweise überfliegt, um dann weiterzuscrollen.

Vielleicht macht er Schluss für heute, denkt Ria, *und schaut nur schnell noch mal durch, was er geschrieben hat.* Ihr Plan ist so einfach wie effektiv. Bei ihrer Ausbildung für die Spezialeinheit hat sie nicht nur martialische Nahkampftechniken gelernt. Sie wird Devin zu sich ins Bett locken, und danach wird er sie anbetteln, bei ihm zu bleiben. Ria atmet tief durch, drückt leise die Klinke herunter und zieht die Tür auf.

Das vordere Zimmer ist dunkel bis auf das Licht von den Monitoren und zwei gedimmten Deckenstrahlern. Die Digitaluhr auf dem Schreibtisch zeigt 21:46 Uhr. Ria fühlt sich matt und benommen. Die rund zwei Stunden Schlaf haben sie eher noch müder gemacht.

Die Rollläden sind oben, registriert sie mechanisch, aber Devin hat die Vorhänge zugezogen, sodass nur wenig Licht von draußen einsickern kann. Er sitzt am Schreibtisch, mit dem Rücken zu ihr. Auf den beiden großen Bildschirmen vor ihm sind miniaturisierte Fotos aufgereiht. Davor ist die Silhouette einer riesenhaften Ratte mit roten Augen und langem rosafarbenem Schwanz montiert, die aufgerichtet auf den Hinterbeinen steht und den größten Teil der Fotos verdeckt. Doch Rias ganze Aufmerksamkeit gilt sowieso dem Laptop-Display.

Alle zehn oder fünfzehn Sekunden tippt Devin auf eine Taste

und scrollt weiter abwärts. Doch über den Bildschirm laufen keine kryptischen Programmierzeilen, wie sie erwartet hatte, sondern großflächige Fotos, deren Botschaft schreiend klar ist. *Kinderpornografie!* Die Silben schrillen in Rias Kopf, greller noch als die Alarmsirene im Safe House. *Kinderpornos! Devin, was machst du da?*

Wie unter einem Bann schleicht sie näher heran. Albtraumhafte Motive flimmern über den Monitor. Ein Junge, vielleicht zehn, elf Jahre alt, der auf allen vieren in einer Wiese kauert und über die Schulter nach hinten späht. Die Augen weit aufgerissen, das Gesicht vor Angst verzerrt. Dann zwei Mädchen, ähnliches Alter, gleichfalls nackt und auf allen vieren, die an Hundeleinen über eine Wiese geführt werden. Dann drei Männer, sichtbar von den Bäuchen abwärts, vor denen die Kinder im Gras knien.

Ria hat schon weit schlimmeres Material gesehen, das bringt ihr Beruf mit sich, aber noch nie zuvor auf dem Computer eines nahen Freundes. Ihr Gehirn blockiert, ihr Verstand weigert sich, Devin mit dem kranken Dreck auf seinem Rechner in Verbindung zu bringen. Dann klickt er ein Video an, und die Figuren auf dem Bildschirm beginnen, sich zu regen. Penisse werden in winzige Münder gestoßen, Männer lachen und keuchen, Kinder versuchen weinend, wegzukriechen, werden an den Haaren zurückgerissen, und da kann sich Ria nicht länger kontrollieren.

»Was soll die kranke Scheiße, Devin?« Schreiend stürzt sie sich auf ihn, trommelt ihm mit den Fäusten auf den Rücken. Jetzt erst fällt ihr auf, dass er bis auf die schwarzen Boxershorts nackt ist.

»Du verstehst das falsch.« Mitsamt seinem Stuhl dreht er sich zu ihr herum.

»Was gibt es da falsch zu verstehen?« Sie starrt auf das Zelt unter seinem Nabel. »Du bist krank, du gehörst in die Klapse!«, schreit sie und weiß genau, dass es ein Fehler ist, ihn jetzt auch noch zu provozieren. Aber sie kann nicht anders, *er ist wie Oertel, genauso ein Schwein wie der schmierige Friedrich,* denkt sie, *vielleicht hat er das mit seiner Andeutung gemeint, ich wüsste ja nicht, wie es in Scherbeck zugegangen ist?*

Erst als sie den harten Griff um ihre Handgelenke spürt, kommt sie zur Besinnung. Devin hält sie mit der Linken fest und klickt mit rechts auf der Tastatur seines Laptops herum. »Weißt du, ich wollte immer mit dir weggehen«, sagt er, ohne sie anzusehen. »So weit wie möglich weg und nur wir zwei. Dafür wollte ich Kohle scheffeln, das war immer mein Traum.« Er redet fahrig und sieht sie nicht an. »In letzter Zeit habe ich nicht mehr richtig geglaubt, dass das mit uns noch mal was wird. Aber raus aus der ganzen Scheiße will ich trotzdem noch. Also hab ich mit dem hier einfach weitergemacht.«

Ria versteht kein Wort. *Wieso raus aus der Scheiße, was meint er damit, er hat sich doch im Gegenteil in den kranken Dreck reingewühlt.*

Das Video stoppt, auf dem Bildschirm bauen sich Reihe um Reihe briefmarkenkleine Standbilder auf. Alles Pornofotos, alle in demselben Garten aufgenommen, mit Jungen und Mädchen zwischen sechs, sieben und dreizehn, vierzehn Jahren. *Pädo-Paradies*, geht es Ria durch den Kopf. *Wieso fährt Devin auf so etwas ab?*

»Und jetzt pass auf.« Er tippt eine Zeichenfolge, im nächsten Moment baut sich die gleiche wuchtige Ratten-Silhouette wie auf den anderen beiden Monitoren auf. Ein grellroter Schriftzug läuft über den Bildschirm und bleibt schließlich am Fuß der Seite stehen: »*2 000 Euro, bis 15. Januar 12 Uhr auf das Bitcoin-Konto von Bit for Kids [hier klicken], sonst geht der ganze Dreck an deine Kontakte, du beschissener Abschaum.*« Synchron mit dem durchlaufenden Schriftzug deklamiert die dunkle Stimme, die Ria vorhin aufgeweckt hat, die Erpresserbotschaft wie aus einer Gruft heraus.

Devin wirft ihr einen Blick zu, er sieht wieder sehr mit sich selbst zufrieden aus. »Der Trojaner ist mein Baby, ich habe ihn *Giant Rat* getauft. Mit Alters- und Schwanz-Erkennung, *kid & dick detection* heißt das im Fachjargon. War nicht ganz einfach einzubauen«, fährt er fort, »ich musste eine Weile rumtüfteln, bis das richtig funktioniert hat. Aber jetzt wühlt das Vieh fast fehlerlos. Die Mails gehen an ausgewählte Absender, die Adressen sind von einer Darknet-Seite, keine erstklassigen Daten, aber ganz okay. Der Link in der Mail führt angeblich auf eine Seite namens *delicate-greenery.org*. Wenn die Scheißkerle draufklicken, fangen sie sich aber in Wirklichkeit meine trojanische Riesenratte ein, und die scannt dann ihre Rechner auf Grafiken und Videos mit *kid 'n' dick stuff*. Die Resultate checke ich dann händisch noch mal durch, damit es garantiert nur die Richtigen trifft.«

Und damit dir einer dabei abgeht, denkt Ria. Ihr Kopf dröhnt, das Herz klopft ihr bis zum Hals. Devin hält ihre Handgelenke auf die Tischplatte neben sich gedrückt, als wollte er sie zerquetschen. *Und wieso Riesenratte?*, geht es ihr durch den Kopf. Irgendwie kommt ihr der Ausdruck bekannt vor, aber sie kann nicht klar denken.

»Kapierst du es jetzt?«, fährt Devin fort. »Was ich hier mache, ist vielleicht nicht ganz legal, aber die Scheißkerle haben definitiv kein Mitleid verdient. Ich lasse sie bluten und räume ihnen den Rechner komplett leer.«

»Du tust mir weh.« Ria macht einen halbherzigen Versuch, ihre Hände zu befreien, doch Devin schüttelt nur den Kopf. Genauso gut könnte sie versuchen, sich mit den Fingernägeln durch die Tischplatte zu graben. Sie überlegt, ob sie ihn durch einen Fußtritt gegen Hals oder Kopf außer Gefecht setzen kann. Aber das wäre kein Erfolg versprechender Plan. Mit bloßen Füßen kann sie ihn nicht hart genug treffen, zumal sie zwischen Stuhl und Tisch so eingezwängt ist, dass sie nicht mal richtig ausholen kann. Doch sie hat nur einen Versuch, das ist ihr klar. Also muss sie auf den richtigen Moment warten.

»Jetzt beruhige dich mal«, sagt Devin. »Ich kann ja nachvollziehen, dass du das hier in die falsche Kehle bekommen hast.« Er zeigt auf die Monitore. »Und logisch wäre es mir lieber gewesen, wenn du gar nichts davon mitgekriegt hättest. Aber jetzt ist es nun mal passiert. Ich bin auf der Ziellinie, verstehst du? Dann kapierst du hoffentlich auch, dass ich auf keinen Fall zulassen kann, dass jetzt noch was schiefgeht.« Er starrt Ria an, bis sie widerwillig nickt.

»Also hör zu, der weitere Ablauf ist ganz einfach. Wie viel jeder Scheißkerl abdrücken muss, hängt davon ab, wie übel das Zeug auf seinem Rechner ist. Irgendwas zwischen zehn- und dreißigtausend Euro, damit kommen die noch gut weg. Deshalb hat bisher auch jeder prompt bezahlt. Sie kriegen genaue Anweisungen, wie sie den Betrag auf meinen Bitcoin-Account transferieren können. Der ist natürlich anonym, und die ganze Transaktion läuft verschlüsselt über Unmengen Serverknoten. Die Spur kann niemand nachvollziehen, die bescheuerten Pädos eh nicht, aber auch kein Cyberbulle hier in Berlin oder sonst wo.«
Er dreht sich mit dem Stuhl zu ihr, ohne ihre Hände loszulassen, und sieht sie abwesend an. Als würde er nicht sie wahrnehmen, sondern eine Ronja, die nur in seiner Fantasie existiert.
»Ich bin fast durch mit meiner Liste«, fügt er hinzu. »Nur noch ein, zwei Tage, dann ist alles in trockenen Tüchern. Anderthalb Millionen Euro plus/minus, je nach Bitcoin-Kurs. Und das lasse ich mir von keinem mehr kaputt machen. Auch von dir nicht, Ronja. Das verstehst du doch?«
Wieder nickt sie, ihr Kopf ruckt vor und zurück wie bei einem Krampf. Sie hat Mühe, das Zittern zu kontrollieren, das sich von tief innen in ihr ausbreiten will. *Er ist krank*, denkt sie, *total gestört. Er erpresst andere Männer mit dem, was ihn selbst genauso anmacht. Was hat er erlebt, und wann? Als Kind schon?* Und warum hat sie davon nie etwas gemerkt? Er hatte immer diese versponnene Seite, aber sie fand das einfach nur liebenswert. Manchmal zog er nicht mit den anderen Jungs los, sondern vergrub sich in seinem Zimmer, zeichnete Fantasy-Wesen, schrieb sogar Gedichte, richtig süß. Aber vielleicht steckte immer schon etwas ganz anderes dahinter. Missbrauch.
Aus ihren Psychologieseminaren weiß Ria, dass sich gerade schwerst traumatisierende Erfahrungen oft erst mit großer Verzögerung bemerkbar machen. Der Grund dafür ist, dass der traumatisierte Teil der Persönlichkeit abgespalten und quasi weggeschlossen wird. Erst wenn diesem »Gefangenen« der Ausbruch aus seinem Kerker gelingt und er – auf Dauer oder zeit-

weise – das Kommando übernimmt, wird der Wahnsinn sichtbar, der unter Umständen seit Jahrzehnten unter der Oberfläche einer unauffälligen Persönlichkeit brodelt.

Berlin-Schöneberg, Bülowstraße [21:45]

Die City glitzert wie eine riesige Schmuckvitrine. Auch wenn es größtenteils Fake-Juwelen sind, Perlsberg ist immer noch und immer wieder von ihrer Stadt fasziniert. Sie ist in Berlin geboren, aufgewachsen, sie kennt jede Ecke hier, nicht nur im Westen. Sie fühlt sich wie eine Verbannte, die heimlich durch die vertrauten Straßen schleicht. So voller Sehnsucht und so entschlossen, ihre Rückkehr zu erzwingen.
»Du wartest hier«, sagt sie. Tony nickt. Sie fährt rechts ran und schaltet den Motor aus. »Sobald du irgendwas hörst, sagst du Bescheid.« Tony nickt erneut.
Rias Verschwinden hat ihm einen Knacks versetzt, das spürt Perlsberg. Ihm und seinem Vertrauen in sie. Er ist mürrisch und wortkarg, und sie kann es ihm nicht verdenken. Trotzdem wird sie alles in ihrer Macht Stehende tun, um ihre Mission zu retten. Alles, was sie gerade so vor sich selbst noch verantworten kann.
»Ich bin in zehn Minuten zurück.« Sie steigt aus und überquert die Bülowstraße. In ihrem dunkelblauen Daunenmantel, die Kapuze über den Kopf gezogen, verschmilzt sie fast mit der abendlichen Dunkelheit.
Die Kurfürstenstraße, der größte innerstädtische Straßenstrich Deutschlands, ist nur ein paar Blocks entfernt, trotzdem geht es hier am östlichen Ende der Bülowstraße beschaulich zu. Statt Rotlichtclubs und Dönerbuden prägen der verschneite Nelly-Sachs-Park und der Ziegelsteinbau der American Church die Szenerie. Bei der mörderischen Kälte sind nur wenige Passanten unterwegs. Die Atemwölkchen vor ihren Mündern und Nasen

sehen wie Sprechblasen aus, nur zerfließt die Nebelschrift jedes Mal so schnell, dass kein Wort zu entziffern ist.

Perlsberg hat den Tipp von Hendrik Karlow bekommen, Oberkommissar beim Dezernat 13, Sexualdelikte und Pornografie. Sie hat immer noch zwanzigmal mehr Fans beim LKA Berlin, als Jensen in zwanzig Jahren haben wird. *Haben würde*, korrigiert sich Perlsberg, *wenn er dann nicht längst wieder in sein Nest zurückgejagt worden wäre, Brandenburg an der Havel. Enjoy your life, Leif.*

Schon Ende letzten Jahres hat ihr Karlow von dem Informanten berichtet, den Jensen in der Transen-WG in der Bülowstraße angeworben habe. »*Ganz klar unser Beritt, aber glaubst du, der Klotz hätte es nötig, auch nur Bescheid zu geben?*« »Klotz, Yeti, Roboter, Pots-Trump« sind nur einige der Spitznamen, die in der Keithstraße über Jensen kursieren. Zusammen mit bizarren Anekdoten, die seinen empathiefreien Stil illustrieren.

Bei der vermeintlichen Wohngemeinschaft junger Transsexueller handelt es sich laut Karlow um ein Wohnungsbordell, in das regelmäßig Zwangsprostituierte aus Südostasien eingeschleust werden. Ermittlungen zu einem Tötungsdelikt im Rotlichtmilieu führten Jensen Ende November hierher, und während fünf der Bewohner vorgaben, nichts gesehen oder gehört zu haben, erwies sich Nummer sechs als auskunftsfreudig. »*»Name: Varapatsorn Chupong«*, schrieb ihr Hendrik Karlow, *»Rufname: Sheila, Geburtsort: Ubon Ratchathani (Isan, Thailand), Alter: 23, Körpergröße: 189 cm, Gewicht: 63 kg, Geschlecht: divers (TS prä-OP).«*

Bereits am Abend nach ihrer offiziellen Erstbefragung traf sich Jensen ein weiteres Mal mit Sheila, diesmal nicht im Präsidium, sondern in ihrer WG. Es folgten diverse Treffen in immer kürzeren Abständen, über die Hendrik Karlow durch eigene Informanten Kenntnis erhielt. »*Scheinbar haben die Dates auch was Privates*«, schrieb er Perlsberg vor wenigen Tagen. Sie überlegte, ob er scheinbar oder anscheinend meinte, und beschloss, dass es keine Rolle spielte. Im Grunde traute sie Jensen weder Heimlichkeiten noch amouröse Bedürfnisse zu. Höchstwahrscheinlich hätte sie von ihrem Wissen auch nie Gebrauch gemacht, doch als sie erfuhr, dass der Makowski-Fall auf seinem Tisch gelandet war, rief sie umgehend Karlow an.

Schließlich ist es *ihr* Tisch, den *er* unrechtmäßig besetzt hält.

Vorletztes Jahr hatte Jensen zwei Fotos in die Hände bekommen, mit denen Eric Menz, Kidnapper und Killer in Diensten der Bruderschaft, versucht hatte, den sofortigen Abbruch ihrer – Hallsteins – Ermittlungen zu erzwingen. Auf den Fotos ist sie selbst zu sehen, im Sommer vor zwölf Jahren, auf einer Wiese am Stadtrand liegend, mit einem halb nackten männlichen Teenager im Arm. Auf einem der Bilder sind sie und der Junge eingedöst, und direkt hinter ihr, so nah, dass sie ihn mit der Hand berühren könnte, sitzt Tobias, ihr damals seit zehn Jahren verschwundener Bruder, im Gras.

Natürlich hatte sie nicht gewusst, dass er noch lebte und was aus ihm geworden war. Der Komplize des psychopathischen Serienmörders Alex Soltau. Sie suchte Tobi in jeder freien Stunde, doch im Grunde glaubte sie immer weniger, dass er noch am Leben war. Die Fotos, die Soltau und er heimlich geschossen hatten, suggerierten jedoch das Gegenteil: dass sie von der neuen Identität und den Verbrechen ihres Bruders gewusst und ihn über viele Jahre hinweg gedeckt hätte. Und dass sie selbst pervers sei und auf Sex mit Minderjährigen aus.

Dabei war auch die Kuschelszene mit dem Jungen vollkommen harmlos. Er hieß Luis, war dreizehn oder vierzehn, von zu Hause ausgerissen, weil er von seinem Stiefvater immer wieder verprügelt worden war. Sein T-Shirt hatte er schlicht deshalb ausgezogen, weil es an jenem Sommertag so brütend heiß war. Luis erinnerte sie an ihren kleinen Bruder, an die glücklichen Zeiten, als sie noch eine Familie und nicht nur ein Haufen Zombies waren. Deshalb hörte sie sich seine Geschichte an, tröstete ihn und sich selbst und nahm ihn in den Arm. Aber zusammen mit dem Bild, auf dem Tobias bei ihr im Gras sitzt, war auch dieses Foto für sie hochtoxisch.

Jensen bot an, das Material unter Verschluss zu halten, wenn sie

ihre Stelle räumte und ihn als ihren Nachfolger empfahl. Hallstein akzeptierte und verschwand. Und Jensen, der schon beim LKA Brandenburg eine Top-Aufklärungsquote hatte, bekam tatsächlich den Posten, der Hallsteins allerletzter Halt gewesen war. Sie fiel in ein Loch, tiefer als der Marianengraben. Tage-, wochen-, monatelang konnte sie an nichts anderes als die verfluchten Fotos denken, mit denen Jensen sie in der Hand hatte. Und ihr Leben zerstört.
Doch jetzt ist sie hier. Drückt die Haustür auf, geht leise die Treppe hoch, den Kopf gesenkt, als wäre sie Sheilas nächster Freier.
»*Y ab ca. 21:30 bei Sh*«, so Karlow in seiner jüngsten Message, »*Lin ist informiert und macht dir auf. Q?*«
»*Du bist ein Schatz, Hendrik*«, schrieb Perlsberg zurück. »*Und ja, wir 2 sind erst mal q.*« Q wie quitt, Y wie Yeti.
Sie hasst sich für das, was sie jetzt tun wird. Vielleicht muss sie es ja gar nicht gegen Jensen verwenden. Aber falls doch, wird sie nicht zögern, es zu tun.

Berlin-Spandau, Hotel *Unter den Kisseln* [21:46]

Max hatte mit viel mehr Bockigkeit von Svenjas Seite gerechnet. Aber die in Aussicht gestellten Informationen ließen ihren Widerstand »schmelzen wie Aprilschnee«. *Wie von Perlsberg vorhergesagt*, sagt sich Max. Auch wenn sich ihre Prophezeiung auf Svenjas mutmaßlich amouröse Hoffnungen bezog.
In dieser Hinsicht gab es klare Anzeichen, aber kaum konkrete Handlungen, rekapituliert er erleichtert, während sie in die Hakenfelder Winternacht hinaustreten. Hallsteins Vorschlag, »einen kleinen Abendspaziergang« zu machen, hat er nicht einmal erwähnt. Es ist klirrend kalt, der Boden spiegelglatt, und Svenja trägt hochhackige Schuhe. Also hat er vorgeschlagen, die kurze Strecke mit seinem Auto zu fahren. Er wolle ihr noch etwas zeigen, das für ihre weiteren Ermittlungen wichtig sei.

Im Grunde hat er auch davor nur ein paar Andeutungen gemacht, doch damit war Svenja offenbar zufrieden. Zumindest für den Moment. Beim veganen Dessert, Mangogrießpudding mit Hafermilchsahne, stellte Max zunächst klar, dass er zumindest im Moment nicht offenlegen könne, woher seine Informationen stammten. »Aber du kennst mich, Svenja, du weißt, dass du von mir keine Luftschlösser bekommst. Sondern Hinweise, die mir Stand jetzt hochplausibel erscheinen.«
Svenja schluckte und nickte. Daraufhin eröffnete ihr Max, dass sich ein gewisser Friedrich Tuchalsky am heutigen Morgen möglicherweise in Tatortnähe aufgehalten habe. Besagter Tuchalsky, »ein stadtbekannter Berufssadist«, habe überdies im Verlauf des Tages versucht, die junge Frau zu finden, die in den letzten Tagen mehrfach bei den Makowskis gewesen sei.
Svenja fielen fast die Augen aus dem Kopf. »Und das kannst du beweisen?«
»Das müssten wir hinkriegen«, antwortete er, »aber nur zusammen.« Er deutete an, Niklas Makowski habe wohl wirklich Differenzen mit seinen Oberen in der Klinik gehabt. »Anscheinend ging es dabei um Unregelmäßigkeiten bei der Patientenbehandlung und um eine Krankenakte, mit der er belegen wollte, dass es in der Klinik nicht mit rechten Dingen zugeht.«
»In dieser Superklinik? *Dignity of* was noch gleich?« Svenjas Augen wurden noch größer.
»*Dignity of Youth*, ich weiß, die haben ein Samariter-Image. Umso mehr haben sie wohl befürchtet, dass Niklas ihrem Ruf hässliche Kratzer zufügen könnte. Oder sogar einen Riss in der Fassade.«
Das ließ er erst mal einwirken. Er konnte förmlich sehen, wie es in ihr arbeitete. Doch anstatt auf ihre Nachfragen einzugehen, erging er sich in ausufernden Erklärungen, warum »Deals« à la Jensen nicht nur bei Berliner Strafverfolgungsbehörden neuerdings so in Mode sind.
»Die Einbrecherbanden sind in der Regel gut organisiert und rotieren ihre Mitglieder einfach über ein paar Staatsgrenzen hinweg, wenn es – aus ihrer Sicht – einen unliebsamen Zwischenfall

gegeben hat. Beispielsweise einen außerplanmäßigen Mord oder einen Zusammenstoß mit lokalen Polizeikräften. Solange nationale Strafverfolgungsbehörden jede einzelne Tat konkreten Tätern individuell nachweisen müssen, drehen ihnen die Banden immer wieder eine lange Nase. Ein möglicher Ausweg wäre, die betreffenden Organisationen zu kriminellen Vereinigungen im Sinn des Strafgesetzes zu erklären, dann wäre schon die bloße Mitgliedschaft strafbar. Aber aufgrund der fluiden internationalen Strukturen ist das in den meisten Fällen schlicht aussichtslos.

Der andere Ausweg, und das sind eben die ›Tatpakete‹ à la Jensen«, dozierte er in schönstem Kriminalistenjargon weiter, »besteht darin, dass bandentypische Delikte einem anderen mutmaßlichen Bandenmitglied zugeordnet werden, sofern es die Beweislage hergibt. Beziehungsweise die Abwesenheit von Anhaltspunkten, die diese Täter-Tat-Verknüpfung unmöglich machen würden. Dem Betreffenden wird ein Angebot gemacht, das auch für ihn Vorteile hat, in aller Regel stimmt er dem Deal zu und nimmt zusätzliche Taten auf sich. Das ist rechtsstaatlich nicht gerade lupenrein, hat aber den Vorteil, dass die Aufklärungsrate steigt, wodurch auch das Sicherheitsgefühl in der Bevölkerung wieder zunimmt. Intern wird damit zusätzlich die Hoffnung verbunden, dass solche Deals, in die regelhaft auch Behörden aus den Herkunftsländern der Täter eingebunden sind, auf die Bandenmitglieder abschreckend oder zumindest mäßigend wirken. Schließlich muss jeder von ihnen damit rechnen, für Taten seiner Kumpane haftbar gemacht zu werden. Ob sich diese Hoffnung erfüllt, sei dahingestellt«, schloss Max seinen kleinen Exkurs ab, während es in Svenja weiterhin sichtbar gärte.

Bedenken und Zweifel zogen wie Wolken über ihr Gesicht und wurden schließlich von Sonnenstrahlen der Einsicht und Zuversicht vertrieben. »Manchmal bin ich wirklich schwer von Kapee«, sagte sie, als Max fertig doziert hatte. »Aber jetzt ist auch bei mir der Groschen gefallen. Ich hab mich die ganze Zeit ge-

fragt, woher ich den Namen Tuchalsky kenne. Er hat für Soltau gearbeitet, also für das mutmaßliche Kartell. Richtig?«
Max hob eine Braue. »Wir haben ihn seinerzeit überprüft, weißt du nicht mehr? Ohne Resultat. Eine Verstrickung in die Fass-Morde war ihm nicht nachzuweisen, genauso wenig eine Verbindung zur Bruderschaft.«
»Ach so?« Svenja schien irritiert, aber nur kurz. »Wie auch immer. Hallstein und du ...« Max schüttelte den Kopf. »Also dann eben nur du«, setzte sie neu an. »Im Zusammenhang mit deiner Undercover-Mission bist du irgendwie auch an unserem Fall dran, ja? An den Makowski-Morden? Du brauchst nicht zu antworten, Max. Das ist mir jetzt sowieso klar.«
Er schwieg zwei Atemzüge lang. Dann: »Ich brauche die Patientenakte, von der Niklas gesprochen hat. Und du brauchst Informationen zu der unbekannten jungen Frau. Beschaff mir eine Kopie der Akte, und ich sorge dafür, dass du alles bekommst, was du benötigst, um den Fall aufzuklären. *Wirklich* aufzuklären«, setzte er hinzu und sah sie bedeutungsvoll an.
Svenja starrte auf ihren Mangopudding, den sie kaum angerührt hatte. »Wenn Jensen Wind davon bekommt, dass Hall...«
»Herrje, Svenja. Sie hat nichts damit zu tun. Kapierst du das nicht?«
»*Du* kapierst nicht, Max«, schoss sie zurück. »Was auch immer damals passiert ist, bevor sie auf einmal weg war – Jensen wird keinen Finger rühren, wenn es irgendwie danach aussieht, dass Hallstein davon profitieren könnte. Dass er ihr dadurch den Rückweg ebnet und sich selbst womöglich wieder absägt.«
Freiwillig bestimmt nicht, dachte Max. Ihr Gefühlsausbruch überraschte ihn. *Kann es sein, dass auch sie Hallstein vermisst? Obwohl sie seinerzeit immer nur fünftes Rad am Wagen war?* Als Nachwuchskommissarin musste Svenja damals meist Bürodienst schieben, während Hallstein und Max als »Traumpaar« des Dezernats auf Verbrecherjagd gingen.
»Vielleicht nicht«, sagte er. »Aber das spielt keine Rolle, denn wie gesagt, das hier hat mit Hallstein nichts zu tun. Außerdem

brauchst du ihm ja nicht von unserem Treffen zu erzählen. Du willst in der Klinik mit ein paar Leuten sprechen, um sicherzugehen, dass an der Version des Gasmanns auch wirklich nichts dran ist. Dagegen kann er nichts einwenden, das ist Standardprozedur. Und dass ihr bei der Gelegenheit auch nach Schriftstücken sucht, die Niklas' mögliche Vorwürfe untermauern könnten, versteht sich von selbst.«

»Und wie bringe ich Tuchalsky ins Spiel? Ohne zu erwähnen, woher ich den Hinweis habe?«

»Das kriegen wir hin, Svenja. Das alles hier funktioniert sowieso nur, wenn ich die Patientenakte spätestens morgen Mittag habe. Frag mich bitte nicht, warum das so schnell gehen muss. Top secret.«

»Dein Undercover-Einsatz.« Svenja Gesicht zeigte einen Ausdruck zwischen Bewunderung und Benommenheit. »Du bist echt eine Kanone, Max.«

»Zumindest eine Vitaminbombe.« Er schenkte sich Bio-Apfelsaft nach und spähte dabei zur Wanduhr. Zwanzig vor zehn. »Die Zeit ist extrem knapp«, schärfte er ihr ein. »Du musst gleich morgen früh in die Klinik fahren. Wenn du dort nicht fündig wirst, ist die Akte höchstwahrscheinlich in Makowskis Haus, dann stellt dort noch mal alles auf den Kopf. Sobald du die Akte hast, ist Jensens Hypothese tot. Das weiß er natürlich auch, deshalb wird er dich nicht allein losschicken, sondern sich vorsichtshalber an die Spitze der Bewegung setzen.«

»Meinst du wirklich?«

»Jede Wette.« Er sah ihr an, dass sie alles noch einmal von vorne durchgehen wollte. »Mehr kann und darf ich dir im Moment nicht sagen«, fügte er hinzu. »Aber ich will dir noch was zeigen.«

Er sprang auf und stürmte ins Hinterzimmer, das von dem absurden Bauernbett mit zwei kolossalen Kissen und einem wahren Trumm von Federbett fast vollständig ausgefüllt wurde. Er hatte seine Aktentasche auf dem Bett abgelegt, und eigentlich wollte er nur ein paar DIN-A4-Farbbilder von bizarren Sadomaso-Praktiken holen, wie sie angeblich auch in der *Zuchtanstalt* an der Tagesordnung waren. Wie beispielsweise Intimrasur mit dafür nicht gedachten Gegenständen, darunter Glasscherben und Fleischermesser. *Das kommt dem »geronto-perversen Genitalkarneval« schon ziemlich nahe,* dachte er und wollte eben ins vordere Zimmer zurückkehren, als er Svenja sah. In der Schlafzimmertür, mit Schlafzimmerblick, mit einer allem Anschein nach ganz und gar anderen Agenda im Kopf als er.

Aprilschnee, herrje, dachte Max, *wenn sie jetzt sauer wird, war alles umsonst.* Sie tat ihm leid, er wollte sie nicht verletzen, doch das galt viel mehr noch für Hallstein. Millionen Male mehr.

Mit seinem arglosesten Lächeln ging er auf sie zu. *Wenn sie unbedingt will, gehe ich mit ihr ins Bett,* beschloss er, quasi um der guten Sache willen, um Hallsteins willen, wie auch immer.

»Hier, ein paar Fotos«, sagte er. »So geht es in dem Laden zu, in dem Tuchalsky als ›Master aller Qualen‹ arbeitet.«

Er fächerte die Bilder vor ihr auf, und Svenja schnappte nach Luft. Sie brauchte zwei Sekunden, die erste, um zu realisieren, dass sie etwas gründlich missverstanden hatte. Und die zweite, um wieder umzuschalten, von Date auf Meeting. »Das passt eins zu eins«, sagte sie. »Kann ich die haben?«

»Na klar. Und wir fahren da jetzt noch vorbei. Dann kannst du auch von dem Laden noch ein paar Fotos machen. Allerdings nur von außen, Frauen haben in der *Zuchtanstalt* keinen Zutritt.«

Jedenfalls nicht als Kunden, fügte er in Gedanken hinzu. Laut Perlsberg muss es unterhalb der Räumlichkeiten des Hardcore-Schwulenclubs noch mindestens ein weiteres Untergeschoss geben, so perfekt getarnt, dass die möglichen Verliese bei den Razzien unbemerkt geblieben sind.

Berlin-Charlottenburg,
Wohnung Devin Siebert [21:47]

»Nur ein paar Tage noch«, sagt Devin. Nach wie vor hält er Rias Handgelenke mit seiner Linken umklammert und drückt sie neben sich auf den Tisch. »Vielleicht wird mein Traum ja doch noch wahr und wir gehen zusammen weg? Nur du und ich, Ronja?«
Ein paar Tage? Fast hätte sie aufgelacht. Eben noch war sie bereit, alles Mögliche anzustellen, nur um ein, zwei Tage in seiner Wohnung bleiben zu dürfen. Und jetzt kann sie bloß noch an eines denken: wie sie so schnell wie möglich von hier wieder wegkommt. Bevor die dunkle Seite seiner Persönlichkeit endgültig das Kommando übernommen hat. Der Devin, der einen Ständer bekommt, wenn er sich Pädosexvideos reinzieht.
Bevor sie ihm antworten kann, beginnt es aus den Laptop-Lautsprechern zu knarzen. »Was zum Teufel soll die Scheiße?«, brüllt ein offenbar zornentbrannter Mann.
»Der Teufel bist *du*, Arschloch. Hier ist *Bit for Kids*. Und du bist der Kinderschänder Mahrig, nehme ich an?« Devin beugt sich zu dem eingebauten Mikro vor. Ganz kurz ist er abgelenkt, sein Griff lockert sich, und da reißt sich Ria los. Sie wirft sich herum und sprintet auf die Tür zur Diele zu.
»Wer zur Hölle ist da?«, dröhnt es aus dem Rechner. Devin springt auf und stürzt hinter ihr her. »Hast du meinen PC gekapert, du Wichser?«, brüllt der ertappte Mahrig. »Dich mach ich so was von alle, wenn du den nicht auf der Stelle ...«
Eine Hand hat sie schon auf der Klinke, als Devin ihre andere zu fassen bekommt. Er zerrt sie zurück und verpasst ihr mit der flachen Linken eine heftige Ohrfeige. Ihr Kopf wird herumgeschleudert, der Schlag dröhnt in ihrem Ohr. *Meine Waffe, im Koffer.* Irgendwie kann sie sich wieder losreißen, rennt taumelnd in Richtung Schlafzimmer, und erneut ist er schneller als sie. Er packt sie um die Mitte, schlingt ihr den anderen Arm um den Hals und drückt zu. Nur ganz kurz, aber das genügt.
Ria wird erst starr und dann am ganzen Körper schlapp. Wie

eine Gummipuppe, der die Luft herausgelassen worden ist. Er schleift sie mit sich ins Schlafzimmer, macht mit der Schulter im Vorbeigehen das Licht an, wirft sie aufs Bett.

Vom Wohnzimmer aus brüllt der Perverse, dass er das Arschgesicht, das seinen Rechner gekapert hat, im Klo ersäufen wird. Ria röchelt und hustet, ihr Kopf dröhnt, in ihrem Ohr pfeift es, ihre Kehle brennt.

Devin zerrt ihren Koffer aus der Nische und knallt ihn neben ihr auf die Matratze. »Was hast du da denn Spannendes drin? Das wollte ich dich vorhin schon fragen.« Er zieht den Reißverschluss auf, klappt den Koffer auf und wühlt sich durch ihre Kleidung.

»Heilige Scheiße. Wieso hast du eine Knarre?« Er zieht ihre Pistole aus dem Holster und hält sie mit spitzen Fingern hoch. Dann legt er die Waffe behutsam neben sich auf den Boden.

»Hör mir zu, Devin, das mit der Verwaltung stimmt nicht«, bringt Ria mühevoll hervor. Der Hals tut ihr bei jedem Wort weh. »Ich hätte dich nicht anlügen sollen, aber es hat nichts mit dir zu tun. Sondern mit meinem Job.« Sie holt vorsichtig Luft. »Ich bin bei der Polizei.«

Devin hat die Handschellen entdeckt und legt sie stirnrunzelnd zu ihrer Waffe. »Kripo, echt jetzt? Hätte ich dir gar nicht zugetraut.« Noch immer wirkt er nicht besonders beunruhigt. »Und was haben wir hier?« Er hat ihre Brieftasche aufgeklappt und zieht den Personalausweis heraus. »Ria Hunold? Das wird ja immer besser.«

»Ich kann dir das jetzt nicht erklären. Jedenfalls nicht in allen Einzelheiten.« Ihr ist schwindlig, das Pfeifen in ihrem Gehörgang wird immer schriller. *Wie von einer Ratte.*

»Seit wann laufen Bullen mit falschen Papieren herum? Ist für mich neu.« Devin klingt jetzt verärgert und sieht auch so aus. Wie ein Berg aus Fleisch und Muskeln sitzt er neben ihr.

»Ich bin bei einer Bundesbehörde, Spezialeinheit«, versucht sie es erneut. »Mit dir hat das nichts zu tun, Dev. Das musst du mir glauben. Ich bin nur hier, weil ich dich wiedersehen wollte.«

Er schüttelt den Kopf. »Du verarschst mich doch von vorne bis hinten.« In seinem Gesicht zuckt es. »Für wie blöd hältst du mich? Ich bettele dich seit Ewigkeiten an, mich doch bitte, bitte mal zu besuchen. Und dann kommst du ausgerechnet jetzt, während ich *Bit for Kids* durchziehe? Und rein zufällig bist du – keine Ahnung – eine Geheimpolizistin mit Knarre, falschen Papieren und was weiß ich noch? Aber mit mir und meiner Aktion hat das alles nichts zu tun? Auch die Handschellen hast du bestimmt nur aus alter Gewohnheit eingepackt?«

»Bitte, Devin, du musst mir glauben«, bringt sie krächzend hervor. »Cyberkriminalität ist eine ganz andere Abteilung, damit habe ich nichts zu tun. Okay, ich hab dir nicht alles gesagt. Das darf ich auch nicht, aber eins kann ich dir noch verraten.« Sie hustet und ringt um Atem. *Soll ich ihm das wirklich erzählen?*

Devin beugt sich über sie, packt ihre Handgelenke und sieht sie drohend an. »Na, dann mal los.«

»Ich muss für ein paar Tage von der Bildfläche verschwinden«, fährt sie zögernd fort. »Das hat mit meinem aktuellen Einsatz zu tun. Und da dachte ich, es wäre doch eine gute Gelegenheit, endlich mal bei dir vorbeizuschauen.«

Er starrt sie lange an, wortlos, sein Gesicht dreißig Zentimeter über ihrem. »Irgendwie glaube ich dir sogar«, sagt er schließlich. »Nicht hundertpro, aber ein bisschen. Du willst also ein paar Tage bleiben? Eigentlich genau das, was ich mir immer gewünscht habe.«

Er beugt sich nach links, greift unter sich, richtet sich blitzschnell wieder auf. In seiner Hand blitzt es metallisch, im nächsten Moment schließt sich die stählerne Acht um Rias linkes Handgelenk.

»Devin! Mach mich sofort wieder los!«

Im Nu hat er sie mit beiden Händen ans Kopfende des eisernen Bettgestells gefesselt. »Dann noch mal herzlich willkommen«, sagt er in munterem Tonfall. »Du bleibst ein paar Tage hier, ich bringe mein Projekt zu Ende, und zwischendurch machen wir es uns hier gemütlich. Wir haben so viel nachzuholen, Ronja. Oder

nee, wie noch gleich?« Er kneift die Augen zusammen, als müsste er sich konzentrieren. »Schön, dich kennenzulernen, Ria.« Er schiebt ihr das Nachthemd an den Beinen höher.
»Verdammt, Devin, lass das! Ich schreie alles zusammen, wenn du mich nicht sofort losmachst!«
Devin sieht sie mit gerunzelter Stirn an, beugt sich erneut über ihren Koffer und holt eins der Safe-House-Shirts heraus. Er reißt zwei Streifen davon ab, knüllt einen zusammen und stopft ihn ihr in den Mund. Den zweiten zieht er durch ihren Mund und knotet ihn hinter ihrem Kopf straff zusammen.
Ria würgt und ringt um Atem. Sein Gesicht sieht so vertraut aus, doch aus seinen Augen starrt sie ein Fremder an. *Was ist mit dir passiert, Dev? Und was hast du mit mir vor?*
»Nicht so richtig bequem, oder?«, sagt er. »Meiner Ronja würde ich das nie antun. Aber du bist ja Ria.«
Er greift sich ihre Waffe und geht aus der Tür. Gleich darauf hört sie draußen wieder die dunkle Stimme, hohl und hallend wie aus einem Mausoleum. »*25 000 Euro, bis 15. Januar 12 Uhr auf das Bitcoin-Konto von* Bit for Kids, *sonst geht der ganze Dreck an deine Kontakte, du beschissener Abschaum.*«
Rias Herz klopft zum Zerspringen. Was um Himmels willen hat er als Kind erlebt? In Scherbeck, wo sonst? Und *Giant Rat*, Riesenratte, wie kommt er gerade auf diesen Namen?
Sie zermartert sich den Kopf, und dann fällt es ihr ein.

Berlin-Schöneberg, Bülowstraße,
Wohnungsbordell [21:48]

Vierte Etage, Tür links. Hallstein positioniert sich im Sichtbereich des Spions, wie mit Hendrik vereinbart. Eine halbe Minute lang steht sie wie auf glühenden Kohlen, so müssen sich die Freier fühlen, wenn sie hier auf dem Präsentierteller warten. Vor der Tür rechts stehen drei Paar Kinderstiefel aufgereiht, da lebt offenbar eine Familie mit Nachwuchs im Kita- und Grundschulal-

ter. Und nebenan »*empfangen 4 scharfe TS 11-03 h in stilv. Ambiente*«, so zumindest die Verheißung auf einschlägigen Webseiten, »*Hausnr. per Tel.*«.
Endlich geht die Tür auf, ein junges Gesicht erscheint im oberen Drittel des Türspalts. »Lin?« Die Tür geht weiter auf, Perlsberg schlüpft hinein.
Hendriks Informantin ist mit einem pinkfarbenen Bikini bekleidet, soweit sich das im dunkelroten Düsterlicht der Deckenlampen feststellen lässt. Lin ist schlaksig und hager, die Brüste in ihrem knappen Oberteil sind rund wie Apfelsinen und zweifellos aus Silikon. Perlsberg hatte schon öfter mit asiatischen Ladyboys zu tun, auf Thailändisch *Kathoey*. Bei den Liebhabern des »Dritten Geschlechts« sind sie für ihre androgyne Schönheit berühmt und zugleich für ihre schrillen Launen und unvorhersehbaren Wutausbrüche berüchtigt.
Lin ist so hoch aufgeschossen und überdreht wie aus dem Ladyboy-Bilderbuch. Sie wirft die schwarze Haarmähne über die Schulter, beugt sich zu Perlsberg herunter und raunt ihr »Komm, Schatzi« ins Ohr. Sie nimmt sie bei der Hand, führt sie den Flur entlang und rechts durch eine offene Tür. »Da«, wispert sie und zeigt auf die Wand links. »Sheila und er.« Sie hebt die Arme und breitet sie aus, wie um die Umrisse eines uckermärkischen Bauernschranks anzudeuten.
Das Zimmer ist in blutrotes Licht getaucht und leer bis auf ein riesiges Futonbett, einen Geisterschrein in der Ecke und ein Dutzend Spiegel in allen Größen und Stilrichtungen. Perlsberg folgt Lin zu dem golden gerahmten, großflächigen Gemälde, das ein junges Königspaar beim Liebesspiel darstellt, bis auf die goldenen Kronen nackt. Die beiden Liebenden haben keinen Blick füreinander, sondern schauen den Betrachter mit verzücktem Gesichtsausdruck an. Erst als Perlsberg dicht davorsteht, erkennt sie, dass die Augen der gemalten Figuren aus geschliffenem Glas sind. Kameralinsen.
»Manchmal nicht so schön, was du drüben siehst.« Lin klimpert so heftig mit den Wimpern, dass Perlsberg schon befürchtet, sie

gleich wie haarige Insekten durchs Zimmer segeln zu sehen. »Aber manchmal macht es mich ganz heiß.« Sie nimmt Perlsbergs Hand und drückt sie sich aufs Dekolleté.

Perlsberg macht keine Anstalten, ihre Hand wegzuziehen, aber sie signalisiert auch kein Interesse. Mit heiserem Kichern gibt die Kathoey ihre Hand wieder frei. »Hier noch, Schatzi.« Sie zieht eine scheckkartengroße Fernbedienung aus ihrem Bikinihöschen. Dessen Ausbeulung lässt vermuten, dass auch Lin »prä-OP« ist, wie Sheila laut Hendrik Karlow, also noch im Besitz ihrer naturgegebenen Geschlechtsmerkmale. *Wie einsatzfähig auch immer*, denkt Perlsberg. Lins Hintern und Hüften sind wohlgerundet, was auf reichlich Östrogenzufuhr schließen lässt. »So, klick. Und so.« Lin demonstriert ihr, wie sie die Kamera starten und Bilder speichern oder löschen kann. »Und hier, für Ton.« Sie deutet auf die Kopfhörer, die an einem Wandhaken neben dem Bild hängen.

»Okay, jetzt lass mich allein.« Perlsberg schaut ihr hinterher, bis Lin die Tür hinter sich geschlossen hat.

Profi-Erpresser-Tools, denkt sie und fühlt sich noch mieser. Dann klickt sie auf den Startbutton der Fernbedienung, setzt den Kopfhörer auf und nähert ihre Augen den gläsernen des nackten Königs.

Berlin-Spandau, Pkw Max Lohmeyer [21:51]

Svenja klammert sich an Max' Arm, als sie auf dem eisglatten Parkplatz zu seinem Auto balancieren. Sie drückt sich an ihn und gibt leise Stöhnlaute von sich, aber vom »Schmelzen wie Aprilschnee« ist keine Rede mehr. Schon wegen der mörderischen Minusgrade, bei denen sogar Vulkane mutmaßlich zufrieren würden. Aber nicht nur deshalb. Sie sind kein Liebespaar, sondern Verbündete. Ein inoffizielles Team.

Er öffnet seinen VW Polo mit der Fernbedienung und hält Svenja die Beifahrertür auf. Die Scheiben sind zugefroren, und nachdem er den Motor angelassen und das Gebläse auf volle Kraft geschaltet hat, joggt er einmal um den Wagen herum und bearbeitet die Fenster mit dem Eiskratzer. Seine Brüder, beides echte Petrol Heads, würden sich schlapp lachen, wenn sie den großen Max in dem kleinen Polo sehen würden. Aber er ist mit dem fünfzehn Jahre alten Vehikel sehr zufrieden. Es ist dunkelgrau wie feuchter Staub und fast so unscheinbar. Nicht einmal ein Paranoiker würde sich beobachtet fühlen, wenn er das Gefährt am Straßenrand bemerkte. Man schaut es an und nimmt es doch kaum wahr. Dabei hat der Polo Max nie im Stich gelassen, seit er ihn letzten Herbst für schnöde dreitausend Euro im *Autoparadies Lichtenrade* gekauft hat.

»Scheißefresser und Lebendbluttrinker«, sagt er auftragsgemäß zu Svenja, nachdem er stadtauswärts in die Radelandstraße eingebogen ist.

»Wie bitte?« Svenja sieht ihn befremdet an. Es ist so dunkel, dass er fast nur ihre Silhouette und den Glanz ihrer Augen wahrnehmen kann. Doch er kann sich mühelos vorstellen, wie sie die Stirn runzelt und die Lippen schürzt. Ganz zu Anfang, als er neu in Berlin war, hat sie ihn manchmal an Amelie erinnert, seine Ex-Verlobte in Rosenheim. Wenn sie von oben herab lächelte, wie sie das früher oft gemacht hat, um ihre Unsicherheit zu überspielen, hatte sie wirklich ein wenig Ähnlichkeit mit Amelie. Er erzählt ihr von den Praktiken in Ultra-BDSM-Clubs wie der *Zuchtanstalt*. »Toilettensklaven stellen sich als lebende Kloschüsseln zur Verfügung. Lebendbluttrinker saugen das körperwarme Blut direkt aus den Blutgefäßen junger Sklaven, die als Saftbar bezeichnet werden. Andere lassen sich auspeitschen, bis ihre Haut aufplatzt, oder mit spitzen Schuhen immer wieder in die Hoden treten. Und das sind nur ein paar Beispiele für eher harmlose Quälereien, die in solchen Läden an der Tagesordnung sind.«

»Aber warum ...« Svenja spricht nicht weiter, doch was sie sagen wollte, ist auch so klar. Es ist dieselbe Frage, die Max sich tausendmal gestellt hat, seit mit der Entdeckung der Fässer voller

Leichenteile alles begonnen hat. Hallsteins und sein Trip durch die Finsternisse menschlicher Höllen.

»Was willst du hören, Svenja? Weil sie persönlichkeitsgestört sind? Weil sie traumatische Misshandlungs- und Missbrauchserfahrungen, meist aus der Kindheit, in ritueller Form wieder und wieder neu inszenieren? Da ist bestimmt viel Wahres dran. Aber in Fallstudien drücken es die Betroffenen, und zwar die Quäler genauso wie die, die gequält werden wollen, viel einfacher aus. ›Weil es geiler als alles andere ist.‹ Oder, wie es ein Ultrasadist mit bildungsnahem Hintergrund formuliert hat: ›Du peitschst dich in orgiastische Ekstasen, dagegen ist der beste Fick nur ein mieser Pornoclip. Für diese Erfahrung bin ich bereit, viel Geld zu bezahlen und hohe Risiken einzugehen.‹ Ende des Zitats.«

Wieder wendet sie ihm ihr Gesicht zu, in der fast totalen Dunkelheit kann er es fast nur erahnen. Dabei sind sie nominell immer noch in Berlin, der Stadt, die laut Slogan niemals schläft. Aber sie fahren an einer weitläufigen Siedlung entlang, in der kein Fenster beleuchtet ist und alle Bewohner immer schlafen. Am Friedhof *In den Kisseln*, dem größten Bestattungsort der Stadt.

Max fragt sich, ob Svenja bewusst ist, dass Alex Soltau hier begraben liegt. Auch der Industriehof Zeppelinpark, wo die Fässer gefunden wurden, ist gleich um die Ecke. *Vielleicht ist es deshalb so besonders dunkel,* sagt er sich und widersteht dem Drang, schneller zu fahren. Die Straße ist mit einer dünnen Schneeschicht bedeckt, darunter blankes Eis. Auch wenn Max am Ende der Woche höchstwahrscheinlich tot sein wird, hier und jetzt ist es zum Sterben noch zu früh.

Erst muss er nach Südostasien fliegen, mit der Identität von Franz Hochfelder, Großneffe von Don Pedro Miller, dem Begründer und langjährigen Oberhaupt der verbrecherischen Colonia Miller. Spätestens am Samstag wird »Don Francisco« auf Maipaan erwartet, um das Erbe seines verstorbenen Großonkels anzutreten. Wenn er Glück hat, kann er auf der Insel die entscheidenden Beweise gegen die Bruderschaft sichern, bevor er auffliegt und stirbt. Für die Wahrheit, die gute Sache, für Hallstein, seine Liebe, das Einzige, was noch zählt. *Punkt.*

Max biegt in eine Querstraße ein, passiert im Schritttempo mehrere Kreuzungen und erreicht das Mischnutzgebiet am äußersten westlichen Stadtrand. »Da vorne ist es.«

Er zeigt auf den dunklen Flachbau dreißig Meter voraus auf der anderen Straßenseite. Heruntergekommene Mietsblocks und Zweckbauten prägen die Szenerie. Die Bierschenke *Zum Wohlsein* und eine Cocktailbar mit dem unvermeidlichen Namen *Koma* verheißen einsamen Männern einen billigen Rausch.

Max fährt an den Straßenrand und schaltet den Motor ab. Auch die Heizung geht aus, und fast im selben Moment beginnt die Kälte, durch alle Ritzen ins Innere zu kriechen. Er beugt sich zu Svenja hinüber und nimmt sein Nachtsichtglas aus dem Handschuhfach.

»Die da drüben ahnen bestimmt nicht, was nur ein paar Häuser weiter abgeht«, sagt Svenja.

Die drei Männer mittleren Alters, dem Typus nach Südosteuropäer, haben Mühe, sich auf den Beinen zu halten. Schon bei dem Versuch, die *Koma*-Bar zu verlassen, sind sie wie Slapstick-Figuren durcheinandergestolpert. Jetzt halten sie sich aneinander fest und reißen sich gegenseitig zu Boden. Ob sie lachen oder fluchen, ist nicht auszumachen, jedenfalls erzeugen sie eine Menge Lärm.

»Die kämen nie am digitalen Türsteher vorbei.« Max hat sein Fernglas auf die Zufahrt zur *Zuchtanstalt* ausgerichtet. Eine Rampe führt in die Tiefgarage, die straßenseitige Schranke ist heruntergelassen und elektronisch gesichert. Am unteren Ende ist ein stählernes Rolltor, genauso verschlossen. Anders als per Auto scheint der Laden nicht zugänglich zu sein. Ein gut zwei Meter hoher Zaun umschließt das Gebäude, das die Ausmaße eines mittleren Baumarkts hat. Max kann kein Tor im Zaun und am Gebäude weder Türen noch Fenster entdecken. Auch kein Schild, das gut sichtbar auf den Namen des Clubs hinweisen würde. Nur den Pfosten, an dem die Schranke befestigt ist, ziert eine unscheinbare Messingtafel:

ZUCHTANSTALT
Private Club
Members only!

Max reicht Svenja das Fernglas. Sie schaut ein paar Sekunden lang hindurch und gibt es ihm zurück. »Gruselig«, sagt sie und reibt die Hände aneinander. »Und du hast wirklich belastbare Hinweise, die Tuchalsky mit den Makowski-Morden in Verbindung bringen?«
Max nickt energisch. »Wie es aussieht, ist er auch hinter der besagten jungen Frau her. Allem Anschein nach, um sie gleichfalls zum Schweigen zu bringen. Nur für den Fall, dass sie etwas weiß.«
»Und woher du das alles hast, darfst du mir nicht sagen.«
»Leider nicht. Aber du kannst mir vertrauen, das weißt du ja.«
Er spürt ihre Skepsis, die genauso schnell wächst, wie die Temperatur im Auto sinkt.
»Jetzt sag doch mal, Max.« Sie redet so leise, als sollte auch er es nicht hören. »Die junge Frau, die gehört doch zu euch?«
Genau in diesem Moment öffnet sich ratternd das Rolltor, und die Schranke geht ruckweise hoch. Eine silberfarbene Limousine schnurrt die Rampe hinauf. S-Klasse, Mitte der Achtziger, taxiert Max. Er rutscht auf seinem Sitz nach unten, so gut es geht, und macht Svenja Zeichen, gleichfalls in Deckung zu gehen. Die Zufahrt führt auch zu Bereichen der Tiefgarage, die von Bewohnern der umliegenden Mietsblocks genutzt werden. Aber eine makellos restaurierte Vintage-S-Klasse fährt von denen bestimmt niemand. Schnee und Eis knirschen unter den Reifen, als die Staatskarosse an ihnen vorbeigleitet.
»Das glaub ich jetzt nicht«, sagt Svenja. »War das nicht dieser Finanztyp? Dieser dauergrinsende Klops, der mit seiner Opernsänger-Tussi permanent in der Klatschpresse ist?«
»Kam mir auch so vor.« Max zieht sich am Kinnbart. »Guter Freund von Parteichefs und Ministerpräsidenten. Beliebter Gast in Fernseh-Wohltätigkeitsshows. Egal, wie viel andere spenden, er packt immer noch ein paar Hunderttausend obendrauf.«

»Und wie heißt der gleich wieder? Mir fällt der Name gerade nicht ein.« Soweit Max das im trüben Licht der Straßenlaternen erkennen kann, ist Svenjas Gesicht kalkweiß.

»Besser so«, sagt er. »Wenn du einverstanden bist, bringe ich dich jetzt zu deinem Auto. Es war ein langer Tag.«

»Ja, unbedingt.« Sie scheint gar nicht schnell genug von hier wegkommen zu können. »Ich mache nur kurz noch Fotos«, fügt sie hinzu.

Doch dann kann sie das Smartphone nicht stillhalten, als Max langsam an der *Zuchtanstalt* vorbeifährt. Ihre Hände zittern wie im Krampf. »Verdammte Kälte!«

»Mach dir nichts draus«, tröstet sie Max. »Ich schicke dir ein paar Bilder. Von außen macht der Laden sowieso nicht viel her.«

Berlin-Charlottenburg, Wohnung Devin Siebert [22:14]

Keine halbe Stunde später ist Devin wieder da. Ria hat die Sekunden und Minuten gezählt und so ihren rasenden Herzschlag langsam herabgeregelt. *Er bringt es nicht über sich, mich so zurückzulassen,* hat sie sich wieder und wieder gesagt, und hier ist er. Immer noch nackt bis auf die Boxershorts, aber sein Lächeln wirkt fast verlegen. Wenn er so lächelt, sieht er jünger aus, mehr wie der Devin, den sie kannte und der nie auf die Idee gekommen wäre, ihr das hier anzutun. Oder sich Kinderpornos reinzuziehen.

Er hat das Deckenlicht eingeschaltet, setzt sich neben ihr auf den Bettrand und sieht sie an. Ohne etwas zu sagen, aber auch ohne die Wut, die vorhin sein Gesicht verzerrt hat. Sie erwidert seinen Blick, stöhnt nur leise in den Knebel, um ihn nicht zu reizen, aber er soll auch wissen, dass sie kaum genug Luft zum Atmen hat. Wieder überlegt sie, wie sie ihn wehrlos machen kann. Es gibt prinzipiell zwei Möglichkeiten, sie kann ihm den Kehlkopf oder die Hoden mit Fußtritten zerquetschen, in beiden Fällen würde er höchstwahrscheinlich ohnmächtig werden. Doch solange er so neben ihr sitzt, in Höhe ihrer Knie und nur halb zu ihr hingewendet, kann sie ihn nicht mal mit den Zehen an den Eiern kratzen.

»Die Riesenratte«, sagt Devin, »erinnerst du dich? In der Kanalisation unter der abgesperrten Hochhausruine? Oder hast du das auch nie mitgekriegt?«

Ria stöhnt lauter und rollt mit den Augen. *Das war doch nur ein Schauermärchen*, will sie sagen, *natürlich habe ich davon gehört, aber wir alle wussten doch, dass es die Riesenratte nicht in echt gab.*

»Ich weiß schon, was du sagen willst, Ronja. Dass das nur so ein Jungs-Ding war, ein Monster, das wir erfunden hätten, um uns zu gruseln und Mutproben zu machen. Während eigentlich alle gewusst hätten, dass es da unten, in den Kanälen und Versorgungsgängen, nichts Schlimmeres als fette Bisamratten gab. Oder höchstens mal einen Penner, der sich da unten einquartiert hat, obwohl der Gestank kaum auszuhalten war.«

Ria starrt ihn an. Er sieht aus, als wäre er ganz woanders. *Aber da war doch wirklich nichts!*, will sie schreien und bekommt nur ein unartikuliertes Stöhnen zustande. *Eine Riesenratte, so was gibt es höchstens in Horrorfilmen und in Kinderfantasien!*

»Ich habe noch heute den fauligen Geruch in der Nase und das Pfeifen der Ratten im Ohr«, fährt er fort. »Und das heisere Flüstern der Riesenratte, die mich gepackt, mir übers Gesicht geleckt und ihre Zunge in den Mund gestopft hat.« Er sieht sie an, doch sein Blick ist glasig, wie weggetreten. »Glaubst du nicht, dass das ein bisschen schlimmer war als die paar T-Shirt-Fetzen in deinem Mund?«

Sie nickt heftig. *Bitte mach mich los*, denkt sie beschwörend, *nimm zumindest den Knebel weg, ich kriege keine Luft!*

»Ich war in Schockstarre«, redet er weiter, »ich war ja schon mal da unten gewesen, ziemlich genau ein Jahr vorher. Kurz nachdem ich zehn geworden bin, und da ist überhaupt nichts passiert. Klar hab ich mich wie Hölle gegruselt, weil es so dunkel

war und so gestunken hat. Und dann die tausend Echos, glucksendes Wasser, fiepende Ratten, ihr Getrappel, meine Schritte, und das Wasser hat sich an den Füßen so widerlich schleimig angefühlt. Aber sonst ist da nichts passiert beim ersten Mal.«
Er reibt sich fröstelnd die Unterarme, als wäre er wieder der kleine Junge, den es im Dunkeln eiskalt überläuft.
»Weißt du, man muss nur dem Versorgungsgang folgen, der parallel zum Kanal verläuft, und ein paarmal richtig abbiegen, dann kommt man irgendwann zu dem Hauptraum unter Block O. Angeblich wartete dort die Riesenratte auf einen, aber da war nichts, beim ersten Mal war da nur stinkender Schlamm und dieses Betonpodest in einer Ecke, vielleicht einen Meter hoch, auf dem sich mal ein Penner einquartiert hatte. Deshalb lagen da lauter widerliche Sachen, ein schmutziger Schlafsack, Schuhsohlen, Verpackungsmüll und was weiß ich noch. Für die Mutprobe musstest du irgendwas von diesem ekligen Zeug mit nach draußen bringen. Und genauso hab ich es gemacht, ich sehe mich noch, wie ich durch den Modder zurückwate, von oben bis unten eingesaut, und meine Stirnlampe leuchtet die vor Dreck ganz steife Socke in meiner Hand an. Beim zweiten Mal dachte ich dann natürlich, ich kenne mich aus. Verstehst du, Ronja? Es gibt keine Riesenratte, dachte ich, die Mutprobe ist Kinderkram.«
Er zittert jetzt am ganzen Körper, und obwohl er sie ansieht und sogar anredet, spürt sie, dass er immer weiter von ihr wegdriftet.
»Justin, ich und die anderen Jungs hatten die Regel aufgestellt, dass jeder jedes Jahr einmal die Mutprobe bestehen muss, sonst fliegt er aus unserer Bande raus. Dafür hatte man Zeit bis zu seinem Geburtstag, spätestens ein paar Tage danach musste das aber erledigt sein. Ich weiß noch, ich hatte es den ganzen Frühling und den halben Sommer vor mir hergeschoben. Nicht aus Angst, überhaupt nicht, ich kam mir eher zu erwachsen vor. Was soll's, bring ich den Scheiß eben hinter mich, mit der Einstellung bin ich beim zweiten Mal losmarschiert. Nur mit Badehose und

Stirnlampe, man versaut sich total, egal wie man aufpasst, alles voll Schlamm, und stellenweise musst du praktisch schon kriechen. Ich weiß noch, am Anfang war ich nicht ganz bei der Sache, ich dachte über Justin nach, der mir Druck machte, so nach dem Motto, ›es wird Zeit, Alter, dass du auch mal bei einem Bruch mitmachst‹. Justin hatte schon ein paarmal Schmiere gestanden, wenn seine älteren Brüder in eine Gartenhütte einstiegen oder Autos aufknackten, und die anderen Jungs aus der Bande genauso. Nur ich war in der Hinsicht noch Jungfrau, mein Bruder drehte ein viel größeres Rad, weißt du vielleicht noch, mit Fake-Marlboros, die in großem Stil aus Osteuropa reingeschmuggelt wurden. Für mich kleinen Steppke hatte Jason keine Verwendung, und entsprechend bekam ich Druck von meinen Kumpels, dann wenigstens die bescheuerte Mutprobe zu machen.

Ich wate also durch die Gänge da unten, in Gedanken nicht ganz dabei und trotzdem total angespannt. Wegen dem Gestank traust du dich kaum zu atmen, und auch wenn du weißt, dass die Ratten dich normalerweise nicht angreifen, hast du die Ohren die ganze Zeit weit aufgesperrt. Du lauschst auf das Pfotengetrappel, das Plopp-Plopp von tausend Tropfen, und dabei denkst du natürlich auch an die Schauergeschichten von Jungs, die angeblich der Riesenratte begegnet und dann wie durch ein Wunder entwischt sind. Aber du bist dir absolut sicher, dass da nichts dran ist. Nicht das Geringste. Du gehst weiter und weiter und willst eigentlich nur, dass das hier schnell wieder vorbei ist. Dass du den Hauptraum erreichst, dir irgend so eine schimmlige Trophäe vom Podest greifen und dich auf den Rückweg machen kannst.

Ich war mir so sicher, Ronja. Ich war so ein Idiot. Je näher ich herankomme, desto deutlicher ist dieses dunkle Murmeln zu hören. Anfangs so leise, dass es irgendwie zum Wasserglucksen dazugehört. Es klingt wie nicht ganz wirklich, wie Traumgemurmel, und da unten kommst du dir sowieso halb wie im Traum vor. Mit der Zeit wird es lauter, hebt sich deutlicher ab, und

trotzdem kriege ich irgendwie nicht mit, dass es eine Stimme ist, eine Männerstimme, aber so tief, wie es das in echt nicht gibt. Zu verstehen ist nichts, keine Sätze, keine Wörter, nicht mal Wortfetzen, nur ein dunkles Hervorgurgeln von was auch immer, wie ein böser Zauber, der dich immer mehr einlullt.«
Wie die Stimme von Giant Rat *in seinen Erpresser-Botschaften*, denkt Ria. Das Herz hämmert ihr gegen die Rippen, sie muss ihn aus seinem Trip herausholen, bevor es zu spät ist, aber sie weiß einfach nicht, wie. Er driftet immer weiter ab, immer tiefer in seine Erinnerungen, die mehr und mehr Gewalt über ihn erlangen. *Ist das in echt passiert oder alles nur Fantasie?*
»Nimm mir die Fessel ab«, stöhnt sie durch den Knebel. »Devin, bitte!« Doch er sieht sie nur mit glasigen Augen an und redet weiter, als wäre sie nicht da.
»Der Hauptraum ist so groß, dass die Stirnlampe nicht bis in die Ecken leuchtet. Langsam gehe ich auf das Podest in der Ecke hinten rechts zu, auch die Stimme kommt von dort, dieses dunkle Gurgeln. Irgendwie habe ich immer noch nicht kapiert, was es damit auf sich hat, sogar als ich mich über das Podest beuge und der Lichtstrahl auf den kleinen, grauen Plastikkasten fällt. Ein uralter Kassettenrekorder, hinter dem zerkratzten Plastikfenster drehen sich die Spulen, aber viel zu langsam, und da kapiere ich, die Batterien haben zu wenig Saft, deshalb klingt die Stimme so unwirklich tief, und dann stellen sich mir überall die Haare auf. Gänsehaut wie noch nie, ich will mich umdrehen, aber ich bin starr, ich spüre ihn hinter mir, *die Riesenratte*, ich rieche ihn durch all den Gestank hindurch, ein stechender Geruch, auch die Zeit hat sich verlangsamt, wie das dunkle Gurgeln vom Podest, sie fließt so zäh, wie der Schlamm über meine Füße kriecht, *da bist du ja, Kleiner*, flüstert er direkt hinter mir, packt mich bei den Armen und reißt mich hoch.«
Devin verstummt unvermittelt, beugt sich über Ria und starrt sie drohend an. »Eigentlich ziemlich schlau, wie du dich aus dem ganzen Dreck in Scherbeck rausgehalten hast. Aber du

warst ja immer schon so viel smarter als ich. Und als deine kleine Schwester sowieso.«
Ria stöhnt und rasselt mit ihren Fesseln. *Was hat Julia damit zu tun?* Doch Devin achtet nicht auf sie, er redet schon wieder weiter.

Berlin-Spandau, Pkw Max Lohmeyer [22:33]

Um kurz nach halb elf ist Max auf seinem Posten vor der *Zuchtanstalt* zurück, mit Thermounterwäsche und einer Thermoskanne grünem Tee aus Hotelbeständen gerüstet.
Er hat Svenja zum Abschied umarmt und ihr Auto angeschoben, als die Räder auf dem Eis durchdrehten. Auch sie selbst schien kurzzeitig kurz vor dem Durchdrehen zu sein, doch Max tat so, als bekäme er nichts mit. Anscheinend ist ihr klar geworden, dass die Makowski-Morde höchstwahrscheinlich auf das Konto der Bruderschaft gehen. Was bedeutet, dass sie ihr Leben aufs Spiel setzt, wenn sie den Fall wirklich aufzuklären versucht. Die Alternative wäre, alles aufzugeben, wofür sie beim LKA angetreten ist. Als Mordermittler zu arbeiten, macht schlichtweg keinen Sinn, wenn man nicht gegen alle Widerstände immer wieder versucht, die Wahrheit ans Licht zu zerren. Aber den Sinn zu verteidigen, indem man sein Leben dafür hergibt, macht auch nicht unbedingt Sinn.
Die Entscheidung kann sie nur selbst treffen, dachte Max, während er ihr hinterherschaute, bis die mokkafarbene Blechkugel schlingernd den Parkplatz verließ. Auch er stand vor Jahren vor dieser Entscheidung, nur hatte er eigentlich nie eine Wahl. Hallstein war längst jenseits aller Grenzen, und sie im Stich zu lassen, kam für ihn nie infrage. Also stieg er mit ihr in die Hölle hinab, und wie sich herausstellte, gab es hinter jeder Hölle, die sie durchquerten, immer noch eine noch schwärzere Hölle, in der Menschen einander noch grässlichere Dinge antaten.

Max parkt gegenüber der Kneipe *Zum Wohlsein*, gut dreißig Meter vor der *Zuchtanstalt*. Vor dem Kaminfeuer im Hotelbungalow kauernd, hat er kurz noch mit Perlsberg telefoniert und ihr von seinem Treffen mit Svenja berichtet. Sie schien mit dem Ergebnis zufrieden, doch die Dunkelheit, die sie wie schwarzes Glas umschließt, schwang in ihrer Stimme und sogar in ihrem Schweigen mit.

Sie ist seit Stunden mit Tony unterwegs, hat sie ihm erklärt, sie klappern alle Orte ab, die sich irgendwie mit Ria und/oder mit der Bruderschaft in Verbindung bringen lassen. Mutmaßliche Unterschlupfe, mögliche Verliese. Und potenzielle Leichenablagestätten, aber diese Möglichkeit erwähnten weder Perlsberg noch Max. Noch ist nicht ausgemacht, dass Ria tatsächlich in den Händen der Bruderschaft ist. Doch je länger sie sich nicht meldet und unter keiner ihrer Notfall-Nummern erreichbar ist, desto wahrscheinlicher wird es, dass sie die Verbindung nicht von sich aus unterbrochen hat. Ob Schock oder Panikattacke, Enttäuschung oder Verärgerung, Ria ist Profi genug, um darüber hinwegzukommen. Wenn sie es könnte, hätte sie sich längst gemeldet, das ist für sie beide klar. Also bleiben nur drei mögliche Erklärungen: gefangen, gravierend verletzt oder tot.

Max richtet das Nachtsichtglas auf die Zufahrt zur *Zuchtanstalt*. In den zurückliegenden Stunden, während er Svenja – mit Perlsbergs Worten – »auf die Fährte setzte«, drehte er in seinem Hinterkopf eine Frage immer wieder hin und her: *Warum will sie, dass ich mir Tuchalskys »neue Spielwiese« aus der Nähe ansehe?*

Von außen ist das Anwesen unscheinbar, fast nichtssagend. *Will sie, dass ich mich im Inneren umschaue?*, fragte er sich ein ums andere Mal. Nur um immer wieder zu dem gleichen Schluss zu kommen: Kann nicht sein. Das hier ist schließlich keiner dieser Clubs, in denen man am Türsteher vorbeikommt, wenn man nur nach genügend Geld aussieht.

Im Gegenteil, denkt Max, *da drüben würde nicht mal für Larry Page oder Travis Kalanick die Schranke hochgehen, außer sie sind Clubmitglieder und kennen den Code.* Außerdem hat ihn Perlsberg angewiesen, Tuchalsky aus dem Weg zu gehen. *Sie hat mich nicht wochenlang für Maipaan trainieren lassen, nur um jetzt zu riskieren, dass ich von Tuchalsky oder sonst wem erkannt werde und damit für die Undercover-Aktion verbrannt bin.* Und wozu auch? Selbst wenn er es irgendwie ins Innere des Anwesens schaffen würde, was könnte er dort ausrichten? In einem Gebäude mit unbekanntem Grundriss, in dem es von potenziellen Gegnern wimmelt? Wenn Perlsberg Anhaltspunkte dafür hätte, dass Ria da drinnen eingesperrt sein könnte, würde sie nicht die ganze Stadt nach ihr absuchen. *Wieso sonst hat sie mich also mit Svenja hierhergeschickt?*, grübelt Max, ohne die Rampe aus den Augen zu lassen.

Normalerweise hat Perlsberg kein Problem damit, ihre Erwartungen an Teammitglieder klar zu artikulieren. *Aber was ist bei uns schon noch normal?*, fragt sich Max. Sie hat Ria auf eigene Faust undercover eingesetzt und damit wahrscheinlich in den Tod geschickt. Weitere Verluste will sie bestimmt nicht riskieren, zumal ohne ihn die Maipaan-Mission endgültig geplatzt wäre. Andererseits gehört er, anders als Ria und Tony, bisher nicht offiziell zum Team. Falls also bei seinem Einsatz hier etwas aus dem Ruder liefe, könnte Perlsberg zumindest dafür nicht von ihrer Chefin abgeschossen werden.

Schön und gut, sagt sich Max, aber was genau er hier machen, worauf er achten soll, ist damit kein bisschen klarer.

Vier junge Asiatinnen kommen laut schwatzend die Straße entlang und verschwinden in der Kneipe vis-à-vis. Erstaunt schaut ihnen Max hinterher. Er hatte angenommen, dass die Bierschenke ausschließlich männliche deutsche Gäste fortgeschrittenen Alters anziehen würde, und damit lag er offenbar falsch. Soll er sich da drüben mal kurz umschauen? Bei einer Tasse Kaffee unauffällig herumfragen, was man im *Zum Wohlsein* von der neuen Nachbarschaft hält?

Während er noch überlegt, öffnet sich abermals das Rolltor, und die Schranke geht ruckweise hoch wie die Armprothese eines kriegsversehrten Ex-Gauleiters. Max beugt sich nach rechts und

greift sich die Thermoskanne aus dem Fußraum vor dem Beifahrersitz. Ein silberfarbener 7er-BMW schießt die Rampe hoch, das neueste Modell. Am Steuer ein stämmiger Glatzkopf Anfang vierzig, den Max nie zuvor gesehen hat. Und den er auch nicht dringend kennenlernen will.
Tief in seinen Kapuzenmantel verkrochen, tippt er das Kennzeichen in seine Notizbuch-App. Dann schraubt er die Thermosflasche auf und schenkt sich einen Becher dampfend heißen Tee ein. Auf den Kaffee in der Pilskneipe muss er verzichten. Stattdessen wird er hier draußen ausharren, notfalls die halbe Nacht.

Berlin-Charlottenburg, Wohnung Devin Siebert [22:37]

»Er presst mich an sich, ich spüre das kratzige Fell auf meiner Haut«, sagt Devin. »Ich strample und schreie, da drückt er mir den Hals zu, nur ganz kurz, und ich werde erst starr und dann ganz schlaff.« *Wie er es mit mir gemacht hat*, denkt Ria. »Wie eine Puppe hänge ich in seinen Armen«, redet er weiter, seine Stimme klingt dumpf, wie unter Hypnose. »Er dreht mich hin und her, schiebt mich hoch und runter, mal sehe ich die Rattenmaske vor mir, dann wieder den bleichen Bauch unter dem Fell. Das sind einfach zusammengetackerte Rattenhäute, aber ich bin so weggetreten, ich kapiere immer noch nicht, was eigentlich vorgeht. Die Riesenratte ist ein nackter Mann mit umgehängten Rattenfellen, aber vor Angst kriege ich das nicht auf die Reihe, ich wehre mich auch gar nicht richtig, ich hänge nur an ihm herunter, und er macht mit seinen Fingern und mit seiner Zunge an mir herum. Auch mit seinen Zähnen, hier hat er mich gebissen, siehst du?«
Er zieht das rechte Bein an seinen Boxershorts hoch bis zum Schritt. Ria kennt die Narbe an der Innenseite seines Schenkels, sie hat sie früher oft gestreichelt, auch mit ihm darüber gewit-

zelt. Es sieht aus, als wäre ihm dort ein Stückchen Gewebe abgefressen worden, nur ein paar Millimeter tief, doch die Mulde ist deutlich zu ertasten, und sie hat die Umrisse von zwei großen Nagezähnen. Aber es ist nur eine von gut einem Dutzend Narben auf seinem Körper, angeblich beim verbotenen Klettern auf der Hochhausruine zugezogen wie die anderen auch.

Ein Perverser mit Rattenkostümierung, denkt Ria, *wer soll das denn gewesen sein? Einer von den Pennern, die er eben erwähnt hat? Nein, das kann nicht in echt passiert sein. Oder doch?*

»Ich weiß nicht, wie lange er an mir rumgemacht hat«, fährt Devin fort. Seine Stimme klingt jetzt brüchig, doch er scheint aus der Vergangenheit – beziehungsweise aus seiner Fantasiewelt – zumindest teilweise wiederaufgetaucht zu sein. »Irgendwie war ich die ganze Zeit wie abgemeldet. Es hat wehgetan, und es war widerlich, aber ich habe es nur wie durch Nebel mitgekriegt. Und dann weiß ich erst wieder, wie ich auf den Ausgang zugekrochen bin, auf allen vieren, überall Schlamm, ich war so weggetreten, dass ich nicht den Versorgungsgang genommen habe, sondern den Abwasserkanal daneben. Die Jungs haben so was von gejohlt, die haben sich gar nicht wieder eingekriegt, wie ich aus der Scheißröhre gekrochen kam, die haben gedacht, ich ziehe eine Show ab, und haben sich schlapp gelacht, als ich vor ihnen lag, dreckig wie Sau. Ich weiß nicht mehr genau, was ich zu ihnen gesagt habe, so was wie ›Ich hab mit der Riesenratte gekämpft‹, und plötzlich Totenstille. Keiner hat mehr gelacht, ich sehe heute noch, wie sie mich anstarren, als hätte ich den Verstand verloren, als hätten sie auf einmal kapiert, dass ich ein bescheuertes Arschloch bin.«

Devins Gesicht ist verzerrt, seine Augen wie aus Glas. *Er sieht mich an, aber er sieht nur sich selbst und die anderen Jungs. Wie er beschmutzt und erniedrigt vor ihnen liegt,* denkt Ria, *aber das ergibt so keinen Sinn. Warum hätten sie so reagieren sollen?*

»Irgendwie war mir sofort klar, dass ich nie mehr darüber reden durfte«, spricht Devin weiter. »Ich nicht und die anderen auch nicht, und wir alle haben uns dran gehalten, die ganze Bande.

Höchstens hat Justin oder ein anderer Junge noch mal ein bisschen rumgealbert, von wegen, ›da hat der Devin aber eine bescheuerte Show abgezogen, als ob wir noch Kiddies wären, die auf so was reinfallen würden, haha!‹ Aber wir waren einfach durch mit den Mutproben, mit dem ganzen Thema, das war einfach nur Kinderquatsch, peinlich, dran erinnert zu werden. Und ich war ja total erleichtert, dass nie mehr die Rede davon war, dass keinem aufgefallen war, dass ich meine Badehose falsch herum anhatte und dass ich diese Bisswunde hatte, versteckt unter all dem Schlamm. Ich weiß noch, ich hab zu Hause höllischen Ärger bekommen, weil ich mich dermaßen eingesaut hatte, ›du stinkst wie ein Riesenscheißhaufen‹, hat meine Mutter geschrien, aber ich hab nur irgendwas von ›blöd hingefallen‹ gemurmelt, und damit war das auch zu Hause durch.

Ich hab dann kaum noch daran gedacht und irgendwann gar nicht mehr. Aber wenn es mir mal wieder eingefallen ist, dann ist jedes Mal diese Wut in mir hochgekocht, verstehst du? Die Welt ist voll perverser Riesenratten, das kannst du jeden Tag in allen Medien sehen. Kirchen, Heime, Familien, Schulen, Sportvereine, du kannst hingucken, wo du willst, überall Pädo-Ratten, die den Kids an die Wäsche gehen. So nach und nach ist dann in mir die Idee gereift: Hey, wozu habe ich mir eigentlich das ganze IT-Zeug reingezogen? Das gehe ich jetzt doch mal professionell an! Also habe ich dieses Programm gebastelt, *Giant Rat*, um möglichst viele von den Scheißkerlen aus ihren Löchern zu zerren. Ich zerschieße denen ihre abartigen Archive und lasse sie außerdem bluten. Das ist nur fair, nachdem einer von ihrer beschissenen Sorte damals über mich hergefallen ist.«

Aber du machst dir etwas vor, denkt Ria. Er nimmt die »Scheißkerle« aus, doch er lässt sie weitermachen wie bisher. Er nennt sie Abschaum, aber unter dem Vorwand, seine Liste kontrollieren zu müssen, zieht er sich den gleichen perversen Dreck rein und geilt sich genauso wie sie daran auf. *Devin ist krank*, denkt Ria wieder. *Seine Erinnerung ist verzerrt, so wie er es eben erzählt hat, kann es sich nicht abgespielt haben.* Gerade das ist typisch für traumatisierte Missbrauchsopfer, *false memories*, gefälschte Erinnerungen. Ihr Gehirn produziert eine verrückte, hyperdramatische Story, mit der das tatsächliche Ereignis überschrieben wird, weil die Erinnerung an das, was wirklich passiert ist, für die Opfer noch viel erniedrigender, verletzender, unerträglicher wäre als die abgedrehte Story, die sie darüberdecken wie ein Tuch. Oder wie eine Grabplatte.

»Armer Devvie«, bringt sie hervor. Irgendwie hat sie es geschafft, den Knebel mit der Zunge halb aus ihrem Mund herauszupressen. »Na komm, mach mich los, ich will dich in den Arm nehmen.«

Mechanisch beugt er sich über sie und löst den Knoten hinter ihrem Kopf. Ria spuckt den Knebel aus und saugt gierig Luft ein. »Warum hast du mit niemandem darüber geredet?«, keucht sie hervor. »Du warst noch ein Kind, Dev. Du hättest es deiner Mutter erzählen können.«

»Meiner Mom?« Er brüllt es ihr entgegen, sein Gesicht plötzlich wieder wutverzerrt. »Ich sag doch, du hast nichts mitgekriegt von dem, was wirklich abgegangen ist. Meine Mutter hatte einen Buckel voller Schulden, weil sie ständig irgendwelche schwachsinnigen Policen abgeschlossen hat. Solange ich zurückdenken kann, hat sie immer am Küchentisch gesessen, vor sich einen Stapel unbezahlter Rechnungen und einen zweiten mit neuen Verträgen, die sie ausgefüllt und hin und her gewälzt hat. Wenn Jason oder ich was von ihr wollten, hat sie einen Wutanfall bekommen – ›lass mich zufrieden, ich zerbreche mir den Kopf, wie ich uns über Wasser halten kann, und da kommst du mir mit deinem Scheiß!‹.«

Er schaut sie so traurig an, als wäre er wieder der kleine Junge und sie seine Mutter, die ihn im Stich gelassen hat. *Aber wobei?*, fragt sich Ria. *Was hat er damals wirklich erlebt?*

Ihre Gedanken wirbeln. »Vorhin hast du gesagt, dass ich smarter gewesen wäre als du und Julia. Wie hast du das gemeint, Dev? Was hat Julia damit zu tun?«

»Das fragst du im Ernst?« Er schüttelt den Kopf. »Was glaubst du, wer meiner Mom diese Scheißpolicen verkauft hat? Zum

Beispiel den Ratensparvertrag, den sie ›zu meinen Gunsten‹ abgeschlossen hat? In keinem einzigen Monat hat sie es geschafft, die Scheißrate dafür rechtzeitig zusammenzukratzen. Was glaubst du, wer dann bei uns auf der Matte stand?«

Oertel, denkt Ria. Das Herz klopft ihr bis in die Schläfen hinauf. *Devins Mutter hat weggeschaut, und der schmierige Friedrich hat ihr die Rate dafür gestundet. Oder sogar erlassen? War es so?*

Sie wagt es nicht, ihn danach zu fragen. Sie traut sich nicht mal, den Namen Oertel auszusprechen. Als wäre er der Code, durch den Devin endgültig in einen tobenden Irren verwandelt würde. In die rasende Riesenratte aus seiner falschen Erinnerung.

»Wie alt warst du da, Devvie?« Sie hat Mühe, ihre Stimme unter Kontrolle zu halten. »Als sie die Raten für deinen Sparvertrag nicht bezahlen konnte?« *Raten, Ratten*, geht es ihr durch den Kopf.

Er sieht sie misstrauisch an. »So sieben, acht herum, was spielt das für eine Rolle? Du wolltest wissen, wieso ich diese Scheißkerle abschieße, und jetzt weißt du's. Ich muss weitermachen.«

Er steht auf und wendet sich zum Gehen.

Wieder schießt Panik in Ria hoch. »Devin, lass mich nicht so zurück. Bitte, mach mir die Fesseln los!«

Ihre Stimme klingt so schrill, dass er zu ihr herumfährt. Sie reißt das rechte Knie an die Brust, bäumt sich auf und tritt ihm mit aller Kraft in den Schritt. Er brüllt auf und krümmt sich zusammen, doch bevor sie ihm mit einem zweiten Tritt den Kehlkopf zerschmettern kann, hat er ihre Fußknöchel gepackt.

»Das zahle ich dir heim.« Er zerrt ihre Beine auseinander und wirft sich auf sie. Sie will sich aufbäumen, ihn von sich herunterstrampeln, doch er liegt wie ein Baumstamm auf ihr. So schwer und so regungslos.

Ria glaubt, vor Angst und Atemnot zu sterben.

VIER:
Job

Mittwoch, 13. Januar

Berlin-Spandau,
Zuchtanstalt **[00:07]**

Um kurz nach Mitternacht hämmert es gegen die Zellentür, Kilroy hört es durchs Rauschen der Dusche. *Komm besser nicht rein, Fritze,* denkt er, *auf dem Bett sieht es gebraucht aus.* Obwohl er großflächig Zweikomponentenkleber aufgetragen hat, um die Blutungen zu stoppen.
US-Militärs machen das jeden Tag, in Irak, Afghanistan, blabla. Nur klappt das bei Hautverletzungen deutlich besser als bei zerfetzten Adern. Am Ende war alles ein einziges Geschmier. *Ist auch egal,* sagt sich Kilroy. In Gedanken war er längst bei Mami, und da will er wieder hin. In ihr Bad zu Hause, als er Klein Tycho war. Glücklicher Kilroy, schon das Rauschen einer Dusche bringt ihn zurück in die goldenen Zeiten, als Mami nackt auf der Schüssel thronte und es unter ihr golden rauschte.
Der Schock, als er zum ersten Mal bewusst ihre Spalte sah, bebt in Kilroy bis heute nach. *Wieso hat sie kein Klingeling? Abgefallen, abgehackt?* Heute noch zieht sich ihm alles zusammen, wenn er daran denkt. Und er denkt oft daran, zig Mal pro Tag. Wie sie thronte und rauschte, wie er sich an sie drückte, sie mit links seinen Bauch massierte, mit rechts seine Rosette titschte, gleichfalls tagtäglich, denn Klein Tycho war ständig verstopft. Kauernd in der Dusche, auf allen vieren, jeden Morgen, jeden Abend, während sie das Klistier in sein winziges Arschloch einführte. Dabei hielt sie ihn fest, damit er nicht wegkroch, *wehe, du bewegst dich, Timo!,* und sein Klingeling wurde in ihrer Hand hart. Ihr Geheimnis, ihr Ritual. Über Jahre und Jahre, jeden Morgen, jeden Abend, er bekam nie genug davon. Später auch in seinem Bett, auf Händen und Knien, und wenn sie die Spritze aus ihm rauszog, schob sie die schmale, gelbe Schüssel von hinten zwischen seine Schenkel und lobte ihn gurrend, *gut so, Kleiner, lass es*

laufen, weiter so, nicht zukneifen!, dabei kniff er gar nicht, ihre kühlen Finger an seinen Glöckchen, während seine Scheiße in die Schüssel platschte. Von ihm aus hätte die Zeit stehen bleiben dürfen, *aber nichts währet ewiglich*, wie der Pater zu salbadern pflegte. Der saß meist schon im Salon, wenn Klein Tycho noch nebenan mit seiner Mami frühstückte. Er spürte die Präsenz des ältlichen Mannes durch die Zimmerwand, er glaubte, das Knistern der Seiten zu hören, wenn der Pater in dem Buch umblätterte, das zu lesen er vorgab, und er sah ihn durch die Wand hindurch sein Taschentuch hervorziehen und sich geziert schnäuzen, denn auch der Pope war ständig verstopft, aber mit Popeln.
Er hieß Pater Georg, *wie der heilige Georg, der Drachentöter* laut Mami, er trug immer schwarz-weiße Weibersachen, und Klein Tycho fragte sich jeden, jeden Tag aufs Neue, ob der Pater unter seinen Röcken eine Spalte hatte oder ein Klingeling. Und wenn nur noch eine Spalte, wie er seins verloren hatte. Jeden Abend nahm er sich vor, ihn zu fragen, und scheiterte jeden Morgen aufs Neue, weil Mami darüber wachte, dass er nach dem Frühstück sofort das Haus verließ. Den Kindergarten besuchte, später die Schule, nur zu Hause durfte er sich bis Mittag nicht mehr blicken lassen, da saß Mami mit dem heiligen Georg im Wohnzimmer, das bei ihr immer schon Salon hieß. Natürlich hatte er sie längst gefragt, *wie hast du dein Klingeling verloren, Mami?*, ihre Antwort war wiederum ein Schock, den er bis heute spürt: *Ich hatte nie eins, Kleiner.* Stecker und Steckdose, die Erklärung leuchtete ihm ein, genauso wie Schlüssel und Schloss, aber ganz geheuer wurde ihm die Sache nie. Auch Steckdosen sehen aus, als wäre ihnen etwas herausgerissen worden, das empfindet er bis heute so, wenn er eine zu lange anschaut, kriegt er Panik und einen Ständer. *Verstehe einer die Frauen*, wie Pater Georg zu stoßseufzen liebte. Noch auf Mamis Beerdigung sah Kilroy dem Priester beim Predigen zu und stellte sich die alte Frage, mit der hohen Stimme von Klein Tycho: *Hat er ein Klingeling, und wenn nicht, wo ist es hin?* Eigentlich Klein Timo, aber daran will er jetzt auf keinen Fall denken.

Zumal das Hämmern an der Tür immer härter, drängender wird. *Doch nicht die Bullerei?*, denkt Kilroy und stellt das Wasser ab. Dann würde er jetzt so richtig im Schlamassel sitzen, aber der Laden hier ist für die Schnüffler tabu. Zumindest laut Tuchalsky, und der Ledermann sieht aus, als wüsste er, wovon er redet.

»Ich komm ja schon«, mault Kilroy, windet sich ein Tuch um die Hüften und trottet zur Tür. Fritz the Rat steht davor, in voller Montur, Lederhose, Lederstiefel, Ledermantel, die Lederfresse halb offen, sodass die Nagezähne im Licht der Kellerlampen glänzen. »Warte draußen, ich bin gleich so weit«, weist ihn Kilroy an und knallt die Tür wieder zu. Die Sauerei hier braucht er nicht zu sehen, sonst gibt's nur wieder miese Stimmung. Sauber machen kann dann ja das Personal.

So sieht Kilroy das, er kriegt selbst miese Stimmung, wenn er daran denkt, dass er jetzt schon wieder in die Scheißkälte rausgejagt wird. Fast wie damals Klein Tycho, wenn der Scheißpope zum Salbadern im Salon saß. *Aber okay, Deal ist Deal*, sagt sich Kilroy. *Mach ich also die kleine Schlampe noch alle, dann muss aber gut sein.* Zumindest kann er die ja vorher noch mal rannehmen. Oder auch hinterher, *post mortem* im Wichtigsprech der Leichenärzte.

Um halb eins sitzen sie in der V-Klasse, Tuchalsky am Steuer, und brettern die Rampe hoch in die Oberwelt. Kilroy mustert seinen Gefährten, während wieder dieser endlose Friedhof an ihnen vorbeizieht, diesmal linker Hand. Er hatte niemals Männerfreunde, auch nie Jungsfreunde, überhaupt keine Freunde, das Konzept Freundschaft macht für ihn schlicht keinen Sinn. Das Konzept Horde okay, das Konzept Rudel auch klar, aber wozu soll es gut sein, mit irgendwelchen Idioten abzuhängen und sich gegenseitig vorzumachen, dass man sich für gemeinsame Hobbys begeistert? Auch das Konzept Hobby hat Kilroy nie kapiert, genauso wie Freizeit, Ferien, Feierabend, alles F-Wörter ohne Sinn. Jeder, den er kennt und der so ähnlich wie er tickt, ist ein *lonely wolf*, auf Deutsch Einzelgänger – nicht etwa einsamer Wolf, einsam hieße ja (laut Mami), *dass man sich nach einer ver-*

wandten Seele verzehrt. Kilroy verzehrt sich nie nach irgendwem, ausgenommen Mami, über deren Tod wird er nie hinwegkommen, ist ja klar.

»Der Typ, bei dem sie untergekrochen ist, heißt Siebert«, sagt Tuchalsky. »Devin Siebert, Anfang dreißig, freischaffender IT-Fatzke. Hör zu, wir machen es so ...« Dann labert er endlos weiter, während sie genauso endlos durch Vorstädte fahren. Fast alle Fenster dunkel, fast keine Fußgänger, nur Autokolonnen, die im Schneckentempo stadtein- und -auswärts kriechen, und ab und zu ein Taxi, das wichtigtuerisch vorbeischlingert. Taxifahrer hat Kilroy sowieso gefressen, die können einfach das Maul nicht halten, genau wie Tuchalsky, der berlinert seit einer halben Stunde orientierungslos vor sich hin. »Vastehste, wie et aussieht, nehmen wir erst mal noch Warteposition ein. Aber icke hab allet an Bord, Mikrowelle, Minibar, Schlafsack, Chemoklo, wattu willst.«

»Apropos Klo. Apropos, was ich will.« Kilroy starrt ihn von der Seite an. »Kannst du deinen Redeschwall nicht einfach wieder runterspülen?«

Berlin-Charlottenburg, Wohnung Devin Siebert [00:21]

Devin hat ihr erlaubt, aufzustehen, und seitdem hat sie wieder Hoffnung. Zumindest ein bisschen.
Er hat offenbar geduscht und trägt jetzt einen schwarzen Frotteemantel, der ihn noch mehr wie einen Boxer aussehen lässt. Als er ihre rechte Handschelle aufschloss, damit sie die Arme nach unten nehmen konnte, vermied er es, sie anzusehen. Ihre Handgelenke fühlten sich taub an, doch er ließ ihr nicht viel Zeit, um den Blutfluss wieder in Gang zu bringen. Immerhin fesselte er ihr die Hände diesmal vor dem Körper. Anschließend verstaute er den Schlüssel in der rechten Tasche seines Bademantels.

»Ich will dir wirklich nicht wehtun, Ronja«, sagte er. »Aber wenn

du schreist oder abzuhauen versuchst, lässt du mir keine Wahl.«
Er nahm den Baseballschläger, den er am Fußende des Bettes deponiert hatte, und schob sie vor sich her. Die eine Hand auf ihrer Schulter, die andere am Griff des Schlägers, der etliche Schrammen aufweist.
Devin manövrierte sie an der Bodybuilding-Maschine vorbei und durch das hell erleuchtete Wohnzimmer zum Bad. »Die Tür bleibt angelehnt«, sagte er, »du hast drei Minuten.«
Die mittlerweile fast um sind. Ria hört ihn vor der Tür schnauben, und sie hat immer noch keinen Plan.
Ihn angreifen, aber wie? Anscheinend hat er alles beiseitegeräumt, was als Waffe herhalten könnte. Messer, Schere, Rasierklinge, nicht mal eine Nagelfeile liegt auf einem der Regale herum. Als er sie durchs Wohnzimmer manövrierte, sah sie sich verstohlen nach ihrer Pistole um, doch die hat er versteckt. Genauso wie ihr Handy.
Also Angriff ohne Waffe, nur mit Fäusten und Füßen? Mit gefesselten Händen einen bärenstarken Gegner attackieren, der mit einem Totschläger bewaffnet ist? Selbst wenn sie ihn irgendwie zu Boden bringen könnte, bis sie ihm den Schlüssel aus der Tasche gefischt und die Handschellen aufgeschlossen hätte, wäre er längst wieder auf den Füßen.
Vergiss es. Sie hat nur noch eine Chance, sie muss ihn emotional erreichen. Devins Persönlichkeit ist zutiefst gestört, wahrscheinlich ist er bereits an Schizophrenie erkrankt aufgrund der traumatisierenden Ereignisse in seiner Kindheit. Missbrauch und, schlimmer noch, der Verrat durch seine Mutter. Aber noch hat seine dunkle Seite das Kommando nicht endgültig übernommen, sagt sich Ria, während sie sich die Hände wäscht, gierig aus dem Hahn trinkt und sich noch einmal suchend umsieht.
Aber keine Chance, sie hat nur noch diese letzte Waffe, ihre Worte. Sie muss den Devin erreichen, mit dem sie – Ronja – aufgewachsen ist, der sie geliebt hat und vielleicht immer noch liebt. Sie schickt ihrem Spiegelbild ein blasses Lächeln und verlässt das Bad.

Devin steht in der kleinen Vordiele, aufrecht wie ein Wachsoldat. Er macht ihr ein Zeichen, still zu sein. Vor der Wohnungstür geht ein gut gelauntes Pärchen vorbei, lachend und kichernd. *Die normale Welt, so nah und doch unerreichbar.* Nicht nur wegen Devin, der mit dem Baseballschläger auf die Tür zum Wohnzimmer zeigt. Auch sie selbst gehört der normalen Welt schon lange nicht mehr an. Spätestens, seit ihre Schwester verschwunden ist und sie das Tagebuch in Julias Zimmer gefunden hat.
Folgsam setzt sie sich in Bewegung, Devin hält einen Schritt Abstand. Falls sie auf die Idee kommen sollte, ihn wieder mit einem Kickbox-Tritt zu attackieren.
»Diese Online-Psychotherapie«, sagt sie und schaut über die Schulter zu ihm zurück. »Ich finde das toll, Devin, dass du hilfst, so etwas aufzubauen. Es gibt so viele Leute, die professionelle Hilfe brauchen. Weil sie Dinge erlebt haben, mit denen sie nicht klarkommen. Als Kinder«, fügt sie schnell hinzu, als sie seine Abwehr spürt. »Sie alle sind unschuldig an dem, was mit ihnen passiert ist. Und sie hatten nie eine Chance, diese Erlebnisse zu verarbeiten. Eben weil sie noch Kinder waren, als ihnen das angetan wurde. Und weil ihre Familie sie nicht beschützt hat.«
Sie riskiert erneut einen Blick über die Schulter. Devin starrt mit gequältem Gesichtsausdruck an ihr vorbei. Der Baseballschläger baumelt in seiner rechten Hand.
»Devvie«, sagt sie so sanft, wie sie das mit zugeschnürter Kehle hinbekommt. »Du bist krank, mein armer, lieber Devvie, deshalb hat dich das Projekt mit der Online-Psychotherapie so fasziniert. Tief in dir weißt du, dass du Hilfe brauchst.«
»Schwachsinn. Geh weiter«, presst er hervor. »Und halt den Mund!«
Sie bringt sowieso kaum noch ein Wort heraus. Aber sie darf jetzt nicht den Mund halten, sie muss ihn erreichen, den früheren, sanften Devin, und sie hat nur noch wenige Augenblicke. Schon sind sie wieder im Schlafzimmer, Devin jetzt dicht hinter ihr, eine Hand auf ihrer Schulter. »Mach schon«, knurrt er.
Langsam dreht sie sich zu ihm herum und sieht ihn liebevoll an.

»Devvie, du bist krank«, sagt sie erneut. »Den Mann mit dem Rattenfell unter Block O hat es nie gegeben, das weißt du so gut wie ich. Nicht die Riesenratte hat dir das angetan, sondern Oertel. Und deine Mom, die das zugelassen hat, wegen ihrer Schulden.«

Devin ist totenblass geworden, aber Ria spürt, dass sie jetzt nicht aufhören darf. »So war es doch?«, hakt sie nach. »Oertel hat zu deiner Mom gesagt, sie soll sich ruhig mal ein paar Stunden für sich gönnen, zum Friseur gehen oder so etwas, er würde so lange schon auf dich aufpassen. Als du noch ganz klein warst, sieben oder acht. War es so?«

Sie ist sich sicher, dass es sich so ähnlich abgespielt haben muss, sie hat den schmierigen Friedrich ja selbst erlebt. So schamlos, wie er ihre Mom herumdirigiert hat, wird er bei Devins Mutter, die zudem Schulden bei ihm hatte, noch viel unverschämter aufgetreten sein. *Hemmungslos*, denkt Ria, *die Beute vor Augen, den kleinen Devin, über den er sich jedes Mal hermachen konnte, wenn Frau Siebert mit den Raten im Rückstand war.*

Devin steht da wie zu Fels erstarrt, nur seine Unterlippe zuckt. »Ich will dir helfen, Dev«, sagt Ria leise und streckt den Arm nach ihm aus. »Lass uns zusammen einen Therapeuten für dich finden. Ich bleibe bei dir, ich lasse dich nicht im Stich. Versprochen«, fügt sie hinzu.

Sie berührt seinen linken Oberarm, der hart wie Stein ist. Devin schüttelt sie ab, auch sein Gesicht verhärtet sich. »Leb deine Schuldkomplexe woanders aus. Jeder in Scherbeck hat gewusst, was der Oertel für eine Drecksau war. Meine Mom und Jason hätten ihn nie allein mit mir in einem Zimmer gelassen – das ist eben der Unterschied zu deiner Familie. Deine Mutter hat weggeschaut, und du bist weggezogen und hast dich nur um deine Karriere gekümmert. Während der widerliche Friedrich deiner kleinen Schwester an die Wäsche gegangen ist.« Er packt sie bei der Schulter und dreht sie herum. »Und jetzt genug gelabert, leg dich wieder hin.«

Das hier läuft völlig falsch, denkt Ria. »Seit wann weißt du, dass er Julia ...?« Sie kann nicht weitersprechen, in ihrer Kehle sitzt ein Pfropf.

»Dass er deine Schwester gefickt hat?« Devin schubst sie unsanft vor sich her. »Wie bescheuert ist das denn? Jeder wusste das, jeder, der es wissen wollte. Allein schon, wie sie sich verändert hat. Oertel zieht bei euch ein, und nur ein paar Wochen später ist deine kleine Schwester das reinste Zombie-Girl. Dünn, bleich, apathisch. Aber das ist bei *euch* passiert, Ronja, nicht bei uns.«

Er schiebt sie um das Fußende herum. »Hinlegen. Ich hab jetzt echt die Schnauze voll.«

In seinen Augen sieht Ria, dass sie ihn wieder verloren hat. Falls sie ihn überhaupt zwischenzeitlich erreicht hatte. Jetzt hat der andere, kalte, harte Devin erneut die Oberhand.

Er schubst sie aufs Bett und kettet ihre Hände über dem Kopf an. Den Baseballschläger hat er wieder am Fußende platziert. Er greift sich den Knebel und hält ihn ihr vors Gesicht. »Mund auf!« Sie dreht den Kopf weg. »Warte, bitte!«, sagt sie schnell. »Du hast recht, ich habe weggeschaut, als ich mich um Julia hätte kümmern müssen. Aber gilt das für deinen Bruder nicht genauso? Wann war Jason denn für dich da, als du ihn gebraucht hast? Er hat doch immer nur sein eigenes Spiel gespielt, und du hast ihn nie interessiert.«

Bei dem Namen Jason zuckt er zusammen. Sekundenlang starrt er vor sich hin, als müsste er einen Entschluss fassen. »Du hast ja keine Ahnung«, sagt er dann aber nur und drückt ihr den klebrig nassen Stoffklumpen in den Mund.

»Wie meinst du das?«, stöhnt sie durch den Knebel. »Wovon keine Ahnung?« Dabei ist ihr blitzartig klar geworden, was er eben sagen wollte. *Du hast ja keine Ahnung, was Jason für mich getan hat.*

Plötzlich ist sie sich nicht mehr so sicher, dass sie aus seinem Mund hören will, wie er das meint. Devin fixiert ihren Knebel mit dem zweiten Stoffstreifen und richtet sich auf.

Du hast ja keine Ahnung, wobei Jason mir geholfen hat.

Sein Bruder wohnt an der polnischen Grenze, überlegt sie fieberhaft. Auch Oertel ist nach Frankfurt (Oder) verzogen, kurz nachdem er seine Beziehung mit Ronjas und Julias Mutter beendet hatte. Vor drei Jahren wurde er in einem Park von Unbekannten ermordet. Mutmaßlich mit einem Baseballschläger.

»Lass uns den Oertel fertigmachen, Jason.« Ria kann sich mühelos vorstellen, wie Devin seinem großen Bruder die Sache schmackhaft gemacht hat. *»Der hat immer einen Haufen Kohle in der Tasche, und verdient hat er's dreimal.«*

Devin hat ihn totgeschlagen, und sein Bruder hat ihm dabei geholfen. Jason, der schon mehrfach im Knast gesessen hat wegen Einbruchdiebstahl, Hehlerei, einmal auch wegen schwerer Körperverletzung.

Sie schluckt den hysterischen Schluchzer, der ihr die Kehle hochsteigen will, wieder herunter. Sie ist zu Devin geflohen, um nicht als Nikkis Mitwisserin von der Bruderschaft umgebracht zu werden. Stattdessen wird Devin sie töten, weil sie von seinen Geheimnissen weiß.

Er nimmt seinen zerschrammten Schläger und geht zur Tür. »Morgen bin ich hier fertig«, sagt er und macht das Licht aus.

Berlin-Schöneberg, Bülowstraße, Wohnungsbordell [21:56]

Sheila und Jensen stehen eng beisammen in dem schmalen Gang zwischen dem Bett und der gegenüberliegenden Wand. Sie ist nackt bis auf den regenbogenbunten Bikini, er mit einem ausgebeulten, betongrauen Anzug bekleidet, sein Mantel hinter ihm auf dem Bett. Sheilas Zimmer ist genauso eingerichtet wie der Raum daneben, mit Futon, Spiegeln, Geisterschrein. Perlsberg kann mühelos nachvollziehen, warum sich Jensen zu der jungen Kathoey hingezogen fühlt. Falls er sie nicht doch bloß aus dienstlichem Interesse so häufig aufsucht.

Sheila ist von makelloser Schönheit, ihr Körper schlank und

wohlgeformt, die Haut hellbraun, die glänzend schwarzen Haare hüftlang. Ihr Gesicht drückt eine schwermütige Sanftheit aus, die großen, dunklen Augen sind unverwandt auf ihn gerichtet. Sie ist kaum kleiner als der riesenhafte Jensen, der allerdings doppelt so breit ist wie sie. Jensen steht frontal vor ihr, die Arme herabhängend, die Hände zu Fäusten geballt. Als müsste er sich mit Gewalt daran hindern, Sheila zu berühren.
»Wir brauchen einen anderen Treffpunkt«, sagt er. »Wie sieht das denn aus, wenn ich hier ...«
»Sch-sch«, macht Sheila, greift sich blitzschnell an den Rücken und öffnet das Oberteil ihres trägerlosen Bikinis, wie Karlow ihr das durch Lin aufgetragen hat. Das Bikinihöschen, links und rechts mit je zwei Strings am BH befestigt, gleitet an ihren Beinen hinab.
Als die junge Transe Jensen umarmt, ist sie in Perlsbergs Kameralinse völlig nackt, klick. Sheila schmiegt sich an ihn, der eichengleich vor ihr aufragt, klick, sie legt die Arme um seinen Oberkörper, hebt sich auf die Zehenspitzen und küsst ihn auf den Mund, klick. Ihre perfekt gerundete rechte Brust und ihr halb aufgerichteter Penis sind für eine Zehntelsekunde gut zu erkennen, klick. Jensen reißt die Arme hoch, packt sie bei den Schultern, klick. »Lass das, verdammt.« Doch es sieht aus, als wollte er sie noch fester an sich drücken, klick.
Perlsberg streift den Kopfhörer ab und hängt ihn wieder an den Haken. *Vielleicht sollte ich auch meinen Job gleich mit dranhängen.* Sie widert sich an, am liebsten würde sie kotzen, doch dafür ist wie immer keine Zeit. Stattdessen klickt sie auf den Button mit dem Speichersymbol, wirft die Fernbedienung aufs Bett und wartet ungeduldig, bis Jensen nebenan aus dem Zimmer stürmt und den Flur entlang zur Wohnungstür stampft.
Kurz darauf erscheint Lin, komplizenhaft grinsend, als hätten sie gerade einen tollen Erpresserdeal eingefädelt. *Haben wir ja auch*, denkt Perlsberg, und der Magen dreht sich ihr um. »Schick mir die Fotos, die Nummer hast du«, sagt sie. »Anschließend löschst du das alles, kapiert?«

Die Kathoey nickt minimal und sieht sie abwartend an. Anscheinend glaubt sie nicht, dass Perlsberg es ernst meint.
»Wenn auch nur ein Pixel von diesen Fotos irgendwo auftaucht, mache ich dich fertig.« Sie packt in Lins Haare und zieht den Kopf der Kathoey zu sich herunter. »Hast du jetzt kapiert?« Lin nickt so heftig, dass die Plastikbrüste in ihren Bikinikörbchen hüpfen. »Ich sorge dafür, dass du in den Männerknast kommst. Zu den ganz harten Jungs«, fügt sie hinzu, »weißt du, was die mit dir anstellen werden?« Sie reißt Lin an den Haaren.
»Nein, bitte, nein, mache alles.« Die Kathoey hat Tränen in den Augen. »Bitte, tut mir weh.«
Perlsberg muss sich zusammenreißen, um nicht mit ihr um die Wette zu heulen. »Also los«, sagt sie, »bring mich zum Hinterausgang.«

Berlin-Charlottenburg, Pkw Max Lohmeyer [01:03]

Kurz nach eins, Max schwimmt im Konvoi mit drei, vier Autos Abstand hinter der schwarzen V-Klasse her. 250er CDI mit Vierradantrieb, wenn Tuchalsky es drauf anlegt, kann er ihn locker abhängen. Der Polo gleitet wie ein Eiskunstläufer durch die Nacht. Aber sowie Max mehr als nur einen Hauch beschleunigen will, drehen die Räder durch.
»Perlsberg!«, ruft er ins Mikro, und der KI-Sklave in seinem Smartphone stellt die Verbindung her. »Zielperson hat vor einer halben Stunde den Club verlassen«, sagt er, nachdem sich Perlsberg gemeldet hat. »Fahrtrichtung stadteinwärts, aktuell Kaiserdamm, Ecke Sophie-Charlotte. Schwarze V-Klasse, Kennzeichen siehst du auf dem Foto. Der Beifahrer kommt mir irgendwie bekannt vor, ein Fernseh-Promi oder so was. Vielleicht erkennst du den auf den Bildern, die schicke ich gleich noch durch.«
Die Ampel springt auf Grün, und Max konzentriert sich auf den Anfahrvorgang. Nicht ganz einfach, wenn unter dir blankes Eis

ist. Die Berliner Stadtverwaltung ist wieder mal vom Wintereinbruch überrascht worden und steht ohne Streusalz da.

»Das gefällt mir nicht, was du da machst, Max.« Perlsberg redet so schnell, als hätte sie Amphetamine eingeworfen. *Aber zum Ultrahochdrehen braucht sie keine Pillen,* sagt sich Max. »Wenn Tuchalsky dich erkennt, ist alles ...«

»Das passiert nicht«, fällt er ihr ins Wort. »Deshalb brauche ich ja Tony. Momentan nur im Stand-by, aber er soll sich schon mal startklar machen. Sobald ich weiß, wohin es die beiden zieht, melde ich mich wieder.« Er beendet das Gespräch, bevor sie etwas einwenden kann.

Die V-Klasse hat ungute Erinnerungen bei ihm geweckt, und bestimmt auch bei Perlsberg. Benny Budike, alias der »Affenkönig«, dem sie vorletztes Jahr im Zusammenhang mit einer Kidnappingserie auf die Spur gekommen waren, transportierte seine Geiseln, Mädchen zwischen dreizehn und siebzehn, in genau so einem schwarzen Mercedes-Van. Als sie ihn stellten, brachte er den Wagen vor Perlsbergs – Hallsteins – Augen gezielt zur Explosion und vernichtete so das Beweismaterial, einen Plastiksack voller Schmuck- und Kleidungsstücke, die mutmaßlich weiteren Opfern gehörten. Und wie Tuchalsky zählte Budike zu den unteren Chargen der Bruderschaft, obwohl auch er am Ende als angeblicher Einzeltäter vor Gericht stand.

Trotz dieser Parallelen hält es Max für wenig wahrscheinlich, dass jetzt auch Ria, ob lebend oder tot, im Laderaum des schwarzen Vans vor ihm liegt. Entweder Tuchalsky hat sie schon gestern erwischt, sagt er sich, dann ist sie tot und ihre Leiche entsorgt. Oder sie hat es irgendwie geschafft, sich in einen anderen Unterschlupf zu retten, mutmaßlich schwer verletzt. Dann haben die Brüder dieses neue Versteck womöglich aufgespürt, und Tuchalsky ist gerade dabei, den Job zu Ende zu bringen. Unterstützt von seinem Begleiter, der die Statur eines Berufsboxers hat, und vermutlich weiteren Komplizen vor Ort.

Sonderbar ist nur, dass es sich bei dem Begleiter um einen Promi handelt. *Einen Unterhaltungsfuzzi,* denkt Max, er schaut so gut wie nie fern, schon gar keine Shows, aber in der Boulevardpresse ist der groß gewachsene Mittvierziger mit der Boxerstatur und dem angegrauten Lockenschopf ein beliebtes Fotomotiv. Genauso wie der klopsige Finanzheini, den sie vorhin beim Verlassen der *Zuchtanstalt* beobachtet haben.

Die Ampel Bismarck-, Ecke Leibnizstraße springt auf Rot, Max bringt den tänzelnden Polo gerade noch rechtzeitig zum Stehen. Er schnappt sich sein Smartphone und schickt die Fotos von Tuchalsky und Beifahrer, wie sie im Van die Rampe hochgejagt kommen, mit ein paar Klicks an Perlsberg weiter. Als er wieder nach vorne schaut, ist Tuchalsky eben dabei, sich mit Blinker und Handzeichen auf die Linksabbiegerspur rüberzuschlängeln.

Kruzifix, Max setzt gleichfalls den Blinker. Jetzt muss auch er aus der Deckung kommen, oder Tuchalsky hängt ihn ab.

Er drückt auf den Abwärtsknopf am Türgriff, doch das Seitenfenster ist festgefroren. »Kruzifix«, schimpft er erneut, diesmal mit Ton, macht die Fahrertür einen Spaltbreit auf und späht nach hinten. Die Abbieger haben längst Grün, aber der Opel links hinter ihm kommt nicht in die Gänge. Der Fahrer gibt viel zu viel Gas, kreischend drehen sich die Vorderräder auf der Stelle, und Max schlüpft auf die Linksabbiegerspur und schlingert bei Dunkelgelb hinter der V-Klasse her.

Allerdings liegt er jetzt sieben Autos zurück, und der Daihatsu direkt vor ihm kippelt auf der holprigen Eispiste furchterregend hin und her.

Max schaltet in den dritten Gang, hält die Luft an und zieht an dem wankenden Vehikel vorbei. Die V-Klasse ist gut fünfzig Meter voraus, und als die Ampel vor der Otto-Suhr-Allee auf Gelb springt, gibt Tuchalsky Gas. Wie auf Schienen rollt der schwere Wagen über die Kreuzung, drei weitere Autos folgen, obwohl es schon tiefrot ist. Als Max die Ampel erreicht hat, fließt längst der Querverkehr, er kann nur gerade noch die Rücklichter der V-Klasse in der Ferne sehen.

»Max?«, meldet sich Perlsberg in seinem Headset. »Der Van ist auf den Club zugelassen, und der Typ neben Tuchalsky – was glaubst du, wer das ist?«

»Ein Moderator aus dem Fernsehen?«

»Moderator stimmt schon mal, aber nicht irgendeiner. Das ist Tycho Terry.«

»Im Ernst? Der Markenbotschafter von *Dignity of Youth?*«

»Genau der, das Gesicht der Stiftung, der Ex-Rockstar, der sich für benachteiligte Kinder und Jugendliche engagiert.« Perlsberg redet immer noch viel zu schnell, die Wörter stoßen wie Eisschollen gegeneinander. »Der gütige Clown laut Boulevard, Moderator der TV-Show *Leuchtende Kinderaugen*, Charity-Veranstalter landauf, landab und weiß der Henker was noch alles.«

»Und der ist jetzt mit *Fritz the Rat* unterwegs, um eine mögliche Mitwisserin zu töten?« Max fährt mit so wenig Gas wie möglich an. »Klingt für mich nicht besonders plausibel. Vielleicht chauffiert Tuchalsky die Berühmtheit einfach zu einem Charity-Event?«

»Für mich klingt das sogar sehr plausibel«, sagt Perlsberg. »Terry gibt für die Brüder den Bono, und als Bonus darf er mit auf die Jagd. Hat früher übrigens auch geboxt, Mittelgewicht.«

»Okay, das könnte wirklich passen«, sagt Max. »Ich bleib auf jeden Fall an denen dran. Wenn du recht hast, ist Ria womöglich noch am Leben.« Er fährt zügig über die Kreuzung in die Cauerstraße, wo er zuletzt die Rücklichter der V-Klasse gesehen hat. »Irgendwo hier müssen die sein.« Behutsam beschleunigt er im dritten Gang und späht links und rechts in jede Einfahrt. Wenn sie in eine Tiefgarage oder auf einen Hinterhof abgebogen sind, hat er kaum eine Chance, sie wiederzufinden.

»Stopp, Max«, sagt Perlsberg in seinem Ohrhörer. »Du ziehst dich jetzt zurück. Ich bin mit Tony dran.«

»Habt ihr Sichtkontakt? Wo seid ihr, Perlsberg?« Sie gibt ihm keine Antwort, aber das ist auch nicht nötig. Zwanzig Meter voraus hat er ihren betongrauen Geländewagen ausgemacht. Sie stoppt, fährt rückwärts in eine Parklücke und schaltet Motor und Beleuchtung aus.

Max macht es ihr nach. »Perlsberg? Habt ihr Sichtkontakt?«
»Positiv«, antwortet sie hörbar widerwillig. »Die sitzen im Van, Helmholtzstraße kurz hinter der Bushaltestelle. Eben ist noch jemand bei denen eingestiegen.«
»Vermutlich einer der Helfershelfer, die vor Ort die Lage peilen.«
»Das glaube ich auch.« Sie atmet zittrig ein und wieder aus. »Ria muss hier irgendwo sein.«
»Und die Brüder sprechen jetzt ab, wie sie das Reh erlegen wollen«, sagt Max. »Da müssen wir dazwischengehen. Du glaubst doch nicht im Ernst, dass ich euch ...«
»Das war ein Befehl, Max. Du ziehst dich sofort zurück.«
Er klickt sie weg und holt das Fernglas aus dem Handschuhfach. *Das muss sie so sagen, obwohl sie eigentlich will, dass ich dabei bin.* Tony ist gut, aber zu zweit können sie so eine Aktion unmöglich durchziehen.
Er stellt das Glas scharf und entdeckt die V-Klasse auf dem Parkstreifen circa dreißig Meter voraus auf der anderen Straßenseite. Direkt gegenüber führt eine schmale Stichstraße auf die Spree zu. Max erinnert sich, er war letztes Jahr wegen einer Ermittlung dort und hatte anfangs Mühe, sich in dem unübersichtlichen Gelände zurechtzufinden. Die Spree macht hier einen Bogen von der Form eines Katzenbuckels, ruft er sich ins Gedächtnis, und auf der so umgrenzten Halbinsel stehen Apartmenthäuser der Luxusklasse, mit entsprechenden Sicherheitsvorkehrungen. Max erinnert sich an den Wachmann, über dessen Tür *Concierge* stand, und an die dezent verbauten, aber allgegenwärtigen Kameras.
Hat Ria hier bei einem Bekannten Unterschlupf gefunden? Während er noch überlegt, ob er Perlsberg seine Überlegungen mitteilen soll, geht bei der V-Klasse die Schiebetür hinten rechts auf, und eine unförmig vermummte Gestalt steigt aus. Mutmaßlich männlich, in Mantel, Stiefel, Mütze verpackt, alles in Schwarz. Er überquert die Straße, stülpt sich im Davonstapfen auch noch die Kapuze über die Wollmütze und zieht überdimensionale Fellfäustlinge an. Aber er geht nicht in die Stichstra-

ße zum Eingang der Apartmentanlage, wie Max das halb erwartet hatte, sondern nach links und die Helmholtzstraße hoch.
Max ignoriert sein Smartphone, auf dem der Schriftzug *Perlsberg* pulsiert, und behält den Vermummten im Blick. Der Mann hat einen raschen Schritt drauf, mit dem Bewegungsmuster eines gereizten Bären stürmt er zur Spreebrücke vor und wendet sich dann nach rechts. Vorsichtig klettert er die offenbar vereisten Stufen zur Uferpromenade hinunter und verschwindet aus Max' Blickfeld.
»Perlsberg? Ich weiß jetzt, wo Ria ist. So ungefähr jedenfalls«, schränkt er ein. »Willst du immer noch, dass ich mich zurückziehe, oder willst du es hören?«
»Spuck's aus.«
»Nur, wenn du sagst, dass ich dabei bin.«
»Kommt ganz darauf an, was du lieferst, Max.« Er hört die aufkeimende Hoffnung in ihrer Stimme. »Also gut, du bist dabei. Jetzt raus damit.«
»Du hast Ria für dein Team ausgewählt, also hast du sie bestimmt gründlich durchleuchtet.«
»Na und? Worauf willst du hinaus?«
»Ich vermute, dass sie da drüben in der Apartmentanlage bei jemandem untergekommen ist, den sie sehr gut kennt. So gut, dass sie ihm ihr Leben anvertraut.« Er schildert ihr kurz die Besonderheiten des Anwesens: diskrete Security, direkte Spreelage, drei Blocks à sieben Etagen, alle in spitzem Winkel zum Fluss errichtet, sodass jede Wohnung Spreeblick hat.
»Verstehe, was du meinst«, murmelt Hallstein. »Ria kommt aus Essen-Scherbeck, das ist Gropiusstadt hoch vier. Sie hat mit ihrem Herkunftsmilieu nicht direkt gebrochen, aber praktisch keinen Kontakt mehr. Nur ab und zu zur Mutter, die ist Alkoholikerin, langzeitarbeitslos. Ihre jüngere Schwester …«
»Das mit Julia weiß ich«, unterbricht er sie. »Fällt dir aus ihrer Akte irgendwer ein, aus Scherbeck oder ihrer Studienzeit in Köln vielleicht, zu dem oder der sie noch Kontakt haben könnte?«

»Max, was glaubst du, worüber ich mir seit gestern den Kopf zerbreche? Ich bin ihre ganze Kontaktliste durchgegangen, habe überall rumtelefoniert und mit Tony Dutzende Adressen abgefahren. Ohne Resultat. Sie hat nie jemanden erwähnt, auch gegenüber Tony nicht. Das brauche ich dir nicht zu sagen, wenn du eine neue Identität annimmst, sterben die alten Kontakte fast zwangsläufig ab.«

»Trotzdem«, sagt Max, »da muss es noch jemanden geben. Eine Schulfreundin, einen Buddelkasten-Buddy, eine Studienkollegin, was weiß ich.«

»Und die wohnt in so einer Luxusbude, und Ria wusste das und hat sie nie erwähnt?«

»Sieht für mich so aus. Der Typ im Eskimo-Outfit ist unten an der Spree positioniert, weil er von dort die Fenster im Auge behalten soll. So wie der sich eingepackt hat, ist das ein Job für viele Stunden. Also hat er vermutlich den Auftrag, Alarm zu schlagen, wenn bei ihrem Zielobjekt die Lichter ausgehen.«

»Damit Tuchalsky und Terry sie im Schlaf überfallen können. Du bist unglaublich, Max.« Perlsberg atmet gepresst in seinen Ohrhörer. »Warte mal, ich muss kurz Tony briefen. Du gehst ganz normal an denen vorbei, die kennen dich ja nicht«, erklärt sie dem jungen Agenten, »und schau auf keinen Fall nach rechts, während du zügig die Brücke überquerst. Okay?«

Max hört, wie Tony »Alles klar« sagt. »Hinter der Brücke geht eine Straße rechts ab und führt an der anderen Uferseite entlang«, fährt Perlsberg fort. »Der folgst du und interessierst dich für nichts und niemanden, bis du außer Sichtweite bist. Dann schlägst du dich in die Büsche und findest heraus, was der Typ da drüben so treibt. Wenn er telefoniert oder sich vom Fleck rührt, rufst du mich an.«

»Alles klar«, sagt Tony erneut, Max hört die Wagentür klacken, dann hat er wieder Perlsberg im Ohr. »Vielleicht hast du dir auch nur was zusammengesponnen, Max. Und ich bin sofort drauf angesprungen, weil auch ich mir natürlich mehr als alles andere wünsche, dass sie noch lebt.« Sie atmet zittrig ein und wieder aus. »Was die Typen hier treiben, ist garantiert nicht legal. Aber lass uns realistisch sein. Warum hätten sie gestern tatenlos zusehen sollen, wie Ria durch die halbe Stadt fährt und sich hier verkriecht? Ob wir es wahrhaben wollen oder nicht, wahrscheinlich geht es hier um etwas ganz anderes. Weil sie Ria längst erledigt haben.«

»Das glaube ich eher nicht«, gibt Max zurück. »Jedenfalls nicht mehr, seit dieser Promi plötzlich aufgetaucht ist. Du hast es doch gerade selbst gesagt: Der darf zur Belohnung mit auf die Jagd.«

»Und Ria ist das Freiwild?« Gepresstes Ein- und Ausatmen. »Okay, spielen wir es mal durch. Sie könnte bei einer Jugendfreundin oder was weiß ich untergetaucht sein. Diese Person müssen wir identifizieren. Ich hab auch schon eine Idee, wie.«

Im Headset hört er, wie sie wild auf ihr Notebook einhackt. »Angenommen, sie wollen da rein«, fährt sie fort, »sobald in der betreffenden Wohnung das Licht ausgeht. Wie kommen sie in die Anlage?«

»Für die Brüder wohl kein größeres Problem. Sie müssen sich nur den Wachdienst gefügig machen. Durch Druck, Bestechung oder beides.« Max steigt aus, drückt die Tür leise wieder zu und pirscht sich an Perlsbergs GLK heran. Von Deckung zu Deckung huschend, wie er es im Einsatztraining gelernt hat. »Seit gestern Mittag hatten sie reichlich Zeit dafür«, redet er weiter. »Letztes Jahr, bei dem anderen Fall, habe ich mir die Sicherheit in der Anlage da drüben näher angesehen. Elektronische Schlösser an Haustüren, Wohnungen, Tiefgarage. Du brauchst nur die PIN-Codes oder eine Schlüsselkarte, dann kommst du überall rein.«

»Also angenommen, Tuchalsky hat mittlerweile eine Key Card oder kennt die Codes. Wahrscheinlich haben sie den Wachmann auf die gleiche Tour gefügig gemacht wie den Hausmeister in Lichtenberg. Als Erstes mal ein Hunni bar Kralle, um die Apartmentnummer zu erfahren.«

»Vielleicht eher drei Hunnis.«

»Meinetwegen. Und jetzt wollen sie die Rendite einfahren, aber das lassen wir nicht zu, Max.«
»Ganz bestimmt nicht.« Er klopft an ihr Seitenfenster. »Was hältst du davon, wenn wir zusammen warten, bis Tony wieder anruft?«

Berlin-Charlottenburg, Pkw Perlsberg [01:53]

Eine gute halbe Stunde lang passiert gar nichts. Die Straße ist wie ausgestorben, keine Passanten, nur ab und zu ein Taxi. Tony ruft nicht an, der Vermummte taucht nicht wieder auf, die Scheiben des schwarzen Vans frieren langsam, aber sicher zu. Genauso wie die Fenster von Perlsbergs GLK.
Sie hat überlegt, ob sie Max von ihrem Besuch in der Transen-WG erzählen soll, und sich dagegen entschieden. Vielleicht muss sie die Bilder gar nicht verwenden, um an die Akte zu kommen. Und wenn doch, muss Max es nicht erfahren. Sonst wendet auch er sich womöglich noch von ihr ab.
So weit ist es mit mir gekommen, denkt Perlsberg. *Ich spähe einen Kollegen aus und bin drauf und dran, ihn zu erpressen.*
Noch vor zwei Jahren hätte sie nicht im Traum daran gedacht, auf diese Weise zurückzuschlagen. Wie oft hat sie sich geärgert, wenn hinter ihrem Rücken wegen ihrer angeblich viel zu jungen Lover gelästert wurde. Einen Kollegen unter Druck setzen, und das auch noch wegen vermeintlicher Vorlieben? Früher für sie unvorstellbar. Doch spätestens als sie die »unterirdische Stadt« entdeckt hat, ein perfekt getarntes Verlies für Sexsklaven im Teenageralter, verlor sie ihre letzten Illusionen. Und den vorletzten moralischen Ballast. Wieder mal wurden nur ein paar Sündenböcke verknackt, die Hintermänner kamen unbehelligt davon. Und zur Krönung wurde sie selbst mit den gefakten Fotos aus dem Amt gekickt.
Mit gesetzeskonformer Polizeiarbeit kriegt sie keinen Stich ge-

gen die Brüder, das steht für sie seit damals fest. Bei Jensen hat sie sowieso keinen Grund für übertriebenes Zartgefühl. Schließlich war er es, der die Fake-Fotos als Hebel gegen sie eingesetzt hat. *Tit for tat*, denkt Perlsberg. *Tiefschlag um Tiefschlag.* Doch sie fühlt sich immer noch mies dabei.

Das Notebook auf ihrem Schoß gibt einen Signalton von sich. »Das ist hoffentlich Harry.« Ihr Kontakt beim Bürgerbüro, Harald Burkhardt, den sie vorhin aus dem Bett ge-whatsappt hat. »Positiv.« Sie klickt die Message von harry999 auf und überfliegt die wenigen Zeilen. »Okay, das ist hilfreich.«

Sie hat ihn gebeten zu checken, ob in der Spreeblick-Wohnanlage Personen gemeldet sind, die zwischen achtundzwanzig und fünfunddreißig Jahren alt sind, aus Essen-Scherbeck stammen und/oder zuvor in Köln studiert haben.

»Zwei Treffer, Max«, fährt sie fort. »In Haus A ist eine Paula Heftrich gemeldet, ein Jahr jünger als Ria, hat zur selben Zeit wie sie in Köln Sozialarbeit studiert. Und in C ein Devin Siebert, zwei Jahre älter als Ria, wie sie in Essen-Scherbeck geboren und aufgewachsen.«

»Nur ein Treffer wäre noch besser«, sagt Max. »Wenn wir bei der falschen Adresse anfangen, kommen wir mit hoher Wahrscheinlichkeit zu spät.«

Sie gibt ihm keine Antwort. Wieder fließt die Zeit zäh dahin. Der Van steht so schwarz und starr da wie ein Mausoleum. Perlsberg denkt an Lou, der wahrscheinlich längst nicht mehr lebt. Zu Tode gefoltert von den perversen Brüdern, die ihr monatelang immer neue Filmschnipsel von der Insel geschickt haben, und auf jedem Videofetzen war auch der Körper etwas mehr zerfetzt. Gehäutet, angefressen, aufgebrochen, ausgeweidet, zerlegt. Während das Herz in seinem mehr und mehr skelettierten Brustkorb immer, immer weiterschlug. Seine Augen weit aufgerissen, und was von ihm übrig war, zitterte unablässig, wie bei Schüttelfrost. Während seinen Schlächtern der Schweiß von den Schultern tropfte.

Perlsberg knirscht mit den Zähnen. Sie müssen die Bruderschaft

zerstören, zerschlagen, in Stücke hacken, ein für alle Mal. *Wir müssen, müssen, müssen sie kriegen.*
»Es geht los«, reißt Max sie aus ihren Gedanken.
Durch die Eisschicht auf der Windschutzscheibe ist die Außenwelt nur noch vage auszumachen. Klar genug, um zu sehen, wie die Lichter der V-Klasse angehen, der Scheibenwischer über das Rückfenster kratzt und Qualm aus dem Auspuff aufsteigt.
Tuchalsky setzt den Blinker rechts, überquert die Helmholtzstraße und fährt langsam in die Stichstraße zum Spreeblick-Areal. Gerade als der schwarze Van auf ihrer Höhe ist, dreht der Beifahrer ihnen sein Gesicht zu.
»Spinne ich jetzt?« Perlsberg schaut Max an. »Der sieht ja auf einmal ganz anders aus. Halbglatze statt Locken und spitze Nase.«
»*Kilroy was here.* Kennst du nicht?«
»Klar, schon mal gehört. Ja, und?« Perlsberg wischt mit dem Unterarm über die Windschutzscheibe, um besser verfolgen zu können, wie der Van vor der Schranke zur Tiefgarage stoppt. Tuchalsky lässt das Seitenfenster herunter, tippt etwas ins Panel ein, und die Schranke schwenkt hoch.
»Er hat den Code«, sagt Max, während die V-Klasse die Rampe hinabrollt und aus ihrem Sichtbereich verschwindet. »Würde ich auch vorziehen. Keine physischen Beweise.«
Perlsberg gibt ihm keine Antwort. »Die beiden sind jetzt reingefahren«, sagt sie ins Headset-Mikro. »Irgendwas los bei dir?«
»In Haus C, erster Stock, ist eine Party. Ansonsten negativ.«
»Wenn der Typ da drüben ...«
»Ich weiß. Wenn er telefoniert oder weggeht, gebe ich dir Bescheid.« Er klingt, als wäre er kurz davor, zu implodieren.
»Reiß dich bitte zusammen, Tony.« Perlsberg atmet tief durch. »Sie kannte das Risiko. Niemand hätte ihr einen Vorwurf gemacht, wenn sie den Job abgelehnt hätte. Das habe ich ihr klipp und klar gesagt, und du warst dabei. Schon vergessen?«
Tony schluckt gut hörbar. »Tut mir leid, du hast recht. Ich mach mir nur solche ...«

»Das weiß ich ja. Also hör zu. Auf dein Zeichen hin gehen wir auch rein. Du setzt dich hier hinters Steuer, und wenn der Van rauskommt, klemmst du dich dahinter. Bleib unbedingt dran, aber unauffällig, ja?«

»Alles klar«, sagt Tony und klickt Perlsberg weg.

»Mit ›*Kilroy was here*‹ ist Terry reich und berühmt geworden«, sagt Max. »Ich erinnere mich an das Plattencover, da hat er auch die Maske an.«

»So wie jetzt?« Max nickt. »Und wofür soll das gut sein?« Er schüttelt den Kopf. »Da bin ich ja beruhigt, Max, dass du auch mal was nicht weißt.«

Er grinst sie an und beginnt, leise zu singen. »*Kilroy was here, Left his name around the place, Kilroy was here. Thought I've never seen his face, Kilroy was here.*«

»Hey, du hast ja eine Singstimme. Echt angenehm.« Perlsberg lächelt ihm zu. »Bariton, oder wie?«

Max zuckt mit den Schultern. »Als ich klein war, wollte mich meine Mutter in den Knabenchor stecken. Zum Glück ist daraus nichts geworden – vor Kurzem habe ich gehört, dass Hunderte Buben vom Chorleiter missbraucht worden sein sollen.«

Perlsberg verzieht das Gesicht. »Die sind überall, Max. Eine Million minderjähriger Missbrauchsopfer leben laut neuestem Regierungsbericht allein in Deutschland. Jedes Jahr kommen circa fünfzehntausend dazu. Und das ist nur das Hellfeld.«

Berlin-Charlottenburg, Spreeblick-Areal, Tiefgarage [01:57]

Tiefgarage ist auch nicht besser als draußen. Genauso arschkalt, und dazu das bleiche Neonlicht. Kilroy fühlt sich schon fast wie im Leichenkeller. Aber nicht als nächtlicher Rendezvous-Gast, sondern als Kühlfachbewohner.

»Lass es uns noch mal durchgehen«, sagt Tuchalsky. »Nur zur Sicherheit. Was Besseres haben wir ja sowieso nicht zu tun.«

Von wegen. Kilroy schaltet auf Durchzug. So hat er das schon als Steppke gehalten, sobald Schlüsselworte wie »Pass auf« oder »noch mal von vorne« fielen. Statt sich zu langweilen oder miese Laune zu kriegen, taucht er in seine Fantasien ab. Das macht er sowieso am liebsten, wenn er die nicht gerade auslebt.

Also stellt er sich vor, wie er gleich die kleine U-Boot-Schlampe rannehmen wird. Am besten versetzt er sie sofort in Panik, quasi zur Begrüßung. Das Zauberwort heißt hier gar nicht so sehr *Schmerz*, das natürlich auch, vor allem aber *Blut*. Viel Blut gleich viel Panik. Also wird er die Kleine gleich am Anfang irgendwo aufschlitzen, wo es besonders saftig blutet. Die Kopfschwarte ist in der Hinsicht immer eine sichere Bank. *Quasi eine Blutbank*, denkt Kilroy und freut sich über sein Wortgeklingel.

Eine Zeit lang hat er jeden seiner Sätze mit *quasi* gewürzt, quasi in den alten Zeiten, noch vor *apropos*. Wenn auch nach *ehrlich gesagt*. Also, wo war er? Beim *Blut*. Nachteil von Kopfwunden: Wenn das Flittchen nicht gerade vorm Spiegel steht, sieht sie das Blut nicht. Jedenfalls nicht gleich, sondern erst, wenn es an ihr runterläuft. Oder wenn sie sich an den Kopf greift, das kann sie aber nicht, weil er ja ihre Hände festhält oder idealerweise schon gefesselt hat. Also gut, beschließt Kilroy, dann zieht er ihr die Klinge eben über die Titten, das suppt auch sensationell.

Abgehakt, jetzt zur Fesselfrage, sagt er sich, während Tuchalsky ziellos vor sich hin berlinert. Kilroy ist ja ein Fan davon, sie von der Decke baumeln zu lassen. Die Handgelenke mit einem Seil zusammengebunden, das über einen Haken an der Decke läuft. *Dann kannst du sie punktgenau so hochziehen, dass sie mit den Zehen gerade noch den Boden berühren.*

Er stößt Tuchalsky den Ellbogen gegen den Arm. »Auf ein Wort, Fritz, weißt du zufällig, was die da drinnen an Deckenlampen haben?« Wenn er die Maske anhat, hört sich seine Stimme anders an. Dunkler, dumpfer, durchdringender.

»Hä?« Fritz the Rat zieht die Oberlippe hoch, kein schöner Anblick.

»Lüster vielleicht? Weil, die hängen immer an soliden Haken, da kannst du prima ein Seil durchziehen. Apropos, Seil haben wir doch an Bord?«

»Sag mal, hörste mir jar nich' zu?« Tuchalsky wirkt irgendwie überfordert. »Order von janz oben, wir dürfen unter jar keenen Umständen ...«

Und blabla. Dann eben anders. Kilroy driftet wieder ab. Die Deckenhaken-Seil-Nummer schätzt er wegen ihrer Eleganz, aber es geht auch rustikaler. Kabelbinder, Hände hinten, fertig. Oder du legst sie aufs Bett und machst sie über dem Kopf am Bettgestell fest. Handschellen wären super, aber Tuchalsky lässt er damit besser in Ruhe. Der scheint sowieso schon ziemlich neben der Spur zu sein. Und wieso glotzt der ihn jetzt so erwartungsvoll an?

»Hast du einen Hänger, Fritz?«, fragt Kilroy. »Ich bin zwar nicht deine Souffleuse, aber was soll's. ›Gott wird es dir dereinst vergelten, mein Sohn‹«, schiebt er in Pater Georgs nasalem Tonfall ein. »Also, falls dir das weiterhilft, zuletzt hast du ›Order von janz oben‹ jesagt.«

Tuchalsky fällt der Unterkiefer herunter, auch kein schönes Bild. »Das war vor einer Viertelstunde!«

»Gefühlt vor vier vollen«, gibt Kilroy zurück.

Bevor dem Mann mit dem Kaiser-Wilhelm-Bart eine Antwort eingefallen ist, vibriert sein Smartphone.

Berlin-Charlottenburg, Spreeblick-Areal [02:13]

Fast Viertel nach zwei, die Scheiben dick zugefroren, Max kommt sich wie in einem Iglu vor. Perlsberg sitzt schweigend neben ihm, in düsteren Gedanken, die er ihr trotz Dunkelheit von der Stirn ablesen kann. *Tobias, Lou, Maipaan.* Falls sie die Insel-Aktion abblasen müssen, sieht er schwarz für sie. Entweder sie weist sich wieder selbst in die Psychiatrie ein, oder er muss Tag und Nacht Wache halten, damit sie sich nichts antut.

Perlsbergs Smartphone vibriert, sofort ist sie hellwach. »Ja?« Sie grimassiert zu Max hin und klickt das Gespräch laut.
»Er telefoniert jetzt«, sagt Tony. »Aber ich glaube, in den letzten fünf Minuten war er halb eingepennt.«
»Verstehe ich nicht. Mach schon, Tony, wo sind die Lichter ausgegangen?«
»In drei Wohnungen, das ist ja der Punkt«, sagt der junge Agent. »Vor fünf Minuten in Haus C, sechste Etage halb rechts. Vor vier Minuten in A, Erdgeschoss ganz rechts, und vor zwei in C, dritte halb links. Dann ist er hochgeschreckt, als wäre er weggedöst gewesen, und hat telefoniert.«
»So ein Mist. Dann kann es jede von den dreien sein.« Perlsberg gibt Max ein Zeichen, *Abmarsch*. »Du weißt Bescheid. Wenn die mit oder ohne Van rauskommen, ruf sofort an.« Sie klickt Tony weg und steigt aus.
Max ist noch vor ihr draußen, drückt leise die Beifahrertür zu. »Wo fangen wir an?« Er stößt Wolken aus wie ein alter Diesel.
»C, dritte.«
»Sehe ich auch so.«
Das Eis knirscht unter ihren Sohlen, als sie bis zum Ende der Stichstraße laufen. Links neben der Zufahrt zur Tiefgarage ist der Eingang für Fußgänger, Metalltor, weit offen. Der Glaskasten dahinter dunkel und leer. Besetzt von sechs bis vierundzwanzig Uhr, erinnert sich Max.
Trotz der Nachtstunde ist auf dem Fußweg noch lebhafter Betrieb. Ganze Karawanen kommen ihnen entgegen, alle eingepackt mit Mänteln, Schal, Mützen, die Gesichter jung und erhitzt. *Die kommen von der Party*, sagt sich Max.
Ihr Plan sieht vor, sich mit dem Elektrodietrich Zutritt zu verschaffen, der zu Perlsbergs Standardausrüstung gehört. Sie – Hallstein – hat schon als Teenager von ihrem Vater gelernt, wie man Schlösser aller Art schnell und unauffällig knackt. Angeblich musste er sich als Immobilienmakler öfter mal mit dem Dietrich behelfen, wenn Eigentümer ohne Schlüssel erschienen. Jedenfalls laut Perlsberg, Max fand das immer schon merkwürdig.

Er hat selbst einen Verwandten in der Immobilienbranche, und dass Onkel Hubert jemals bei einem Kunden Schlösser geknackt hätte, ist für Max unvorstellbar. *Aber Hallstein senior war wohl sowieso etwas eigen,* sinniert er, während er neben Perlsberg auf Haus C zumarschiert. Auch wenn sie nichts auf ihren Papa kommen lässt. Das Verschwinden seines Sohns habe er nie verwunden, doch davor sei er ein lebenslustiger Mann und liebevoller Vater gewesen.

Sie lassen die Abzweige zu Haus A und B links liegen. In beiden Blocks brennt nur noch vereinzelt Licht. Doch in C, erster Stock, geht es noch immer hoch her. Zwei nebeneinanderliegende Fenster sind hell erleuchtet, das rechte trotz der klirrenden Kälte weit geöffnet. Beats und Gelächter schallen durch die Nacht.

Zehn Meter vor Max und Perlsberg stapft eine Gruppe von sieben jungen Leuten auf Haus C zu. »Da hängen wir uns dran«, flüstert sie.

Die späten Partygäste stauen sich vor der Haustür. »Was ist das denn für ein Teil?« Ein junger Mann klickt wahllos auf der Klingelanlage herum. »Kapiert das irgendwer?«

»Wie heißt die eigentlich?«, fragt eine der jungen Frauen. »Ich meine, die mit der Party?«

»Marie?«, schlägt jemand vor. Gelächter, angetrunkenes Durcheinandergerede. »Marie. Klar heißt die so.«

»Okay, aber wir brauchen ihren Nachnamen.«

Erneute Diskussionen, jemand fällt aus unerfindlichen Gründen hin, ein halbes Dutzend Hände ziehen ihn wieder in die Senkrechte. *Mein Gott, das dauert viel zu lang,* denkt Max.

»Marie Köhler«, sagt schließlich irgendwer. »Und wie geht das jetzt mit der Scheißanlage hier?«

»Die ist ein Krampf«, sagt Max und drängelt sich nach vorn. »Darf ich mal?« Er hat sich letztes Jahr selbst über die Anlage geärgert, die absurd benutzerunfreundlich ist. Anti-intuitiv. Schnell klickt er sich durch die Alphabetliste, dann durch die Namen mit K bis Köhler und drückt auf das Glockensymbol. Der

Türsummer ertönt fast sofort, Max geht zur Seite und lässt die Meute durch.

Vorhin im Auto hat er Perlsberg die räumlichen Verhältnisse kurz beschrieben. Sieben Etagen, auf jeder fünf Wohnungen und ein langer, schnurgerader Gang mit einem Lift an jedem Ende. Sie warten, bis die Partymeute den Aufzug geentert hat, dann sprinten sie zur Tür daneben, die ins Treppenhaus führt.

Perlsberg vorneweg, und anders als früher hält Max locker Schritt. Trotz Mantel und Stiefeln rennt er mühelos die drei Treppen hoch, dann kurzer Stopp an der Tür und horchen. Perlsberg nickt ihm zu, macht auf und späht links und rechts in den Gang. Alles still und leer.

Dritte Etage halb links, hat Tony gesagt. Das heißt, von hier aus die zweite Wohnung. Perlsberg hat sich schon herangepirscht, macht Max Zeichen, in Position zu gehen. Er öffnet seinen Mantel und das Achselholster, dann stellt er sich rechts neben der Tür auf. Kein Namensschild, nur eine Apartmentnummer, 32.

Berlin-Charlottenburg,
Spreeblick-Areal, Wohnung Devin Siebert [02:15]

Ria liegt im Stockdunkeln und kämpft gegen die Bewusstlosigkeit an. Immer wieder hat sie an Julia gedacht, zwanghaft, unausweichlich, und jedes Mal musste sie weinen. Sie versuchte alles, um sich abzulenken, umsonst. Sie dachte an Devin, als er ein kleiner Junge war, und landete bei Julia. An ihre Mutter, an Perlsberg, Tony, Nikki, und immer, immer wieder kehrten ihre Gedanken zu Julia zurück. Sie sah ihre kleine Schwester, wie sie in ihrem Zimmer schlief, dann ging die Tür auf, und Oertel kam herein. Im gestreiften Pyjama, »mein Nadelstreifenanzug, haha«, das Oberteil über seinem Bauch hochgeschoben. Er legte sich neben sie, wälzte sich über sie, und Julia hielt still. Angststarr, von allen verlassen, die sie beschützen sollten, dachte Ria und weinte aufs Neue. Bis ihre Augen brannten, ihre Nase zuge-

schwollen war, sie kaum noch Luft bekam. Zu wenig, um ihr Blut ausreichend mit Sauerstoff zu versorgen.
Sie keuchte und stöhnte um Hilfe, aber Devin hörte sie nicht. *Geschieht mir recht*, dachte sie, *auch ich habe nicht hingehört, als Julia unter dem fetten Oertel lag und kaum mehr Luft bekam.*
Sie dämmert im Dunkeln vor sich hin, nicht wirklich bewusstlos, aber kurz davor. Immer wieder schreckt sie hoch, hört sich keuchen, röchelt um Hilfe, dämmert wieder weg.
Plötzlich hört sie Stimmen, schreckt auf. *Direkt vor der Tür,* denkt sie, *mit wem redet er?* Ihr eigenes Keuchen ist so laut, dass sie nichts versteht. Sie hält den Atem an, lauscht zur Tür hin. Die Stimme kennt sie doch? Tief, dröhnend, auch wenn er leise zu reden versucht. Wer ist das? Nicht Devin, auch nicht Tony, sosehr sie sich das wünscht. *Wer also, wer?*
Sie kann immer nur kurz den Atem anhalten, sie bekommt auch so schon viel zu wenig Luft. Sie fühlt sich benommen, gleich wird sie wieder wegduseln, aber das darf nicht passieren. Ihre Nase ist immer noch halb zu vom Heulen. Sie zwingt sich, gleichmäßig zu atmen. Und dann geht die Tür auf, das Deckenlicht an, und Ria kneift die Augen zusammen.
Das träumt sie doch? Das kann doch nicht echt sein? Dass ein maskierter, groß gewachsener Mann im hellgrauen Schutzanzug, wie Forensiker sie an Tatorten tragen, zu ihr ins Zimmer kommt? Dass er sich an der Bodybuilding-Maschine vorbeizwängt, neben ihr auf den Bettrand setzt und sich über sie beugt? So tief, dass die Maske direkt über ihrem Gesicht schwebt und die grotesk lange Gumminase über ihre Wange schubbert?
»Das träum ich doch«, sagt er, und seine Stimme ist heller als der dröhnende Bass, den sie eben durch die Tür gehört hat. »Gerade noch stelle ich mir das hier vor, die U-Boot-Schlampe mit Handschellen am Bett festgemacht, und jetzt ist das alles schon in echt so? Quasi magisch?«
Er fasst ihr ins Dekolleté, reißt mit einem Ratsch ihr Nachthemd weg und knetet ihre Brüste. »Die ist echt«, sagt er. »Dann mal ran, Kilroy.« Ohne sie aus den Augen zu lassen, greift er sich un-

ters Kinn und zieht den Reißverschluss seines lichtgrauen Overalls bis zum Schritt hinab. Ria stöhnt und bäumt sich auf. »Von mir aus turn dich schon mal warm«, sagt er.
Schlagartig wird ihr klar, wer der Maskierte ist. *Kilroy. Tycho Terry, der Vorzeige-Promi der Stiftung!*
Sie will ihm einen Tritt versetzen, aber er hält lachend ihren Fuß fest. »Ja, komm, wehr dich, super.«
Ria keucht und röchelt, als Terry ein Klappmesser aus der Tasche zieht und die Klinge herausspringen lässt. »Aus deinen Brüstchen mach ich erst mal rote Grütze, oder wie siehst du das?«
Vor ihren Augen flackert es, in ihren Ohren beginnt es zu pfeifen. *Gleich bin ich weg*, denkt sie und sieht eben noch, wie der glatzköpfige Hüne mit dem Kaiser-Wilhelm-Bart durch die Tür gestürmt kommt, dann wird es um sie herum schwarz.

**Berlin-Charlottenburg,
Spreeblick-Areal, Apartment 32 [02:23]**

Perlsberg tritt lautlos an die Wohnungstür heran und legt ein Ohr dagegen. *Nichts zu hören*, signalisiert sie kopfschüttelnd. Eine Sekunde lang sieht sie ihn sinnend an, dann holt sie das Dietrichset aus der Manteltasche.
Max nickt, schnell nachschauen, dann weiter. Höchstwahrscheinlich ist es die falsche Adresse, aber rein theoretisch kann Ria hier sein. Bei einer unbekannten Person, die ihr Unterschlupf gewährt hat, nun beide in der Gewalt von Tuchalsky und Terry, die irgendwie mitbekommen haben, dass ihnen jemand auf den Fersen ist. Aber so still, wie es da drinnen ist, wären die möglichen Opfer dann wohl nicht mehr am Leben.
Hallstein schiebt den Draht behutsam ins Schloss, im selben Moment schrillt hinter der Tür ein Telefon. Lautes Scheppern, wie von einer Uralt-Türklingel. *Ein Vintage-Klingelton*, denkt Max. Dann tapsende Schritte, leises Klappern und Poltern,

schließlich die verschlafene Stimme einer jungen Frau. »Ja? Wer ist das? Dion? Hey, das ist ja eine Überraschung. Weißt du eigentlich, wie spät es hier ist?« Sie klingt erfreut und kein bisschen wie ein verängstigtes Überfallopfer, das von einem glatzköpfigen Hünen und einem bulligen Mann mit Kilroy-Maske in Schach gehalten wird.
Perlsberg zieht den Draht aus dem Schloss und steckt das Set wieder ein. »Schnell, weiter.«

Berlin-Charlottenburg, Spreeblick-Areal, Wohnung Devin Siebert [02:16]

Kilroy kann einfach nicht fassen, was um ihn herum passiert. Und noch weniger, dass er das hier mit sich machen lässt. Dass Tuchalsky ihn von der U-Boot-Schlampe heruntergerissen hat, »Order von janz oben, kapierste dit nich?«. Bevor er wusste, wie ihm geschah, hatte der Ledermann eine Wegwerffixe in der Hand und der Kleinen die Nadel in den Hals gepikt. Als ihr Kopf wegpendelte, die Augen weiß-rot, war Kilroy klar: *Das wird nix mehr mit der, oder höchstens* post mortem.
Fritz schloss die Handschellen auf, riss das Laken von der Matratze, wickelte das Flittchen darin ein und trug das Bündel ins vordere Zimmer. Staunend sah Kilroy zu, wie er die Kleine fachmännisch zusammenfaltete, Embryohaltung, Kinn auf die Brust, Arme unter den Knien verschränkt, und ab in seinen XXXL-Rucksack. Das dauerte höchstens zehn Sekunden, und dabei beschallte er Kilroy unablässig mit Kommandos und Kommentaren:
»Nimm den Koffer mit, pack allet rin, wat von der Kleenen rumliegt, Klamotten, Handy, Perso, wat weeß icke, von dem Clown da vorne hab icke schon allet abjegriffen, wat auf die Schnelle jing, Smartphone, Sticks, Notebook, Papiere pipapo, sogar ne Wumme hatte der unterm Sofa, sollen die Bosse sehen, wat ditte fürn Vogel is, unsere Kundschaft erpressen, wo jibbet denn so wat.«

Kilroy wusste gar nicht mehr, wo ihm der Kopf stand. Und wo der Schwanz. Fahrig sammelte er Textilkram ein, stopfte alles in den Koffer, während Tuchalsky im Stil einer Putzfrau durch die Bude brauste. Das Bettgestell wienerte, die Klinken schrubbte, ein frisches Laken aus dem Schrank zauberte und das Bett neu bezog.
Ich glaub's nicht, dachte er. Von vorne hörte er es stöhnen, *die U-Boot-Schlampe?*, dachte er, *doch noch nicht final abgetaucht?*
»Auf ein Wort«, wandte er sich an Fritze, aber der schüttelte den Kahlkopf, stürmte ins vordere Zimmer, schnappte sich den Clown mitsamt Bademantel und trug ihn auf seinen Armen ins Bett. *Die reinste Pietà,* dachte Kilroy, *ich fasse es nicht.*
»Die Benzo-Packung bleibt auf dem Couchtisch«, ordnete Tuchalsky an. »Den Bademantel hier häng mal vorne über die Sofalehne.« Er beugte sich über den Muskelberg, schälte ihn aus dem Frotteeteil und warf es Kilroy zu. Dann klappte er dem Jungen das rechte Bein seitlich weg und ballerte ihm die Fixe in den Schritt. »Auch Benzos«, erklärte er.
Kilroy verstand nur Bahnhof. *Und apropos, ich bin hier definitiv im falschen Zug. Wie schwul Tuchalsky den zudeckt. Und ich darf mich nicht mal minimal mit dem Flittchen verlustieren? Obwohl die schon fix und fertig für mich angekettet war?*
Das kapiert er sowieso immer weniger, je öfter er daran denkt. Wenn die beiden Komplizen waren und irgendwas ausgeheckt hatten, um *DigYou* zu schaden, wieso lag die dann gefesselt und halb tot röchelnd in der Ecke und er vorne zugedröhnt auf der Couch? *Na gut, die können sich wegen der Beute gefetzt haben, blabla.* Interessiert ihn sowieso alles nicht, der springende Punkt ist doch, dass er schon wieder leer ausgehen soll.
Tief in ihm kocht der große, rote Zorn.
»Abflug, Kilroy!« Tuchalsky steht marschbereit in der Diele, Riesenrucksack auf dem Riesenrücken, Koffer in der Hand. Den Putzlappen, mit dem er eben noch das Bad gewienert hat, stopft er sich in die Manteltasche, zieht zart die Wohnungstür auf, späht nach links und rechts. »Wir nehmen den hinteren Lift, sicher ist sicher.«

So sicher wie der Arsch in der Kirche, denkt Kilroy und trottet hinter ihm her. Hat er es eben röcheln gehört? Im Traben nähert er sein Ohr dem vor ihm auf und ab hüpfenden Rucksack. »Auf ein Wort«, will er gerade sagen, da packt ihn Tuchalsky beim Arm und zerrt ihn in den Lift. »Kein Wort«, flüstert Fritz und legt seinen Zeigefinger vor die Rattenzähne, kein schöner Anblick. Breitbeinig in der Tür stehend, verhindert er, dass der Lift automatisch zugeht. Erst nachdem weiter vorne im Gang eine Tür leise geöffnet und noch leiser wieder geschlossen worden ist, tritt Tuchalsky in die Kabine und drückt auf *-1 Parken*.
»Auf ein Wort, Fritz«, sagt Kilroy, »die Kleine gehört mir. Ob im Koma oder tot, ist mir scheißegal.«

**Berlin-Charlottenburg,
Spreeblick-Areal, Wohnung Devin Siebert [02:28]**

Wieder ins Treppenhaus und noch mal drei Etagen hoch. Oben horchen, sichern, raus. Gang still und leer. Wohnung halb rechts laut Tony, also vierte Tür von hier.
Max zeigt auf die Spuren am Linoleumboden. Schmelzendes Eis und Splitt. Perlsberg nickt. Hier ist gerade erst jemand entlanggegangen. *Jede Menge Streugut wie am Tatort in Heiligensee*, denkt Max. *Dieselben Stiefel mit grobem Sohlenprofil?*
Keine Zeit, darüber nachzudenken. Vor der Wohnungstür geht er wieder in Position. Perlsberg lauscht, schüttelt den Kopf, *nichts zu hören*. Und dann pantomimisch: *Rein?* Er nickt, sie zieht den Dietrich aus der Tasche, und Max entholstert seine SIG. Adrenalinschub, sein Herzschlag dreht hoch wie ein Ferrari. Perlsberg fädelt den Draht ins Schloss, lässt den winzigen Elektromotor surren, und Sekunden später klickt das Schloss auf.
Sie verstaut das Set, zieht ihre Waffe, sieht Max an, wieder nickt er. Lautlos schiebt sie die Tür auf, tritt in die Vordiele, Max dicht hinter ihr. Sie sichern links, rechts, Schulter an Schulter.

Links Bad, geradeaus Küche. Die Küchentür steht offen, durch das Fenster sickert gerade so viel Licht, dass Max die Umrisse in der Diele ausmachen kann.

An der Wandgarderobe hinter der Tür ein Mantel, eine Jacke. Zwei Paar Stiefel, ein Paar Sneaker, ein Paar Laufschuhe, alles passend für einen groß gewachsenen Mann. Weder Rias Daunenmantel noch ihre Stiefel dabei. Überhaupt keine weiblichen Kleidungsstücke.

In der Küche umgestülpte Töpfe auf der Spüle, Schüsseln, Teller, zwei Gläser, alles gespült. Auf dem Klapptisch eine leere Rotweinflasche. Max sieht Perlsberg an, sie nickt. *Das könnte passen.*

Doch auch im Bad deutet nichts auf einen Übernachtungsgast hin. Keine weiblichen Kleidungsstücke, keine Haarbürste, keine Cremes. Auch keine zweite Zahnbürste, registriert Max, seltsamerweise überhaupt keine Zahnbürste.

Wieder wechseln sie einen Blick. Max ist beunruhigt, ohne genau zu wissen, weshalb.

Die Tür gegenüber dem Bad ist geschlossen. Erneut horcht Perlsberg, das Ohr am Türblatt, schüttelt den Kopf. *Nichts.* Dann wieder Waffen schussbereit, Tür auf und rein, sichern.

Auch hier alles still und leer. Ein großzügiger Wohnraum, sparsam möbliert. Designercouch, davor ein niedriger Tisch, vor dem Fenster ein großer Schreibtisch. Zwei Bildschirme, kein Computer oder Laptop. Die Digitaluhr zeigt 02:30. Auch hier nirgendwo Gegenstände, die sich mit Ria in Verbindung bringen ließen. Kein Koffer, kein Mantel.

Wieder falsche Adresse?, überlegt Max. Doch er hat gelernt, sich vor voreiligen Schlüssen zu hüten. Also erneut in Position gehen, lauschen, dann Tür auf. Dahinter ist es stockdunkel, nur durch winzige Ritzen im Rollladen dringen minimale Lichtschimmer ein.

Perlsberg holt ihr Smartphone aus der Manteltasche und schaltet die Lampen-App an. Eine mächtige Apparatur schält sich stählern glitzernd aus der Dunkelheit. *Eine Bodybuilding-Ma-*

schine, denkt Max, *Profi-Standard*. Dahinter erspäht er ein eher schmales Doppelbett, mit Müh und Not zwischen Muckimaschine und Kleiderschrank gequetscht. Das Queensize-Bett ist gerade so breit genug für den bulligen jungen Mann, der sich von den Besuchern nicht beim Schlafen stören lässt.

Sein mächtiger Brustkorb hebt und senkt sich. Die dunklen Haare sind zurückgegelt, was ihm einen schmierigen Anstrich verleiht. Sein Gesicht wirkt verschlossen, der Rumpf mit aufgepumpten Muskeln regelrecht verpanzert.

Gegen den bin ich noch immer ein halbes Hemd, denkt Max.

Perlsberg hat sich bis in den schmalen Gang zwischen Bett und Schrank vorgearbeitet. Sie legt eine Hand auf die Schulter des Schläfers und schüttelt ihn sacht. »Herr Siebert?« Keine Reaktion. Sie schüttelt ihn kräftiger. »Herr Siebert, wachen Sie auf. Devin?« »Ich weiß nicht, Perlsberg.« Unbehaglich sieht Max zu, wie sie dem jungen Mann leichte Backpfeifen gibt. »Ria ist offensichtlich nicht hier. Und wir dürfen hier eh nicht sein.«

Sie deckt ihn auf, in seinen schwarzen Boxershorts sieht er noch mehr aus wie ein austrainierter Schwergewichtler. »Hier stimmt was nicht, Max.«

»Siehst du irgendwas von Ria? Ich nicht.«

»Das ist es ja gerade. Die haben hier alles abgeräumt. Wieso wacht der nicht auf?« Sie beugt sich über Siebert, fährt mit der Fingerspitze prüfend über seine Armbeugen, dann rechts den Hals hoch. »Vielleicht haben sie ihm was gespritzt. Ihre Standardmethode, weißt du ja.«

»Im Ernst jetzt? Für mich sieht es eher so aus, als wären die nie hier gewesen. Ria nicht und die Brüder auch nicht.« Er schaltet das Deckenlicht an und zwängt sich an der Fitnessmaschine vorbei zum Fußende des Bettes. »Wie sollen sie das denn gemacht haben? Diesen Brocken hier geräuschlos betäubt, Ria mit all ihren Siebensachen eingesammelt und ab durch die Mitte?« Er holt sein Smartphone aus der Manteltasche und kontrolliert die Uhrzeit. »Und das alles in kaum mehr als fünfzehn Minuten?«

»Tony soll die Augen aufhalten. Wenn der Van rauskommt, dranhängen.«

»Das hast du ihm doch schon zweimal ... Okay«, unterbricht sich Max, als er ihren Blick sieht. »Ich sag's ihm.« Er geht in den vorderen Raum, während Perlsberg anfängt, die Beine von Devin Siebert auf Einstichstellen zu untersuchen. »Tony? Kann sein, dass die gleich rauskommen.« Er schaltet auch im Wohnzimmer Deckenlicht ein.

»Mit Ria? Lebt sie?«

»Wissen wir nicht.«

»Ist sie verletzt?«

»Das wissen wir auch nicht, Tony.«

»Was soll das heißen?« Die Stimme des britischen Kollegen kippt fast, so mit den Nerven runter ist er.

»Wir melden uns. Häng dich dran.« Max klickt Tony weg, und sein Blick fällt auf die Pillenpackung auf dem Couchtisch. *Adumbran*, er kennt das Medikament, nicht aus eigener Erfahrung, aber von einer früheren Ermittlung. Ein extrem starkes Schlafmittel auf Benzodiazepin-Basis, gleichzeitig Angstlöser bei Panikattacken.

Max zieht den Blister aus der Schachtel, drei Tabletten fehlen. »Ich weiß jetzt, warum er nicht aufwacht.« Er geht zurück ins Schlafzimmer, zeigt Perlsberg die *Adumbran*-Schachtel. »Die lagen auf dem Couchtisch. Damit kannst du ein Pferd betäuben. Auch wenn er nur eine genommen hat, ist er mindestens zehn Stunden k. o.«

Perlsberg hat das rechte Bein von Sieberts Shorts bis zum Schritt hochgeschoben. »Vielleicht hat er noch was ganz anderes intus, Max. Sieh dir das an. Ich wette, sie haben ihm was gespritzt.« Sie deutet auf einen winzigen roten Punkt genau auf der Schenkelvene. »An einer Stelle, wo es nicht auffällt.«

Max mustert die weniger als stecknadelkopfgroße, rötliche Erhebung an der Innenseite von Sieberts Oberschenkel. Viel auffälliger ist die Narbe knapp daneben, wie der Abdruck von zwei großen Nagezähnen. »Das kann auch eine Pustel sein, ein Insek-

tenstich, was weiß ich. Warum sollten sie ihm eine Betäubungsspritze setzen, wenn er sowieso schon außer Gefecht war? Die Benzo-Packung lag doch unübersehbar ...« Er unterbricht sich.
»Du meinst, sie haben die dort platziert? Das ergibt keinen Sinn, Perlsberg.«
Sie ignoriert seinen Einwand. »Such vorne im Schreibtisch, Max, ich wühle hier alles durch. Rias Waffe, Perso, Handy, irgendwas müssen die übersehen haben.«
Ihr Smartphone vibriert. »Ja?«, sagt sie ins Headset, reißt Schranktüren auf, wirft stapelweise Wäsche und Hemden hinter sich aufs Bett. Auf Devin Siebert, der weiter wie ein Felsbrocken daliegt. So massiv und so regungslos. »Der andere fährt? Und Tuchalsky? Also, bleib dran.« Sie beendet das Gespräch, zerrt Hosen, Pullover, Jacken aus dem Schrank. »Scheiße, Max, hier ist nichts von ihr. Tony hängt an dem Van dran. Hinterm Steuer sitzt Terry. Unklar, ob Tuchalsky mit an Bord ist.«
»Vielleicht mit Ria im Laderaum?« Max zieht die unterste Schublade von Sieberts Schreibtisch auf. In den beiden darüber waren nur Druckerpapier, Tonerkassetten und sonstiger Bürokram. Nichts Persönliches, keine Dokumente, USB-Sticks oder andere Speichermedien. Auch kein Laptop, Notebook oder Mini-PC. »Da schau her. Fünf Prepaidkarten, originalverpackt. Vielleicht die von Ria?«
»Kann gut sein. Sammle die Dinger ein, wir vergleichen nachher die Nummern. Ich schau noch mal schnell ins Bad. Und dann Abflug.«
Eine halbe Minute darauf sind sie wieder draußen im Flur. Max hat die Prepaidkarten eingesteckt, mehr haben sie nicht in der Hand. »Die haben das Bad geschrubbt«, sagt Perlsberg, während sie im Lift runter zur Tiefgarage fahren. »Mit Sagrotan oder so was. Auch das Bettgestell auf der Kopfseite ist blank gewienert und riecht nach Putzmittel. Ich wette, die waren hier und haben Tabula rasa gemacht. Alles, was als DNA-Träger taugt, ist weg. Bürsten, Kämme, Zahnbürsten.«
»Auch sein Smartphone haben sie anscheinend eingesackt. Und

seinen Computer«, ergänzt Max. »Aber wozu? Und warum haben sie Siebert am Leben gelassen? Bei Makowskis Vater waren sie weniger rücksichtsvoll.«
Perlsberg zuckt mit den Schultern. »Schauen wir uns erst mal in der Garage um. Vielleicht ist Fritz the Rat noch da.«
Mit Ria?, denkt Max. *In der Tiefgarage?*
Die Lifttüren gleiten auf, sie stürmen durch den Vorraum in die Parketage, die Waffen unterm Mantel schussbereit. Gut fünfzig Meter rechter Hand geht eben die Schranke auf, ein schwarzer Porsche Cayenne fährt mit röhrendem Auspuff die Rampe hoch. Es klingt wie Hohn in Max' Ohren, und als er Perlsberg ansieht, weiß er, dass sie das Gleiche denkt wie er.
Am Steuer Tuchalsky, im Kofferraum Ria, lebend oder tot. Und Terry fährt den leeren Van zurück zur *Zuchtanstalt*, um mögliche Verfolger auf die falsche Fährte zu lenken.
Kilroy was here, denkt Max.

FÜNF:
Zorn

**Berlin-Charlottenburg,
Pkw Tuchalsky [03:15]**

Schneeflocken rieseln aus schwefelgelben Wolken, Kilroy schlittert mit Tuchalskys V-Klasse durch die Nacht. Eis spritzt unter den Rädern auf, die Scheibenwischer kreischen mit den Reifen um die Wette, und Kilroy kreischt mit. Schreit, brüllt, heult gegen das Monster in ihm an. Das Monster des großen Zorns.
Seine Kehle brennt, als würde er wirklich schon Feuer spucken. Die bescheuerte Plastikpelle hat er sich in der Tiefgarage runtergefetzt, trotzdem schwitzt er sich in seinem Bikeranzug fast tot. Sein Hals ist trocken wie das Nordseewatt bei Ebbe, er könnte ganze Flüsse leer saufen. Das kommt von dem Zorn, dem roten, kochenden Zorn, der ihn von innen aufheizt wie einen Drachen vor dem Start.
Aber das Einzige, was Tuchalsky in seiner Karre vorrätig hat, sind Ginflaschen. Zwei Kisten hinten im Laderaum, die klirren und scheppern wie die automatischen Gewehre und Maschinenpistolen, mit denen Kilroy jetzt ums Verplatzen gern auf die dunklen Fensterreihen da draußen ballern würde. *Ra-ta-ta-tam!* Verreckt schon, ihr Arschlöcher, in euren Kitschdrecklöchern! Aber eure Teenies liefert vorher gefälligst noch ab.
Ampellichter flackern auf, rot, grün, blabla, verblassen wieder. Kilroy reißt den Lenker herum, links, rechts, tritt auf die Pedale, Gas, Bremse, wie es gerade kommt. Der Van wankt, aber kippt nicht um, zickzackt, aber ruckelt sich immer wieder in die Spur. *Zum Kotzen,* denkt Kilroy, warum tuckert jetzt die Tucke Tuchalsky mit dem Rucksack durch die Nacht, und er in dieser Scheißkarre hier scheißallein?
»*Order von janz oben*«, Kilroy drischt mit beiden Fäusten aufs Lenkrad. Irgendwer hupt wie blöd, ach so, er. »Den Oberaffen krall ich mir!«, brüllt Kilroy. »Gleich morgen früh! Ich mach euch alle zur Schnecke! Ich zertrete euch wie schleimige Scheißschnecken unter meinen stahlbeschlagenen Stiefeln!«
Ein blassroter Neonschriftzug taucht vor ihm auf, *Spätkauf 24/7*.

Kilroy tritt voll in die Eisen, der Van dreht sich einmal um sich selbst und kommt auf dem Parkstreifen zum Stehen. Perfekt, wenn auch mit dem Arsch voran.
Kilroy steigt aus, lässt den Motor an, die Tür offen. Wenn einer versuchen will, die Karre zu klauen, bitte sehr. Er stapft durch den Schneewall zwischen Straße und Bürgersteig, verliert auf dem Eis dahinter das Gleichgewicht und knallt mit der Schulter gegen die Späti-Tür. »Überfall, Hände hoch!« Er räuspert sich die Kehle frei. »Nee, Quatsch, Wasser marsch. Große Flasche, still.« Der Krämer hinter seiner Theke, ein fast zwergenhaft kleiner Orientale, starrt entgeistert an dem Kunden mit Bikeranzug und Kilroy-Maske hoch. Die eisgraue Raupe zwischen Nase und Oberlippe zuckt, als er eine Wasserflasche aus der Kühlung hievt und auf den Tresen stemmt. »Eins sechzig«, bringt er hervor.
Kilroy fischt zerknüllte Scheine aus den Manteltaschen, gar nicht so einfach mit den Latexfingerlingen, die er immer noch anhat. Er hält die Gelder ins Licht, wirft dem Krämer einen Gelben hin. »Hier, mach für heute dicht. Apropos dichten.« Er greift sich die Flasche und geht singend ab. »*Kilroy was here, Thought I've never seen his face ...*« Seine Laune hat sich schlagartig aufgehellt. *Das Band der Menschheit*, denkt er beschwingt, *einfach öfter mal mit einem Artgenossen schwatzen.*
Der nächste Artgenosse wartet schon beim Van. Schleicht am Heck entlang, peilt in den Laderaum, und in Kilroy kocht neuerlich der Zorn hoch. *Du willst die Karre?*, brüllt es in ihm mit der dunklen, schrecklichen Stimme, die nicht seine ist und auch nicht die von Pater Georg, sondern das Donner gewordene Was-auch-immer. *Dann hol sie dir!*
Kilroy hechtet über den Schneewall, ist schon bei dem Kerl im schicken Kurzmäntelchen und drischt ihm die Flasche auf den Kopf. Der Typ zuckt zu ihm herum, zeigt sein junges, glattes Gesicht und bricht gleichzeitig zusammen, mit einer Wendelbewegung wie ein Korkenzieher in Aktion. *Schlank, fit und noch halbwegs jung*, Kilroy überlegt kurz, ihn einzupacken, quasi als Toy to go, aber der Bursche blutet hemmungslos in den Schnee. *Nee*

danke, wenn der in den Laderaum suppt, flippen Tuchalsky und die ganze Affenhorde von Neuem aus.
Also weiter durch die Nacht. Eis spritzt, Schnee flockt, Reifen kreischen, und dass er gegen die Fahrtrichtung speedet, merkt er erst, als ihn drei Taxis gleichzeitig wie blöd blenden. Kilroy hupt volles Horn zurück, wendet, fast ohne zu bremsen, und rast hinter den Taxen her. Die Flasche hat er bei dem Bluter zurückgelassen, so ein verfickter Mist, der Zorn kocht, und seine Kehle brennt wie alle Höllenfeuer zusammen.
Jetzt bist du fällig, Laufbursche, denkt Kilroy und brüllt sein Smartphone an: »Doc Siff! Scheißegal, wie spät!«

Berlin-Mitte, Pkw Max Lohmeyer [03:37]

»Herrje, Tony, jetzt mach schon.« Perlsberg klammert sich mit der linken Hand an den Beifahrersitz und drückt mit rechts ihr Handy ans Ohr. »Warum geht er nicht ran?«
Max hebt die Schultern. »Vielleicht hat er das Headset nicht auf.«
Sie kaut auf der Unterlippe. »Ich hab ein saudoofes Gefühl, Max.« *Wenn Tony auch noch weg ist ...* Ihr Gehirn weigert sich, den Satz zu Ende zu denken.
Max schaut angespannt nach vorn. Den Polo auf den eisglatten Straßen unter Kontrolle zu halten, erfordert seine volle Konzentration. Immerhin hat er es geschafft, sich bis auf dreißig Meter an das mögliche Zielfahrzeug heranzupirschen. Vorhin in der Tiefgarage waren sie zu weit weg, um das Kennzeichen des Cayenne zu lesen, doch nachdem sie zu Max' Wagen gesprintet und auf gut Glück in Richtung Westen losgefahren waren, tauchte auf einmal der schwarze Porsche vor ihnen auf. Kaiserdamm, Ecke Messe/ICC. Das Nummernschild unleserlich mit Eis verbacken, und noch immer sind sie nicht nah genug dran, um zu erkennen, wer hinter dem Steuer sitzt.

Der Cayenne hat schon locker zehn Jahre auf dem Buckel, Perlsberg nimmt an, dass er Siebert gehört. Mutmaßlich haben Tuchalsky und Terry vorhin mitbekommen, dass ihnen jemand auf den Fersen war, und sich daraufhin in der Tiefgarage aufgeteilt. Terry mit der leeren V-Klasse als Köder vorneweg, Tuchalsky im Cayenne hinterher.

Mit Ria im Kofferraum, denkt Perlsberg, und der Magen zieht sich ihr zusammen. Sie hat die Prepaidnummern abgeglichen, die SIM-Karten aus Sieberts Schreibtisch gehören definitiv Ria. *Wenn wir jetzt dem falschen Auto folgen, haben wir sie vielleicht für immer verloren. Bullshit*, denkt sie schnell hinterher, *Aufgeben kommt nicht infrage.* Doch es fällt ihr immer schwerer, ihren eigenen Parolen zu glauben.

»Tony?« *Endlich.* »Hörst du mich?« Keine Antwort. Sie stellt ihr Smartphone laut. »Tony?« Leises Röcheln, dazu Scharrgeräusche, als krieche jemand durch den Schnee. »Was ist los bei dir?«

»Perlsberg, ich … er hat mich … Terry ist …«

»Bist du verletzt? Wo bist du, Tony?« Blöderweise ist ihr Laptop mit der Tracking-Software bei ihm im GLK.

»Ich weiß nicht … er …« Im Hintergrund eine zweite Stimme, ein älterer Mann mit ausländischem Akzent. »Wer ist da, Tony? Gib ihn mir mal.«

»Günal«, meldet sich der andere. »Spätkauf Kaiser-Friedrich. Du komm schnell, dein Freund Kopf voll Blut.«

Max wirft Perlsberg einen Blick zu und gibt Gas. Eben fahren sie in den fünfspurigen Theodor-Heuss-Platz ein, und er zieht auf die äußerste linke Spur rüber und schiebt sich an den Cayenne heran. »Kannst du was erkennen?« Der Polo tänzelt wie ein Wildpferd. Für eine halbe Sekunde sind sie auf einer Höhe mit dem Porsche, dann geht Max vom Gas.

»Wir sind gleich da, Herr Günal.« Sie beendet das Gespräch. »Scheiße, falsches Auto«, fügt sie in Max' Richtung hinzu. »Da saß ein Afrikaner drin.«

**Berlin-West,
Pkw Tuchalsky [03:47]**

»Mach Sammi klar«, weist Kilroy den Doktor an, »ich bin auf dem Weg.« Tatsächlich steht er am Straßenrand und hat keine Ahnung, wo er gerade ist. In Gedanken war er bei Mami, während er das Telefon klingeln und klingeln ließ.
»Jetzt? Wie stellst du dir das vor?« Der Doktor steht wie üblich auf dem Kabel. »Es ist vier Uhr nachts.«
»Erzähl mir was Neues. In spätestens einer halben Stunde bin ich da.«
Dabei ist er immer noch bei Mami, mit neun oder zehn, und sie schickt ihn in die Bibliothek wie jeden Abend. Ein enger, fensterloser Raum, überall deckenhohe Regale voller Bücher, bis auf das kahle Wandstück gegenüber der Tür. Dunkel gefleckt und breit genug, dass ein gedrungenes Was-auch-immer hindurchbrechen kann. »Bring's hinter dich«, flüstert Mami und zwinkert ihm zu. Also klopft er an, frisch gewaschen und klistiert, hört das tremolierende »Ja-hah?« und tritt ein.
»Vollkommen ausgeschlossen.« Im Telefon holt der Doktor so langwierig Luft, als wollte er einen Tieftauchrekord aufstellen. »Jetzt hör mir mal zu, Kilroy. Dir ist wohl immer noch nicht klar, vor welchen Problemen wir gerade stehen.«
In Kilroys Kopf sitzt derweil Pater Georg in seinem schwarzen Kleid mit weißem Kragen hinterm Schreibtisch in der sogenannten Bibliothek und studiert die Bibel. Neues, Altes, Uraltes Testament, blabla. Klein Tycho legt die Schulhefte vor ihm auf den Tisch. Der Pater schiebt die Brille hoch und lächelt vage in seine Richtung, ohne ihn wirklich zu sehen.
»Die Probleme haben wir doch gerade beseitigt«, protestiert Kilroy.
Während der Pater das erste Heft vom Stapel nimmt, an der Stelle mit dem eingelegten Löschblatt aufschlägt und sich in Klein Tychos Hausaufgaben vertieft. »Sehr schön, mein Kind«, murmelt er.

Dagegen der Doktor mit gespieltem Erstaunen: »Aber Fritz hat dir doch gezeigt, was dieser Siebert auf seinem Laptop hat?«
»Nackte Kiddies«, schnaubt Kilroy, »na und? Das ist doch Spießermist für arme Würstchen, die sich nicht trauen, in echt mal ...«
»Hör mir zu, Kilroy! Darum geht es jetzt nicht.« Eigentlich gefällt es Kilroy, wenn der Doktor barmt und bettelt. Aber irgendwie klingt er heute anders. Nicht nach Probealarm, sondern nach Ernstfall.
In Kilroys Hinterkopf blättert der Pater ein Heft nach dem anderen durch, nickt und lächelt, murmelt »Ausgezeichnet« oder »Sehr gut, mein Kind«. Und dann, als fast alles fast schon überstanden scheint, passiert das Grauenvolle, an das Kilroy jetzt auf gar keinen Fall denken will.
Das *Aufplatzen*, anders kann er es nicht beschreiben, damals nicht und bis heute nicht. Aber er will es auch gar nicht beschreiben, er will nicht mal daran denken, nie mehr, auf keinen Fall. Er reißt die Augen auf, wie damals auch Klein Tycho, eigentlich Klein Timo, aber nein, bitte nein, auf keinen Fall. Nicht jetzt das Aufplatzen, nicht dran denken, wie der Pater ihm zuruft, dass er sich umdrehen soll, »*ganz schnell, Gesicht zur Tür, gleich passiert es*«, um das Schreckliche nicht zu sehen. Eben das *Aufplatzen*, das immer von fleischigem Schmatzen begleitete Zerplatzen der Wand genau gegenüber der Tür. Da hat sich Klein Tycho längst umgedreht, auch ohne den Zuruf des Paters hätte er den Blick nie nach hinten gewendet. Höchstens späht er mal ganz kurz nach rechts, aber der Pater ist bereits aufgesprungen und zu dem schmatzenden Wandstück gehastet, um sich dem Platzen entgegenzustemmen.
»Kilroy? Bist du noch da?«
»Na klar.« Er fühlt den roten, kochenden Zorn irgendwo hinter sich, wo die Wand sich schon wölbt und Blasen wirft, kurz vor dem Aufplatzen, und tief in ihm drinnen, wo es genauso brodelt und sich beult. *Schluss damit*, befiehlt er sich und sagt laut, fast schreiend: »Dann holt doch Till Martens zurück! Der hat immer

alles weggebügelt, jedenfalls bei mir. Wieso habt ihr den überhaupt nach Indo-Dingsbums verbannt?«
»Das kann ich dir jetzt nicht erklären. Im Prinzip hast du recht, einen Mann mit Martens' Expertise könnten wir gerade jetzt gut gebrauchen. Das feine Pärchen hat einen Teil unserer Darknet-User ausgespäht und erpresst. Über den Pfleger Makowski wollte die Kleine anscheinend auch in der Klinik Dreck aufwühlen, um uns Druck zu machen. So sieht es im Moment jedenfalls aus, und solange wir nicht ganz genau wissen, was die ...«
»Mir scheißegal«, schnauzt Kilroy, »ihr seid mit zwei in der Kreide bei mir. Und die will ich jetzt.«
»Mit zwei in der ...?«
»A die Kleine, die Fritz eingesackt hat. Und B Sammi. Den mach jetzt schon mal für Zimmer 37 klar. Ich bin in zwanzig Minuten da.«
»Herrgott, Kilroy, jetzt ist doch noch Schlafenszeit. Und da haben ganz einfach die falschen Leute Dienst. Das hab ich dir doch kürzlich erst erklärt. Um sieben fängt auf der 3-2 die Belegschaft unseres speziellen Vertrauens an. Sagen wir also ...«
»Punkt sieben. Apropos. Was ist mit A.«
»Ah?«
»Was ist mit der im Rucksack, lebt die noch, ist die tot, komatös, alles scheißegal, die gehört genauso mir.«
»Die ist noch in der ...« Der Doktor unterbricht sich. »Dazu kann ich im Moment nichts sagen. Alles zu seiner Zeit, Kilroy.«
»›Alles zu seiner Zeit, alles zu seiner Scheißzeit‹«, äfft ihn Kilroy mit Schimpansenkreischen nach. »Und warum hat Tuchalsky den Muskelmann nicht an Ort und Stelle abgemurkst? Ihr habt doch alle einen an der Banane. Erst heult ihr rum, als würde der Himmel einkrachen, weil die Kleine in Heiligensee nicht mit abgenippelt ist. Und jetzt wünscht Fritze dem Fatzke bloß süße Träume und deckt ihn vom Schwanz bis zu den Nippeln zu? Ich fasse es nicht.«
Der Doktor gibt einen Seufzer von sich. »Das ist wirklich nicht optimal gelaufen«, räumt er ein. »Aber als ganz oben beschlos-

sen wurde, weitere Kollateralschäden zu vermeiden, konnte noch niemand wissen, mit was für einem Kaliber wir es hier zu tun haben.«

»Kleinkaliber, der ist ein dreckiger, kleiner Erpresser, das hast du doch selbst gerade ...«

»Und ein Killer«, fällt ihm der Doktor ins Wort. »Siebert hatte verschlüsselte Dateien auf seinem Rechner, die haben unsere Cracks mittlerweile geknackt. Er ist in Essen-Scherbeck aufgewachsen, das sagt dir doch bestimmt auch was?«

»Klar, die Kiddies von Block O.« Kilroy gerät richtig ins Schwärmen. »Die Gothic Events in den Katakomben, mir geht jetzt noch einer ab, wenn ich ...«

»Und Friedrich Oertel, unser Mann in Scherbeck, erinnerst du dich an den auch?«

»Ja, logisch!«, johlt Kilroy. »Mit dem war ich auf Anhieb ganz dicke. Friedrich ist bei seinem Opa aufgewachsen, der war Polizeipräsident bei den Nazis oder so was. Dass er umgebracht worden ist, hat mir echt einen Schlag versetzt. Wann war das, letztes Jahr?«

»Vor zweieinhalb.«

»Was? So lange schon? Jedenfalls ist das so was von unfair, dass gerade die Guten immer draufgehen müssen. Soltau, Hardy, Oertel ...« Bei jedem Namen wird Kilroy trübseliger zumute. So als wäre als Übernächstes fast er schon dran.

»In den entschlüsselten Dateien beschreibt Siebert, wie er Oertel getötet hat«, sagt der Doktor nach einer kurzen Pause. »Mit dem Baseballschläger, den ihr in seiner Wohnung gefunden habt.«

»Heilige Scheiße. Und jetzt?« Kilroy peilt in den Rückspiegel. »Glaubst du, der ist auch hinter mir her?« Er überlegt kurz, dem Doktor von dem kleinen Zwischenfall beim Späti zu erzählen, und entscheidet sich dagegen. *Das nimmt der nur wieder als Vorwand, um Klein Samuel vor mir wegzusperren.*

»Erst mal liegt Siebert im Tiefschlaf, vor morgen Mittag kommt der nicht zu sich«, sagt der Doktor. »Und dann wird er denken, dass sich seine Mamsell irgendwie befreit hat und mit dem ganzen Kram abgehauen ist. Laptop, Knarre, Papiere, Porsche, alles weg. Der ist also erst mal gut beschäftigt, aber wir behalten ihn natürlich im Auge.«

Normal wäre Kilroy längst wieder weggedriftet, das Gelaber des Laufburschen dauert ihm viel zu lang. Aber erst noch will er hören, was sie mit dem Muskelberg vorhaben. Kilroy sieht ihn schon, wie er vor der Villa Morgencron aus dem Gebüsch bricht. »Auge ist schon mal gut«, sagt er, »Messer rein und zwei Mal drehen.«

Der Doktor schnappt nach Luft. »Du hältst dich da raus, verstanden? Du hast deine Pflicht erfüllt, den Rest erledigen unsere Leute. Wie das im Einzelnen abgewickelt wird, hängt auch davon ab, was die Kleine noch ausspuckt. Stand jetzt scheint sie die treibende Kraft gewesen zu sein, und Siebert war nur für die IT-Umsetzung zuständig.«

»Also lasst ihr den weiter frei rumturnen? Ich fasse es nicht.«

»Siebert wird keinen Ärger mehr machen, da kannst du sicher sein.«

»Dein Rotz in Gottes Rohr.« Kilroy hat die Schnauze voll von dem ziellosen Schwadronieren. »Apropos Rohr, Punkt sieben.«

Er klickt den Doktor weg, und sofort ist er zurück in der sogenannten Bibliothek bei Pater Georg, aber er war auch nie wirklich weg. Das Wandstück hinter ihm schmatzt und blubbert, und wie durch roten Nebel glaubt er zu sehen, wie es sich wölbt und beult und mit fingerbreiten Rissen überzieht. Dabei hat er sich niemals umgedreht, kein einziges Mal in all den Jahren hat er gesehen, was wirklich hinter ihm passiert. Was genau da herausgeplatzt kommt und mit dieser dunklen, schrecklichen Stimme brüllt und mit Tatzen und Tritten auf ihn losgeht und ihn vor sich hertreibt und durchs Haus jagt und wie mit Fangarmen um ihn herum- und in ihn hineingreift, obwohl er weint und wimmert und sich bepisst und über seine Füße stolpert, und nie, nie ist irgendwer ihm zu Hilfe gekommen, nie hat er irgendwen zu fragen gewagt, was da immer wieder passiert, Mami nicht und den Pater sowieso nicht.

**Berlin-Charlottenburg,
Spätkauf Günal [04:07]**

»Das sieht schlimmer aus, als es ist.« Max hat seinen Erste-Hilfe-Kasten aus dem Kofferraum geholt und verarztet Tonys Verletzung. Eine dicke Beule am Hinterkopf, aufgeplatzt und mit Blut verkrustet. Tony hat bestimmt einen halben Liter Blut verloren, sein Haarschopf sieht aus wie ein rostiger Helm. Aber der Schädel ist der massivste Knochen der menschlichen Anatomie, und da die Flasche nicht zerbrochen ist, hat Tony keine Schnitt- oder Stichverletzungen davongetragen.

Max reinigt die Wunde, trägt Jodsalbe auf und legt einen Druckverband an. »Nicht perfekt, aber bis morgen kommst du damit durch.« Tony lächelt gequält. Max hat ihm eine Schmerztablette angeboten, aber Tony hat abgelehnt, obwohl ihm der Kopf nach eigenem Bekunden dröhnt.

»So, jetzt leg dich hin.« Max steigt aus, sodass Tony die Rückbank des GLK für sich hat. Der Engländer legt sich vorsichtig auf die rechte Seite, in Embryohaltung, da die Bank für seine Beine viel zu kurz ist. *Und weil er sich gerade an einen geschützten Ort wünscht*, sagt sich Max. Den es nur postnatal leider nicht gibt. Beziehungsweise erst wieder postmortal. Und auch das ist alles andere als sicher.

Er schwingt sich auf den Beifahrersitz neben Perlsberg. Sie kaut an der Unterlippe, starrt vor sich hin. »Laut Svenja hat der Täter im Haus der Makowskis auffällig viel Splitt hinterlassen«, sagt Max. »Auf dem Boden und sogar auf dem Bett des alten Herrn Makowski. Das könnte darauf hindeuten, dass er Stiefel mit tiefem Profil getragen hat wie der Mann, der auf Tony losgegangen ist. Herr Günal hat mehrfach erwähnt, dass der Typ zu seinem Bikeranzug fast kniehohe Stiefel mit massiver Besohlung anhatte.«

Er sieht Perlsberg auffordernd an, sie starrt weiter vor sich hin. »Okay, schick Svenja eine Nachricht«, sagt sie schließlich. »Vielleicht finden sie in Heiligensee irgendwas, das auf einen Täter mit Motorradkluft deutet. Hilft uns aber auch nicht wirklich weiter.« So schnell sie vorhin gesprochen hat, so schleppend rollen ihr jetzt die Worte aus dem Mund.

»Das würde ich nicht sagen«, hält Max dagegen. »Natürlich kann ich ihr nicht erzählen, was wir diese Nacht beobachtet haben. Aber Terry ist schließlich der Markenbotschafter der Stiftung. Und der gute Mann wurde schon mehrfach angezeigt – wegen sexueller Belästigung von Minderjährigen und einmal auch wegen Körperverletzung.«

»Bringt trotzdem nichts«, sagt Perlsberg in dieser zeitlupenhaften Sprechweise, die Max noch unheimlicher findet als das rasende Wortgerassel in ihren manischen Phasen. »Die Anzeigen wurden alle zurückgezogen, die Ermittlungen eingestellt.«

»Weiß ich ja.« Bis vor sieben oder acht Jahren, rekapituliert er in Gedanken, gab es immer wieder mal Gerüchte zu Terrys sexuellen Präferenzen. Eine Zeit lang erzählte er praktisch in jedem Interview, dass er sich zu älteren Frauen hingezogen fühle. Er könne nichts daran ändern, dass so viele Mädchen und junge Frauen zu seinen Fans zählten. Manche von ihnen machten sich Hoffnungen, die er weder erfüllen könne noch wolle, und leider passiere es dann ab und zu, dass sich eine der höflich zurückgewiesenen jungen Damen durch eine Falschbeschuldigung zu revanchieren versuche. Doch er sei nun einmal mit seiner Lebensgefährtin glücklich liiert, dem fünfzehn Jahre älteren Ex-Model Christiane Höller, das in einer Villa am Wannsee lebt. Auch wenn sie nie unter einem Dach gelebt hätten, so Terry, halte er seiner Christiane die Treue. Nachdem seine PR Agentur auch noch die Rührstory verbreitet hatte, wie er am Sarg seiner heiß geliebten Mami wochenlang Totenwache gehalten habe, schliefen die Gerüchte wegen angeblicher Belästigung von Teenagern wieder ein. In Interviews und Hochglanzreportagen ging es fortan nur noch um Terrys Ehrfurcht erregende Verwandlung vom internationalen Popstar zum glamourösen Frontmann globalen Kindeswohls.

»Terry ist ein Motorrad-Freak«, fügt Max hinzu. »Zu seinen

Rockstar-Zeiten ist er mit einer Kawa Z 900 auf die Bühne gedonnert.«

»Was du alles weißt, Max.« Perlsberg sieht ihn kopfschüttelnd an. Die Verwunderung scheint sie ein wenig aufzumuntern.

Von der Rückbank kommt zustimmendes Stöhnen.

»Das liegt an meinem Rockerbart.« Max zieht an dem fuchsroten Gekräusel unter seinem Kinn. »Auf der Insel werde ich den aber verfluchen.«

»Auf der Insel wirst du ganz andere Sorgen haben«, widerspricht Tony.

»Die Aktion Maipaan ist tot.« Perlsberg sieht Tony im Rückspiegel düster an. »Jedenfalls so gut wie.«

Tony kneift den Mund zusammen. Noch während er eben blutend im Schnee lag, hat ihn Perlsberg zusammengefaltet, weil er ihre Order missachtet hat, Terry nur unauffällig zu folgen. »Davon, dich von ihm niederknüppeln zu lassen, hat keiner was gesagt! Mann, Tony, er hätte dich einpacken und wegschaffen können, genau wie Ria!« Sie lag neben ihm auf den Knien im Schnee, beschimpfte und streichelte ihn.

Derweil befragte Max den Hobbit-kleinen Späti-Pächter Günal und erfuhr, dass der exzentrische Kunde maskiert in seinen Laden gestürmt sei und »Überfall« gerufen, dann aber mit einem Zweihundert-Euro-Schein bezahlt und auf Wechselgeld verzichtet habe. »Für nur eine Flasche Wasser, still!« Wenn Max' Kumpel Anzeige erstatten wolle, werde er, Günal, zugunsten des Maskenmannes aussagen. »Dein Freund will sein Auto klauen, das er geglaubt. Ich sehe so.« Zu körperlichen Merkmalen des Maskierten könne er im Übrigen keine Angaben machen, »der Mann groß, für mich alle Mann groß«.

»Okay, schreib ihr, Max«, sagt Perlsberg schließlich, fast schon wieder mit mittlerer Sprechgeschwindigkeit. »Vielleicht kann sie Jensen davon überzeugen, Terry einen Besuch abzustatten. Direkt morgen nach der Klinik. Der Typ ist eine Bombe mit tickendem Zeitzünder. Ihn unter Druck zu setzen, könnte hilfreich sein.«

»Wird sofort erledigt.« Max bearbeitet mit beiden Daumen sein Smartphone. »So, abgeschickt. Wenn du erlaubst, Perlsberg, lege ich mich jetzt in der Almhütte aufs Ohr. Obwohl der Tag gerade erst angefangen hat.«
»Ein bisschen Schlaf können wir alle gebrauchen. Du ganz besonders, Tony«, fügt sie mit einem Blick in den Rückspiegel hinzu. »Geh morgen erst mal zum Arzt. Wenn er dich gesundschreibt, hältst du anschließend im Büro die Stellung. Aber keine Extratouren mehr, okay?«
So wie sie ihn im Spiegel ansieht, ist für Max klar, dass Tony raus ist. *Bleiben nur noch sie und ich,* sagt er sich, *fast wie in alten Zeiten.*

Berlin-Moabit, Apartment Svenja Wuttke [04:37]

Kurz nach halb fünf, Svenja schreckt aus dem Halbschlaf hoch. Gegen halb zwei war sie endlich weggedämmert, doch jetzt musiziert ihr Smartphone direkt neben ihrem rechten Ohr. Der Anfang der Bayernhymne, die sie gestern Abend noch als Klingelton für Max' Messages eingerichtet hat. Bevor der ländliche Chor *Gott mit dir, du Land der Bayern* anstimmen kann, ruft sie die Nachricht auf.
»*Biker möglicher Mittäter? Könnte auf T. T. deuten. LG M.*«
Sie reibt sich die Augen, ihre Pulsfrequenz schießt senkrecht hoch. *Ein Biker? Echt, Max?* Aus ihr selbst nicht ganz einsichtigen Gründen hat sie gestern früh sofort an einen Motorradfahrer gedacht, als sie die Splittspuren am Tatort sah. Und jetzt hat Max Erkenntnisse, die in die gleiche Richtung deuten? *Aber woher hat er die, mitten in der Nacht? Und wer ist T. T.?* Sie ruft Max an, sein Smartphone ist ausgeschaltet, auch die Mailbox nicht erreichbar. Kein Wunder, um halb fünf.
Also, wie komme ich da jetzt weiter? Sie springt aus dem Bett und geht in die Kochecke ihres winzigen Ein-Raum-Apartments. Ei-

gentlich nur ein bewohnbarer Schrank, aber zentral gelegen und einigermaßen erschwinglich, die JVA um die Ecke wirkt sich preisdämpfend aus. Svenja hat keine Vorbehalte gegen Knastis als Nachbarn. Viel mehr Kopfzerbrechen machen ihr all die Schwerkriminellen, die frei herumlaufen. Sie setzt Wasser auf und geht ins Bad, das direkt neben der Spüle liegt und kaum größer ist als die Toiletten in EasyJet-Fliegern.

Okay, der Reihe nach, denkt sie kurz darauf bei einer XXL-Tasse schwarzem Tee. Das Steingutteil ist mit Fotos von ihr selbst, ihren Eltern und Geschwistern rundumverschönt, doch jetzt hat sie keinen Blick dafür. Sie muss zweierlei herausfinden, und zwar umgehend. Gibt es am Tatort Hinweise auf einen Biker? Und wer ist T. T.? In Gedanken schiebt sie Puzzlesteine hin und her.

Erstens: Hinter Tuchalsky (und gegebenenfalls T. T.) steckt die Bruderschaft, auch wenn (oder gerade weil) Max so auffällig betont hat, dass sie seinerzeit keine Verbindung zwischen Tuchalsky und dem Menschenfänger-Kartell nachweisen konnten.

Woraus zweitens folgt: Hinter Max steckt Hallstein. Die beiden planen eine Undercover-Aktion gegen die Brüder (oder sind schon mittendrin), für die Max sich wie ein Marine gedrillt und mit dem Anarchistenbart ausstaffiert hat. Aber was für eine Mission soll das sein? Mit diesem Outfit soll er bestimmt nicht als Pfleger in die Kinderklinik eingeschleust werden.

Drittens: Wenn Jensen mitbekommt, dass es um die Bruderschaft geht, wird ihm sofort klar sein, wer die Fäden im Hintergrund zieht. Dass er wissentlich auch nur einen Finger rühren würde, um Hallstein bei was auch immer zu helfen, hält Svenja für wenig wahrscheinlich. Dafür hasst er seine Vorgängerin zu sehr, und dafür hat er zu hart darum gekämpft, ihren Posten zu ergattern.

Woraus viertens folgt: Um mit Max zu kooperieren, muss Svenja ein doppeltes Spiel spielen. Tuchalsky (und gegebenenfalls T. T.) als mögliche Täter ins Spiel bringen, ohne die mutmaßlichen Hintermänner zu erwähnen. Den oder die Täter stattdessen als Psychopathen darstellen, die Vater und Sohn Makowski aus perverser Mordlust getötet und ihre Leichen geschändet haben. Die Fotos aus dem Hardcore-Club, auf denen nackte Männer mit Glasscherben und rostigen Fleischermessern im Genitalbereich traktiert werden, sehen in der Tat wie Variationen der Geschehnisse in Heiligensee aus. »*Anscheinend wollte Tuchalsky mal in echt ausführen*«, hört sich Svenja schon zu Jensen sagen, »*was er in den Clubs immer nur spielen darf.*« Wird er ihr das abnehmen? Oder wird sie alles vermasseln, indem sie herumstottert und knallrot wird? Schon bei der Vorstellung, wie sie Superbrain Jensen aufs Kreuz zu legen versucht, wird ihr abwechselnd heiß und kalt.

Je länger sie darüber nachdenkt, desto entschlossener ist sie trotzdem, die Informationen von Max zu nutzen. *Lass mich nur nicht hängen, Max*, denkt sie. *Sonst radiert mich Jensen wie einen Schmutzfleck auf seinem Tatmuster aus.*

Sie geht zur Kochecke, schenkt sich Tee nach.

Fünftens: Wer ist T. T.? Jemand von der Bruderschaft, der als Biker in Erscheinung getreten ist? In Gedanken geht sie die Namen der Männer durch, die Hallstein und Max im Lauf der Jahre mit dem Kartell in Verbindung gebracht haben. Bauunternehmer Carl Grohlich, Vermögensberater Fabian von Bolstedt, »Lebenswelten«-Designer Robert Althus, Wirtschaftsanwalt Till Martens, dann der Hotelier Peter Mixner oder auch der riesenhafte Mann mit der auffälligen Stirnnarbe, bei dem es sich möglicherweise um den mutmaßlich geisteskranken Ethnologen Tom Astor handelt.

Sie trinkt Tee aus der Svenja-Tasse, geht in ihrem Bonsai-Apartment auf und ab, zwei Schritte hin, zwei zurück, und nach und nach fallen ihr weitere Namen ein. Aber zu keinem von ihnen passen die Initialen T. T.

Vielleicht geht es bei der Undercover-Aktion doch um die Kinderklinik in Steglitz? Svenja setzt sich an den Klapptisch unter ihrem Fenster, der ihr als Schreib- und Esstisch und im Bedarfsfall auch als Bügelunterlage dient. Sie klappt ihren Laptop auf und gibt »*Dignity of Youth Berlin*« ins Suchfeld ein.

Auf der Webseite der Kinderklinik findet sie unter dem Menüpunkt *Die Stiftung* weitere Namen, dazu Fotos und kurze Porträts in gebügeltem PR-Jargon. Der Stiftungsbeirat besteht fast ausschließlich aus Professoren und Doktoren, zwei Drittel davon Männer. Kein T. T. dabei.

Am Fuß der Seite ein Link ohne Namen: *Unser Markenbotschafter – das Gesicht von Dignity of Youth.* Sie klickt ihn an, und noch während sich die Seite neu aufbaut, wird Svenja klar, wen Max mit dem Kürzel T. T. gemeint haben muss.

Tycho Terry. Sie hat seine Show *Leuchtende Kinderaugen* mehr als einmal gesehen, zuletzt vor zwei Jahren, als sie noch zu Hause wohnte. In dem schlichten, aber geräumigen Eigenheim in Berlin-Reinickendorf, das ihr Vater und ihre Onkel Stein für Stein selbst gebaut haben. So schlecht findet sie Terrys Charity-Show nicht, und der Moderator ist sogar ziemlich cool. Durch seine weltweiten Connections schafft es Terry immer wieder, Filmstars aus Hollywood und weltberühmte Sänger und Bands in seine Show zu locken. Madonna, als sie noch ab und zu die richtigen Töne traf, Lady Gaga im Abendkleid aus Steakfleisch, einmal sogar die Rolling Stones.

Na gut, *Leuchtende Kinderaugen* ist nicht gerade ein Hipster-Format, gesteht sich Svenja ein, aber auch keine Provinzler- oder Seniorenshow, sondern irgendetwas Mainstreamiges dazwischen. Unterhaltsam, gut gemacht und für einen wirklich guten Zweck.

Das dachte sie jedenfalls bis gestern. Nicht im Traum wäre sie auf die Idee gekommen, dass die Stiftung irgendwie unter dem Einfluss des Kartells stehen könnte. Obwohl es aus Sicht der Brüder nur konsequent wäre, sich gerade diese Organisation unter den Nagel zu reißen.

Aber Tycho Terry ein Mörder und Psychopath? Vielleicht hat Max doch einen anderen T. T. gemeint? Sie klickt auf *Presse-Download.*

Terry strahlt ihr vom Bildschirm entgegen, ein groß gewachsener, breitschultriger Mann Anfang vierzig, mit angegrautem, teilweise noch blondem Lockenschopf, wässrig blauen Augen und eigensinnig vorgerecktem Kinn.

Sie klickt ein Video mit Terry in karitativer Aktion an. Irgendwo in der süddeutschen Provinz eröffnet er eine neue Kinderklinik der Stiftung. Er trägt einen dunkelblauen Anzug, dazu sein lässiges Lächeln zur Schau. Er schüttelt Politikerhände, interviewt drei regionale Sponsoren und präsentiert dann den Hauptmäzen, einen greisen Schraubenfabrikanten. Terry ist bestens vorbereitet und ganz in seinem Element. Jeder Satz, jede Geste sitzt. Er kann gleichzeitig Witze reißen und an die moralische Verantwortung der Gesellschaft erinnern, im gleichen Atemzug flapsig und respektvoll sein. Und wie er sich mit den Kindern und Jugendlichen freut, die in den Genuss der neuen Premium-Klinik kommen, ist zweifellos echt. Oder so brillant gespielt, dass man als Zuschauer allein deshalb schon dreimal so viel spendet, wie man eigentlich vorhatte. Um zu sehen, wie sich Tycho Terry mit den Kindern freut.

Kann man gleichzeitig Menschenfreund und Mörder sein? Svenja klickt auf die Slide Show, die T. T. in bizarren Verkleidungen zeigt, mit Schottenrock, Alienkostüm, sogar im Feenkleid und mehrfach auch im Bikeranzug. Im knallengen Einteiler aus glänzend schwarzem Leder posiert er auf einer stylischen Oldtimer-Maschine. Seine Füße und Unterschenkel stecken in enormen, gleichfalls glänzend schwarzen Lederstiefeln mit auffallend hohen Sohlen.

Der mögliche Mittäter, denkt Svenja und muss ihre Tasse abstellen, so sehr zittert ihr auf einmal die Hand. Kein Zweifel, diesen T. T. hat Max gemeint.

»Tycho Terry, 43«, heißt es im Fließtext unter der Slide Show, *»wurde als Gründer und Leadsänger der legendären Rockband* Dopeless Hope *berühmt, die u. a. mit dem Song* Kilroy was here *Weltruhm erlangt hat. Mit 29 entschloss sich Terry, seine Karriere als Rockmusiker zu beenden, um sein Leben dem Wohl benachteiligter Kinder und Teenager zu widmen. Als Moderator der Charity-Show* Leuchtende Kinderaugen, *die viermal jährlich europa-*

weit in TV und Internet übertragen wird, und als Veranstalter hochkarätiger Wohltätigkeitsevents weit über Deutschland hinaus hat sich der Star ganz in den Dienst der Stiftung Dignity of Youth *gestellt, die weltweit mehr als 15 Kinder- und Jugendkliniken, mehr als 20 Reha- und Palliativzentren für elternlose Minderjährige sowie mehr als fünf erlebnispädagogische Boot-Camps zur Reintegration meist männlicher Teenager betreibt.*
›*Im Gegensatz zu den Kiddies, die in den Einrichtungen von* Dignity of Youth *auf Fünf-Sterne-Niveau behandelt, geheilt und betreut werden, hatte ich das Glück, nicht als Vollwaise im Heim oder bei Pflegeeltern aufwachsen zu müssen*‹*, erklärte Terry in seiner Rede, mit der er vor 13 Jahren seine Ernennung zum Markenbotschafter annahm.* ›*Meine geliebte Mutter war immer für mich da und hat in gewisser Weise sogar versucht, mir den Vater zu ersetzen, den ich nie kennenlernen durfte. Aber erst nach ihrem Tod habe ich durch meine Aufnahme in die weltweite Stiftungs-Community erfahren, was es heißt – und wie es sich anfühlt –, einer so großen wie großartigen Familie anzugehören, in der jeder sich jederzeit um die anderen Familienmitglieder kümmert.*
Ich danke allen, die mir geholfen haben und denen ich helfen durfte und darf, von ganzem Herzen,
Ihr und Euer Tycho Terry‹«

Fröstelnd greift Svenja nach der Teetasse. Bis jetzt gehen sie davon aus, dass in der Mordnacht nur ein Täter im Haus der Makowskis war. Doch das passt auch durchaus zu den Informationen von Max. Gestern hat er angedeutet, dass Tuchalsky in Tatortnähe gewesen sei und anscheinend auch die junge Frau verfolgt habe, über deren Identität sie immer noch nichts weiß. *Und Max?*, fragt sich Svenja. *Was weiß er sonst noch alles? Gehört die junge Frau zu Hallsteins und seinem Team?*
Sie hat es sich immer wieder gefragt, und jedes Mal fühlt es sich stimmiger an. Hallstein hat die Unbekannte auf Niklas Makowski angesetzt, um ihm belastende Informationen über die Klinik zu entlocken. Die junge Frau drängte Niklas, entsprechende Do-

kumente zu beschaffen, aber die Brüder rochen Lunte und brachten ihn und seinen Vater um. Hinter der Frau sind sie weiterhin her, weil sie vermuten, dass Niklas bereits Informationen an sie weitergegeben hat. Aber dazu scheint er nicht mehr gekommen zu sein, und deshalb versucht Max jetzt, durch Svenja in den Besitz der Klinikakte zu gelangen.

So weit, so plausibel, sagt sich Svenja. *Täter 1 (T. T.?) bricht also in der Nacht zum Dienstag bei den Makowskis ein und tötet Niklas und dessen Vater. Täter 2 (Tuchalsky) liegt in Tatortnähe auf der Lauer, als die junge Frau auftaucht, und folgt ihr, um auch sie zu töten.*

Kommt Terry wirklich als Täter 1 infrage? Um kurz nach fünf zieht Svenja Mantel und Stiefel, Rucksack und Handschuhe an, klopft ihre Taschen ab, bis der Autoschlüssel klimpert, und macht sich auf den Weg nach Heiligensee.

In der Turmstraße geht es trotz der frühen Morgenstunde schon umtriebig zu. Fußgänger hasten zur U-Bahn, Gemüsehändler brechen mit Kleinbussen zur Großmarkthalle auf.

Während Svenja Eis von den Scheiben ihres Mini-SUVs kratzt, sieht sie kurz wieder Max vor sich, wie er in der Almhütte vor ihr stand. Seine Muskeln spannten das moosgrüne Shirt, und hinter ihm schien das Federbett immer weiter anzuschwellen.

Berlin-Spandau, *Zuchtanstalt,* Tiefgarage [05:23]

Bald halb sechs und Kilroy immer noch auf hundertachtzig. Wenn auch momentan im Leerlauf, in der Tiefgarage unter Tuchalskys Hardcore-Club. Wer nicht hier ist, ist Fritze, schon allein deshalb kocht Kilroy vor Wut. Darum und weil er andauernd an die Tucke Tilly denken muss, Dr. Tilly Biethain, seine sogenannte Therapeutin kurz nach Mamis Tod. Na gut, er hat sie damals von sich aus aufgesucht, weil er wirklich Angst hatte, den Verstand zu verlieren. Aber denkste, hier rennt er durch die

Scheißgarage, rüttelt an Gittertoren und Feuertüren, alles verrammelt, brüllt »Tuchalsky!« und ist kein bisschen verrückt. Ganz im Gegensatz zu Fritze, der ihm mit der U-Boot-Schlampe vor der Nase weggefahren ist – »verrückt!«, schreit Kilroy. Und sich jetzt auch noch taub und tot stellt – »noch verrückter!«, brüllt Kilroy. Und auch noch glaubt, damit durchzukommen – »am verrücktesten!«, krächzt Kilroy mit ausgedörrter Kehle.

Kurz überlegt er, den Scheiß-Van anzupissen, der Karre einen Rache-Rallyestreifen zu verpassen, aber er ist so ausgetrocknet, er kann nicht mal pissen. Vor allem kann er an nichts anderes mehr denken als die Tucke Tilly und ihr nervtötendes Gelabere von wegen »Halten wir uns doch mal an die Fakten, Herr Bartels«. Schon dass sie ihn Bartels nannte, nicht Terry, machte ihn rasend. Aber er hat es versucht, er hat es wirklich mit ihr versucht. Fakten, das ist, wenn er null Komma scheiß gar nichts dabei fühlt, erklärte er ihr schafsgeduldig, und was sie »Ihre Phantasmen, Herr Bartels« nannte, ist für ihn höllisch heiße Erlebnisintensität. »Also real wie sonst gar nichts, geht das in Ihre Psychorübe rein, Frau Dr. Tilly?« Sie sah ihn ausdruckslos an, dafür brauchte sie keine Maske, sie hatte immer diesen Null-Ausdruck im glatt geschminkten Gesicht.

»Fangen wir bei Pater Georg an«, so Dr. Tilly, »Sie wissen doch so gut wie ich, dass er nur in Ihrer Fantasie existiert«, und blaba. Für Kilroy existiert er, und basta. Beziehungsweise hat existiert. Schließlich erinnert er sich haargenau an ihn, und immer hat der Pater diese Weibersachen an, schwarzes Kleid mit weißem Kragen. »Schauen Sie sich doch mal die Fotos an, die Sie selbst mir gegeben haben. Auf keinem dieser Bilder ist Pater Georg zu sehen.« Zum Beweis legte sie ihm stapelweise Fotos vor, alle ohne Pater. Die sogenannte Bibliothek mit Mami hinterm Schreibtisch, wie sie Klein Tychos Schulhefte durchsieht. Die sogenannte Bibliothek mit niemandem hinterm Schreibtisch. Mami im sogenannten Salon, Mami vor ihrem Ankleidespiegel, Mami im Anmarsch mit Klistier. Als Kiddie hat Kilroy kiloweise Bilder geknipst, und auf keinem davon ist der Pater zu sehen (mysteriös), auf fast allen seine Mutter (wer sonst) und nirgendwo er selbst *(Kilroy was here)*.

Kilroy ist nicht geistig minderbemittelt, na klar hat er sich Gedanken über den Pater gemacht. Sogar tonnenweise. Es gab Zeiten, da konnte er von früh bis spät an nichts anderes denken, *wer ist/ war der Pater, wer ist/war der Pater,* mit dieser Frage wachte er auf und schlief wieder ein. Oder gerade nicht, die Frage durchraste ihn, rüttelte, schüttelte, knüttelte ihn, hielt ihn nächtelang wach. Nie wird er seine schlimmste Krisennacht vergessen, während der Japantournee von *Dopeless Hope*, sieben Jahre vor Mamis Tod. *Wer ist/war der Pater, wer ist/war der Pater,* hämmerte es von innen gegen seinen Kopf. In Gedanken klebte er Antworten wie Knebel, wie Backpfeifen, wie ganze Kanonenladungen Zweikomponentenkleber auf die verdammte Paterfrage, die ihn mehr und mehr in den Wahnsinn trieb. In jener Nacht in Nagasaki schrieb Kilroy fieberhaft eine Liste der möglichen Seinszustände des Paters nieder, auf Origamipapier, das ihm drei nackte Groupies feierlich kreischend überreicht hatten. Mit ihren Spalten, in denen die stramm zusammengerollten Reispapierblätter steckten. Es sah verdammt noch mal aus, als ob sie beides hätten, Spalte *und* Schwanz. Er fiel fast in Ohnmacht, hyperventilierte, hysterisierte, hyperbolisierte, alles Mögliche mit *hy*, es war, als wäre er im tiefsten Innern seiner finstersten Fantasien angekommen.

Die Liste, die er in jener Nacht mit rotem Edding auf hautfarbenes Origami klierte, stellte für ihn den Durchbruch in seiner geheimen Paterphilosophie dar. Auch wenn die Positionen I bis V bis zum heutigen Tag immer wieder durcheinandergewirbelt werden. Hier das Ranking während seiner kurzen Dr.-Tilly-Phase:

»*I – A: der Pater ist Mamis Liebhaber (B: Liebhaberin)*
II – der Pater ist mein Vater (siehe auch I-A)
III – der Pater ist meine Mutter (Mater) (halbherzig verkleidet)
IV – es gibt keinen Pater (Pater non est)
V – das Was-auch-immer ist was auch immer (nichts ist schlimmer)«

Dr. Tilly hatte keinen Schimmer von dieser Liste der möglichen Seinszustände von wem auch immer (Pater oder Mater), und Kilroy hatte keineswegs vor, über dieses hochhöllische Thema mit ihr zu reden. Oder mit irgendwem sonst. Er fühlt sich sofort wie in klebrige Spinnenfäden eingesponnen, wenn er auch nur ganz leise daran denkt.

»Und da wir gerade bei der Trennung von Fakten und Phantasmen sind, Herr Bartels«, hakte sie gnadenlos nach, »die Kreatur, die angeblich durch die Wand gebrochen kam, ist also was? Faktum oder Phantasma?« Ein ermutigendes Lächeln wäre angebracht gewesen, aber nein, sie sah ihn mit diesem Null-Ausdruck an.

»Wer hat was von einer Kreatur gesagt? Ich nicht«, gab Kilroy alias Herr Bartels zurück. »Es war *Was-auch-immer*, besser lässt es sich nicht umschreiben. Nicht mal Büchner Goethe Shakespeare Schiller würden das besser hinkriegen.«

Er schließt seinen Range Rover auf und setzt sich hinters Steuer. Dabei sieht er sich selbst vor sich, wie er vor der Tucke Tilly saß, beide in blöd geblümten Sesseln, der ganze Therapieraum deckenhoch mit Büchern vollgestopft, Anna Freud Lisa Leid, blabla, und gleichzeitig sieht er wie durch roten Nebel, wie hinter ihm die Wand aufplatzt. Und etwas kracht ihm in den Rücken, vielleicht der Pater, der von der aufplatzenden Wand gegen ihn gehebelt wird, vielleicht auch schon direkt das Was-auch-immer, das aus der Wand herausgeplatzt kommt, und dann rennt Klein Tycho los, reißt die Tür auf, und Was-auch-immer brüllend hinter ihm, brutheiß in seinen Nacken fauchend, und drischt und tritt ihn vor sich her, den Flur hoch und wieder runter, und ist gleichzeitig vor ihm, hinter ihm, in ihm, unter ihm, reißt ihn hoch, knallt ihn hin, und Klein Tycho wimmert und bepisst sich, jedes Mal, und stolpert über seine Füße, auch jedes Mal, und bleibt irgendwann liegen, in seiner Pisse, Hemd, Hose, alles runtergefetzt, und irgendwann entdeckt ihn der Pater und sagt tremolierend: »Ab auf dein Zimmer, Timo. So darf man sich einfach nicht gehen lassen.«

Kilroy lässt den Motor an, haut den Gang rein und rollt vor bis zum Gittertor. Beim dritten Date mit Dr. Tilly erwähnte er, dass er von ihr geträumt hatte. Sie schien erfreut, wenn auch weiterhin ausdrucksarm. »Erzählen Sie mir davon, Herr Bartels.« Er sah sich im Therapieraum um, keine Schere oder Zange in Sicht. Er hatte sich und beim Date davor dann auch sie gefragt, ob sie eine Spalte habe oder ein Klingeling. Und er war immer noch wütend, weil sie seiner Frage ausgewichen war. »Sie meinen, ob ich eine Vulva oder Penis und Hoden habe, Herr Bartels?« Nein, das meinte er scheiße noch mal nicht. In der Nacht darauf träumte er, dass sie weder noch hatte, sondern einen Krater, an den Seiten schmal, zur Mitte hin sich rundend, der mit rotem Blech ausgekleidet war. »Stahlblech«, erklärte er ihr, »Sie hatten eine feuerrote Ritterrüstung an, aber *innen*, und ich hatte eine Blechschere. Damit hab ich Ihre Rüstung in Streifen geschnitten, Frau Doktor, mit der Blechschere habe ich immer wieder tief und noch tiefer in Sie hineingeschnitten, bis ich bis zur Schulter in Ihnen war. Die Streifen habe ich dann aus Ihnen herausgezogen, Dr. Tilly, einen nach dem anderen, und Sie haben geweint, vor Dankbarkeit, weil Sie endlich Ihre innere Rüstung los waren. Unter Tränen gelächelt haben Sie, stellen Sie sich das mal vor.« Er schaute sich erneut nach einer Blechschere um, oder wenigstens nach einem Brieföffner, und das war das letzte Mal, dass er die Tucke Tilly traf.

Er weint ihr keine Träne nach, schließlich hat er immer noch ihre Standpauke nach Sitzung Nummer zwo im Ohr: »Ihre Persönlichkeit ist *dissoziiert*, Herr Bartels, gemeinsam können wir Sie heilen, aber dafür müssen Sie sich Ihren *Gefühlen* stellen. Lassen Sie die Gefühle zu, die Sie in Ihrer *Opfer*-Teilpersönlichkeit abgespalten haben, in dem verängstigten kleinen Jungen, der wieder und wieder terrorisiert, misshandelt und missbraucht worden ist. Und lassen Sie mich Ihnen helfen, Ihrer *Täter*-Teilpersönlichkeit ins Gesicht zu sehen, dem Teil von Ihnen, der sich mit der Person identifiziert, von der Sie misshandelt und überwältigt und missbraucht worden sind. Machen Sie sich bewusst, Herr Bartels, dass es sich dabei um kein gesichts- und namenloses ›Was-auch-immer‹ handelt, sondern um ...« Blabla, er war weggedriftet, zum Glück für Tilly, ihr Geschwafel machte ihn so wütend, dass er drauf und dran war, *sie* zu dissoziieren. Ihr die Tilly-Titten wegzuschnippeln, dann die Analytiker-Arschbacken abzuhacken und immer so weiter.

Kilroy hämmert den Code ins Ziffernfeld, schwerfällig scheppert das Gittertor hoch. Er tritt das Gaspedal durch, rast in Rage im Range die Rampe hinauf.

Berlin-Heiligensee, Büchnerstraße [05:37]

Zwanzig vor sechs und immer noch stockdunkel. In der Vorstadt wird an Straßenlampen ohnehin gespart, in der Büchnerstraße ist auch noch jede dritte außer Betrieb. Und die Hälfte der restlichen so dick mit Eis überzogen, dass nur ein milchiges Schimmern durch die Kruste dringt.

Aber egal, sagt sich Svenja, sie hat alles Erforderliche dabei. Sie stellt ihr Auto im Wendehammer ab, holt die Stablampe aus dem Rucksack und steigt aus. Am hintersten Ende des Wendehammers ist ein schmaler, nicht befestigter Streifen, Niemandsland zwischen der asphaltierten Straße und einem kleinen, dreieckigen Grundstück. Während sie durch tiefgefrorene Vorstädte fuhr, dankbar für den Vierradantrieb ihres Mini-SUVs, kam ihr das Areal von der Form eines Tortenstücks in den Sinn. Es ist zu klein, um bebaut zu werden, straßenseitig vielleicht drei Meter breit, höchstens zehn tief und wird nach hinten zu stetig enger. Svenja bleibt vor dem Niemandsland stehen und schaltet die Stablampe ein. Der Lichtkegel gleitet über zugeschneite Büsche und schilfiges Unkraut, das kraftlos grau aussieht. Sie richtet die Lampe auf den unbefestigten Grenzstreifen vor ihren Füßen. Er ist mit frischem Schnee bedeckt wie die Straße und der Bürgersteig auch. Im Lauf der Nacht hat es immer wieder mal geschneit, allerdings nicht annähernd so heftig wie gestern. Svenja geht in die Hocke und pustet in den Schnee. Die frische obere Schicht ist so trocken und leicht, dass sie fast wie Puderzucker davonstiebt. Sie greift hinter sich und zieht aus der Seitentasche ihres Rucksacks einen steril verpackten Marabupinsel, wie sie von den KTlern verwendet werden. Sie nimmt den Pinsel aus der Plastikhülle und wedelt Zentimeter um Zentimeter die oberste Schneeschicht weg.

Ihre Handschuhe hat sie im Auto gelassen, die wären beim Hantieren mit dem feinen Pinsel nur im Weg. Schon nach wenigen Minuten sind ihre Hände rot gefroren, aber sie macht unverdrossen weiter. Die Eisschicht unter dem Pulverschnee ist steinhart. Auf Reifenspuren kann sie hier nicht hoffen, doch darum geht es ihr auch nicht.

Ehe sie losfuhr, hat sie sich schnell noch kundig gemacht. Die Maschine, mit der Terry auf den Slideshow-Fotos posiert hat, ist ein Oldtimer aus den 1980er-Jahren. Der Schriftzug *Kawasaki Z 900* auf den signalgelb lackierten Seitenflächen der Maschine war auf einem der Fotos deutlich zu erkennen. Es handelt sich um ein *Naked Bike*, das puren Fahrgenuss bieten soll und entsprechend leichtgewichtig ist. Zweihundertfünfzig Kilogramm, hat Svenja gelernt, sind relativ wenig für ein Motorrad, Harley-Davidson-Maschinen wiegen, je nach Modell, bis zu zweihundert Kilo mehr.

Entsprechend ist die Kawa Z 900 standardmäßig mit einem Seitenständer ausgestattet, den man auf der linken Seite ausklappt, um die Maschine in leichter Schräglage abzustellen. Auf den Website-Bildern ist jedoch klar zu sehen, dass Terrys Maschine auf einem doppelfüßigen sogenannten Hauptständer steht, wie sie gewöhnlich zum Aufbocken viel schwererer Motorräder verwendet werden. Auf einem der Fotos sitzt er aufrecht auf seiner Maschine, die durchgedrückten Arme auf den Sitz gestützt und die Beine waagrecht nach vorn gestreckt wie ein Barrenturner. Das Foto ist laut Copyright drei Jahre alt, und das ungewöhnlich tiefe Profil seiner Stiefelsohlen zeichnet sich deutlich ab.

Die Unmengen an Splittsteinchen, die sie am Tatort vorgefunden haben, sagt sich Svenja, lassen sich eigentlich nur mit solchem Schuhwerk ins Haus transportieren. Es sei denn, sie hätten es mit mehreren Tätern zu tun oder das Streugut wäre draußen eingesammelt und absichtlich im Haus verteilt worden. Aber dafür gibt es weder Anhaltspunkte noch mögliche Motive. Svenja wechselt den Pinsel in die linke Hand und haucht sich in die fast schon tiefgefrorene rechte Faust. Die Stablampe hat sie auf den Boden gelegt und so positioniert, dass die Fläche beleuchtet wird, an der sie gerade arbeitet.

Ich muss die KT anrufen, überlegt sie, *mit ein bisschen Glück ist Sven da. Wie heißt er noch mal weiter? Carutz. Ob mit oder ohne Rentierschlips, er muss hier ran.* Im nächsten Moment vergisst sie fast zu atmen. Der Marabu hat zwei rundliche, gut einen Zentimeter tiefe Mulden freigewedelt, Abstand circa dreißig Zentimeter, wie sie ein zweibeiniger Motorradständer hinterlässt.

Svenja holt ihr Smartphone aus der Manteltasche. Mit den kältetauben Fingern dauert es eine kleine Ewigkeit, bis sie das Gerät entsperrt, die Kamera-App gestartet und ein halbes Dutzend Fotos von den Abdrücken im Eis geschossen hat. Um die Größenverhältnisse kenntlich zu machen, legt sie das Lineal daneben, das sie zu diesem Zweck eingepackt hat. Genauso wie das rot-weiße Flatterband mit der Aufschrift POLIZEIABSPERRUNG, mit dem sie als Nächstes die Fundstelle sichert.

Die Lampe in der linken, das Handy in der rechten Hand, kniet sie vor den beiden Mulden, die an Abdrücke überdimensionaler Männerdaumen erinnern. Der Lichtstrahl fräst einen Tunnel durch den schütteren Schilfbewuchs bis tief unter die kahlen Büsche dahinter. Svenja will die Lampe schon ausschalten, da fällt ihr noch etwas auf. Ganz dahinten, fast schon am Ende des keilförmigen Grundstücks, glitzert es wie von Glas oder blankem Stahl.

Sie steckt ihr Smartphone weg, holt sterile Latexhandschuhe aus dem Rucksack und quält sich in die hautengen Fingerlinge. Kurz darauf kriecht sie auf allen vieren durchs Gestrüpp. Schnee

rieselt ihr in den Nacken, aber sie lässt sich nicht beirren. Weder durch die Kälte, die ihr längst ins Knochenmark gekrochen ist, noch durch die energische Stimme von Christa Höttges.
»Was machen Sie denn da, Frau Kommissarin?«
Svenja schießt eine Serie weiterer Fotos, steckt erneut ihr Smartphone weg und wendet sich kurz um. »Ich ermittle«, teilt sie Makowskis Nachbarin mit, nimmt das Klappmesser und schiebt es behutsam in den Beweismittelbeutel. *Blutsuspekte Anhaftungen*, denkt sie in klassischem Forensikerjargon. Noch ein Stück tiefer unter den Büschen hat sie weitere Objekte ausgemacht, die ermittlungsrelevant sein mögen oder auch nicht. Eine zerknüllte Zigarettenpackung und einen Tiegel, wie sie für Cremes verwendet werden. *Vaseline?* Doch für noch mehr Fundstücke reicht ihre kriminaltechnische Notausrüstung nicht aus. Und ein bisschen was soll auch für Sven und Kollegen noch übrig bleiben.
Also krabbelt Svenja unter den Büschen zurück in Richtung Straße, umrundet das provisorisch zwischen Laternenpfahl und Busch gespannte Sperrband und ignoriert Frau Höttges, die Fragen und Anmerkungen auf sie abfeuert. »Haben Sie schon einen Verdächtigen, wer ist es, was haben Sie da gefunden, wieso denn im Gebüsch, ach herrje, ein Messer, ich sag immer, die Welt wird immer schlimmer, so sagen Sie doch auch mal was, Frau Kommissarin?«
»Sven, ja? Hier Svenja, erinnerst du dich noch an mich? Von der Weihnachtsfeier? Ich war die mit der Rentierschlipsallergie. Nee, Quatsch, hör zu, Svennie, ich hab hier was ganz Tolles für dich. In Heiligensee, die Makowski-Morde, genau. Ihr habt jede Menge Beweismittel übersehen, aber du kannst alles wiedergutmachen. Schick mal eine Streife voraus, an die übergebe ich schon mal. Und macht hinne, ja?«
Sie klingt in ihren eigenen Ohren, als wäre Hallsteins Geist in sie gefahren. *Und hey*, denkt Svenja, *es fühlt sich gut an*. Sie ist ihrer Intuition gefolgt und hat einen Volltreffer gelandet. Also Schluss mit dem schüchternen Herumgedruckse.
»Noch was«, sagt sie, als sich der verdattert klingende Sven ver-

abschieden will. »Seid ihr mit den Spuren mittlerweile durch? Stand gestern hattet ihr die Fingerabdrücke ausgewertet, was ist mit dem Rest?«

»Das frag mal deinen Chef. Der hat angeordnet: keine DNA-Tests.«

»Redest du von Jensen?«

»Nee, von dem Yeti.«

Svenja holt tief Luft. »Jensen ist mein Partner, Sven. Als mich letztens jemand gefragt hat, ob ich Rentier-Svennie aus der KT auch so bescheuert finde, weißt du, was ich da gesagt habe?«

»Nee, was denn?« Er klingt auf einmal viel kleiner.

»So über Kollegen herzuziehen, ist respektlos.«

Sven schluckt gut hörbar. »Okay, kapiert. Du hast recht, Svenja. Sorry wegen deinem ... wegen Jensen.«

»Schwamm drüber. Was ist also mit der Spurenauswertung? Irgendwas außer Splitt und Fingerabdrücken werdet ihr ja noch gefunden haben.«

»Nichts, was dir weiterhelfen würde. Oder warte mal.«

Sie hört ihn mit Papieren rascheln. »Da war noch was Komisches, auf dem Bett von dem alten Makowski. Jede Menge Splittsteinchen auf der Bettdecke, in Höhe der Beine, so als hätte der Täter rittlings auf dem Opfer gehockt und die Füße nach hinten weggeknickt.«

»So weit bekannt.«

»Warte, jetzt kommt's. Feiner schwärzlicher Staub oberhalb der Splittrückstände. Und jetzt rate mal, worum es sich dabei handelt. Da kommst du nie drauf.«

»Um Abrieb von Lederbekleidung?«

»Hey, was war das denn für ein Trick? Wie hast du das erraten?«

»Sag's nicht weiter, Svennie, aber ich kann hellsehen.«

Die Bereitschaft kommt angerollt, und Svenja klickt Carutz weg. Sie ist sehr mit sich zufrieden, allerdings so ausgekühlt, dass sie hochfrequent bibbert. »Fundort sichern, Kollegen«, ordnet sie an. »In der nächsten halben Stunde müssen zwei Leute von der KT eintreffen. Bis dahin darf niemand das Areal hier betreten, okay?« Sie zeigt ihnen, um welche Fläche genau es geht. »Das Messer hier habe ich im Gebüsch sichergestellt. Mutmaßlich die Tatwaffe im Fall Niklas Makowski.« Sie übergibt den Beweismittelbeutel an die uniformierte Kollegin. »Die Fundstelle im Gebüsch ist mit Aufsteller markiert«, fährt sie fort. »Die KTler sollen alles asservieren, was da nicht von Natur aus hingehört. Ein unglaublicher Schlendrian«, fügt sie hinzu, und kurz scheint es, als hätte auch noch Jensens Geist von ihr Besitz ergriffen. *Nur was man sucht, kann man auch finden,* denkt sie schnell, und Jensens Geist weicht von ihr.

Sie klopft sich Schnee von den Hosenbeinen, rennt zitternd zu ihrem Wagen, stellt die Heizung auf dreißig Grad und fährt zum Büro.

Tycho Terry und die Makowski-Morde, grübelt sie unterwegs. *Wie passt das zusammen?* Sie erinnert sich vage, dass es vor Jahren mal Gerüchte wegen angeblicher Übergriffe Terrys auf minderjährige Mädchen gab. Wenn er zur Bruderschaft gehört, überlegt sie, würde nicht nur Vergewaltigung von Teenagern, sondern auch Verschleppung, Freiheitsberaubung bis hin zu Folter und Ermordung minderjähriger Opfer ins Bild passen. Aber die Tötung von Makowski Vater und Sohn? Normalerweise wäre das ein Job für die unteren Chargen der Bruderschaft. Aus welchem Grund sollte der superreiche Superpromi Tycho Terry Auftragsmorde für das Kartell ausführen? Aus perversem Spaß am Töten? Nicht auszuschließen, sagt sich Svenja, aber für die Tat eines Psychopathen ist der wahnhafte Tatanteil doch eher überschaubar – jedenfalls verglichen mit den sadistischen Exzessen der Bruderschaft, denen Hallstein und Max auf die Spur gekommen sind. Etwa den »Dschungelorgien« mit Reptilien und Urwaldkulisse, bei denen die Brüder, bemalt wie Steinzeitjäger, mit Speeren und Blasrohren Jagd auf nackte Teenager machten. Um ihre menschliche Beute nicht nur zu vergewaltigen, sondern bei lebendigem Leib wie Rehe zu zerlegen.

Was ist dagegen schon der »Genitalkarneval«, grübelt Svenja, *mit dem sich der Mörder der Makowskis amüsiert hat?*

Berlin-Steglitz,
Klinik *Dignity of Youth*, Einheit 37/38 [06:57]

Kilroy hat Angst vor Tiefgaragen, genauso wie vor Brunnen, Schluchten, Kratern, und doch brettert er schon wieder durch eine Beton-Unterwelt. Diesmal unter der *Dignity*-Klinik, erstes Tiefgeschoss.
Großer Fehler, an Dr. Tilly zu denken, sagt sich Kilroy, während er das Rolltor vor dem V.-I.-P-Bereich mit der Fernbedienung aufbeamt. Jetzt kriegt er das Was-auch-immer nicht mehr aus dem Kopf. Sieht immer wieder Klein Tycho, wie er aus der Bibliothek stürzt, den Flur hoch, runter, Treppen runter, hoch, und die Hiebe, Tritte, mit Tatzen, Pratzen, Pfoten prasseln auf ihn ein. Klein Tycho winselt, kriecht, wird hochgerissen, ratsch, seine Hose weg, *bamm,* er klatscht auf den Boden, robbt sofort weiter, wird runtergedrückt, und das Was-auch-immer wälzt sich über ihn. Grunzt, prustet, schnaubt ihm in den Nacken, gräbt seine Krallen in Klein Tychos zartes Fleisch, bohrt sich tief und tiefer in ihn hinein. Bis es unvermittelt von ihm ablässt, er mit den Armen rudernd hochkommt, erneut losrennt, sich bepisst und stolpert und irgendwann liegen bleibt, und manchmal, ganz selten, war es Mami, die ihn in einem Winkel ganz hinten im Flur fand. »Na, was denn, Kleiner«, gurrt sie in Kilroys Kopf, »komm, ich bring dich ins Bett.«
Er parkt in der erstbesten Box, während sich das Rolltor hinter ihm scheppernd wieder schließt. Noch bevor er richtig ausgestiegen ist, geht die Lifttür auf, und der Doktor tritt heraus. »Kilroy, schön, dich zu sehen.«
Der Laufbursche klingt schwer gestresst, und Kilroys Stimmung steigt. »Glaub nur nicht, dass du mich aufhalten kannst, ich fahre sofort hoch.«
»Ja, logisch fährst du hoch.« Der Doktor, eigentlich Prof. Dr. Jan Sievering, Mitglied des Vorstands und medizinischer Leiter der Klinik, zeigt ihm seine Handflächen. Unter dem weißen Kittel trägt er wie immer einen zerknautschten grauen Anzug. »Nur

eine Bitte noch, treib's nicht zu wild. Und bleib im Zimmer, bis du von mir hörst. Es kann sein, dass uns heute noch eine Delegation ins Haus steht.« Er sieht Kilroy bedeutungsvoll an.

»Ach ja? Mir scheißegal.« Kilroy knallt die Fahrertür zu, geht um den Range herum und macht die Heckklappe auf. »Delegation« ist ihr Codewort für Bullerei, fällt ihm ein. *Und wennschon, mir auch egal.* Er greift sich die Sporttasche mit den nötigsten Utensilien, Maske, Werkzeuge, Kleber, knallt die Klappe zu und stürmt auf den Doktor zu. »Gleiches Zimmer wie immer, ja?«

Der Doktor nickt und bringt sich mit einem Satz in Sicherheit, als Kilroy den Lift entert. »Das Motorradzeug lass oben, Anzug, Stiefel, alles«, hört Kilroy ihn noch rufen, dann geht die Tür wieder zu.

Der Lift ist den Oberbossen und Promis wie Kilroy vorbehalten und führt von der Tiefgarage direkt zur Vorstandsetage im siebten Stock. Mit einem möglichen Zwischenstopp am hinteren Ende von Station 3-2. Dort befindet sich Zimmer 37, das sowohl vom Stationsflur her als auch durch Raum 38 erreichbar ist, der in offiziellen Grundrissen nicht vorkommt.

Samuel, Samuel, Samuel, psalmodiert Kilroy, während der Lift aufwärtsgleitet. Derselbe Vorname wie Morgencron. Auch seine Vorfreude auf das Vorspiel steigt. Er wird es vorsichtig angehen, nimmt er sich vor. Nicht, weil der Doktor es so will, sondern weil er in entsprechender Stimmung ist. *Sachte, sanft, achtsam,* die Wörtertriade hat es ihm seit Längerem angetan. *SSA.* Nur hat er bisher keine Gelegenheit gefunden, sie anzuwenden. *Jetzt ist es so weit,* sagt sich Kilroy, *ich werde sachte, sanft und achtsam mit Samuel umgehen. Jedenfalls so lange, wie es geht.*

Der Lift stoppt in der dritten Etage. Kilroy betritt den Vorraum, der als Vorratskammer für Putzmittel dekoriert ist. Er tippt den Schlüsselcode ins Tastenfeld. Sein Pulsschlag beschleunigt sich rapide, als die Stahltür gegenüber dem Aufzug mitsamt den davor aufgestapelten Kisten aufschwingt. Er zwängt sich hindurch und zieht die Tür hinter sich zu.

Die Luft in Raum 38 riecht abgestanden, das zweckmäßig ausge-

stattete Ein-Raum-Apartment ist fensterlos. Trotzdem hat sich Kilroy hier von Anfang an wohlgefühlt, um nicht zu sagen, euphorisch, enthusiastisch, ekstatisch. Es gibt eine kleine Küche mit Kühlschrank, Mikrowelle, Espressomaschine, ein winziges Bad, ein selten benutztes Queensize-Bett und einen Schrank mit Bettwäsche, Handtüchern, Hygieneartikeln sowie einem reichen Sortiment an Medikamenten und Erste-Hilfe-Utensilien. Einwegspritzen mit sedierenden, schmerzlindernden, aufputschenden, Herz-Kreislauf stabilisierenden und reanimierenden Pharmazeutika, alles übersichtlich geordnet und so beschriftet, dass Kilroy sich leicht zurechtfindet.
Für ihn war das alles hier Liebe auf den ersten Blick, gar nicht mal so sehr wegen der Option, im Stile eines Was-auch-immer aus der Wand herauszuplatzen. Obwohl ihm das auch schon etliche Male passiert ist, aber nur, wenn er total unter Druck war. Heute fühlt er sich fast schon abgeklärt, warum auch immer, sein Zorn ist abgekühlt, eigentlich seltsam, aber so fühlt es sich für ihn an.
Er setzt seine Sporttasche ab, quält sich aus den schweren Stiefeln, schält sich aus den Bikerklamotten und geht erst mal ins Bad. Mit weit zurückgelegtem Kopf, die Arme weit ausgebreitet, den Mund weit offen, steht er unter der Dusche, trinkt, spült sich den Schweiß herunter und tagträumt von Mami, wie sie ihn in der Wanne eingeseift und abgebraust hat. Mit acht, achtzehn, achtundzwanzig und noch am Tag vor ihrem Tod. Ihrem *Suizid* laut Doktor Vogel, Mamis langjährigem Hausarzt, eine Lüge, was sonst. »*Wussten Sie denn nicht, dass Ihre Mutter seit vielen Jahren starke Psychopharmaka genommen hat, Herr Bartels?*« Nein, das wusste er nicht, weil es erstunken und erlogen war. *Schizophren, du vielleicht, Vogelscheuche.* »*Haben Sie eine Erklärung dafür, dass Ihre Mutter bei ihrem Tode zwei Kleider übereinander trug, Herr Bartels, schwarz, darüber rot?*« Na klar hat Kilroy eine Erklärung: Doc Vogelkot hat sich alles aus den stinkenden Fingern gesogen. Kilroy wies ihn an, wahrheitsgemäß *Tod durch Gehirngerinnsel* zu bescheinigen, er drohte und winselte,

und für zweihundertfünfzigtausend Taler gab der Quacksalber endlich nach.

Kilroy nimmt die Maske und einen frischen Arztkittel aus der Sporttasche, zieht beides an und vermeidet es, sich im bodentiefen Wandspiegel anzusehen. *Never saw his face, Kilroy was here.* Er holt die Fernbedienung aus der obersten Küchenschublade, richtet sie auf die Wand neben dem Bett und klickt auf OK. Kilroy fühlt sich okay wie lange nicht mehr, als er zusieht, wie das schmale Wandstück auf leise quietschenden Rollen zur Seite gleitet. Dahinter kommt der leere Einbauschrank von Zimmer 37 zum Vorschein. Er steigt hinein, drückt die Schranktür einen Spalt weit auf und späht ins Nebenzimmer hinüber.

Samuel liegt im linken der beiden Betten, auf der Fensterseite, die Augen geschlossen, das Gesicht Kilroy zugewandt. Das rechte Bett ist leer, aber Kilroy sieht sowieso nur den Jungen. Der Anblick trifft wie ein Tiefschlag, wie aus den Tiefen seiner Erinnerung taucht der Junge vor ihm auf. *Er sieht ganz genauso aus wie damals ich,* sagt sich Kilroy, *wie Klein Tycho mit zwölf, dreizehn Jahren. Wie kann das sein?*

Sie alle erinnern ihn immer an ihn selbst, alle Jungen, die er sich vornimmt, ob weiß, schwarz oder grün wie Pepe, einfach weil sie so jung sind, wie er damals war und immer noch ist tief in sich drinnen. *Aber das hier ist anders*, sagt sich Kilroy, während er die Tür sachte weiter öffnet und aus dem Schrank steigt. *Das hier ist wie Zauber, ein guter Spuk. Du steigst aus dem Schrank wie aus einer Zeitmaschine.*

Der Rollladen ist heruntergelassen, das Deckenlicht gedimmt. Trotzdem kann er jeden Zug von Samuels fein geschnittenem Gesicht klar und deutlich sehen, jede Locke, so hellblond, wie damals auch seine Haare waren. Sein Herz schlägt wie verrückt, er hat einen Kloß in der Kehle, als er leise zur Tür geht, ohne den Jungen aus den Augen zu lassen. Er drückt auf die Klinke, abgeschlossen, schiebt zusätzlich den Riegel vor. *Wie seltsam, er heißt wie Morgencron und sieht aus wie ich.* Es erscheint ihm tief bedeutsam, auch wenn er im Moment nicht überreißt, was genau es bedeutet. Kilroy fühlt sich verwunschen, im positiven Sinn verhext. Er schwenkt nach links, umrundet das leere Bett und setzt sich neben dem Jungen auf den Bettrand.

»Samuel oder Klein Tycho, wie soll ich dich nennen?«, fragt er leise und streicht ihm über den Kopf. »Oder mal so, mal so?« Der Junge schlägt die Augen auf, sieht Kilroy benommen an.

»Durch die Maske klinge ich ein bisschen dumpf«, sagt Kilroy, »aber kein Grund, sich zu gruseln.« Er tätschelt ihm die Wange, seine Hand gleitet tiefer und zieht die Bettdecke weg. Nicht ruckartig, wie Pater Georg immer die Bibel zugeknallt hat, wenn Klein Tycho in die Bibliothek kam, sondern sachte, sanft und achtsam. »Samuel? Tycho?«

Der Junge starrt ihn an, Kilroy starrt zurück wie in einen Zauberspiegel. »Du siehst aus wie ich, weißt du das? Aber weißt du was? Samuel Morgencron siehst du auch total ähnlich.«

Aufgeregt tastet er nach seinem Smartphone. Er hat etliche Bilder aus dem morgencronschen Familienalbum abfotografiert und auf seinem Handy gespeichert. Hunderte, alle, doch bisher ist ihm nie aufgefallen, dass Morgencron als Junge genauso ausgesehen hat wie er selbst. Aber verdammt, seine Taschen sind leer, das Smartphone hat er nebenan vergessen. Er starrt den Jungen an. Unmöglich, sich von ihm loszureißen. Wo er ihn doch gerade erst wiedergefunden hat! *Dich*, denkt Kilroy, *mich*. Schon bei der Vorstellung, ihn wieder zu verlieren, fühlt er sich zum Heulen. Noch so einen Schlag wie Mamis Tod würde er nicht verkraften. Und wer weiß, wenn er jetzt nur ganz kurz nach drüben gehen würde, wäre der Junge bei seiner Rückkehr womöglich weg.

Auf keinen Fall, sagt sich Kilroy. *Ist aber auch nicht nötig.* In seinem Kopf sieht er gestochen scharf die Fotos aus dem morgencronschen Album vor sich. *Es stimmt,* denkt er, *mit zwölf, dreizehn hat Morgencron genauso ausgesehen wie er. Also wie ich.* Abgesehen von dem Gelbstich der Fotos, der Klein Morgencron ein kränkliches Aussehen verleiht, und von der altmodischen Bekleidung. *Gespenstisch,* denkt Kilroy. *Alle sind ich.* Aber sein Ge-

dächtnis hat ihn noch nie getrogen, da kann die Tucke Tilly Gift und Galle spucken, wie sie will. Fakten, Dr. Tilly, nackte Fakten, und basta. Er projiziert die Gedächtnisbilder links und rechts neben den Jungen. Drei identische Jungen liegen jetzt vor ihm, und einer von ihnen, bekannt als Klein Tycho, ist er selbst. *Gespenstisch, aber absolut real.*
Kilroy zieht die Bettdecke bis zum Fußende zurück. Der Junge hat den üblichen Patientenkittel an, bunt getüpfelt und hinten offen. Er streichelt Samuel alias Klein Tycho sanft über die Wange, beugt sich sachte über ihn und küsst ihn achtsam auf den Mund. Er schiebt ihm die Zunge rein, leckt ihm den Mund aus, hält ihn behutsam an der Schulter fest. Der Junge schmeckt süß, und er bäumt sich ganz leicht auf, er ist milde sediert, so wie Kilroy es mag. Nicht abgeschaltet, aber so runtergedreht, dass er nicht um sich schlägt und rumschreit.
Egal, wie viel Krach die Kiddies hier drin machen, draußen auf Station kriegt (laut Doktor) niemand was davon mit. Einheit 37/38 ist schallisoliert, doch das ist hier nicht der Punkt. Wenn sie panisch schreien, rastet Kilroy aus. Wenn sie wie irre durchs Zimmer springen und rumbrüllen, kocht in ihm der Zorn hoch, und dann ist gleich schon alles wieder vorbei.
Aber nicht mit dir, denkt Kilroy. *Dich will ich für immer, Kleiner.*
Er fasst ihn unter dem Nacken, hebt ihn sachte an und löst mit der anderen Hand den Knoten, der den Kittel zusammenhält. Im Stile eines Zauberers, der das Kaninchen hervorzaubert, zieht er das Tuch von dem Jungen weg. *Ganz genau wie ich mit zwölf, dreizehn*, denkt er, während sein Blick langsam abwärtsgleitet.
Heiliger Georg, mach, dass es nicht wahr ist. Das Herz hört ihm auf zu schlagen. *Er hat eine Spalte.*
Kilroy traut sich gar nicht mehr, den Jungen anzufassen, seine Hände zucken zurück, landen auf den Oberschenkeln, zu Fäusten geballt. Der Junge starrt ihm ins Gesicht, und er starrt ihm zwischen die Beine, aber da ist nichts. Weniger als nichts, das Gegenteil von etwas, die Spalte. »*Wenn ich es nicht immer so gut festhalten würde, Kleiner*«, sagt Mami in seinem Kopf, »*weißt du, was dann*

passieren könnte?« Ja, das weiß er, sie hat es ihm oft genug gesagt, aber sie erklärt es ihm noch mal, während er sich zwischen ihren Fingern zusammenzieht. »*Das ist wie mit Zahnpasta, Kleiner: Du drückst auf die Tube, ein Würmchen kommt raus, und wenn du nicht mehr draufdrückst, flutscht es wieder rein und ist weg. Wo eben noch das Würmchen war, ist nur noch ein Loch!*«
Oh Gott, fleht Kilroy im Stillen, *das hier kann nicht wirklich sein. Oder verliere ich jetzt endgültig den Verstand?* Er hebt die Hand, nähert sie dem Jungen, zieht sie zitternd zurück. *Ich kann nicht.* Hinter der Wand meldet sich sein Smartphone mit dem Gitarrensolo aus *Kilroy was here*.
Hoffentlich Doc Siff, durchfährt es Kilroy, *er muss mir verdammt noch mal erklären, was hier vor sich geht.*

**Berlin-Steglitz,
Klinik *Dignity of Youth*, Lobby [08:35]**

Naturstein, viel Glas und noch mehr tropisches Grün. Die Eingangshalle der Klinik könnte ebenso gut die Lobby eines modernen Fünf-Sterne-Hotels sein, denkt Svenja. Nicht, dass sie schon in Luxusherbergen übernachtet hätte. Aber so wie diesen einladend hellen Eingangsbereich stellt sie sich das Entree eines Hotels vor, in dem die Gutbetuchten Urlaub machen.
Jensen sieht sich mit großen Augen um und gibt sich demonstrativ beeindruckt. »Meine Herren, hier ist man gerne Patient«, sagt er. *Reine Zeitverschwendung, hier zu ermitteln,* übersetzt sie im Stillen. Vorhin im Büro, als sie ihm die Fotos von ihren Funden in Heiligensee zeigte, blieb ihm für einen Moment die Luft weg. *Treffer*, dachte Svenja, aber schon Sekunden später hatte er den Schlag weggesteckt. »Die Tatwaffe, bravo«, brachte er hervor. »Wenn Dukos Fingerabdruck drauf ist, umso besser.« Die Mulden im Eis und den Lederabrieb auf der Bettdecke des alten Makowski tat er mit einem Schulterzucken ab. »Ob und wie das zum Tatmuster passt, wird sich zeigen.«

Fragt sich, zu welchem Muster, dachte Svenja. Ihrem Vorschlag, umgehend zur Klinik zu fahren, stimmte er immerhin zu. »Um eins treffe ich die Staatsanwälte. Na denn, halten wir uns ran.«
Hier sind sie also, und Svenja flattern die Knie. *Wenn Max recht hat, ist das hier eine Pforte zur Hölle, als Tempel der Nächstenliebe getarnt.*
Ätherische Klänge verbreiten friedliche Stimmung. In der Mitte der Halle plätschert ein gläserner Brunnen von der Form eines Blütenkelchs. Unter der Dachkuppel flattern Vögel, auf bunten Bodenmatten sitzen und liegen Kinder und Jugendliche, chatten oder schauen Videos an. Überall liegen Tablets herum, offenbar zu freiem Gebrauch. Weiter hinten gibt es einen Bereich für analoge Spiele wie Kicker und Tischtennis. Das Klacken der kleinen Bälle schallt durch die Halle, begleitet von Anfeuerungsrufen und Jubelschreien.
Vorhin hat sich Svenja noch mal schnell auf der Website der Klinik umgesehen. Die Einrichtung ist für sechshundert Patienten ausgelegt und hat die Ausmaße einer kleinen Stadt. Das Hauptgebäude besteht aus sieben Stockwerken, dahinter erstreckt sich ein Park, der diverse weitere Bauwerke beherbergt. Die Klinik ist unter anderem auf die Behandlung von Karzinomen spezialisiert, aber nichts erinnert hier an die Tristesse herkömmlicher Krebskrankenhäuser. Die Stationen haben keine Namen, sondern Zahlen und Farben. Wegweiser mit Begriffen wie *Krebs, Karzinom, Onkologie* sucht man vergebens. Genauso wie *Chirurgie* oder *Bestrahlung*.
Eine digitale Informationstafel erklärt die »Spielregeln« der Klinik. Jensen bleibt davor stehen und überfliegt die wenigen Zeilen. »Alles klar, zur Rezeption.« Er pflügt durch die Halle, rennt fast einen Elefantenbaum mitsamt Kübel um und schlägt am Empfangstresen auf.
Svenja folgt ihm, sieht sich unauffällig um. Auf der Website hieß es, die Stiftung betreibe »*keine Krankenhäuser, sondern Gesundungswelten*«. Entsprechend sind weder Ärzte noch Pflegepersonal in weißer Kleidung zu sehen. Die jungen Frauen und Män-

ner, die sich um die kleinen Patienten kümmern oder diskret im Hintergrund bereithalten, tragen lässige Kleidung in fröhlichen Farben. Sneakers, Chinos und Shirts in allen Schattierungen von Grün, Blau, Gelb, Rot. Keines der Kids wirkt bedrückt oder apathisch, wie man das in einer Klinik für schwerstkranke Minderjährige erwarten würde.

Jensen zeigt der jungen Frau hinter dem Rezeptionstisch seinen Ausweis. »LKA. Wir müssen mit jemandem von der Geschäftsführung sprechen«, sagt er gerade, als Svenja zu ihm aufschließt. »Wegen einer laufenden Ermittlung.«

Die Rezeptionistin lächelt routiniert. Auf dem Schild an ihrem Revers steht *Sarah*, flankiert von Smileys. »Waren Sie schon mal hier?« Jensen schüttelt den Kopf. »Sie bekommen jeder eine Smartwatch, die Sie während Ihres Aufenthalts bitte unbedingt anbehalten. Die Navi-App ist auf Ihr Ziel programmiert, den Wartebereich in der Direktionsetage. Dort werden Sie von einer Kollegin in Empfang genommen.«

»Das werden wir nicht«, sagt Svenja. »Rufen Sie jemanden her. Es ist dringend, wir ermitteln in einem Mordfall.«

Jensen wirft ihr einen Was-soll-das-jetzt-Blick zu, verkneift sich aber jeden Kommentar.

Sarah lächelt unbeirrt weiter, während sie auf eine Taste drückt und in ihr Headset-Mikro flüstert. »Nehmen Sie bitte da vorne Platz. Lena Heckel, unsere Personalchefin, ist gleich bei Ihnen.«

Svenja bleibt vor dem Tresen stehen. »Für elektronische Fesseln braucht man einen richterlichen Beschluss, soweit ich weiß.«

Jensen sieht aus zusammengekniffenen Augen an ihr vorbei. »Guter Punkt.«

**Berlin-Steglitz,
Klinik *Dignity of Youth*, Einheit 37/38 [08:41]**

»Wie ich schon vermutet hatte, Kilroy, die Delegation ist da. Lena hat übernommen. Du bleibst, wo du bist.«
»Natürlich bleib ich, wo ich bin. Bin doch gerade erst gekommen.«
»Vor fast zwei Stunden.« Der Doktor hat wieder mal diesen besorgten Tonfall, als wäre Kilroy kurz davor, in die geistige Umnachtung einzutauchen. »Bleib auf jeden Fall in Deckung.«
»Zwei Stunden? Kann nicht sein.« Doch als er auf sein Smartphone schielt, ist es tatsächlich fast Viertel vor neun. Anderthalb Stunden hat er drüben auf dem Bettrand gesessen und den Kleinen angestarrt? *Verrückt.* »Aber egal jetzt. Sag mir lieber mal«, tastet er sich weiter vor, »was für ein Kuckuckskind hast du mir hier ins Nest gelegt?«
»Sehr witzig, Kilroy. Wir haben hier ausschließlich Kuckuckskinder, wie du dich vielleicht erinnerst. Was ist mit ihr nicht in Ordnung? Samuela ist therapiert und schon wieder ganz gut bei Kräften. Demnächst kommt sie nach Maipaan zur Reha. Sie ...«
Der Laufbursche labert und labert, aber Kilroy hört nicht länger hin. *Samuela*, denkt er und bekommt wieder eine Gänsehaut. »Das ist Wortbruch, Doktor«, hört er sich mit der unheimlichen Ruhe sagen, die seinen grauenvollsten Zornausbrüchen vorausgeht. »Schon zum zweiten Mal, ist dir das klar?«
»Jetzt beruhige dich doch bitte«, ruft der Doktor und klingt viel aufgeregter als Kilroy. »Das war ein Missverständnis, ich dachte doch nur, weil es mit dem Mädel in Heiligensee nicht geklappt hat ...«
»Nicht geklappt? Ich hatte sie vor der Flinte, und Tuchalsky hat sie im Rucksack weggeschleppt.« Er attackiert den Doktor und spürt doch, dass es darum gar nicht geht. *Samuela sieht aus wie damals ich.*
»Das ging leider nicht anders, aus bestimmten Gründen«, win-

det sich der Doktor. »Aber was hast du denn eigentlich an Sammi auszusetzen? Sonst magst du sie doch immer genau so.«
Kilroy klickt ihn weg, wirft sein Smartphone aufs Bett von Zimmer 38 und steht wie Totholz da. Wie der Totempfahl im Dschungel von Maipaan. In ihm kämpft der große Zorn mit der fast noch größeren Angst. Mal will er durch die Wand zurück in Zimmer 37, Sammi alles heimzahlen, dann wieder zittert er vor dem, was ihn drüben erwartet. Was oder wer, er oder sie, was auch immer, Kilroy klappert mit den Zähnen. Vor Angst, sich selbst, Klein Tycho alias Samuela, drüben zu sehen, ohne Klingeling. Vor Angst, wie Mami sagen zu müssen, »*ich hab's nicht verloren, ich hatte nie eins.*« Vor Angst, irrsinnig zu sein, alles nur wahnhaft zusammenfantasiert zu haben, Ruhm, Reichtum, Villa, sich selbst. Vor Angst, nicht Kilroy zu sein, nie Terry gewesen zu sein, nicht mal Klein Timo, sondern immer nur Mamis Püppchen, »*Timothea, da bist du ja, komm her, meine Kleine*«, wie auf den Bildern, als er vier, fünf Jahre ist, mit blonden Locken und glitzerndem Feenkleid.

**Berlin-Steglitz,
Klinik *Dignity of Youth* [08:43]**

»Lena Heckel, Personalvorstand, wie kann ich Ihnen weiterhelfen?« Die schlanke, groß gewachsene Frau bedenkt Jensen mit einem strahlenden Lächeln und Svenja mit einem Seitenblick. Sie trägt ein streng geschnittenes Kostüm, das in allen Regenbogenfarben schillert. Die Personalchefin ist Mitte vierzig, hat gebräunte Haut und eine mächtige, rostbraune Afrokrause. *Mutmaßlich unecht*, taxiert Svenja.
»Hauptkommissar Jensen, LKA. Sie kennen das aus dem Fernsehen: Die Fragen stellen wir.« Jensen hat offenbar Witterung aufgenommen. Von Langeweile oder vorgetäuschter Ehrfurcht keine Spur mehr. »Wann haben Sie Ihren Mitarbeiter Niklas Makowski zuletzt gesehen?«

Lena Heckel runzelt die Stirn. »Niklas? Und um Mord geht es, sagen Sie? Oder hat Sarah das falsch verstanden?« Sie dreht sich kurz zu der jungen Frau am Empfangstresen um. Die hebt die strichdünnen Augenbrauen und schüttelt den Kopf.
»Wann haben Sie Herrn Makowski zuletzt gesehen?«, wiederholt Svenja.
»Gestern, kurz nach achtzehn Uhr. Niklas war nach seiner Schicht bei mir und hat um Urlaub gebeten. Von einem auf den anderen Tag. Aber jetzt verraten Sie mir doch ...«
»Und Sie haben ihm den Urlaub genehmigt?« Jensens Feldwebelstimme beschallt die halbe Halle. Die Teenager auf den bunten Matten sehen von ihren Tablets und Smartphones auf und schauen den Riesen im unförmigen schwarzen Mantel verwundert an.
»Gehen wir doch in mein Büro, da können wir ungestört reden.«
»Bringen Sie uns zu Herrn Makowskis Station. Wir müssen auch mit seinen Arbeitskollegen sprechen.« Jensen starrt über die anderthalb Köpfe kleinere Frau hinweg. »Und beantworten Sie meine Frage.«
Lena Heckel lächelt zu ihm hinauf. »Kein Problem. Hier entlang, bitte.«
Sie führt Jensen und Svenja zu den Aufzügen, die in gläsernen Röhren auf und nieder gleiten. »Niklas war schon als Auszubildender bei uns«, erklärt sie, während sie in den fünften Stock hochfahren. »Seit drei Jahren gehört er zur Stammbelegschaft von *5-1 lindgrün*, der Postonkologie, wenn Sie so wollen. Erfolgreich therapierte Patienten, die post-OP wieder aufgepäppelt werden. Physisch, aber fast mehr noch psychisch. Und gerade dafür ist Nikki mit seiner empathischen Art der ideale Mann. So etwas wie ein großer Bruder.«
Bei dem Ausdruck *post-OP* ist Jensen sichtbar zusammengezuckt. *Was hat er denn?*, fragt sich Svenja. Schon zuvor hat sie registriert, wie befremdet, fast schon angewidert er das Kostüm der Personalchefin gemustert hat.
Die Lifttür gleitet auf, Lena Heckel macht eine einladende Hand-

bewegung. »Rechtsherum, bitte.« Ein heller Flur, auch hier großflächige Fensterfronten und viel tropisches Grün. Türen springen automatisch auf, wenn die Heckel sich nähert. Offenbar ist ihre Kleidung mit entsprechenden Sensoren ausgestattet. Besucher ohne hochkarätige Eskorte dagegen müssen sich vor jeder Tür identifizieren, indem sie ihre Smartwatch vor einen Scanner halten.

Hier wird jeder Schritt digital überwacht, sagt sich Svenja. *Wie im Silicon Valley. Oder in China.*

»Schon deshalb hätte ich seinen Urlaubswunsch am liebsten abgeschlagen«, fährt Lena Heckel fort. »Außerdem macht uns gerade eine Erkältungswelle zu schaffen. Wir haben einen ambitionierten Betreuungsschlüssel, müssen Sie wissen, aber das erfordert eben auch, dass alle mitziehen. Unsere Mitarbeiter werden weit über Tarif bezahlt, dazu kommen etliche Gratifikationen, Wohnen in stiftungseigenen Apartments, Urlaub in *Dignity*-Feriencamps und so weiter, alles inklusive. Im Gegenzug erwarten wir überdurchschnittliches Engagement. Das klappt auch fast immer problemlos, wir haben ja keine Angehörigen, die unsere Zeit und Energie beanspruchen könnten. *Dignity* ist unsere Familie, in der sich einer um den anderen kümmert.«

»Herrgott noch mal.« Jensen stoppt unvermittelt und starrt aus dem Fenster. Die Aussicht auf den Park mit den malerisch zwischen Bäumen und Teichen eingebetteten Gebäuden ist grandios, aber offenkundig ist er nicht stehen geblieben, um den Panoramablick zu genießen. »Beantworten Sie jetzt meine Frage«, stößt er hervor, ohne die Heckel anzusehen.

Er benimmt sich eigenartig, sagt sich Svenja, *sogar für seine Verhältnisse*. Wenn er mit einem redet, schaut er einen fast nie direkt an, das weiß sie aus Erfahrung. Lena Heckel aber wendet er praktisch den Rücken zu.

»Habe ich das nicht schon getan?«, gibt sie lächelnd zurück. »Natürlich habe ich eingewilligt. Der arme Niklas war ganz durcheinander, leider nicht zum ersten Mal, seit sein Vater in seinem Leben aufgetaucht ist. Der Erzeuger, sollte ich wohl sagen, sein Beitrag beschränkt sich auf die Besamung einer Sexarbeiterin. Leider kein Einzelfall, deshalb empfehlen wir unseren Mitarbeitern generell, die Vergangenheit ruhen zu lassen. Jeder von uns kommt aus – gelinde gesagt – schwierigen Verhältnissen. Wir alle sind ohne leibliche Eltern aufgewachsen, in Heimen und/oder bei Pflegefamilien. Durch *Dignity* haben wir eine neue Familie gefunden, die harmonischer, fürsorglicher, liebevoller ist, als es die beste Herkunftsfamilie jemals sein könnte. Geschweige denn als die psychisch labilen, verantwortungslosen und oftmals auch kriminellen Individuen, die uns mit ihren Genen ausgestattet haben.«

Lena Heckel holt tief Luft. *Die kleine Rede hat sie bestimmt schon oft gehalten,* denkt Svenja, *aber sie klang trotzdem echt.* Die Frau mit der aufwendig gefakten Afrokrause wirkt sogar ein wenig mitgenommen nach ihrem leidenschaftlichen Plädoyer.

»Hat er gesagt, weshalb er so dringend Urlaub haben wollte?«, fragt Jensen in Richtung Fenster.

»Als Niklas plötzlich vor meinem Schreibtisch aufgetaucht ist, dachte ich im ersten Schreck, dass er kündigen wollte. So etwas kommt bei uns so gut wie nie vor. Wir wechseln höchstens mal von einer Stiftungs-Einrichtung in eine andere, *Dignity* ist ja weltweit präsent. Sie können sich also vorstellen, wie erleichtert ich war, als er nur um Urlaub gebeten hat. Allerdings wollte er gleich vierzehn Tage am Stück freibekommen. Wohl oder übel habe ich zugestimmt.«

»Der Grund«, knurrt Jensen. »Hat Makowski erwähnt, *warum* er so plötzlich Urlaub brauchte?«

»Nun ja, es ging natürlich wieder um seinen Vater. Der alte Mann ist wohl schwer dement.« Sie macht einen Schritt nach vorn und stellt sich dicht neben Jensen. Ihre Afrofrisur wippt gegen seine rechte Schulter. »Jetzt müssen Sie aber auch mal mir eine Frage beantworten. Ist Nikki in einen Mord verwickelt? Oder hat sein Vater etwas angestellt?«

»Das sind zwei Fragen.« Jensen dreht sich von ihr weg.

Ihr Anblick stresst ihn extrem, denkt Svenja. Irgendwie hat es mit

ihrem Kostüm zu tun, aber was für ein Problem er damit hat, ist für sie ein Rätsel. Die Personalchefin gibt ihr weit weniger Rätsel auf. Die Frau spielt ihnen etwas vor, das steht für Svenja fest.
Lena Heckel hebt kaum merklich die Schultern, wendet sich um und geht weiter den Gang entlang. Ihr Smartphone klingelt, sie holt es aus der Jackentasche und wirft einen Blick aufs Display. »Sorry, da muss ich rangehen.« Sie macht ein paar Schritte zur Seite und bleibt zwischen zwei Kübelpflanzen mit fleischigen Blättern stehen. »Jan? Alles klar bei dir?«, versteht Svenja. Die Personalchefin steht wie eingefroren da, nur die rostbraune Krause wippt. »Mach dir keine Sorgen, ich rede nachher mit ihm. Du weißt ja, auf mich hört er.« Sie beendet das Gespräch und kehrt zu ihnen zurück.
Svenja spürt die Beunruhigung hinter dem professionellen Lächeln. *Jan und wie weiter?* In Gedanken geht sie die Namen auf der Website der Stiftung durch. *Prof. Dr. Jan Sievering, medizinischer Leiter und Mitglied des Vorstands. Hat er sie angerufen? Und welche schlechten Nachrichten hat er wohl überbracht?*
»Entschuldigung, es geht mich eigentlich nichts an, Frau Heckel.« Svenja lächelt verlegen. »Sie haben nicht zufällig gerade über Tycho Terry gesprochen?« Lena Heckel sieht sie entgeistert an. *Treffer*, denkt Svenja. Die Idee war ihr eben erst gekommen. »Ich bin ein riesengroßer Fan von Tycho Terry«, fährt sie in schwärmerischem Tonfall fort. »Wenn er gerade im Haus ist, könnte ich vielleicht ein Selfie mit ihm schießen? Natürlich nur, wenn es keine Umstände macht.«
Lena Heckel setzt ein komplizenhaftes Grinsen auf. »Sie glauben nicht, wie oft mir diese Frage gestellt wird. Leider muss ich Sie enttäuschen, Herr Terry ist nur selten bei uns in der Klinik.«
»Aber er hat doch ein Büro hier im Gebäude?«, beharrt Svenja. Neben ihr starrt Jensen ins Leere, als könnte er nicht fassen, dass seine Zeit mit Fan-Talk verplempert wird. »*Terry Media Consulting*. Ich habe das Schild draußen gesehen.«
»Das ist seine Firma, ja. Er selbst schaut nur gelegentlich vorbei.«

»Und heute leider nicht?« Svenja gibt sich Mühe, wie ein enttäuschter Fan auszusehen. »Ich würde wer weiß was für ein Selfie mit ihm geben. Mit Kilroy-Maske! Wie cool wäre das denn?« Die Heckel schenkt ihr ein verrutschtes Lächeln und geht weiter den Gang entlang. Svenja folgt ihr und schaut dabei kurz zu Jensen zurück. Er hat die Arme vor dem Brustkorb verschränkt und stapft mit gesenktem Kopf hinter ihnen her.

Wie ein falsch programmierter Kampfroboter, denkt Svenja. *Er glaubt wirklich, dass ich einfach ein Selfie mit meinem Star wollte. Weil er mir ermittlungstechnische Finessen schlicht nicht zutraut.* Aber sie hat deutlich gespürt, dass es bei dem Telefonat um Terry ging und die Heckel wegen ihm so besorgt ist. *Sie sind alarmiert, weil er außer Kontrolle gerät. Ergibt das Sinn? Ging es darum in dem Telefonat?* Wenn sie jetzt nur Max an ihrer Seite hätte.

Vor ihnen gleitet eine Tür auf, auf dem Monitor neben dem Scanner steht in lindgrünen Lettern: »*5-1 lindgrün*«.

Berlin-Steglitz,
Klinik *Dignity of Youth*, Station 5-1 [08:56]

Auf Station 5-1 ist tatsächlich alles in zartem Grün gehalten, Boden, Wände, Möbel und das Outfit des Personals. Im »Auszeitraum«, der mit Unterhaltungselektronik, Fitnessgeräten und Yogamatten ausstaffiert ist, befragen Jensen und Svenja nacheinander zwei Pfleger und drei Schwestern. Alle fünf haben regelmäßig mit Niklas in einer Schicht gearbeitet und beschreiben ihn als engagierten und fürsorglichen Kollegen. »Ab und zu besucht er wohl draußen jemanden«, sagt eine Krankenschwester. »Seinen Vater, ach so?« Das ruft vages Erstaunen hervor, scheint aber kein größeres Interesse zu erregen. »Kann sein, dass er das mal erwähnt hat«, räumt ein bezopfter Pfleger ein. Sogar sein Haargummi ist lindgrün. »Spielt keine Rolle, oder? Bei uns dreht sich alles um *Dignity*.« Dass sein Vater dement war, Niklas nicht mehr aus noch

ein wusste, weil er den alten Herrn nicht ins Heim geben wollte, aber auch keine häusliche Betreuung bezahlen konnte – von alledem wussten die anderen Pfleger offenbar nichts.
»Hat Niklas mal erwähnt, dass er Ärger mit jemandem hatte? Mit Kollegen vielleicht? Oder Meinungsverschiedenheiten mit Vorgesetzten?«, fragt Svenja. Große Augen, Kopfschütteln. »Vorgesetzte, Hierarchien, das ist altes Denken«, erklärt ein Pfleger mit grünem Iro. »Wir sind eine verschworene Gemeinschaft, so wie die People bei Google oder Apple – nur mit dem Unterschied, dass wir hier für kranke Kinder ranklotzen und nicht dafür, Milliardäre noch reicher zu machen. Im Gegenteil, die Superreichen stehen Schlange, um für *Dignity* zu spenden – dank unserem Frontmann Tycho Terry.«
Jeder der fünf Befragten kommt über kurz oder lang auf das »Gesicht der Stiftung« zu sprechen, und alle loben Terry in den höchsten Tönen. Ein sympathischer, trotz Ruhm und Reichtum bodenständig gebliebener Mann, der für jeden in der Klinik ein Lächeln und ein paar aufmunternde Worte übrig habe. Und der die reichen Pfeffersäcke reihenweise dazu bringt, für *Dignity* zu spenden. »Ohne Terry wäre das alles hier drei Nummern kleiner.«
Eine Frage hebt sich Svenja jedes Mal bis zum Schluss auf, denn die Temperatur im Erholungsraum stürzt dadurch regelmäßig ab. »Hat Niklas mal angedeutet, dass es bei der Behandlung eines Patienten nicht mit rechten Dingen zugehen würde? Dass Therapieergebnisse manipuliert würden oder dergleichen?« Alle fünf Befragten verneinen entschieden. Die Frage scheint sie persönlich zu kränken. Jeder Arzt, jeder Pfleger und jede Krankenschwester in der Klinik unterlägen strengen Qualitätsprüfungen. Professor Dr. Jan Sievering, medizinischer Leiter und Mitglied des Vorstands, habe ein komplexes Kontrollsystem eingeführt, das bereits bei kleinsten Abweichungen vom optimalen Behandlungsverlauf Alarm schlage. Ausgeschlossen, dass in ihrer Klinik irgendwelche Unregelmäßigkeiten passieren, davon zeigen sich alle überzeugt.
Subjektiv glaubwürdig, resümiert Svenja für sich, nachdem sie

den letzten Pfleger entlassen haben. Die Community hat fast schon sektenartige Züge, selbst wenn direkt vor ihrer Nase etwas Krummes laufen würde, die *Dignity*-Jünger würden es schlichtweg nicht sehen. Weil sie felsenfest glauben, dass so etwas bei ihnen nicht vorkommen kann.

Im Gegensatz zu Svenja. Ihr ist mit jeder Zeugenbefragung klarer geworden, dass die Klinik ideale Jagdgründe für die Bruderschaft darstellt. Doch gerade diesen Punkt darf sie gegenüber Jensen nicht erwähnen. Sonst wittert er sofort, dass Hallstein im Hintergrund die Fäden zieht, und macht noch dichter als sowieso schon.

Svenja blättert in ihrem Notizbuch. »Na gut, die wollen alle nichts mitgekriegt haben«, sagt sie zu Jensen, der neben ihr am lindgrünen Tisch sitzt. »Aber das heißt noch lange nicht, dass Antecic ...«

»Der Gasmann wieder.« Jensen gibt sich keine Mühe mehr, seine Langeweile zu verbergen. »Dein Engagement in Ehren, Svenja. Aber das hier ist eine Sackgasse.«

Die Tür geht auf, Lena Heckel tritt auf, die Hände in den Jackentaschen. »Ich hoffe, die Kolleginnen und Kollegen konnten Ihnen weiterhelfen?«

»Zu laufenden Ermittlungen können wir keine Auskunft geben.« Jensen schraubt sich in die Höhe, tritt ans Fenster und schaut so konzentriert hinaus, als könnte er von der prächtigen Aussicht gar nicht genug bekommen. »Aber für den Moment war's das«, fügt er mit dem Rücken zum Zimmer hinzu.

»Mehr oder weniger«, schränkt Svenja ein. »Wo ist die Wohnung von Herrn Makowski? Die müssen wir noch schnell ansehen. Und zum Abschluss würden wir gerne Professor Sievering ein paar Fragen stellen. Das geht ganz schnell«, schiebt sie, mehr in Jensens Richtung, hinterher.

Lena Heckels Lächeln wirkt mittlerweile so unecht wie ihre Frisur. »Wie Sie wünschen.« Sie mustert Jensens Rückenpartie und wendet sich dann Svenja zu. »Ich stehe ganz zu Ihrer Verfügung, Frau ...?«

»Oberkommissarin Wuttke. Erklären Sie uns den Weg zu Niklas' Wohnung und zum Büro des Professors, wir finden uns schon allein zurecht. Bestimmt haben Sie Wichtigeres zu tun, als uns herumzuführen.«

Mit einem knappen Kopfschütteln geht die Heckel darüber hinweg. »Niklas teilt sich eine Wohnung mit einem jüngeren Pfleger, David Ballhaus. Wir legen Wert darauf, dass unsere Novizen von erfahrenen Kollegen unter die Fittiche genommen werden. David ist dreiundzwanzig und hat letztes Jahr Examen gemacht. Die beiden wohnen in Haus P am anderen Ende des Parks.«

»Mit Herrn Ballhaus müssen wir auch sprechen«, sagt Svenja. »Veranlassen Sie, dass er zur Wohnung kommt, Frau Heckel? Danke.«

Schon zehn Uhr durch, denkt sie, *und wir haben immer noch nichts in der Hand.* Der Gedanke, dass Täter und Beweise höchstwahrscheinlich hier auf dem Gelände sind, zum Greifen nah und doch unerreichbar, macht sie fast verrückt. Aber sie darf sich nichts anmerken lassen, auch Jensen gegenüber nicht. Wenn er sie fragen würde, warum in aller Welt sie glaubt, dass ausgerechnet der Superpromi Terry in die Ermordung der Makowskis verwickelt sein soll, wüsste sie keine Antwort. Jedenfalls keine, die ihn überzeugen würde, ganz im Gegenteil.

Berlin-Steglitz,
Klinik *Dignity of Youth*, Einheit 37/38 [10:08]

Als Kilroy zu sich kommt, ist es wie immer, nein, schlimmer. Obwohl Sammi zuckt und zittert, also lebt. Doch Sammi sieht übel aus.

Alles voller Blut und Kleber. Sammi rollt mit den Augen, der Mund geht fischig schnappend auf und zu.

Dabei wollte ich doch sachte, sanft und achtsam sein. SSA.

Schon als er durch die Wand brach, nach dem Telefonat mit dem Doktor, hatte er sich höchstens noch zu einem Fünftel unter

Kontrolle. Aber immerhin. Er klistierte Sammi, insoweit wie immer, aber er kriegte einfach nicht auf die Reihe, was hier mit ihm passierte. Warum der Doktor Samuela geliefert hatte, obwohl Samuel vereinbart war. Wieso Sammi aussah wie damals er selbst und wie Klein Morgencron noch dazu und weshalb Sammi trotzdem ein Mädel war. Oder zu sein schien? Oder war ihm/ihr passiert, was Klein Tychos Mami mit dem Zahnpastatuben-Gleichnis so eindrucksvoll umschrieben hatte? So unvergesslich grauenvoll? Je mehr er darüber nachdachte, desto klebriger fühlte er sich umsponnen von Spinnenfäden. Er ritzte die Buchstaben S-A-M-M-I in Sammis Rücken und Hintern und Beine, in buntem Durcheinander, S-I-M-S-A, S-A-M-I-M, irgendwann M-A-M-I-S.
Mamis. Das Wort gongte und echote in ihm, furchtbar dunkel wie das Gurgeln des Was-auch-immer, *Mamis, wieso Mamis?*, brüllte es in ihm, *natürlich Mamis!*, und dann Filmriss.
Grauenvoll ausgepumpt sitzt Kilroy jetzt am Fußende von Sammis Bett, die Knie an die Brust gezogen, als wäre er wieder Klein Timo, mit sieben, acht Jahren in seinem Kinderzimmer eingesperrt. Wie er am Boden hockt mit angezogenen Knien und hin- und herschaukelnd auf die Klinke starrt und mal hofft, dass gleich die Tür aufgeht, mal sich in die Hose macht vor Angst, dass gleich der Schlüssel im Schloss knirscht und sich die Klinke senkt und im Türspalt die Maske erscheint, die der Pater immer aufhat, immer, immer. Wie oft hat er davon geträumt, den Pater einmal ohne Maske zu sehen. Und ohne Kleid.
Kilroy beugt sich vor und streicht Sammi das Bein hinauf. Fast nirgendwo mehr glatte Haut. Sammis Hände liegen auf dem Bauch, wie Kilroy sie zusammengefaltet hat. Die Zeigefingerstummel starren ihn böse an. Dabei hat Kilroy die Stümpfe behelfsmäßig abgebunden, die Wunden verödet und verklebt. »Tut mir leid«, murmelt er, aber wenn er ehrlich ist, tut es ihm kein bisschen leid. Im Gegenteil, er hat das einzig Richtige gemacht, er kann sich nur beglückwünschen, dass er den Mut und die Entschlossenheit aufgebracht hat, Sammis Zeigefinger krick und

krack abzubrechen und zentimeterdick von oben bis unten mit hautfarbenem Verbandmull zu umwickeln, den er zuvor mit der aktuellen Nagasaki-Liste beschriftet hat.
»I – der Pater ist meine Mutter (Mater) (halbherzig verkleidet)
II – es gibt keinen Pater (Pater non est) (außer der Maske)
III – das Was-auch-immer ist was auch immer (nichts ist schlimmer)
IV – A: der Pater ist Mamis Liebhaber (B: Liebhaberin)
V – der Pater ist mein Vater (siehe auch IV-A)«
Die zusammengemullten und beschrifteten Finger stecken in Sammis Spalte wie ein zauberkräftiger Pfahl, und Kilroy starrt ihn unverwandt an, als könnte er wieder verschwinden, von der Spalte tubenhaft eingesogen werden, wenn er auch nur für die Dauer eines Wimpernschlags den Blick abwenden würde.

Berlin-Steglitz, Klinikgelände *Dignity of Youth*, WG Makowski/Ballhaus [10:15]

Viertel nach zehn, im E-Buggy mit Chauffeur gondeln sie durch den weitläufigen Klinikpark. Jensen und Svenja sitzen in Fahrtrichtung nebeneinander, Lena Heckel ihnen gegenüber. Svenja wird fast zerquetscht zwischen der Blechwand und Jensens Schulter und Schenkel, die sich durch die Daunen hindurch stahlhart anfühlen. Auf Schotterwegen schippern sie durch eine kunstvoll arrangierte Landschaft mit verschneiten Hügeln und Bäumen, vorbei an einem zugefrorenen See und diversen Bauten, die teilweise wie Pyramiden geformt und durch gläserne Röhren miteinander verbunden sind. Die Stadt mit ihren kaputten Straßen und grauen Mietskasernen beginnt direkt hinter den hohen Zäunen und Hecken und scheint doch weit weg zu sein.
Nach gut zehnminütiger Fahrt stoppt Chauffeur Sonny, ein kräftig gebauter Enddreißiger mit Dobermann-Aura, vor einem

dreigeschossigen Wohngebäude. »*Haus P*« steht in großen, roten Lettern auf dem Sims unter der Dachterrasse.

»Ich bringe Sie noch nach oben.« Lena Heckel steigt aus, und Jensen lockert seine Nackenmuskeln. Vor Fahrtbeginn hat er verkündet, dass ihre Anwesenheit bei der Befragung von David Ballhaus »nicht angezeigt, weil ergebnisverzerrend« sei. Für einen Moment war auch ihr Gesicht verzerrt, dann hatte sie sich wieder unter Kontrolle.

Jensen und Svenja folgen ihr durchs Treppenhaus, das mit Naturstein und Edelstahl gediegen ausgestattet ist. Der junge Pfleger steht schon in der Tür im ersten Stock und lächelt ihnen schüchtern entgegen. Er sieht selber fast noch wie ein Teenager aus, sagt sich Svenja. Hellblond und so dünn, dass sie sich kaum vorstellen kann, wie er sein Arbeitspensum als Krankenpfleger bewältigt.

»Oberkommissarin Wuttke, LKA.« Sie gibt David die Hand. Auch sein Händedruck ist zart. »Mein Kollege, Hauptkommissar Jensen«, fügt sie hinzu, während sich der Kollege damit begnügt, schwarz und schweigend neben ihr aufzuragen.

»Wenn du hier fertig bist, gehst du sofort zurück auf Station, David. Du weißt ja, Rebecca hat sich gestern auch noch krankgemeldet. Allmählich sind wir am Limit.« Lena Heckel wirkt angespannt, fast mehr noch als der junge Pfleger. »Sonny bringt mich zum Büro und ist sofort wieder bei Ihnen«, erklärt sie Svenja schon zum zweiten Mal. »Warten Sie unbedingt auf ihn, gehen Sie nicht zu Fuß, die Wege sind teilweise nicht geräumt.«

Zögernd räumt sie das Feld, nachdem Svenja genickt, Jensen an ihr vorbeigestarrt und David leise versichert hat, er werde schnellstmöglich auf Station zurückkehren. Während sie die Treppe runtergeht, meldet sich erneut ihr Smartphone. »Jan? Ich gehe jetzt zu ihm«, glaubt Svenja zu verstehen, dann fällt unten die Haustür ins Schloss.

»Zur Sache.« Jensen schiebt den jungen Pfleger vor sich her in die Wohnung. »Sie sind David Ballhaus?« David nickt. Jensen macht Svenja ein Zeichen, sie soll mitschreiben. Kaum ist Lena

Heckel außer Sicht, tritt er wieder gewohnt forsch auf. »Sie arbeiten auf der gleichen Station wie Makowski?«
David schüttelt den Kopf. »In den ersten zwei Jahren wechseln wir alle zwei Monate zu einem anderen Bereich. Um alles kennenzulernen. Zurzeit bin ich in der Kinderambulanz.«
»Seit wann hier mit Makowski wohnhaft?«
»Seit letzten November. Ich hatte so sehr gehofft, dass Niklas mich nimmt. Und als er dann einverstanden war …« David Ballhaus' Gesicht überzieht sich mit leichter Röte. Unvermittelt dreht er sich um und geht auf eine Tür am Ende des kleinen Flurs zu. Links und rechts sind je zwei weitere Türen, registriert Svenja.
»Wessen Zimmer?«, fragt Jensen, der dem Pfleger dichtauf gefolgt ist.
Ein quadratischer Raum, gut fünf mal fünf Meter, in gehobenem Schwedenstil eingerichtet. Helle Holzmöbel, bequem aussehende Sessel. Zwei bodentiefe Fenster zum Park hin.
»Das ist unser Gemeinschaftsraum. Hier sitzen Nikki und ich zusammen, wenn wir beide freihaben.« David spricht leicht quäkend. *Seine normale Stimmlage?*, fragt sich Svenja. *Oder klingt er so, weil er angespannt ist?*
»Und das kommt wie oft vor?«, hakt Jensen nach.
»Leider nicht so oft, jedenfalls in letzter Zeit. Seit Nikki nicht nur mit seinem Vater Stress hat …« David bricht ab und errötet erneut.
»Sondern mit wem noch?«
»Wie bitte?«
»Stress mit wem noch?«
»Das habe ich nicht gesagt. Es ist nur so, dass er wenig Zeit hat, seit er sich auch noch mit der Frau trifft.« David flüstert es, ohne irgendwen anzusehen. »Was ist denn überhaupt los? Ist Nikki was passiert?«
»Das Fragen überlassen Sie uns.« Jensen verschränkt die Arme und verpasst David mit dem Ellbogen fast eine Kopfnuss. »Also: Was für eine Frau, wie heißt sie, wie alt, wie sieht sie aus? Lassen Sie sich doch nicht alles aus der Nase ziehen, Mensch!«

»Ich kenne sie nicht, wirklich nicht. Und sonst weiß ich auch nichts über sie.« Davids Mund zuckt. »Er ... er ...«
»Ja?«
»Ria. Ich weiß nur, dass sie Ria heißt. Nikki hat sie in einem Café kennengelernt. Er war mit seinem Vater da, und sie hat ihn angesprochen, einfach so.« Er schaut träumerisch vor sich hin.
»Na, prost Mahlzeit. Jetzt zeigen Sie uns mal Makowskis Zimmer.«
David nickt und geht in den Flur zurück. »Hier.« Er deutet auf die erste Tür links. »Wir schließen nie ab, Sie können einfach reingehen. Gegenüber ist mein Zimmer. Wenn Sie mich nicht mehr brauchen, gehe ich jetzt zurück auf Station.«
Jensen wedelt mit beiden Händen. »Ab mit Ihnen. Bevor Ihre Chefin Ihnen noch den Kopf abreißt.« Ein jäher Schauder erfasst ihn.
»Lena? Die ist eine ganz Liebe. Das hat auch Nikki neulich gesagt.« David errötet abermals. »Sie brennt für *Dignity*, wie wir alle.«
Jensen macht ein Gesicht, als wollte er erneut »Prost Mahlzeit« sagen, aber Svenja kommt ihm zuvor. »Wir sind fast durch, Herr Ballhaus. Sie und Niklas haben sich das Bad geteilt?« David nickt und schaut zu der Tür neben seinem Zimmer. »Da haben Sie Ihren Kollegen doch bestimmt auch mal nackt gesehen?«, fragt sie weiter.
»Na ja, was? Wieso?« Die Röte schießt aus seinem Shirt, züngelt seinen Hals hoch und flutet sein Gesicht. »Eigentlich nicht.«
Er brennt bestimmt auch für Dignity, *denkt Svenja, aber mindestens genauso für Nikki.*
»Uneigentlich aber doch?« Jensen schaut demonstrativ auf seine Breitling.
»Ist Ihnen aufgefallen«, hakt Svenja nach, »ob Niklas im Schamhaarbereich teilweise rasiert ist?«
»Oh Gott. Wieso fragen Sie das? Ich weiß es wirklich nicht.« David sieht sie gepeinigt an. »Kann ich jetzt gehen?«
»Noch nicht. Konzentrieren Sie sich, bitte. Das hier ist wichtig,

ja?« Sie sieht ihn an, bis er nickt. »Hat Niklas mal davon gesprochen, dass auf seiner Station etwas Ungewöhnliches passiert ist? Etwas, das er nicht in Ordnung fand, mit einem Patienten oder einer Patientin?«
David bewegt zaghaft den Kopf hin und her. »Nein, ich glaube nicht.«
Es klingt nicht gerade überzeugend, findet Svenja. Doch Jensen sieht das offenbar anders. »Jetzt ab mit Ihnen, die kleinen Kranken schreien sich schon die Seele aus dem Hals.«
David stürzt zur Wohnungstür, Svenja sprintet hinter ihm her, steckt ihm ihre Karte zu. »Rufen Sie mich jederzeit an, wenn Ihnen noch etwas einfällt.« Er nickt fahrig, zieht den Reißverschluss seines blassgelben Parkas zu und stürmt die Treppe hinunter.
»Außer Spesen und so weiter«, sagt Jensen. »Gleich elf, in einer halben Stunde müssen wir los. Spätestens. Zwischenstopp im Präsidium, dann muss ich weiter nach Potsdam. Die Staatsanwälte warten.«
Svenja gibt ihm keine Antwort. Sie öffnet die Tür zu Niklas' Zimmer, macht einen Schritt hinein und sieht sich um. Der gleiche Stil wie im Gemeinschaftszimmer. Schmales Einzelbett, Regal, Sessel, vor dem Fenster ein Schreibtisch mit Drehstuhl. Kein Kleiderschrank, nur eine Garderobenstange auf Rädern. Überhaupt keine Schranktüren oder Schubladen.
Sie geht zum Regal und beginnt, die wenigen Fächer zu durchsuchen. Jensen ist ihr gefolgt und macht sich sichtlich lustlos an der Garderobe zu schaffen. Nach zehn Minuten haben sie alles durchforstet und nichts Zweckdienliches entdeckt. Keine Patientenakte, kein Tagebuch, überhaupt keine persönlichen Papiere, keinen Brief, keine Versicherungspolicen. *Kein Wunder,* denkt Svenja, *hier kann man nichts verbergen. Hier nicht und wahrscheinlich auf dem ganzen Klinikgelände nicht.*
Bevor Jensen protestieren kann, geht sie in den Gemeinschaftsraum zurück und durchsucht auch hier die Regalfächer. Fachliteratur, Krimi-Taschenbücher, ein Stapel DVDs mit Actionfil-

men. Außerdem jede Menge Brettspiele, Schach, Mühle, Halma, alle originalverpackt.

»Das war's«, sagt Jensen. »Ermittlung in alle Richtungen schön und gut, aber bitte nicht als *l'art pour l'art*. Zuerst dachte ich, dass diese Heckel etwas zu verbergen hat, so abweisend, wie die aufgetreten ist. Aber das war bloße Attitüde, nach dem Motto ›Wir sind die Guten, also pinkelt uns nicht ans Bein.‹. Und dann dieses zweifelhafte Kleid ...«

Er verschränkt die Arme und ist schon auf der Treppe nach unten, während Svenja noch einen Blick ins Bad und in die Küche wirft. *Zweifelhaftes Kleid?*, denkt sie. *Was ist mit ihm los?* Auch in der winzigen Küche und im Bad entdeckt sie keine Patientenakten, keine verschließbaren Schrankfächer, überhaupt keine Auffälligkeiten, es sind einfach zwei moderne Funktionsräume, so karg und unpersönlich eingerichtet wie die gesamte Wohnung.

Sie beeilt sich, zu Jensen aufzuschließen. Turmgleich ragt er vor der Haustür auf und fixiert den Buggy, der vom See her auf sie zugeschlingert kommt.

»Kein Vorwurf, Svenja«, sagt er. »Dein Engagement gefällt mir, auch wenn es diesmal in die Sackgasse geführt hat. Aber wir haben ja den Albaner. Nachher gesteht er, das hab ich im Urin. Und keine Sorge, die Arbeit geht uns nicht aus.«

Noch während der bullige Sonny sie zurück zum Hauptgebäude fährt, beginnt Jensen, ihren neuen Fall zu erörtern. Rätselhafte Todesfälle in einer überwiegend von Senioren bewohnten Stadtrandsiedlung, und wie nicht anders zu erwarten, hat er auch schon eine Hypothese parat. »Das Tatmuster deutet ganz klar auf die osteuropäische Pflegemafia hin. Natürlich ermitteln wir in alle Richtungen, aber du wirst sehen ...«

»Erst müssen wir noch mit dem Professor sprechen«, unterbricht Svenja seinen Redefluss. Jensen schaut verständnislos an ihr vorbei. »Professor Sievering, der medizinische Leiter«, erinnert sie ihn. »Er überwacht die therapeutischen Abläufe angeblich persönlich. Wenn an dem, was Antecic gehört hat, irgendwas dran ist, muss der Professor davon wissen.«

Jensen runzelt die Stirn, als würde ihm plötzlich klar, worauf ihre hartnäckigen Nachforschungen letzten Endes zielen. Nicht auf mögliche Verfehlungen untergeordneter Einzelpersonen, sondern auf systematische Manipulationen. Svenja rechnet schon damit, dass er sie zurückpfeifen wird, doch Jensen schüttelt nur den Kopf und murmelt: »Meinetwegen, aber das muss ruckzuck gehen.«

Berlin-Steglitz, Klinik *Dignity of Youth*, Einheit 37/38 [10:17]

Kilroy trägt den schlaksigen Körper auf seinen Armen wie King Kong die weiße Frau. Sammi ist leicht wie ein Vogeljunges, aber ihn durch den Schrank zu hieven ist schwerer als erwartet. Sammis Gliedmaßen hängen herunter, der Kopf kollert hin und her, das vermummte Klingeling springt von Ost nach West und wieder zurück wie eine bipolare Kompassnadel. Kilroy versucht es frontal, dann seitlich, rechts, links, aber der Spalt in der Schrankhinterwand ist einfach zu schmal. Erst als er seine Arme um Sammis Arme und Brustkorb schlingt und ihn wie eine Holzpuppe auf wegknickenden Beinen vor sich herstaksen lässt, schaffen sie es ins Nebenzimmer hinüber.
Am liebsten würde er Sammi gleich wieder aufs Bett und sich selbst danebenlegen, aber das ist jetzt nicht der Plan. Duschen, anziehen, Abmarsch. Er wird Sammi mitnehmen in die Villa Morgencron, dorthin gehört er, in jeder Hinsicht, und sonst nirgendwohin. Gründe, erstens, Sammi sieht aus wie Klein Morgencron, beziehungsweise wird wieder aussehen, nachdem der Dipl.-Doc ihn aufgepäppelt hat. Zweitens, Sammi sieht aus wie Klein Tycho, beziehungsweise wird wieder und so weiter, siehe oben. Drittens, Sammi muss lückenlos dauerüberwacht werden, und das kann Kilroy nur bei sich zu Hause sicherstellen. In Gedanken hat er Hartlieb und Maylin bereits zum Schichtdienst eingeteilt. Auch die Zwillinge können stundenweise Wache

schieben, er hört sich schon, wie er ihnen aufträgt: »Passt auf, dass sein Klingeling nicht verschwindet!« Und dann setzen sie sich links und rechts aufs Bett, starren auf Sammis Schritt und rätseln auf Malaysisch, Laotisch blabla, was unter dem Mull sein mag.

Er trägt Sammi ins Bad, setzt ihn in die Duschtasse, mit dem Rücken gegen die strahlend weiß gefliese Wand. Irgendwo hier muss es einen Vorrat an Einweg-Duschhauben geben, transparentes Plastik, Kilroy ist sich sicher, die Dinger gesehen zu haben. Nur wo? Im Spiegelschrank, nein, im Handtuchregal, auch nein, fluchend stapft er hin und her, von den allgegenwärtigen Spiegeln geplagt. Er sieht zum Fürchten aus, glitzernd vor Blut und Uhu, dazu die Maske, und Sammi erst recht zum Grausen. *Wo sind die verdammten Dinger?*

In einem der Küchenschränke, fällt ihm ein, da ist aus irgendeinem Grund der ganze Duschkram vergraben, Gel, Shampoo, Lotion, Hauben. Eigentlich sollte er Sammi mitnehmen, sicherheitshalber, aber der sitzt so friedlich da, von strahlendem Weiß gerahmt, dass Kilroy es einfach mal riskiert. *Ist ja nur für ein paar Sekunden.*

»Rühr dich nicht von der Stelle!«, ermahnt er Sammi, stürzt aus dem Bad, rennt zur Küchennische, reißt alle Schranktüren auf. Töpfe, Teller, Tassen, Messer, Gabel, Scher und Licht, Kilroy sucht und flucht, und da endlich, der Duschkram. Er schnappt sich Haube, Duschgel, Shampoo, und nichts wie zurück ins Bad. Kein Sammi. »Wo bist du hin?«, schreit Kilroy. »Bitte, tu mir das nicht an!« Er macht die Augen zu, wieder auf, und da ist Sammi. Sitzt nicht, aber liegt verrutscht in der Dusche, ein Bein halb draußen, und die Wand verschmiert mit roten Schlieren.

»Mein Verstand! Was machst du denn?«, wimmert Kilroy und fällt neben ihm auf die Knie. Schiebt das Bein zurück in die Dusche, bedrohlich wackelt der Zauberstab, aber Kilroy hat jetzt wieder alles unter Kontrolle. Mit fliegenden Fingern packt er die Duschhaube aus, stülpt sie über Sammis Klingeling und zieht das Bändchen stramm. »*I – der Pater ist meine Mutter (Mater) (halbherzig verkleidet)«*, kann er, wenn auch verwackelt, durchs knittrige Plastik lesen. Er zwängt sich sachte zu Sammi in die Dusche, stellt sanft und achtsam die Brause an.

Zehn Minuten später steht er mit Sammi im Lift, und die Türen gleiten leise zischend zu. Mit dem Finger auf den Knopf zur Tiefgarage zu tippen ist gar nicht so einfach, wenn man einen bewusstlosen Teenager auf Händen trägt. Aber Kilroy glaubt an sich selbst, das zeichnet ihn aus, deshalb ist er der geworden, der er heute ist, nicht mehr Klein Timo, ganz zu schweigen von »*Timothea, ja, wo ist denn Mamis Kleine?*«, sondern der große, reiche, berühmte, mächtige Tycho Terry. Für Kilroy ist nichts unmöglich, für ihn gibt es keine Grenzen. Da wird er doch wohl auch diesen Scheißaufzugknopf drücken können.

Sammis Beine schlackern, die Duschhaube knistert, als Kilroys Zeigefinger unter Sammis Kniekehlen hervorgeschossen kommt wie die berühmte Schlange aus dem berüchtigten Apfelbaum. Der Lift quittiert mit hellem *Pling!*, Sammi mit einem dunkleren Seufzer, und los geht die frohe Fahrt. Unter der Dusche hat Kilroy hin und her überlegt, soll er seine Bikersachen wirklich hierlassen, ja, nein, und sich schließlich dafür entschieden. Zu Hause hat er noch drei weitere Monturen mitsamt Stiefeln im Schrank. Die Treter mit den Stahlbeschlägen und den extra hohen Sohlen wird er vermissen, aber der Laufbursche soll auch mal seinen Willen haben. Das hebt Laune und Selbstwertgefühl.

Statt Rockerkluft hat Kilroy braune Budapester und den blauen Armani mit Nadelstreifen an, wie sonst nur, wenn er Sponsoren aus der Finanz- und Versicherungsbranche ködert. Kilroy kriegt sie alle, ob Banker oder Konzernbosse, Hidden Champions oder Tech-Milliardäre. Durch seine Connections und sein Charisma hat er *DigYou* in Dimensionen gehebelt, von denen die Oberaffen früher nicht mal zu träumen wagten. Also werden sie zwar wie gehabt rumzetern, »Kilroy, das geht nicht« hier und »Bring das Kiddie zurück« dort, aber dann werden sie klein beigeben und hinter ihm die Scherben zusammenfegen.

Nichts Neues unter der Sonne, wie schon Mamis Lieblingsphilosoph feststellte. Bevor er sich wieder unter die Röcke seiner Mami begab.

So räsoniert Kilroy, während die Lifttür aufgeht, er in die Tiefgarage hinaustritt, wo allerdings anstelle der Sonne nur bleiches Neonlicht scheint. Mit Sammi auf den Armen geht er auf den Range Rover zu, es wurmt ihn, dass er keine Jungskleidung gefunden hat, nur den Arztkittel, der ist zwar strahlend weiß, sieht an Sammi aber aus wie ein viel zu großes Kleid. Die Ärmel hat er umgeschlagen, der Saum reicht Sammi bis zu den Waden, und zwischen zwei Kittelknöpfen lugt das Klingeling hervor. *»II – es gibt keinen Pater«* entziffert er durchs knittrige Plastik. Das Ranking kommt ihm schon wieder fragwürdig vor, wie eigentlich immer. *II auf I und I stattdessen auf III?*, grübelt er, während er Sammi im Laderaum verstaut.

»Das wird jetzt ein bisschen ungemütlich, aber durchhalten lohnt sich. Zu Hause kriegst du Mamis Boudoir!«

Sammi gibt keine Antwort, seine Augen sind geschlossen, aber das Zucken in seinem fein geschnittenen Gesicht verrät Kilroy, dass er lebt. *So schnell stirbt sich's nicht*, muntert er sich auf, *sonst wäre ich schon x-mal tot.* Eigentlich gehört III auf I, geht es ihm durch den Kopf, *»Das Was-auch-immer ist was auch immer (nichts ist schlimmer)«*, aber das wäre das Ende, von Kilroy, Terry, von allem, was er sich so hart erarbeitet hat und wofür er jeden Tag, jede Nacht aufs Neue kämpft. Das ist die Limitation der Nagasaki-Liste, die einzige Grenze, die Kilroy nie überschreiten würde, ganz einfach, weil es ihn anschließend nicht mehr gäbe.

Er knallt die Heckklappe zu, schwingt sich hinters Steuer und fährt auf das heruntergelassene Rolltor vor der Ausfahrt zu.

**Berlin-Steglitz,
Klinik *Dignity of Youth*, Lobby [10:46]**

Viertel vor elf durch, der Buggy hält vor der Glasfassade des Hauptgebäudes, Svenja und Jensen steigen aus. Gerade als sie durch die Drehtür in die Lobby gehen, sieht sie, wie sich Lena Heckel fast rennend einem groß gewachsenen Mann mit grauen Haaren nähert. Die Personalchefin sieht aufgelöst aus, das Gesicht bleich und verschwitzt, die Augen übergroß. Links hängt ihr der Afro herunter wie ein Hundeohr.
Eilends pirscht sich Svenja näher heran. Der Grauhaarige zieht die Heckel hinter eine Säule, doch ein paar Satzfetzen schnappt sie trotzdem auf. »Beide weg!« und »Alles abgesucht!« von der atemlosen Personalchefin. »Oh mein Gott!«, vonseiten des Grauhaarigen. »V.-I.-P.-Bereich blocken, sofort! Ausfahrt abriegeln!« Dann stiebt die Heckel nach links weg, das Telefon am Ohr, und der Grauhaarige kommt rechts hinter der Säule hervor. »Professor Sievering?« Kurz entschlossen tritt Svenja ihm in den Weg. Noch vor ein paar Tagen hätte sie sich das nie herausgenommen, aber seit Hallsteins Geist in sie gefahren ist, hat sie kein Problem mehr mit forschen Auftritten. Zumal Max ihr bei Bedarf aufmunternd zulächelt. »Oberkommissarin Wuttke, LKA. Und das ist mein Kollege, Hauptkommissar Jensen.« Sie macht eine vage Handbewegung nach rechts hinten. »Wir ermitteln in einem Mordfall. Können wir Sie kurz sprechen?«
Der Professor sieht aus, als wäre er soeben einem Gespenst begegnet. Sein Gesicht fast so grau und zerknautscht wie sein Anzug, der Blick aus hellblauen Augen flackernd wie Grablichter an Totensonntag. »Lena – Frau Heckel – hat mich gerade informiert«, sagt er und sieht sich nach allen Seiten um. »Worum geht es denn? Ich habe wenig Zeit.«
Worum es bei dem hastigen Wortwechsel zwischen ihm und der Heckel ging, hätte Svenja auch brennend gern gewusst. Die Satzfetzen ergeben für sie wenig Sinn. Was für ein V.-I.-P.-Bereich? Welche Ausfahrt? Und welche beiden sind nicht mehr da?

»Wir auch, Herr Professor«, steuert Jensen bei, der sich mittlerweile neben Svenja aufgebaut hat. »Deshalb nur eine Frage: Haben Sie Hinweise, dass es in den letzten Wochen oder Monaten auf Station 5-1 zu Unregelmäßigkeiten gekommen sein könnte?«

»Unregelmäßigkeiten? Wie meinen Sie das, Herr Kommissar?« Professor Sievering setzt ein fragendes Lächeln auf. Plötzlich sieht er viel jünger aus, trotz grauer Haare und grauem Anzug.

»Unregelmäßigkeiten bei der Behandlung eines Patienten oder einer Patientin«, antwortet Svenja an Jensens Stelle, »beziehungsweise bei der Dokumentation des Therapieverlaufs.«

»Therapiefehler? Manipulierte Krankenakten? Beides bei uns systemisch ausgeschlossen.« Sofort schiebt Sievering eine Fülle technischer Einzelheiten hinterher. Svenja kann nur teilweise folgen, doch offenbar läuft es darauf hinaus, dass die implementierte Monitoring-Software sogar kleinste Fehler bei Diagnose, Therapie, Medikation bemerkt und auf mehreren Hierarchieebenen unübersehbar meldet – »bis hinauf zur medizinischen Klinikleitung, also zu mir. Das gilt für Versehen genauso wie für absichtliche Abweichungen.«

Professor Sievering würde überzeugender rüberkommen, sagt sich Svenja, wenn er sich nicht ständig mit gehetztem Gesichtsausdruck in der Lobby umschauen würde. »Bitte beantworten Sie die Frage, Herr Professor«, sagt sie. »Haben Sie Hinweise auf mögliche Unregelmäßigkeiten? Ob die von Ihrem Überwachungssystem bemerkt wurden, wäre dann eine nachgeordnete Frage.«

Sievering sieht sie geistesabwesend an. »Keine Hinweise, keine Erkenntnisse, gar nichts. Bitte entschuldigen Sie mich jetzt. Ein Notfall.« Er nickt ihnen zu und geht so schnell, dass es gerade noch nicht wie Rennen aussieht, auf die gläsernen Liftröhren im Hintergrund der Halle zu.

Unterwegs stößt erneut die Heckel zu ihm, und während sie zu den Aufzügen hasten, redet sie gestikulierend auf ihn ein. Diesmal sind sie so weit weg, dass Svenja nicht mal Satzfetzen mitbekommt. Was genau die beiden so in Aufregung versetzt, kann sie sich nach wie vor nicht zusammenreimen. Aber irgendwie muss es mit Tycho Terry zu tun haben, das spürt sie. Terry ist schließlich ein V.-I.-P. und hat hier auf dem Klinikgelände sein Büro. *Und die zweite Person, mit der zusammen er weg ist oder will,* überlegt sie weiter, *wer kann das sein? Doch nicht etwa die geheimnisvolle Ria? Aber warum sollte Terry mit ihr zusammen verschwinden, und wohin?*

»Das war's jetzt aber wirklich«, reißt Jensen sie aus ihren Grübeleien. »Was immer der Gasmann oder der alte Makowski aufgeschnappt haben wollen, es steckt nichts dahinter. Oder kommst du mir jetzt noch mit einer Verschwörungstheorie?« Er schaut grimmig über Svenja hinweg. »Von wegen der Professor hat einen Doppelmord befohlen, weil Makowski junior was eigentlich auf die Spur gekommen ist? Ärztepfusch? Pflegemängeln? Einsatz minderwertiger Medikamente? Und das alles in der angesehensten Kinderklinik von ganz Berlin, was sage ich, von ganz Deutschland und halb Europa?«

»Warum nicht«, sagt Svenja, doch das hört er schon nicht mehr. Oder gibt vor, es nicht zu hören. Mit seinen surreal langen Beinen eilt er aus der Halle und zum Besucherparkplatz, wo sein betongrauer Dienst-Passat steht.

»Der Fall ist abgeschlossen«, ruft er ihr über die Schulter zu. »Sieh zu, dass du den Kopf frei kriegst, Svenja. Ab morgen jagen wir die Seniorenmörder. Und vertief dich schon mal in die Akten.«

Sie ist zu niedergeschlagen, um zu antworten. Und zu weit weg. *Besser so*, denkt sie. Wenn sie Jensen jetzt entgegenschleudern würde, was laut Max dahintersteckt – die Bruderschaft, die *Dignity* gekapert hat –, würde er sie umgehend in die Wüste schicken. Weil er dann glauben würde, dass eine Verschwörung gegen *ihn* im Gange wäre, mit Hallstein als Strippenzieherin. *Aber würde er wirklich lieber die Brüder davonkommen lassen, als zu riskieren, dass Hallsteins Comeback ihn den Posten kostet?*

In der Keithstraße stoppt Jensen vor dem klotzigen LKA-Gebäude und lässt Svenja aussteigen. Sie schaut ihm hinterher, wie er mit durchdrehenden Rädern davonschlittert, und da wird ihr bewusst, dass sie nach wie vor nicht im Geringsten versteht, was in ihm vorgeht. Sie weiß nichts von ihm, sie kann sich nicht einmal vorstellen, was er in seiner Freizeit macht, ob er sich mit jemandem trifft oder seine Abende und Nächte allein verbringt.

Aber sie will es auch gar nicht mehr wissen. Monatelang hat sie zu ergründen versucht, wie er tickt, was er will, wie er sich seine ideale Partnerin vorstellt. Je klarer ihr wird, wie viel Zeit und Energie sie darauf verwendet hat, ihn zu verstehen und sich seinen Launen anzupassen, desto zorniger wird sie, auf Jensen und auf sich selbst. *Es geht hier überhaupt nicht um ihn und darum, was er will oder nicht will,* sagt sich Svenja, während sie die Treppe hochgeht.

Vor der Tür zu ihrem Büro bleibt sie stehen, die Hand auf der Klinke. »KHK Jensen« steht auf dem Schild, und Svenja wird noch etwas klar: Sie will, dass auf dem Schild wieder »*KHK Hallstein*« steht.

Berlin-Tiergarten,
LKA-Gebäude, Büro KHK Jensen [12:37]

»Nein, ich glaube nicht, dass er sich noch mal umstimmen lässt.« Svenja sitzt an ihrem Schreibtisch, gleich zwanzig vor eins. »Ja, klar, ich hab alles versucht«, sagt sie zu Max am anderen Ende der Leitung. »Die ganze Fahrt über habe ich auf ihn eingeredet, aber er hat immer nur wiederholt: ›Der Fall ist abgeschlossen.‹ Ich bin so was von sauer. ›Und wenn es neue Hinweise gibt, die auf ganz andere Täter und Hintergründe deuten, was ist dann?‹, habe ich ihn gefragt. ›Dann müssen wir doch weiterermitteln, Leif?‹« Sie schüttelt den Kopf. »Willst du wissen, was er geantwortet hat? ›Ich fahre jetzt zum Arbeitsessen mit den Staatsanwälten‹«, sagt sie mit verstellter Stimme. »›Wenn du bis vierzehn Uhr neue Erkenntnisse hast, schick sie mir rüber.‹ Und was jetzt, Max?«

Bevor sie Max angerufen hat, hat sie mit Sven Carutz telefoniert. Die Blutspuren an dem Klappmesser, das sie unter dem Busch entdeckt hat, stammen von Niklas Makowski. Es handelt sich zweifelsfrei um die Waffe, mit der der Pfleger erstochen wurde, allerdings konnten auf dem Messer keine Fingerabdrücke festgestellt werden. Darüber hinaus haben die KTler auf dem keilförmigen Grundstück diverse weitere Objekte asserviert, doch ein Zusammenhang mit dem Geschehen in der Mordnacht lässt sich nicht herstellen. Der Cremetiegel enthielt geringfügige Überreste von Sonnenschutzcreme, deren Haltbarkeitsdatum vor drei Jahren abgelaufen ist. Keine Vaseline, kein Uhu. Auch die zerknüllte Zigarettenpackung, eine verrostete Bierdose und ein Damenschuh mit durchlöcherter Sohle lagen allem Anschein nach schon Monate oder sogar Jahre auf dem Brachgrundstück.
»Wir haben noch immer keine materiellen Beweise, um Tuchalsky und Terry mit den Morden und mit dem Verschwinden der jungen Frau in Verbindung zu bringen«, sagt Max. »Das ist das Problem, vor dem wir jetzt stehen.« Er klingt nachdenklich, aber keineswegs entmutigt.
»Und du willst mir immer noch nicht verraten, wer die junge Frau ist. Das ist auch ein Problem, Max. Wenn ich Jensen einen Namen liefern könnte, hätten wir zumindest Zeit gewonnen. Dann müssten wir erst mal die Frau finden und befragen, und bis dahin taucht vielleicht auch die verdammte Akte auf.«
»So läuft das nicht.« Max pustet durch die Backen. »Selbst wenn ich etwas über die Frau wüsste, dürfte ich es dir nicht sagen.«
»Weil sie zu eurem Team gehört.«
»Ich bin aus gesundheitlichen Gründen beurlaubt, weißt du doch. Mein Team besteht aus Physiotherapeuten und Burn-out-Präventions-Coaches.«
»Na klar, Max. Also gut, hast du noch einen Trumpf im Ärmel? Wenn nicht, wandert Erjon Duko als vermeintlicher Makowski-Mörder hinter Gitter. Wir müssen Tuchalsky und Terry irgendwie mit den Morden in Verbindung bringen. Und zwar in-

nerhalb der nächsten Stunde und auf eine Art und Weise, die Jensen überzeugt.«

»Das ist die Herausforderung.« Max klingt fast schon zuversichtlich, registriert Svenja.

»Und wie sollen wir die meistern? Sag jetzt nicht, ›kein Problem, ich rede mit ihm‹. Dich hat er genauso gefressen wie Hall...«

»Sag ich ja gar nicht. Hör zu, Svenja, ich muss erst noch mit jemandem telefonieren. In Kürze melde ich mich wieder. Ich weiß auch nichts Konkretes, aber irgendwie glaube ich, dass Jensen doch noch in die Spur kommt.«

SECHS:
Sodom

**Berlin-Steglitz,
Klinikgelände *Dignity of Youth*,
WG Makowski/Ballhaus [14:03]**

Vierzehn Uhr, endlich hat David Pause. Sofort geht er zum Auszeitraum der Kinderambulanz, zieht seinen Parka an und tauscht die Segeltuchschuhe gegen Winterstiefel. Den Kolleginnen, die ihn mit zur Cafeteria schleppen wollen, ruft er zu: »Hab in meinem Zimmer was vergessen!«, und joggt los, bevor sie nachfragen können, was das denn so Wichtiges sein soll.

Nikki ist tot, den Satz bekommt er nicht mehr aus dem Kopf. Er hat schon fünf Mal versucht, Nikki anzurufen, aber sein Telefon ist ausgeschaltet. »*Nicht erreichbar*«, nicht mal die Mailbox ist an. *Nikki ist tot.* Die Polizisten haben es nicht so klar gesagt, aber für David klang es deutlich durch. Oder steigert er sich da in etwas hinein? »Wir ermitteln in einem Mordfall« und dann die Fragerei, ob Nikki ungewöhnliche Vorfälle auf Station erwähnt habe. »Unregelmäßigkeiten bei einer Patientin«? *Und ob,* denkt David. *Nikki hat von irgendwas Miesem Wind bekommen, und deshalb …* Er bricht den Gedanken ab. *Etwas Mieses hier bei* Dignity? *Das kann nicht sein.*

Aber David kennt sogar ihren Namen, Daria, genannt Dari. Letzten Samstag erst hat Nikki von dem Mädchen geredet, so liebevoll, dass es ihm einen Stich versetzt hat. *Zumindest heißt sie so ähnlich wie ich,* dachte er in seiner Totalverknalltheit, und am Morgen drauf stand Nikki mit diesem DIN-A4-Kuvert vor seiner Tür. »Hör zu, Davy, ich muss schnell mal zu dir rein. Ist das okay?«

David war noch im Bett, aber klar war es für ihn okay. Es war sogar wie in seinen schönsten Träumen, Nikki nur mit einem Handtuch um die Hüften. »Sorry, ich wollte gerade unter die Dusche, da ist mir das hier eingefallen.« Er wedelte mit dem Umschlag in Richtung Bett. »Weißt du, den darf keiner sehen.« Bis vorletztes Jahr habe er ja hier in Davids Zimmer gewohnt, bevor er in das größere gegenüber umgezogen sei, und da sei ihm die lose Holzdiele unter dem Bett eingefallen, »das ideale Versteck, Davy, hilfst du mir mal?«.

David stand auf. Die Situation verwirrte ihn und heizte ihm ein, zum Glück hatte er T-Shirt und Boxershorts an. Zusammen schoben sie sein Bett von der Fensterwand weg, Nikki kauerte sich in die Lücke zwischen Wand und Kopfende, ruckelte an einer Bodendiele, und die saß tatsächlich lose und ließ sich leicht herausnehmen. Er schob das Kuvert in den Hohlraum darunter, setzte das Brett wieder ein und richtete sich auf. Dabei löste sich das Handtuch, und für die Dauer eines halben Herzschlags stand Nikki nackt da. Lange genug, dass David auch die andere Frage der Kommissare hätte beantworten können: Nein, Nikkis Schamhaar ist weder teil- noch totalrasiert. Und noch weitere Fragen, die sie ihm hoffentlich nie stellen werden.

Warum sie sich für Nikkis »Genitalregion« interessierten, kann er sich nicht erklären, auch wenn er immer wieder darüber nachdenkt. Genauso wenig verstand er, warum Nikki das Kuvert, auf das er »D.« geschrieben hatte, überhaupt verstecken wollte. Vor wem und wieso gerade unter seinem Bett. In seiner Verwirrung dachte er zuerst, dass es ein umständlicher Annäherungsversuch wäre, aber Nikki band sich das Handtuch kommentarlos wieder um und forderte ihn auf, ihm beim Zurückschieben zu helfen. »Kein Wort, egal zu wem, auch nicht, wenn du direkt danach gefragt wirst. Schwör es mir, Davy.« Er trat so dicht an ihn heran, dass David seinen Körperduft roch und kleine Schweißperlen auf Nikkis Stirn glitzern sah. »Ich schwöre es«, hauchte er und hätte sich am liebsten gegen Nikkis Schulter sinken lassen. Aber während er noch darüber nachdachte, war Nikki schon drüben im Bad.

David sank ersatzweise auf sein Bett zurück und verlor sich in verworrenen Tagträumen von ihnen beiden. Dabei wusste er ja, dass aus ihnen nie ein Paar werden würde. Nikki hatte ihm vor ein paar Tagen erst erzählt, dass er eine Frau kennengelernt hatte, Ria. Dass Daria wie aus David und Ria zusammengebastelt hieß, war natürlich nur Zufall, verwirrte ihn aber noch mehr.

Im Park ist es kalt wie in einer Leichenhalle, David joggt auf teilvereisten Wegen zwischen total verschneiten Wiesen zu Haus P. Im Eingangsflur ihrer Wohnung zieht er Parka und Stiefel aus und geht auf Strümpfen in sein Zimmer. Er wuchtet das Bett einen halben Meter von der Wand weg, zwängt sich dazwischen und sieht wieder Nikki vor sich, für eine halbe Sekunde nackt. Er presst die Lippen zusammen, reißt sich einen Fingernagel an dem verdammten Bodenbrett ein und fischt schluchzend den Umschlag heraus.

Dann sitzt er auf seinem Bett und dreht das braune Kuvert in den Händen hin und her. Es ist zugeklebt und so dünn, dass höchstens zwei, drei Blätter darin sein können. *»Die ersten Seiten ihrer Patientenakte«*, hat Nikki gesagt. *»Sie war vollständig geheilt, und plötzlich soll sie ›austherapiert‹ sein, unheilbar krank? Das kann nicht mit rechten Dingen zugehen«*, David hat Nikkis Worte, seinen empörten Tonfall noch im Ohr.

Soll er den Umschlag aufmachen? Sich selbst ein Urteil bilden, bevor er entscheidet, ob er irgendwas unternimmt? Nikki hat ihm nicht ausdrücklich verboten, das Kuvert zu öffnen. Aber allem Anschein nach wurde er umgebracht, weil er an etwas Finsteres gerührt hat, über das David lieber nicht nachdenken will. Geschweige denn es schwarz auf weiß vor sich sehen. Er ist kein Held, sogar das genaue Gegenteil, er ist von frühester Kindheit an von Erziehern geschlagen, von Pflegeeltern gedemütigt, von größeren Heimkindern gemobbt und verprügelt worden und hat sich nie gewehrt. Weil sowieso alle anderen stärker sind und weil in ihm eine Stimme ist, die immer dann, wenn er angegriffen wird, giftig loszischt: »Das geschieht dir recht, du jämmerlicher kleiner Scheißer, winsele nur, die Dresche hört trotzdem nicht auf.«

David starrt auf das *D.*, das Nikki mit seiner kantigen Handschrift auf den Umschlag gemalt hat. D wie Daria, D wie David, D wie *Dignity*. Er wünscht sich so sehr, dass Nikki jetzt hier wäre und ihm sagen würde, was er tun soll. Fast noch mehr wünscht er sich, dass Nikki ihm den verdammten Umschlag nie gegeben hätte.

Er hat nicht den Mumm, sich gegen *Dignity* zu stellen, wird David klar. Er will es auch gar nicht, sie haben ihn aufgenommen wie einen Sohn, er verdankt ihnen alles, was er heute ist. Die Stiftung hat ihm ermöglicht, das Fachabitur nachzuholen, sie haben ihm den Ausbildungsplatz hier in der Klinik gegeben, hier hat er seinen Platz gefunden, eine Aufgabe, die ihn ausfüllt, eine Mission, für die zu kämpfen sich lohnt. Hier wird er geschätzt und respektiert, auch von denen ganz oben. Lena Heckel mag ihn, sogar Professor Sievering kennt seinen Namen, und neulich hat selbst Tycho Terry ein paar Worte mit ihm gewechselt. In der Cafeteria, beim Mittagessen, einfach so.

David fiel fast in Ohnmacht, als der groß gewachsene Superstar sich neben ihn setzte, mit einem riesigen Salatteller, und ihn fragte, wie lange er schon in der Klinik arbeite und wie es ihm hier gefalle. David stotterte irgendwas und wäre am liebsten in seinem Gemüseeintopf untergetaucht. Sie sind alle so nett und liebevoll, er kann es sich nicht leisten, das hier aufs Spiel zu setzen.

Höchstwahrscheinlich hat er sowieso alles falsch verstanden. Oder Nikki hat die Sache mit Daria aufgebauscht, weil ihn die Stiftungsoberen bei seinem Vater nicht so unterstützen, wie er sich das erhofft hat. Vielleicht hat nur irgendwer in Darias Akte etwas falsch eingetragen, eine Verwechslung mit einer anderen Patientin, so etwas kommt ja vor. Und Nikki hat eine Riesensache daraus gemacht, weil er den Stiftungsoberen auf einmal alles Mögliche zutraute. Nach dem Motto, »dass sie mir bei meinem Vater nicht helfen, zeigt doch, dass hier alles hohl und verlogen ist«. *Nein, bei aller Liebe,* denkt David, *das zeigt es meiner Meinung nach nicht.*

Er steht auf und zwängt sich erneut zwischen Wand und Bett. Plötzlich kommt es ihm total unwahrscheinlich vor, dass Nikki tot sein soll. *Ermordet? Von wem denn?,* denkt er. Etwa von der lieben Lena Heckel oder von Professor Sievering, dessen dunkle Stimme er nur hören muss, um sich warm und geborgen zu fühlen? Oder gar von Tycho Terry, der aus der Nähe noch besser aussieht, als David das erwartet hatte, so attraktiv mit seinem muskulösen Oberkörper, seiner lässigen Art und diesem Blick, der einem durch und durch geht? David kann ihn sich mühelos als Tarzan vorstellen und sich selbst als Jane auf Terrys starken Armen. Bei dieser Vorstellung wird ihm sofort wieder heiß.

Bestimmt hat sich Nikki nur kurzfristig Urlaub genommen, weil mit seinem Vater wieder was ist. Er legt den Umschlag in den Hohlraum, die Bohle zurück an ihren Platz und schiebt das Bett wieder vors Fenster.

Laut Nikki sollte Daria auf Station 3-2 verlegt werden, Zimmer 37, erinnert sich David. Er hat noch bis drei Uhr Pause, Zeit genug, um sich dort mal schnell umzusehen. Zimmer 37 gehört zu einem besonders gesicherten Bereich, zu dem nur ein begrenzter Personenkreis Zutritt hat. Aber David weiß aus Erfahrung, wie leicht man durch Sperren kommt, wenn man so harmlos aussieht wie er.

Vielleicht kann er kurz mit Daria reden, dann wird er ja sehen, ob bei ihr alles mit rechten Dingen zugeht. *Wenn dort irgendwas komisch ist, rufe ich die Kommissarin an.* Svenja Wuttkes Karte hat er noch in der Manteltasche, aber je länger er darüber nachdenkt, desto sicherer ist er, dass mit Daria alles in Ordnung ist. *Und genauso mit Nikki.* Dass Nikki plötzlich weg ist und Polizisten, die in einem Mordfall ermitteln, nach ihm fragen, heißt doch noch lange nicht, dass ihm etwas passiert sein muss. *Im Gegenteil,* schießt es David durch den Kopf, *wenn sie ihn irgendwo tot aufgefunden hätten, würden sie mich doch nicht fragen, ob er sich die Schamhaare rasiert hat.* Er schlägt sich mit der flachen Hand gegen die Stirn. *Dann könnten sie doch einfach nachschauen.*

Die Logik überzeugt ihn nicht hundertprozentig, aber es fühlt sich so gut an, dass er nicht weiter darüber nachdenkt. Im Flur zieht er Stiefel und Parka wieder an und macht sich auf den Weg.

**Potsdam, Brandenburger Tor,
Pkw Jensen [14:07]**

Sie wartet auf der Rückbank hinter dem Fahrersitz, in Jensens Dienst-Passat, den sie früher auch manchmal gefahren hat, wenn ihr Aero in der Werkstatt war. Unsichtbar hinter den vereisten Scheiben, neben ihr die Fotos, vierfarbig, DIN-A4-Format, damit die Details gut zur Geltung kommen. Wie zum Beispiel Sheilas regenbogenbuntes Bikinihöschen, das an ihren Schenkeln heruntergleitet, oder ihr Schwanz, der Jensen entgegenwächst.
Um kurz nach zwei steigt er ein, gehüllt in eine Wolke aus Steakgeruch. Draußen frieren Trauben von Touristen unter dem Brandenburger Tor fest, dem unscheinbaren kleinen Bruder des weltberühmten Quadriga-Monuments in Berlin. *Irgendwie passend*, denkt sie, genauso wie der Name des Lokals, *Matador*, in dem Jensen und die Staatsanwälte ihren Deal ausgehandelt haben. *Höchstens Lokalmatador, zu mehr reicht's bei ihm nicht.*
Er stochert mit dem Schlüssel im Armaturenbrett, doch die Zündung hat sie lahmgelegt. Mit diesem praktischen kleinen Tool, halb so groß wie eine Scheckkarte, das so ziemlich jede mittelmäßig gesicherte Elektronik überlistet. Unter der Haube macht es *klack*, Jensen flucht. Erst als sie ein Stück nach rechts rutscht, entdeckt er sie im Rückspiegel.
Sie hat Katja Perlsbergs übergroße Brille hoch ins Haar geschoben, damit er sie schneller erkennt. Trotz Perlsbergs dunkelbrauner Locken und der Zusatzpfunde, die sie sich angefressen hat. Einige zu Täuschungszwecken, die restlichen aus Verzweiflung.
»Tobis Psycho-Schwester, ich fasse es nicht«, sagt Jensen, nachdem er sie fünf Sekunden lang angestarrt hat. »Steig aus, Hallstein, sofort. Oder du kriegst den Ärger deines Lebens.« Sie hört seine Unsicherheit, fast schon Angst, heraus, auch wenn er sich um einen forschen Ton bemüht.
»Danke für das Angebot, Leif. Vielleicht komme ich bei Gelegen-

heit darauf zurück. Wie war dein Steak mit Roehler und der Behrendt?« Seine absurd blauen Augen starren sie im Rückspiegel an. »Ich bin in unserem Laden immer noch besser vernetzt, als du es jemals sein wirst«, fügt sie hinzu. »Von deinem heutigen Date wusste ich schon, bevor sie dir den Termin mitgeteilt haben.«

Sie raschelt mit den Fotos. Er dreht sich um, versucht zu erkennen, was sie in der Hand hat – *gegen ihn in der Hand*, denkt er, sie liest es ihm vom Gesicht ab –, doch die Ausdrucke liegen mit der Rückseite nach oben.

»Nichts gegen eure Deals, Leif, jedenfalls nicht prinzipiell. Aber die Makowski-Morde gehen nicht auf das Konto irgendwelcher Albaner. Schon deshalb kann ich nicht zulassen, dass du sie Erjon Duko anhängst.«

»*Du* lässt es nicht zu?«, wiederholt er in hämischem Tonfall. »Du bist raus, Hallstein, schon vergessen? Du hast jahrelang deinen Psychopathenbruder gedeckt, damit er ungestört vergewaltigen, foltern und morden konnte, und deshalb lasse *ich* nicht zu, dass du dich jemals wieder in Polizeiangelegenheiten einmischst.«

Sie starren sich schweigend im Rückspiegel an. Es ist so kalt, dass vor ihren Mündern und Nasen Atemwölkchen aufsteigen.

»Ich sage es nicht noch mal«, setzt Jensen von Neuem an. »Steig aus und lass die Finger von meinem Fall, sonst schicke ich die Fotos rum, auf denen du beim Stelldichein mit deinem Killer-Bruder bist. Und, ach ja, mit einem nackten Teenie im Arm.«

Wir haben keine Zeit für dieses schwachsinnige Geplänkel. Sie schüttelt den Kopf. *Ein Versuch noch.* »Hör mich an, Leif. Ich biete dir alle Informationen an, die du brauchst, um die Makowski-Morde aufzuklären. Wirklich aufzuklären, meine ich, nicht sie irgendeinem armen Trottel anzuhängen. Ich zeige dir, wie du die junge Frau finden kannst, die bei den Makowskis im Haus war. Und ich liefere dir den Mörder auf dem Silbertablett.«

»Und dafür willst du was? Deinen alten Posten zurück? Vergiss es, Hallstein.«

Ganz genau das will ich, denkt sie, *meinen Job zurück, meine*

Stadt, mein Leben. Ich will dich nie mehr sehen müssen, Leif, ich will, dass du in die brandenburgische Sandmulde zurückkrobbst, aus der du hervorgekrochen bist. Doch sie sagt nichts dergleichen.

»Das LKA ist für mich Geschichte«, beteuert sie stattdessen. »Ich arbeite jetzt für den Bund und für Brüssel, denk dir den Rest. Wir sind zufällig beide an demselben Fall dran, das ist alles. Ich helfe dir, die Morde aufzuklären, und du darfst dir alle Lorbeeren ankleben. Ich brauche nur eine bestimmte Akte, allerdings umgehend.«

Wieder starrt er sie sekundenlang an. »Wenn du glaubst, dass ich mich auf so einen Bullshit einlasse, bist du noch verrückter, als ich dachte«, sagt er dann. »Du hast uns alle oft genug mit deinem Verschwörungsschwachsinn zum Narren gehalten. Jetzt wird mir auch klar, woher Svenja diese dämlichen Ideen von wegen ›dunkle Flecken auf den Westen der Klinikoberen‹ hat. Natürlich von dir, Hallstein, da hätte ich auch gleich draufkommen können.« Er schüttelt den Kopf. »Zufällig war ich heute selbst in der Klinik. Wir haben stundenlang Befragungen und Durchsuchungen in Sachen Makowski durchgeführt, ohne irgendeinen Anhaltspunkt zu finden. Und jetzt steig aus, oder ich helfe nach.«

Sie atmet tief durch. »Ich hatte gehofft, uns beiden das hier ersparen zu können. Aber wie du willst.« Sie dreht die Fotos um und reicht sie ihm nach vorne. »Der Junge damals neben mir war nicht nackt, das weißt du. Aber jetzt schau dir mal Sheila in deinen Armen an. Und ich hatte auch kein Stelldichein mit meinem Bruder, das dürfte dir genauso klar sein. Im Gegensatz zu dir und Sheila, sieh dir nur an, wie du sie auf den Fotos begrapschst, wie sie ihre Titten an dich presst und ihren Schwanz zwischen deine Beine schiebt.«

Jensen lässt die Bilder fallen, als hätte er sich verbrannt. Er hat rote Flecken im Gesicht und starrt ins Nirgendwo zwischen Rückspiegel und Beifahrersitz, wo die Fotos aufgefächert liegen wie Variationen eines Horrorfilmposters: der weiße Mann und die Shemale-Beauty.

»Ich kenne ein paar Leute beim LKA und bei der Staatsanwaltschaft«, sagt sie, »für die wäre das ein gefundenes Fressen.«
Er fährt seine Rechte aus, zerknüllt die Blätter, ohne hinzusehen, und schmeißt sie in den Fußraum. »Lächerlich«, stößt er hervor. »Das war überhaupt nicht so, wie es auf den Scheißfotos aussieht.«
»Genauso wie auf den Scheißfotos, mit denen du mich erpresst.«
»Du bist vollkommen durchgeknallt.« Er wendet sich ruckartig zu ihr um. »Wir haben einen Deal, Hallstein: Du bist bei vollen Bezügen freigestellt, ich mache deine Arbeit. Und das nennst du Erpressung?« Er dreht sich so zackig wieder nach vorn, dass der ganze Wagen wackelt.
»Du machst meine Arbeit, Leif?«, gibt sie zurück. »Eben nicht, sonst müsste ich mir hier nicht den Arsch abfrieren.« Sie ist mit ihrer Geduld am Ende. *Während wir uns gegenseitig Gift reinwürgen, wird Ria gefoltert. Falls sie überhaupt noch lebt.* »Du wirst jetzt genau machen, was ich dir sage. Oder die Fotos von dir und Sheila gehen raus, und deine Karriere landet im Klo.«
Sie beugt sich vor und hebt die Hand, doch sie kann sich nicht überwinden, seinen Arm zu berühren. »Hör mir bitte zu, Leif, ich will dir nichts Böses. Überhaupt nicht. Ich finde es auch nicht anrüchig, dass du dich mit einer Transe triffst. Ganz allein deine Sache, auch wenn ich stark vermute, dass Sheila eine Zwangsprostituierte ist. Möglicherweise von dem gleichen Kartell eingeschleust, das du für meine paranoide Wahnidee hältst. Spielt aber jetzt alles keine Rolle.«
Sie lehnt sich wieder zurück. »Sieh mich an, Leif, und entscheide dich. *Jetzt.* Bist du bereit, in vollem Umfang zu kooperieren? Nach meinen Vorgaben zu ermitteln? Ja oder nein. Wenn du Nein sagst oder deine Zusage dann nicht einhältst, gehen die Bilder sofort raus. An deine Kontakte, per Mail, auf Instagram, Facebook, an alle neuen und alten Medien. Von mir aus schick dann auch deine ollen Kamellen rum, ich habe sowieso nichts mehr zu verlieren, wenn ich die verdammte Akte nicht heute noch in die Hände kriege. Also: ja oder nein?«

»Und was passiert dann mit den Bildern hier?«
Jetzt hängt er am Haken. »Wenn du den Fall nach meinen Vorgaben gelöst hast, wird das Material gelöscht. Darauf hast du mein Wort.«
Er starrt sie an, heftig atmend. So lange, bis der Rückspiegel fast vollständig beschlagen ist. Dann endlich nickt er. »Also meinetwegen. Was willst du?«

**Berlin-Steglitz,
Klinik *Dignity of Youth*, Einheit 37/38 [14:26]**

Kurz vor halb drei, David nimmt die Treppe im Hauptgebäude, grüßt und lächelt, wenn ihm jemand begegnet. Die meisten Pfleger und Schwestern kennt er mittlerweile, auch etliche Ärzte. »Na, Pause, Davy?«, rufen sie ihm zu. »Kommst du heute Abend zum Schlittschuhlaufen?« Einige fragen ihn auch, wohin er unterwegs ist. Die Antwort hat er sich vorher zurechtgelegt, er muss nicht mal richtig lügen: »Ab Freitag bin ich auf der 3-1, will mich schon mal umschauen.«
Die *3-1 himmelblau* ist im dritten Stock links, die *3-2 burgunderrot* rechts. Die Himmelblau ist eine Intensivstation, David ist schon seit Tagen mulmig, wenn er an sein neues Aufgabenfeld denkt. Kollabierende Kinder, rennende Reanimations-Teams, Dauerstress. Aber auch Dauereuphorie dank Adrenalinüberflutung, jedenfalls laut Haley, einem Intensivpfleger, mit dem David darüber gesprochen hat.
»Ist Haley hier irgendwo?«, fragt er im dritten Stock, als er ausgerechnet Dr. Sonntag in die Arme läuft, der Oberärztin von 3-1. »Im OP, das dauert noch«, bekommt er zur Antwort, glücklicherweise. Mit Haley an den Hacken könnte er seinen Plan vergessen.
David wartet, bis sie hinter der Tür zu ihrer Station verschwunden ist. Dann geht er den Gang rechts hinunter, auf die 3-2 zu. Die Stationstür ist natürlich verschlossen, seine Smartwatch für

diesen Bereich nicht freigeschaltet. Ganz zu schweigen von dem besonders gesicherten Sektor am hinteren Ende der Station.

Zwei Schritte vor der Stationstür ist eine Wartenische, drei bunte Stühle zwischen gewaltigen Kübeln mit Tropenpflanzen. Gerade als er überlegt, ob er sich dort hinsetzen soll, geht die Tür zur 3-2 auf. »David? Suchst du wen?«, fragt die junge Schwester mit den lachenden Augen, auf deren Namen er gerade nicht kommt. Sie ist immer zu allen superfreundlich, zu ihm sogar besonders, anscheinend triggert er bei ihr so etwas wie einen Große-Schwester-Impuls.

»Haley, der soll bei euch sein«, bringt er halb stotternd hervor. Etwas Besseres ist ihm auf die Schnelle nicht eingefallen, aber notfalls kann er ja behaupten, er hätte Dr. Sonntag falsch verstanden.

»Keine Ahnung, ob er sich bei uns herumtreibt«, sagt sie lachend und hält ihm im Hinausgehen die Tür auf. »Sehen wir uns heute Abend auf der Eisbahn?«

Der Frost hat den See im Klinikpark in eine gigantische Schlittschuharena verwandelt. David nickt und macht, dass er weiterkommt. Der hintere Sektor der Station ist für Patienten mit besonders geschwächtem Immunsystem bestimmt, deshalb die strikte Abriegelung. Nur eine handverlesene Anzahl Ärzte und Pfleger hat Zutritt.

David geht weiter den Flur entlang, links die üblichen Großflächenfenster zum Park hin, die Wand rechts dekoriert mit burgunderroten Querstreifen. *Zum Glück nicht komplett rot gestrichen*, denkt er, schon die blutfarbenen Streifen machen ihn irgendwie kribblig. Aber das ist natürlich Quatsch, sagt er sich dann, was ihn hier nervös macht, ist sein eigenes kopfloses Vorgehen.

Wieso er geglaubt hat, er werde schon irgendwie durchschlüpfen, versteht er selbst nicht mehr. Wenn ihn jemand bemerkt, wie er auf einer Station herumlungert, auf der er nichts zu suchen hat, bekommt er mindestens Ärger. Angeblich gibt es bei *Dignity* ein Scoring-System mit Plus- und Minuspunkten, aber

niemand weiß genau, wie es funktioniert. Oder ob es überhaupt existiert. Doch wenn er dabei erwischt wird, wie er sich in den gesperrten Sektor einzuschleichen versucht, sagt sich David, bekommt er bestimmt nicht nur ein paar Punkte Abzug.
In der Community kursieren düstere Gerüchte, was angeblich mit Mitarbeitern passiert ist, die gegen die Stiftungsethik verstoßen haben. Von grauenvollen Psychospielchen ist die Rede, aber natürlich glaubt das niemand im Ernst. Wenn man ein bisschen genauer hinhört, sind diese Horrorstorys fantasievolle Ausschmückungen von etwas, das sie alle zwar in der einen oder anderen Form wirklich erlebt haben. Aber nicht hier in der Klinik, sondern in der dunklen Welt da draußen, die sie dank *Dignity* hinter sich gelassen haben. In der Albtraumwelt der Waisenheime und Pflegefamilien, von Untergrund-Notunterkünften und auf dem Straßenstrich. Jeder von ihnen hat Dinge erlebt, mit denen ein Horrorautor ganze Regalwände füllen könnte, und diese schrecklichen Erfahrungen sind in ihrer Erinnerung immer noch lebendig. Aber hier in der Klinik kann ihnen nichts dergleichen geschehen, hier sind sie wie niemals vorher in Sicherheit. *Die Kids und wir, ihre Betreuer und Beschützer*, denkt David.
Langsam geht er auf die Tür am Ende des Flurs zu. Auf 3-2 ist es ungewöhnlich still, keine Notfall-Durchsagen, *»Dr. Soundso, sofort zum OP«*, kein Weinen oder Schreien von verängstigten oder schmerzgepeinigten Kindern hinter den Zimmertüren, keine Reanimations-Teams, die mit ihrer scheppernden Gerätschaft den Gang entlanghasten, umhüllt von Wolken aus Panik und Euphorie. David begegnet überhaupt niemandem, weder Patienten noch Pflegern, und gleich ist er bei der hinteren Tür, die aus mattgrauem Stahl ist, massiv und abweisend wie eine Tresortür.
David sieht sich verstohlen um, hier gibt es keine Wartenische, in der er hinter Tropenpflanzen auf Tauchstation gehen könnte. Aber wozu auch? Um darauf zu warten, dass die Tür wie durch ein Wunder aufgeht und er hindurchschlüpfen kann?

Seine Smartwatch zeigt zwanzig vor drei, er sollte von hier verschwinden, bevor er wirklich noch Ärger bekommt. Durch die Uhr an seinem rechten Handgelenk kann das Personalmanagement sowieso jederzeit sehen, wo sich welcher Mitarbeiter aufhält. Wenn gerade jetzt durch einen dummen Zufall nach ihm gesucht würde, stünde er saublöd da. *»Was hast du da gemacht, David?«* Er hört schon Lena Heckels vorwurfsvolle Stimme und sieht, viel schlimmer noch, das enttäuschte Gesicht von Professor Sievering vor sich. *»Das hätte ich nicht von dir gedacht, David.«*

Oh Gott, ich muss hier weg, denkt er und will sich gerade umdrehen, um zum Ausgang zurückzueilen, da geht mit leisem Knirschen die Stahltür auf. David erstarrt, *alles aus*, denkt er, aber wer erscheint in der Tür, stutzt kurz und winkt ihn dann mit lässigem Grinsen zu sich heran?

Tycho Terry! David kann sein Glück nicht fassen. »Sorry, deinen Namen weiß ich nicht mehr, es sind einfach zu viele«, sagt er mit diesem melodiösen Vibrato wie in seinem Megahit *Kilroy was here*. »Willst du hier rein?«

Sein Blick geht David durch und durch. Mit dem Nadelstreifenanzug sieht er noch umwerfender aus als neulich in der Cafeteria. Diesen Mann kann David nicht anlügen, Terry braucht ihn nur anzusehen und weiß alles über ihn.

»David«, haucht er. »Ich will nach einer Patientin sehen, Daria.«

Terrys Gesicht verzerrt sich, für einen kurzen Moment sieht er zornig und gefährlich aus. Aber da hat sich David bestimmt getäuscht, Terry strahlt ihn an, nimmt seine Hand und zieht ihn durch die Tür in den speziellen Sektor hinein. »Zimmer 37, ich komme gerade von ihr«, sagt er und schubst David spielerisch auf die Tür hinten links zu.

Spielerisch, aber so kräftig, dass David fast ins Stolpern gerät. Er taumelt den fensterlosen Gang entlang, während die Stahltür hinter ihm mit dumpfem Plopp wieder ins Schloss fällt. Schade, denkt er, liebend gerne hätte er noch mit Terry geredet, seinen

Blick auf sich gespürt. Und Terrys starke Hand, wie sie seine eigene umschließt.
Wieso war er eigentlich bei Daria?, geht es ihm durch den Kopf. Das Schild auf der Tür zu Zimmer 37 gibt ihm Antwort:

Patientenbefragung!
ZUTRITT VERBOTEN!

Jeder in der Klinik weiß, dass Tycho Terry manchmal mit Mikro und Kamera durch die Stationen zieht, um Interviews mit den jungen Patienten zu machen. Als Einspieler für seine Charity-Show *Leuchtende Kinderaugen* oder für die Videos, mit denen er superreiche Sponsoren dazu bringt, unfassbare Beträge zu spenden. Alle Patienten, mit denen David darüber gesprochen hat, würden ihren kleinen Finger für die Ehre hergeben, einmal zu Gast in Terrys Show zu sein oder in einem seiner Videos aufzutreten.

Warum hat er gerade Daria interviewt?, überlegt David. *Entweder sie hat den schlimmen Rückfall erlitten, wegen dem sie laut ihrer Akte hierher verlegt worden ist, dann hätte er besser ein anderes Mädchen aufgenommen. Oder sie ist hier isoliert worden, obwohl sie so gut zurecht ist, wie sie laut Nikki sein müsste.*

Verwirrt grübelt er vor sich hin. »Zutritt verboten« steht zwar auf dem Schild, aber das macht ihm weniger Kopfzerbrechen. Die Befragung ist offensichtlich zu Ende, und außerdem hat Terry selbst ihn zu ihr geschickt.

Als er hinter sich im Gang, vielleicht hinter einer der anderen Türen, ein kratzendes Geräusch hört, drückt er kurz entschlossen die Klinke herunter, schlüpft in Zimmer 37 und macht hinter sich leise wieder zu.

**Berlin-Charlottenburg,
Spreeblick-Areal [14:32]**

Um kurz nach halb drei trifft Jensen an der Helmholtzstraße, Ecke Spreeblick-Areal ein, mit rotierendem Blaulicht und rot gefleckten Wangen. Er schert vor Svenja auf dem Parkstreifen ein, würgt den Motor ab und stößt die Fahrertür so heftig auf, dass sie ihm gleich wieder entgegenfliegt.

So hat Svenja ihn noch nie erlebt, aber gerade eben hat sie mit Max telefoniert und weiß ungefähr, was Jensen hinter sich hat. Hallstein hat irgendeinen Knüppel aus dem Sack gezaubert und treibt ihn damit in die gewünschte Richtung. *Gut so, wird auch Zeit.* Womit sie ihn unter Druck setzt, kann Svenja sich beim besten Willen nicht vorstellen. Doch es interessiert sie auch nicht sonderlich, und ihr Mitleid mit Jensen hält sich in Grenzen.

Sie steigt aus ihrem Wagen und geht zu ihm. »Leif, was liegt an?« Er starrt an ihr vorbei. »Seit wann läufst du schon an Hallsteins Leine?«

Bevor sie antworten kann, meldet sich sein Smartphone. Er reißt es aus der Manteltasche, auf dem Display blinkt der Schriftzug *Hallstein, LKA B.*

Interessant, denkt Svenja, *in seiner Kontakteliste ist sie immer noch auf ihrem Posten.*

»Ja, wie abgemacht«, knurrt er und klickt sie weg. »Darüber reden wir noch, verlass dich drauf«, sagt er in Svenjas Richtung und stürmt die Stichstraße zum Spreeblick-Areal hoch. »Devin Siebert, Haus C, Apartment 64, weißt du natürlich alles schon«, hört sie im Hinterherrennen.

Die Informationen hat sie tatsächlich bereits von Max bekommen, allerdings erst vor fünf Minuten. Was sich letzte Nacht hier abgespielt hat, klingt fast unglaublich und passt doch genau zu dem, was sie heute in der Klinik teils mitbekommen, teils sich zusammengereimt hat. Tycho Terry ist nicht nur das »Gesicht der Stiftung«, sondern tief in die Machenschaften der Bruderschaft verstrickt. Zusammen mit Tuchalsky, dem »Zeremonienmeister« der grauenvollen *Zuchtanstalt*, ist er letzte Nacht hier im Spreeblick-Areal in Devin Sieberts Wohnung eingebrochen. Die beiden haben Ria entführt, während Siebert, durch Betäubungsmittel außer Gefecht gesetzt, von dem nächtlichen Besuch anscheinend nichts mitbekam. Perlsberg hat Jensen Fotos gezeigt, die Tuchalsky und Terry in einem Van vor der *Zuchtanstalt* und hier in der Helmholtzstraße zeigen.

Jensen stürmt durch das offene Tor zum Glaskabuff, über dem »*Concierge*« steht. Der Mann hinter der Scheibe sieht eher wie ein Söldner aus, der sich mit Jeans und waidgrüner Strickjacke als Zivilist verkleidet hat. Mitte dreißig, taxiert Svenja, drahtig und durchtrainiert. Auf dem Schreibtisch vor ihm, zwischen Tastatur und Thermosflasche, liegt ein Achselholster mit einer russischen Glock.

»LKA, Mordermittlung.« Jensen hält ihm seinen Dienstausweis unter die Nase. »Kommen Sie mit, Gefahr in Verzug. Herr ...« Er bückt sich und liest das Aufstellschild auf dem Schreibtisch. »Herr Bertram. Wird's bald?«

»*Meik Bertram, Front Officer Facility Service*« steht auf dem Schild, goldene Lettern auf schwarzem Grund. Bertram erhebt sich demonstrativ gelangweilt und greift nach seinem Holster.

»Waffe wegschließen«, schnauzt Jensen. »Generalschlüssel einstecken und Abmarsch.« Bertram bedenkt ihn mit einem fast schon tödlichen Blick. »Jemand aus Ihrem Laden hat Beihilfe zu einer Straftat geleistet«, teilt ihm Jensen auf dem Weg zu Haus C mit. »Vielleicht haben Sie selbst ja den Tätern letzte Nacht mit einer Schlüsselkarte ausgeholfen?«

Der Pseudo-Concierge schüttelt den kahl geschorenen Kopf. »Keine Ahnung, wovon Sie reden, Mann.« Er versucht, sich nichts anmerken zu lassen, aber er wirkt verunsichert.

Jensen hält ihn am Unterarm fest und zerrt ihn neben sich her. Svenja folgt dichtauf, sieht sich in alle Richtungen um. Großzügige Grünanlage, gefällige Fassaden, gehobenes Ambiente. Laut Max ist Devin Siebert ein Jugendfreund von Ria, von dem Perlsberg nichts gewusst hat. Sie muss vom Safe House direkt zu ihm gefahren sein, und Tuchalsky ist ihr gefolgt. Svenja überläuft ein Schauder nach dem anderen, wenn sie daran denkt, was der (laut Max) »stadtbekannte Berufssadist« mit Ria mutmaßlich angestellt hat. Beziehungsweise noch anstellt.

Vor der Glastür zu Haus C schüttelt Bertram Jensens Hand ab und hält die Schlüsselkarte kurz auf den Scanner. Die Tür springt auf, und bevor der riesenwüchsige Ermittler ihn erneut packen kann, stürmt der Security-Mann hindurch und zum Lift vis-à-vis.

Schweigend fahren sie in den sechsten Stock hoch. Svenja versucht, in Jensens Gesicht zu lesen, die roten Flecken sind verblasst, er sieht starr aus wie immer. Eigentlich würde sie schon gerne wissen, womit Hallstein ihn an den Haken gekriegt hat. Hat er ein schmutziges Geheimnis? Fetischistische Vorlieben? *Jensen in Strapsen, puh, doch lieber nicht.*

Sechster Stock, zweites Apartment rechts. Jensen drückt auf die Klingel, drinnen ertönt ein melodischer Gong, sonst passiert nichts. Er läutet erneut, nichts.

»Aufmachen.« Er zeigt auf die Tür.

Der Mann mit der Jägerjoppe zögert, Jensen hebt einen Arm und drückt ihn gegen die Wand. Er nimmt ihm die Karte ab und macht Svenja ein Zeichen. »Auf drei.«

Mit rechts zieht er seine Waffe, mit der Linken hält er die Karte vor das Sensorfeld unter der Türklinke. »Zurückbleiben«, knurrt er Bertram an. »Eins – zwei – *drei.*«

Svenja hat gleichfalls ihre SIG Sauer gezogen. Bei »drei« stößt Jensen die Tür auf und geht rein, die Waffe schussbereit in den Händen. Svenja folgt ihm dichtauf, sie sichern Seite an Seite, Eingangsdiele, drei Türen, links, geradeaus, rechts. Er zeigt mit der Schläfe nach links, nimmt sich selbst die Tür rechts vor.

Keine zwei Minuten später haben sie alles gesichert, Bad, Küche, großer Wohnraum, dahinter das Schlafzimmer, niemand da. Weder Devin Siebert noch Ria, die (laut Max) mit Nachnamen Hunold heißt. *Definitiv nicht ihr wirklicher Name,* denkt Svenja,

so wenig, wie Kira Hallstein in echt Katja Perlsberg heißt. Aber was heißt schon in echt, wenn man undercover ermittelt. Sie kann sich noch immer nicht vorstellen, worin Max' Undercover-Einsatz besteht, aber jedes Mal, wenn sie daran denkt, wird ihr mulmig. *So wie er in der* Almhütte *geunkt hat, ist die Aktion lebensgefährlich. Aber für Hallstein macht er alles.*
Jensen hat Latexfingerlinge übergestreift und stöbert in Sieberts Kleiderschrank. »Auffällige Lücken«, sagt er, »und kein Koffer zu sehen. Sieht aus, als wäre er verreist.«
»Oder es soll so aussehen.« Auch Svenja hat sterile Einweghandschuhe angezogen und durchsucht die Schubladen in Sieberts Schreibtisch. »Alles ausgeräumt. Außer Druckerpapier und solchen Sachen. Kein Handy, kein Portemonnaie, keine Papiere. Auch sein Laptop oder was immer an den Monitoren hing, ist weg.«
Jensen kommt in den vorderen Raum zurück, das Smartphone am Ohr. »Keine Spur von Siebert, keine Einbruch- oder Kampfspuren, auch kein Blut, jedenfalls auf den ersten Blick. Und weiter?« Mit gerunzelter Stirn, den Blick auf die schwarzen Bildschirme gerichtet, hört er zu. »Alles klar.«
Er beendet das Gespräch, stößt das Smartphone zurück in seine Manteltasche. »Ruf bei der KT an, die sollen ein Team hier reinschicken. Das volle Programm, einschließlich DNA. Resultate bis heute siebzehn dreißig bei mir auf den Tisch. Und schick Bredow noch mal nach Heiligensee. Wenn er irgendwas findet, das nach Klinikakte aussieht, soll er sofort anrufen. Also zack-zack.«
Svenja nickt und staunt. Jensen ist ein Tempo-Freak, fast scheint er Freude an diesem Wettlauf gegen die Uhr zu finden. Auch wenn ausgerechnet die Frau, die er über alles hasst, ihm die rasende Jagd aufgezwungen hat.
»Los, weiter«, kommandiert er. »Nächstes Ziel ist ein Sadomaso-Homosexuellen-Club in Spandau, namens *Zuchtanstalt*.« Er wirft ihr über die Schulter einen Blick zu. »Weißt du ja alles schon«, hört sie und hastet hinter ihm her.

Draußen im Flur lauert der Pseudo-Concierge. Jensen zieht die Wohnungstür zu und sichert sie mit einem amtlichen Siegel. »Hier, den Schlüssel zurück«, sagt er zu Bertram, »den übergeben Sie den Kollegen von der Kriminaltechnik.« Er packt ihn beim Strickkragen und schiebt ihn vor sich her zum Lift. »Beihilfe zu zweifachem Menschenraub, vermutlich auch zu zweifachem Mord.« Er stößt Bertram in die Aufzugkabine. »Googeln Sie schon mal, welche Staaten bei Kapitalverbrechen nicht ausliefern. Und dann viel Spaß in Nordkorea.«

»Jetzt machen Sie mal halblang, Herr Kommissar.« Bertram schaut sichtlich eingeschüchtert zu Jensen hoch. »Ich habe nichts verbrochen, im Gegenteil, ich bin hier das Opfer.« Er schlägt sich mit der Faust vor die Brust. »Erpressung, Nötigung oder wie das bei Ihnen heißt. Der hat mir Fotos von meinem Kleinen auf dem Weg zur Kita gezeigt. ›Schlüssel her, oder icke schneide deinem Süßen hier die Eier ab.‹« Bertram gestikuliert. »Was hätte ich denn machen sollen?«

»Die Polizei informieren, wie wär's damit?« Jensen schubst ihn aus der Liftkabine. »Zeigen Sie uns die Videoaufzeichnungen aus der Tiefgarage. Letzte Nacht zwischen zwei und drei.«

»Die sind längst gelöscht. Routinemäßig.« Bertram zieht die Haustür auf, macht einen Satz nach draußen, doch Jensen kriegt ihn trotzdem am Kragen zu fassen.

»Dann freuen Sie sich schon mal auf eine Zweierzelle mit dem netten Herrn, dem Sie die Schlüsselkarte geliehen haben. Der frühstückt dann *Ihre* ...«, der Rest geht in rauem Räuspern unter. Svenja staunt erneut. Bei Gelegenheit wird sie Max doch mal fragen müssen, welches heikle Geheimnis von Jensen sie ausgegraben haben. BDSM? Sie kann sich Jensen weder aktiv noch passiv bei bizarren Erotikritualen vorstellen, aber trotzdem geht es irgendwie um Sex. Das riecht sie so deutlich wie Bertrams Angstschweiß.

**Berlin-Steglitz,
Klinik *Dignity of Youth*, Einheit 37/38 [14:44]**

Leise geht David auf das Bett an der Fensterseite zu. *Ich bin im falschen Zimmer*, denkt er. Das zweite Bett, parallel zum Einbauschrank, ist leer.
Terry muss mich falsch verstanden haben, sagt er sich, *das hier kann nicht Daria sein.* Die schmale Gestalt im hochgebockten Eisenbett ist bandagiert wie ein Unfallopfer, aber wieso ist sie hier gelandet? Er oder sie, nicht mal das scheint klar. Das Gesicht unter dem turbanartigen Kopfverband, ein Auge zugeschwollen, das andere verpflastert, könnte einem Mädchen oder auch einem Jungen gehören.
»Daria?« Er flüstert den Namen, unsicher, ob die kleine Person wach ist oder schläft. Sie ist nur mit einem kurzärmligen Krankenkittel bekleidet, jeder Zentimeter sichtbarer Haut zerschrammt, aufgeplatzt, zerquetscht. Vergeblich versucht David, sich vorzustellen, durch welche Art Unfall diese Verletzungen entstanden sein könnten. Einige Stellen, an Armen und Beinen, sehen wie zerfressen aus. Als er sich weiter hinabbeugt, meint er Gebissspuren zu erkennen, Abdrücke wie von Beißzähnen, die sich an Oberschenkeln und Unterarmen ins Fleisch gegraben haben. So zahlreich und ungewöhnlich sind die Fleischwunden, dass David die Verstümmelungen erst verzögert bemerkt.
Wo die Zeigefinger sein sollten, sind nur noch kurze Stümpfe. Durch die Druckverbände sickert rosarotes Wundsekret.
»Daria?«, wiederholt er lauter, seine Stimme klingt in seinen eigenen Ohren gepresst.
Flatternd hebt sich das Lid über dem zugeschwollenen Auge. Sie – oder er – starrt ihn an, schüttelt dann zaghaft den Kopf.
»Wie heißt du?«, fragt David. »Was ist mit dir passiert?«
»Sam-mi«, er liest es von den Lippen ab. Auch der Mund sieht zerfressen und aufgequollen aus, wie von Bissen und Schlägen. Das Auge in seiner schillernden Höhle wird mit einem Mal starr.

Die ganze kleine Gestalt scheint zu erstarren, und während sich David erschrocken fragt, was mit Sammi los ist, ob er oder sie Schmerzen hat, hört er ein dunkles Gurgeln vom Schrank her. Dazu Krachen und Stampfen und Knirschen, wie wenn etwas Großes, Zorniges durch Holz bricht. Er will herumfahren, doch er ist von der gleichen Starre befallen wie Sammi. Wie damals, als kleiner Junge, wenn er sich tot stellte, damit es schneller vorbeiging. Das Auge starrt ihn an, gebannt schaut er zurück, und dann platzt ein schwarzer Schemen aus dem Schrank heraus, wirft sich über das leere Bett hinweg auf David, reißt ihn zu Boden und begräbt ihn unter sich. Er spürt einen scharfen Stich am Hals, dann nichts mehr.

Berlin-Charlottenburg, Spreeblick-Areal [15:13]

Fast Viertel nach drei, in seiner Glaskabine holt der Security-Mann Bertram das Kameravideo von letzter Nacht auf den Bildschirm.
»Vor, vor, noch mehr, stopp«, kommandiert Jensen. »Jetzt normal weiter.«
02:34:43. Tuchalsky betritt die Tiefgarage, auf dem Rücken einen überdimensionalen, offenbar prall gefüllten, schwarzen Rucksack.
»Stopp, zurück«, sagt Svenja. »Hast du gesehen, Leif? In dem Rucksack hat sich etwas bewegt.«
»Scheiße, nein, wieso denn bewegt?«, protestiert Bertram.
Svenja zieht ihm die Tastatur weg und fährt ein paar Sekunden zurück. »Hier, und hier noch mal. Da hat sie noch gelebt.«
Jensen knirscht mit den Zähnen.
02:35:15. Tuchalsky sieht sich in der Tiefgarage um, stapft dann auf einen schwarzen Porsche Cayenne zu. Mit der Fernbedienung entriegelt er die Türen, lässt die Heckklappe aufschwingen und den überdimensionalen Rucksack in den Kofferraum plumpsen.

Er knallt die Klappe wieder zu und gestikuliert zu einem zweiten Mann hin, der eine Kilroy-Maske trägt und ihm zögernd gefolgt ist.
Beide Männer haben lichtgraue Ganzkörperanzüge an, wie Kriminaltechniker sie bei der Spurensicherung tragen. Der Maskierte zieht sich im Gehen den Overall aus, offenkundig wütend reißt er den Plastikanzug in Fetzen, mit denen er Tuchalsky bombardiert. Der sammelt die Plastikstücke ein und wirft sie auf die Rückbank des Cayenne. Dann geht er zu dem Mann mit der Maske und drückt ihm einen Autoschlüssel in die Hand. Er zeigt auf die schwarze V-Klasse, die rechts hinter dem Maskenmann steht.
»Stopp«, sagt diesmal Jensen, doch Svenja hat das Bild sowieso schon eingefroren. In pixeliger Auflösung, aber deutlich genug ist auf dem Monitor zu erkennen, dass der Maskierte einen schwarzen Lederoverall anhat, wie ihn Motorradfahrer tragen. Dazu fast kniehohe schwarze Stiefel mit auffällig hohen Sohlen. Und Latexfingerlinge, alles ganz genau so, wie sie sich den Täter im Haus Makowski vorgestellt hat. *Wahnsinn*, denkt Svenja.
»Irre«, sagt Jensen. »Ist das wirklich dieser Pop- oder Was-auch-immer-Heini? Zoom mal näher ran. Nee, höher, ich will sehen, ob hinter der Maske was zu erkennen ist.«
Svenja ignoriert seine Anweisung. Die Gummimaske umschließt den gesamten Kopf, außer den Aussparungen für Mund, Nasenlöcher und Augen. *Never saw his face,* summt sie in Gedanken, *Kilroy was here.* Sie zoomt stattdessen auf die Knie. »Siehst du? Der Anzug hat schon einige Jahre auf dem Buckel, genauso wie seine Maschine. Das Leder an den Knien ist rissig und bröselt. Daher der Lederabrieb, den die KTler auf der Bettdecke sichergestellt haben.«
Jensen starrt auf den Bildschirm, dann sieht er ganz kurz Svenja an und nickt. *Hat er mir gerade recht gegeben?* Sie kann es nicht fassen. Um die beiden Männer zu überführen, reicht das Video allerdings bei Weitem nicht aus. Der Mann mit der Kilroy-Maske könnte irgendwer sein. Und für das Gezappel in seinem Ruck-

sack hat Tuchalsky im Bedarfsfall bestimmt eine harmlos klingende Erklärung parat.

Trotzdem, sagt sich Svenja, es könnte ein wichtiger Mosaikstein werden. Für ihre Ermittlungen und für ein zumindest minimales Vertrauen zwischen Jensen und ihr.

In stiller Eintracht sehen sie sich das weitere Geschehen in der Tiefgarage an.

02:37:43. Der Maskenmann ballt die Fäuste, als wollte er auf Tuchalsky losgehen. Der gestikuliert erneut, redet auf ihn ein, schließlich wendet sich der Mann mit der Kilroy-Maske um, steigt in die V-Klasse, parkt rasant aus und rast zur Ausfahrt.

Tuchalsky steigt in den Porsche, führt ein kurzes Telefonat, parkt gemächlich aus und fährt gleichfalls auf das Rolltor vor der Rampe zu.

»Spul mal ein kleines Stück vor, Svenja.«

02:38:14. Die Tür zum Treppenhaus geht auf, eine Frau mit dunkelbraunen Locken und riesiger, getönter Brille betritt die Tiefgarage, gefolgt von einem muskulösen jüngeren Mann mit fuchsrotem Vollbart.

»Was ist das jetzt, ihre Rübezahl-Phase?«, kommentiert Jensen. »Na, prost Mahlzeit.«

Svenja stoppt die Wiedergabe, bevor sich Jensen den vermeintlichen Rübezahl genauer ansehen kann. »Wir brauchen eine Kopie«, sagt sie zu Bertram, der zusammengesunken auf seinem Drehstuhl sitzt. »Das gesamte Material von letzter Nacht zwei Uhr bis jetzt. Und zwar sofort«, fügt sie hinzu, als er keine Reaktion zeigt. »Herr Bertram, Sie müssen morgen aufs Präsidium kommen. Wir brauchen Ihre Aussage. Wenn Sie die Wahrheit gesagt haben und tatsächlich durch Drohungen gegen Leib und Leben eines Familienangehörigen gefügig gemacht wurden, haben Sie nichts zu befürchten.«

Der Security-Mann zieht das Keyboard wieder vor sich und hackt hektisch darauf herum. »Und wenn es – sagen wir – nicht die ganze Wahrheit war?« Er öffnet eine Schublade, nimmt einen USB-Stick aus einem kleinen Karton und schiebt ihn hinten ins Keyboard.

»Soll heißen?«, knurrt Jensen.
Auf dem Bildschirm poppt ein Fenster auf, das den Kopierverlauf anzeigt. Bertram schaut mit reuigem Gesichtsausdruck und maximal zurückgebogenem Hals zu Jensen hoch. »Er hat mir außerdem dreihundert Euro gegeben.«
Jensen macht ein Gesicht, als wollte er erneut »Prost Mahlzeit« sagen. Doch er knirscht nur mit den Zähnen, verschränkt die Arme vor der Brust und stapft mit dem Bewegungsmuster eines Roboters nach draußen.
Svenja zieht den Stick aus der Tastatur und drückt Bertram stattdessen ihre Visitenkarte in die Hand. »Morgen neun Uhr im Präsidium.«
Als sie zu Jensen aufgeschlossen hat, bekommt sie gerade noch mit, wie er mit der Einsatzzentrale telefoniert. Die Staatsanwaltschaft hat er anscheinend schon überzeugt. Gefahr im Verzug, das bringt alle ruckzuck auf Touren.
»Also noch mal zum Mitschreiben, Kollegin«, sagt er. »Berlinweite Fahndung nach dem Porsche Cayenne, Kennzeichen haben Sie. Und ein MEK nach Spandau-Hakenfelde, aber dalli. Der Club heißt *Zuchtanstalt*. Es besteht der dringende Verdacht, dass Entführungsopfer in dem Laden gefangen gehalten werden. Also los jetzt, Mensch!«, brüllt er abschließend und klickt die Kollegin weg.

**Berlin-Steglitz,
Klinik *Dignity of Youth*, Einheit 37/38 [15:24]**

David ist wach, aber nicht richtig. Er liegt auf dem Bauch, nackt. *Nikki*, denkt er benommen. Unter seinem Bauch sind irgendwelche Kissen aufgestapelt. Hinter ihm, zwischen seinen Beinen, kauert Nikki und stößt stöhnend in ihn hinein.
David will ihn berühren, aber er kann seinen Arm nicht bewegen. Er will den Kopf drehen, um hinter sich zu sehen, doch auch die Nackenmuskeln gehorchen ihm nicht. *Nikki, du tust mir weh,*

will er sagen, aber aus seinem Mund kommen nur mühevolle Atemgeräusche.
Immer härter stößt Nikki in ihn hinein. David hat sich so darauf gefreut, wie oft hat er es sich ausgemalt, aber es tut einfach nur schrecklich weh. Es fühlt sich an, als wäre er aufgespießt, er zittert am ganzen Körper, er spürt die Tränen, die ihm aus den Augen schießen, aber er kann sich nicht gezielt bewegen, nicht sprechen, nicht einmal unartikuliert schreien.
Eisenharte Hände legen sich links und rechts um seinen Brustkorb und drücken zu. David hört, wie seine Rippen knirschen und knacksen, und in seine Halsbeuge drückt sich etwas, das sich ganz und gar nicht wie Nikkis Gesicht anfühlt. Es fühlt sich überhaupt nicht wie ein Gesicht an, nicht nach einem lebendigen Menschen, es ist kalt und wabbelig, und dann graben sich Zähne in seine Schulter, und er spürt brennenden Schmerz. *Das ist nicht Nikki*, denkt David, *das hier passiert gar nicht wirklich*, doch der Schmerz ist echt, in seinen Eingeweiden, seinem Brustkorb, seiner Schulter, und jetzt fällt ihm das dunkle, gurgelnde Etwas wieder ein, das aus dem Schrank hervorgebrochen kam, als er sich über Sammi beugte.
Kilroy! Das ist Terry!, wird ihm schockhaft klar, während ihm der Maskierte ins Ohr schnauft: »Na los, beweg dich. Kriech unter mir weg, Kleiner. Wenn du's schaffst, bist du frei.« Dumpf quellen die Wörter aus der Kilroy-Maske hervor, und die überlange Gumminase schlackert gegen Davids Wange wie ein schlapper Schwanz.
Mit aller Kraft versucht er, sich unter dem schweren Körper hervorzuwinden, aber er schafft nur ein zielloses Zucken. Kilroy beißt ihm in Hals und Schultern, zerbricht seine Rippen wie dürres Holz, knetet und quetscht seine Genitalien, und bei jedem Stoß meint David, innerlich zerfetzt zu werden. Es hört einfach nicht auf, Kilroy beißt und quetscht und stößt und feuert ihn an wegzukriechen, »mach schon, Kleiner, dann bist du frei«, und David bringt nichts zustande außer Zucken und Zittern.
Als der Maskierte endlich von ihm ablässt, ist David nur noch

ein Klumpen glühender Schmerz. Er liegt auf der linken Seite und weiß nicht, wieso, er schaut zum Fenster hin, zu Sammi, der – oder die – ihm den Kopf zuwendet und ihn mit dem einen, halb zugeschwollenen Auge anstarrt. Die Verbände über den Fingerstümpfen glitzern nassrot. In Panik sieht David an sich herunter, ob der Irre ihm auch irgendetwas abgebissen oder abgerissen hat. Seine Finger sind vollständig, soweit er das erkennen kann, bewegen kann er sich nach wie vor nicht, nur die Augen mühevoll hin und her rollen. Sein Oberkörper sieht deformiert aus, Rippen stehen auf unnatürliche Weise hervor, seine Hoden fühlen sich zerquetscht an, und sogar das Atemholen tut höllisch weh.
Nikki hatte recht, denkt David. *Er war etwas Grässlichem auf der Spur, deshalb musste er sterben.* Als Nächstes werden sie auch ihn umbringen, sagt er sich, und so wie Sammi zugerichtet ist und wie er selbst sich fühlt, kann er nur hoffen, dass es schnell geht.

Berlin-Spandau,
***Zuchtanstalt,* Clubebene [15:39]**

Um zwanzig vor vier ist das Clubgelände umstellt, das MEK bereit zum Sturm. Auf Jensens Zeichen hin legen sie die Leitern an, sind im Nu über den Zaun, stürmen von allen Seiten auf das Gebäude zu. Svenja und Jensen warten vor der Rampe zur Parkebene, zusammen mit fünf Einsatzkräften, dass das Rolltor unten hochgeht.
Bis sie durch die Tiefgarage und durchs Treppenhaus hoch in den Clubbereich gespurtet sind, ist die Razzia bereits im Gang. Auf der Tanzfläche stehen die attraktivsten nackten Männer, die Svenja je gesehen hat. Definierte Muskeln, edle Wangenknochen, starr wie Marmorskulpturen, die Arme vom Tanzen noch emporgereckt oder zu ihrem Partner hin ausgestreckt, während House-Rhythmen wie gedämpfter Herzschlag im Hintergrund weiter vibrieren.

»Licht an, Ende der Show!«, brüllt Jensen. Die Beats ersterben, die Figuren auf der Tanzfläche lösen sich wie Gespenster in der Morgensonne auf.

Erbarmungsloses Weißlicht flutet den Clubraum. Nach dem Abgang der Hologramm-Figuren wird deutlich, dass am frühen Nachmittag in der *Zuchtanstalt* wenig los ist. Ein paar Männer mittleren Alters, mit Ledermaske und eng geschnürtem Bustier bekleidet, krabbeln an Hundeleinen durch die Szenerie, von gestiefelten Herrchen mit Tritten in den nackten Hintern angetrieben. Rechts geht es zu den Darkrooms, geradeaus in den Saunabereich. Die MEKler schwärmen weiter aus, sichern Raum um Raum, weisen Gäste und Personal an, sich zur Personenkontrolle bereitzuhalten.

Hier oben, im offiziellen Clubbereich, werden sie nichts Ungesetzmäßiges entdecken, das wird auch Jensen klar sein, sagt sich Svenja. Wie ein fleischgewordener Tornado stürmt er auf die schwarzledern gepolsterte Tür neben dem Tresen zu. Sie steht so weit offen, dass Svenja die Hälfte eines Poolbillardtischs erkennen kann, mit himbeerrotem Filz bespannt, dahinter anscheinend Tuchalsky. Sein Gesicht wird von der Nase aufwärts durch die Lampe über dem Tisch verdeckt, desto mehr springt der groteske Kaiser-Wilhelm-Bart in die Augen. Der mutmaßliche Tuchalsky trägt eng anliegende Lederkleidung mit Unmengen Nieten und Reißverschlüssen, auch das passt zum »Zeremonienmeister« der *Zuchtanstalt*. Dass sein Laden polizeilich durchsucht wird, scheint ihn nicht sonderlich zu beunruhigen. *Er ist sich seiner Sache sicher,* denkt Svenja. Laut Max hat es hier schon mehrere Razzien gegeben, nie wurde etwas Illegales entdeckt. Was sich aber heute ändern könnte.

Ein muskulöser Barmann im Stringtanga kommt hinter dem Tresen hervor und verteilt Morgenmäntel im Stil mittelalterlicher Mönchskutten. Nachdem sich die Gäste notdürftig verhüllt haben, werden sie von Einsatzkräften zu den Schließfächern in den hinteren Räumlichkeiten begleitet, um ihre Ausweispapiere vorzuzeigen. Einige Kunden haben noch ihr Hundehalsband um. Über den Ursprung der bräunlichen Anhaftungen im Gesicht eines hochgewachsenen Gastes will Svenja lieber nicht nachdenken.

Sie selbst kommt sich fast schon unsichtbar vor, so beharrlich wird sie von den ausnahmslos männlichen Clubbesuchern und Mitarbeitern ignoriert. Jensens imposante Statur dagegen scheint auf Anklang zu stoßen, er wird mit Offerten bombardiert. Ein blonder Ephebe mit Lorbeerkranz fleht Jensen an, ihn als seinen Schüler anzunehmen, er suche seit Langem den »kultivierten Kenner griechischer Liebe, dem ich meine Unschuld schenken kann«.

Jensen schüttelt mechanisch den Kopf und macht sein »Prost Mahlzeit«-Gesicht. »Das ist ja wie Sodom und Gomorrha!«, stößt er dann aber hervor. Der Ephebe bricht in hysterisches Gelächter aus, wirft sich vor ihm auf die Knie und zerrt an Jensens Gürtel.

»Aus dem Weg!«, röhrt der Riese und stürmt durch die schwarze Tür. »Sie sind Friedrich Tuchalsky?«

Svenja ist ihm gefolgt und sieht gerade noch, wie der Befragte den Kopf schüttelt, ohne vom Billard aufzuschauen. »Sein Double und Vize. Fritze kann nicht überall gleichzeitig sein, und viele Kunden merken es gar nicht. Auch wenn ich noch lange nicht seine Erfahrung habe.«

»Und wo ist er?«, fragt Jensen.

»Kurzfristig verreist.« Er ist kleiner und jünger als Tuchalsky, aber die Ähnlichkeit ist trotzdem bemerkenswert. »Näheres weiß ich auch nicht.« Er justiert seinen Queue und stößt ihn mit einer eleganten Bewegung aus dem Handgelenk gegen die weiße Kugel.

Als hätte er ein vollautomatisches Programm gestartet, rollen die Kugeln kreuz und quer über den Filz, katapultieren sich gegenseitig in die Löcher, bis alle farbigen Bälle abgeräumt sind. In leicht vorgebeugter Haltung, das Kinn auf den Queue gestützt, sieht er aufmerksam zu, wie sich die weiße schließlich an die schwarze Kugel heranpirscht und sie mit einem sanften Schubser versenkt.

»Willy Sawatzki«, sagt er, lehnt den Queue gegen den Tisch und

nickt Jensen zu. »Und ihr seid die Oberbullerei?« Svenja würdigt auch er keines Blickes, doch zumindest darf sie sich grammatikalisch inkludiert fühlen. »Was wollt ihr denn schon wieder, ihr wart doch letzten Monat erst da. Reine Zeitverschwendung, wisst ihr doch, hier ist alles sauber.«
Jensen steht so hoch aufgerichtet vor dem Billardtisch, dass er mit dem weißblonden Scheitel fast an die Zimmerdecke stößt. »LKA, Tötungsdelikte und Menschenraub. Wir fragen, Sie antworten, klar?«
»Die Antwort ist Ja, Herr Kommissar.« Der Mann in der knallengen Lederkluft wendet sich um, geht zum Schreibtisch im Hintergrund, lässt sich in den protzigen Chefsessel fallen und zieht Schubladen auf. Seine Glatze ist so auf Hochglanz poliert, dass sich das Licht darin spiegelt. »Hier, mein Perso, und hier, die Clubunterlagen. Gewerbeamt, Ordnungsamt, Gesundheitsamt, Sonstwas-Amt. Die Sitte beehrt uns sowieso regelmäßig. Aber wenn Sie die Verträge sehen wollen, die wir mit unseren Gästen schließen, von wegen ›ich willige ein, angepisst und weggesperrt zu werden‹, brauchen Sie einen richterlichen Beschluss. Sonst kriegen wir Riesenärger mit dem Datenschutz.« Er schiebt Personalausweis und Schnellhefter über den Tisch. »Bitte sehr, bedienen Sie sich.«
Jensen verschränkt die Arme, bei ihm die Vorbereitung zum Abmarsch. »Gefahr in Verzug, Herr Sawatzki, greifen Sie sich die Kerkerschlüssel und bringen uns zu den sogenannten Verliesen. Und zwar zack, zack!«

Berlin-Spandau,
Zuchtanstalt, **Ebene -1 [16:11]**

Die Ebene unter dem Clubbereich ist leer bis auf ein paar arme Idioten, die sofort das Jaulen anfangen, wenn Sawatzki ihre Zelle aufschließt. Alle nackt, nicht mehr ganz jung, mit rostigen Ketten am Boden und an der Zellenwand angekettet. Sie ringen die

Hände, wedeln mit den Armen, dass die Eisenglieder klirren. Svenjas und Jensens entsetzte Blicke scheinen sie zu beleben, doch wahrscheinlich ist es die Gerte in der Hand ihres Meisters, die Glanz in ihre Augen und Farbe in die fahlen Gesichter zaubert.

»Im Sommer sind einige von ihnen auch im Outdoor-Bereich«, erklärt Sawatzki sachlich. »In nachgebauten Jauchegruben, auf Wunsch mit Brennnesseln ausgepolstert, Sie würden staunen, Herr Kommissar, wie die in den Löchern abgehen.«

Er rasselt mit dem Schlüsselbund und schließt die letzte Zelle auf. »Leer, bis auf ein paar Ratten. Nee, war nur Spaß.« Er schaltet die trübe Funzel an der Verliesdecke ein. »Hier ist nüscht, außer vielleicht ein paar Dämonen. Ende der Sightseeing-Tour.«

»Noch nicht ganz.« Svenja drängelt sich an Jensen vorbei und baut sich vor Sawatzki auf. Er ist nicht nur jünger und kleiner, sondern auch deutlich schmaler als der massige Fritz Tuchalsky. Vor allem in puncto Rattenzähne kann er nicht annähernd mithalten, eigentlich sieht er seinem Vorbild nur auf den ersten Blick ähnlich. So, wie das bizarre Design dieser Zellen, denkt Svenja, nicht viel mehr als Kulisse ist. »Es gibt noch ein Untergeschoss«, sagt sie.

»Ja, klar, die Tiefgarage, Frollein Kommissarin. Kann icke Ihnen auch noch zeijen, wennse scharf druff sind.« Er gibt vor, mit dem Sortieren seiner Schlüssel beschäftigt zu sein.

»Fangen Sie immer an zu berlinern, wenn Sie unter Stress stehen?«

»Icke und Stress? Icke bin so wat von tiefenentspannt. Eben weil hier sonst nüscht ist.«

»Es geht um Leben und Tod, Herr Sawatzki«, sagt Svenja. »Wenn da unten jemand stirbt, weil Sie uns hingehalten haben, sind Sie wegen Mordbeihilfe dran.«

Sein unsteter Blick verrät ihr, dass er sich zunehmend unbehaglich fühlt. Aber offenbar hat er Befehl, zu mauern. *Im wahrsten Sinn des Wortes*, denkt Svenja.

»Wir können hier auch alles auseinandernehmen«, sagt sie, »aber das dauert zu lang.« Sie sieht Jensen an. »Ruf sie an.«
Er erstarrt noch mehr, falls das überhaupt möglich ist. Aber eine Weisung seiner Juniorpartnerin zu befolgen scheint ihm dann doch das kleinere Übel zu sein, verglichen mit Hallsteins Zorn.
Sekunden später hat er sie in der Leitung, stellt sein Smartphone laut und hält es Sawatzki ans Ohr. »In einer der Zellen muss es eine Bodenluke geben«, sagt Perlsberg, »in welcher, wissen wir nicht. Aber du kannst dem Tuchalsky-Verschnitt schon mal ausrichten: Wenn er euch nicht sofort den Zugang zeigt, bekommt er den kleinen Marokkaner, den er sich zu Hause als Toy-Boy hält, nie mehr zu sehen.«
Sawatzkis Gesicht wird schlagartig grau. »Wer ... wer sind Sie?«, stammelt er.
»Ich bin die Ausgeburt deiner höchstpersönlichen Hölle, du Missgeburt. Zeig ihm das Foto, Leif.« Mit hellem *Pling* trifft eine Message ein, Jensen klickt sie auf, hält das Smartphone vor Sawatzkis Gesicht.
Dessen Augen werden noch größer, die Lippen unter dem Schnauzbart zittern. »Das können Sie nicht machen.«
»Und ob ich kann. Und jetzt komm in die Gänge, du Abschaum, bevor ich deinen Bubi an einen der Scheichs verscherbele, die bei euch Stammkunden sind. Los jetzt!«
Sawatzki nimmt Haltung an, fast sieht es aus, als würde er die Hacken zusammenschlagen. »Zelle 3«, murmelt er, »kommen Sie mit. Ich bin nie da unten gewesen. Was immer Sie dort vorfinden, mit mir hat es nichts zu tun.«
»Mund halten, außer Sie werden was gefragt.« Jensen packt ihn am Schlafittchen und schubst ihn vor sich her.
Sawatzki rennt fast bis zum anderen Ende des Gangs, zieht mit schlotternder Hand die Tür auf. Zelle 3 ist die Luxusversion eines mittelalterlichen Kerkers. Deko wie im Foltermuseum, aber das Eisenbett hat eine Boxspringmatratze, und im hinteren Bereich gibt es sogar ein kleines Bad.

»Sagen Sie Ihrer Kollegin, ich mache alles, was sie will. Aber sie darf Tarek nicht anrühren.«

»Die ist keine Kollegin«, sagt Jensen.

Der Tuchalsky-Verschnitt geht am Fußende des Bettes in die Hocke. Er macht sich unter dem Eisengestell zu schaffen, mit leisem Sirren springt ein Elektromotor an.

»Sie hat es ja selbst gesagt«, fügt Jensen hinzu, »sie ist die Ausgeburt der Hölle.«

Niemand gibt ihm Antwort. Verblüfft sieht Svenja zu, wie das Bett ruckend zur Seite fährt. Darunter kommt eine kreisrunde Bodenluke zum Vorschein, die sich automatisch öffnet. Jensen beugt sich darüber und leuchtet mit der Lampen-App in das Loch. »Ruf die Notambulanz und zwei Kollegen von der Bereitschaft, mit Brecheisen und Hammer«, sagt er zu Svenja. »Sie sind vorläufig festgenommen«, wendet er sich an Sawatzki. »Alles, was Sie …«

Svenja sieht, wie sich seine Lippen bewegen, aber sie hört nicht, was er sagt. In ihren Ohren ist ein schrilles Pfeifen, als bliese direkt neben ihr ein Schaffner in seine Trillerpfeife. Zur Abfahrt eines Zuges, der geradewegs in die Hölle fährt.

Berlin-Spandau,
***Zuchtanstalt*, Ebene -2 [16:26]**

Das zweite Untergeschoss, zwischen den Verliesen und der Tiefgarage, ist nur anderthalb Meter hoch. Svenja kann sich im Entengang durch den schmalen Gang bewegen, für Jensen ist das keine Option. Nach den ersten Metern schält er sich aus seinem raumfordernden Daunenmantel und lässt sich auf alle viere nieder. *Anscheinend inspiriert von den menschlichen Hunden zwei Stock höher*, denkt Svenja. Doch das denkt sie nur, um sich von dem Horror abzulenken, der in dem düsteren Gang aus jeder Betonpore sickert. Plus Gestank nach Ausscheidungen und faulendem Fleisch.

Nach fünf Metern rechts das erste Kerkerloch, mit einem Querriegel über die ganze Türbreite gesichert. Jensen befiehlt dem bulligen MEKler, der ihnen vorausgekrochen ist, den Verschlag zu öffnen. Knarrend geht die Tür auf, dahinter ein Durcheinander aus Körpern, ineinander verschlungenen Armen und Beinen. Augen glitzern im Dunkel, schräg geschnitten oder geschlitzt. *Teenager aus Asien,* denkt Svenja, *eingekerkert wie Vieh.* Sie blinzeln apathisch ins Lampenlicht, niemand sagt etwas, kein Kind weint, niemand da drinnen rührt sich. Als hofften sie längst nicht mehr auf Befreiung. Als hätten sie gelernt, dass aus dem Loch hervorgezerrt zu werden noch schlimmer ist, als da drinnen still zu ersticken.
»Die Notärzte, schnell«, kommandiert Jensen.
Der Erstversorgungs-Trupp ist dicht hinter ihnen, behutsam ziehen sie einen Körper nach dem anderen aus dem Wandloch. Alle abgemagert, mit Hämatomen, Brand-, Biss-, Platzwunden übersät. Abwehrverletzungen an den Unterarmen, großflächige Blutergüsse an den Innenseiten der Oberschenkel, von den Knien ihrer Peiniger, die ihnen die Beine auseinandergezwungen haben. Einige von ihnen fiebern, »Wundsepsis«, »dehydriert«, Svenja hört die gedämpften Wortwechsel der Ärzte und Sanitäter, während Jensen und sie weiter in den Höllenstollen vordringen, hinter dem MEKler her.
Das nächste Kerkerloch leer, das übernächste übervoll mit Kindern und Jugendlichen, alle nackt und zerschunden, Jungen und Mädchen mit brauner oder schwarzer Haut, anscheinend aus Afrika. Aber keine Spur von Ria Hunold und von Devin Siebert. Noch mehr Verschläge, noch mehr minderjährige menschliche Handelsware, in einem Kerkerloch drei von fünf Gefangenen tot. Daher der faulige Gestank, wie Sumpfgas, in der Kehle würgend. Schließlich der letzte Verschlag. Der uniformierte Kollege zögert, den Riegel zur Seite zu hämmern, als ahnte er, was sie hinter den Brettern erwartet. Jensen drängt ihn zur Seite, drischt mit der Faust auf Metall. Die Tür fliegt auf, im Lichtkegel von Svenjas Lampen-App zeichnen sich die Umrisse eines nackten,

kräftigen Mannes ab, der in Embryohaltung am Boden liegt. Mit dem Rücken zur Tür und so reglos, als wäre er nicht mehr am Leben.
»Devin Siebert«, sagt Svenja in Erinnerung an die Bodybuildingmaschine. Sie kauert sich in die Tür, beugt sich über ihn. »Herr Siebert? Können Sie mich hören?«
Sie fasst ihn sachte bei der Schulter, da fällt er ihr entgegen. Kommt auf dem Rücken zu liegen, die Lider flattern, die Lippen zucken.
Svenja beugt sich noch tiefer. »Devin, wir sind von der Polizei, Sie sind in Sicherheit.«
Er atmet mühsam, unregelmäßig. Sie leuchtet ihm ins Gesicht und bemerkt den dünnen, roten Faden in seinem Mundwinkel. Seine Augen sind zugeschwollen, die Lippen aufgeplatzt, der Oberkörper mit Verletzungen aller Art und Größe übersät. Schwärzliche Höfe um seine Brustwarzen, offenbar wurde er mit Strom gefoltert.
»Sie haben Ronja ... Ria«, bringt er hervor. »Mich ... gefoltert ... was ich weiß, immer wieder ... wie ich herausbekommen habe, dass sie ... in der Klinik ... aber davon ... wusste ich nichts.« Er verstummt, seine Augen gehen flatternd auf und zu.
Ronja? Ria? Svenja wechselt einen Blick mit Jensen, er hebt eine Augenbraue. *Ronja heißt sie in echt*, wird Svenja klar.
»Devin«, sagt sie dicht an seinem Ohr. »Eine Ärztin ist hier, du wirst wieder gesund. Bitte sag mir: Weißt du, wo sie ist? Wo haben sie Ria hingebracht?«
Siebert saugt sich an ihrem Blick fest, dem vielleicht Letzten, was ihn am Leben hält. »Ich ... weiß ... nicht«, flüstert er, und die Pausen zwischen den Wörtern werden immer länger, »weiß ... nur ... dass ... sie ...« Dann nichts mehr. Sein Kopf sackt zur Seite, die Augen auf einmal wie Glas.
Svenja legt ihm zwei Fingerspitzen an die Halsschlagader. »Es ist vorbei.«

**Berlin-Spandau,
Pkw Perlsberg [16:32]**

»Du hast sie nicht gefunden?«, wiederholt Perlsberg. »Glaubst du im Ernst, dass ich mich damit zufriedengebe? ›Hat leider nicht geklappt, jetzt lass mich in Ruhe‹? Ich sag dir, was ich dich lasse, wenn du nicht mit Hochdruck weitermachst. Ich lass dich Spießruten laufen, hast du das kapiert? Ich will Ria und die verdammte Akte, und zwar heute noch! Also mach jetzt weiter, Leif!«

Sie umklammert mit beiden Händen das Steuer und hört zu, wie er stoßweise ins Telefon atmet. *Er hat ja recht*, denkt sie, *wenn Ria noch leben würde, wäre sie wahrscheinlich in einem der Verliese gewesen. So wie Siebert.* Aber sie ist nicht bereit, es zu akzeptieren. Noch ein Tod, an dem sie schuld ist, es wäre endgültig zu viel.

Auch von Lars Bredow hat sie gerade schlechte Neuigkeiten bekommen. Mit dem Kollegen Holms hat er das Haus von Daniel Makowski nochmals auf den Kopf gestellt. Alles durchsucht, vom Keller bis zum Spitzboden, jeden Schrank, jede Schublade. Wandverkleidungen heruntergerissen, Böden nach losen Bohlen abgeklopft, alles ergebnislos. Kein Papierfetzen, der sich mit der Klinik oder der Stiftung in Verbindung bringen ließe, auch kein USB-Stick oder was auch immer, auf dem Niklas belastende Dokumente abgespeichert haben könnte. »Eine Sackgasse, vergiss es, Ha... Perlsberg«, so Bredow, aber sie kann es nicht vergessen, sie kann nicht aufgeben, es wäre das Ende von allem.

»Also, was willst du noch?«, stößt Jensen hervor. »Die Fundlandt und die Staatsanwaltschaft machen mir die Hölle heiß. Wir haben fünfzehn Personen aus dem Club mitgenommen, die befragt werden müssen. *Und* die siebzehn minderjährigen Opfer müssen identifiziert werden. *Und* ich muss den KTlern Dampf machen, ich will heute noch die Auswertung zur Wohnung Siebert, *und* die müssen die Spuren in dem verdammten Folterclub so schnell wie möglich sichern. Kapierst *du* vielleicht mal, dass ich keine Zeit habe, für dich den Laufburschen zu spielen?«

Perlsberg kann sich mühelos vorstellen, was bei den stundenlangen Befragungen herauskommen wird. Die *Zuchtanstalt* ist eine GmbH mit Friedrich Tuchalsky als geschäftsführendem Alleingesellschafter respektive Strohmann. An den Körpern der minderjährigen Sexsklavinnen und -sklaven, die in den Rattenlöchern unter dem Club gefangen gehalten wurden, können sie möglicherweise DNA von dem einen oder anderen Freier nachweisen. Vielleicht finden sie sogar Spuren, die darauf hindeuten, dass Ria in einem der Verliese war.
Aber Perlsberg macht sich keine Illusionen: Belastbare Anhaltspunkte für eine Verbindung zwischen Tuchalsky und der Bruderschaft, zwischen der Stiftung und den Makowski-Morden werden sie auf diese Weise nicht finden. Dafür sind die Brüder zu gewieft im Spurenverwischen, und notfalls lassen sie Beweise nachträglich verschwinden, kein Problem, ihr Einfluss reicht bis weit in die Strafverfolgungsbehörden hinein. Am Ende wird wieder mal ein vermeintlicher Einzeltäter verurteilt werden, während die Hintermänner wie gehabt unbehelligt bleiben.
Außer, wir können beweisen, dass Terry in der ganzen Sache mit drin hängt, sagt sich Perlsberg. *Dass der Frontmann der Stiftung zusammen mit Tuchalsky den Doppelmord in Heiligensee und Rias Entführung durchgezogen hat, weil Niklas herausgefunden hat, dass in der Klinik finstere Dinge passieren.* Vielleicht ganz ähnliche Grässlichkeiten wie in dem geheimen Trakt der *Zuchtanstalt*. Mit Teenagern, die aus heiterem Himmel für unheilbar krank erklärt werden, weil sie für Missbrauch und Folter vorgesehen sind. Um anschließend in einem der vermeintlichen Palliativzentren von *Dignity* entsorgt zu werden, zum Beispiel auf der Insel Maipaan.
Noch knapp eineinhalb Stunden, dann muss Perlsberg Farbe bekennen, live in Brüssel oder via Videotelefonat. Was hat sie der Bex zu bieten? Ein Teammitglied verschleppt, mutmaßlich zu Tode gefoltert, das zweite, knapp an Kidnapping vorbeigeschrammt, liegt mit Gehirnerschütterung flach. Und von dem dritten hat die Bex nie gehört, so wenig wie von ihrem irrwitzi-

gen Plan, Max als »Don Francisco« auf der Insel einzuschleusen. *Aber anderthalb Stunden sind eine Menge Holz,* denkt sie dann. *Wenn wir bis dahin Ria freibekommen und ich die Akte in die Hände kriege, können wir es immer noch durchziehen.*
»Nimm Terry in die Zange«, sagt sie zu Jensen. »Besuch ihn in seiner jüdischen Beutevilla, zeig ihm die Videobilder aus der Tiefgarage, kassier seine Kawa und den bröseligen Bikeranzug ein, mach ihm maximalen Druck. Und dann biete ihm einen Deal an, versprich ihm Bewährung oder was weiß ich, wenn er dafür sorgt, dass Ria umgehend freikommt. Denk dir was aus, im Deal-Machen bist du doch angeblich spitze.«
Er stöhnt und knirscht mit den Zähnen. Sie sieht ihn vor sich, wie er den Unterkiefer hin und her schiebt. »Eins noch«, ringt er sich schließlich ab. »David Ballhaus war irgendwie sonderbar. Der Nachwuchspfleger, der mit Makowski zusammenwohnt. Vielleicht weiß der doch mehr, als er eingeräumt hat.«
»Über die Patientenakte? Aber ihr habt die Wohnung doch durchsucht?«
Er atmet hektisch ein und wieder aus. »Das Zimmer von Ballhaus nicht.«
»Das darf nicht wahr sein.« Perlsberg drischt mit der Faust auf den Lenker. »Sag mir sofort, dass das nicht stimmt, Leif.«
»Herrgott noch mal, wir hatten keinen Durchsuchungsbeschluss. Für dich spielen solche Kleinigkeiten ja keine Rolle.«
»Für dich neuerdings schon? Ich lach mich kaputt.« Nur war ihr kaum jemals weniger zum Lachen zumute.
»Also, hör zu, Hallstein. Ich schlage jetzt bei diesem Kilroy-King zur Audienz auf. Anschließend fahren wir noch mal in die Klinik. Ich fühle Ballhaus auf den Zahn, und Svenja nimmt sich seine Behausung vor. Wenn das auch nichts bringt ...«
»Dann üb schon mal beten, Leif. Wenn du es vermasselst, kette ich dich vorm Präsidium an einen Laternenpfahl. Mit den schönsten Fotos von dir und Sheila.«
Sie klickt ihn weg und verfällt in düsteres Brüten. Das Beten hätte sie nicht erwähnen sollen, sofort sieht sie ihren Vater vor sich,

der in seinen letzten Lebensjahren nicht nur dement, sondern auch noch frömmlerisch geworden war. Ständig brabbelte er irgendwelche Bibelsprüche, dabei war er früher ein Freigeist gewesen, ohne jeden Hang zum Kirchenkitsch. *Viel früher*, korrigiert sie sich, *bevor Tobi verschwunden ist. Durch meine Schuld.*
Tobi war damals in einer Datsche im südlichen Umland von Berlin, die der Familie von Matthes gehörte, seinem besten Freund. Ihr Vater hatte Kira gebeten, ihn mit dem Auto abzuholen, aber sie hatte keine Zeit, sie musste sich auf eine Klausur vorbereiten. Außerdem fand sie, dass ein kräftiger siebzehnjähriger Junge genauso gut mit Bus und Bahn nach Hause fahren konnte. Doch dann verpasste Tobi den Bus, und anstatt auf den nächsten zu warten, stellte er sich an den Straßenrand und hielt den Daumen raus. Und dann kam der Wolf und fraß ihren kleinen Bruder auf, und ihre Familie zerbrach, jeder Einzelne von ihnen, während sie zu begreifen versuchten, was passiert war. Ihre Mutter wurde depressiv und brachte sich mit einer Überdosis Beruhigungstabletten um, ihr Vater verfiel dem Suff, und Kira wurde Hallstein, die besessene Jägerin, die erfolgreichste Mordermittlerin beim LKA Berlin. Die zwanzig Jahre lang in allen schmutzigen Ritzen und dreckigen Rändern der Stadt nach ihrem kleinen Bruder suchte, vergeblich, obwohl er nur ein paar Kilometer von ihr in einer Dachmansarde lebte. Allerdings zu einem menschlichen Wolf verwandelt, zum humpelnden, einäugigen Mord- und Foltergehilfen des Mannes, der Tobis Leben zerstört hatte. Und die Leben seiner Familie dazu.
Hallstein starrt gegen die Windschutzscheibe, die langsam wieder vereist. Seit einer halben Stunde sitzt sie hier in ihrem Geländewagen, auf dem Parkplatz neben dem Friedhof *In den Kisseln*. Manchmal läuft sie stundenlang zwischen den Gräbern herum, irgendwie fühlt sie sich hier ihrem Bruder näher, so als wäre er zusammen mit Soltau beerdigt worden. Und hätte sich nicht vor ihren Augen in die Luft gesprengt.
In Gedanken ist sie immer noch bei ihrem Vater. Vorletzten Sommer, als im Zuge der Social-Media-Kampagne »Befrei dich!«

immer mehr Mädchen und junge Frauen verschwanden, fielen ihr gleich mehrere Situationen ein, in denen ihr Vater ihr urplötzlich fremd vorkam. Nicht in seiner frömmlerischen Spätzeit, sondern vor fünfundzwanzig, dreißig Jahren, als sie scheinbar noch eine heile Familie waren. Von einem Moment auf den anderen verfiel er in eine Art Absence, hörte nicht mehr zu, lachte nicht mehr mit, starrte ins Leere, in Gedanken offenbar weit weg. Wenn sie oder Tobi ihn etwas fragten, gab er keine Antwort. Auch sein Gesicht sah dann fremd aus, verzerrt, verdüstert, sie bekamen fast Angst vor ihm. Doch zum Glück dauerte es immer nur ein paar Augenblicke, dann war er wieder der fröhliche, zugewandte Papa, den sie kannten und liebten.

Wo war er, wenn er in Gedanken nicht bei uns war? Mit Gewalt reißt sie sich aus ihren Grübeleien heraus. *Ich muss mit Max sprechen,* denkt sie, *ihm klarmachen, dass er auf dem Video aus der Tiefgarage ist.* Wenn Jensen und Svenja die Kamerabilder von letzter Nacht checken konnten, haben die Brüder erst recht Zugriff darauf. Falls Tuchalsky bemerkt hat, dass ihnen jemand auf den Fersen war, haben sie das Video garantiert überprüft und gesehen, wie ein groß gewachsener Mann mit rotem Vollbart und eine dunkelhaarige Frau in die Tiefgarage stürmten. Gerade als Tuchalsky in Sieberts Porsche wegfuhr, mutmaßlich mit Ria im Kofferraum.

Würde Max wie geplant in Kürze auf Maipaan eintreffen, als vermeintlicher Erbe von Don Pedro, könnte er aufgrund des Videos bereits aufgeflogen sein. *Sie würden ihn direkt am Kai überwältigen, noch bevor der vermeintliche Don Francisco aus seinem Boot an Land geklettert wäre. Und dann gnade ihm Gott,* denkt Perlsberg, *sie würden ihn zu Tode foltern, wie Lou und unzählige andere.* Das dürfen sie auf keinen Fall riskieren. Auch wenn so eine Chance, ins Innerste der Bruderschaft vorzudringen, nie mehr wiederkommt. Es zerreißt Perlsberg in ihrem Innersten, sie kann Max nicht ins Feuer schicken, aber sie kann auch nicht akzeptieren, dass es aus und vorbei sein soll. Dass die Bruderschaft auf ganzer Linie gesiegt haben soll und unbehelligt einfach so weitermachen kann, während sie, Hallstein alias Perlsberg, mit allem am Ende wäre. Mit ihren Plänen, Hoffnungen, Ausflüchten, Obsessionen, mit ihrem Leben.

Sie ruft Max an. Sie hat immer noch keine Ahnung, was sie ihm sagen soll, »es ist vorbei« oder »entscheide du« oder »wie wahrscheinlich ist das denn, dass die sich die Kamerabilder überhaupt angesehen haben?«. Als seine Mailbox angeht, ist sie erleichtert und fühlt sich gleichzeitig beschämt. »Melde dich, Max, es ist dringend«, sagt sie und klickt ihn weg, bevor sie sich festlegen kann, auf dieses oder jenes.

Berlin-Dahlem, Villa Morgencron [16:56]

»Die Villa Morgencron, direkt am Grunewald gelegen, ist ein architektonisches Juwel aus den 1920er-Jahren. Ihr Erbauer, der jüdische Fabrikant Samuel Morgencron, gab in den ›Goldenen Zwanzigern‹ rauschende Feste in den lichtdurchfluteten Salons und in dem weitläufigen Park. Auf einem künstlich aufgeschütteten Hügel errichtet, zieht das strahlend weiße Bauwerk mit dem Schieferdach und den roten Fensterläden schon von Weitem den Blick an. Die Nachricht, dass Rock-Ikone Tycho Terry das Luxusanwesen in allerbester Westberliner Lage erworben hatte, schaffte es vor dreizehn Jahren sogar in die Abendnachrichten.«

Svenja scrollt sich durch Pressearchive und Wikipedia-Artikel, referiert und liest vor, auch wenn Jensen offenbar kaum hinhört. Sie muss sich ablenken, von ihren Selbstvorwürfen, weil sie nicht auch Davids Zimmer durchsucht hat, und von ihrer Sorge wegen Max. Er geht nicht ans Telefon, anscheinend hat er sein Smartphone abgeschaltet, dabei hat er doch versprochen, dass sie ihn jederzeit anrufen kann. Er wollte irgendwo hinfahren, wohin, hat er ihr nicht verraten. *Hoffentlich hat er keinen Unfall gebaut*, denkt sie. Die teilweise spiegelglatten Straßen sind lebensgefährlich.

In der Wachtelstraße, Ecke Vogelsang stoppt Jensen am Stra-

ßenrand und würgt den Motor ab. Seine Wangen wieder rot gefleckt, er kommt ihr vor wie ein Eisberg kurz vor der Schmelze. Im Aussteigen stolpert er, knallt die Tür mit einem Fußtritt zu. »Das fehlte noch.« Damit stapft er auf das Tor der Villa Morgencron zu. Er drückt auf den Klingelknopf und bleibt mit dem Daumen drauf. »LKA, Mordermittlungen, aufmachen«, sagt er, sowie es im Lautsprecher knistert.
Der Person auf der anderen Seite verschlägt es offenbar die Sprache. *Womöglich der Butler*, denkt Svenja, die zu Jensen aufgeschlossen hat. Ein paar Sekunden lang geschieht nichts, außer dass Jensen weiter auf die Klingel drückt. Dann ertönt der Summer, und der rechte Flügel des kunstvoll verschnörkelten Eisentors geht auf.
Der Aufstieg auf den Villenhügel ist mühsam. Jensen macht Riesenschritte, rutscht ein ums andere Mal aus. Fluchend rudert er mit den Armen, ruft Svenja über die Schulter zu, sie solle sich beeilen.
Oben erwartet sie eine zierliche Mittvierzigerin hinter der spaltbreit geöffneten Haustür. Asiatin, vielleicht aus Thailand, taxiert Svenja. Die Türkette ist vorgelegt, durch die Lücke nur ein Ausschnitt der anscheinend riesigen Eingangshalle sichtbar. Marmor, Säulen, Ölgemälde.
Die kleine Frau auf der anderen Seite sieht umso winziger aus. »Ja?« Sie hat braune Haut und schulterlange, schwarze Haare. Ängstlich späht sie zu dem Besucher empor.
»Hauptkommissar Jensen, LKA. Und Sie sind?« Er hält ihr seinen Dienstausweis hin.
»Ich Maylin, wenig Deutsch.« Sie tippt sich auf die Brust. »Haushältelin von Hell Telly.« Sie sagt nicht wirklich l statt r, aber wie r klingt es auch nicht.
»Rufen Sie ihn her, es ist dringend.«
»Das nicht möglich – Herr Terry verreist.«
»Wann ist er denn zurück? Wie können wir ihn erreichen?«, drängt Jensen. »Wissen Sie, wohin er wollte? Wir müssen ihn umgehend sprechen.«

»Weiß nicht.« Sie schüttelt den Kopf und macht ein betrübtes Gesicht.
»Ist sonst jemand im Haus, mit dem wir reden können?« Jensen fletscht die Zähne. »Herrschaftszeiten.«
»Niemand hier. Sekretär Urlaub. Herr Terry auch verreist.«
»So weit waren wir schon«, knurrt Jensen. »Probier du mal.« Er geht zur Seite, und Svenja tritt vor den Türspalt. »Oberkommissarin Wuttke. Guten Tag, Frau Maylin. Wir haben nur ein paar Fragen. Dürfen wir kurz reinkommen?«
Sie schüttelt erneut den Kopf »Nicht erlaubt. Niemand hier.«
Weiter hinten in der Halle fliegt krachend eine Tür auf. Schreie ertönen, es hört sich an, als würden zwei Kleinkinder um die Wette weinen.
»Niemand hier?«, wiederholt Svenja. Der Türspalt ist breit genug, dass sie an der Asiatin vorbeischauen kann, aber zu schmal, um sich hindurchzuzwängen.
»Nur meine Kinder, Kim und Lee. Viel Schmerzen und traurig, nach Unfall.«
Svenja kneift die Augen zusammen. Aus dem düsteren Hintergrund der Halle schleppen sich die winzig kleinen Kinder herbei, Junge und Mädchen, höchstens vier, fünf Jahre alt. Der Junge sitzt im Buggy, ein Bein im Gipsverband, das Mädchen schiebt ihn mit der rechten Hand mühsam vor sich her. Den linken Arm trägt es in einer Schlinge. Beide Kinder sind nur mit kurzen Hosen bekleidet und am ganzen Körper mit Verbänden und Pflastern bedeckt.
»Um Himmels willen«, sagt Svenja, »was ist mit ihnen passiert?«
»Unfall, vor zwei Tagen«, sagt Maylin. »Doktor meint, alles bald wieder gut.«
»Ein Autounfall?«, fragt Svenja.
Sie wirft Jensen einen Blick zu, *glaubst du das?* Er presst die Lippen zusammen.
»Nein, nein. Auf Baum geklettert, Ast ab und beide Kiddies – *bamm.*« Sie streckt einen Arm waagrecht aus und lässt ihn mit einer Fallbeilbewegung ruckartig sinken. »Draußen im Park.«
»Das bringt hier nichts. Gib ihr deine Nummer und Abmarsch.«

Sie fischt eine Karte aus der Manteltasche, hält sie der Thailänderin durch den Türspalt hin. *Nie im Leben ist sie die Mutter.* Zu alt, zu unbeteiligt. Maylin nimmt Svenjas Visitenkarte mit spitzen Fingern entgegen, nickt ihr zu und schließt ohne ein weiteres Wort die Tür.

Mit ausgebreiteten Armen, wie ein unbeholfener Laufvogel, schlittert Jensen den Hügel hinab. Svenja hat Mühe, zu ihm aufzuschließen. »Meinst du, Terry ist untergetaucht?«

»Meinen sollen andere. Ich halte mich an die Fakten.« Er dreht kurz den Kopf zu ihr zurück, starrt an ihr vorbei.

Den Spruch hab ich lange nicht gehört, denkt Svenja. *Und keine Sekunde vermisst.*

»Ruf die 125er an«, weist er Svenja an. »Die sollen sich um die Kinder kümmern.« Jensen schüttelt den Kopf. »Zustände sind das.«

»Mach ich sofort.« Das Kommissariat 125 des Berliner LKA ist auf Kindesmisshandlungsdelikte spezialisiert. *Schmelzende Eisberge haben manchmal auch ihr Gutes,* sagt sich Svenja, während sie der Kollegin am anderen Ende der Leitung die Lage skizziert. »Bitte diskret«, sagt sie abschließend, »wir ermitteln parallel wegen Missbrauchs- und Mordverdacht. Unter anderem gegen den Hausbesitzer, Tycho Terry.«

»Wie bitte, meinst du *den* Terry?« Die Kollegin fängt an, *Kilroy was here* zu singen.

»Genau den«, bestätigt Svenja. »*Never saw his face.* Wird Zeit, dass mal jemand hinter die Maske schaut.«

**Berlin-Steglitz,
Klinik *Dignity of Youth*, Haus P [17:44]**

Gleich Viertel vor sechs, fassungslos stehen Svenja und Jensen auf der Baustelle, in die sich die Wohnung von Niklas Makowski und David Ballhaus innerhalb weniger Stunden verwandelt hat. Handlanger tragen Waschbecken, Duschtasse, Kloschüssel an

ihnen vorbei ins Treppenhaus. Die Zimmer sind bereits komplett leer geräumt, die Parkettböden herausgerissen, Tapetenreste hängen in Streifen herab. Bauarbeiter mit Helmen und Ohrschützern stemmen in Davids und Niklas' Zimmern den Estrich auf. Eine vergessene Topfpflanze wird an ihnen vorbeigetragen, widerwillig geht Jensen aus dem Weg.
»Was um alles in der Welt ist hier los?«
»Das habe ich Ihnen doch schon in der Lobby zu erklären versucht«, antwortet Lena Heckel mit müdem Lächeln. »Die beiden sind weg, und wir nutzen die Gelegenheit, um turnusmäßig zu renovieren.«
Sie schreien sich an, um den Baulärm zu übertönen und vielleicht auch aus Wut. Die Personalchefin hat ihre Afrofrisur wieder in Form gebracht. Zu Jensens sichtlicher Erleichterung erschien sie diesmal in einem Kostüm mit Zebradesign, nachdem sie an der Rezeption verlangt hatten, erneut mit dem jungen Pfleger zu sprechen.
Doch seine Erleichterung hielt nur kurz. »Wir müssen Ballhaus nochmals befragen und uns in seinem Zimmer umsehen«, verlangte er, und darauf die Heckel: »Das wird schwierig, aber überzeugen Sie sich selbst.«
Im Eingang von Haus P nahm sie drei gelbe Helme von einem Stapel, reichte je einen Jensen und Svenja und setzte sich den dritten so behutsam wie eine Krone aufs Haupt. Jensen legte seinen sofort zurück auf den Stapel, Svenja behält ihren für alle Fälle in der Hand. Die ganze Situation ist absurd. Die Luft staubgeschwängert, dazu Presslufthämmern und die Heckel im Zebralook mit Helm.
»Niklas ist tot, das lässt sich nun mal nicht ändern«, schreit sie Jensen zu. »Nachdem Sie uns nichts verraten wollten, habe ich mich in Ihrem Präsidium erkundigt. Er und sein Vater von Einbrechern ermordet, das ist schrecklich.«
»Von wem haben Sie das?«, schnauzt Jensen. Die Heckel macht eine vage Handbewegung. »Mittlerweile sind wir weiter, die Hypothese ist überholt.« Er starrt aus zusammengekniffenen Au-

gen auf sie herunter. »Wo ist Herr Ballhaus? Wenn Sie uns hier nicht antworten wollen, nehmen wir Sie mit.«

»In Ihr Präsidium?« Sie tastet mit einer Hand nach ihrem Helm. »Sonst immer gern, aber heute passt es mir nicht so richtig. Sie sehen ja, was hier los ist.« Sie hebt sich auf die Zehenspitzen und winkt Jensen, sich zu ihr herunterzubeugen. »David hat ein Angebot bekommen, von dem hier in der Klinik fast alle träumen. Und wenn Sie mich fragen, er hat es sich wirklich verdient.«

Sie unterbricht sich und bedenkt erst Jensen, dann Svenja mit einem strahlenden Lächeln.

»Wo ist er?«, presst Jensen hervor.

»Habe ich das nicht gerade gesagt? Er fängt nächste Woche in unserem Palliativzentrum auf der Insel Maipaan an. Professor Sievering persönlich hat ihn für die Stelle ausgewählt, die unerwartet frei geworden ist. Und stellen Sie sich nur vor, der Glückspilz sitzt jetzt gerade neben dem Professor in einem unserer Jets, auf dem Weg nach Südostasien.«

Svenja starrt sie erschrocken an, sogar Jensen sieht geschockt aus. »Und Terry?«, bringt sie schließlich hervor. »Ist der mit an Bord? Wir wollten ihm auch ein paar Fragen stellen, haben ihn aber bei sich zu Hause nicht angetroffen.«

»Tycho Terry?« Die Heckel sieht sie argwöhnisch an. »Verfolgen Sie ihn jetzt schon bis in seine Privatsphäre, um ihn zu einem Selfie zu nötigen?«

Jensen ähnelt einer Interkontinentalrakete kurz vor dem Start. Die Arme fast in Halshöhe verschränkt, der Kopf hochrot, die Augen grellblau.

»Lassen wir doch die Spielchen, Frau Heckel«, schlägt Svenja vor. »Sie wissen so gut wie ich, dass ich nicht aus privater Neugierde nach Terry gefragt habe. Also noch einmal: Ist er mit Professor Sievering und David Ballhaus auf dem Weg nach Indonesien?«

»Wie haben Sie das nur erraten?« Die Heckel schenkt ihr ein mattes Lächeln. »Tycho trifft sich in Jakarta mit möglichen neuen Sponsoren, und wir sprechen hier von milliardenschweren

Mäzenen.« Sie legt eine theatralische Pause ein. »Aber wenn es darum geht, Verwaltungs- und Werbungskosten gering zu halten, lässt er sich so leicht von niemandem übertreffen. Eigentlich war sein Meeting erst für nächste Woche geplant. Aber der Stiftungsbeirat hat kurzfristig eine Besprechung auf Maipaan angesetzt, und als Terry hörte, dass der Professor heute nach Indonesien fliegt, hat er sein Treffen mit den Sponsoren spontan nach vorne verlegt.«

Svenja sieht sie ungläubig an.

»Sie denken, das ginge nicht so einfach? Bei jedem Normalsterblichen hätten Sie recht.« Die Heckel strahlt Svenja an, zähnebleckend wie ein in die Enge getriebenes Zebra. »Nicht zuletzt deshalb ist er ja so unschätzbar wertvoll für *Dignity*«, schwärmt sie. »Tycho braucht nur mit den Fingern zu schnipsen, schon zücken die Reichen in aller Welt ihre Scheckbücher!«

»Na, dann Prost Mahlzeit«, sagt Jensen. »Wann kommt er zurück?«

»In drei, vier Tagen. So ganz genau weiß man das bei ihm allerdings nie.«

Jensen starrt grimmig ihren Helm an. »Wenn Ihr Herr Bartels alias Terry zurück ist, geben Sie uns sofort Bescheid. Lass dir seine Handynummer geben, Svenja, und dann Abmarsch.«

**Berlin,
Pkw Perlsberg [17:57]**

Drei vor sechs, Perlsberg klickt Jensen weg, schmeißt ihr Smartphone auf den Beifahrersitz. Keine Spur von Ria, keine Spur von der Akte, hat Jensen gesagt, und sie kann ihm nicht mal einen Vorwurf machen. Er hat sein Möglichstes getan.

Die Akte aus der Klinik ist zweifellos geschreddert, die Schnipsel in alle Winde zerstreut. Jensen und Svenja nehmen an, dass sie irgendwo zwischen Parkett und Estrich in der Wohnung von Niklas und David versteckt war, und für Perlsberg klingt es

gleichfalls höchst plausibel. Aber es spielt keine Rolle mehr, wieder mal hat die Bruderschaft blitzartig alle Spuren verwischt, alle Beweise beseitigt, mögliche Zeugen abgeräumt. Niklas und Daniel Makowski, Devin Siebert, David Ballhaus. Und Ria.
Perlsberg ballt ihre Hände zu Fäusten und stützt sie bei elf und eins aufs Steuer. Sie lässt die Stirn gegen das Lenkrad sinken und schließt die Augen. »Es ist vorbei«, sie horcht ihrem eigenen Flüstern hinterher, »es ist vorbei.«
Ihr Smartphone gibt ein blechernes Klimpern von sich, den Klingelton für die Bex, doch Perlsberg rührt sich nicht. Die Chefin lässt es klingeln und klingeln, pünktlich und beharrlich wie immer, aber Perlsberg weiß nicht, wie sie ihr erklären soll, was passiert ist. Warum sie geglaubt hat, ihr verrückter Plan könnte klappen. Wieso sie tief im Innern immer noch nicht aufgehört hat, es zu glauben. Gegen jede Vernunft, aber was gibt es Unvernünftigeres, als in dieser irren Welt an Vernunft zu glauben?
Schließlich erstirbt das blecherne Klimpern, und einige Augenblicke später setzt sich Perlsberg wieder aufrecht hin. Sie nimmt die Fäuste herunter, öffnet sie, spreizt die Finger, atmet gleichmäßig ein und aus.
Du bist keine schlechte Ermittlerin, erklärt sie sich selbst, *aber du bist längst nicht so gut, wie du geglaubt hast. Wenn du auch Max noch in den Tod schickst, bist du nicht besser als die Brüder. Also ruf ihn jetzt an und blas die Aktion ab. Geh mit ihm einen trinken und anschließend ins Bett, davon träumt er doch seit einer Ewigkeit. Und schau ihn dir an, er hat es sich verdient.* Sie verdreht den Spiegel, um sich selbst zu sehen. »Und du auch, Kira«, fügt sie laut hinzu.
Als sie sich erneut ihr Telefon greift, fühlt sie sich weder befreit noch bedrückt, sie fühlt überhaupt nichts. Sie hat drei Nachrichten auf der Mailbox, aber die hört sie jetzt nicht ab. Sie wählt die Kurzwahl für Max, *wieso eigentlich nur die Vier für ihn,* denkt sie, *das ist doch alles Schwachsinn.* In ihrem Leben ist so vieles durcheinander, sie sollte mal eine Liste machen, *»wer und was ist wirklich wichtig für mich«,* da stünde Max ganz oben, auf glei-

cher Höhe wie ihr Job. Und wie Berlin. Er gehört ganz einfach zu ihrem Leben, auch wenn sie nicht glaubt, dass sie noch eines hat.

»Der Teilnehmer ist zurzeit leider nicht erreichbar«, hört sie, *also nicht mal mehr die Mailbox? Was ist los bei dir, Max?*
Vor ihrem geistigen Auge sieht sie plötzlich Tuchalsky, mit gebleckten Nagezähnen jagt er hinter Max her. Es ist eine albtraumhafte Vision, aber sie hat einen hochplausiblen Kern: Sie können ihn auf dem Video identifizieren und seine Spur aufgenommen haben, vielleicht sind sie schon in dem Trainingszentrum bei Jüterbog, wo Max für seinen Einsatz auf der Insel gedrillt wird.

Jetzt mal langsam, wie will er da reinkommen, versucht sie sich runterzufahren, *da wimmelt es vor Sicherheitskräften*. Aber es hilft nichts, ihr Pulsschlag geht immer steiler durch die Decke, sie kriegt die Horrorbilder einfach nicht aus dem Kopf. *Max k. o. gespritzt, Max in den schwarzen Van verfrachtet, Max gefoltert irgendwo in einem Verlies ...*

Sie schreit auf und startet den GLK. »Das wird nicht passieren, das wird auf keinen Fall passieren«, murmelt sie vor sich hin, während sie über die B5 stadtauswärts rast, geblitzt wird, noch mehr Gas gibt, nochmals geblitzt wird, bei Nauen auf die A 10 abbiegt und das Gaspedal bei Tempolimit 120 bis zum Wagenboden durchdrückt.

SIEBEN:
Schloss

Samstag, 16. Januar

Indonesien, Timorsee,
***MS Catalina* [08:17]**

Nach fast vierundzwanzig Stunden an Bord der *Catalina* fühlt sich Franz Hochfelder wie kielgeholt. Er sitzt unterm Sonnensegel auf dem Vordeck, würgt an staubtrockenen Reischips und schaut benommen zur Insel hinüber. Wenn er nicht zumindest ein paar Happen herunterbringt, kann er in Maipaan höchstens auf allen vieren kriechen. So hat er sich den Start in sein neues Leben wirklich nicht vorgestellt.

Die rollende See ließ ihn in seiner engen Kajüte keinen Augenblick schlafen, dafür mit jeder Meile, die er der Insel näher kam, noch mehr an der Weisheit seiner Entscheidung zweifeln. Der wortkarge Kapitän, ein Timorer namens Ayko, fletschte die lückenhaften Zahnreihen und band sich an seinem Steuer fest, bevor sie aufs Meer hinausstampften, wo haushohe Wellen den Fünfzehn-Meter-Kahn wie Ungeheuer überfielen, verschlangen und dem nächsten Monster in den Rachen spien. Mit herrischen Bewegungen wies er Franz an, unter Deck zu gehen, doch dort war das Stampfen und Rollen noch schwerer zu ertragen. Seine Kajüte kam ihm wie ein Sarg vor, er klammerte sich links und rechts an der Koje fest, und sowie er die Augen schloss, fiel er in sein altes Ich zurück.

Max, der nicht sterben will, nicht mal für Hallstein. Er liebt sie, wie er nie wieder irgendwen lieben wird. So empfand er es fast vom ersten Tag an, als ihr Juniorpartner beim LKA. Sie bevorzugt jüngere Männer, das machte ihm Hoffnung, auch wenn er offenkundig nicht ihrem Beuteschema entsprach: zu höflich, zu altmodisch, zu wenig extrem oder gar durchgeknallt wie der erst dreiundzwanzigjährige Kunststudent Lou. Doch an seiner Liebe zu ihr änderte das nichts, im Gegenteil. Max liebt alles an ihr, ihre grünen Katzenaugen, ihre immer noch fast jugendliche

Schönheit, ihre unverblümte Art, ihre besessene Jagd nach der Wahrheit, ihre Härte, hinter der sie Schmerz und Trauer verbirgt. Und die umso kostbareren Momente, in denen sie ihm einen Blick in ihr Inneres erlaubte. Nur für sie würde er sterben, nur für sie will er leben, aus diesem Dilemma findet er nicht heraus. Vor allem im Traum verfängt er sich immer wieder darin, und so war er fast froh, wenn die Brecher von Norden her die *Catalina* erzittern ließen wie ein verstörtes Tier. Wenn seine eigene Todesangst ihn wach hielt und seine Überlebensinstinkte schärfte. Wenn es für Grübeleien entweder zu spät oder später noch Zeit, jetzt jedenfalls der falsche Zeitpunkt war.

Dann wieder schipperten sie bei spiegelglatter See in Sichtweite kleinerer Inseln dahin, und Franz saß an Deck, unter dem ausgeblichenen Leintuch, das sich alle paar Stunden in ein hoffnungslos überfordertes Regendach verwandelte. Der Himmel eben noch himmelblau, im nächsten Moment höllenschwarz. Jedes Mal wollte ihn Ayko mit wütenden Bewegungen in die Kajüte scheuchen, doch wenn es nur goss, nicht auch noch stürmte, blieb Franz an Deck, drehte dem Skipper höchstens den Rücken zu.

Oft dachte er über die Angst nach, die in Aykos Gesicht aufgezuckt war, als Franz ihn im Hafen von Maumere auf der Insel Flores ansprach. Ob sein Boot zu chartern sei? Kein Problem, für dreißig Dollar pro Tag stehe er zur Verfügung, eine halbe Million in einheimischer Währung. Mit seinem Motorschiff, eigentlich nur ein klappriger Kahn, und seiner Crew, zwei Söhne, elf und achtzehn Jahre alt. Wohin es denn gehen solle? »Nach Maipaan«, antwortete Franz, und da verzerrte sich Aykos Gesicht, doch er fasste sich gleich wieder und streckte ihm die Hand hin. Nur der Tagespreis belief sich plötzlich auf fast fünfzig Dollar, anderthalb Millionen Indonesische Rupien für Hin- und Rückfahrt. Franz willigte ein, unter der Bedingung, dass sie sofort in See stachen.

Bei ruhigem Meer hätte er Schlaf nachholen können, aber er traute Ayko nicht. Die ganze Fahrt über war er darauf gefasst, dass der Skipper die Weiterreise verweigern oder eigenmächtig eine andere Insel ansteuern würde. Aykos Englisch war überdies so lückenhaft wie seine Zähne, ein zischendes Nuscheln, sodass sich Franz nie ganz sicher sein konnte, was genau er eigentlich ausgehandelt hatte. Und mit wem.

»Me Ayko«, so stellte sich der Kapitän in Maumere vor, zumindest klang es für ihn so. Aus den Namen der Söhne wurde er noch weniger schlau, Ayko nennt sie immer wieder anders, Hoy, Ka, Mi, La. Anfangs probierte Franz Namen aus, die er aufgeschnappt zu haben glaubte, doch weder der große noch der kleine Junge reagierten darauf. Abweisend und wortkarg wie der Vater, gingen sie dem Alten bei allem zur Hand, was an Bord zu tun war. Der Große füllte den Tank nach, fischte und kochte, löste Ayko bei stiller See auch mal am Steuer ab, der Kleine schrubbte das Deck, putzte den Fang, brachte das Essen, das Franz kaum angerührt zurückgehen ließ. Mit einem um Entschuldigung bittenden Lächeln, aber die Jungen lächelten nie zurück. So wenig wie der Alte, was vielleicht daran lag, dass Franz ihn gleich zu Anfang vor den Kopf gestoßen hat. Ohne böse Absicht, möglicherweise nur ein Missverständnis, aber noch bevor sie den kleinen Hafen von Maumere hinter sich hatten, war die Stimmung zwischen ihnen schon vergiftet.

Unterwegs überlegte er immer wieder, was Ayko ihn eigentlich gefragt hatte. »Ist es Ihnen recht, wenn einer der Jungen mit Ihnen die Kajüte teilt?« Er schüttelte entschieden den Kopf, doch der Kapitän ließ nicht locker. »Sie können sich auch aussuchen, welcher der Jungen«, bot er an, da sogar noch lächelnd, »mit den beiden in meiner Kajüte ist es ein bisschen eng.« Franz fand sein Grinsen schmierig, das Angebot zweideutig, wenn nicht sogar völlig eindeutig, und blieb bei seinem Nein. Um sich seither immer wieder zu sagen, dass es Ayko vielleicht wirklich nur um eine zweckmäßigere Aufteilung der Schlafplätze gegangen war. Doch er selbst – er, Max – wittert nur noch abartige Machenschaften, zum Missbrauch abgerichtete Kinder und Teenager, sogar auf diesem kümmerlichen Kajütboot, dessen nur noch stellenweise weißer Anstrich allerdings dringend erneuert werden müsste. Und dessen Name so zweifelhaft ist wie die Namen von Kapitän und Crew. *Catalina*, vielleicht, der Schriftzug verblichen, Max hat ihn mehr erraten als entziffert, vielleicht falsch. Wie vielleicht alles falsch ist, auf diesem Schiff, in seinem Leben und nicht zuletzt mit diesem Plan, der ihn allem Anschein nach geradewegs in den Tod führt.

Von seiner Kindheit an, sagt sich Max, hat er gelebt, als ob er durch unabänderliche Regeln dazu verpflichtet wäre, stets höflich und zurückhaltend zu sein, ein schüchterner, übergewichtiger, überempathischer Eckensteher, der anderen Menschen beim Leben zuschaut. Doch dann hat er sich innerhalb weniger Monate in einen durchtrainierten Draufgänger verwandelt, der seinerseits die Rolle des designierten Sektenführers Don Francisco einstudiert hat, und von dem guten, alten Max ist kaum mehr geblieben als seine Liebe zu Hallstein. »Es kann eben niemand aus seiner Haut«, lautet eine der Lebensweisheiten seiner Oma, an denen Max früher nie gezweifelt hat, doch jetzt weiß er: Das Gegenteil trifft zu. Die vermeintliche Haut aus Geboten und Gewohnheiten ist auch nur ein fadenscheiniger Theaterfrack, den man mit ein wenig Anstrengung von sich abschütteln kann, um ganz jemand anderes zu sein.

Der Max aus Rosenheimer Zeiten, der mit Amelie verlobt war, sich vor ihrem spöttischen Lächeln gefürchtet hat, mit ihr ein Reihenhaus kaufen, Hypotheken abbezahlen, Kinder aufziehen wollte – alles verweht, so fern und fremd, als ob es die Erinnerungen von jemand anderem wären. *Wer bin ich wirklich?*, fragt sich Max. *Staffieren wir uns nur deshalb mit Erinnerungen, mit mehr oder weniger liebenswürdigen Marotten aus, um nicht sehen zu müssen, wie beliebig zusammengewürfelt sogar dasjenige ist, was wir für unser Ureigenstes halten: unser Ich, unsere angeblich so einzigartige Individualität?* Schwindelerregende Fragen, über denen er gerade jetzt besser nicht zu sehr grübelt. In Maumere hatte er sich vorsichtig bei den Fischern umgehört, er suchte einen Burschen namens Wayan, mit einem blauen Kutter, doch niemand schien ihn zu kennen. Laut Perlsberg sollte er hier zur Stelle sein, Freitag früh am dritten Steg. Der Koffer mit seinem *Mission Kit*, Dolch, Glock und einiges mehr, musste Wayan schon vor Tagen überbracht worden sein, doch in Maumere ließ er sich nicht sehen. Wahrscheinlich hatte Perlsberg ihm bereits abgesagt, oder Wayan wartete auf ein Zeichen von ihr und blieb bis dahin in Deckung.

In solchen Grübeleien verlor er sich immer wieder, wenn er auch nur kurz vergaß, dass er nicht Max Lohmeyer, sondern Franz Hochfelder war. Und dass er nur dann eine zumindest minimale Chance hat, das »Teufelsatoll« der Bruderschaft lebend zu verlassen, wenn er in jedem Augenblick und mit jeder Faser, jedem Gedanken, jeder Bewegung Don Francisco *ist*. Wenn er auch nur einmal, bei seinem neuen Namen gerufen, nicht reagiert, ist er tot. Wenn er auch nur eine Frage nicht beantworten kann, die für Don Francisco kein Problem wäre, ist er tot. Wenn er Dinge weiß, die Franz nicht wissen kann, ist er tot. Aus der Rolle fallen und ins Grab fallen ist für ihn auf der Insel eins.

So langsam, als würde er lieber nie in Maipaan festmachen müssen, schippert Ayko die Südwestküste entlang. Hinter Nebelschwaden zeichnen sich backbordseitig die Umrisse lang gestreckter Gebäude ab, die vermutlich zu den dortigen Stiftungseinrichtungen gehören. Dem Palliativzentrum und dem weiter südlich sich anschließenden *»luxuriösen Reha-Resort«*, wie es auf der Website von *Dignity* heißt. Obwohl sie viel zu weit weg sind, glaubt Franz, Kinderstimmen zu hören, Kichern von Teenagern, unbekümmertes Gelächter. Er sitzt auf dem Vordeck unter dem Sonnensegel, hinter ihm Ayko im Steuerhäuschen, vor ihm die beiden Jungen, die auf Tauballen kauern, reglos wie Galionsfiguren. Während der Überfahrt hatten sie meist nur kurze Hosen an, jetzt tragen sie Jeans und T-Shirt, trotz sengender Hitze, die auch der Fahrtwind kaum lindern kann.

Franz wendet sich zu Ayko um, macht ihm Zeichen, dass er schneller fahren soll. »Ich habe es eilig«, ruft er auf Englisch, *»I am in a hurry«*, doch der Kapitän starrt über ihn hinweg zum

Südkap der Insel, als befürchte er, dass unmittelbar dahinter die Welt zu Ende sei.

Vielleicht wissen oder ahnen die Fischer hier in der Gegend, denkt er, *was da drüben auf der Insel vorgeht. Hätte ich Ayko ein anderes Ziel genannt, wäre er gar nicht auf die Idee gekommen, mir seine Söhne anzubieten. Ergibt das Sinn? Hat er sie mir wirklich angeboten? Sind sie überhaupt seine Söhne?*

Alles wie im Nebel, Franz kommt zu keiner Lösung. Er ist so bleiern müde, er wünscht sich so sehr, endlich mal wieder zu schlafen. Nachdem er nicht nur in den letzten beiden Tagen, sondern zuvor schon, während des Nachtflugs via Singapur nach Jakarta, kaum ein Auge zubekommen hat. Gar nicht so sehr wegen der quengelnden Kleinkinder auf den Sitzen hinter ihm oder wegen des flackernden Tablets rechts von ihm, auf dem sein jugendlicher Reisenachbar einen endlosen Kung-Fu-Film schaute. Zum Glück mit Kopfhörer, aber das Ballett der kriegerischen Mönche hielt Franz auch ohne Ton wach. Worüber er im Grunde froh war, im Traum wäre er unweigerlich wieder Max geworden. Und nur wenn er sich mit Haut und Haar in Franz Hochfelder verwandelt, hat er vielleicht eine winzige Chance.

Auf den Flug nach Jakarta allerdings war weder Max noch Franz gebucht, sondern ein gewisser Hermann Wiesner, aus Salzburg gebürtig, mit österreichischem Pass. Erst als er Donnerstag spätabends, da bereits zum Umfallen müde, auf dem Regionalflughafen von Jakarta für seinen Weiterflug nach Maumere eincheckte, legte er Franz Hochfelders Reisepass vor. Offiziell ist Franz seit Anfang Dezember auf Reisen, überwiegend in Osteuropa und Südwestasien, vorgeblich ein Herzenswunsch von ihm, den er sich vorher noch erfüllen wollte, vor seiner *Jefe*-Werdung auf Maipaan. Tatsächlich weist sein Pass Ein- und Ausreisestempel von Moldawien bis Tadschikistan auf, Länder, in denen selbst die Bruderschaft nicht ohne Weiteres Reisende überwachen kann. Zumal Hochfelder vorgeblich größere Städte gemieden hatte, im gemieteten Wohnmobil scheinbar ziellos umhergezogen war und haltgemacht hatte, wo es ihm gerade in den

Sinn kam. Während Max im Trainingszentrum bei Jüterbog mit Hochdruck für seine Mission gedrillt wurde, einschließlich Spanisch-Crashkurs und einer speziellen Schulung, damit er bei Folter länger durchhielt. Bis was noch gleich passieren würde? Niemand wird ihn hier rausholen, wenn etwas schiefgeht. Das war von Anfang an klar und gilt erst recht, seit er sich eigenmächtig auf den Weg gemacht hat. Bevor Hallstein die Inselmission abblasen und ihn gleichzeitig noch fester in ihrer beider Doublebind verschnüren konnte.

Fährt er nach Maipaan, stirbt er dort. Fährt er nicht, bringt sie sich um. Ohne sie kann auch er nicht mehr leben, schon gar nicht, wenn er schuld an ihrem Tod ist. Und so weiter, in allen erdenklichen Variationen. Und hier ist er nun, angststarr in der Timorsee, auch wenn sich deren Name nicht von lateinisch *Timor*, Furcht, sondern von der gleichnamigen Insel herleitet. Max versinkt in einem Meer aus Furcht, doch Max ist nicht mit an Bord, so wenig wie Hermann Wiesner, dessen Pass er in Maumere auf der Terrasse seines Hotelbungalows verbrannt hat.

Er ist Franz Hochfelder, Großneffe von Don Pedro Miller, niemand sonst. Don Francisco ist zwar übernächtigt und hat ein kabbeliges Gefühl im Magen und Gelatine in den Knien, aber er verspürt keine Furcht, sondern nur ein ganz natürliches Lampenfieber. Mittlerweile haben sie die Südspitze hinter sich und tuckern die Ostküste entlang Richtung Norden. Ausgedehntes Sumpfgebiet und undurchdringlich aussehende Wälder wechseln sich zu ihrer Linken ab, ideales Gelände für das Boot-Camp, das die Stiftung in diesem Teil der Insel betreibt. Eine *»erlebnispädagogisch orientierte Einrichtung für meist männliche Teenager mit Integrationsdefizit«*, wie es auf der Stiftungs-Website im schönsten Sozialingenieurs-Jargon heißt. Tatsächlich handelt es sich wohl um einen weiteren Nachschubpool des so erfinderischen Menschenhändlerkartells. Erstaunlich viele der jungen Männer, die das *»Integrationsprogramm erfolgreich durchlaufen«* haben, entscheiden sich im Anschluss für ein Projekt oder Prak-

tikum bei einer NGO in Asien oder Afrika, die der Stiftung nahesteht. Danach verliert sich ihre Spur.
Von alledem kann Don Francisco nichts wissen, deshalb hat er auch keinen Grund, sich sonderlich zu fürchten. In weniger als einer Stunde wird sein Schiff in den Hafen von Maipaan einfahren, und am Kai werden ihn Männer erwarten, um ihn als neuen Jefe der Colonia willkommen zu heißen. Oder um ihn umzubringen, je nachdem.

Indonesien, Maipaan, Osthafen [10:25]

Das Schiff schwankt so heftig auf und ab, dass sich Franz kaum auf den Beinen halten kann. Der Trick besteht darin, genau in dem Moment hinüberzuspringen, in dem der stumpfe Bug der *Catalina* auf einer Höhe mit der Hafenmauer ist. Alle schauen zu, keiner rührt eine Hand, um ihm zu helfen. Weder die drei Männer am Kai mit ihren übergroßen Strohhüten und den sackartigen, offenbar selbst geschneiderten Leinenanzügen noch Ayko und Crew, die bis morgen Mittag hier im Hafen ausharren sollen, unter dem Vorwand, dass der Motor der *Catalina* beschädigt sei.
Als der wild stampfende Bug wieder auf einem Level mit dem Kai ist, wirft Franz seinen Rucksack an Land und springt hinterher. Kurz dreht er sich noch einmal um, sucht Aykos Blick, doch der Skipper hat sich schon abgewendet und macht sich am Heck zu schaffen. Unklar, ob er sich an die Verabredung halten wird, auch wenn Franz ihm die Hälfte der Charter noch schuldet. *Vielleicht legt er auch gleich wieder ab, kein Problem*, sagt sich Don Francisco, er ist gekommen, um zu bleiben.
Den Rucksack über eine Schulter gehängt, geht er leicht schwankend auf die kleine Gruppe zu. Zwei hochgewachsene Männer, hellhäutig, rotbärtig wie er, zwischen ihnen eine kleinere Gestalt, ausgemergelt, mit krummem Rücken, ein uralter Mann,

der sich an Stöcken mühsam aufrecht hält. »Don Arturo«, begrüßt ihn Franz auf Spanisch, »es ehrt mich, dass Sie die Mühe auf sich genommen haben, mich persönlich zu begrüßen.« Behutsam umarmt er den Greis, der leise Brummlaute von sich gibt wie ein beunruhigtes kleines Tier. »Don Pedro hat nur in den höchsten Tönen von Ihnen gesprochen«, fügt Franz hinzu. Der Uralte, Don Pedros Vize, lässt einen Krückstock fallen, zieht umständlich ein Tuch aus der Tasche und wischt sich die Stirn. Sein Atem geht rasselnd. »Sie haben mit Pedro gesprochen?«, fragt er. »Wann war das?«
Franz registriert, dass die Überraschung geglückt ist. Nicht nur Don Arturo, auch seine Begleiter sehen mit einem Mal erleichtert aus. Erwartungsvoll lächeln sie ihn an, schütteln ihm die Hand, stellen sich als Alberto und Claudio vor, Don Arturos Söhne. Franz bückt sich, hebt die handgeschnitzte Krücke auf und bietet Arturo seinen Arm an.
»Vor drei Jahren, in Mexiko«, erzählt er in lebhaftem Plauderton, während sie am Kai entlanggehen. »Damals habe ich Teotihuacán besucht, und im Schatten der Aztekenpyramiden kamen Pedro und ich ins Gespräch.« Seine Begleiter wechseln Blicke der Verblüffung. »Unser Zusammentreffen war bloßer Zufall oder wohl eher – wie Pedro es nannte – eine göttliche Fügung. Jedenfalls hatten wir uns vorher nie gesehen, und erst nachdem wir uns fast eine Stunde angeregt unterhalten hatten, stellten wir uns vor. Und erkannten, dass wir Verwandte waren, Großonkel und Großneffe.«
In Wahrheit sind sich Pedro und Franz nie begegnet, aber laut Hallsteins geheimen Quellen war der alte Jefe vor drei Jahren kurzzeitig spurlos verschwunden. In der Colonia wurde seitdem hinter vorgehaltener Hand gerätselt, wohin ihn die Reise wohl geführt hatte, von der er am siebten Tag in guter Stimmung zurückkam, ohne den Vorfall jemals zu erklären. Er war schließlich der Jefe und niemandem Rechenschaft schuldig. Tatsächlich war er in Mexiko City gewesen, wo es zum vermutlich ersten Treffen mit höheren Chargen des Kartells kam.

All das weiß Max aus Hallsteins Briefings, aber er ist nicht Max, er ist Franz. Fast fühlt es sich für ihn schon an, als wäre er vor Jahren wirklich in Teotihuacán mit Don Pedro zusammengetroffen und hätte mit ihm tatsächlich über den Brauch der Azteken geredet, ihren Opfern die noch schlagenden Herzen aus der Brust zu schneiden. Er sieht sich selbst und den fitten Neunundsiebzigjährigen im hellen Leinenanzug, mit breitkrempigem Strohhut, wie sie zwischen den turmhohen Pyramiden auf und ab gehen. »Die Frage, wie sich das Ritual der Aztekenkönige für die Colonia verwenden ließe, beschäftigte ihn sehr«, erzählt er seinen Begleitern, »natürlich dachte er an eine abgeschwächte Form, als symbolisches Opfer, ohne echtes Blutvergießen«, fügt er hinzu, während sie auf das Gebäude der Hafenbehörde zusteuern, im Schneckentempo, das Don Arturo vorgibt.

Als der Uralte ein weiteres Mal stehen bleibt, um sich den Schweiß aus dem Gesicht zu wischen, platzt es aus Claudio, seinem jüngeren Sohn, heraus. »Wir sind alle so unglaublich froh, dass du hier bist«, sagt er zu Franz. »Und jetzt, nachdem klar ist, dass Pedro dich wirklich gekannt hat und nicht nur aus ... aus ...« Hilfe suchend sieht er seinen Bruder an.

»Aus Rachedurst«, nimmt Alberto den Faden auf. »Wir hatten befürchtet, dass er dich nur deshalb zu seinem Nachfolger bestimmt hat, damit sein Sohn Miguel nicht der neue Jefe wird.«

»Aber er hat *dich* gewählt, weil es *Gottes* Wille war«, ergänzt Don Arturo und atmet rasselnd aus und ein. »Unsere Gebete sind erhört worden, dafür danken wir dir, Herr im Himmel, und dafür danken wir dir, seinem treuen Diener.« Er lässt auch die zweite Krücke fallen und beugt das Knie vor Don Francisco.

»Um Himmels willen, Don Arturo, bitte stehen Sie auf«, sagt der und zieht den Greis behutsam wieder hoch. »Wo ist Miguel eigentlich?« Er sieht sich um, als würde der ausgebootete Sohn gleich aus einem der Fischerboote steigen, die in buntem Durcheinander an der Kaimauer liegen. Im Hafen wimmelt es von Polizisten, die Maschinenpistolen an Schulterriemen tragen und in knarzende Funkgeräte murmeln. Gleich zwei grafitgraue

CB90-Schnellboote liegen am Kai, ultraleichte Aluminiumboote, die bis zu siebzig Stundenkilometer erreichen. Offiziell gehört Maipaan zu Indonesien, doch die Polizisten und ihr eindrucksvolles Equipment gehören zweifellos dem Kartell.
Don Arturo sieht mit bekümmerter Miene zu Franz empor. »Wir wissen es nicht. Miguel ist seit Tagen wie vom Erdboden verschluckt. Vielleicht sollte ich erleichtert sein, aber ich bin vor allem beunruhigt. Er hat seine Frau Maria und vier Kinder zurückgelassen, vielleicht hat er sich etwas angetan.« Er kneift die Augen zusammen und schüttelt den Kopf. »Wenn sich herausstellen sollte, dass Miguel sich das Leben genommen hat, könnte das die Colonia zerreißen. Es gibt in unserer Gemeinde nicht wenige, die ihn gerne als neuen Jefe gesehen hätten.«
Franz legt ihm eine Hand auf den dürren Oberarm. »Ich weiß, Don Arturo«, sagt er sanft. »Seit Onkel Pedro die Umsiedlung der Colonia angeordnet hat, hat Miguel versucht, ihn zu entmachten. Ich verstehe, was ihn dabei angetrieben hat, niemand verliert gerne seine Heimat. Aber Pedro blieb keine andere Wahl, er hat mir schon in Mexiko von seinem Kummer mit dem neuen Präsidenten von Paraguay erzählt, der ihn mit allen Mitteln aus dem Land drängen wollte. Und er hat damals schon vorausgesehen, dass Miguel sich gegen ihn stellen würde.«
Noch größere Verblüffung bei Don Arturo und seinen Söhnen. Franz schenkt ihnen ein aufmunterndes Lächeln. Dass Miguel verschwunden ist, kommt ihm mehr als gelegen. Er war darauf gefasst, dass der abservierte Kronprinz die Gemeinde gegen ihn aufgehetzt hätte. *Vielleicht bereitet er auch etwas vor*, denkt Franz, aber fürs Erste bleibt ihm die Auseinandersetzung mit dem zornigen Rivalen erspart. *Dank sei dir, o Herr im Himmel.*
Es ist unglaublich heiß, sechzig Grad wärmer als im froststarren Berlin, doch er fühlt sich gut. Überhaupt nicht mehr müde, fast tatendurstig, so als wäre er wirklich um den halben Globus gereist, um eine hinterwäldlerische Sekte zu führen, deren Mitglieder in Holzhütten leben, die Felder mit Büffelpflügen bestellen und ihre Kleidung eigenhändig weben. Nach den Geboten des

Ursektengründers Menno, von dem Pedro die Colonia abgespalten hat, befeuern sie ihre Herde mit Holz, fahren mit Pferdekarren und studieren die Bibel beim trüben Schein von Talglichtern. Ihr Oberhaupt verehren sie als »Sprachrohr Gottes« und autokratischen Herrscher, der unbeschränkte Gewalt über jeden von ihnen hat, sei es Mann, Frau oder Kind.

Als Franz noch Max war, besaß er die Fähigkeit, sich ansatzlos in die bizarrsten Persönlichkeiten hineinzuversetzen, sich von ihrem Denken und Fühlen regelrecht überfluten zu lassen. Genauso sieht er jetzt alles um sich herum fast nur noch mit Franz' Augen, allerdings ist er nie zuvor so total in einer fremden Persönlichkeit untergetaucht. Vielleicht wird er nie mehr zu sich selbst zurückfinden, das könnte ihm Angst machen, aber gerade weil er Don Francisco ist, braucht er vor den beiden Männern, die ihn vor dem wuchtigen Bauwerk der Hafenbehörde erwarten, keine sonderliche Angst zu haben.

Er, Max, kennt sie, doch von Dr. Martens' gelangweiltem Gesichtsausdruck und von der hochnäsigen Miene des riesenhaften anderen Mannes ist kein Zeichen des Erkennens abzulesen. Tom Astor trägt einen schwarzen Anzug, dazu kahnartige, schwarze Lackschuhe, in denen sich der leicht bewölkte Himmel spiegelt. Den schwarzen Hut hat er tief in die Stirn gezogen, wohl um die Zickzacknarbe zu verbergen, Folge einer Verletzung, die er sich vor vielen Jahren im brasilianischen Regenwald zugezogen hat. Als er im Zuge eines ethnologischen Projekts monatelang bei den Belé lebte, jenem Amazonasstamm auf steinzeitlicher Kulturstufe, der ihn die *Ekstase des glücklichen Jägers* lehrte, ihr beispiellos grausames Ritual.

»Willkommen auf Maipaan, Herr Hochfelder.« Till Martens sieht ihn mit dem Pokerface an, das er auch auf offiziellen Fotos zur Schau trägt. »Dr. Martens, ich bin hier quasi der Justizminister.« Franz nickt und schüttelt dem schlaksigen Anwalt die Hand. Martens ist von Kopf bis Fuß weiß gekleidet, weit geschnittene Leinenhose, Polohemd, dazu Segeltuchschuhe. Max weiß, dass er unter anderem die Entführung seiner eigenen Ex-Stieftochter

Jäcky angeordnet hat, die wie so viele andere Teenager bei Dschungelorgien der Bruderschaft unter Drogen gesetzt und vergewaltigt wurde, aber Franz weiß das nicht. Er hört höchstens, wie Max tief in ihm mit kaum mehr verständlicher Stimme flüstert: *Pass um Himmels willen auf.*
»Es wird höchste Zeit, dass in der Colonia Ruhe und Ordnung einkehren«, sagt der Riese in Schwarz. »In diesem Sinn auch von mir ein herzliches Willkommen, Don Francisco.« Seine Stimme ist so tief, dass der Boden unter ihnen vibriert, sein Händedruck stählern. Ebenso wie Martens redet er Deutsch mit Franz, ohne Rücksicht auf Don Arturo und dessen Söhne, die offenbar kein Wort verstehen. »Ich bin Tom Astor, der Inselkommandant, wenn Sie so wollen.«
Sein Blick sticht in Franz' Augen wie glühende Nadeln. Max erinnert sich, dass die Ethnologin Dr. Tilda Johnson, die mit ihm bei den Belé war, Astor als geisteskrank bezeichnet hat, als Folge des Rituals, an dem er damals teilgenommen hatte. Astor hatte irgendwann einen epileptischen Anfall bekommen, laut Dr. Johnson vermutlich erst, nachdem er von der menschlichen Beute gegessen hatte. Als ihn die Belé auf einer improvisierten Trage in ihr Dorf zurückbrachten, war sein Mund ebenso wie die Lippen der anderen Jäger mit Blut verkrustet, wie bei einem Tier, das die Zähne ins rohe Fleisch schlägt.
»Und ich freue mich darauf, von Don Arturo in die Aufgaben des Jefe eingewiesen zu werden«, antwortet Franz. »Geben Sie uns noch ein paar Wochen, Herr Astor, dann läuft in der Colonia alles wie am Schnürchen.«
»So viel Zeit haben wir nicht.« Astor lässt endlich seine Hand los, und Franz bewegt sie vorsichtig, um festzustellen, ob noch alle Knochen an der richtigen Stelle sitzen. »Ich schlage vor, Don Francisco, Sie fahren erst mal zu Ihren Leuten und erholen sich von der Reise. Anschließend setzen wir uns zusammen und besprechen die Vereinbarung, die Don Pedro mit uns getroffen hat. Ich vermute, die kennen Sie noch nicht?« Franz schüttelt den Kopf. »Der Vertrag ist natürlich auch für seinen Nachfolger bin-

dend«, verkündet Astor. »Also sagen wir, um 18 Uhr im Jagdschloss? Lassen Sie sich von Ihrer ›Leibgarde‹ bringen, die kennen den Weg.« Die Anführungszeichen spricht er mit, tippt sich an den Hut und wendet sich auf dem Absatz um. Ohne ein weiteres Wort verschwindet er in der Tür der Hafenbehörde, gefolgt von Martens, der sich von Franz noch Pass und Visum geben lässt, »kriegen Sie nachher retour«, und im Abdrehen nachlässig winkt.

Okay, das war deutlich, denkt Franz. *Sie sind die Herren, und wenn sie befehlen, muss der Jefe springen.* »Kennen Sie den Vertrag, Don Arturo?«

Der Uralte schüttelt den Kopf, ohne Franz anzusehen.

Maipaan, Highway, Pkw Don Pedro [12:15]

Vom Osthafen bis zum Dorf der Colonia sind es rund sechzig Kilometer. Franz hat sich schon mit einer vierstündigen Fahrt im Vierspänner abgefunden, aber zu seiner Erleichterung steuern Alberto und Claudio den Parkplatz hinter dem Hafen an und dort auf einen silberfarbenen Holden Combo zu. »Von Pedro angeschafft«, sagt Don Arturo hörbar missbilligend, und seine Söhne werfen sich stumme Blicke zu.

Der schlichte Kombi australischer Bauart hat seine beste Zeit seit Langem hinter sich, doch verglichen mit einem Pferdewagen ist es ein Luxusgefährt. Urplötzlich ist Sturm aufgekommen, der Himmel tiefschwarz, und gerade als Alberto den Motor anlässt, bricht der Sturzregen los. Binnen Sekunden verwandelt sich der Parkplatz in einen Sumpf. Mit durchdrehenden Reifen schlingern sie zur Ausfahrt, der uniformierte Wächter in seinem Unterstand öffnet die Schranke und salutiert. Alberto biegt Richtung Norden auf den gut ausgebauten Highway ein, der sich als Ring um die Insel zieht. Nach wie vor schüttet es wie zum Weltuntergang, die Scheibenwischer schaufeln, der Motor heult

auf, wenn Alberto hochschaltet und Gas gibt. Bei wasserglatter Straße ein selbstmörderischer Fahrstil, aber Franz auf der Rückbank neben Don Arturo verkneift sich jeden Kommentar. Zu Albertos Fahrweise ebenso wie zu den Beschuldigungen, in denen sich Arturo auf einmal ergeht.
Offenbar hat er sich am Hafen nur zurückgehalten, weil Astor und Martens in der Nähe waren. »Don Pedro ist ermordet worden«, stößt er jetzt zum wiederholten Mal hervor, rasselnd und hustend. »Die Inselherren wollten ihn über den Tisch ziehen, und als er sich gewehrt hat, haben sie ihn umgebracht! Und Miguel, sein eigener Sohn, hat ihnen dabei geholfen.«
Franz sieht ihn nachdenklich an. »Bei allem Respekt, Don Arturo, wie passt das zusammen? Erst wollte Miguel ihn entmachten, damit die Colonia nicht hierher umzieht – und dann macht er mit Astor gemeinsame Sache?«
»Miguel wollte endlich der Jefe sein, alles andere war ihm egal«, wirft Alberto ein und sieht Franz im Rückspiegel an.
»Aber was haben sie denn von Pedro verlangt, was er nicht mitmachen wollte?«
»Der Vertrag?« Don Arturo zuckt mit den knochigen Schultern. »Was genau da drinsteht, weiß ich auch nicht, Pedro hat aber ein paar Andeutungen gemacht. Die Stiftung, der die Insel faktisch gehört, hat sich ausbedungen, dass wir regelmäßig eine gewisse Anzahl an jungen Leuten zur Verfügung stellen. Als Arbeitskräfte, hat Pedro natürlich gedacht, aber plötzlich hieß es, dieser Punkt in der Vereinbarung werde vonseiten der Stiftung ganz anders interpretiert.«
Totenstille im Auto, Stille auch draußen, der Regen hat so unvermittelt aufgehört, wie er eingesetzt hatte. Franz wischt mit der Hand über die Seitenscheibe, links ziehen Reisfelder vorbei, unwirklich grün und zu Terrassen geformt, wie Treppenstufen für urzeitliche Riesen.
»Wie denn?«, fragt er, obwohl er – Max – die Antwort schon kennt.
»Na ja ...«, sagt Don Arturo gedehnt. Und hustet. »Weißt du,

Francisco, es ist auch früher schon vorgekommen, in Paraguay, meine ich, dass wir ... ich meine, dass Pedro, um die Colonia zu schützen ... also, ab und zu hat er schon mal ein Kind verschenkt.« Erneutes Husten. »Aber das war etwas ganz anderes, verstehst du?«

Er versteht nur zu gut. »Don Pedro hat einen Vertrag unterschrieben, nach dem wir der Stiftung regelmäßig Kinder aus der Colonia schenken müssen?«, vergewissert er sich trotzdem.

»So legen sie es jetzt auf einmal aus«, windet sich der Greis neben ihm. Franz stellt sich vor, wie Don Pedro und sein Vize in früheren Zeiten *»die Kindlein zu sich kommen ließen«*. So hieß das Ritual laut streng geheimem Bericht, sie wählten sich jeder ein »Kindlein« aus, meist junge Mädchen, die gerade geschlechtsreif geworden waren, und *»brachten sie auf den rechten Weg«*. Kein Wunder, dass die Bruderschaft auf die Idee kam, die ganze Colonia auf die Insel zu verfrachten. Missbrauch von Kindern und Jugendlichen gehört bei der frommen Gemeinde zur Tradition, auch zu Folter und Mord hatte Don Pedro ein entspanntes Verhältnis. Aus den Geheimdienstdokumenten geht klar hervor, dass Diktatoren und Unterweltbosse gern auf den speziellen Service der Sekte zurückgriffen. Don Pedro ließ missliebige Oppositionspolitiker oder Mafia-Konkurrenten entführen, foltern und gegebenenfalls töten. Und wo immer es galt, einen Machthaber gefügig zu machen, spendierte er eines der hellhäutigen, rot- oder blondhaarigen, meist sommersprossigen Kinder, die in der Colonia so reichlich gezeugt und geboren werden. Nicht zuletzt dank eifriger Mithilfe seitens der Führungsriege.

Nur haben sie in der Bruderschaft ihren Meister gefunden, denkt Franz. Rechts spiegelt sich die Sonne im blanken Meer. Der Himmel wieder wolkenlos, aus den Pfützen am Straßenrand steigt Dampf auf. Alberto schaltet nach wie vor viel zu früh hoch und gibt zu viel Gas, aber auf halbwegs trockener Straße macht es nicht so viel aus.

»Wie viele?«, fragt Franz.

»Wie gesagt ... niemand weiß es.« Husten. »Aber wir vermuten ... wir befürchten ... jeden Monat zwei ... ein Junge, ein Mädchen, vierzehn, fünfzehn Jahre alt.«
Erneut Totenstille. Claudio, der jüngere Bruder auf dem Beifahrersitz, hockt so zusammengesunken da, als drücke ihn sein Gewissen. In fast der gleichen Haltung wie der Uralte hinter ihm, aber zumindest bei Arturo sind es die altersverkrümmten Knochen, die ihm die vermeintliche Büßerhaltung aufzwingen.
Pedro wusste bestimmt, was er da unterschrieben hat, denkt Franz. *Nur sind ihm vielleicht nachträglich Zweifel gekommen, oder er hat es so dargestellt, als er die Empörung seiner Leute zu spüren bekam.*
»Nachher rede ich mit Astor und Martens.« Er atmet tief durch. »Dann weiß ich zumindest, woran wir sind.«
Darauf sagt niemand etwas. Links voraus, in großer Entfernung, schält sich das ungeheure Gebirgsmassiv aus dem Dunst, das den Nordwesten der Insel beherrscht. Von Dschungel bedeckt, mit dem ausgedehnten Tal in mehr als einem Kilometer Höhe, in dem Tom Astor die überlebenden Belé angesiedelt hat. Ein Völkchen von nur noch rund hundertfünfzig Personen, ein Drittel davon Männer im kriegs- und jagdfähigen Alter. Franz kann sich mühelos vorstellen, was Monat für Monat mit den beiden Teenagern aus der Colonia geschehen soll.
»Wieso glaubst du, dass Pedro vergiftet worden ist?«, will er von Arturo wissen.
Der Uralte blinzelt erschöpft oder gibt es vielleicht nur vor, um seine Ruhe zu haben. Aber Franz lässt nicht locker. »Sein Koch Pio, ein Indiojunge aus Paraguay, hat es zugegeben«, mümmelt er schließlich. »Er hat ihm auf Miguels Anweisung hin jeden Tag Schlangengift ins Essen gemischt. Don Pedro wurde immer schwächer, wochenlang kämpfte er mit einer Lungenentzündung, und schließlich versagte sein Herz.«
»Und Pio? Wo ist er jetzt?«
Wieder keine Antwort, minutenlang. Auf beiden Seiten der Straße wechseln sich Reis- und Maisfelder ab. Dazwischen Kaffee-

und Kakaoplantagen, Obstgärten und saftige Weiden, auf denen Pferde und Büffel stehen. *Ein gottgesegnetes Land*, denkt Don Francisco, *viel fruchtbarer als die steinigen Steppen im Hochland von Paraguay. Aber Don Pedro hat das Paradies für die Colonia mit einem Teufelspakt erkauft.*

»Pio ist da drüben die Felswand hochgeklettert.« Claudio zeigt nach Nordwesten, zu dem mächtigen Bergmassiv mit dem vor Nässe dampfenden Urwald auf halber Höhe und den schneegekrönten Berggipfeln darüber. »Der dumme Kerl wollte wohl in den Dschungel oben im Hochtal. Er ist abgestürzt, und als er unten vor der Felswand lag, sind die Ratten über ihn hergefallen.« Claudio berichtet es, ohne sich umzudrehen.

Vielleicht hat auch jemand nachgeholfen, sagt sich Franz, *oder es nur so aussehen lassen, als wäre er abgestürzt. Sowohl Astor und Konsorten als auch Miguel müssen daran interessiert gewesen sein, Pio zum Schweigen zu bringen.*

»Es gibt nämlich eine Rattenplage hier auf der Insel«, fügt Claudio hinzu, »vor allem drüben am Fuß des Gebirges. Und du weißt ja, wie Ratten sind: Wenn du am Boden liegst, ob lebendig oder tot, fressen sie dich auf.«

Ja, ich weiß, wie Ratten sind, denkt Franz, *zwei- und vierbeinige Exemplare.* Hallstein hat mehrfach mit Experten korrespondiert, von der UNO und von kleineren NGOs, die auf die eine oder andere Weise mit Folgeproblemen der Leichenentsorgung in Foltercamps und Todeslagern zu tun haben. »*Das Ergebnis in Kurzform*«, so Hallstein in einer streng vertraulichen Briefing-Mail an Max, »*die Nazis bauten Verbrennungsöfen, Idi Amin mästete die Flusskrokodile, meistens aber gehen Henker und Todesschwadronen nach Schema F vor. Die Opfer werden in Massengräbern verscharrt, was in vielen Fällen zu Rattenplagen führt. Die Allesfresser wühlen die Gräber auf und konsumieren die Überreste bis auf die größeren Knochen, wie Schädel oder Oberschenkel. Das üppige Nahrungsangebot führt zur explosiven Vermehrung der Rattenpopulation.*«

Das wiederum machten sich schwerkriminelle Strukturen in etlichen Fällen gezielt zunutze, führte sie weiter aus. In Kambodscha beispielsweise wurde ein Pädophilen-Resort am Mekong ausgehoben, in dem einheimische Jungen und Mädchen an Freier aus aller Welt verschachert worden waren. Folter und Tötung gehörten zum Programm, die zahlreich anfallenden Leichen wurden von findigen Managern in den Kellerräumen einer nahe gelegenen Hotelruine entsorgt, in denen man gezielt Ratten angesiedelt und – vermeintlich – eingesperrt hatte. »*Aber die Lage geriet außer Kontrolle*«, so Hallstein weiter, »*die Ratten fraßen die Felder umliegender Siedlungen kahl, überfielen die Menschen in ihren Hütten, bissen Babys im Schlaf tot, überschwemmten schließlich auch das Pädo-Resort, dessen Leitung den lokalen Polizeichef um Hilfe bat.*«

Ganze Hundertschaften rückten aus, mit Gift, Fallen, sogar mit Sprengstoff ausgerüstet. So flog die Sache schließlich auf, den Chief hatten die Kriminellen zwar in der Hand, aber einer seiner Stellvertreter besaß Mumm genug, um nach weiter oben zu melden, was er in dem Resort beobachtet hatte. Überall auf dem Gelände wimmelte es von Ratten, auch in den Bungalows der durchweg männlichen »Öko-Urlauber«, die allesamt das Weite gesucht hatten. Dem mutigen Polizeioffizier fielen die Unmengen an Kinderspielzeug und Bekleidung für Jungen und Mädchen im Kleinkind- und Grundschulalter auf, und in einem Nebengebäude entdeckte er schließlich die käfigartigen Verschläge, in denen die Kinder »vorrätig« gehalten worden waren. Wie im Tierheim waren die Resort-Gäste an den Käfigen entlanggeschlendert und hatten ihre Wahl getroffen, die menschliche Ware wurde dann direkt in den Bungalow des Käufers geliefert. Und nach finalem Gebrauch im Rattenkeller entsorgt.

»Was wollte Pio denn da oben im Dschungel?«, fragt Franz, nachdem sie eine ganze Weile schweigend gefahren sind.

»Wahrscheinlich Koboldmakis fangen, das Hochtal soll voll von ihnen sein.« Alberto schnalzt mit der Zunge. »Die Fischer im Hafen haben ihm den Mund wässrig gemacht. Koboldmakis sind winzig kleine Affen, keine zwanzig Zentimeter groß. Ihr

Fleisch soll so köstlich schmecken, dass schon viele ihr Leben dafür riskiert haben. Früher sind wagemutige junge Männer von den umliegenden Inseln immer wieder mal die Felswand hochgeklettert und mit Säcken voller Koboldmakis zurückgekommen. Wenn sie nicht vorher in den Tod gestürzt sind. Aber seit die Stiftung hier das Kommando übernommen hat, darf niemand mehr dort hoch. Sie kontrollieren die Küste unter dem Bergmassiv sogar mit Patrouillenbooten.«
Franz macht ein erstauntes Gesicht. »Wieso das denn?«
Claudio dreht sich kurz zu ihm um, zuckt mit den Schultern. »Naturschutz, heißt es offiziell. Die Fauna und Flora da oben soll sich selbst überlassen werden.«
»Und einen anderen Zugang zum Hochtal gibt es nicht?«, erkundigt sich Franz.
»Angeblich nicht«, sagt Claudio mit deutlich hörbarer Skepsis. »Als wir hier angekommen sind, hat jeder von uns einen Ordner mit Informationen über die Insel bekommen. Dazu gehört auch eine Landkarte, schau sie dir mal an, Francisco, bei dir im Haus muss es auch so einen Hefter geben. Auf der Karte wirst du jedenfalls keine Straßen oder auch nur Fußwege hinauf in den Dschungel finden. *Nada.*« Er dreht sich erneut um und rollt mit den fast wasserhellen Augen.
»Schluss damit«, mischt sich Don Arturo ein. Franz hatte geglaubt, dass der alte Mann eingeschlafen sei, so stumm und in sich versunken saß Arturo neben ihm. »Don Francisco braucht seinen Kopf für die Colonia.«
»Ein weises Wort, Arturo.« Franz nickt, er – Max – kennt die Antwort sowieso schon. Hallstein hat ihm Satellitenbilder gezeigt, die sie mithilfe von Spezialisten ausgewertet hat. Bis zu einer Höhe von gut einem Kilometer besteht das Gebirgsmassiv, an der West- und Nordküste genauso wie an den Landseiten, aus nacktem, mehr oder weniger senkrecht ansteigendem Fels. Darüber befindet sich das subtropische Hochtal der Belé, umgeben von schroffen Bergen, die bis zu dreitausend Meter hoch in den Himmel ragen.

Perlsberg und Max haben die Satellitenbilder immer wieder studiert. Was im Dschungel über dem Jagdschloss vorgeht, entzieht sich den Kameraaugen fast gänzlich, das dichte Dach des Regenwaldes verbirgt die Behausungen der Belé und überwölbt selbst die schmalen Flussläufe. Auch die Bewegungen der Jäger im Wald, zu Land wie zu Wasser, sind daher kaum zu überwachen. Zudem scheinen sie auf Maipaan, anders als zuvor in Amazonien, nomadisch zu leben, geben neu errichtete Hütten oft nach kürzester Zeit wieder auf, um sich andernorts im Dschungel niederzulassen. Selbst wenn es den digitalen Spähern einmal gelang, Rauch von mehreren benachbarten Feuerstellen zu orten, was auf menschliche Besiedlung schließen lässt, waren die Belé kurz darauf wieder im Dickicht verschwunden. Perlsberg nimmt an, dass Astor ihnen diese ruhelose Lebensweise verordnet hat, um ihre Ortung zu erschweren und wohl auch, weil er sie besser kontrollieren kann, wenn er ihre Traditionen manipuliert. Und sie geht davon aus, dass es vom Jagdschloss aus, dessen Rückfront unmittelbar an eine wuchtige Felsnase angrenzt, einen geheimen Zugang zum Dschungel geben muss. Einen kilometerlangen Tunnel, der durch den rüsselartigen Felsüberhang und das Innere des eigentlichen Bergs ins Hochtal der Belé hinaufführt.

Max ist sich da nicht so sicher. Es würde zum größenwahnsinnigen Stil der Bruderschaft passen, aber der Aufwand wäre irrsinnig hoch. Auf der weiter östlich gelegenen Insel Papua gibt es im Prinzip die gleichen logistischen Herausforderungen, von Dschungel bedeckte Berge, Hochtäler mit Stammessiedlungen und keinerlei Straßen, um hinaufzugelangen. Doch dort behilft man sich mit Hubschraubern und Propellerflugzeugen. Auch auf dem kleinen Flugplatz von Maipaan, im Zentrum der Insel gelegen, steht in einer Wellblechhalle ein Helikopter. Allerdings handelt es sich um einen museumsreifen Sikorsky-Transporthubschrauber, der in den letzten drei Monaten nur ein einziges Mal bewegt worden ist. Gut möglich also, sagt sich Max, dass Hallsteins Annahme stimmt und der einzige sichere Zugang

zum Dschungel durch das Jagdschloss und einen Bergtunnel führt.
Doch von alledem weiß Don Francisco nichts. »Armer, sündiger Pio«, sagt er salbungsvoll. »Gott sei seiner Seele gnädig.«
Alberto schaltet in den zweiten Gang hoch und gibt Gas.

> Maipaan, Colonia,
> Haus des Jefe [14:10]

Auf der Terrasse seines Hauses, hoch über den Hütten der Colonia, befällt Franz doch noch die große Müdigkeit. So viele Tage und Nächte hat er nicht geschlafen, er kann sie kaum noch zählen. Er liegt fast im Schaukelstuhl, die Füße auf dem Verandageländer, und schaut auf das Dorf, die Felder und Weiden ringsum hinab.
Don Arturo hat angeordnet, ihn direkt hier heraufzubringen, auf den pyramidenförmig aufgeschütteten Hügel, auf dem das Haus des Jefe steht. Alles hier riecht neu, nach frisch gesägten Brettern und gerade erst getrockneter Farbe. Ständig knarrt und ächzt es irgendwo im Gebälk, dabei ist er angeblich allein im Haus. »Das Holz arbeitet noch«, so Alberto, und in Franz arbeitet es auch.
Morgen Mittag soll er unten im Gemeindehaus zu seinen Schäfchen sprechen, bis dahin darf niemand wissen, dass Don Pedros Erbe schon da ist. Arturo ließ es wie einen Vorschlag klingen, aber offenbar hatten er und seine Söhne es längst so beschlossen. Erst einmal soll er mit der »Inselobrigkeit« eine Regelung treffen, mit der die Colonia leben kann. Zwei Kinder pro Monat, das sei zu viel, auch wenn sie an Opfer gewöhnt seien. Wenn er einen geringeren Blutzoll aushandelt, kann er sich als neuer Jefe präsentieren. So offen sagte Arturo das nicht, aber darauf läuft es wohl hinaus.
Und wenn nicht? Ihm ist schwindlig, vor Müdigkeit und aus anderen, beängstigenderen Gründen. Sowie er die Augen schließt,

schwanken um ihn herum die Wellen der Timorsee. Und er selbst mittendrin, auf der *Catalina*, in Perlsbergs Wagen, im Flieger nach Maumere, in Max' Polo, im Auto der Colonia, das Alberto die Serpentinen hochquält. Ein Durcheinander der Zeiten, Welten, Identitäten, und im Wasser treiben leblose Körper, die Gesichter zerfressen. Schnell hebt er wieder die Lider, und da stehen vor ihm zwei junge, schlanke Gestalten, eine links, eine rechts am Geländer lehnend.
Killer, von Miguel geschickt? Er greift nach seinem Messer, doch er hat den Gürtel nicht um, eben hat er geduscht und danach nur die Boxershorts angezogen. Seine schweißnasse Reisekleidung liegt im Bad verstreut, Hemd, Schuhe, Socken, Hose, angeblich ist ja sonst niemand im Haus. Nur er selbst und diese beiden Schemen, deren Gesichter er gegen die Sonne nicht richtig sehen kann.
Wer sie seien, fragt er auf Spanisch, aber leise, für den Fall, dass er mit sich selber redet.
»Noa«, die linke Gestalt tippt sich auf die Brust. Sie hat eine helle Mädchenstimme, rau wie von langem Weinen oder Schreien. »Und er heißt Pablo.« Sie zeigt auf den Schemen rechts vor Franz.
»Don Pedros Leibwächter.« Pablo löst sich vom Geländer und kauert sich neben Franz. »Die letzten beiden«, ergänzt er und sieht ihn traurig und wütend an.
Noa geht zu seiner Linken in die Knie. »Befiehl uns, Herr, was wir tun sollen, um unsere Kameraden zu rächen.«
Franz mustert die jungen Gesichter, Pablo und Noa können nicht älter als sechzehn, siebzehn sein. Er erinnert sich, Astor hat die »Leibgarde« des Jefe erwähnt, einschließlich Anführungsstrichen, wie um klarzumachen, dass ihn hier auf der Insel niemand schützen kann. »Wieso rächen«, fragt er, »wofür?«
Die Teenager werfen sich über die Sessellehnen hinweg einen schnellen Blick zu. Sie sind genau gleich gekleidet, über den Knien abgeschnittene Leinenhosen, ärmelloses Shirt, helle Leinenschuhe. *Vielleicht die Wächteruniform*, denkt Franz, am Gürtel

tragen sie rechts ein Funkgerät, links ein Messer in der Lederscheide. Mit ihren derb geschnittenen Gesichtern, der hellen Haut, den Sommersprossen und den zum Pferdeschwanz gebundenen, roten Haaren sehen sie fast wie Zwillinge aus. »Die Funkgeräte hat Don Pedro angeschafft«, sagt Noa in einem Tonfall, als müsse sie sich verteidigen. »Er wollte viele Neuerungen einführen, vielleicht hat Miguel ihn auch deshalb umgebracht.«
Wieder Miguel. »Wo ist er?«, fragt Franz und sieht erst Noa, dann Pablo an. »Wann habt ihr ihn zuletzt gesehen?«
Abermals tauschen sie Blicke. »Wir haben geschworen, dem Jefe zu dienen«, sagt Pablo. Seine Stimme ist eine halbe Oktave tiefer als Noas, doch genauso rau. »Ihn mit unserem Leben zu beschützen, ihm nichts zu verschweigen, was von Bedeutung sein kann. Du bist der neue Jefe, also gilt unsere Treue jetzt dir.«
Franz nickt und wartet. Der Junge weiß nicht weiter und sieht Noa Hilfe suchend an. »Wir haben Miguel gefunden«, sagt sie und hält Blickkontakt mit Pablo. »Nach Don Pedros Tod hat er sich im Wald versteckt. Er hoffte, dass die Inseloberen ihn zum neuen Jefe machen, obwohl du, Herr, von Don Pedro zum Nachfolger bestimmt worden bist.« Sie greift nach Franz' Hand auf der Sessellehne und haucht einen Kuss darauf.
»Deshalb hat Miguel unsere Kameraden den Inselherren ausgeliefert«, übernimmt wieder Pablo. »Wir waren ursprünglich sechs, Don Pedros Leibwächter, er selbst hat uns ausgebildet. Mitte Dezember sind dann Carlota und Enzo verschwunden. Und letzte Woche auch noch Aya und Biel.« Er senkt den Kopf. »Jetzt sind nur noch Noa und ich da, um dich zu beschützen.«
»Und ihr glaubt, dass Miguel sie denen drüben ans Messer geliefert hat?« Er nickt nach rechts, zum Jagdschloss hinüber.
Beide nicken. »Wir wissen es, Herr«, sagt Noa. »Wir haben seinen Kopf unter Wasser gedrückt, wieder und wieder, bis er alles zugegeben hat.«
Franz schluckt, versucht, sein Erschrecken zu verbergen. Die beiden sehen so jung und harmlos aus.
»Miguel sagt, sie wollen zwei Jugendliche aus der Colonia, Mo-

nat für Monat. Er hat ihnen beschrieben, wann und wo sie unsere Kameraden einfangen können«, setzt Pablo fort. »Und er sagt, sie wurden dann im Jagdschloss ins zweite Stockwerk gebracht. Was weiter mit ihnen passiert ist, wissen wir nicht, aber wir können es herausfinden. Es gibt an der Rückseite ein Fenster, das vom Wind eingedrückt worden ist. Aber Don Arturo hat uns verboten, irgendetwas zu unternehmen, bis du, Herr, uns den Befehl dazu erteilst.« Er verstummt und sieht Franz bittend an.

»Miguel sagt, es wäre alles Don Pedros Schuld, weil er einen teuflischen Vertrag abgeschlossen hätte«, fährt wieder Noa fort. »Angeblich hat er sich verpflichtet, jeden Monat zwei von uns auszuliefern, aber das kann nicht stimmen, so etwas hätte Don Pedro niemals zugesagt.«

Franz schaut in ihre Gesichter, die vor naivem Eifer glühen, und er weiß, dass zumindest sie selbst an ihre Worte glauben. »Wo ist Miguel jetzt?«, fragt er zum vierten Mal, seit er auf der Insel ist.

Erneut ein schneller Blickwechsel. »Wir haben ihn verhört, wie Don Pedro es uns beigebracht hat«, sagt Noa, wieder in rechtfertigendem Tonfall. »Am Ende hat auch sein Herz nicht mehr geschlagen. Das Herz des Mörders. Was soll daran schlimm sein?«

Darauf weiß Franz keine Antwort. Er ist so übernächtigt, dass er mit offenen Augen träumt und mit geschlossenen in die Zukunft sieht. In der es in der Welt so finster zugeht wie heute und gestern und in alle Ewigkeit, amen. Weil Gottes edelste Geschöpfe grausame Raubtiere sind, die mit ihren frommen oder biederen oder schlauen oder blöden Phrasen immer nur die gleichen Begierden maskieren. Sich stark zu fühlen, mächtig, unbesiegbar, während eine schwächere Kreatur unter ihren Pranken zuckt und zittert, vor Angst und Schmerzen schreit und winselt, von dem zweibeinigen Fressfeind geschändet und zerfleischt wird. So viele Menschen, mit denen Max darüber gesprochen hat, schauten ihn befremdet an, er müsse Abstand gewinnen, er steigere sich da in etwas hinein. Menschenhändlerringe, Verschleppung, Versklavung, Netzwerke für Missbrauch von Minderjährigen gar, das seien doch Nischendelikte, eine Handvoll Perverser, das sage doch über die menschliche Natur nichts aus. Und egal, wie viele Beispiele für angebliche Nischendelikte er aufzählt und wie ungeheuerlich das Ausmaß der Verbrechen ist, die schiere Zahl der Opfer wie der Täter, die Milliardenumsätze, die Zeitspannen, in denen die Beteiligten völlig unbehelligt agieren konnten – ganz egal, empört sich Max tief im Innern von Franz Hochfelder, die Leute glauben weiterhin, dass es bloß abscheuliche Einzelfälle seien und die übergroße Mehrheit zu solchen »abartigen« Taten außerstande wäre.

Was aber, wenn das vermeintlich Abartige für unsere Art charakteristischer als alles andere ist? Wenn das angeblich Unmenschliche das eigentlich Menschliche ist? Er schüttelt den Kopf und stemmt sich aus dem Schaukelstuhl. *Bleib fokussiert*, ermahnt er sich. Weder für Max noch für Franz sind solche Gedanken jetzt hilfreich.

»Ich lege mich noch etwas hin«, verkündet er. »Wie lange brauchen wir bis zum Schloss?«

Eine Stunde, vielleicht weniger, hört er. Je nach Wetter und Straßenzustand.

»Dann fahren wir um vier«, entscheidet Franz. Und ignoriert die Blicke der jungen Wächter, die Hoffnung ausdrücken, um Erklärung seiner Pläne bitten.

Im Schlafzimmer des Jefe ist es drückend heiß, Klimaanlagen gibt es in der Colonia so wenig wie Ventilatoren. Bevor er richtig auf dem Laken liegt, ist Franz schon wieder nass geschwitzt. Aber so müde er sich auch fühlt, er findet nicht in den Schlaf. Das liegt weniger an der Hitze als an der neuen Hoffnung, die Noa und Pablo in ihm geweckt haben. Der Hoffnung, seine Mission nicht nur erfüllen, sondern sogar viel schneller durchführen zu können, als er bisher geglaubt hat. So schnell, dass damit auch seine Überlebenschancen deutlich steigen würden.

Das Jagdschloss ist die hiesige Schaltzentrale der Bruderschaft. Um Beweise für die Machenschaften des Kartells zu sichern, muss er also dort ansetzen. Aber wie hineingelangen, ohne Ver-

dacht zu erregen? Das schien ihm noch auf der *Catalina* eine kaum überwindbare Hürde, doch jetzt stellt es sich als fast schon verdächtig leicht heraus. Gleich am ersten Tag kann er dort ganz offiziell vorstellig werden und vielleicht schon die einen oder anderen hilfreichen Hinweise gewinnen. Astor und Martens fühlen sich offenbar ganz Herr der Lage und haben keinerlei Verdacht, dass mit Franz Hochfelder irgendetwas nicht stimmen könnte. Um von Anfang an klarzustellen, wer auf der Insel die Macht hat, laden sie ihn umgehend ins Schloss vor. *So weit, so plausibel*, sagt sich Max, aber auch die zweite große Hürde, über die er sich seit Wochen den Kopf zerbricht, scheint keineswegs so unüberwindlich wie befürchtet.
Letztlich läuft seine Mission darauf hinaus, mit der Mikrokamera in seinem Gürtel eine Anzahl unwiderlegbarer Beweise zu fotografieren und die Daten per Satellitentelefon an Perlsbergs Europol-Adresse zu schicken. Das hörte sich anfangs lösbar an und sah immer aussichtsloser aus, je klarer ihm die schieren Ausmaße des Jagdschlosses wurden. Mehr als zwanzig Zimmer und Säle allein im Hauptgebäude, zuzüglich der beiden Seitenflügel. Selbst wenn er irgendwie ins Innere gelangt, kann er sich nur für eine sehr begrenzte Zeitspanne dort umschauen, ohne Verdacht zu erregen. Wo also mit der Suche beginnen, in welchem Trakt, welcher Etage? Auf diese Fragen hatte er noch immer keine schlüssige Antwort, als er vor ein paar Stunden an Land ging. Er würde improvisieren, sich auf sein geschultes Auge und seine Intuition verlassen müssen, einen besseren Rat hatte auch Perlsberg nach wochenlanger Vorbereitung nicht für ihn parat. Doch kaum ist er hier im Haus des Jefe eingetroffen, liefern ihm Noa und Pablo die Lösung: Hauptgebäude, zweiter Stock. Laut Miguel wurden die aus der Colonia gekidnappten jungen Wächter dorthin gebracht, und angeblich haben die beiden sogar schon ausgekundschaftet, wie er unauffällig durch ein Hinterhoffenster dort hineingelangen kann.
Wieso geht das alles so glatt?, fragt sich Franz. Ist er längst aufgeflogen, seine wahre Identität enttarnt? Aber wie er auch hin und

her überlegt, sich jeden Augenblick, seit er von Bord gegangen ist, jeden Wortwechsel, jeden Gesichtsausdruck noch einmal vergegenwärtigt, er findet keine Anhaltspunkte dafür, dass Astor und Martens, Don Arturo und Söhne oder gar die beiden jungen Wächter ihm etwas vorgespielt haben könnten. Und wozu auch? Wenn Astor wüsste, wer er wirklich ist, hätte er ihn doch am Hafen direkt verhaften lassen oder gleich getötet. Warum sollten sie das Risiko eingehen, die Leute von der Colonia mit hineinzuziehen? *Nein, das macht keinen Sinn*, sagt er sich, *sie haben wirklich keinen Verdacht. Ich muss nur schnell handeln, dann bin ich wieder weg, bevor ihnen klar geworden ist, wem sie Tür und Tor geöffnet haben.*
Über diesem beruhigenden Gedanken schläft er schließlich doch noch ein.

**Maipaan,
Westhafen [15:34]**

Während Wayan das Segel einholt, sein Boot zwischen den anderen Kähnen hindurchmanövriert, zu einer freien Stelle ganz hinten am letzten Steg, hockt sie unter Deck auf seinem Bett und lauscht auf die Geräusche am Kai. Das Knattern der Boots- und Zweiradmotoren, die Trillerpfeifen der Polizisten, das Geschnatter der Fischer, die müßig auf der Hafenmauer sitzen, im Schatten löchriger Segeltuchplanen, denn um diese Zeit, nach drei Uhr nachmittags, ist der Tag für sie gelaufen. Was sie vom heutigen Fang nicht losgeschlagen haben, schwimmt im geschmolzenen Eis, und die Fliegen laben sich an den Augen der Makrelen und Barsche. Trotzdem zögern die Fischer und Händler, zusammenzupacken und abzulegen, anscheinend übt die Insel einen eigentümlichen Reiz auf sie aus.
Nachdem Wayan angelegt hat, hört sie ihn mit einem älteren Mann palavern, dann kommt er zu ihr nach unten. »Hier ist alles, was du brauchst, Kila. Zieh dich um.« Grinsend wirft der

junge Fischer ihr das Kleiderbündel zu. Er setzt sich auf die Treppe zu der winzigen Kabine unter Deck und verschränkt die Arme vor der bloßen Brust.

Hallstein streift Shirt und Hose ab, schlüpft aus ihrer Unterwäsche und lässt zu, dass Wayan aufsteht und zu ihr herüberkommt. Er küsst sie, der Geschmack seiner Zunge, Krabben und Limette, ist ihr längst vertraut. Er liebkost ihre Brüste, auch das lässt sie geschehen. Nicht nur, weil es zu ihrem Deal gehört, er gefällt ihr, als Lover für eine Nacht oder für viel mehr.

Sie schiebt ihn von sich fort, macht sich an dem Kleiderbündel zu schaffen. Überdimensionale Unterhose, labbrige Leggins, darüber ein knielanges Kleid, alles bunt, aus billigem Stoff und mit teuren Labels. Dazu froschgrüne Turnschuhe, ein hellgelbes Kopftuch, Fake-Armbanduhr und getönte Mopedbrille. *Perfekt*, denkt Hallstein, obwohl es sich alles andere als perfekt anfühlt, gleich mit einem klapprigen, voll beladenen Motorroller anderthalb Stunden lang in Richtung Norden zu knattern. Aber genau das ist der Plan, auf den sie zurückgreifen muss, nachdem ihr klar geworden ist, dass Max ihre Entscheidung nicht abgewartet hat. Dass er bereits auf dem Weg nach Indonesien war, während sie in der Ex-DDR-Kaserne bei Jüterbog stand, vor den leeren Schränken und Regalen in seiner Stube. Sie rannte zu ihrem Auto zurück und raste geradewegs nach Frankfurt/Main, eben noch rechtzeitig für den Nachtflug nach Bangkok mit Weiterflug nach Denpasar, Bali, und nochmaligem Umstieg nach Maumere, Flores. Da war Max längst in der Luft, seinen Vorsprung konnte sie nicht mehr aufholen. Als sie auf Bali landete, war er schon in Flores, und als sie endlich in Maumere ankam, war er fünf Stunden zuvor mit einem gecharterten Kahn in See gestochen. *Guter, lieber, todesmutiger Max.* Aber sie würde nicht zulassen, dass auch er noch zum Opfer ihrer Besessenheit wurde. Zumindest würde sie dafür sorgen, dass sie sich so teuer wie möglich verkauften.

»Und hier, der Schlüssel für die Honda«, sagt Wayan, der mittlerweile wieder auf der Treppe hoch zum Vordeck hockt. »Und die

Papiere von Nabila.« Er wirft ihr ein pinkfarbenes Plastikmäppchen zu, das sich klebrig anfühlt. »Alles wie bestellt, Kila.« Er grinst breiter, sie wirft ihm eine Kusshand zu.
Sie kennt ihn schon seit letztem Jahr, als sie Tilda Johnson in Jakarta suchte und nur noch einen Schatten der Ethnologin in den Slums am alten Fischerhafen fand. Dr. Johnson war offenbar mit psychogenen Substanzen vergiftet, ihr Geist und ihre Psyche waren unheilbar zerrüttet worden, wie die Brüder das schon öfter praktiziert hatten, um unerwünschte Zeugenaussagen zu verhindern. Von Jakarta aus flog Hallstein damals nach Flores und sah sich im Hafen von Maumere um, anfangs noch ohne Plan. Da wusste sie schon, dass Maipaan nicht nur die Vorzeigeeinrichtungen von *Dignity* beherbergte, sondern zugleich das »Teufelsatoll« der Bruderschaft war. Wo das Snuff-Video entstanden sein muss, von dem ihr die Brüder immer wieder kleine Schnipsel zugänglich machten, durch Einmal-Links zu Horrorbildern, die sie seither durch Tag und Traum verfolgen. Aufnahmen von Lou, ihrem jungen Geliebten, wie sie ihn bei lebendigem Leib zerschneiden. Ihn oder einen jungen Mann, der ihm auf den Videobildern zum Verwechseln ähnlich sieht.
»Du bist großartig«, lobt sie den jungen Fischer. Aus Überzeugung und für alle Fälle, auch wenn sie bezweifelt, dass sie ihn wiedersehen wird. Ihn oder sonst irgendwen hier draußen. »Und sag Nabila, sie kriegt den Roller und alles andere ohne Kratzer zurück.« Sie schiebt das Mäppchen in die Vordertasche des unförmig weiten Kleides der Muslima. Kein Polizist wird verlangen, dass sie sich aus ihrer gottgefälligen Kostümierung hervorschält, damit er ihr Äußeres mit den Fotos in ihren Papieren vergleichen kann. *Beim Barte des Propheten*, denkt sie in Erinnerung an ihre lang zurückliegende Karl-May-Lektüre, das ist die Lücke im Überwachungssystem, auf die sie eher zufällig gestoßen ist.
Die Sicherheitsvorkehrungen auf der Insel sind hart, aber nicht unbedingt smart, Polizei mit MPis in den Häfen, Wachmänner zur Sicherung der diversen Areale und ein halbes Dutzend Personenspürhunde in einem Zwinger unmittelbar neben dem

Boot-Camp. Die Inselbehörde gibt eigene Visa und Passierscheine aus, für die Fischer und Lieferanten sonstiger Güter, die täglich am Ost- wie am Westhafen von Maipaan anlegen und mit Motorrollern und Lasträdern die Bestellungen auf der Insel verteilen.

Wayan hat seine Cousine Nabila überredet, für ein paar Stunden ihre Identität und Existenz zu verleihen. Für dreihundert Dollar, ein stolzer Betrag, von dem er sicher noch einiges abzweigen wird, zusätzlich zu den fünfhundert Dollar, die Hallstein ihm für seine sonstigen Dienste bezahlt. Für Hin- und (hypothetische) Rückfahrt sowie fürs Handling des Koffers, dessen Inhalt sie teilweise in einen Rucksack vom Markt in Maumere umgepackt hat. Messer, Pistole et cetera, sie achtete darauf, dass Wayan ihr dabei nicht zusah. Sie ließ ihn schwören, dass er nicht nachschauen würde, was der Rucksack mit dem Fake-Label enthält. Und den Koffer mitsamt verbliebenem Inhalt unter seiner Koje nicht anrührte.

Der Rucksack ist tief im Innern der gewaltigen Bündel verstaut, die Nabila auf dem Gepäckträger ihres Motorrollers aufgetürmt hat. Laut Lieferschein enthalten sie Wäsche, wasserdicht in Plastik verschweißt, die ins Jagdschloss geliefert werden soll. Für Hallstein ein perfekter Vorwand, um sich dem mutmaßlichen Allerheiligsten der Bruderschaft zu nähern. Auch wenn es sich alles andere als perfekt anfühlen wird, ans Höllentor zu klopfen. Sie küsst Wayan auf die Stirn und steigt über ihn hinweg an Deck. Draußen ist es noch heißer als im Innern des Boots, trotz leichtem Ostwind. Mit jäher Sehnsucht wünscht sie sich nach Berlin zurück, wo es unglaubliche sechzig Grad kälter ist als hier. Wie hält Nabila es nur mit all den Kleidungsstücken aus? Aber was die muslimischen Frauen hier ihr Leben lang hinkriegen, beschließt sie, wird sie wohl auch für ein paar Stunden ertragen.

Nabilas betagter Honda-Roller wartet direkt neben ihrem Boot am Kai. Glücklicherweise ein Automatikgefährt, 20 PS, Hallstein hat letztes Jahr mit einem ähnlichen Hobel die Insel Flores erkundet und weiß so ungefähr, was sie erwartet. Mit einem fast zwei Meter hohen Aufbau im Rücken war sie allerdings noch nicht unterwegs. *Linksverkehr, denk dran,* schärft sie sich ein.

Auf dem Kai kommen ihr zwei Polizisten entgegen. Lächelnd knattert Nabila an ihnen vorbei, der jüngere Cop salutiert, sie wollen nicht mal ihre Papiere sehen. *Danke schön, Kollegen,* denkt sie, aber es sind keine Kollegen, auch wenn sie indonesische Polizeiuniformen tragen. Laut Geheimdossier werden sie von der Stiftung ausgerüstet und bezahlt.

Als sie den Hafenbereich hinter sich hat, biegt sie nach links auf den Highway ein. Mit Vollgas hält sie auf das Gebirgsmassiv zu, das sich dunkel am Horizont auftürmt und ohne erkennbare Begrenzung in die schwarze Wolkendecke überzugehen scheint. *Als wären Himmel und Hölle eins*, denkt Hallstein, dann kracht über ihr Donner los, und es beginnt übergangslos zu schütten.

Maipaan, Jagdschloss, außen [16:50]

Das dreiflügelige Jagdschloss ist im Stil des europäischen sechzehnten Jahrhunderts errichtet, zweigeschossige Bauten und achteckige Treppentürme mit Portalen und Haubendächern nach barocker Manier. Der Innenhof wird nach Süden durch eine zinnengekrönte Mauer mit Pforten beidseits des Giebeltors abgeschlossen. Auf der Nordseite gibt es noch einen engen Hinterhof, der durch das hinter dem Bauwerk aufragende Gebirgsmassiv begrenzt und teilweise überwölbt wird. Vom ersten Geschoss bis fast zum Dachgiebel hoch berühren sich die Rückfront des Hauptgebäudes und die weit überhängende, klobige Felsnase auf einer Breite von vier bis fünf Metern. Gemäuer und Berg scheinen dort miteinander verschmolzen, ein *trompe l'œil*-Effekt, wie Barockfürsten sie liebten, vielleicht auch viel mehr als bloße optische Täuschung.

Franz mustert das Bauwerk durch sein Fernglas, während sie

mit dem Holden des Jefe langsam auf den Ostflügel zufahren. Vermutlich von Dr. Althus und seiner »Agentur für Lebenswelten-Design« irgendwo in Europa abgerissen und hier Stein für Stein wiederaufgebaut, sagt er sich und spürt einen jähen Schauder. Zusammen mit Hallstein hat er Althus vorletztes Jahr in dessen Villa in Berlin-Dahlem aufgesucht und ausführlich befragt. *Der Mann hat ein scharfes Auge, schon von Berufs wegen, er würde mich bestimmt wiedererkennen, wenn ich ihm hier über den Weg liefe.* Aber Franz sieht nicht nur ganz anders aus, beruhigt er sich schnell, er bewegt sich auch anders, sogar seine Stimme klingt anders, schnarrender, jedenfalls solange er Spanisch spricht. Überdies hat er diese seltsame Sektenkleidung an, schlotternd weiter Anzug aus selbst gewebtem, achtlos zusammengenähtem Leinen, dazu der breitkrempige Strohhut, den er jetzt allerdings nicht braucht. Der Himmel hat sich in den letzten Minuten rasend schnell wieder verdunkelt, schon zerplatzen über ihnen die Wolken, und es beginnt erneut, wie aus tausend Eimern zu gießen.

Perfekt, denkt Franz, auch wenn es sich alles andere als perfekt anfühlen wird, bei Sturzregen die Fassade hochzuklettern. »Fahr rechts vorbei«, weist er Noa an, »zu der Stelle, von der ihr gesprochen habt.«

Gut hundert Meter hinter dem Schloss ist ein schmaler, schluchtartiger Einschnitt in der Gebirgswand. Franz fragt sich, ob der Koch Pio vielleicht hier aufgefunden wurde, von Ratten zerfressen nach seinem vorgeblichen Sturz. Noa rangiert rückwärts in die enge Schlucht hinein, stellt Motor und Scheinwerfer ab. Donnernd stürzen die Regenfluten hinab, trommeln wie Gewehrsalven auf das Wagendach, aber was zu sagen war, hat Franz unterwegs gesagt.

Pablo soll mit ihm kommen, ihm mit dem Seil helfen und warten, bis er es oben durchs Fenster geschafft hat. Dann soll er das Seil abnehmen, zu Noa zurückgehen, und beide sollen unbedingt unsichtbar bleiben, bis er sie per Walkie-Talkie ruft. Anders können sie nicht kommunizieren, es gibt keine Mobilfunkverbindung. Don Pedro hat die Funkgeräte eigens für seine Wächter angeschafft, genützt hat es ihm und ihnen nichts. Franz hat ein Satellitenhandy im Rucksack, aber der ist im Haus des Jefe zurückgeblieben, und ein einzelnes Handy würde ihnen sowieso nichts nützen. So wenig wie die Festnetzleitungen, durch die man innerhalb der Insel telefonieren kann, wenn die Stromversorgung nicht zusammengebrochen ist, wie bei jedem zweiten Unwetter während der Regenzeit.

»In Deckung bleiben«, schärft er den beiden nochmals ein, dann macht er sich mit Pablo auf den Weg. Bei weiterhin tosendem Regen rennen sie an der Bergwand entlang, die schließlich in die Mauer zum Hinterhof übergeht. Auch das Jagdschloss ist nicht mit Kameras und Bewegungsmeldern gesichert, sondern wird durch Security-Männer bewacht. Bei Wolkenbrüchen lassen die Wachleute den Rundgang im Außenbereich allerdings ausfallen. Jedenfalls laut Pablo und Noa, die hier seit Wochen immer wieder auf der Lauer lagen, um vorbereitet zu sein, wenn der neue Jefe die entsprechenden Befehle erteilt. Dass Don Francisco selber durch das kaputte Fenster einsteigen will und sie nicht mitmachen dürfen, nahmen sie sichtlich enttäuscht, doch ohne Murren auf.

Offenbar hat Pedro sie wirklich gut trainiert, denkt Franz, allerdings hat der alte Jefe die Pflichten seiner Leibwächter schändlich weit ausgelegt. Vorhin schreckte er aus dem Schlaf auf, als Pablo und Noa zu ihm unters Laken krochen. Beide nackt, beide bereit zu allem, was der alte Jefe sie in dieser Hinsicht gelehrt hatte. Ihre Leiber schmiegten sich an ihn, ihre Hände streichelten ihn, ihre Münder raunten Unerhörtes in seine Ohren. Einen Herzschlag lang lag er starr da, dann schob er sie sanft von sich weg. »Wir sind in Eile«, flüsterte er, »ich muss mich vorher noch oben umsehen.« Im Nu waren sie in ihren Kleidern, auch Don Francisco, für den der Einheitsdrillich der Colonia bereitlag.

Die Hosenbeine hat er sich im Gehen bis unter die Knie aufgekrempelt, jetzt windet er sich aus der Jacke, die ihm wie das Hemd triefnass am Leib klebt. Er wirft den Stoffklumpen Pablo zu, nimmt ihm stattdessen das Seil ab, das der Junge zusammengerollt über der Schulter trägt. Schneller als jeder andere hat Max im Trainingszentrum alle Hindernisse überklettert, Mauern, Zäune, Hecken, umgestürzte Bäume, auch Franz ist längst im Hinterhof, als Pablo noch draußen an der Mauer zappelt.

Einen Augenblick bleibt er reglos stehen, lauscht, nimmt die Umgebung in sich auf. Der klobige Felsvorsprung hängt über der hinteren Hälfte des Hofs wie eine riesenhafte Wolke aus Stein. Von oberhalb der ersten Etage bis zum Dach hinauf scheint er mit der Rückfront des Schlosses verschmolzen. Von Max' Position aus, dicht bei der straßenseitigen Hofmauer, sieht das überhängende Bergstück wirklich wie eine zum Schloss hin vorgereckte wulstige Nase aus.

Die Fenster im Erdgeschoss und in der ersten Etage sind mit Holzläden verrammelt. Nicht der schwächste Lichtschimmer dringt durch die Ritzen, anscheinend ist noch niemand von der »Inselobrigkeit« hier. Im zweiten Stock das gleiche Bild, bis auf eine schmale Luke unmittelbar neben dem Bergüberhang, der dort in die Schlossmauer überzugehen scheint. Das Glas eingedrückt, vom Wind oder durch einen dagegen geprallten Vogel. Der Holzladen liegt, wohl vom Sturm abgerissen, weiter hinten im Hof. Franz beschirmt die Augen und kneift sie zusammen, um den Eisenhaken zu erkennen, der laut Noa aus der Mauer ragt, Überbleibsel von einem Baugerüst.

»Dort, Herr, weiter oben.« Pablo zeigt mit ausgestrecktem Arm und formt die Worte dicht an seinem Ohr. »Schnell, der Regen hört gleich auf.«

Franz rollt das Seil locker auf, schwingt das Ende mit der Schlinge hoch über seinem Kopf und schleudert es hinauf. Mit angehaltenem Atem sieht er zu, wie es drachengleich emporsteigt und die Schlinge sich um den Haken legt. Behutsam zieht er sie zu und ruckt dann mehrfach kräftig. Er nickt dem Jungen zu, umfasst mit beiden Händen das Seil und turnt mit der mühelosen Leichtigkeit, die Max sich noch vor Kurzem im Traum nicht

zugetraut hätte, bei noch immer tosendem Regen an der Fassade hoch.
Oben kauert er sich aufs Fenstersims, Wasser läuft ihm aus Bart und Haaren, den Rücken hinab und unten aus den Hosenbeinen wieder hinaus. Hinter sich spürt er die ungeheure Masse des Bergs, die dort oben im Urwald lauernde Raserei. Das vorkragende Bergstück zu seiner Rechten ist so nah, dass er es mit ausgestrecktem Arm berühren könnte. Er atmet den dumpfigen Geruch von nassem Stein, greift durch die zerdepperte Scheibe und riegelt das Fenster auf.
Von drinnen Schreie, gedämpft, weiter links. Er schlängelt sich durch die schmale Öffnung, mit einem Mal hat er Gänsehaut am ganzen Körper, obwohl der Regen auf seiner Haut fast so warm ist wie das darunter pochende Blut.

Maipaan, Jagdschloss, zweiter Stock, Trakt links [16:57]

Eine Abstellkammer, registriert Franz, links ein Regal mit Putzmitteln, Schrubbern, Eimern, rechts Gerümpel, übereinandergetürmt. Es ist so dunkel, dass er nur Umrisse ausmachen kann, der Fels vor dem Fenster verschluckt fast alles Licht.
Er tastet sich zur Tür, die Schreie jetzt leiser, nicht viel mehr als kraftloses Wimmern. *Ein Mädchen*, denkt er, *ein Kind*. Kaum etwas macht ihn so zornig, wie wenn Schwächere misshandelt werden, doch Zorn kann er jetzt nicht gebrauchen. Noch immer rinnt ihm Wasser aus den Haaren, den Rücken herab. Er strähnt sich den Bart mit gespreizten Fingern, knöpft das Hemd bis zum Nabel auf, wringt es mit beiden Händen aus. Leise drückt er die Klinke herunter, zieht die Tür einen Spalt auf und späht hinaus.
Ein schmaler, schmuckloser Gang, trübes Deckenlicht, rissiger Linoleumboden. Franz ist fast enttäuscht, er hatte mit barocker

Pracht gerechnet, Wandbemalung, Stuck und Marmor, aber hier oben waren früher wohl nur Bedienstete untergebracht.
Das Wimmern kommt von weiter links. Franz schiebt sich durch den Türspalt, die Bodendielen quietschen unter seinen Schuhen. Das Wimmern schwillt zum Stöhnen an, dazu Brummen und Brabbeln, offenbar von einem Mann. Dann Angst- und Schmerzensschreie, auch der Mann wird lauter, stimmt einen Sprechgesang an.
»*I wonder could he be a cavalier, Or a roving musketeer, Or just a dustman who's insane, Kilroy was here.*« Franz läuft es eiskalt den Rücken herunter. »*Left his name around the place, Kilroy was here, Thought I've never seen his face, Kilroy was here.*«
Er geht links den Gang hinab, horcht an der ersten Tür, nichts, geht auf Zehenspitzen weiter, lauscht an der nächsten Tür. Wimmern, Stöhnen. Er holt Luft und macht leise die Tür mit der daran festgeschraubten Messing-Sieben auf.
Ein schmales Zimmer, trüb beleuchtet und kaum größer als die Rumpelkammer, durch die er eingestiegen ist. Darin ein Klinikbett mit altertümlichem Eisengestell, Infusionstropf am Galgen und eine groß gewachsene Gestalt im weißen Kittel, die gerade, als Franz hereinkommen will, durch eine Seitentür abgeht. Anscheinend, ohne ihn zu bemerken.
Ein Arzt? Bestimmt nicht, denkt er, auch wenn die Kammer wie ein Hospitalzimmer aus Sauerbruchs Zeiten eingerichtet ist, mit altmodischen Instrumenten und Emailschalen auf dem Beistelltisch. Ihm verkrampft sich der Magen, als er das Sortiment genauer mustert. In einer Petrischale liegt ein blutiger Klumpen, nicht zu entscheiden, ob Mull oder Gewebe, auch die Skalpelle und stählernen Löffel sehen benutzt aus.
Auf einem Teller, glänzend wie Perlmutt, eine ganze Handvoll herausgebrochener Zähne. Der Becher daneben drei viertel voll mit Blut. Und vom Bett her winselt es gotterbärmlich.
Franz ist hin- und hergerissen, soll er dem Irren im Kittel hinterher oder sich erst um die entsetzlich zugerichtete Kleine kümmern? Sachte beugt er sich über sie, lange, dunkelbraune

Haare, die Augen zugeschwollen, der Mund verkrustet, der ganze Kieferbereich unförmig verrenkt. Sie ist bis zum Hals mit einem blutgetränkten Laken zugedeckt, und obwohl sie leise wimmert, scheint sie nicht bei Bewusstsein. Zaghaft zieht er das Laken ein Stück herunter, zuckt zurück, Schulter- und Brustbereich mit Verletzungen übersät. Riss-, Kratz-, Biss-, Platzwunden aller Art.

Ihre Zähne herausgebrochen, Gott im Himmel, warum? Dabei kennt er – Max – die Antwort, manchmal sind Sexsklaven so verzweifelt, dass sie mit letzter Kraft zubeißen, statt gehorsam zu saugen, auch wenn sie für den paradoxen Akt der Selbstbehauptung mit dem Tod büßen müssen. Freier, die dieses Risiko scheuen, bevorzugen entschärfte Ware, der die Zähne gezogen worden sind.

Hier aber, erkennt Franz, war ein Irrer am Werk, der mit weißem Kittel, Zangen und Skalpellen Arzt spielt. Er zieht das blutige Laken bis zu den Füßen des Mädchens herunter, die Beine sind in den Knien angewinkelt und nach außen geklappt, die Oberschenkel großflächig mit Hämatomen bedeckt, der Beckenbereich zertrümmert und zerfleischt. Aufgeplatzte Haut, hervorstechende Knochensplitter, unkenntliche Innereien, die zwischen den Schamlippen hervorquellen, wurmartig, ineinander verflochten, als hätte der Irre Fleischstreifen aus ihr herausgeschnitten und zum Zopf gedreht.

Franz fummelt die Mikrokamera aus seinem Gürtel, fotografiert die Sterbende. Seine Hände zittern. Jetzt erst bemerkt er den Tiegel und die Tube, wie zum Abstützen unter die Knie des Mädchens geschoben, links Vaseline, rechts Uhu. *Wie bei den Makowski-Morden ...* Im Grunde weiß er schon die ganze Zeit, wer der Wahnsinnige im Arztkittel sein muss. Er hat ihn nur kurz und von hinten gesehen, als er durch die Seitentür verschwand, aber die Statur passt, und laut Svenja war Terry, als sie ihn am Mittwoch befragen wollten, nach Indonesien unterwegs. Wegen der Halbglatze mit Haarkranz hat er nicht gleich an Terry gedacht, der für seine Lockenpracht bekannt ist, aber mit der Kilroy-Maske

passt es. Dazu der flatternde Kittel, die Beine von den Knien abwärts nackt. Franz hatte es nebenher registriert, bei der hiesigen Hitze ist es normal, dass auch Ärzte kurze Hosen tragen. *Aber er hat nichts als den Kittel an, für seine kranken Doktorspiele.*
Der Anblick des Mädchens schnürt ihm das Herz ab, sie liegt im Sterben, und er kann nichts für sie tun. Als er sich erneut über sie beugt, fallen Tropfen auf ihr Gesicht, und da geht flatternd eines ihrer Augen auf. Auch die Lippen bewegen sich, er beugt sich tiefer hinab, spürt, wie sie in sein Ohr haucht, doch zu verstehen ist nichts. Ihr Kopf fällt zur Seite, der Blick auf einmal starr.
Er bekreuzigt sich, wie er es als Kind von seiner Oma gelernt hat, doch dem Impuls, der kleinen Toten die Augen zu schließen, widersteht er. Er ist hier, um Beweise zu sammeln, nicht um Hinweise auf seine Anwesenheit zu hinterlassen.
In einem der Zimmer weiter links ertönt aufs Neue der Sprechgesang, *»Kilroy was here«*. Dazu Schreie, die mehr wütend als verängstigt klingen, der Stimme nach ein junger Mann. *Ich muss Terry unschädlich machen, sonst bringt er noch mehr vermeintliche Patienten um. Aber er darf mich nicht sehen.*
Er geht um die Kopfseite des Bettes herum, und sein Blick fällt auf den Schnellhefter, der mit einer Kordel am Bettgestell hängt. Rasch blättert er die Akte auf, überfliegt die erste Seite, *»... aggressives Rezidiv ... letale Prognose ... austherapiert«*, die Fachbegriffe springen ihn an wie bösartige Viren. *»Palliativ Maipaan«*, heißt es weiter unten, das Todesurteil, und als er umblättert, steht da das genaue Gegenteil: *»... vollständig auskuriert ... optimale Prognose ... umgehende Entlassung empfohlen.«* Er klappt den Hefter wieder zu, außen auf dem Deckel der Name und die Stammdaten der kleinen Patientin: Daria Marianu, vierzehn Jahre alt, am 13.1. von der *Dignity*-Klinik Berlin-Steglitz ins Palliativzentrum Maipaan verlegt.
Auf genau solche »Unregelmäßigkeiten« ist auch Niklas Makowski gestoßen. Das gleiche Muster – oder sogar derselbe Fall? Er starrt auf den Hefter, doch er hat keine Zeit zum Nachdenken, vom

Nachbarzimmer oder aus dem dahinter dringen heisere Schreie herüber. Dann ein dumpfer Schlag, Dielen ächzen, gefolgt von Schleifgeräuschen, als würde ein schwerer Gegenstand über den Boden gezogen.

Franz geht auf Zehenspitzen zur Seitentür und horcht. Nebenan ist es ruhig, die Schreie und das Schleifen sind weiter weg. Er tastet nach seinem Messer, das er sich in Maumere noch besorgt hat, bevor er sich Ayko und der *Catalina* anvertraute, dann öffnet er leise die Tür zum Nachbarraum.

Dasselbe Bild wie eben, eine schmale Gestalt im altertümlichen Klinikbett, nackt unter dem blutig nassen Laken. Ein Junge, vierzehn, fünfzehn Jahre alt, rote Haare, Sommersprossen. *Einer von Pedros verschwundenen Leibwächtern, Biel oder Enzo,* versteht Franz. Für seine Treue zu Don Pedro hat der Junge hier mit dem Tod bezahlt. Mit dem Tod und mit Qualen davor, die ihn wohl betteln ließen, endlich sterben zu dürfen. Franz liest es aus dem zerschlagenen Körper wie aus einem aufgeschlagenen Buch. Der aufgesägte Brustkorb, die abgetrennten Genitalien, die grausige Vertauschung von Hoden und Herz. Was auf den ersten Blick wie wahlloses Wüten im Blutrausch aussieht, offenbart seinen verrückten Sinn, wenn man die Zeichen zu lesen versteht. *Gott schenke deiner Seele Frieden,* denkt Franz, der trotz allem noch nicht ganz vom Glauben abgefallen ist, nicht nur mit Rücksicht auf seine Rolle als Sektenführer.

**Maipaan,
Jagdschloss, zweiter Stock,
Zimmer 9 [17:03]**

Der Schmerz hat David aufgeweckt, Schmerzen in Brust und Anus, und dazwischen, in seinem Bauch, die brodelnde Wut. *Woher nimmt Terry das Recht, sich als Herr über Leben und Tod aufzuspielen? Wie kommt er dazu, über Kinder wie Sammi oder Daria, die hilflos in ihren Betten liegen, herzufallen wie ein toll-*

wütiges Tier? Und wie kann es sein, dass keiner bei der Stiftung weiß, was ihr Frontmann bei den angeblichen Patientenbefragungen treibt?

Das kann überhaupt nicht sein, so viel ist ihm mittlerweile klar. So wie Sammi zugerichtet war, als er sie auf Station 3-2 entdeckte, müssen viele eingeweiht sein, Ärzte, Pfleger, auch die Klinikleitung bis zu Professor Sievering hinauf. Wie naiv er doch war.

Auf dem Flug hierher hörte er im Halbschlaf immer wieder, wie der Professor und Tycho Terry vorne im Flieger miteinander redeten. Sievering beschwörend, begütigend, mit warmem Vibrato, Terry mürrisch, wortkarg.

Im hinteren Bereich des stiftungseigenen Jets, der wie eine Notambulanz eingerichtet ist, lagen neben David drei Patienten, wie er selbst angeschnallt und sediert. Sie seufzten im Schlaf, murmelten benommen, eine weinte mehrfach. Zwei Pfleger, die er nur flüchtig kannte, kontrollierten den Tropf, wechselten Windeln, spritzten nach, wenn jemand zu unruhig wurde.

Sosehr David sich auch mühte, er konnte die Gesichter seiner Leidensgenossen nicht erkennen. In ihrer Nische war es ziemlich dunkel, und er konnte sich kaum bewegen, sie alle waren sediert und zudem mit Lederriemen fixiert. Zwei Teenager, nimmt er an, direkt neben ihm Sammi, daneben vielleicht Daria, und auf der Trage ganz rechts jemand, der oder die nicht richtig ins Bild passt. Kein Kind, kein Teenager, da ist er sich fast sicher, auch wenn er nicht sagen könnte, wieso. Auch kein Mann, dafür war die Gestalt zu zierlich.

Eine Pflegerin vielleicht, eine Kollegin aus der Klinik, denkt David, und die Schmerzen vermischen sich mit seiner Wut. *Wieso maßt er sich an, andere Menschen einzufangen wie Tiere? Sie zu quälen, ihnen die Knochen zu brechen, sie zu vergewaltigen, zu schlagen, sogar zu beißen? Weil er verrückt ist, anders kann es nicht sein.*

Die Erklärung klingt logisch, zumindest im ersten Moment, aber eigentlich sagt sie wenig aus. Ist der Professor auch verrückt, weil er Terry gewähren lässt? Vielleicht machen sie das ja zu zweit oder zu vielen, die ganzen oberen Ränge der Stiftung? Sind die also alle psychisch gestört? Wenn es in Europa zu gefährlich wird, etwa weil die Polizei wegen Mordes ermittelt, verlagern sie ihre perversen Gelage auf die Tropeninsel, wo ihnen keiner dazwischenpfuschen kann. *Aber wenn sie so viel Macht und Geld und Einfluss haben, sind dann nicht viel eher* wir *die Verrückten, die sie wie Spielfiguren verrücken, vom Spielfeld kicken können, wie es ihnen gerade gefällt?*

David ahnt, dass er ziemlich nah an der Wahrheit dran ist. Ihm fällt ein, dass er schon vor Jahren, noch ganz frisch bei *Dignity*, eine düstere Vorahnung hatte. So perfekt war alles organisiert, so nett war er aufgenommen worden, so liebevoll kümmerten sich alle um die kranken Kinder, dass es ihm irgendwie falsch vorkam. Als kleiner Junge hatte er oft ein ähnlich flaues Vorgefühl, wenn er in ein neues Heim kam und zum ersten Mal an der Kellertür oder am Wachraum der Erzieher vorbeiging. Noch sah alles nett und harmlos aus, noch war er nicht die Treppe runtergezerrt, im Dunkeln verdroschen, bespuckt und angepisst worden, noch war er nicht nachts aus dem Schlafsaal geholt und »aus disziplinarischen Gründen« gedemütigt worden, doch ein Teil von ihm sah schon alles voraus.

Seine Vorahnung hat ihn nie getrogen, kein einziges Mal. Warum hat er diesmal nicht auf sie gehört?

Weil bei Dignity *so etwas einfach nicht möglich schien*, antwortet er sich. Die Stiftung ist doch gerade deshalb gegründet worden, um benachteiligte Kinder und Jugendliche zu schützen, zu fördern, zu heilen. »Misstraue deinen negativen Erwartungen«, hieß es in den Workshops bei *Dignity*, »sonst bleibst du im Teufelskreis der *self fulfilling prophecies* gefangen. Mit deiner Körperhaltung, mit jedem Wort, jeder Bewegung strahlst du sonst die Erwartung aus, erneut zum Opfer zu werden, und lockst gerade dadurch die Wölfe an.«

Hätte ich nur früher kapiert, denkt David, *dass Wölfe keine verrückten Hunde, sondern eben Wölfe sind, von Natur aus blutgierig und mitleidlos. Hätte ich meinen negativen Erwartungen nur ge-*

traut, jetzt ist es zu spät. Oder nicht? Die Wirkung der letzten Spritze, die ihm Terry verpasst hat, ist abgeklungen. Er fühlt sich zerschlagen, seine Rippen tun bei jedem Atemzug weh, aber er ist nicht mehr so kraftlos und benebelt. Nur, was hilft ihm das, solange er ans Bett gefesselt ist?

Zum x-ten Mal sieht er sich in dem Frankenstein-Zimmer um. Skalpelle, Zangen, Sägen, Schalen aufgereiht auf dem Metalltisch an der Seitenwand. Noch hat Terry sie nicht benutzt, aber David macht sich keine Illusionen. Die erbärmlichen Schreie, das Stöhnen und Winseln aus den Nachbarzimmern lassen nur einen Schluss zu.

Bisher hat er sich bei den beiden Mädchen ausgetobt und bei einem männlichen Teenager, der auf Spanisch seinen Schmerz, seine Wut und Verzweiflung herausschrie. Inzwischen ist es in den Kammern rechts von David still geworden, unheimlich ruhig, nur noch vereinzeltes Wimmern und dazu Terrys Sprechgesänge und Selbstgespräche. »Mami, bitte komm zurück. Wie soll dein Kleiner in dieser Welt ohne dich bestehen?« Solche Sätze, für David fast noch gruseliger als das Klirren der Messer und Zangen.

Dann Schritte im Flur, die Tür geht auf, Terry kommt herein. Beschwingt tritt er an Davids Bett, ganz Stationsarzt bei der Visite, nur ist sein Kittel blutgetränkt, mit Gewebefetzen besprenkelt, mit Vaseline beschmiert. David stellt sich schlafend, späht zwischen den Wimpern zu dem Irren mit Kilroy-Maske hoch, der sich über ihn gebeugt hat, auch die Maske rot getupft.

David starrt ihn an, unfähig, sich zu rühren, obwohl Terry ihn vom Tropf befreit, seine Hand- und Fußfesseln gelöst, den Gurt um seinen Bauch abgenommen hat. Er schiebt ihm einen Arm unter die Achseln, den anderen in die Kniekehlen und hebt ihn hoch. »Na komm, mein Kleiner«, raunt er mit fremder, hellerer Stimme, »jetzt wird erst mal gebadet. Und dann husch mit Mami ins Bett.«

Sein Kittel hat sich geöffnet, David spürt die schwitzige Brust des Mannes, den er verehrt hat, an seiner Schulter, und kommt vor Ekel fast um. Er selbst ist nackt bis auf die Windel, die ihm noch im Flugzeug von einem der Pfleger angelegt worden ist. Sein Brustkorb, den Terry beim Tragen zusammenpresst, tut mörderisch weh, doch der Schmerz hilft ihm, die Lähmung abzuschütteln. Als Terry die Tür mit der Schulter aufschiebt, zieht David die Beine an, stemmt die Füße gegen den Türrahmen und katapultiert sie beide, so fest er kann, in Richtung Bett zurück. Terry kommt ins Taumeln, fuchtelt mit den Armen, David reißt sich los und lässt sich fallen. Er landet auf allen vieren, der Schmerz raubt ihm fast das Bewusstsein, sekundenlang kann er nur verschwommen sehen. Bevor er auf den Beinen ist, hat sich Terry auf ihn gestürzt, ihn erneut unter den Achseln gepackt, in Rückenlage gerissen und schleift ihn hinter sich her. »Jetzt wird gebadet, Kleiner. Die Wanne ist schon fertig. Und dann husch mit Mami ins Bett.«

**Maipaan,
Jagdschloss, zweiter Stock,
Flur und Bad [17:05]**

Franz öffnet die Tür, späht hinaus. Hinten links, am Ende des Flurs, zieht eine wuchtige Gestalt einen liegenden Körper rückwärts hinter sich her. Aus einem Zimmer hinaus, durch eine Tür schräg gegenüber, mit atemlosem Singsang: »Komm, Kleiner, die Wanne ist fertig.« Der Körper, den Terry hinter sich herschleift, ist unbekleidet bis auf eine Art Windel oder Schurz. Kein Kind, registriert Franz, eher ein schmal gebauter junger Mann. Er stößt Schreie aus, strampelt, bäumt sich auf. Aber Terry zerrt ihn unerbittlich über die Schwelle und knallt hinter ihnen die Tür zu.
Der junge Pfleger aus der Klinik, David Ballhaus? Franz eilt den Flur entlang, bemüht, ausgetretenen Dielen auszuweichen. Unter dem welligen Linoleum sind sie kaum auszumachen, die Bohlen ächzen und stöhnen fast so laut wie Terry und der andere

im Bad. *Kampfgeräusche*, registriert Franz und versucht nicht länger, sich heranzupirschen. Er rennt den Gang hoch und drückt, die Hand schon auf der Klinke, das Ohr an die Tür. Dumpfes Klatschen, wie von Fausthieben, Schreie, dann ein heftiger Schlag, der den ganzen hölzernen Aufbau, Wände, Türen, erzittern lässt. Ein schwerer Körper ist zu Boden gegangen, *schwerer als David*, denkt Franz, stößt die Tür auf, nimmt blitzschnell die Szenerie in sich auf.

Terry liegt auf dem Bauch, mit den Füßen zur Tür, David hockt rittlings auf ihm. Eben stemmt sich Terry wieder auf alle viere, noch benommen von seinem Sturz, bei dem er sich offenbar den Kopf am Wannenrand angeschlagen hat. David trommelt mit den Fäusten auf ihn ein, doch der Goliath schüttelt sich, holt mit einem Arm nach hinten aus und boxt David heftig in die Seite. Der junge Mann klappt japsend zusammen, und gerade als Terry ihn von seinem Rücken fegt, beugt sich Franz über die beiden, packt den klammen Maskenkopf und stößt ihn auf den Kachelboden. Einmal, zweimal, er spürt, wie die Schwarte über dem Stirnknochen aufplatzt, der Nacken schlaff wird, die eben noch gespannten Schultern in sich zusammensacken.

Tausend Dank, o Herr im Himmel, denkt Franz, *für den nichts unmöglich ist*. Sein fast unerfüllbarer Wunsch ist wahr geworden, er hat Terry außer Gefecht gesetzt, ohne dass der ihn auch nur bemerkt hat. »Los, David, hilf mir«, sagt er. »Du bist doch David?«

Der junge Mann starrt ihn an, nickt zaghaft. »Und wer bist du?«

»Nenn mich Franz. Alles andere später. Jetzt hilf mir schon, schnell!«

Zusammen fesseln sie Terry mit den Gurten, mit denen David ans Bett gebunden war. Aus Fetzen des blutgetränkten Kittels improvisiert Franz Knebel und Augenbinde, während David dem »Gesicht der Stiftung« die Maske abnimmt. Terrys Wangen käsig, blutüberströmt, doch das Stirnbein unter der Platzwunde, von David fachkundig betastet, ist intakt.

Franz legt ihm Knebel und Augenbinde an, wie Max das im

Trainingszentrum gelernt hat. Er durchsucht die Kitteltaschen, Vaseline, Kleber, außerdem ein Schlüssel, den er an sich nimmt.
»Gehen wir.«
David schüttelt den Kopf. »Wir sollten ihn in die Wanne legen.« Der altertümliche Zuber ist zu zwei Dritteln mit Wasser gefüllt. Schaum glitzert auf der Oberfläche, es riecht nach Badeöl. »Wofür soll das gut sein?« Franz hat kein gutes Gefühl dabei, doch in Gedanken ist er schon kaum mehr hier im Bad. Es gibt noch weitere Zimmer, in der rechten Hälfte des Flurs, die er sich ansehen will. Er muss Fotos machen und möglichst auch ein paar handliche Beweisstücke asservieren. Er muss mit Noa oder Pablo sprechen, per Walkie-Talkie, um zu hören, dass sie in Sicherheit sind. Vor allem aber muss er rechtzeitig wieder draußen sein, um zur verabredeten Zeit vorne am Schlosstor zu erscheinen, zu seinem Meeting mit den Inselherren. In weniger als einer Dreiviertelstunde.
»Sonst kann er wegkriechen, trotz der Fesseln«, sagt David.
»Also gut. Aber lass das Wasser ab, damit er nicht ertrinkt.«
David nickt, beugt sich über die Wanne, zieht oben an der dünnen Kette für den Stöpsel. Franz fasst Terry unter den Armen, David nimmt ihn bei den Beinen. Der junge Pfleger stöhnt vor Schmerzen, als sie den schweren Körper in die Wanne hieven, und erst als Terry ins Wasser eintaucht, sich aufbäumt, dumpf in seinen Knebel brüllt, wird Franz klar, warum David die Tortur auf sich genommen hat. Das Wasser ist brühend heiß, gurgelnd läuft es ab, qualvoll langsam für Terry, dessen Haut sich am ganzen Körper krebsrot verfärbt.
Grausam, denkt Franz, *aber nach biblischem Maßstab sogar gnädig.* Abends auf seiner Bude hat er die archaischen Gesetze studiert, nach denen in der Colonia angeblich bis heute Recht gesprochen wird. »*Auge für Auge*«, der alttestamentarische Rechtssatz besagt, dass die Strafe maßvoll sein soll, aber maßvoll heißt, dass Gleiches mit Gleichem vergolten wird. »*Zahn für Zahn, Hand für Hand, Fuß für Fuß, Brandmal für Brandmal, Wunde für Wunde, Strieme für Strieme*«, denkt Franz, *dann wäre*

Terry nach dem Strafgericht nur noch ein Klumpen blutiges Fleisch.

Er zieht hinter sich die Tür zu, während Terry in der Wanne röchelt. David hat sich unterdessen notdürftig bekleidet, mit Sandalen, Shirt, kurzer Hose anstelle der Windel, alles eine halbe Nummer zu klein. Der Wandschrank im Flur enthält zwar bedrückende Mengen an gebrauchten Kleidungsstücken, doch alles in Größen, wie allenfalls Dreizehn-, Vierzehnjährige sie tragen.

»Still«, flüstert Franz, hält David am Arm fest. »Hörst du? Da kommt jemand die Treppe hoch.«

**Maipaan,
Jagdschloss, zweiter Stock,
Flur und Zimmer 10 [17:12]**

Hallstein schließt die Tür zum zweiten Stock auf, drückt die Klinke herunter, die Glock im Anschlag. Sie zieht die Tür auf, späht nach links und rechts, niemand zu sehen. Ihren Rucksack hat sie in der Wandnische vor der Tür deponiert, damit das Klirren sie nicht verrät. Einige der flachen Stahlbehälter müssen aus den Tüchern gerutscht sein, in die sie jeden einzeln eingewickelt hat.

Sie tritt in den Flur, etwas Riesenhaftes fällt auf sie herab und reißt sie zu Boden. Ein Mann, halb nackt und nass, sie liegt unter ihm auf dem Bauch und ringt um Atem. Versucht, ihren Arm mit der Waffe zu befreien, aber der Mann ist schwer und hart wie Fels. Sie kämpfen um die Glock, Nabilas Kopftuch rutscht ihr über die Augen, er kriegt ihr Handgelenk zu fassen und knallt es gegen die Wand. Glühender Schmerz, ihre Finger öffnen sich, die Waffe fällt polternd hin und rutscht über den Boden. Hallstein will hinterher, aber das Kopftuch raubt ihr die Sicht. Sie bekommt die linke Hand frei, reißt sich den verdammten Fetzen vom Kopf und erstarrt in der Bewegung. »Perlsberg?«, keucht der Mann auf ihr.

Er robbt von ihr herunter, sie wirft sich herum. »Nabila«, korrigiert sie, genauso atemlos wie Max. *Wie Franz*, korrigiert sie auch sich selbst.
Über ihr an der Decke ist ein klobiger Eisenhaken, Halterung für eine Lampe oder was auch immer, daran muss er sich mit einer Hand festgehalten haben, die Füße seitlich auf den Türrahmen gestemmt. Jetzt kauert er auf den Unterschenkeln, in sackartigen, bis über die Knie hochgekrempelten Hosen, das Hemd weit offen, und starrt sie an wie ein Gespenst. »Was um Himmels willen machst du hier?«
Dich retten, mit dir sterben, je nachdem. »Wir sind ein Team, oder?«
Er nickt, wirkt immer noch benommen. »Aber wie kommst du hier rein – auf die Insel, ins Schloss?«
»Mit Wayan. Und mit den Schlüsseln hier.« Sie schüttelt die Tasche an Nabilas Kleid, bis es leise klimpert.
Er sieht sie verständnislos an, da geht ein Stück links den Flur hoch eine Tür auf. Hallstein hechtet nach der Glock, kriegt sie zu fassen, richtet sie auf den jungen Mann, der auf der Schwelle erstarrt.
»Nicht schießen«, sagt Franz, »das ist David.«
Fragezeichen in allen Gesichtern, aber für lange Erklärungen ist jetzt keine Zeit. »David Ballhaus?«, fragt Hallstein, der junge Mann nickt. Er hat zu kleine Kleidung an, und er hat offenbar Schmerzen. Sein Gesicht verzerrt und ungesund bleich. »Wir sind von der Polizei, undercover«, sie deutet auf Franz und sich selbst. »Hab keine Angst«, fügt sie hinzu, »bei uns bist du in Sicherheit.« Es klingt so wenig überzeugend, auch für sie selbst, dass er sie fast mitleidig ansieht.
Wart's ab, denkt sie, von jäher Zuversicht aufgepeitscht, *vielleicht geht hier ja doch noch was.* Jetzt, da sie wieder ein Team sind. Hallstein und Max gegen alle Teufel der Hölle.
Flüsternd berichtet Max, was er hier im zweiten Stock vorgefunden hat. Zwei grauenvoll verstümmelte Tote, Daria und ein Junge von der Colonia. Tycho Terry liege gefesselt im Bad. »Es gibt

noch ein paar Zimmer, die wir uns ansehen müssen«, fügt er hinzu.

Während sie leise den Flur hinuntergehen, Hallstein wieder mit Rucksack und der Glock im Anschlag, gibt sie ihm kurz und knapp die nötigsten Informationen. Sie spricht so gedämpft, dass David, der hinter ihnen hertrottet, nichts mitbekommt. Aber der junge Mann scheint sowieso mehr mit sich selbst beschäftigt zu sein.

Sie ist mit dem Motorroller vom Hafen hierhergefahren und hat am Schlosstor geklingelt, die Wäschebündel neben sich aufgestapelt. Der Sicherheitsmann ließ sie Packen um Packen in die Pforte schleppen, ohne einen Finger zu rühren. Nachdem sie das letzte Bündel abgeliefert und er den Lieferschein unterschrieben hatte, wollte er sie vor die Tür setzen, doch sie hatte die Fixe schon fertig im Ärmel, hieb ihm die Nadel in den Hals und spritzte ihn mit Rohypnol k. o. »Von seinen Feinden lernen, heißt das wohl«, kommentiert sie ihr zweifelhaftes Handeln.

Sie nahm dem Wachmann den einzigen Schlüssel ab, den sie bei ihm vorfand, ein Sicherheitsschlüssel für eine Schließanlage der Klasse B. Den Wächter schaffte sie in eine Abstellkammer und stellte Nabilas Motorroller an der Straße ab, wie mit Wayan besprochen, Zündschlüssel und Plastikmäppchen im Sattelfach verstaut. Zurück im Schloss, gelangte sie von der Wachpforte aus über die Dienstbotentreppe nach oben, wo sie leise die Tür zum ersten Stock aufschloss, einen weiteren Wachmann schachmatt setzte und in der Besenkammer einschloss. Er hatte drei Sterne auf den Epauletten, zwei mehr als sein Kollege an der Pforte. Hallstein nahm auch seinen Schlüssel an sich, der die Tür zum zweiten Stock wie erhofft aufsperrte. Und mit etwas Glück noch weitere Türen öffnen wird.

Max sieht sie entgeistert an. »Aber warum, Perlsberg? Hier ist alles optimal gelaufen. *Bisher.*«

Er spricht nicht weiter, aber sie weiß auch so, was er sagen wollte. Dass sie alles zunichtegemacht hat, seine Mission, seine Don-Francisco-Legende, ihrer beider letzte Chance. In spätestens einer halben Stunde wird das Fehlen der Wachleute bemerkt werden. Der Verdacht wird schnell auf sie beide fallen, Don Pedros vorgeblichen Nachfolger und die vermeintliche Lieferantin.

»Das sieht nur so aus, glaub mir. Ich kann dir das jetzt nicht erklären. Aber du bist aufgeflogen, Max.«

»Bin ich das?« Er schaut skeptisch. »Dann müssten Astor und Martens aber Top-Schauspieler sein.«

»Das sind sie auch. Mit einem Hang zu Jägerrollen. Aber da könnten sie sich diesmal als Fehlbesetzung herausstellen.«

»Du redest in Rätseln, Perlsberg.«

»Später. Los jetzt, wo geht's weiter?«

Er zeigt auf die Tür mit der Messing-Zehn darauf, sie nickt und geht voran, die Waffe schussbereit. Max folgt ihr dichtauf, sein Messer in der Hand, sie sichern Schulter an Schulter wie in alten Zeiten. Die höchstwahrscheinlich nie mehr wiederkehren werden, aber sie kann es ihm jetzt nicht erklären. Jetzt nicht und vielleicht niemals mehr.

Rasch sieht sie sich um, das hier ist die Albtraumversion eines Klinikzimmers. Düster, schlauchförmig, mit einem altmodischen Eisenbett und daneben einem hochrädrigen Wagen, auf dem chirurgische Instrumente aufgereiht liegen. Skalpell, Zange, Knochensäge, ein Scharfer Löffel, wie sie zum Ausschaben entzündeten Gewebes verwendet werden. *Und für Folter à la Soltau und Tobi.*

Im Bett ein toter Körper, auf den ersten Blick männlich, auf den zweiten weiblich. Unbekleidetes, untergewichtiges Mädchen, vielleicht dreizehn, vierzehn Jahre alt. Das Gesicht von Beulen und Hämatomen entstellt, die Augen starr, der Schädel mit einem turbanartigen Verband umwickelt, der Körper mit Verletzungen aller Art übersät. Ihre Hände, über der knabenhaft flachen Brust gefaltet, sind verstümmelt, die Zeigefinger fehlen.

Hallstein schließt die Augen, hält die Luft an, bis das Sausen in ihren Ohren nachlässt.

In der Vulva der Toten steckt eine Art Stab, etwa fünf Zentimeter lang, umwickelt mit Mullverband, der mit Zeichen bemalt oder

vielleicht auch beschriftet ist. Im gleichen schreienden Rot wie die daumenbreiten Streifen, die das Gesicht des toten Mädchens diagonal durchkreuzen. *Sie ausstreichen, aus-ixen*, denkt Hallstein, *wie etwas, das verworfen worden ist.*
Das Sausen wird stärker, in ihrem Innern schwillt ein Schrei an. Nie wird sie sich an die Nähe der Toten gewöhnen, an das Entsetzen, die Entrüstung, die jeden und jede von ihnen wie mit einer Wolke umschließen.
Sie beugt sich über die Körpermitte der Toten, es sind tatsächlich Schriftzeichen, erkennt sie und entziffert:
»*II – Das Was-auch-immer ist was auch immer (nichts ist schlimmer)*«.
»Was zum Teufel soll das?«, flüstert sie, Max schüttelt den Kopf. »Das ist Samuela«, sagt David fast gleichzeitig. »Als ich Daria gesucht habe, das Mädchen, wegen dem Nikki ...« Er unterbricht sich, sieht Max an, dann Hallstein und beginnt von Neuem. »Nikki hat ihre Akte bei mir versteckt, ich wusste, dass sie Daria heißt und irgendwas nicht stimmt. Aber weiter hat er mir nichts gesagt, und als er tot war, hatte ich solche Angst. Und in dem Zimmer auf Station 3-2 war dann nicht Daria, sondern sie hier, Sammi ... oh Gott.«
Er bricht in Schluchzen aus, klappt regelrecht zusammen. Erst als er auf dem Boden liegt, sich zusammenkrümmt, immer lauter schluchzt, wird Hallstein klar, dass er heftige Schmerzen haben muss. Im Brust- und Bauchbereich, er liegt auf der Seite, die Knie angezogen, die Arme verschränkt, aber so zaghaft, als wäre sein Körper aus Glas.
Erneut fischt Max die winzige Kamera aus der Tasche, schießt ein halbes Dutzend Fotos. Hallstein kauert sich neben David, bringt ihn behutsam in Rückenlage. Das Shirt ist hochgerutscht, der Brustkorb mit Blutergüssen bedeckt, die Griffmarken kräftiger Männerhände seitlich am Rumpf klar erkennbar. Zwei Rippen stehen schief hervor, offenbar gebrochen.
»Ich brauche ein Schmerzmittel«, stöhnt er hervor. »Dolantin oder so was, ich halte das nicht aus. Nicht nur die Rippen, er hat

mich ...« Seine Arme lösen sich voneinander, der linke bewegt sich flatternd über sein Hinterteil. »Vergewaltigt, immer wieder«, bringt er hervor, »es tut so furchtbar weh.« Wieder schluchzt er auf, brabbelt dann weiter, aber zu verstehen ist nichts mehr.
Hallstein fasst nach seiner Schulter, schüttelt ihn leicht. »Dolantin heißt das Zeug?« Sie nimmt sein krampfhaftes Nicken als ein Ja. »Und wie sieht das aus? Tabletten? Oder Spritze?«
»Beides, besser Spritze«, presst er hervor. »Im Bad ist ein Medizinschrank.«
Hallstein steht auf und sieht Max an. »Machst du das? Ich sehe mich weiter um.«
In den Zimmern auf der rechten Hälfte des Flurs.

**Maipaan,
Jagdschloss, zweiter Stock,
Trakt rechts [17:23]**

Die Tür zu Zimmer 6 ist geschlossen, Hallstein lauscht kurz, wirft einen Blick hinein, leer. In der Kammer nebenan, gegenüber der Tür zum Treppenhaus, hat sich David vorhin versteckt. Rasch schaut sie auch dort nach, eine Vorrats- und Abstellkammer, das Fenster steht offen, nur drei, vier Meter dahinter ragt das Bergmassiv auf. Nackter, vor Nässe fast schwarzer Fels.
Plötzliches Frösteln, sie ignoriert es, macht die Tür leise wieder zu. *Max muss hier durchs Fenster eingestiegen sein,* überlegt sie, *die Hausfassade hoch, kein Problem für Supermax. So wenig wie eben, als er unter der Decke hing wie eine Riesenfledermaus.* Sie ist beeindruckt, gerührt, wie gerne würde sie ihn küssen, von seinen erstarkten Armen umschlossen, aber nein. *Wir werden zusammen sterben,* denkt sie, von Sturzwellen aus Trauer, Angst, Reue, Selbstmitleid überflutet. Als letzte Welle kommt die Wut angerollt und schwemmt alles andere hinweg. *Wer hier und heute auscheckt, ist noch lange nicht ausgemacht. Die werden sich wundern.*

Die nächste Tür, Nummer 4, ist abgeschlossen, keine Überraschung für Hallstein. Sie widersteht dem Impuls, sofort die Schlüssel auszuprobieren. *Entweder der vom Drei-Sterne-Wächter passt oder ...* An das Oder will sie jetzt nicht denken. *Erst noch die restlichen Zimmer überprüfen.*

Nummer 3 ist als weiteres Hospitalzimmer eingerichtet, das Bett leer, unbenutzt wie das makabre Equipment auf dem Beistelltisch. Rasch durchmustert sie es, lässt Messer, Tube, Zange in Nabilas Kleidtasche verschwinden, für alle Fälle. Jetzt klirrt sie noch lauter, mit Kleid und Rucksack, aber das kann sie nicht ändern, *spielt auch keine Rolle mehr.*

Kammer 2 gänzlich kahl, bleibt die 1 ganz am Ende des Flurs. *Schau an*, denkt Hallstein, *die Erholungszone*. Ausgestattet mit Schlafcouch, zwei Clubsesseln, Kühlschrank und Bar. Alles Nötige vorhanden, falls man sich vom Schänden und Foltern zwischendurch mal erholen will. Das Bad ist zwar ein bisschen weit weg, aber dafür werden die Herren nicht durch Wimmern und Stöhnen gestört.

Hallstein verlässt den Ruheraum der Folterer, mit klimperndem Kleid und klirrendem Rucksack, hastet den Flur entlang zur Tür mit der Messing-Vier. *Hier muss es sein. Das Tor zum Tod.* Der Zugang zu dem Felstunnel, der vom Schloss hinauf ins Tal der Belé führt. Vom Jagdschloss zum Jagdrevier.

Sie hat es nie so klar gesagt, weder zu Ria noch zu Tony, und sogar zu Max nur in kryptischen Andeutungen. Aber ihre Gedanken kreisen seit Monaten um dieses Tor, um den Transitbereich zwischen Schloss und Berg. Zwischen Leben und Tod, Tag und Nacht, Vernunft und Wahn, sie ist überzeugt davon, dass die Brüder genau hier maximal verwundbar sind. In jedem erdenklichen Sinn des Wortes. *Was immer wir brauchen, um sie endlich doch noch zu Fall zu bringen, ist hier.*

Sie könnte diese Gewissheit nicht näher begründen, vielleicht ist es nur eine fixe Idee, zumindest zieht sie es vor, nicht zu gründlich darüber nachzudenken. Mit Jeanne Bex hat sie über diesen Punkt schon gar nicht gesprochen. Sie vertraut ihrer

Chefin in Brüssel nur sehr begrenzt, einfach weil sie weiß, dass die Krakenarme des Kartells bis in alle irgendwie relevanten Behörden und Institutionen reichen. Sie kontrollieren Regierungsmitglieder und Richter, ziehen Ermittler und Staatsanwälte aus dem Verkehr, bringen Zeugen zum Schweigen, lassen Beweismittel verschwinden und notfalls ganze Gebäudekomplexe abreißen, um unerwünschte forensische Untersuchungen zu verhindern.

Ich habe es probiert, denkt sie, *jahrelang, mit allen halbwegs legalen Mitteln, und sie haben mir immer wieder eine lange Nase gedreht. Um weiter unschuldige Opfer zu verschleppen, zu versklaven, zu vergewaltigen, zu foltern und zu töten, wie es ihnen gerade passt. Und damit muss jetzt Schluss sein, so oder so.*

Was sich im Innern des Jagdschlosses abspielt, bleibt selbst hochempfindlichen Satellitenkameras naturgemäß verborgen. Eins aber ist auf den Bildern aus dem All deutlich zu sehen, bis zu einer Höhe von etwa zehn Metern über dem Boden kragt das Bergmassiv so weit in den Hinterhof des Schlossareals hinein, dass es dort auf mehrere Meter Breite mit der Rückfront des Hauptgebäudes verschmolzen scheint. Und nach allem, was Hallstein herausgefunden und/oder sich zurechtgelegt hat, muss dieser Übergangsbereich, in dem Gemäuer und Gebirge durch die wuchtige Felsnase miteinander verbunden sind, genau hier beginnen, hinter der Tür zu Zimmer Nummer 4.

Die Waffe schussbereit in der einen Hand, schiebt sie mit der anderen den Schlüssel des Drei-Sterne-Wächters ins Türschloss. *Verdammt, der passt nicht.* Sie schaut nach rechts, eben kommt Max mit David den Flur hoch, der junge Pfleger leicht taumelnd. *Gleich halb sechs,* denkt sie, von unten dringen dumpfe Geräusche herauf, Schritte im Innenhof und im Erdgeschoss, Rufe, Wortwechsel, die Suche nach den verschwundenen Wächtern hat begonnen. In Kürze werden auch die Inselherren eintreffen, zum Meeting mit Don Pedros vermeintlichem Nachfolger. Max geht offenbar noch davon aus, dass er gleich in seiner Rolle als Don Francisco unten durchs Schlosstor spazieren wird, und er nimmt wohl auch an, dass es ein Dreiertreffen sein wird, nur Martens, Astor und er.

Beides falsch, denkt sie, *die Brüder werden in hellen Scharen erscheinen. Sie glauben, uns auf die Schliche gekommen zu sein, und so eine Gelegenheit lassen die sich nicht entgehen.*

Maipaan,
Jagdschloss, zweiter Stock,
Zimmer 4 [17:44]

Hallstein hat ihr Kopftuch und die getönte Brille im Rucksack verstaut, trotzdem staunt Max noch immer über ihre Verwandlung zur Muslima. Er hat sich wochenlang auf seinen Einsatz als Franz Hochfelder vorbereitet, sie dagegen ist ansatzlos in ihre neue Rolle gesprungen. Auch ohne Kopftuch geht sie locker als indonesische Rollerfahrerin durch, mit den schreiend bunten Kleidungsstücken und den dunklen Kontaktlinsen, die ihre grünen Augen verbergen.

Max kann gar nicht aufhören, sie anzustarren, während sie im Türschloss stochert und leise flucht. Der Schlüssel steckt, lässt sich aber nicht drehen. Max geht es ähnlich, er steckt irgendwo zwischen seinen Identitäten fest, halb noch Franz, halb schon wieder Max. Er versteht nicht, wieso Hallstein hier ist, was sie vorhat, aber wenn sie so drauf ist wie jetzt, hat es wenig Sinn, sie nach Warum und Weshalb zu fragen. In ein paar Minuten müsste er eigentlich hinten wieder aus dem Fenster klettern und vorne als Franz Hochfelder durchs Schlosstor spazieren. Laut Hallstein ist Don Francisco aufgeflogen, aber irgendwie kommt ihm das noch immer spanisch vor. Er vertraut ihr grenzenlos, doch er spürt, dass sie nicht nur gekommen ist, um ihn hier rauszuhauen. *Aber weshalb sonst?*

Sie rüttelt an der Klinke, flucht lauter. »Ach ja, Hallstein«, fällt ihm ein, »probier den hier mal, von Dr. Psycho.« Er fischt den Schlüssel, den er in Terrys Kittel gefunden hat, aus der Hosentasche,

Hallstein reißt ihn an sich, hämmert ihn statt des anderen ins Schloss. »Passt der?« Sie nickt, ohne sich zu ihm umzudrehen.
Max nimmt das Walkie-Talkie von seinem Gürtel und schaltet es ein. »Noa? Pablo? Bitte kommen«, spricht er auf Spanisch in das klobige Gerät. Rauschen und Knistern, dann Noas heisere Stimme. »Schnell, Herr, der große Schlosssaal füllt sich schon.« Sie klingt aufgeregt. »Gleich kommt der nächste Wolkenbruch, den müssen wir nutzen. Sonst wird es ...«
»Der Saal füllt sich?«, wiederholt er. *Mit wem,* will er fragen, da fängt er einen Blick von Hallstein auf. »Bleibt in Deckung, ich komme später«, sagt er, »der Plan hat sich geändert. Ende.« Er schaltet das Funkgerät aus und klemmt es wieder an den Gürtel. »Du kommst gar nicht«, sagt Hallstein. »Wir lassen sie kommen.«
Er sieht sie fragend an. *Wir lassen sie kommen?* Doch Hallstein hat sich schon wieder umgewandt und rüttelt erneut an der Klinke. Max begreift immer weniger.
Plötzlich dumpfes Stöhnen, vielleicht von hinter der Tür, vielleicht nur von einer Bodendiele. »Habt ihr das gehört?«, fragt sie gepresst.
Max bejaht, David zeigt keine Reaktion. Der junge Pfleger lehnt neben ihm an der Wand, sein Gesicht glitzernd vor Schweiß. Doch zumindest hat er keine Schmerzen mehr, nachdem er sich die Spritze mit dem Opioid gesetzt hat, das Max im Bad aufgetrieben hat. *Dolantin intravenös.* Neben ihm Psycho-Tycho in der Wanne, der wild grimassierte, vielleicht um die Augenbinde loszuwerden, und unverständliche Verwünschungen in den Knebel stöhnte. Max machte, dass er wieder rauskam, sah David zu, wie er sich hundert Milligramm injizierte und die Packung mit den restlichen Fertigspritzen in die Hemdtasche schob.
Wie sollen wir mit ihm hier lebend wieder rauskommen? Etwa per Motorroller?, fragt sich Max. »Herrje, Hallstein«, beginnt er, der Rest geht unter, als sie die Tür mit der Schulter aufdrückt, mit gezogener Waffe ins Zimmer stürmt, aus dem lautes Stöhnen dringt.

Max zieht sein Messer, folgt Hallstein dichtauf. Das Flurlicht reicht zwei Schritte weit, dahinter ist es stockdunkel. *Das Fenster zugemauert*, denkt Max, dann fällt ihm ein, dass hier gar kein Fenster sein kann, der Berg greift hier bis zur Schlosswand aus. Hallstein fasst nach links, schaltet Deckenlicht ein, stürmt weiter voran.

»Warte hier«, sagt er zu David und beeilt sich, zu ihr aufzuschließen. Der Raum ist so schmal wie die anderen Kammern, aber aus irgendeinem Grund sehr viel tiefer. An den Wänden großformatige Vierfarbfotos mit Dschungelmotiven, urtümliche Wildnis, baumhohe Farnwedel, Wurzeln, Lianen, fleischige Blätter, schreiend rote, schleimig glitzernde Blüten, alles durcheinanderwuchernd, dazwischen lauernde Augen, die Jäger.

Nach hinten zu weitet sich der Raum, Max staunt, geht langsam weiter, nur allmählich begreifend. *Sie haben die Rückwand durchbrochen, wie von Hallstein vermutet, und den Felsüberhang dahinter ausgehöhlt.* Bis hier ist er noch im Schloss, mit dem nächsten Schritt schon im Berg. Die Wände aus rohem Fels, mit Rissen durchzogen, stellenweise dunkel vor Feuchtigkeit. Davor weitere riesenhaft vergrößerte Fotos, an Stahlseilen unter der Decke aufgehängt und jedes Bild gerahmt. *Wie im Museum*, denkt Max, Männer mit Teenagern, im Dschungel, in Ruinenbauten, in schäbig möblierten Absteigen, Jungen und Mädchen mit verängstigten oder apathischen Gesichtern, alle blutend, nackt. Die Männer wirken ausgelassen, fast euphorisch, wie sie die kleineren Körper unter sich so positionieren, dass sie hineinstoßen können, auf jedem einzelnen Foto sind ihre Gesichter und die aufgerichteten Penisse zu sehen.

»Mixner, der Grunewaldhotel-Heini, siehst du?« Hallstein spurtet an der Bildergalerie entlang, dem Stöhnen entgegen, das mit jedem ihrer Schritte lauter wird. »Und da, Baulöwe Grohlich, deutlich jünger, und hier, der bullige Rechtsanwalts-Typ, wie heißt der noch gleich? Aus der Kanzlei, aus der Martens ausgestiegen ist?« Sie schnipst mit den Fingern.

»Schnittke, von Tornow & Partner«, sagt Max. »Das gibt's nicht, Hallstein.«

»Und ob es das gibt. Sie hängen alle, alle mit drin, Max. Seit Jahren und Jahrzehnten. Siehst du? Althus, Martens, keiner fehlt. Und der da, das ist doch dieser Großinvestor aus Hamburg? Und da drüben, der Staatssekretär, gleich neben dem Minister aus – sag schon – Luxemburg?«

»Belgien, glaub ich«, sagt Max. »Mittlerweile ein hohes Tier bei der EU.« Er erkennt Filmstars, Hollywood-Produzenten, US-Investoren, einen Berliner Ex-Senator, gleich mehrere ehemalige Staatspräsidenten, aus Europa und Lateinamerika, einen aus der Klatschpresse bekannten Prinzen, den thailändischen Milliardär Charoen Sinitivat, der in Berlin ein Wohn- und Geschäftsviertel hochzieht, zusammen mit Baumogul Grohlich, die vielen Gesichter, unzähligen Vergewaltigungsszenen machen Max ganz konfus. Dazu Hallsteins Furor und das Stöhnen irgendwo weiter hinten im Raum.

»Durch die Galerie hier vergessen die Brüder nie, dass alle zusammen untergehen, wenn einer was ausplaudert.«

»Dass wir das zu sehen bekommen, war aber wohl nicht vorgesehen«, sagt Max und kramt erneut seine Kamera hervor.

»Da bin ich mir nicht so sicher.« Bevor Max fragen kann, was sie damit schon wieder meint, bleibt Hallstein abrupt stehen und zieht die Luft zwischen den Zähnen ein. »Verdammte Scheiße, das ist doch ...«

Sie rammt ihre Glock ins Gürtelholster und reißt eines der großformatigen Bilder von der Wand. *Was hat sie denn?*, fragt sich Max erschrocken. Hallstein schmettert es mitsamt Verglasung auf den Boden, trampelt darauf herum, bückt sich, zerrt den Vierfarbausdruck zwischen den Scherben hervor und zerreißt ihn in tausend Fetzen. Max konnte eben noch einen dunkelblonden Mann mittleren Alters erkennen, der in einer Art Fabrikruine hinter einem halbwüchsigen Jungen kauert. Dann nur noch Scherben, Splitter, bunte Hochglanzfetzen.

»Beschissene Scheißfälschungen!«, stößt Hallstein zwischen den Zähnen hervor. »Verfickter Fake wie das Foto von Tobi und mir.« *Aber ihr wart beide wirklich dort, du und dein Bruder*, denkt

Max, *nur die Botschaft, die Jensen herausgelesen hat, war böswillig falsch.* Während das fast lebensgroße Foto, das sie eben zerstört hat, wenig Raum für gut- oder böswillige Deutungen lässt. *Ihr Vater, ohne Zweifel,* denkt Max, Hallstein hat ihm einmal Bilder aus dem Familienalbum gezeigt. Eltern, Geschwister, glücklich lächelnd vereint. *Ihr Vater vor zwanzig, fünfundzwanzig Jahren, in Fabrikkulisse, wohl bei einer von Grohlichs Abrisspartys, wie er einen Jungen anal penetriert, der ungefähr so alt ist wie damals Tobias.*

Hallstein rennt weiter in den hinteren Bereich des Raums. Max folgt ihr, zu geschockt, um halbwegs klar zu denken. *Photoshop-Fake, ganz bestimmt,* denkt er, *aber wieso ihr Vater hier in der Galerie, mit der sich die Brüder gegenseitig erpressen? Hallstein senior ist doch seit Langem tot.*

In einer Felsnische steht ein vollkommen kahler Baum, an dem seltsame, braune Früchte hängen, und direkt daneben fällt Hallstein auf die Knie. »Oh Gott, ich hab mir so sehr gewünscht, dass du ...« Krampfhaftes Schluchzen. Hallstein beugt sich tief über die Gestalt, die unter dem Baum liegt, nackt auf dem nackten Felsboden. »Weißt du, dass ich sogar zu beten versucht habe«, hört er Hallstein zwischen Schluchzern hervorstoßen. »›Du grausamer Gott, wo auch immer du bist, lass mich foltern, bring mich um, mir alles egal, aber lass nicht Ria für meine Verrücktheit bezahlen‹?«

**Maipaan,
Jagdschloss, zweiter Stock,
Zimmer 4 [17:53]**

Verbrennungen an Nase und Ohren, an Brüsten und Genitalien. Für Elektrofolter braucht man nicht mal Spezialisten, man schiebt den Draht in die betreffenden Körperöffnungen oder klemmt ihn an geeigneten Körperteilen fest. Dann Strom einschalten, das Zielobjekt zucken und zittern lassen, ausschalten, gegebenenfalls bei der nächsten Runde Dauer und Stromstärke erhöhen. Den Körper vorher mit Wasser übergießen, dann sind die Stromstöße noch schmerzhafter. Und/oder Drähte in offene Wunden stecken, das wirkt selbst bei hartgesottenen Individuen Wunder.

Jeden dieser Kniffe aus dem Handbuch für Folterer haben Rias Peiniger befolgt, und noch etliche mehr. Sie ist am ganzen Körper grün und blau geschlagen, stumpfe Gewalt, mutmaßlich mit Knüppeln. Auch die Platzwunden weisen Verbrennungsspuren auf. Ihre Daumennägel wurden gezogen, das Gewebe darunter ist gleichfalls verbrannt.

Ria lebt noch, sie ist sogar bei Bewusstsein, aber Hallstein glaubt nicht, dass sie die nächste Nacht überleben wird. Nicht ohne sofortige intensivmedizinische Notversorgung, und die wird sie nicht bekommen, obwohl die Insel voller Ärzte und medizinischer Einrichtungen ist.

»Ich ... habe ... dich ...«, stöhnt Ria zum wiederholten Mal. Das zugehörige Verb will ihr nicht über die Lippen, sie quält sich damit, mehr noch als mit den Schmerzen, die unerträglich sein müssen, doch ihre Gewissensqualen sind stärker. »Perlsberg ... ich ... habe ...«

Wie gern würde Hallstein es ihr leichter machen, den Satz für sie zu Ende sprechen. *Mich verraten, ich weiß.* Aber es würde wie ein Vorwurf klingen, vielleicht wäre es das Letzte, was Ria zu hören bekäme. Ausgeschlossen, das kann sie unmöglich so in Worte fassen, dabei weiß sie es wirklich schon seit Mittwochnachmittag. Seit Jensen und Svenja die Verliese unter der *Zuchtanstalt* durchsucht haben, ohne Ria zu finden. Bis dahin hätte die junge Agentin vielleicht durchhalten können, dank härtestem Training, viel länger auf keinen Fall. Und seither sind drei weitere Tage vergangen.

Unter der Folter gesteht jeder, die Frage ist nur, ob es früher oder später so weit ist. Bei einem so erfahrenen und skrupellosen Folterer wie Tuchalsky definitiv früher. Deshalb hätte Hallstein spätestens Mittwochnachmittag die ganze Aktion offiziell abblasen,

Jeanne Bex informieren, die Papiere an sich nehmen müssen, die Max für den Inseleinsatz brauchte. Doch sie brachte es nicht über sich, sie konnte einfach nicht akzeptieren, dass die Brüder wieder davonkommen würden, dass ihre letzte Chance endgültig dahin war. Also ließ sie geschehen, dass Max ihrem Abbruchbefehl zuvorkam und auf eigene Faust nach Maipaan reiste, obwohl sie wusste, dass Ria verraten würde, wer Franz Hochfelder in Wahrheit ist.

»Ich ... habe ... dich ... und ... Max ...«

Sie starrt in Rias halb zugeschwollene Augen, hält ihren Blick fest. Das ganze Gebäude summt mittlerweile vor Geschäftigkeit. Das Treppenhaus dröhnt unter den Tritten etlicher Personen. *Nur noch ein paar Minuten,* schätzt Hallstein, *dann sind sie hier.*

Eigentlich wollte sie mit Max und David längst weiter sein, nicht über alle Berge, aber tief im Berg, doch das Foto von ihrem Vater, wie er den Jungen vergewaltigt, hat die Luft aus ihr herausgepumpt. All ihren Mumm und Mut, dabei glaubt sie nicht, dass es etwas anderes als eine perfide Fälschung ist. *Nie, nie, niemals hat er so etwas getan.* Sie sagt es sich immer wieder, trotzdem kriegt sie immer noch nicht richtig Luft.

»... euch verraten, Hallstein ... aber ich wollte ... nicht ...«

Hallstein fängt einen entgeisterten Blick von Max auf. »Du hast keine Schuld, Kleines«, flüstert sie Ria ins Ohr. »Du hast alles richtig gemacht, im Gegensatz zu mir.« Das beiderseitige Schuldeingeständnis gibt ihr und vielleicht auch Ria, hofft sie, neue Kraft.

»Wir müssen hier weg.« Hallstein rappelt sich auf, sieht sich hastig um. Max hält sich die Mikrokamera vors Auge, fotografiert eilends möglichst viele der Bilder an den Wänden. David steht neben Ria, unter dem toten Baum, der in einem Betonsockel steckt, und starrt mit verzerrtem Gesicht zu den schrumpeligen, braunen Früchten hoch. Hallstein folgt seinem Blick, ihr Herz steht still. Totenstill.

Um im nächsten Moment desto hastiger, holpriger weiterzurasen, es sind keine Früchte, es sind Schrumpfköpfe, nicht größer als Männerfäuste, jede mit braun verwitterten Gesichtszügen, stark verkleinert und doch identifizierbar. Wie Gnomenschädel, aber Hallstein erkennt sofort drei von ihnen wieder, den Jungen und das Mädchen von den Dschungelvideos, die Cybercrime-Kollegin Grete Keller ihr seinerzeit gezeigt hat, und Theresa Metzer, eine der jungen Frauen, die seit der »Befrei dich!«-Kampagne wie vom Erdboden verschluckt sind. *Mein Gott*, denkt Hallstein, *und das da ist Julia Liebig*. Rias kleine Schwester, ihr Kopf hängt die ganze Zeit über ihr und stiert aus stecknadelkopfkleinen Augen auf sie hinab.

»Um Himmels willen, Hallstein.« Max steht plötzlich neben ihr, starrt abwechselnd Ria, Hallstein und die grässlichen Kugeln über ihnen an. Hallstein fängt an, die an Lederriemen aufgehängten Köpfe von den Ästen zu reißen. Sie hat ihren Rucksack abgesetzt, das Kopftuch herausgezogen, und stopft stattdessen Schrumpfköpfe hinein. Max versucht, unauffällig über sie hinwegzugreifen, aber sie kommt ihm zuvor. Sie schnellt hoch, schnappt sich die Kugel, die höher als alle anderen hängt, und erstarrt in der Bewegung. *Lou.*

Erneut steht alles still. Einen Herzschlag lang. Zwei. Drei.

Eine Faust vor den Mund gepresst, sieht Hallstein mit leerem Gesicht, leerem Kopf, leerer Seele das viel zu kleine Gesicht an, das am Riemen vor ihr baumelt. »Lou.« Sie will seinen Namen schreien, den Namen ihres Liebsten, den ihr die Brüder entrissen, den sie vor ihren Augen zerschnitten, ausgeweidet, aufgefressen haben. Aber sie bringt keinen Ton heraus, sie starrt in seine Augen, sie hört den Lärm draußen im Treppenhaus, und erneut kocht Wut in ihr hoch.

Seit drei Tagen wissen sie von unserer Aktion, denkt Hallstein, *deshalb haben sie das alles hier arrangiert, das Fake-Foto, Ria, Lou, damit ich durch Max davon erfahre.* Inzwischen muss ihnen auch klar sein, überlegt sie fieberhaft weiter, dass die vermeintliche Muslima auf dem Roller zu Max gehört. Da brauchten sie nur noch eins und eins zusammenzuzählen. Sowieso versuchen sie seit Langem, Hallstein hierherzulocken, mit den Links zu Foltervideo-Schnipseln von der Insel und mit Lous Halsband, das sie in der »unterirdischen Stadt« zurückgelassen haben, dem Verliestrakt in Brandenburg, damit sie es dort entdeckt. *Alles, um mich zu verhöhnen, mir zu zeigen, dass sie mir immer mindestens einen Schritt voraus sind.*

Ihr ist klar, dass die Brüder sie längst hätten erledigen können, durch einen fingierten Autounfall zum Beispiel, kein Problem, wenn man falsche Zeugen, gefügige Ermittler und Forensiker nach Belieben aufbieten kann. Aber genauso klar ist ihr, warum Astor & Co. es vorziehen, mit ihr zu spielen. Sie sind süchtig nach dem Kick, den ihnen die Menschenjagd gibt. Entsprechend muss es sie unwiderstehlich reizen, den Spieß umzudrehen, ihre hartnäckigste Jägerin hier im Dschungel vor sich herzutreiben und zu Tode zu foltern nach dem Ritual der Belé.

Die Frage ist nur, ob ihr Plan oder meiner aufgeht, sagt sich Hallstein. Sie leert die Tasche an Nabilas Kleid und streift es über den Kopf. »Zieh ihr das an«, weist sie den jungen Pfleger an und wirft alles, was in der Kleidtasche war, in ihren Rucksack, außer dem Kleber und Terrys Schlüssel.

Ria ist nicht bei Bewusstsein, sie atmet schwach, aber regelmäßig. Hallstein macht Max ein Zeichen, *nimm sie hoch,* geht um Ria herum und auf das schwarze Stahltor am hinteren Ende des Raums zu. Erst als sie den Schlüssel ins Schloss stecken will, fällt ihr auf, dass darin bereits einer steckt. *Falls wir noch einen Beweis gebraucht hätten, hier ist er. Sie treiben uns vor sich her.*

Sie hängt sich Lous Schrumpfkopf mit dem Lederriemen um den Hals. Als sie sich umwendet, trägt Max Ria auf seinen Armen, David starrt noch immer in den kahlen Baum hoch, anscheinend unter Schock.

»Hier entlang, kommt«, kommandiert Hallstein. Sie dreht den Schlüssel, drückt die Klinke herunter, schiebt das schwere Tor ins Innere des Bergmassivs auf. Energisch wedelt sie Max und David an sich vorbei, feuchtwarme Luft schwappt ihnen ent-

gegen. Just in dem Moment, als vorne die Tür zu Zimmer 4 aufgeht, drückt Hallstein hinter sich das Tor ins Schloss.
Auf dieser Seite weist es keine Klinke auf, nur einen starren Knauf, wie sie das erwartet hat. Wie bei Soltaus Bunker, in dem mit der Entdeckung der Fässer voller Leichtenteile alles angefangen hat. Wer vom Dschungel aus hier durchwill, braucht einen Schlüssel. Eine sinnvolle Sicherheitsmaßnahme, sagt sich Hallstein, wenn man nicht durch ungebetene Besucher überrascht werden will, weder von den Belé noch von droben im Hochtal ausgesetzten Opfern, deren Jagd sich vielleicht über Tage hinzieht.
Sie schraubt die Tube aus Terrys Beständen auf und verteilt Flüssigkleber auf dem Schloss. *Jetzt gibt es kein Zurück mehr. Weder für uns noch für sie*, denkt Hallstein und hastet hinter den anderen her.

ACHT:
Tod

**Maipaan,
Jagdschloss, zweiter Stock, Bad [17:56]**

»Was willst du denn darstellen, Kilroy? Justitia als Hummer interpretiert?« Der Oberaffe lacht dröhnend, und mindestens drei andere Orangs johlen mit.
»Macht mich los, verdammt!«, stöhnt Kilroy in den Knebel. Jemand beugt sich über ihn, Kilroy erkennt die säuerliche Aura sofort.
»Was ist denn passiert?«, fragt der Laufbursche.
Die Augenbinde wird ihm abgenommen, der Knebel, die Hand- und Fußfesseln. Vier, nein, fünf Orangs drängen sich in dem kleinen Bad, alle in Bademänteln, die Körper darunter mit Schlamm eingerieben und mit Skelettmuster à la Belé bemalt. Der Oberaffe stößt fast an die Decke, sogar ohne Hut. Alle starren Kilroy an, wie er nackt, verbrüht, mit blutender Stirn in der Wanne liegt.
»Was glotzt ihr denn so bescheuert?«
Auch Martens ist da, und sogar er grinst verstohlen, als sich Kilroy aus dem Topf herauskämpft. Er nimmt das Badetuch, das ihm der Laufbursche hinhält, und wickelt es sich um die Hüften.
»Jetzt sag doch mal«, insistiert Astor.
»Keine verschissene Ahnung«, stößt Kilroy hervor. »Ich wollte diesen Davie-oder-wie in die Wanne schmeißen, alles ganz normal. Aber das verfickte Schweinchen hat nur so getan, als ob es noch k. o. wäre.«
Erneute Heiterkeit bei den Orangs. »Und dann? Mach's nicht so spannend, Tycho.« Noch mehr Anfeuerungsrufe. »Weiter, Kilroy! Was ist dann passiert?«
Der Bengel hat ihm ein Knie in die Eier gerammt, und er ist nach vorn geklappt und mit dem Kopf auf die Wanne gekracht. *Das* ist passiert, verflucht noch mal. Kilroy deutet es nur vage an, trotzdem johlen die Orangs erneut. »Kann jedem mal passieren«, behauptet Astor und zwinkert Martens zu.
»Jetzt kriegt euch mal wieder ein.« Kilroy fuchtelt mit den Armen. »Es geht noch weiter, und ich wette, da bleibt euch das

Lachen im Arsch stecken.« Er starrt nacheinander den Oberaffen, den Laufburschen und diesen Lackaffen an, wie heißt er noch gleich, von Irgendwie, ach ja, von Bolstedt. Dessen Jungen hat sich damals Hinkebein Hardy gekrallt, aus Rache, wurde gemunkelt, weil die Orangs ihn immer wie Dreck behandelt hätten. Jahrzehntelang als Aasfresser missbraucht, quasi als Ratte eingesetzt, *»mach mal die Rümpfe und Stümpfe da weg, Hardy«*, bis er die Schnauze voll hatte und sich den Knaben aus Kladow griff. Kurz darauf flog Hardy allerdings in die Luft, Tretmine, *kra-wumm!,* und seine Eingeweide verteilten sich in der Brandenburger Heide. *Obermakaber*, denkt Kilroy, *vor allem, weil es angeblich seine eigene Schwester war, die ihn mit der Scheißmine gefickt hat.*

Hier auf der Insel haben sie es ja schlauer eingerichtet, sinniert er weiter, mit der Rattenhöhle drüben im Berg und der superpraktischen Rampe für die Überreste. Luke auf, Schweinchen rein und guten Rutsch. Kilroy liebt die runde Stahltür in der Felswand, das »Rattenschott« laut Großmaul Althus. Leider lassen die Oberaffen ihn nie allein die Ratten füttern gehen, *»nee, nee, besser nicht, Kilroy, stell dir mal vor, was passiert, wenn du das Ding nicht wieder richtig zumachst.«* Als ob er geistig minderbemittelt wäre!

»Geht's dir nicht gut, Kilroy?« Der Laufburschenbariton. Kilroy stoppt den Film in seinem Kopf und richtet seinen Blick nach außen. Er sitzt auf dem Wannenrand, sein Publikum steht im Halbkreis um ihn herum.

»Apropos Film, ich hatte einen Filmriss, aber nur kurz. Als ich wieder auf Sendung bin, liege ich hier vor dem Bottich, und die kleine Putte hockt auf meinem Arsch und klöppelt mir mit ihren Fäustchen auf den Rücken.« Kilroy ahmt schwächliche Faustschläge nach, prompt schauen ihn die Orangs respektvoller an. Der Oberaffe natürlich nicht, aber alle anderen, inklusive Martens. Schließlich war Kilroy mal Boxer, Mittelgewicht. Er hat nach hinten ausgeteilt, rekapituliert er weiter, dem Schweinchen in die Seite gedroschen, »und dann plötzlich – Gong, aus, schwarz. Ich wieder ausgeknockt, aber der Kleine kann das auf keinen Fall gewesen sein!«.

»Der Junge hat dich auf die Bretter geschickt, echt jetzt?«, erkundigt sich Althus. Den sogenannten Lebenswelten-Designer konnte Kilroy noch nie leiden, der tut immer so von oben herab, als ob seine Villa in Dahlem seit anno dazumal in Familienbesitz wäre. Dabei gehört die Fachwerkhütte dem affigen Landschaftsverschandler auch nicht viel länger als Kilroy die Villa Morgencron.

»Eben nicht!«, keilt er zurück. »Hast du Rotz in den Ohren, oder wie? Dem Schweinchen hatte ich ja gerade eins mitgegeben, dass der nur so durch die Luft flog. Da konnte der doch nicht im gleichen Moment meinen Kopf auf den Boden knallen, das ist doch gegen jedes Naturgesetz!«

»Das beschreibt auch dich ziemlich gut.« Althus feixt. »Gegen jedes Naturgesetz, aber wir alle lieben dich, das weißt du.«

Weil ich euch die Kohle ranschaffe, darum liebt ihr mich. Kilroy wird weinerlich zumute, so ist das eben manchmal, wenn man ein sensibler Künstler ist. Schlagartig schwimmt er in Selbstmitleid, in Trauer um Mami, die für immer weg und auf unheimliche Weise immer da ist, ihn umgibt, umhüllt, umschließt, umwölbt, alles mit um-, als wäre er ummer noch Klein Tycho, nein, schlimmer, Kleinst Timo, ummer noch ungeboren.

Als er zu sich kam, lag er verschnürt im Bottich, berichtet er schniefend, und das Schweinchen war weg. »Das hat der Kleine auf keinen Fall allein hingekriegt«, wiederholt er, obwohl er das eigentlich selbst nicht glaubt. Wer soll hier im Schloss schon rumstrolchen, der nicht zu ihnen gehört? Außer ein paar Ratten vielleicht, die zwängen sich überall durch, der Fels ist eben laut Althus porös, vom Regenwasser ausgewaschen, überall Spalten, Risse, Ritzen. Je mehr du die Ratten mästest, desto mehr werden sie. Kilroy denkt lieber nicht darüber nach, über das Netz aus Gängen und Höhlen im Innern des Bergs und die Unmengen struppig grauer Ratten mit ihren rosigen Schwänzen, die unaufhörlich, mit kratzenden Krallen, die Gänge hoch- und runterwu-

seln und sich in der Höhle unter der Rampe sammeln, wenn oben das Rattenschott ratternd aufgeht.
Was hab ich? Wieder würgt er seinen inneren Film ab. »Was hast du gesagt?«, fragt er Astor.
»Dass du in dem Punkt wohl recht hast: Das war nicht der Kleine allein.«
»Das sehe ich auch so«, setzt der Laufbursche noch einen drauf, »die halten sich hier irgendwo versteckt.«
»Was?«, schreit Kilroy. »Ihr wollt mich verarschen, oder? Wer ist hier und hält sich irgendwo versteckt?«
»Bullerei vermutlich.« Der Oberaffe sieht weder Kilroy noch sonst wen an, sondern fixiert die Wand neben dem Medizinschrank. »Oder was auch immer«, setzt er hinzu.
Kilroy kriegt die totale Panik, Herzrasen, Schockstarre, sein Schwanz schrumpelt, sein Magen rumpelt, warum glotzt der Oberaffe wie hypnotisiert gegen die beschissene Wand? »Doch nicht das Was-auch-immer«, winselt Kilroy und kippt fast in die Wanne zurück. Er traut sich kaum, zur Wand hinzuschielen, jeden Augenblick kann die zerplatzen, und dann gnade ihnen allen Pater Georgs Gott.
Als er die befremdeten Blicke der Orangs bemerkt, ihre Jetzt-dreht-er-völlig-durch-Gesichter, reißt er sich zusammen. »Mach dir keinen Kopf, Kilroy«, tröstet ihn der Oberaffe, »wir haben die längst im Sack. Das wird ein Mordsspaß, du wirst schon sehen.«
Kilroy versteht nur noch Sackbahnhof. »Auf ein Wort, Till, was wird ein Mordsspaß?«, wendet er sich an Martens, doch der zeigt auf den Laufburschen, macht auf dem Absatz kehrt und marschiert hinter Althus, Astor, von Bolstedt aus dem Bad. Alphabetische Reihenfolge, registriert Kilroy, dabei interessiert ihn das einen Scheiß, aber sein Scheißgehirn macht wieder mal, was es will.
»Wie Tom schon gesagt hat, wir haben sie im Sack«, sagt der Doktor. »Die Jagd geht gleich los, wenn du mitwillst, muss ich dich vorher noch verarzten.«
»Mit? In den Dschungel hoch? Jetzt?« Der Doktor nickt bei je-

dem Fragezeichen. Kilroy will eigentlich lieber nicht mit, er fühlt sich nicht mehr nur zum Heulen, er spürt, dass heute noch etwas Grauenvolles passieren wird. Aber so, wie der Oberaffe und die anderen Orangs eben gefeixt haben, kann er jetzt nicht kneifen. Die lachen sich sonst noch schlapp über ihn, er sieht Narbenschädel schon vor sich, wie er rumdröhnt über »*Kilroy, den das Schweinchen weich gekocht hat*« und blabla. »Na klar will ich mit«, sagt er.
»Dann halt mal still, ich muss dich klammern.«

**Maipaan,
Bergtunnel [18:03]**

Der Stollen, grob aus dem Gestein gehauen, gerade hoch und breit genug für einen groß gewachsenen Mann. Es ist schwülheiß, schweißtreibend schon nach den ersten Schritten. Zumal es stetig bergauf geht. Die vergitterten Lampen, alle zehn, fünfzehn Meter unter der Decke, malen nur matte Lichtpfützen auf den glitschigen Boden. Sogar der Fels scheint zu schwitzen.
»Schneller, Max!« Hallstein treibt ihn an, zieht David am Arm mit sich. Das Stahltor schluckt allen Schall, trotzdem meint sie zu hören, wie sich der Raum dahinter mit immer mehr Brüdern füllt. Mit ihrer fiebrigen Energie, der aufpeitschenden Begierde, die Beute vor sich herzuhetzen, im dunklen Dschungel zu umzingeln, zu erlegen, zusammen mit den Jägern der Belé.
Sie zieht David hinter sich her, hört sein Keuchen, sieht gleichzeitig vor sich, wie sich die Brüder die Kleidung von den Leibern reißen, Astor den schwarzen Anzug, Professor Sievering den altmodischen Dreiteiler, Althus den lässigen Edellook, Chinos und Shirt vom Herrenausstatter, dazu handgenähte Schuhe. Alle sind eilends angereist, angeblich zur »spontan anberaumten Sitzung des Stiftungsbeirats«, in Wahrheit, um den falschen Don Francisco zu jagen. Und die genauso falsche Nabila, deren wahre Identität sie mittlerweile wohl gleichfalls erraten haben. Wer

sonst noch wäre so verrückt, sich inkognito in die Höhle der Wölfe zu wagen? Mit einem Höllenfahrtskommando, von dem ihre Vorgesetzten nicht einmal wissen?

Auch das haben die Brüder mittlerweile gecheckt, nimmt Hallstein an, über ihre Kontakte in Brüssel, irgendwelche höheren Tiere bei Europol, vielleicht die Bex selbst. Terry müssen sie inzwischen entdeckt und von seinen Fesseln befreit haben, genauso wie die beiden Security-Männer, die Nabila k. o. gespritzt hat. *Wir servieren uns auf dem Silbertablett, da können sie einfach nicht widerstehen.*

»Warte, Hallstein.« Max ist plötzlich stehen geblieben, nach allenfalls zehn Schritten, dabei müssen sie deutlich weiter in den Berg hinein. Noch sind sie innerhalb des Felsüberhangs, die Gesteinsschicht links und rechts des Tunnels ist hier höchstens einen Meter dick, darunter vielleicht drei. Ihren Plan hier vorne umzusetzen ist zu gefährlich, sagt sich Hallstein, sie müssen erst die imaginäre Linie passieren, hinter der das eigentliche Bergmassiv beginnt. Und dafür bleibt ihnen verdammt wenig Zeit, nur noch ein paar Minuten vielleicht, dann geht hinter ihnen das Tor auf, und die Jagd beginnt.

»Was ist denn?« Sie wendet sich um, sieht ihn ungeduldig an. Max hat keine Konditionsprobleme wie früher, wenn sie vorangestürmt ist. Eben noch war er dicht hinter ihr und David, und wie er Ria auf seinen Armen trägt, sieht mühelos aus. Doch aus irgendeinem Grund ist er ein paar Schritte zurückgegangen und winkt sie zu sich her.

»Hast du das gesehen?« Mit dem Kopf deutet er auf einen runden Metallverschluss in einer Wandnische rechts. »Ich bin im Vorbeigehen dagegen gestoßen, mit Rias Füßen, und jetzt hör dir das an.«

»Warte hier«, sagt Hallstein zu David. Sie spurtet zurück zu Max, bleibt neben ihm stehen. Schwarzer Stahl, vom ungefähren Umfang eines Kanaldeckels, gesichert mit Querriegel und Vorhängeschloss.

»Hörst du?«, wiederholt er.

Hallstein spürt, wie ihre Augen größer werden, die Haare im Nacken und am Rücken sich sträuben. Ja, sie hört es auch, ein Trappeln und Kratzen tief unten im Berg. Der Stahldeckel ist mit massiven Scharnieren an einem knapp einen Meter hohen Sockel befestigt, der zum Gang hin angeschrägt ist wie bei einem Katheder. »Ein integriertes Rattenloch«, sagt sie, »praktisch, wenn man so viele Leichen zu entsorgen hat.«
Sie schlägt mit der Faust gegen den Stahldeckel, es dröhnt wie von einem Gong. Langsam verhallt das Dröhnen, dafür wird das Kratzen und Trappeln lauter. Hallstein meint zu sehen, wie die Ratten aus dem Innern des Bergs emporgewimmelt kommen, durch eine steile, rampenartige Röhre, die unter dem Stahldeckel endet.
Fieberhaft denkt Hallstein nach, sie hat auch die Geologie der Insel recherchiert, das Bergmassiv ist von einem natürlichen Netz aus Höhlen, Kammern und Gängen durchzogen. Althus & Co. mussten vorhandene Tunnel nur verbreitern und erforderlichenfalls miteinander verbinden, um den Durchgang vom Schloss zum Hochtal hinauf zu schaffen. Das Hauptproblem ist nicht die Modellierbarkeit, so die von ihr befragten Experten, sondern die Durchlässigkeit des Gesteins. Zur Isolierung gegen die Wassermassen, die vor allem zur Regenzeit niedergehen, wurden augenscheinlich große Mengen an Zement verbaut. Trotzdem tropft und rinnt es aus unzähligen Spalten und Poren im Fels.
Ein begehbarer Tunnel durch den Felsüberhang zwischen Schloss und Berg sei durchaus machbar, laut den Experten, in statischer Hinsicht allerdings anspruchsvoll. Offenbar sind die baulichen Herausforderungen in diesem Bereich sogar noch größer, sagt sich Hallstein, die Röhre, die von hier zur Rattenhöhle hinabführt, unterquert den Haupttunnel, verläuft also gleichfalls durch den Felsvorsprung. Entsprechend kann die hier unter beiden Gängen verbliebene Gesteinsschicht nicht viel mehr als zwei Meter messen.
Vor ihrem inneren Auge formt sich ein albtraumhaftes Bild, die

dunkle Höhle im Berg, wimmelnd vor Tausenden oder Zehntausenden Ratten. Durch die Röhre hinter dem Stahldeckel werden die Überreste der Opfer hinabgeworfen, und das Einzige, was die Allesfresser übrig lassen, sind ein paar blank genagte Schädel- und Schenkelknochen.

Fast schon glaubt Hallstein, das hölzerne Klappern der Knochen zu hören, auf denen die Ratten herumtrappeln wie auf trockenem Holz. Erneut brodelt die Wut in ihr hoch, Wut auf die perversen Brüder, ihre unmenschliche Grausamkeit. Sieben Sprengsätze unterschiedlicher Größe, Nobelit in Stahlbehältern, hat sie auf Wayans Kutter vom Koffer in den Rucksack umgepackt. Bisher hatte sie lediglich vor, den Haupttunnel zum Einsturz zu bringen, damit die Brüder sie nicht in den Wald hinauf verfolgen können. Wenn außerdem ihre improvisierte Kleber-Attacke auf das Torschloss funktioniert, sitzt die verhinderte Jagdgesellschaft in Kürze zwischen Tor und Einsturzstelle fest.

So weit der Plan, sagt sich Hallstein, die Gedanken rasen mit ihrem Herzschlag um die Wette. Sie hört die Ratten kratzen und fiepen, sie glaubt zu sehen, wie sie die Felsröhre hinaufgewimmelt kommen und sich hinter dem Stahldeckel drängeln. *Bist du bereit, diesen Schritt zu gehen,* nimmt sie sich selbst ins Verhör, *bist du bereit, die letzte Linie zu überschreiten?*

»Um Himmels willen«, murmelt Max. »Wo kommen die alle her?«

»Aus der Hölle«, sagt sie. »Geh schon weiter, Max, ich komme gleich nach.«

Er sieht sie argwöhnisch an, setzt sich aber folgsam in Bewegung. *Guter Max.* Sie ist ihm eine Erklärung schuldig, doch dafür ist jetzt keine Zeit. Ria liegt wie leblos in seinen Armen, und Hallstein bezweifelt, dass sie noch einmal zu sich kommen wird. Aber sie kann die Sterbende unmöglich hier zurücklassen, noch viel weniger, nachdem sie die Rattenhöhle entdeckt haben.

Ungeduldig wartet sie, bis Max zu David aufgeschlossen hat, legt ihren Rucksack ab und nimmt einen flachen, länglichen Stahlbehälter heraus. Emulsionssprengstoffe sind wegen ihres hohen Schwadenvolumens für Gesteinssprengung optimal. Da sich die

sprengkräftigen Bestandteile erst bei Zündung vermischen, lassen sich die Sprengsätze auch bei starken Temperaturschwankungen oder mechanischen Erschütterungen sicher handhaben. Hallstein stellt den Zünder auf 00:02:30, schaltet ihn scharf und schiebt den Sprengsatz so tief wie möglich in einen Felsspalt unmittelbar unter dem Sockel.
Rattenflut, marsch. Sie hängt sich den Rucksack über die Schulter und spurtet los. »Lauft schneller«, ruft sie Max und David zu, »sie kommen.«

**Maipaan,
Jagdschloss, zweiter Stock,
Zimmer 4 [18:04]**

Was der Oberaffe vorhin im Bad gesagt hat, geht Kilroy immer noch nach. »Was auch immer« – und dazu stierte er wie angststarr die Wand an. *Der weiß gar nicht, was ihm da über die Lippen gekommen ist,* denkt Kilroy, *aber das ist nicht der Punkt.* Wenn man die Welt zu lesen weiß, wie er es von Mami gelernt hat, wird jeder zum Medium und alles zur Metapher. Die Formen der Wolken, die Formationen der Vögel, alles Orakel. Die Wörter, die du im Vorbeigehen scheinbar falsch liest, Versager statt Vergaser, Verbrechen statt Versprechen, Vergewaltigung statt Verwaltung, alles Botschaften, wenn du sie zu entschlüsseln verstehst. Sein Lebtag wird Kilroy nicht vergessen, wie der nervige Nervenarzt Mami ermahnte: »Nehmen Sie Ihre Pillen, Frau Bartels, dann hören die Halluzinationen auf.« Und nur Minuten später, nachdem der Quacksalber wieder weg war, der Pater zu Mami: »Die Botschaft des Herrn ist unmissverständlich, meine Liebe, damit *Er* weiter zu dir sprechen kann, darfst du diese Pillen auf keinen Fall nehmen.« Klein Tycho hörte es durch die Salontür, einschließlich des großen E in *Er*, und war tief beeindruckt von der Art, wie der Pater die tiefere Bedeutung aus dem Geschwafel des Neuro-Fuzzis herauslas.

Narbenschädel jedenfalls hat pures Grauen vorhergesagt, aufplatzende Wand, herausplatzendes Was-auch-immer. Trotzdem ist Kilroy hier, mit den anderen in Zimmer 4, wie alle Orangs angemalt à la Belé. Aber tausend Mal lieber wäre er Tausende Meilen von hier weg. Mit den beiden Kiddies daheim in der Kiste oder mit einer kleinen Schlampe in der Klinik, Zimmer 37, ganz gemütlich nur sie zwei. Er würde sie aufschneiden und zusammenkleben, immer wieder, sachte, sanft und achtsam, und er bräuchte die Hackfressen von Althus, Astor, von Bolstedt & Co. nicht zu sehen. Wenn er mit der Kleinen fertig wäre, würde er sich mit Martens treffen, ganz gechillt, alles wie früher. Einen köstlichen Augenblick lang gibt er sich der Illusion hin, dass Martens immer noch in Berlin wäre, in Tornows Protzkanzlei am Ku'damm. Aber nein, Martens lebt jetzt hier auf der Insel, und Kilroy hat sich tierisch darauf gefreut, den Anwalt seines Vertrauens endlich mal wieder zu sprechen. Doch die Umstände ihres Wiedersehens waren nicht gerade glücklich.

Martens steht direkt hinter ihm, aber Kilroy hat einfach nicht den Mumm, sich umzudrehen und den Anwalt wie früher anzuhauen. *Hey, Till, bringst du das in Ordnung? Super, danke.* Dabei gibt es so viel zu bereden, so viele Herausforderungen, die Martens dringend für ihn meistern müsste. Maylin und die Kleinen müssen weg, der Bikeranzug und die Kawa müssen auch weg, und falls die Bullen irgendwelche Spuren von ihm in Heiligensee, in Tuchalskys Dreckklub oder in der Wohnung von diesem Devin sichergestellt haben, muss Martens dafür sorgen, dass auch die verschwinden. Aus der Asservatenkammer, oder wie das Rattenloch heißt, aus Laboren, Protokollen, Akten, überall müssen die weg. Aber so wie Martens ihn eben im Bad angesehen hat, als wären bei Kilroy jetzt wirklich alle Platinen durchgeschmort, traut er sich nicht mal, den Anwalt auch nur anzugrinsen, auf die gute, lässige Kilroy-Art. Wenn Martens ihn fallen lässt, wird es wirklich eng. Denn es stimmt ja, in letzter Zeit hat er es ziemlich wild getrieben, so knapp vor dem Knast war er lange nicht mehr.

Bestimmt kommt bloß davon dieses Katastrophenvorgefühl, sagt er sich, nichts als die alte Angst vor dem Absturz. Als Medium für tiefere Botschaften taugt Narbenschädel weniger als ein ausgehöhlter Kürbis, versucht er, sich zu beruhigen, bei *ausgehöhlt* fällt ihm allerdings wieder die Rattenhöhle ein. Schnell knipst er den inneren Film aus und lenkt seine Aufmerksamkeit nach draußen, was irgendwie immer schwieriger wird.

Alle Orangs sind schon da, sogar der olle Grohlich, knittriger denn je. Außerdem jede Menge Macht-und-Kohle-Fuzzis, die er von Sponsorentreffen oder sonstigen Meet-&-Greet-Nervereien kennt, Banker, Investoren, Topmanager, Spitzenpolitiker, Staatsanwälte, Staatssekretäre, Superreiche aus Deutschland, EU-Land, Russland, Thailand, alles mit und ohne -land. Dazu haufenweise Ärzte, einschließlich dem aufgeblasenen Rechtsmediziner, dem Kilroy mal den Schlüssel zum Leichenkeller abgeluchst hat.

Ganz großer Auftrieb heute, genau wie der Laufbursche gesagt hat, Riesengedränge bis auf den Gang raus. Alle im Bademantel, wie beim Showdown im Hardcore-Club, alle warten, dass der Oberaffe endlich das Tor nach drüben freigibt. Die Raubtiermasken ins Haar geschoben oder von den Hälsen baumelnd, einige außerdem mit umgehängter Knarre. Leuchtende Augen, grinsende Gesichter, wohin er auch schaut, nur Kilroy fühlt sich klein, weinerlich, allein, wie er so mit Kriegsbemalung zwischen den anderen Orangs steht. Soll er sich nicht doch besser irgendwo verkriechen? Da gibt Astor mit dröhnendem »Auf geht's!« den Startschuss, und die Horde reißt ihn mit sich durchs schwarze Tor.

**Maipaan,
Bergtunnel [18:07]**

Max könnte Ria mit Leichtigkeit noch meilenweit tragen, obwohl es ziemlich steil bergauf geht und ihm der Schweiß aus allen Poren läuft. Nur versteht er noch immer nicht, was Hallstein vorhat. Sie ist auf der Insel aufgeschlagen wie ein Wonder-

Woman-Evakuierungskommando. *Aber wie will sie uns von der Insel runterbringen?* Durch den Tunnel kommen sie geradewegs in den Urwald, wo die Belé auf der Lauer liegen, und nach allem, was er aus Hallsteins Briefings weiß, führt kein anderer Weg wieder aus dem Wald hinaus.

Max zerbricht sich den Kopf, während er weiter den Felstunnel hochläuft. *Was hat sie vor?* Für ihn sieht es aus, als stolperten sie Hals über Kopf in den Tod. Die Brüder wussten durch Ria, wer im Gewand von Don Francisco kommen würde, und Hallstein wusste, dass sie es wussten, sagt er sich. Sie war nicht mal überrascht, dass Zimmer 4 wie zu ihrer hämischen Begrüßung präpariert war – warum hat sie sich trotzdem eingelassen auf ihr mörderisches Spiel?

Möglichkeit eins, antwortet er sich selbst, *weil sie doch einen Weg gefunden hat, uns mitsamt den sichergestellten Beweisen hier rauszubringen, sonst wäre ihr Eingreifen sinnlos. Oder Möglichkeit zwei, sie ist hier, um das Recht in die eigene Hand zu nehmen. Nach dem Motto, wenn wir schon draufgehen müssen, dann aber möglichst viele von denen auch. Wonder Woman sieht rot.*

Das Tor zu Zimmer 4 ist mittlerweile offen, das Stimmengewirr der Brüder dringt durch den Felsgang bis zu ihnen, verzerrt und zugleich verstärkt. Max erkennt Astors Bassgelächter, Terrys Singsang, Althus' näselnde Vornehmtuerei. Als er sich im Laufen kurz umdreht, sieht er, dass David torkelt und sich mit einer Hand den Bauch hält. Auch sein Gesicht wieder schmerzverzerrt, trotz Dolantin. *Variante eins ist Blödsinn*, denkt Max, *schon ohne Ria und David haben wir droben im Wald keine Chance, und mit den beiden mehr oder weniger Schwerverletzten erst recht nicht.*

Einige Schritte zurück kauert Hallstein schon wieder am Boden und kramt hektisch in ihrem Rucksack. Als sie seinen Blick bemerkt, winkt sie ihm, *weiter, ich komme nach.* Was sie dort anstellt, ist nicht schwer zu erraten, sagt sich Max. Nicht mehr, seit sie vorhin neben Ria kniend ihren Rucksack geöffnet hat und er einen Blick auf die Stahlbehälter erhaschen konnte. Großkalibrige Patronen, wie sie zur Gesteinssprengung verwendet werden, und fla-

che, tellerförmige Sprengvorrichtungen, die sich in geeignete Aussparungen einbringen oder auch außen an zu sprengenden Objekten anheften lassen. Offenbar ist Hallstein drauf und dran, den Tunnel durch Explosion zum Einsturz zu bringen.
Dadurch hält sie die Verfolger auf Distanz, so weit klar, sagt sich Max. Aber allem Anschein nach hat sie auch weiter vorne, am Stahlschott zum Rattenloch, eine Sprengladung angebracht, und was sie damit bezweckt, ist ihm keineswegs klar.
Erneut dreht er sich zu ihr um, eben schließt Hallstein im Trab zu ihnen auf. Der Schrumpfkopf hüpft vor ihrer Brust auf und ab, sie hängt sich bei David ein, zieht den taumelnden jungen Mann mit sich. »Macht schneller«, ruft sie und fixiert Nabilas Fake-Omega-Uhr. »Noch fünfzehn ... noch vierzehn ... rennt! ... bei *fünf* werft euch flach hin, Arme über den Kopf, okay? Noch acht ... sieben ... sechs ... *jetzt! Runter!*«
Max geht in die Knie, legt Ria sachte in Bauchlage ab, zieht ihr die Arme über den Kopf. Kaum hat er selbst Schutzposition eingenommen, kracht es hinter ihnen von einer gewaltigen Explosion. Der ganze Berg scheint zu beben, Felsbrocken donnern herab, es rumst und dröhnt, Steine prasseln nieder, fast wie bei der mächtigen Schlamm- und Geröllawine, bei deren Abgang Max vor Jahren mal ganz in der Nähe war.
Hinter ihnen schreien die Brüder durcheinander, gedämpft durch den Steinhaufen, in den sich der Gang an der Einsturzstelle verwandelt hat. Erneut hört er Astors surreal tiefen Bass heraus, dazu den honigweichen Bariton von Professor Sievering, der einem auf der Stiftungs-Website von jedem zweiten Video entgegentrieft.
»Nobelit, drei Ladungen«, sagt Hallstein dicht neben seinem Ohr. »Hoffentlich habe ich's nicht übertrieben.«
Zögernd nimmt er seine Arme wieder herunter, setzt sich auf. *Du und übertreiben, Kira?* Hinter ihnen lösen sich noch immer Felsbrocken aus der Decke und krachen in den Gang herunter. Jemand schreit, offenbar übel verletzt, andere fluchen, einer stößt schrille Schreie aus, anscheinend unter Schock.

Max beugt sich über Ria und streicht ihr sanft über die Schulter. Keine Reaktion. Auf einmal hat er ein ganz mieses Gefühl. Er tastet nach ihrer Halsschlagader, kein Puls. Behutsam dreht er sie auf den Rücken, ihr Kopf fällt zur Seite, die Augen weit und starr. »Hallstein«, sagt er leise, »Ria ist ...« Er unterbricht sich, keine Spur von Hallstein. »Wo ist sie hin?«
David hockt zusammengekrümmt vor der Wand, den Kopf zwischen den Knien, schluchzend. Er scheint Max' Frage nicht mitbekommen zu haben. »David!« So langsam, als mache es ihm große Mühe, hebt der junge Mann den Kopf. »Hör mir zu, David«, sagt Max eindringlich, »du musst wach bleiben, verstehst du mich? Gleich gehen wir weiter, du darfst jetzt nicht einschlafen.«
David sieht ihn verständnislos an. Hinter ihnen schreien mindestens zehn Mann durcheinander, auch Max wird immer konfuser. Er rappelt sich auf, geht zur Einsturzstelle zurück. Der Gang ist tatsächlich komplett verschüttet, Steinbrocken bis unter die Decke aufgetürmt, dahinter liegt ein Felsstück, fast so breit und hoch wie der Gang.
Hallstein steht vor der Barriere, mit dem Rücken zu Max. Ihre Haltung verrät ihm, dass sie angespannt nach drüben lauscht. »Hallstein«, sagt er leise. »Ria ist ...«
In diesem Moment geht krachend die nächste Sprengladung hoch.

**Maipaan,
Bergtunnel, Rattenschott [18:09]**

Hab ich's doch geahnt, denkt Kilroy, *jetzt bin ich mitten im Schlamassel.* Der Berg dröhnt und wackelt, Felsbrocken prasseln herunter, kollern durch den Gang. »Erdbeben«, schreit jemand. »Das ist ein beschissenes Attentat!«, hält irgendwer dagegen. »Alle zurück, der Tunnel ist eingestürzt«, brüllt der Oberaffe und pflügt durch die Oranghorde wie ein Schnellboot durchs Meer.

Kilroy wird mit den anderen zurückgeschwemmt in Richtung Schloss. *Attentat, schön wär's*, denkt er, *die haben ja keinen Schimmer.*

»Das Tor geht nicht auf, scheiße noch mal!«, schreit Narbenschädel. »Tycho, du Psycho, hast du mit dem Scheißkleber am Schloss rumgefickt?«

Kilroy hört es nur wie aus weiter Ferne, vor, neben, hinter ihm die rennenden, schnaufenden Orangs. Steinbrocken krachen von der Decke, etliche Orangs schreien vor Schmerzen, einer hält sich im Vorwärtstorkeln den blutenden Hinterkopf. Kilroy hat kein Mitleid, mit keinem, *ihr habt ja alle keinen Schimmer*, denkt er wieder, ein Gefühl der Erhabenheit ergreift ihn, eine großartige Klarheit, und gerade da platzt neben ihm die Wand auf. Ohrenbetäubendes Donnern, die Felswand zerplatzt, eine schwarze Sonne fliegt zur Decke hoch, wie in Pater Georgs schwärzesten Prophezeiungen, und ein dunkles Gongen ertönt. Kilroy wird zu Boden gerissen, von was auch immer überflutet, es zerbeißt und zerkratzt ihn mit unzähligen Krallen und Zähnen, durchbohrt ihn mit boshaft roten Augen, peitscht ihn mit nackten, widerlich rosigen Schuppenschwänzen. Er liegt auf dem Bauch, winselt »Mami, hilf mir«, *die Ratten sind das Was-auch-immer*, wird ihm schockhaft klar.

Vorne am Tor jetzt gewaltiges Geheule, die Orangs brüllen wie am Spieß. Sie trommeln gegen Stahl, rütteln am Türknauf, Astor stochert mit dem Schlüssel, doch das Schloss ist zu. Kilroy feuert ihn an, am Boden liegend, unter Ratten begraben. Ein Schloss ohne Schlüssel, der Anblick war ihm immer schon unheimlich, aber der Oberaffe schafft es einfach nicht, der Schlüssel springt ihm aus der Hand und trudelt in Richtung Boden. Kilroy sieht gebannt zu, in Zeitlupe segelt der Schlüssel durch die Luft, *apropos*, denkt er, *eine Metapher, aber wofür?* Immer weitere Felsstücke krachen in den Gang hinab, aus der aufgeplatzten Wand quellen unaufhörlich Ratten, und der Boden unter Kilroy knirscht und kreischt, wie wenn sich Stein an Stein reibt.

Astor bückt sich nach dem Schlüssel, wird umgerissen, *lass es sein, Oberaffe*, denkt Kilroy, *der Schlüssel nützt nichts mehr.* Und Astor bleibt tatsächlich am Boden, »zurück«, schreit er, »ihr zertrampelt mich, ihr Idioten!«, doch es gibt kein Zurück mehr. Für ihn nicht, für die Ratten nicht, für Kilroy nicht, unter dem der Boden knirschend zerbricht, plötzlich hat er freie Sicht nach unten, in den rückwärtigen Schlosshof, auf die gaffenden, schreckverzerrten Gesichter, die auseinanderstieben, als Kilroy in einem struppigen Mantel aus Ratten auf sie herabgestürzt kommt, gejagt von Gesteinsbrocken und schreienden Orangs, die wie er selbst aufs Hofpflaster krachen.

Kilroy bekommt es nur noch wie durch einen kratzig grauen Schleier mit, er liegt in einem Bett aus zuckenden Ratten, unter einer Decke aus wimmelnden Ratten und fühlt sich wie in Mamis Bauch. *Mami ist die ganze Welt*, wird ihm auf den letzten Drücker klar, deshalb war sie immer bei ihm, um ihn herum, auch als sie scheinbar nicht mehr da war. *Mami ist alles*, deliriert er, *Mater und Pater, Schloss und Schlüssel, das Was-auch-immer und ich.*

Er spürt keine Schmerzen, obwohl seine Rippen zersplittert, seine Hüften zertrümmert, seine Knie zermalmt sind. Mit seiner allerletzten Kraft hebt er den Kopf und späht über die Schulter zurück. Die überhängende Felsnase, die ihn immer an ein gigantisches Gemächt erinnert hat, ist zertrümmert und größtenteils herabgestürzt. Die Verbindung zwischen Schloss und Berg ist weg, das Schlossdach unter dem Steinhagel teilweise eingestürzt. Durch das riesenhafte, grob gezackte Loch oben im Berg quellen unaufhörlich Ratten hervor. Sie springen, klettern, wuseln die Felswand herunter, dabei ist der Hof längst mit Ratten überflutet. Im bleichen Licht des Mondes kämpfen sie um ihren fairen Anteil an den zwanzig oder dreißig Körpern, die kreuz und quer, tot oder sterbend, am Stück oder in Fetzen, auf dem barocken Pflaster liegen, im Stil der Belé mit Skelettmuster bemalt. Doch die Ratten geben sich nicht mit dem schönen Schein zufrieden, sondern nagen das Fleisch bis zu den echten Knochen ab.

Maipaan,
Bergtunnel, Außentor [18:23]

Max geht voran, auf seinen Armen Ria, taumelnd folgt David. Das Licht im Tunnel ist ausgefallen, doch das ist nicht ihr größtes Problem. Hallstein sichert nach hinten ab, in der linken Hand eine mächtige Stablampe, rechts die schussbereite Glock. »Keine Sorge, Max, wir kommen hier wieder raus«, hat sie ihm vorhin zugeflüstert, während der Berg noch von der Explosion dröhnte. »Ich weiß einen Abstieg zur Westküste runter, Wayan hat ihn mir beschrieben.«

Ratten schnappen nach Rias Händen und Füßen, Max kickt sie im Rennen weg. Dutzende der struppigen Biester haben sich einen Weg durch den Trümmerhaufen gebahnt, rennen hinter ihnen her, umkreisen sie, springen an ihnen hoch, doch auch die Ratten sind nicht ihr größtes Problem. So wenig wie die Schreie, die zu ihnen emporschallen, weit weg, doch durch die Felsröhre gespenstisch verstärkt.

Noch immer ist das dumpfe Rumpeln von aufschlagenden Felsbrocken zu hören. Dazu Rufe und Schreie, von Verletzten, von Wachmännern, aus brüllenden Funkgeräten. *Die Jäger sind der Beute in die Falle gegangen,* denkt Max. Zuerst hat er gar nicht verstanden, wo diese Geräusche alle herkommen. Dann wurde ihm klar, dass das Felsstück zwischen Schloss und Berg durch die Explosion am Rattenschott in die Luft geflogen sein muss, ganz oder zum Teil. Astor und Kumpane müssen in einem Hagel aus Steinbrocken und Ratten in die Tiefe gestürzt sein, wer von ihnen nicht durch die Explosion in Stücke gerissen wurde, muss sich bei dem Sturz aus zehn Metern Höhe alle Knochen gebrochen haben.

Vielleicht haben ein paar von ihnen schwer verletzt überlebt, sagt sich Max, *aber die allermeisten Männer, die sich in Zimmer 4 versammelt hatten, um uns zu jagen und zu töten, sind jetzt wohl selber tot. Wie viele mögen es sein? Zwanzig, dreißig, noch mehr? Wusste Hallstein, was vor allem der erste Sprengsatz anrichten*

würde? Diese Frage bekommt er einfach nicht aus seinem Kopf. *Wusste sie, was passieren würde? Hat sie die Führungsriege der Bruderschaft absichtlich in die Luft gejagt?*
Dabei weiß er ja, dass auch das jetzt nicht ihr wichtigstes Problem ist. Er muss sich auf die Herausforderungen konzentrieren, die unmittelbar vor ihnen liegen. Auf die Belé, die oben im dunklen Dschungel lauern. Auf Verfolgertrupps, die vielleicht schon ausgeschickt worden sind, mit Hubschrauber, Scharfschützen, Suchscheinwerfern. Auf Rias Leiche, die sie irgendwie bestatten müssen, und vor allem anderen auf ein Versteck für die Nacht. Das ist jetzt definitiv ihr vordringlichstes Problem, doch Max verfängt sich immer wieder in denselben Fragen.
Hat Hallstein das absichtlich gemacht? Die mörderischen Brüder, die sie anders nicht kriegen konnte, eigenmächtig in den Tod geschickt? Und wenn ja, aus welchem Beweggrund? Um Rache an denen zu üben, die ihre Familie und ihr Leben zerstört haben – dann wäre es Mord, heimtückischer Massenmord. Oder um eine Bande skrupelloser Schwerverbrecher auszuschalten, als letztes Mittel, nachdem Behörden und Institutionen über Jahre hinweg versagt haben? Dann wäre es vielleicht, ganz vielleicht ein Akt legitimer Selbstjustiz, sagt sich Max. Ist Hallstein also eine Attentäterin, die heldenhaft ihr Leben riskiert, um das Kartell der Mörder und Menschenhändler zu zerschlagen? Um der monströsen Bruderschaft so viele Häupter wie irgend möglich abzuhacken, Astor, ihren Führer, Martens, ihren Goebbels, Professor Sievering, ihren Göring, Althus, ihren Speer?
Die Fragen donnern und blitzen in Max' Kopf, so laut und grell, dass er das Unwetter draußen im Dschungel kaum bemerkt. Dabei sind sie am oberen Ende des Tunnels angekommen, der Lichtkegel von Hallsteins Stablampe erfasst zwölf aus dem Fels gehauene Stufen, die in den Urwald hinaufführen. Oben eine breite Tür aus Stahl und Glas, die Treppenschlucht überwölbt von einem durchsichtigen Gehäuse, gleichfalls massives Drahtglas, das meterhoch in den Dschungel hinaufragt.
David sackt auf die unterste Treppenstufe, der Kopf fällt ihm

nach vorne, sofort sind wieder drei, vier Ratten bei ihm. Hallstein verscheucht sie mit wütenden Tritten. Nach dem kilometerlangen Anstieg, die Tote auf seinen Armen, könnte auch Max eine Pause gebrauchen, aber die Ratten lassen ihnen keine Chance.

»Hier können wir nicht bleiben«, sagt Hallstein. »Wir müssen da raus und einen sicheren Platz suchen.« Donner dröhnt, Blitze zerreißen für Sekundenbruchteile die Dunkelheit, dann wird der Himmel wieder schwarz.

»Einen sicheren Platz?«, wiederholt Max. »Wovor genau sind wir da draußen sicher?«

Sie runzelt die Stirn. »Stell dich nicht blöd, Max.«

Aber er stellt sich gar nicht blöd, im Gegenteil. Max glaubt nicht im Mindesten, oder höchstens zu einem zehntel Prozent, dass sie lebend von der Insel wieder runterkommen werden. Vielleicht sind die verbliebenen Brüder zu geschwächt, um auf die Schnelle einen Verfolgertrupp zusammenzutrommeln. Aber da draußen sind die Belé, und Max macht sich keine Illusionen, dass sie es mit den Steinzeitjägern aufnehmen können. Nach allem, was er mitbekommen hat, werden sie umzingelt, mit Giftpfeilen gelähmt, bei lebendigem Leib aufgehängt und wie Wildbret ausgeweidet werden, sowie die Belé die Beute gewittert haben.

Max legt Rias Körper auf den Treppenstufen ab, sofort kommen von allen Seiten Ratten angerannt. Er schüttelt seine Arme aus, verjagt die Biester mit Tritten, lockert die Schultermuskeln.

»Machen wir uns nichts vor, Hallstein«, sagt er. »Wir kommen hier nicht mehr weg, egal, was Wayan dir von einem Kletterpfad erzählt hat. Im Dunkeln hilft uns der sowieso nichts, und wenn uns die wilden Krieger wider Erwarten nicht heute Nacht erwischen, haben wir morgen immer noch ein unlösbares Problem.« Er zeigt mit der Schläfe zu David.

Der junge Pfleger sitzt zusammengesunken auf der Treppe, seitlich gegen die Wand gelehnt. Seine Augen sind geschlossen, er reagiert nicht mal, als eine Ratte auf seine Schulter springt. Max packt sie im Nacken, schleudert das fiepende Vieh, so weit er kann, zurück in den dunklen Gang.

»Ich wusste von vornherein, dass ich bei dieser Aktion höchstwahrscheinlich draufgehen werde«, setzt Max hinzu, um einen leichten Ton bemüht. »Ich war bereit, mein Leben hinzugeben, um diese Dreckskerle endlich unschädlich zu machen. Und dieses Ziel haben wir ja erreicht, Hallstein. Wenn auch auf andere Weise als ursprünglich geplant.« Er sieht sie eindringlich an und hofft, dass er überzeugender klingt, als es sich für ihn anfühlt. »Für mich war das legitime Selbstjustiz. Übergesetzlicher Notstand wegen akuter Gefahr für Leib und Leben von unzähligen minderjährigen Opfern. Wahrscheinlich hast du Hunderte oder Tausende vor Missbrauch, Versklavung, Folter und Ermordung bewahrt.«

Hallstein kickt eine Ratte gegen einen zweiten, fast katzengroßen Nager, der gerade zum Sprung angesetzt hat. »Den letzten Punkt sehe ich auch so, Max. Und was unsere Überlebenschancen angeht – das wollen wir doch mal sehen.«

Vor der massiven Glaswand steht der Wald so schwarz und schweigend wie im Kinderlied, das Max als kleiner Bub jeden Abend mit seiner Oma gesungen hat. Doch der Dschungel da draußen hat überhaupt nichts Tröstliches, schon gar nichts Göttliches, *es ist die Hölle auf Erden*, denkt er, *für so viele Opfer der perversen Brüder und jetzt auch für uns.*

»Gehen wir.« Hallstein zieht David auf die Beine und schiebt ihn vor sich her, die Treppe hoch zur gläsernen Tür.

**Maipaan,
Urwald, Grab [18:31]**

Gerade mal halb sieben und schon so dunkel, dass Hallstein sich fast blind fühlt. Der Wald schreit und pfeift, faucht und knurrt aus tausend Kehlen. Das Gewitter hat sich verzogen, doch der Himmel, soweit über dem dichten Blätterdach zu erahnen, ist immer noch schwarz.

Wenn die Belé hier irgendwo lauern, haben wir wirklich keine Chance. Doch Hallstein glaubt, dass sich die Waldbewohner, durch die Explosionen verschreckt, weit in ihr Tal zurückgezogen haben. Sie will es glauben, aber sie hält auch für plausibel, dass sie sich sowieso nur ungern aus den Tiefen des Urwalds hervorwagen. In Amazonien, ihrer alten Heimat, kannten sie nichts als Dschungel und Sumpf, das glitzernde Glasgehäuse über der Treppe in die Unterwelt muss in ihren Augen furchterregend sein, ein Ort der Götter oder Dämonen vielleicht.

Sie schaltet kurz die Stablampe ein, leuchtet auf dem Boden herum, knipst wieder aus. Ein Trampelpfad führt in Schlangenlinien weiter nordwärts in den Wald. »Wir müssen nach Westen«, sagt sie zu Max, der Rias Körper auf den federnd weichen Boden gebettet hat. Sie kauert sich neben ihn. »Aber erst begraben wir sie.«

Max schaut sie skeptisch an, sie ahnt es fast nur, sein Gesicht eine graue Scheibe im Schwarz. »Okay«, sagt er dann, »und wie heben wir das Grab aus?«

»Mit dem Messer. Und den Händen.«

Fieberhaft wühlen sie sich in die Erde, die weich ist, nass, fast schleimig wie verwesendes Fleisch. Sie hieven Steinbrocken aus dem Modder, durchtrennen Wurzeln, buddeln bis zu den Ellbogen im Schlamm. Erneutes Donnern, grelle Blitze, der Berg unter ihnen bebt. Eilends legen sie die Tote in die flache Grube, sofort fängt Hallstein an, das Grab mit den Händen wieder zuzuscharren, doch Max fasst sie am Unterarm. »Warte, Hallstein.« Im zuckenden Licht der Blitze faltet er die Hände zum Gebet. Sie hört ihn murmeln, zu verstehen ist nichts, und Hallstein muss wieder an ihren Vater denken, wie er im Rollstuhl sitzt und Gebetsfetzen brabbelt. »Und bewahre uns vor dem Bösen. Dein Reich komme.« *Wieso hatte er im Alter so eine Angst vor der Hölle, dem »Jüngsten Gericht«?*

Max hat offenbar fertig gebetet. Mit beiden Händen schaufelt er schlammige Erde auf Rias Überreste, und Hallstein beeilt sich, ihm zu helfen. *Er hat uns nie auf falsche Weise angefasst*, denkt sie, *weder Tobi noch mich. Trotzdem, irgendwas war da mit ihm.* Sie hat es schon als Teenager gespürt, nur hin und wieder, wenn er diese Aussetzer hatte, abwesend vor sich hin starrte, als wäre er weit weg. *In welcher Parallelwelt, Papa?* In einer Hölle wie der hier, in der er Jungs in Tobis Alter missbraucht hat?

Ein gewaltiger Donnerschlag, im nächsten Moment beginnt es, wie aus Kübeln zu schütten. Und Hallstein kommt ein Gedanke, so abgründig, als würde sich die Erde unter ihr öffnen. *Wurde Tobi womöglich nicht aus bloßem Zufall gekidnappt?* War ihr Bruder vielleicht nicht nur zur falschen Zeit am falschen Ort, als Alex Soltau wieder mal »Streife« fuhr, auf der Jagd nach seinem nächsten Opfer? Hat er Tobi gezielt eingefangen, weil er sich von den Brüdern schlecht behandelt fühlte und es einem von ihnen heimzahlen wollte – ihrem Vater? So wie Tobias selbst zwanzig Jahre später, als er Julian von Bolstedt verschleppt, vergewaltigt, getötet und zuletzt noch den kleinen Carlie gekidnappt hat, den Enkel von Carl Grohlich, der grauen Eminenz der Bruderschaft? Hallstein steht wie angewurzelt neben dem Grab, Blitze zucken, Donner dröhnt, Regen tost auf sie hinab, sie nimmt es kaum wahr. Wenn jetzt die Belé kämen, wäre sie völlig wehrlos, von ihren eigenen Gedanken zu geschockt, um auch nur die Glock aus dem Gürtel zu ziehen. Vor allem aber von sich selbst so angeekelt, dass sie keinen Finger rühren könnte, um ihr Leben zu verteidigen. *Du bist krank, Kira*, sagt eine böse Stimme in ihr, *du bist so kaputt, dass du nur noch Psychopathen, Vergewaltiger, Kinderficker, durchgeknallte Killer siehst, sogar in deinem eigenen Elternhaus.*

»Hallstein!«, schreit ihr Max ins Ohr. »Was ist los mit dir?« Er legt ihr einen Arm um die Schultern, zieht sie mit sich. »David ist da drüben!« Er zeigt auf die Bergwand, keine zehn Schritte neben dem Glaskubus, in dem sich die Blitze funkelnd spiegeln. *Ein absurder Anblick*, denkt sie, *bestimmt auch von Althus arrangiert. Puristische Moderne trifft auf Steinzeit.* Im Grunde wie in Lous Kunstprojekt, *Schöpfung I-II*. Vorne Apartment, Hightech und Armani, hinten Höhle, Urwelt, Steinzeitlook.

Sie tastet nach Lous ledrigem Schrumpfgesicht vor ihrer Brust. Sie fröstelt, dabei ist es so schwülwarm, dass von Blättern und aus Pfützen Dampf aufsteigt. Der Regen hat so unvermittelt aufgehört, wie er begonnen hatte. »Da vorne, in der Wand«, sagt Max. »Er ist wie ferngesteuert da reingekrochen, mit den Füßen voran. Ich habe den Zugang mit Steinen kaschiert, so gut es geht. Der Junge ist fix und fertig.«
Hallstein nähert sich der Bergwand, schaltet kurz die Stablampe ein. Die Höhle im Fels ist so eng, dass sich ein schmal gebauter Mann wie David gerade so hineinschieben kann. *Eher ein Felsengrab als ein Unterschlupf,* denkt Hallstein, aber etwas Besseres hat sie im Moment nicht zu bieten. Hinter den Geröllbrocken, die Max im Eingangsbereich aufgestapelt hat, ist sein blonder Schopf selbst im Lichtkegel kaum auszumachen.
»Okay, lassen wir ihn erst mal hier«, sagt sie leise. »Wir gehen die Bergwand entlang weiter nach Westen, bis wir eine größere Höhle für die Nacht finden. Ich gehe dann zurück und hole David.«
»*Ich* hole ihn«, entgegnet Max. Darauf sagt Hallstein nichts.
Vor ihrem inneren Auge sieht sie immer noch ihren Vater, mal als betenden, brabbelnden Alten, mal wie er, Jahrzehnte jünger, mit ihnen im Garten am Tisch sitzt und plötzlich wie entrückt ins Weite starrt. Und dann Vater Hallstein hinter dem nackten Jungen kniend, auf dem Foto, das sie von der Wand heruntergerissen und zerfetzt hat. In ihrem Kopf setzen sich die Fetzen immer wieder zusammen, und sie weiß immer weniger, was wirklich und was Fake ist, was Erinnerung und was nichts als kranke Fantasie.
»Schnell, Max«, sagt sie, »vor dem nächsten Regenguss müssen wir David wieder bei uns haben.«

**Maipaan,
Urwald, Unterschlupf [18:48]**

Der nächste Regenguss kommt Minuten später, als sie sich gerade erst eine kleine Strecke weit an der Bergwand entlanggetastet haben. Das ist kein Wolkenbruch, kein Sturzregen, denkt Max, es ist, als wäre der Himmel ein Meer, dessen Boden plötzlich zerplatzt ist. So urgewaltig donnert der Regen herab, so dicht an dicht sind die Wasserwände, die auf sie herunterklatschen, dass er kaum noch Luft holen kann.

Sie suchen Zuflucht unter einem Felsvorsprung, Hallsteins Augen glühen im Dunkeln. »Vertrau mir, Max!«, schreit sie ihm ins Ohr. Doch die Rinne entlang der Bergwand verwandelt sich in einen reißenden Fluss, vor dem sie tiefer in den Dschungel fliehen. Der Regen hört sich an wie beständiges, weder leiser noch lauter werdendes Brüllen, Tropfen so groß wie Tischtennisbälle fallen von den Blättern und zerplatzen am Boden. *Ein Wald wie im Fieberwahn*, denkt Max. Hallstein schlägt mit der Klinge auf Palmwedel ein, zusammen improvisieren sie einen Unterstand, der zumindest einen Teil der Sturzflut abhält. Sie kauern unter dem löchrigen Blätterdach wie unter einer außer Kontrolle geratenen Dusche, während um sie herum tausend Wasserfälle tosen.

»Wir kommen hier nicht mehr weg«, ruft er, »aber das ist okay, Hallstein! Alles okay!« Er hört seine eigene Stimme nicht, doch sie scheint ihn verstanden zu haben, sie schüttelt heftig den Kopf. Wasserfontänen sprühen aus ihren Haaren, und dann sitzt sie auf ihm, Brust an Brust, und schlingt ihre Arme um ihn, drückt ihre Wange an seine.

»Ich kenne den Weg«, schreit sie, »Wayan hat ihn mir genau beschrieben. Verstehst du, Max? Ich bringe uns in Sicherheit, ich schwöre es.«

Er glaubt ihr kein Wort, es gibt keinen Weg, der sie bei Nacht und Sturzflut aus dem Dschungel führen würde. *Und im ersten Morgengrauen*, denkt Max, *kommen die Belé*. Aber das ist okay, will er ihr klarmachen, er wusste ja vorher, dass er praktisch keine

Chance hatte, diese Mission zu überleben. Und jedes Mal, wenn er an die Sprengung denkt, den eingestürzten Gang, die Ratten, die Schreie, das Todesgeröchel der Brüder, fühlt er ein bisschen deutlicher, dass er klarkommen kann mit dem, was sie getan hat. Nicht sofort, aber irgendwann. Nicht als Polizist, nicht als Bürger, aber etwas tief in ihm beharrt jetzt schon darauf, dass ihr Handeln gut und richtig war. *Du hast die Verderbten gerichtet,* will er sagen, *um die Geschändeten zu rächen und die Wehrlosen zu schützen, und wenn Engel töten, ist es niemals Mord.*

Aber er kommt nicht zu Wort, wohl auch besser so, wegen dem donnernden Regen und mehr noch, weil Hallstein ihren Mund auf seinen gedrückt hat. Sie küsst ihn so wild, wie er es sich immer erträumt hat, sie krallt die Finger in seine Schultern, als würde sie sonst in einen Abgrund stürzen, der direkt hinter ihrem Rücken beginnt. *Solange es regnet, sind wir am Leben,* denkt Max, was nicht gerade logisch ist, irgendwie aber auch stimmt. Sie hat seinen Gürtel geöffnet, ihn und sich selbst von störenden Kleidungsstücken befreit. Max liegt unter ihr, spürt ihren Herzschlag, ihre Brüste auf seiner Brust, zwei weiche, eine rau und hart, und sie ist so leicht, so stark, wie er sich das immer vorgestellt hat. »Liebst du mich, Max?«, schreit sie ihm ins Ohr, setzt sich auf, ohne seine Antwort abzuwarten, aber sein Ja hat sie ja in der Hand und nimmt es in sich auf und reitet ihn so hart und wild, dass Max »Ja« schreit, bei jedem Stoß, »ja, Kira, immer schon«, schreit er, und sie lieben sich, solange der Regen tost und den Tod von ihnen fernhält, zumindest jeden Gedanken an den Tod.

Maipaan,
Urwald, Ritualplatz [20:07]

Als sie zurück bei Davids Unterschlupf sind, ist das Geröll im Eingang weg, die Felshöhle leer. Max macht große Augen. *Sag jetzt nur nicht »Wie Jesus an Ostern«,* denkt Hallstein, doch er zeigt nur wortlos auf die Spuren, die sich im Licht ihrer Lampe

im Schlamm abzeichnen. *Schuhabdrücke*, denkt Hallstein, *David ist aufgewacht und sucht uns.* Die Spuren führen nach Norden, auf dem Trampelpfad tiefer in den Wald. Ins Tal der Belé.
Don Franciscos Funkgerät meldet sich knarzend. »Herr, wo bist du?«, ruft eine junge Stimme. *Gute Frage*, denkt Hallstein. Max löst das Walkie-Talkie von seinem Gürtel, doch bevor er sich melden kann, nimmt Hallstein es ihm weg und schaltet es aus. »Nicht, Max, sie hören alles mit«, sagt sie leise und wirft das Gerät in die leere Höhle. »Besser, sie wissen nicht, ob wir noch am Leben sind.« Zögernd stimmt er ihr zu.
»Wir müssen David finden«, fügt sie hinzu, »bevor die Jäger ihn kriegen.« Sie schaltet die Lampe aus, schiebt sie in den Gürtel, zieht stattdessen die Glock. *Wir können David nicht zurücklassen*, denkt sie. Auch wenn ihre Chancen, es doch noch hier raus zu schaffen, mit jedem Schritt in den Urwald hinein kleiner werden.
Sie folgt dem Pfad, ohne auf Max' Zustimmung zu warten. Er wird ihr folgen, das weiß sie sowieso. Es hat aufgeklart, der Himmel glitzert vor Sternen, doch durch das dichte Blätterdach dringt nur wenig Licht. Der Boden federnd weich, mit Wurzeln durchzogen. Eine kleine Lichtung, vielleicht sieben auf sieben Meter, danach wieder nur Dickicht und der zickzackende Pfad. Nachtvögel stoßen Warnschreie aus, *wahrscheinlich wissen die Belé längst, dass wir hier sind*, denkt Hallstein, *vielleicht legen sie schon die Blasrohre an, um uns mit ihren Pfeilen zu lähmen.* Im Gehen späht sie nach links und rechts, doch der verräterische Glanz von Augenpaaren ist nirgendwo im Unterholz auszumachen.
Dann der Widerschein von Feuer, ein schwaches Flackern, das die Tropfen auf Zweigen und Blättern zum Funkeln bringt. Hallstein bleibt stehen. »Da vorne«, flüstert sie in Max' Ohr.
Er zieht sein Messer aus der Gürtelscheide. »Holen wir ihn da raus.«
Sie schlingt ihm den Arm um den Hals, zieht seinen Kopf zu sich herunter, die Waffe in der Hand. »Du musst nicht mitmachen«,

flüstert sie in sein Ohr. »Nicht mit mir sterben, Max. Geh zurück, folge der Bergwand nach Westen bis zum Ende, dann gehst du noch ungefähr einen Kilometer an den Klippen entlang nach Norden«, flüstert sie fieberhaft. »Da beginnt der Kletterpfad, Wayan hat ihn mir beschrieben, ein enger, schluchtartiger Einschnitt bis runter zum Strand. Du erkennst den Einstieg an zwei Felsbrocken, die wie Halbkugeln geformt sind. Sie liegen so dicht nebeneinander, dass man sich gerade so hindurchzwängen kann. Laut Wayan sehen sie wie ein Riesenarsch aus, direkt dahinter ist der Einstieg in die Schlucht.« Sie berührt seinen Bauch mit der flachen Hand, spürt, wie sich seine Magendecke spannt. »Früher sind die Fischer oft dort hochgeklettert, um Koboldmakis zu fangen«, fährt sie flüsternd fort, sein Bart kitzelt sie an der Wange. »Das sind winzig kleine Affen, keine zwanzig Zentimeter groß, aber Primaten wie wir. Ihr Fleisch schmeckt so köstlich, dass sie ihr Leben dafür riskiert haben. Wenn du den Einstieg findest ...«

Abrupt schiebt er sie von sich weg, tippt sich mit der Messerspitze an die Stirn. *Dich im Stich lassen, du spinnst wohl*, versteht sie und sieht ihn aufmerksam an, wie um sich seinen Anblick einzuprägen. Dann wendet sie sich um und geht weiter auf das Feuer zu. Unvermittelt beginnen Trommeln zu dröhnen, einen Wimpernschlag später setzen schrille Flötentöne ein. Es hört sich an wie der Puls eines mächtigen Tiers und die jämmerlichen Schreie seiner Opfer.

Wayan fällt ihr ein, wie er auf seinem klapprigen Kahn vor ihr stand. »Die Koboldmakis sind nicht größer als mein Schwanz, Kila«, sagte er lachend, »stell dir vor, wir hätten keine Schwänze, sondern kleine Affen zwischen den Beinen.« Er war nackt, genau wie sie, er wackelte mit den Hüften, dass sein Penis hin und her schlackerte, und Hallstein sagte: »Das muss ich mir nicht vorstellen, Wayan, das ist ja so.«

Die Feuerstelle ist in einer Senke, neben dem Baum für die Beute. David hängt von dem Baum herab, mit den Handgelenken einen waagrecht abstehenden Ast gefesselt. Sein Kopf rechte Schulter gekippt, der Rücken blutüberströmt. Er hat keinen Fetzen am Leib, die Überreste seiner Kleidung liegen qualmend im Feuer.

Auf dem Erdwall um die Senke herum kauern etwa zehn Belé, die Körper mit Schlamm beschmiert und mit Skelettmuster bemalt. Die kleinwüchsigen Jäger haben Ledermasken vor den Gesichtern, grimmige Raubkatzenfratzen. Sie schlagen auf die Trommeln zwischen ihren Knien und blasen in die Knochenflöten zwischen ihren Lippen, dabei sind aller Augen auf ihren Chief gerichtet, der unten vor der Beute steht und sie mit dem Messer zerlegt.

Wie auf den Videosequenzen mit Lou, denkt Hallstein, mit denen sie monatelang terrorisiert worden ist. Aber etwas ist anders, wird ihr klar, als sie noch zehn, zwölf Schritte vom Ritualplatz entfernt sind. David hängt vollkommen reglos da, kein Zucken durchläuft ihn, wie sie es bei Lou gesehen hat und wie es auch auf anderem Videomaterial von der Insel dokumentiert ist. Das Pfeilgift versetzt die Opfer in einen Zustand der Lähmung. Sie können sich nicht bewegen, nicht sprechen, sie verlieren jede Kontrolle über ihren Körper, aber ihr Schmerzempfinden wird nicht beeinträchtigt, und sie bleiben bei Bewusstsein, was sich in dem unaufhörlichen Zittern und Zucken ausdrückt.

Nicht so bei David, denkt sie, der Pfeil steckt noch zwischen seinen Schultern, aber zusammen mit den beiden Opioid-Spritzen, die er sich kurz zuvor gesetzt hat, war es für sein Herz wohl zu viel. Obwohl der Häuptling ihm Fleischstreifen von den Beinen und den Körperseiten herunterschneidet, die blutigen Stücke den Jägern zuwirft, die am Feuer kauern, zeigt David keine Reaktion.

Er ist tot, zu seinem Glück, denkt Hallstein, während sie auf die Öffnung im Erdwall zurennt und das Feuer eröffnet. Die Kugel durchschlägt die Schulter des Chiefs, dem das Messer aus der Hand fällt, sofort nimmt sie die Jäger oben auf dem Erdwall ins Visier. Den ersten trifft sie am Oberarm, den Nächsten am Handgelenk, den dritten, der sich vor Schreck bewegt hat, mitten in die Brust. Er reißt die Arme hoch und fällt vornüber ins Feuer,

während Max die Senke stürmt, den Chief mit zwei Thaibox-Tritten k. o. kickt, Davids Fesseln mit dem Messer kappt, sich den schlaffen Körper über die Schulter wirft und zurück ins Dunkel rennt, von Hallstein durch Sperrfeuer gedeckt.
Die Aktion hat keine zwei Minuten gedauert, die Belé schreien hysterisch durcheinander, durch das Dröhnen der Schüsse, die überrumpelnde Schnelligkeit der Attacke offenbar geschockt. Die Geräusche beim Feuer klingen nach überstürztem Rückzug, Körper werden über den Boden geschleift, Kommandos herausgebrüllt, aber Hallstein gibt sich keinen falschen Hoffnungen hin. *Sie werden den Schrecken überwinden, und dann gnade uns wer auch immer.* Ihr Vater hat noch auf dem Sterbebett davon geredet, dass Gott gnädig sei und demjenigen, der aufrichtig bereue, auch die schlimmsten Sünden verzeihe. *Mag ja sein*, denkt Hallstein, *aber das hier ist Teufelsland.*

**Maipaan,
Urwald, Pfad [20:11]**

Hallstein rennt auf dem Trampelpfad zur Felswand zurück, Max folgt ihr, den toten David über der Schulter. *Noch einer, der wegen mir gestorben ist*, geht es ihr durch den Kopf. Zumindest sind ihm grässliche Folterqualen erspart geblieben, doch der junge Pfleger tut ihr unendlich leid. Was hätte sie alles auf sich genommen, um ihn zu retten, auch wenn ihre Chancen, es lebend die Klippen hinunter zu schaffen, ohne ihn deutlich größer sind.
Jedenfalls in der Theorie, Wayan hat sie eindringlich davor gewarnt, den Abstieg im Dunkeln zu wagen. Viele Tritt- und Griffstellen in der fast senkrechten Felswand seien selbst bei Tag schwer auszumachen, bei Nacht sei es so gut wie unmöglich. *Aber uns bis zum Morgengrauen vor den Belé zu verstecken ist erst recht unmöglich*, denkt sie, *nach dem ersten Schrecken werden sie unserer Fährte folgen und uns mühelos aufspüren, egal, wo wir untergekrochen sind.*

Sollen sie es also riskieren, im Dunkeln die Klippen hinabzuklettern? Max ist als Bub in Bayern oft auf die Berge gestiegen, und zu seinem Einsatztraining gehörten Übungseinheiten an der Kletterwand. *Wir schauen uns den Einstieg an, dann soll Max entscheiden.*

Doch vorher müssen sie auch David noch begraben, *du bildest dir ein, Ermittlerin zu sein,* sagt sich Hallstein, *und bist doch nichts als eine Totengräberin.* Im Laufen sieht sie die Gräber der Menschen vor sich, die ihr Leben geprägt haben, das Grab ihrer Mutter, die sich umgebracht hat, das Grab ihres Vaters, der mit einem Bibelvers auf den Lippen gestorben ist, das Grab ihres Bruders, dessen Sarg nur wenige zusammengesammelte Überreste enthielt, das Grab von Alex Soltau, dem Wolf in Menschengestalt, der Tobi aufgefressen und wieder ausgespuckt hat. Erneut flackert in ihr der Verdacht auf, dass Soltau nicht zufällig gerade Tobias gekidnappt hat, da nimmt sie ein fernes Motordröhnen wahr, dazu das unverkennbare Flap-flap von Rotorflügeln.

Der Sikorsky, zuckt es ihr durch den Kopf, das muss der fast schon museumsreife Transporthubschrauber sein, der auf dem kleinen Flugplatz im Zentrum der Insel stationiert ist. *Was haben sie vor?*

Hallstein dreht sich im Laufen um, wird langsamer, damit Max zu ihr aufschließen kann. »Wir bringen David zu der Höhle von vorhin«, sagt sie, *ein Felsengrab,* hat sie ja da schon gedacht. *Du solltest Grabstein heißen, Hallstein.*

Das Dröhnen wird lauter, der Hubschrauber kommt näher, der Motor klingt angestrengt. Hallstein hilft Max, den Toten in die enge, röhrenförmige Felsspalte zu schieben, den Zugang mit Steinbrocken zu verdecken. Max murmelt etwas Unverständliches, mutmaßlich ein Gebet. »Der Helikopter«, flüstert sie, zieht seinen Kopf zu sich herunter, »wir müssen ihn abschießen, verstehst du, Max?« Sein Gesicht noch bleicher als der Mond. »Entweder sie oder wir«, flüstert Hallstein. »Das ist dir doch klar?«

Er starrt sie an, so nah, dass ihr Atem sich vermischt. »Wie denn?«, flüstert er.

»Im Rucksack.« Sie küsst ihn hart auf den Mund. »Drei sind noch übrig, nimm den größten, Max. Wir müssen so nah an ihn ran, dass du den Sprengsatz werfen kannst.« Sie lässt seinen Nacken los und dreht sich um. »Mach schon, schnell.«
Auch ohne Max' Gesicht zu sehen, weiß sie, was er jetzt denkt. Zu seiner Kampfausbildung gehörte Einsatztraining mit verschiedenen Sprengvorrichtungen, von simplen Eierhandgranaten bis hin zu ferngezündeten Haftminen. Als sie seinen Stundenplan durchgingen, fragte Max, wozu diese Übungseinheit gut sein solle, auf der Insel werde er ja nur Pistole und Messer dabeihaben. Hallstein lächelte seine Einwände weg, sie kannte den Trainingsplan längst und hatte ihn um einige spezielle Übungen ergänzt. Davon weiß Max nichts, doch natürlich denkt er sich jetzt seinen Teil.
Er zurrt ihren Rucksack auf, kramt darin herum. »Du hast das alles so geplant?« Er sagt es mit fragendem, fast schon flehendem Unterton. Als hoffte er immer noch, sie vor seinem inneren Strafgericht freisprechen zu können.
»Dafür ist jetzt keine Zeit.« *Und vielleicht nie mehr.* »Schnell, Max.«
Er wühlt weiter in ihrem Rucksack, als könnte er die suppentellergroße Sprengvorrichtung zwischen den rumpelnden Schrumpfköpfen nicht finden. *Habe ich das alles so geplant?*, fragt sich Hallstein. *Ja, nein, beides stimmt irgendwie.* Tatsache ist, als sie die letzte rote Linie überschritten hat, fühlte es sich nach nichts Besonderem an. Auch jetzt spürt sie weder Reue noch Triumph. *Es war fällig, das ist alles.*
Aus inoffiziellen Geheimdienstquellen hatte sie zuerst davon gehört, dass die scheinbar unüberwindliche Felswand an der Westküste bis vor einigen Jahren immer wieder von Koboldmaki-Wilderern erklettert worden war. Als sie letztes Jahr in Indonesien war, beschrieb Wayan ihr den Kletterpfad in allen Details. Von den Einstiegen aus sehe es schwieriger aus, als es dann tatsächlich sei, ein geübter Kletterer finde immer wieder eine Kante oder Spalte im Fels, die ihm Halt gebe. Daraufhin bestellte sie

bei denselben diskreten Quellen die Sprengvorrichtungen, die Glock und einiges mehr, das im elektronisch gesicherten Koffer zu Wayan verfrachtet wurde.

Aber es war immer nur der Notfallplan, im Grunde bis vor wenigen Stunden, sagt sich Hallstein, während sich der Hubschrauber heiser dröhnend durch den Himmel schraubt. Wenn Max in Schwierigkeiten geriete, würde sie ihm mit Nabilas Identität auf die Insel folgen, mit Max durch den Bergtunnel fliehen und den Gang hinter ihnen sprengen, um den Brüdern den Weg abzuschneiden. Sie würden über den Wilderersteig nach unten klettern, und Wayan würde sie an einer nicht einsehbaren Stelle an Bord nehmen und in Sicherheit bringen.

»Ich muss es wissen, Hallstein.« Er hat den Sprengsatz endlich entnommen, ihren Rucksack wieder verzurrt. »Ob du mich die ganze Zeit zum Narren gehalten hast.«

Sie fährt zu ihm herum. »Natürlich nicht, Max«, sagt sie heftig. »Was denkst du denn? Ich wollte ihnen den Weg abschneiden, sonst nichts. Als ich den Zugang in der Wandnische gesehen habe, dachte ich: Na prima, dann können ihnen die Ratten Gesellschaft leisten. Dass der ganze Felsvorsprung runterkrachen würde, wusste ich nicht, ich schwöre es dir.«

Sie sieht ihn eindringlich an, das Dröhnen des Helikopters ist mittlerweile so laut, dass sie fast schreien muss. »Ich habe dir nichts vorgemacht, jedenfalls nicht mehr als mir selbst. Im Nachhinein ist mir auch klar, dass mein toller Notfallplan nicht funktioniert hätte, weil er uns nicht genug Vorsprung verschafft.« Sie fasst Max am Unterarm und zieht ihn hinter sich her, tiefer in den Wald. »Mit dem Helikopter sind sie ja trotzdem ruckzuck wieder hinter uns her.«

»Du bist wahnsinnig, Hallstein. Und was jetzt?«

»Jetzt holst du das Ding vom Himmel. Wir müssen so nah wie möglich ran. Wenn er direkt über der Lichtung ist, knallst du den Teller rein.«

Maipaan,
Urwald, Lichtung [20:27]

Der Sikorsky CH-54 wurde vom US-Militär vor allem im Vietnamkrieg eingesetzt. Max ruft sich ins Gedächtnis, was in seinen Briefing-Unterlagen über das Uralt-Fluggerät stand. Er ist ruhig und fokussiert, für derartige Einsätze hat er wochenlang trainiert. Auch wenn er nicht im Traum auf die Idee gekommen wäre, dass er sich in einer Situation wie dieser wiederfinden würde. *Wie ein Vietkong im Dschungelkrieg gegen die Amis.*
Die Hubschrauber dieser Baureihe wurden Anfang der 1990er-Jahre von der US-Armee ausgemustert. Dass die Brüder gerade so eine Indochinakriegs-Reliquie für ihre asiatische Quasi-Kolonie verwenden, passt zu ihrer seltsamen Vorliebe für Equipment aus der Ära des Eisernen Vorhangs und sagt einiges über ihr Selbstverständnis aus. Trotz seines ehrwürdigen Alters kann der CH-54 auch heute noch mit eindrucksvollen Features punkten. Zwei Turbinenmotoren mit zusammen 9000 PS verhelfen ihm zu bärenstarker Tragkraft. Bei einem Eigengewicht von rund fünf Tonnen kann er noch einmal so viel Nutzlast transportieren, entweder in Containern, die unter dem Rumpf eingeklinkt werden, oder an Stahltrossen unter dem Fahrgestell hängend. Daher eignet sich der Sikorsky besonders gut für Einsätze im Gebirge und überall dort, wo eine Landung schwer oder unmöglich ist.
Zum Beispiel hier, denkt Max, während er sich wie Hallstein vor eine Pfütze kauert und jeden Quadratzentimeter sichtbarer Haut mit Schlamm einschmiert. Sie sind keine zehn Schritte mehr von der Lichtung entfernt, doch die Vegetation um sie herum ist fast undurchdringlich, ein Dickicht aus Büschen und Farnen, Bäumen und Lianen, in dem sie selbst mit starken Suchscheinwerfern kaum auszumachen wären. Allerdings kommt man hier auch nur mühsam voran, falls sich Hallstein also verspekuliert hat und der Sikorsky seine Last anderswo absetzen will, kämen sie mit Sicherheit zu spät.

Aber Max sieht es wie sie, die Lichtung hat genau die richtige Größe, damit der Hubschrauber, über den Baumwipfeln stehend, seine an Stahlseilen hängende Last absetzen kann. Eine Plattform mit einsatzbereitem Suchtrupp, nimmt Max an, zehn oder mehr Männer mit automatischen Waffen, die sofort in alle Richtungen ausschwärmen werden.

Er macht Hallstein ein Zeichen, sie soll zurückbleiben, während er sich näher heranpirscht. Sie schüttelt den Kopf, *war ja klar,* denkt er und kriecht auf die Lichtung zu. Den Sprengsatz hat er sich unter den linken Arm geklemmt, der Stahlteller fühlt sich kühl und glatt an.

Der Helikopter muss inzwischen fast über der Lichtung sein, die Turbinen brüllen, die Baumkronen wogen unter den Luftwirbeln. Max robbt bis zur vordersten Baumreihe, durch Farnwedel abgeschirmt, späht er nach oben und vergisst fast zu atmen. Eben schiebt sich der Sikorsky über die Lücke zwischen den mächtigen Baumwipfeln, seine Scheinwerfer erfassen die Lichtung und tauchen sie in gleißende Helligkeit. An Stahltrossen schaukelnd senkt sich ein Stahlcontainer mit Käfiggittern in den Seitenwänden herab, auf dem Dach kauern acht Mann mit Maschinenpistolen. Max mustert sie aufmerksam, *der Statur nach Asiaten,* taxiert er und nimmt erst mit Verzögerung wahr, was der Käfig enthält. Kräftige Körper, auf- und zuschnappende Schnauzen mit gewaltigen Reißzähnen. *Mantrailer, logisch, der Hundezwinger,* denkt Max und meint, über das Brüllen der Turbinen hinweg die tobenden Hunde zu hören.

Wir oder sie. Der Zwinger mit den Killern obendrauf ist nur noch vier, fünf Meter vom Boden entfernt, drei Etagen darüber macht Max die Pilotenkanzel in der Nase des Helikopters aus. Das Seitenfenster ist weit geöffnet, er nimmt den Sprengsatz in die linke Hand, tastet nach dem Zünder, den er auf 00:00:15 eingestellt hat, und schaltet ihn scharf. Er springt auf, wiegt den Stahlteller in der Rechten, schwingt ihn hin und her und visiert dabei sein Ziel an, wie er es immer wieder trainiert hat. Bei 00:00:05 schleudert er den tödlichen Diskus in den Himmel hoch und spürt, dass er den optimalen Moment erwischt hat. Metallisch funkelnd segelt der Sprengsatz durch das Seitenfenster in die Pilotenkanzel hinein.

Einen halben Herzschlag lang scheint alles stillzustehen, der Hubschrauber starr in der Luft, der Zwinger reglos über der Lichtung, selbst die Hunde im Käfig und die Männer auf dem Dach wie eingefroren. Dann die Detonation, ein heiserer Knall im Dröhnen der Turbinen, die Kanzel zerplatzt, Körperteile regnen herab, Metallstücke, Glas. Der Sikorsky kippt nach vorn, kracht durch die Bäume, stürzt mit seiner vollen Länge von mehr als zehn Metern auf den Container und drückt ihn platt. *Mit allem, was drin und drauf war,* denkt Max, die Motoren brüllen noch immer, Qualm steigt auf, Flammen schießen aus den Turbinen, und Max wirft sich herum und rennt beinahe Hallstein um, die direkt neben ihm ist.

»Schnell!« Er fasst ihre Hand, sie sprinten auf dem Trampelpfad zurück in Richtung Bergwand. Als der Sikorsky in einem Feuerball explodiert, werfen sie sich in den Schlamm, die Arme schützend über dem Kopf, während die Überreste von Männern, Tieren und Turbinen durch die Wucht der Explosion in kilometerweitem Umkreis verteilt werden. *Wenn jetzt auch noch der Wald brennt,* denkt Max, im selben Moment beginnt es wieder zu regnen.

Sie rappeln sich auf, der Pfad wird zum reißenden Bach, außer dem tosenden Wolkenbruch ist nichts mehr zu hören. *Acht Mann auf dem Zwinger und die zwei in der Kanzel,* denkt Max. Mit einer Handbewegung hat er gerade eben zehn Menschenleben ausgelöscht.

Sie oder wir, sagt er sich wieder, *es war Notwehr, kein Richter würde mich deshalb verurteilen.* Nicht mal die Richter in seinem Innern, die noch immer mit sich ringen, ob er Hallstein wirklich freisprechen darf.

**Maipaan,
Westküste, über den Klippen [20:44]**

Wolken von Moskitos, *der reinste Blutsaugerterror*, denkt Hallstein, *aber besser als Ratten*. Der Regenguss ist vorbei, der Wald dampft, es tropft und rinnt von allen Blättern, Ästen, Stämmen. Hallstein geht voran, immer dicht an den Klippen entlang, Max sichert nach hinten ab. Sie hat ihm die Glock gegeben, für alle Fälle, aber sie glaubt nicht, dass sie so schnell erneut angegriffen werden. Weitere Hubschrauber haben die Brüder nicht, jedenfalls hat sie auf den Satellitenbildern nie welche gesehen. Und die Belé müssen nach den Ereignissen der letzten Stunden maximal bedient sein, traumatisiert, auch wenn sie es wohl anders ausdrücken würden, »von Dämonen verflucht« vielleicht.
Wie auch immer, denkt Hallstein, *die trauen sich nicht so schnell wieder aus ihren Löchern.* Sie ist in euphorischer Stimmung, alles läuft nach Plan, hier irgendwo muss der Zugang zum Wilderersteig sein. Wahrscheinlich zugewuchert laut Wayan, weil sich seit Jahren niemand mehr hier hochgetraut hat. Als *Dignity* die Insel übernommen hat, war es plötzlich verboten, und nachdem drei junge Fischer kurz nacheinander nicht zurückgekommen seien, habe es auch niemand mehr versucht. Aber die beiden Felsbrocken, beziehungsweise -backen, vor dem Einstieg müssten trotzdem noch zu finden sein.
Auch Hallstein hat sich ein paarmal an Kletterfelsen versucht, das ist allerdings Jahre her. *Solo Freeclimbing*, die Königsdisziplin. Es sieht wie Zauberei aus, wenn jemand einfach so die Felswand hochklettert, ohne irgendwelche Hilfsmittel, außer Chalk für die Hände, aber letztlich ist es Kopfsache, wie fast alles. Wer Angst hat, stürzt ab.
Sie schaltet die Stablampe immer nur kurz ein, der sternenglitzernde Himmel spiegelt sich im Meer, das hier, so nah an den Klippen, zwischen den Ästen hindurchschimmert. »Hier ist es, Max«, flüstert sie, ein brennender Stich in der Schulter, sie achtet kaum darauf. Biegt Palmwedel zur Seite, und da liegen die

beiden Felsbrocken, genau vor der Bruchkante, von Wind und Regen glatt geschmirgelt. Sie erinnern wirklich an zwei überdimensionale Gesäßbacken, die Ritze dazwischen so schmal, dass der Einstieg dahinter nicht zu sehen ist. *Gleich sind wir im Arsch*, denkt Hallstein, *buchstäblich.*

»Ich schau's mir mal an«, sagt Max, wie sie es unterwegs besprochen haben. Der fast volle Mond schwebt über der Timorsee, solange der Himmel so klar ist, muss es möglich sein, auch bei Nacht abzusteigen.

Max reicht ihr die Glock, sie nimmt sie mit der rechten Hand, in der Schulter ein Gefühl von Tod. Ihr Kopf auf einmal leer. Apathisch schaut sie Max hinterher, der mit dem Gesicht zu ihr langsam hinter der Felswand verschwindet. *Lieber Max. Wie gut er aussieht, sogar mit dem albernen Bart und dem schlammverschmierten Gesicht.* Noch mehr unsinnige Gedanken gehen ihr durch den Kopf, *das kommt vom Schock,* wird ihr nur ganz allmählich klar. *Du bist getroffen, mach was!*

Sie tastet nach hinten, befühlt den Pfeil, der über dem Schulterblatt steckt, nicht viel länger als ihr Zeigefinger. Sie geht in die Knie, legt die Waffe ins Gras und den Rucksack ab. Sie spürt, dass sie beobachtet wird, von irgendwo hinter ihr im Wald. Sie versucht, sich zu erinnern, wo und wie sie gestanden hat, als sie den brennenden Stich gespürt hat. *Da drüben, weiter rechts. Na wartet, ihr Bastarde.*

Ihre rechte Schulter fühlt sich wie vereist an, wie nicht mehr da. *Möglichst nicht bewegen, sonst verteilt sich das Zeug noch schneller.* Mit der linken Hand wühlt sie im Rucksack, findet das schlanke Stahlrohr, Format Riesen-Cohiba, wie ihr Vater sie immer gerne geraucht hat. Und da, in der Innentasche, Messer, Zange, Kleber, sie legt alles vor sich ins Gras. Stellt den Zünder auf 00:00:03, schaltet den Sprengsatz scharf und wirft ihn ins Dickicht zehn Schritte weiter rechts.

Die Explosion reißt einen Krater in den Boden, Bäume knicken um, Steinbrocken fliegen durch die Luft. Hallstein hört halb erstickte Schreie, Klick- und Grunzlaute, die für sie vollkommen fremd klingen, wie von einer anderen Spezies. *Aber das täuscht, die Ausstattung ist die gleiche.* Dann wieder Fluchtgeräusche, zwei Mann schleppen und zerren einen Dritten mit sich davon.

»Hallstein, um Himmels willen, was ist da oben los?«, ruft ihr Max zu und dann noch etwas, das sie nicht versteht.

»Alles unter Kontrolle.« Sie beißt die Zähne zusammen und zieht mit einem Ruck den Pfeil heraus. Mit der Daumenkuppe fühlt sie über die taube Stelle, ertastet den Einstich, die Wölbung, die jetzt schon so dick und prall wie eine Weintraube ist. Schnell nimmt sie die Zange in die linke Hand, setzt die Schneiden um die Schwellung herum an und drückt mit aller Kraft zu. Den Schrei kann sie nicht ganz unterdrücken, es ist nur ein Stöhnen, aber Max hat es gehört. Eben klettert er wieder über den Grat, schaut sie erschrocken an, stürzt auf sie zu. »Hallstein, was machst du da?« Wasser spritzt ihr aus den Augen, Blut aus der Schulter, an der Zange, die Max ihr aus der Hand nimmt, klebt ihr vergiftetes Fleisch. Sie zeigt auf den Pfeil, der wie zum Hohn neben der Pistole im Gras liegt. Das tote Gefühl kriecht ihr den Arm hinab.

»O Gott, nein, Hallstein, nein!« Er fällt neben ihr auf die Knie, schnappt sich die Glock, späht wild nach links und rechts.

»Die habe ich weggebombt. Aber du musst alleine da runter, Max.« Hallstein versucht zu lächeln. »Wenn du unten bist, geh immer nach rechts. Wayan wartet ab zwei in einer kleinen Bucht, circa zweieinhalb Kilometer die Küste hoch.«

»Und dich lasse ich hier? Du spinnst doch! Zeig mal her, das kriegen wir schon hin.« Sein Gesicht so bleich wie vorhin, als sie ihm gesagt hat, dass er den Hubschrauber runterholen muss. Er dreht sie behutsam um, sodass sie ihm die tote Schulter zeigt, und beugt sich über sie. Als wollte er sie in die Halsbeuge küssen, doch er drückt seinen Mund auf ihre Wunde, saugt und spuckt aus, saugt erneut, spuckt, und so immer wieder, bis sich Hallstein von ihm losreißt.

»Hör auf, Max, das bringt nichts. Höchstens kriegst du von dem Zeug auch noch was ab.«

»Und ob das was bringt«, gibt er atemlos zurück. »Als Bub bin ich mal von einer Kreuzotter gebissen worden, und da hat es meine Oma genauso gemacht. Saugen, ausspucken. So lange, bis es nur noch nach Blut schmeckt.«

Sie dreht sich kopfschüttelnd wieder zu ihm um. »Ich blute wie Sau, und ich hab kein Gefühl in der Schulter und im Oberarm. Wenn du mir noch was Gutes tun willst, schneid die Fetzen mit dem Messer weg und brenn die Wunde aus. Und dann schmier Kleber drauf.«

»Was soll ich?«

»Mach schon, Max. Hier, die Tube von Dr. Psycho. Alter Soldatentrick. Und dann mach, dass du wegkommst.« Sie setzt sich ins Gras, hält ihm die tote Schulter hin. *Tot wie Stein. Grabstein.* »Die Pistole behalte ich«, sagt sie, »beim Klettern kannst du die eh nicht gebrauchen. Und im Koffer ist noch so einiges, lass ihn dir von Wayan geben.«

Darauf sagt Max nichts. Erneut wühlt er im Rucksack, findet das Feuerzeug und schnippt das Flämmchen an.

Das haut so nicht hin, mit Max und Wayan, geht es ihr durch den Kopf. Sie muss ihm erklären, was er Wayan sagen soll, aber dann weiß sie es selbst nicht mehr. Die Kälte kriecht ihr vom Genick ins Gehirn hoch. Eisnebel, sie kann nicht mehr klar denken.

»Halt mich fest, Max«, murmelt Hallstein. Sie beißt die Zähne zusammen, dass ihre Kiefergelenke knacken. Dann der Geruch von verbranntem Fleisch. *Mein Fleisch*, denkt sie, *mein Steinfleisch*, der Schmerz überlagert das tote Gefühl, aber sowie er abebbt, ist es wieder da. Sie hört, wie Max die Tube aufschraubt, sie sieht vor sich, wie der farblose Kleber heraustropft und wie er das Zeug auf ihrer Schulter verteilt. Aber sie fühlt nichts, nur Tod und auflodernden Schmerz.

»Kannst du denn mit links schießen, Hallstein?«

»Sogar treffen.« Sogar das Sprechen fällt ihr schwer.

»Das ist gut, Kira.« Er schickt ihr ein krampfiges Grinsen. »Du musst nämlich nach oben sichern, während ich dich auf dem Rücken nach unten schleppe.«

»Schwachsinn, Max. Glaubst du vielleicht, du bist plötzlich ...«
Sie starrt ihn an, das verdammte Wort fällt ihr nicht ein. Doch, da ist es: »... Superman?«
»Na ja, das nicht«, gibt er zurück, vernünftig wie immer. »Aber wenn die Fischer hier mit Säcken voller Affen runterturnen können, dann schaffe ich das mit dir auf dem Buckel auch.«

Maipaan,
Westküste, Wildederersteig [21:37]

»Bleib wach, Hallstein, hörst du?«
»Ich bin ... doch ... wach.« Sie klingt wie eine Schlafwandlerin. Max spürt, wie ihr Kopf hinter ihm hin und her pendelt.
»Kira! Nicht einschlafen!«
»Sei nicht ... blöd, Max.«
Er hat sie auf seinem Rücken festgebunden, mit einer Liane, die sie beide wie einen Rollbraten zusammenschnürt. Zusätzlich hat er ihre Füße vor seinem Bauch verzurrt, für den Fall, dass die Vergiftungssymptome zunehmen sollten. Die Opfer auf den Videos weisen fast keine Körperspannung auf und sind außerstande zu sprechen. Von dieser Symptomatik ist Hallstein zwar weit entfernt, doch sie ist eindeutig benommen. Anfangs hat sie sich noch an seinen Schultern festgehalten, doch inzwischen baumeln ihre Arme wie abgeknickte Äste an ihren Seiten.
Dabei hat sich der Abstieg zunächst viel besser angelassen, als Max sich das vorgestellt hatte. *Wie leicht sie ist*, dachte er wieder, als er sich mit ihr auf dem Rücken zwischen den Felsbrocken hindurchschob. Hallstein hat an alles gedacht, einschließlich Stirnlampen für sie beide und einem Beutel Chalk, um den beim Klettern lebensgefährlichen Handschweiß aufzusaugen.
Schon nach den ersten paar Metern war ihm klar, warum Wayan sie davor gewarnt hat, bei Nacht hier hinabzusteigen. Als Einzelkletterer hätten sie im Dunkeln wirklich keine Chance. Die Kanten und Rillen im Fels sind so winzig, dass er sie trotz Stirnlampe

oftmals kaum ausmachen kann. Aber ihm wurde auch ziemlich schnell klar, wieso die Wilderer mit Säcken voller Koboldmakis abwärtsklettern konnten, ohne von dem wankenden Gewicht auf ihrem Rücken in die Tiefe gerissen zu werden. Im Gegenteil, dadurch erhielten sie überhaupt erst den nötigen Halt.

»Kira, das ist nicht fair«, versucht er es erneut. »Wenn ich dich schon hier runterschleppe, verrate mir wenigstens, wie es unten weitergehen soll.«

»Später, Max«, murmelt sie. »Sei nicht ... blöd.« Sie artikuliert schleppend, mit anstoßender Zunge und mit Pausen, als fielen ihr die simpelsten Wörter nicht ein.

Max ist beunruhigt, er muss sie unbedingt wach halten. »Ist dir eigentlich klar, dass es sich hier im Doppelpack viel leichter runterkraxeln lässt als allein? Kira, ist dir das klar?«

Sie murmelt irgendetwas, vielleicht »Lass mich«, vielleicht »Ich fass es nicht«. *Sie ist halb weggetreten*, denkt Max. Was soll er machen, falls sie das Bewusstsein ganz verliert? Das muss er auf jeden Fall verhindern!

Der Kletterpfad verläuft nahezu senkrecht die schmale Schlucht hinab, die sich zur Meerseite hin zu einem gerade mal handbreiten Spalt verengt. Ein natürlicher, dreiwandiger Felskamin, in dem es sich verblüffend leicht abwärtskraxeln lässt, wenn man auf dem Rücken entsprechend aufgepolstert ist – entweder mit einem Sack voller Affenfleisch oder mit Hallstein samt Rucksack. Der Felskamin ist gerade so tief genug, um sie beide hindurchrutschen zu lassen, zumindest im bisherigen Verlauf. Ihr Rucksack schrammt immer wieder an den Außenwänden entlang, und wenn Max anders keinen Halt findet, braucht er nur die Füße gegen den Fels zu stemmen und sich – beziehungsweise sie – mit dem Rücken gegen eine der Außenwände zu drücken.

Mittlerweile, nach der ersten Stunde, spürt er Hallsteins Gewicht stärker, aber es macht ihm noch immer nichts aus. Beinahe im Gegenteil, es elektrisiert ihn, ihren Körper an seinem zu spüren. Ihre Beine um seine Mitte, ihren Atem an seinem Hals, ihre Brüste an seinen Schultern. Nur Lous Schrumpfkopf bekommt er glücklicherweise nicht zu spüren, den hat er bei den anderen im Rucksack verstaut.

»Kira, wie fühlt sich deine Schulter an?« Er bombardiert sie mit Fragen, damit sie nicht noch mehr wegdämmert. »Beweg mal deinen Arm.«

»Nicht schon ... wieder.« In Zeitlupe hebt sie den rechten Arm und zuckt zusammen. »Wie ... gehabt. Tot bis zum ... du weißt schon.«

»Bis zum Ellbogen?«

»Ja, klar. Und die Schulter ... tut scheiße weh.«

»Das ist eine *gute* Nachricht, Kira, weißt du das?«, sagt Max in enthusiastischem Tonfall. »Das Gift breitet sich nicht weiter aus. Wir haben es gestoppt. Bald geht es dir wieder besser.«

So sicher, wie er zu klingen versucht, ist er sich keineswegs. Ihre Wortfindungsstörungen und ihr Dämmerzustand beunruhigen ihn nach wie vor. Außerdem hat sich Hallstein mit der Zange eine beträchtliche Fleischwunde zugefügt, und soweit er es in den Augenwinkeln ausmachen kann, weist das Pflaster auf ihrer Schulter blutige Flecken auf.

Doch zumindest eine Sorge sind sie los, von den Belé haben sie offenbar nichts mehr zu befürchten. Anfangs spähte Max noch alle paar Meter ängstlich nach oben, in der Erwartung, einen Urwaldbewohner mit Raubtiermaske zu sehen, das Blasrohr am Mund oder den Speer drohend erhoben. Einer solchen Attacke wären sie wehrlos ausgeliefert, auch wenn die Glock schussbereit in Hallsteins Gürtel steckt. Während er hastig abwärtskraxelte, stellte er sich vor, wie der Belé, von Hallstein in die Stirn getroffen, vornüberkippen, auf sie herunterstürzen und sie mit sich reißen würde. Oder wie Hallstein in ihrem Dämmerzustand ziellos herumballern würde, während die Giftpfeile auf sie herniederhagelten. Aber zum Glück ließ sich dort oben niemand blicken. Zweibeinige Beute zu jagen, die sie nicht nach ihrem grässlichen Ritual quälen können, macht für die Belé wohl schlicht keinen Sinn.

Mittlerweile sind sie Hunderte Meter weit weg, und sehr viel mehr Kummer als die Belé bereiten ihm seine blutenden Füße. Für die Kletterpartie waren Don Franciscos Flechtsandalen nicht zu gebrauchen, also kraxelt er barfuß und scheuert sich die Füße an den Felskanten wund. Doch auch das ist nicht tragisch, sagt sich Max, seine vordringlichste Sorge ist, wie es unten am Strand weitergehen soll. Zweieinhalb Kilometer auf unwegsamem Gelände bis zu der Bucht, in der Wayan wartet – mehrfach schon hat er Hallstein gefragt, wie sie sich das vorstellt, doch ihre Antwort war immer nur »Lass mich« oder »Sei nicht blöd, Max«.

Dabei ist seine Sorge alles andere als blöd. Von der *Catalina* aus hat er sich den schmalen Küstenstreifen unter den Klippen genau angesehen. An einigen Stellen besteht der Strand aus grobem Sand, überwiegend aber ist er mit riesenkürbisgroßen, wüst übereinandergetürmten Steinen bedeckt. Auf diesem Untergrund bräuchte er selbst unter optimalen Bedingungen zwei Stunden bis zur Bucht, wenn nicht mehr. Ohne geeignete Schuhe, im Dunkeln und mit Hallstein auf dem Rücken ist es kaum zu schaffen, sagt sich Max. Jedenfalls nicht, ohne die Aufmerksamkeit der Küstenwächter zu erregen. Auch wenn sie die Küste vielleicht nicht die ganze Nacht über bewachen werden, wird früher oder später ein Patrouillenboot vorbeikommen und den Strand mit seinen Suchscheinwerfern bestreichen, und dann ist alles vorbei. Keine Chance, sich zu verstecken, keine Fluchtmöglichkeiten. Entweder sie werden sofort niedergeschossen, oder die Patrouille nimmt sie mit und bringt sie zu den Überlebenden des Blutbads, das Hallstein oben hinter Zimmer 4 angerichtet hat.

Und dann gnade uns Gott, denkt Max, *dann soll uns die Patrouille lieber sofort erschießen.* Wer auch immer von den Brüdern noch lebt, wird von Rachedurst erfüllt sein.

Er wirft einen Blick nach unten, noch drei, vier Meter bis zu einer Ausbuchtung in der linken Schluchtwand. Zeit für eine Pause, beschließt er, auch wenn sie noch nicht viel mehr als die Hälfte des Abstiegs geschafft haben. Aber wichtiger als alles andere ist jetzt, die nächste Etappe ihrer Flucht zu planen. Er kann nur hoffen, dass Hallstein dafür genug bei Sinnen ist.

Erneut hat sich der Himmel mit dunklen Wolken überzogen, entsprechend schwarz ist die Timorsee. Nur noch wenige Minuten, schätzt Max, bis zum nächsten Wolkenbruch. Einen Regenguss haben sie in der Schlucht schon überstanden, Max stemmte sich mit aller Kraft gegen die Felswände, während das Wasser über sie hinwegtoste wie in einem gigantischen Abflussrohr.

Konzentriert hangelt er sich weiter abwärts. Die Ausbuchtung in der nach Norden weisenden Außenwand hat die Ausmaße einer kleinen Höhle. Das gut einen Meter tiefe Sims unter dem Felsüberhang lässt Max' Herz vor Freude schneller schlagen. »Sieh dir das an, Kira. Die reinste Bergkapelle. Und wir beiden Heiligenfiguren hocken uns jetzt da rein.«

»Hör auf mit dem ...« Sie verstummt, doch er weiß auch so, was sie sagen wollte. *Kirchenmist. Oder vielleicht Bibelscheiß?*

Max macht die Beine lang, hangelt sich auf das Sims hinab und sackt in die Knie. »Hilf mir mal, Hallstein. Kriegst du den Rucksack runter? Ich mache dich von deinen Fesseln los. Aber nur, wenn du versprichst, nicht abzuhauen.«

»Sei nicht ... blöd, Max.« Sie schenkt ihm ein schiefes Grinsen. *O Gott, Hallstein.* Sie so gehandicapt zu sehen, macht ihn selbst fast krank.

Max befreit sie beide von der Liane, die er anschließend sorgsam aufwickelt. Wenn sich das Ding selbstständig machen und durch die Schlucht davonschlängeln würde, wären sie endgültig aufgeschmissen. Er setzt sich neben Hallstein unter das schräge Felsdach, lässt die Beine baumeln und rollt mit den Schultern. Aus ihrem Rucksack holt er die Wasserflasche und eine Packung breiig aufgeweichter Müsliriegel, aus deren – mutmaßlich indonesischer – Beschriftung er auch bei besseren Lichtverhältnissen nicht schlau geworden wäre.

»Heilige?«, fragt Hallstein unvermittelt. »Welche denn?«

Er schüttelt den Kopf. »Vergiss es. Um heiliggesprochen zu werden, müssten wir erst mal tot sein. Das war eine blöde Idee von mir.«

»Sag ich doch. Sei nicht blöd, Max.« Ihre Aussprache klingt immer noch verwaschen, aber zumindest wirkt sie wacher. Bevor er ihr antworten kann, beginnt es erneut zu schütten.

Sie verkriechen sich unter dem Felsvorsprung. Solange die Sturzfluten durch die Schlucht donnern, ist kein Wort zu verstehen, nicht mal, wenn man sich mit voller Kraft in die Ohren schreit. Max untersucht ihre Schulter, es sieht aus, als hätte ein Raubtier ihr einen Batzen Fleisch herausgerissen, aber die Wunde nässt nur wenig und sieht nicht entzündet aus. Er legt ein neues Pflaster auf, lehnt sich zurück und bereitet sich auf den nächsten Anlauf vor.

Der Regen hört schlagartig auf, alles um sie herum gluckst und dampft. Sogar aus Hallsteins Haaren steigt feiner Nebel auf.

»Du hast doch alles ganz genau geplant, Kira«, versucht er es aufs Neue. »Was hast du mit Wayan ausgemacht? Wenn du unten am Strand angekommen bist, gibst du ihm irgendwie ein Zeichen? Damit er mit seinem Kahn kommt und dich aufsammelt?« Sie starrt ihn verständnislos an. »Herrgottsakra, Hallstein.« Max fuchtelt mit den Armen. »Was ist daran so schwer zu verstehen? Handy-Empfang ist hier nicht, aber bekanntlich gibt es andere Hilfsmittel. Funkgeräte, Lichtsignale, was auch immer.« Sie schüttelt den Kopf und macht ein Gesicht, als würde er chinesische Drachenarten aufzählen.

Max holt tief Luft, er muss sie irgendwie aufrütteln. »Zweieinhalb Kilometer auf dem Geröllfeld im Dunkeln entlangstolpern, das ist doch ein Scheißplan, entschuldige«, fährt er fort. »Im flachen Wasser die Küste hochzuschwimmen ist keine Alternative, das dürfte dir ja klar sein. Erstens geht das auch viel zu langsam, zweitens könnte uns die Küstenwache dann erst recht wie Schießbudenfiguren abschießen, und drittens ist das bei der Strömung hier sowieso ausgeschlossen, wir würden sofort aufs offene Meer hinausgezogen«, ereifert sich Max. »Also bitte, Kira, denk nach. Was hast du mit Wayan vereinbart? Wenn wir es nicht in die Bucht schaffen und er uns abholen soll, machen wir dann ein Feuer am Strand oder was sonst?«

»Ein Feuer?« Sie schüttelt erneut den Kopf. Erkennbar hat sie Mühe, sich zu konzentrieren, aber da ist noch etwas. Max wittert es, auch wenn er nicht versteht, was es ist. »Wayan wartet ab zwei in der Bucht«, murmelt sie. »Wenn er uns abholen soll?«, wiederholt sie und runzelt die Stirn.

»Ja, genau, Kira, wenn wir früher da sind oder er uns an einer anderen Stelle aufsammeln soll – was habt ihr für diese Fälle ausgemacht? Wie kannst du ihn erreichen?«

Sie grübelt vor sich hin. Max versucht es noch ein paar Mal, er kann einfach nicht glauben, dass sie diesen Punkt in ihrem Plan übersehen hat. *Sie hält mit irgendwas zurück*, denkt er. *Aber womit?*

»Nur damit ich das richtig verstehe, Kira. Wenn wir unten am Strand sind, muss ich mit dir auf dem Rücken bis zur Bucht marschieren? Stimmt das so?«

Sie hebt den Kopf und schaut ihn lange an. Ihre Augen sind verschleiert, sie sieht müde und verstört aus. Max macht sich Vorwürfe, weil er sie so hart angegangen ist, er ahnt, wie schwer es ihr fallen muss, in ihrem benebelten Zustand halbwegs klar zu denken.

»Er hat ein ...« Sie unterbricht sich und furcht die Stirn. »Ein Sat... sag schon, Max.«

Jetzt ist es an ihm, verständnislos zu schauen. »Ein Satellitentelefon? Der Fischer?« Er überlegt fieberhaft. Entweder Hallstein bringt etwas durcheinander, oder sie muss diesem Wayan viel mehr vertrauen, als er bisher geglaubt hat. »Okay«, sagt er zögernd. »Umso besser, dann rufe ich ihn jetzt mal an.«

Hallstein schüttelt heftig den Kopf. »Das geht nicht, Max. Er weiß nichts von dir.«

Sonntag, 17. Januar

**Maipaan,
Westküste, Strand [01:53]**

Sie kann gehen, auf wackligen Beinen, aber immerhin. Von den Klippen bis zur Wasserlinie sind es keine fünfzig Meter, das müsste sie hinkriegen. Auf Max' Arm gestützt, auf den glitschigen Steinen balancierend, die im Mondschein wie Schädel in allen Güteklassen aussehen. Sie ist stolz auf sich, weil ihr das schwierige Wort eingefallen ist, *Güteklassen*. Und dann kriegt sie die Panik, als ihr der Verdacht kommt, dass das Wort nicht stimmt. *Güteklassen? Das gibt es gar nicht*, denkt sie, *oder doch? Aber eher für Eier?* Sie will Max fragen, doch dann fällt ihr ein, dass sie seine Frage immer noch nicht beantwortet hat.
»Wie kann es sein, dass Wayan nichts von mir weiß?« Er sah aus, als hätte sie ihm ins Gesicht geschlagen. Aber sie kann es ihm jetzt nicht erklären, im Moment kriegt sie das nicht hin.
Dabei hasst sie sich selbst dafür, dass sie ihn hintergangen hat, ihn ausgenutzt hat, ihm nicht genügend vertraut hat, obwohl er bereit war, für sie in den Tod zu gehen. Alle diese Vorwürfe hat sie in seinem Gesicht gelesen, und noch einige mehr. Er ist tief getroffen, und er hat jedes Recht dazu. Aber sie kann es ihm jetzt nicht erklären. So wenig wie in den Stunden zuvor, die sie im Halbschlaf auf seinem Rücken verbracht hat, in wirren Träumen, in denen sie sich vor Richtern mit Tiermasken rechtfertigen sollte und immer nur Tiergeräusche aus ihrem Mund kamen, rattiges Fiepen, affiges Kreischen, Wolfsgeheul.
Das bisschen Energie, das jetzt noch in ihr ist, braucht sie, um sich auf den Beinen zu halten. Um einigermaßen bei Bewusstsein zu bleiben. Um die Angst niederzuhalten, dass sie durch das Pfeilgift ewige Schäden erlitten hat. *Ewige?* Sie stochert in einem Chaos aus Wörtern. *Bleibende*, entscheidet sie. Bleibende Schäden in Schulter und Oberarm, die nach wie vor taub sind, wie nicht vor-

handen. Ein totes Nichts, das sich sofort in eine Hölle aus brennendem Schmerz verwandelt, wenn sie die Schulter bewegt.
Viel mehr Angst macht ihr das geistige Handicap. Sie fühlt sich nicht nur benommen, wie durch ein Sedativum, es fühlt sich an, als wäre ihr Gehirn teilweise zerstört. Wörter sind plötzlich weg, oder die falschen drängeln sich vor, Erinnerungen sind löchrig, Ursache und Wirkung, Vorher und Nachher ein einziger Brei. Sie hat es ja an Max' Reaktionen gesehen, wie er rücksichtsvoll versuchte, sein Erschrecken zu verbergen. Wenn sie nur immer wieder die gleichen Phrasen stammeln konnte, wenn sie mitten im Satz vergaß, was sie gerade sagen wollte.
Sie geht wie auf Eiern, an Max' starken Arm geklammert. Eigentlich trägt er sie mehr, als dass sie auf eigenen Füßen geht. Wachsam schaut er sich nach allen Seiten um, doch von den Küstenwächtern ist nichts zu sehen. Kein Patrouillenboot, keine Streifen am Strand. Allerdings ist auch Wayans hellblauer Kutter noch nicht in Sicht, doch Hallstein ist sich sicher, dass er kommen wird. Wayan wird sie auf seinen Kahn verfrachten, und sie wird dafür sorgen, dass er auch Max mit an Bord nimmt. Das wird sie ihre allerletzten Kräfte kosten, aber sie wird es hinbekommen, das schwört sie sich selbst. Max ist nur wegen ihr hier, und ohne ihn wäre sie da oben im Dschungel verreckt. Wenn sie ihn jetzt hier zurücklassen muss, weil sie Wayan nicht in den Griff kriegt, hat sie noch viel mehr bleibende Schäden verdient. Ewigen Totalschaden sogar.
»Hallstein? Da drüben ist er.«
Mit geblähtem Segel kommt der Kutter von Norden her angeschippert. Hallstein watet ihm entgegen, wird von den Füßen gerissen, krault schreiend auf den blassblauen Kahn zu. Ihre Schulter kocht, auf ihrem Rücken rumpeln die Schrumpfköpfe gegeneinander, sie hat Salz in den Augen, von ihren Tränen, von den Wellen, die sie überrollen, in die Tiefe drücken wollen, schreiend kämpft sie sich immer wieder hoch. Dann seine vertraute Hand, die sich ihr von oben entgegenstreckt, sein breites Grinsen, das Glück in seinen Augen, als er »Kila!« ruft, ihre Hand

zu fassen kriegt, sie aus den Wellen zu sich hochzieht wie einen kapitalen Fisch.

Japsend und hustend liegt sie auf dem Deck, und bevor sie wieder sprechen kann, hat er alle Segel gesetzt und hält aufs offene Meer zu. »Wayan!«, schreit sie, die Segel knattern, mit beiden Händen zieht sich Hallstein an der Reling hoch, schreiend vor Angst und Schmerz. »Wayan, warte!«

Er schaut sie fragend an, den hochgewachsenen Mann am Strand kann er nicht übersehen haben. »Dreh um!«, schreit sie. »Er gehört zu mir.«

Wayan schaut zur Küste zurück, seine Augen plötzlich weit. Hallstein folgt seinem Blick, vom Hafen her kommt ein Boot die Küste hochgerast. Die Patrouille!

»Wayan!«, schreit sie wieder. »Dreh um, wir müssen ihn mitnehmen.« Sie rutscht auf dem nassen Holz aus, fällt auf alle viere, in ihrer Schulter explodiert ein Atompilz. Schreiend kriecht sie auf Wayan zu, umklammert seine Fußknöchel. »Dreh um! Ich flehe dich an! Wir dürfen ihn nicht zurücklassen.«

Sein abwägender Blick zum Patrouillenboot, zu Max, dann zu ihr. »Liebst du ihn, Kila?«

»Ja! Anders als dich, Wayan, aber ja! Er war bereit, für mich zu sterben. Und er hat mir das Leben gerettet.«

Das Schnellboot funkelt im Mondschein. Der Motor brüllt auf, der Bug hebt sich aus dem Wasser wie ein sich aufbäumendes Seeungeheuer. Mit zwei Schritten ist Wayan beim Steuer, reißt es herum. Die Segel blähen sich aufs Neue, als er auf Max zuhält, der bis zu den Hüften im Wasser steht, die Arme wie flehend ausgebreitet. Knapp vor ihm dreht Wayan bei, streckt ihm eine Hand hin und reißt ihn an Bord. Noch während Max zu Boden geht, ist der Fischer schon wieder beim Mast, dann beim Steuer, zieht scharf nach Backbord und jagt erneut hinaus auf die See.

»Max, der Koffer!«, bringt Hallstein hervor. Sie liegt auf dem Rücken, ihre allerletzten Adrenalinreserven sind verbraucht. »Unten, Kajüte, unterm Bett.«

Die Holztreppe dröhnt unter seinen Tritten, nur Sekunden später ist er wieder da. »Die Kombination, Hallstein. Wie geht der Code?«

Er wirft sich neben ihr auf die Knie, den schweren Metallkoffer vor sich auf dem Deck. Hallstein starrt auf das verblichene Blau der Planken, ihr Kopf ist leer. Der Code? Ihr Hirn ist tot. Verzweifelt versucht sie, es neu zu starten.

»Die Zahlen, Hallstein. Um Himmels willen, mach schnell.«

Schnell ist nur das Patrouillenboot, es schneidet die Wellen, springt auf und nieder, bei jedem Aufschlag metallisch dröhnend. Hallstein sieht gebannt zu, wie es unaufhaltsam näher kommt, und plötzlich sind die Zahlen da. Sechs Ziffern, Tag, Monat, Jahr, sie schreit sie gegen den Wind, gegen das Knattern der Segel und den brüllenden Bootsmotor.

Max stellt den Code ein, das Schloss springt auf, er reißt den Deckel hoch. »Nimm die Uzi«, sagt Hallstein, die Erinnerung ist wieder da, »und die Eierdings ... du weißt schon.« *Güteklasse eins,* spukt ihr im Kopf herum, aber das passt hier auch nicht.

Sie hat alles akribisch geplant, auch mit der Küstenwache hat sie gerechnet, nur war es in ihrer Planung nicht Max, sondern sie selbst, die mit der Uzi das Feuer eröffnen würde. Wayan stürzt zu ihr hin, packt sie unter Knien und Achseln und trägt sie hinter sein Steuerhäuschen. Sie schreit, ihre Schulter brennt höllisch, und Wayan löscht das Feuer mit einem Kuss und deckt sie mit seinem Körper, lang über sie hingestreckt.

Die Küstenwache erwidert das Feuer, und Max hechtet hinter dem Kajütaufbau in Deckung, kurz erstarrend, als er Hallstein unter Wayan liegen sieht. »Was ist das für ein Datum, Kira?«, fragt er auf Englisch. »Der Zahlencode?«

Das ist unfair, denkt Hallstein, *aber ich hab's verdient.* »Der Tag, an dem Lou verschwunden ist.«

»Aha?« Max wiederholt ihre Antwort auf Englisch und erläutert für Wayan: »Ihr toter Lover, den sie mehr als dich und mich zusammen liebt.«

Hallstein schiebt Wayan von sich herunter und späht um den Holzverschlag herum aufs Meer. Das Schnellboot ist keine zehn

Meter mehr entfernt, sie erkennt das verzerrte Gesicht des Mannes am Steuer und die wie gemeißelten Züge des zweiten, der mit seiner MPi unaufhörlich feuert. Max richtet sich auf, drückt den Bügel der Eierhandgranate lehrbuchmäßig auf seinen rechten Oberschenkel, während er mit links den Splint herauszieht. Er macht einen Schritt zur Seite, um freie Wurfbahn zu haben, und gerade als der Schütze drüben ihn bemerkt und die Feuer spuckende Waffe zu ihm herumzieht, wirft Max das eiserne Ei in einem eleganten Bogen hinüber in das Heck des Patrouillenboots.

»Runter!«, schreit er, obwohl außer ihm alle unten sind, hechtet erneut in Deckung, und dann detoniert die Granate und zerreißt den Motor des Schnellboots, das sofort Feuer fängt. Die Flammen lodern im Dunkeln, beide Wächter sind über Bord gegangen, im nächsten Moment explodiert der Tank und verwandelt das Boot in eine zuckende, züngelnde Wolke aus Flammen und Rauch.

**Timorsee,
Kutter Wayan [16:19]**

»*I love you both*«, sagt Hallstein, »*and yes, Lou was the love of my life. But now he is dead, and we three are alive. Aren't we?*«
Wayan sieht Max abwartend an. Schließlich nickt Max, und der junge Fischer tut es ihm gleich. Allerdings so minimalistisch, dass es nur mit sehr viel gutem Willen als Zustimmung durchgeht.
Nach vierzehn Stunden Schlaf und Unmengen gegrilltem Red Snapper fühlt sich Hallstein fast schon runderneuert. Sie sitzt zwischen Max und Wayan auf dem vorderen Deck und lächelt beide abwechselnd an. Die Verletzung tut weh, aber das taube Gefühl ist weg. Jedenfalls fast. Sie spürt wieder, dass sie auch rechts eine Schulter und einen Oberarm hat, und ihr Gehirn arbeitet wieder halbwegs normal. Zumindest für ihre Verhältnisse.

»Ich habe euch beide für meinen Plan eingespannt, ohne euch wirklich einzuweihen«, beginnt sie ihre Beichte. »Das war nicht richtig, und zu meiner Entschuldigung kann ich nur zwei Dinge anführen: Es war für einen guten Zweck, und ich war auch zu mir selbst nicht ganz ehrlich.«
»Guter Zweck ist gut«, sagt Max. »Du hast dreißig Mann in die Luft gesprengt. Mindestens.«
Hallstein nickt. »Guter Zweck ist der falsche Ausdruck, sorry. Offenbar bringe ich immer noch Wörter durcheinander. Aber das geht anderen ja erst recht so.«
Mit Wayans Transistorradio haben sie über Kurzwelle die neuesten Nachrichten gehört. Die Medien wetteiferten mit Sensationsmeldungen von der »*furchtbaren Naturkatastrophe*« auf der indonesischen Insel Maipaan, die zahlreiche Todesopfer gefordert habe. Die Ereignisse seien als besonders tragisch zu werten, da durch den »*verheerenden Bergrutsch*« ausgerechnet die »*renommierte Kinderhilfsstiftung* Dignity of Youth *ins Mark getroffen worden*« sei. »*Das Asien-Headquarter der Stiftung, im Stil eines europäischen Barockpalastes am Fuße des Katastrophenberges errichtet*«, sei durch eine »*Gesteins- und Schlammlawine*« weitgehend zerstört worden. »*Unglücklicherweise fand just zu diesem Zeitpunkt in dem Gebäude eine Konferenz statt, an der nahezu die gesamte Führungsetage und zahlreiche bedeutende Mäzene der renommierten Institution teilnahmen. Die Aufräumarbeiten dauern zur Stunde noch an, die Helfer vor Ort rechnen damit, unter den Trümmern weitere Leichen zu finden. Zu den Opfern zählt nach offiziellen Angaben auch der weltbekannte Rocksänger Tycho Terry, der seine Musikerkarriere vor dreizehn Jahren beendet hat, um sein Leben den Stiftungszielen zu widmen: der bestmöglichen Förderung, Betreuung und Heilung bedürftiger und benachteiligter Kinder und Jugendlicher aus aller Welt.*«
Es folgte eine lange Namensliste, von A wie Althus, freischaffender Berater, über M wie Martens und T wie Tornow, Wirtschaftsanwälte, bis Z wie Zachowsky, Start-up-Investor. Hallstein hätte die Aufzählung am liebsten in Endlosschleife immer wieder ge-

hört, aber das sagt sie Max und Wayan lieber nicht. »*Führende Klimaschützer sind davon überzeugt, dass die Naturkatastrophe auf Maipaan eine direkte Folge des menschengemachten Klimawandels ist*«, hieß es in einem Kommentar, der Hallstein kurzzeitig die Sprache verschlug.

Sie hat an den möglichen Erfolg von Max' Undercover-Mission geglaubt, beichtet sie weiter, deshalb hat sie ja mit allen Mitteln versucht, an belastendes Material heranzukommen, das ihre Chefin in Brüssel von der geplanten Aktion überzeugen könnte. Aber gleichzeitig hat sie die ganze Zeit gespürt, dass sie kein Recht hat, Max auf die Teufelsinsel und damit in den fast schon sicheren Tod zu schicken. Nachdem Ria gekidnappt wurde, nahmen ihre Zweifel nochmals rapide zu. Die Bruderschaft würde sich sowieso wieder herauswinden, egal wie viele unwiderlegbare Beweise Max sicherstellen würde, hielt sie sich vor. Am Ende wäre er tot, und die Brüder wären weiter auf freiem Fuß.

Hallstein holt tief Luft. »Wenn ein System von seinen Feinden unterwandert ist, macht es keinen Sinn mehr, nach den Regeln zu spielen. Jedenfalls dann nicht, wenn man gegen diese Feinde vorgehen will. Deshalb habe ich mit der Bex nie über unseren Plan gesprochen, Max, und mit dir, Wayan, nie über Max. Irgendwo in mir drinnen wusste ich immer, dass ich das selbst machen muss«, fügt sie schnell hinzu, bevor ihr jemand ins Wort fallen kann. »Und dass es nur dann einen Sinn hat, wenn ich nicht nur ein paar Beweise einsammle, die dann doch wieder nicht anerkannt werden oder auf geheimnisvolle Weise verschwunden sind, wenn es endlich zum Prozess kommt. Falls es überhaupt dazu kommt. Und so weiter.« Sie fährt sich mit einer Hand übers Gesicht. »Ich war es so müde, versteht ihr? Ich wollte es zu Ende bringen, und das haben wir ja irgendwie auch geschafft.« Sie lächelt Max und Wayan abwechselnd an.

»Wer, ›wir‹?«, fragt Wayan, der mit großen Augen zugehört hat. »Wen meinst du mit ›wir‹, Kila?«

»Na, uns drei«, sagt Hallstein. »Oder ist noch jemand auf dem Schiff?«

»Der Koffer«, sagt Wayan. »Wenn deine Chefs von der ganzen Sache ja nichts wussten?«

»Guter Punkt«, sagt Max, »von wem ist der Koffer mit den Waffen und den Bomben? Und wenn wir schon dabei sind, Kira: Von wem hast du die Reisepässe und Visa, mit denen wir unterwegs sind? Und wie bist du an das Safe House für Franz Hochfelder – den echten Franz, meine ich – gekommen, wenn die Bex von alledem nichts weiß?«

Hallstein überlegt, ganz ohne Erklärung wird sie nicht durchkommen. Aber mehr als ein paar Andeutungen kann und darf sie nicht machen. »Okay, in Kurzform«, sagt sie, »es gibt da noch ein Netzwerk, Ermittler, Geheimdienstler, Regierungsbeamte rund um die Erde. Ich bin darauf gestoßen, als ich letztes Jahr in Jakarta nach Tilda Johnson gesucht habe. Eine Wissenschaftlerin«, erläutert sie in Wayans Richtung, »die das Pech hatte, der Bruderschaft im Weg zu sein.«

Die Ethnologin hatte vor Jahren das Projekt in Amazonien geleitet, bei dem Tom Astor, damals ihr Assistent, auf das Jagdritual der Belé gestoßen war. Nachdem Astor in den Führungszirkel der Bruderschaft aufgestiegen war, ließ er die Wissenschaftlerin nach Indonesien locken und mit einer Substanz vergiften, die ihr irreparable geistige und psychische Schäden zufügte. Hallstein fand sie schließlich in einem Slum in Jakarta, dank der Unterstützung durch eine indonesische Kriminalbeamtin, mit der sie vor Jahren bei Ermittlungen gegen international operierende Säuglingshändler zu tun hatte. Wie sich herausstellte, gehörte die Kollegin einer kleinen Gruppe idealistischer Profis an, darunter eine Staatsanwältin, einige Wissenschaftler, höhere Polizeibeamte und Militärs. Durch diese Gruppe erhielt sie Zugang zu dem weltweit operierenden geheimen Netzwerk namens OIL, was angeblich für »*Orphans in Law*« steht, »*Waisen im Gesetz*«.

All das lässt Hallstein weg. »Von ihnen ist der Koffer und alles andere«, sagt sie stattdessen nur.

Max' Gesicht ist voller Fragezeichen, aber mehr ins Detail kann sie jetzt nicht gehen. »Ach ja, ganz wichtig noch«, sagt sie, wäh-

rend sich das gigantische Containerschiff *MS Petrarca* von Backbord her in ihr Blickfeld schiebt. »Alles, was darauf hinweisen könnte, dass wir jemals auf Maipaan waren, muss in den Koffer, Max. Den holt morgen früh ein Bote bei dir ab, Wayan.«
»Alles?« Max sieht sie ungläubig an. »Auch die ... du weißt schon, von dem Trophäenbaum?«
»Alles«, bestätigt Hallstein. »Die Schrumpfköpfe sind schon im Koffer, die Waffen auch. Wenn du noch was hast, Max, letzte Gelegenheit. Wenn du damit bei der Einreise in Sydney erwischt wirst, gerät die ganze schöne Hypothese vom Klimawandel ins Rutschen, und plötzlich bist womöglich du an dem Schlamassel schuld.« Sie lächelt ihn an.
Er öffnet den Mund, *MS Petrarca* lässt einen elefantösen Dreiton erschallen, der seine möglichen Einwände übertönt. Hallstein und Max haben ihre Inselkostümierung gegen die unauffällige Reisekleidung aus dem Koffer eingetauscht, T-Shirt, Turnschuhe und Jeans, die bei Max um die Hüften schlackert, aber dafür hat er ja seinen altbewährten Gürtel.
»Und jetzt gebt euch die Hand, Jungs, okay?«, sagt Hallstein. »Ringt euch wenigstens ein Bye-bye ab.«
Wenn sie nach dem Attentat hätte untertauchen müssen, wäre sie bei Wayan geblieben, wie letztes Jahr, als sie total am Ende war, übervoll mit Verzweiflung, Selbstekel, Wut. Als Kommunikationsoffizier der indonesischen Armee hatte der junge Timorer an Militäraktionen gegen rebellische Stämme in Westpapua teilgenommen, war Zeuge der Gräueltaten geworden, die dort »zur Durchsetzung der demokratischen Ordnung« verübt wurden, und hatte die Uniform an den Nagel gehängt, um wie seine Vorfahren als Fischer zu leben. Durch Wayan lernte Hallstein allmählich wieder zu leben, und dafür wird sie ihm immer dankbar sein. Ein Teil von ihr wäre nur zu gern bereit, erneut seine Robinson-Hütte mit ihm zu teilen, diesmal für immer. Auf der kleinen Nachbarinsel Lokan, an einem Strand, der aussieht, als wäre er noch nie von anderen Menschen betreten worden. Jeden Tag würden sie auf seinem Kutter hinausfahren, die Netze aus-

werfen und von nichts als Liebe, Fisch und Papaya leben. Es ist ein verführerischer Plan B, trotz Schwermetallen in den Meeresfrüchten, doch gegen Plan A kommt er nicht an.

Plan A geht so: Sie holt sich ihr früheres Leben zurück. Berlin, ihre Stelle beim LKA und Max, den besten Partner, mit dem sie je zusammen war. Beruflich und vielleicht auch sonst.

»Also, Max?«

Er schüttelt den Kopf, und Hallstein schließt den Koffer und stellt das Zahlenschloss auf 0-0-0-0-0-0. *Neustart.*

Das Containerschiff lässt einen Zodiac zu Wasser, ein flaches Schlauchboot mit Motor. Immer mehr Frachtschiff-Reedereien nutzen die zusätzliche Einnahmequelle und vergeben Kabinen mit kargem Komfort an Touristen, denen Kreuzfahrten zu konventionell sind. Dass Passagiere auf offener See an Bord gehen, ist weniger üblich, aber für OIL war auch das ein lösbares Problem. *MS Petrarca* nimmt sie bis Sydney mit, von dort fliegen sie weiter nach München, ein Paar auf Abenteuertrip, Urs und Mona, beide mit Schweizer Pass.

»Jetzt macht euren Frieden miteinander, Jungs«, sagt Hallstein streng. Wayan weiß nichts von Plan A, Max nichts von Plan B. Geschweige denn, wer von beiden für sie Güteklasse A und wer B ist. Solche Sachen behält sie lieber für sich, auch beim Beichten kann man ja leicht übertreiben. Wayan weiß nur, dass sie erst mal zurück nach Deutschland muss, aber bald wiederkommen wird, und das hat sie auch wirklich vor. Wenn auch bloß für ein paar Tage statt für immer. Genauso wenig weiß Max, dass sie mit ihm vorhat, wovon er immer geträumt hat, sonst würde er nicht so grimmig dreinschauen, während der Zodiac längs geht. Wayan und er geben sich die Hand, so kurz wie überhaupt möglich und ohne einander anzusehen. »Ich weiß nicht, Hallstein«, sagt Max, während er ihr hilft, in den Zodiac zu klettern, »die Bilder auf der Mikrokamera lösche ich lieber noch nicht.«

Er tippt sich auf die Gürtelschnalle, und Hallstein setzt sich auf die wacklige Bank und sieht zu, wie er schwungvoll über die Reling turnt und mit optimaler Haltungsnote mitten auf dem Zodiac landet. Den Bart hat er sich zum Glück wieder abgenommen, von den Augen abwärts sieht er entsprechend etwas blass, insgesamt aber zum Anbeißen aus.

Sie winkt Wayan und lächelt dabei Max an, während der Mann am Steuerruder den Motor aufheulen lässt und das Gummifloß verblüffend schnell auf das Containerschiff zuhält.

Am Heck der *Petrarca* geht ein Schott auf, zwei Meter über der Wasserlinie, während Max hektisch an seinem Gürtel herumfummelt. »Das gibt's nicht«, sagt er, »die Kamera ist weg.«

»Die ist im Koffer.«

»Hallstein!«, empört sich Max. »Wann hast du das denn ge…?« Er verstummt und starrt sie an, rote Flecken auf Hals und Wangen.

»Wir teilen uns eine Kabine«, sagt Hallstein. »Das ist dir doch hoffentlich recht, Max?«

Epilog

Ende Februar, rund sechs Wochen nach den Ereignissen auf Maipaan, bestellte Hallstein ihren Nachfolger (und möglichen Vorgänger) beim LKA 11, Tötungsdelikte und erpresserischer Menschenraub, in die *Tangarossa-Bar* im Berliner Bezirk Wedding. Jensen hatte sich zuerst geweigert, Hallstein überhaupt zu treffen, geschweige denn um vier Uhr nachmittags in einer Spelunke, in der angejahrte Straßenhuren und vereinsamte Sozialrentner mit Schlagerkitsch der Sechziger beschallt und mit klassischen Doppelpacks – »ein Bier, ein Korn, mach gleich noch mal eins, Edgar« – abgefüllt werden. Doch Hallstein hatte ihm kommentarlos eine JPEG-Datei geschickt, und daraufhin lenkte er umgehend ein.

In Berlin war es immer noch bitterkalt. Der Wodka in der *Tangarossa-Bar* schmeckte immer noch gefährlich gut nach schockgefrosteter Glut. Die Stadtverwaltung hatte immer noch Probleme, Streusalz aufzutreiben. Beim LKA waren immer noch sämtliche Dezernate chronisch überlastet. Der muskelbepackte Altrocker hinter dem Tresen der *Tangarossa*-Bar gab sich immer noch wenig Mühe, seine Hass-Tattoos zu verstecken, und ermittlungstechnisch bot sich etwa folgendes Bild.

Der Doppelmord in Heiligensee

Die Ermordung von Daniel und Niklas Makowski, verübt in der Nacht auf den 12. Januar, war nach offizieller Lesart aufgeklärt, die Ermittlungsakte geschlossen worden, nachdem Erjon Duko die Taten auf sich genommen hatte. In seinem Geständnis hatte der 33-jährige Albaner geschildert, dass er in der Tatnacht eine »bröselige Lederhose«, Stiefel mit grobem Sohlenprofil sowie Latexfingerlinge getragen habe, was exakt zum Spurenbild am Tatort passte. Sämtliche Kleidungsstücke, die er bei der Tatausführung getragen habe, seien von ihm am folgenden Tag im Wald verbrannt worden, aus Sorge, dass DNA-Spuren von den Opfern bei ihm gefunden werden könnten. Das von Svenja Wuttke sichergestellte Klappmesser mit Blutanhaftungen von Niklas Makowski hatte Duko nach eigenen Angaben einige Tage vor der Tat in der Kaufhof-Haushaltsabteilung am Alexanderplatz mitgehen lassen, »um auf alles vorbereitet zu sein«.

Im Gegenzug zu seinem umfassenden Geständnis erhielt Duko die Zusicherung, seine Haftstrafe in einer deutschen Justizvollzugsanstalt absitzen zu dürfen. Eine lebenslange Freiheitsstrafe war ihm auch ohne das zusätzliche Tateingeständnis sicher, da er des Raubmordes an einem 78-jährigen Rentner, begangen in Potsdam im Vorjahr, bereits überführt worden und zudem wegen Einbruchdiebstahls und schwerer Körperverletzung mehrfach vorbestraft war. In seinem Heimatland wurde er unter anderem wegen versuchten Totschlags polizeilich gesucht, daher lag zudem ein Auslieferungsgesuch der albanischen Behörden vor. Der bitterarme Balkanstaat hat die Todesstrafe 2007 zwar komplett abgeschafft, doch de facto ist das Risiko frühzeitigen Versterbens in albanischen Gefängnissen infolge diverser Missstände nach wie vor exorbitant hoch.

Aufgrund des passgenauen Geständnisses von Erjon Duko waren die Ermittlungen gegen Timo Bartels alias Tycho Terry in dieser Sache bereits am 15. Januar eingestellt worden, zwei Tage, bevor erste Einzelheiten zu der »*furchtbaren Naturkatastrophe*« auf Maipaan und zur »*Identität der teilweise prominenten Opfer*« bekannt geworden waren.

»Einbruchdiebstahl mit eskalierender Tatentwicklung, wie von mir vorhergesehen«, erklärte Jensen, der keine Anstalten machte, seinen steppdeckendicken Daunenmantel auszuziehen, obwohl die *Tangarossa-Bar* wie immer im Winter zum Ersticken überheizt war. Aus Sicht des Wirts eine sinnvolle Investition, da treibhausartige Temperaturen die weiblichen Gäste zu weitgehender Entblößung ermutigten, was wiederum die männliche Kundschaft zu panischen Piccolo-Bestellungen trieb.

»Wie von dir *vorgesehen*, Leif«, korrigierte Hallstein, die einen eng geschnittenen, knallgrünen Jumpsuit trug. »Svenja hatte den richtigen Riecher, sie gehört ganz klar zu mir und Max. Aber erst mal weiter im Text.«

Kilroy was here

Die Ermittlungen gegen Terry wegen Verdachts auf Entführung von Ria Hunold, mutmaßlich gemeinsam mit Friedrich Tuchalsky in der Nacht auf den 13. Januar begangen, waren gleichfalls ergebnislos eingestellt worden. Die Identität des Mannes mit der Kilroy-Maske ließ sich schlichtweg nicht klären. Die Bikerkluft aus schwarzem Leder, die der Unbekannte auf dem Überwachungsvideo unter einem lichtgrauen Schutzanzug trug, wies zwar Ähnlichkeiten mit dem Motorradanzug auf, in dem Tycho Terry unter anderem auf der Stiftungs-Website posiert hatte (Fotos mittlerweile offline und durch Schwarz-Weiß-Porträt mit kurzem Nachruf ersetzt). Doch aufgrund der dürftigen Qualität der Kamerabilder erwies sich ein eingehender Vergleich als nicht durchführbar. Nachdem Terrys Ableben am 23. Januar durch einen indonesischen Leichenbeschauer offiziell bescheinigt worden war, stellten LKA und Staatsanwaltschaft ohnehin alle Ermittlungen gegen den »tragisch verunglückten Medienstar« ein.
»Mangels öffentlichem Interesse«, kommentierte Jensen und verschränkte die Arme so hoch wie irgend möglich vor seinem absurd dimensionierten Brustkorb.
»Das meinst du jetzt nicht ironisch, oder?«, fragte Hallstein, während vorne am Tresen ein stark alkoholisierter Rentner vom Barhocker rutschte und zu Füßen der kiezbekannten Prostituierten Berta liegen blieb.
Jensen ignorierte sie alle, den ohnmächtigen Opa und die etwa gleichaltrige Sexarbeiterin, die sich in einschlägigen Kleinanzeigenportalen als »*reif, üppig u. hemmungsl.*« beschreibt.

Ein Königreich für Maylin

Am späten Nachmittag des 13. Januar wollten zwei Ermittlerinnen vom Kommissariat 125, Gewaltdelikte an Schutzbefohlenen und Kindern, dem Hinweis von Svenja Wuttke auf mögliche Kindesmisshandlung in der Villa Morgencron nachgehen, standen jedoch vor verschlossenen Türen. Auf ihr Klingeln wurde nicht geöffnet, die Fenster waren verrammelt, die Villa wirkte verlassen. Wegen Gefahr in Verzug ließen die Kommissarinnen die Haustür durch die herbeigerufene Feuerwehr öffnen und informierten zudem KOK Wuttke, die bei der noch am frühen Abend durchgeführten Durchsuchung des Areals informell zugegen war.

Das Anwesen war menschenleer, auch von den beiden Kleinkindern namens Kim und Lee sowie der Asiatin, die sich als ihre Mutter Maylin ausgegeben hatte, fand sich keine Spur. Im Vorraum der ballsaalgroßen Garage stieß Svenja Wuttke auf einen Schrank mit Bikerbekleidung. Darin fanden sich drei neuere Motorradanzüge und ebenso viele Stiefelpaare, doch die Kleidungsstücke, die Terry auf den Website-Fotos und möglicherweise auch in der Parketage des Spreeblick-Areals getragen hatte, waren nicht dabei.

Bei einem Anruf in Terrys Büro in der *Dignity*-Klinik am folgenden Tag erfuhren die Kommissarinnen, dass »Maylin« bei der thailändischen Botschaft angestellt und mit ihren beiden angeblichen Kindern am Vorabend nach Bangkok abgereist sei. Seitens der diplomatischen Vertretung des südostasiatischen Königreichs wurde ihnen auf Nachfrage mitgeteilt, dass die besagte Dame Immunität genieße. Ihre Kinder hätten sich beim Klettern auf einen Baum verletzt, weshalb die hochgeschätzte Mitarbeiterin beschlossen habe, mit den beiden Kleinen in Thailand zu bleiben, bis sie wieder ganz genesen seien. Weitere Auskünfte würden seitens der Botschaft nicht erteilt.

Mehr als nur als ob

»So viel also zu deinen irren Spekulationen«, sagte Jensen, nachdem der Wirt auf einen Wink von Hallstein zwei weitere Wodka gebracht hatte. Da Jensen sich weigerte, die klebrig aussehenden Gläschen auch nur mit spitzen Fingern anzufassen, postierte sie seine neue Ration neben der unangerührten ersten. »Von wegen, dein perverses Kartell hat die Stiftung gekapert«, fuhr er fort, »und die schicken ausgerechnet ihren Frontmann rum, den berühmten Rocksänger Terry, damit er unliebsame Zeugen für sie aus dem Weg räumt. Fantasie hast du ja, das muss man dir lassen, nur bei den Fakten hapert es.«

Hallstein polierte den Glasrand mit Daumen und Zeigefinger. Schulter und Oberarm rechts fühlten sich immer noch wie nicht ganz echt an, aber laut Neurologen würde sich das wieder geben. »Prost, Leif.« Sie zischte sich den zweiten Wodka rein.

Jensen beobachtete sie sichtlich beunruhigt. »Du kannst mir nicht vorwerfen, dass ich deinen wilden Verdächtigungen nicht auf den Grund gegangen wäre«, sagte er im Tonfall halbherziger Vorwärtsverteidigung.

»Als wir in der Wohnung der beiden Pfleger standen und alles bis in den Estrich weggezackert war, hat es auch für mich kurzzeitig fast so ausgesehen, als ob du ins Blaue gezielt und ins Schwarze getroffen hättest. Aber wie wir mittlerweile wissen, sah es eben nur so aus, als ob.«

Sie griff sich ihr Smartphone, das zwischen der Plastikvase mit Plastiktulpe und einer ölig schillernden Pfütze, mutmaßlich Salatsoßenüberreste, auf dem Resopaltischchen lag. »Wie wir mittlerweile wissen, sah es zwischen dir und Sheila nicht nur so aus, als ob.« Sie öffnete die Foto-App und klickte sich durch die Galerie. »Die Kunst besteht darin, so viel Östrogen zu nehmen, dass sie sogenannte weibliche Rundungen bekommt, aber ihr sogenanntes männlichstes Teil trotzdem noch hochkriegt. Wusstest du schon?« Er starrte an ihr vorbei in Richtung Klotüren. »Das soll gar nicht so einfach sein, aber Sheila bekommt das ja offenbar ganz gut hin.« Hallstein schloss die App und legte das Handy wieder zwischen Tulpe und Öl.

»Das ist nicht so, wie es aussieht«, murmelt Jensen.

Hallstein macht dem Wirt ein Victory-Zeichen, *noch zwei*. »Ganz deiner Meinung, Leif, jedenfalls, wenn du Tuchalsky und Terry meinst. Es sieht zwar so aus, als hätte Tuchalsky Ria und Siebert auf eigene Faust entführt und in dem Verlies unter der *Zuchtanstalt* gefoltert. Aber wir beide wissen, dass er das im Auftrag der Bruderschaft und zumindest teilweise zusammen mit Terry durchgezogen hat.«

»Ich weiß das nicht«, beharrte Jensen.

Menschenraub im Spreeblick-Areal

Die kriminaltechnische Untersuchung der Katakomben unter dem Hardcore-Club in Hakenfelde zog sich über dreieinhalb Tage hin. Am Freitag, dem 22. Januar, lagen dank diverser Nachtschichten von Sven Carutz & Co. die Ergebnisse der Labortests und des Abgleichs mit einschlägigen Datenbanken vor. Demnach waren sowohl Devin Siebert als auch Ria Hunold auf Ebene -2 unter der *Zuchtanstalt* gefangen gehalten und der Folter unterzogen worden. Blut und weitere Körpersekrete, die in einem der Verliese sichergestellt werden konnten, stammten laut Labortests zweifelsfrei von der jungen Frau, deren DNA im System gespeichert war, allerdings mit Sperrvermerk und einem siebenstelligen Code. Nachdem Svenja Wuttke diverse Handbücher befragt und Jensen diverse Telefonate getätigt hatte, stellte sich heraus, dass »Ria Hunold« der Tarnname einer Bundesagentin war, deren wahre Identität ebenso wie ihre aktuelle Mission und behördliche Anbindung im Dunkeln blieben. Die Ermittler wurden von »ganz oben« angewiesen, Rias dienstliche Scheinidentität für bare Münze zu nehmen und die Hintergründe, soweit ihnen bekannt geworden, strikt vertraulich zu behandeln. Die offizielle Lesart besagte, dass Ria Hunold, 29, aus Bremen gebürtig, ledig, diplomierte Immobilienwirtin und bei *cosy living* angestellt sei. Zuletzt sei sie am 12. Januar vormittags von Meik Bertram, Concierge beim Spreeblick-Areal, lebend gesehen worden. Bei der nochmaligen kriminaltechnischen Untersuchung des Apartments von Devin Siebert in Haus C des betreffenden Apartmentkomplexes konnten geringe Mengen »blutsuspekter Anhaftungen« am Kopfende des Bettgestells asserviert werden, obwohl dieses – und große Teile der Wohnung – zuvor mit Sagrotan gesäubert worden waren. Laut Labortest handelte es sich um DNA von Ria Hunold, die mutmaßlich mit Handschellen an das Bettgestell gefesselt gewesen war, worauf wiederum charakteristische Kratzer und Riefen an den Metallstreben hindeuteten.

Demnach hatte, so die offizielle Lesart weiter, die Immobilienfachkraft Ria Hunold »*ohne dienstlichen Anlass, aus rein privaten Gründen*« am Vormittag des 12. Januars Devin Siebert in dessen Apartment aufgesucht und war dortselbst in der Nacht zum 13. Januar mutmaßlich von den beiden Männern entführt worden, die auf dem Video der in der Parkgarage installierten Überwachungskamera zu sehen waren. Der eine von ihnen, identifiziert als Friedrich Tuchalsky, Geschäftsführer des Nachtclubs *Zuchtanstalt*, trug einen überdimensionalen Rucksack, in dem sich allem Anschein nach ein lebender menschlicher Körper befand, höchstwahrscheinlich die gekidnappte Ria Hunold. Die Identität des anderen Tatverdächtigen konnte nicht geklärt werden, da sein Gesicht durch eine Kilroy-Maske verdeckt war.

Zwanglos in der *Zuchtanstalt*

In einer vergleichsweise komfortablen Zelle auf Ebene -1 wurden Spermaspuren im Bett und auf dem Boden sichergestellt, die laut Laborbericht eindeutig Tycho Terry zuzuordnen waren. Weitere DNA-Träger, darunter Blut, Haare und Gewebefragmente, stammten offenbar von einem zweiten männlichen Individuum, dessen Identität nicht geklärt werden konnte und das beim Rendezvous mit dem Ex-Rockstar anscheinend erhebliche Verletzungen davongetragen hatte.

In den folkloristisch hergerichteten Zellen der Ebene -1 »begegnen sich« laut Willy Sawatzki, stellvertretender Geschäftsführer der *Zuchtanstalt*, »unsere Gäste spontan und zwanglos zu sexuellen Bizarrerien«, was »neigungsgemäß auch einvernehmliche Gewalthandlungen einschließt, Körperverletzung mit Blutvergießen in moderatem Umfang, der von den Gästen frei und selbstbestimmt festgelegt« werde. Mit wem sich Terry in der fraglichen Räumlichkeit »verlustiert« habe, sei ihm nicht bekannt.

Der DNA-Abgleich mit den fünfzehn lebenden und drei verstorbenen minderjährigen Opfern in Ebene -2 sowie mit den »freiwilligen« Häftlingen in Ebene -1 erbrachte hier wie dort keinen Treffer. Auch in den Verliesen, in denen Devin Siebert und Ria Hunold gefangen gehalten und gefoltert worden waren, konnten keinerlei DNA-Spuren von Tycho Terry nachgewiesen werden. Anfängliche Überlegungen, dass es sich bei dem Mann mit der Kilroy-Maske in der Charlottenburger Parkgarage um ebenjenen Terry gehandelt haben könnte, wurden mangels Evidenz ad acta gelegt. Ein leer stehender Verliesraum auf Ebene -2 war allerdings erst kurz vor der kriminaltechnischen Untersuchung mit Desinfektionsmitteln gekärchert worden.

Willy weiß nichts

Laut Willy Sawatzki, Tuchalskys Vize und Schrumpf-Double, wurde der »legale und offizielle Clubbereich«, zu dem Ebene -1 zählt, seit Eröffnung der Lokalität im Herbst des Vorjahrs von Hunderten, auch prominenten, Gästen besucht. Diese hätten jedoch keinen Zugang zu Ebene -2 gehabt und nicht einmal in ihren kühnsten Träumen geahnt, dass eine weitere Tiefgeschossebene existiere.

In stundenlangen Vernehmungen beharrte Sawatzki darauf, dass er selbst zwar von Ebene -2 gewusst, sie aber nie betreten habe. Was dort unten vor sich ging, sei seines Wissens nur seinem Vorgesetzten Friedrich Tuchalsky bekannt gewesen. Dieser jedoch war seit der *Zuchtanstalt*-Razzia vom 13. Januar spurlos verschwunden. Obwohl *Fritz the Rat* wegen Verdachts auf gewerbsmäßigen Menschenhandel, Freiheitsberaubung, mehrfachen Mord und weitere schwere Delikte mit internationalem Haftbefehl gesucht wurde, war er seit anderthalb Monaten wie vom Erdboden verschluckt.

»Noch mal zum Mitdenken«, sagte Jensen, der den Reißverschluss seines Daunenmantels mittlerweile bis zum Nabel geöffnet hatte. »Terry war zwar in dem Hardcore-Laden, aber laut KT-Bericht ausschließlich im legalen Bereich. Mit der ganzen unterirdischen Schweinerei dort hat er offenkundig nichts zu tun. Ganz zu schweigen von der hoch angesehenen Stiftung.« Zögernd beugte er sich vor, näherte seine Ellbogen der porentief mit Streptokokken verseuchten Tischplatte und zog sie im letzten Moment wieder zurück. »Diese Leute reißen sich auf gut Deutsch den Arsch auf, damit es benachteiligten Kindern besser geht. Und was machst du, Hallstein? Du ziehst sie mit deinem Verschwörungsschwachsinn in den Dreck!«

Hallstein schluckte die Antwort, die ihr auf der Zunge brannte, wieder herunter.

»Willst du wissen, was in Wirklichkeit passiert ist?«

Sie holte tief Luft und nickte.

Devins Doppelleben

Am Donnerstag, den 14. Januar, wurde das Apartment von Devin Siebert LKA-seitig nochmals gründlich durchsucht. KTler kratzten mikroskopische Anhaftungen in Beweismittelbehälter, während Jensen und Wuttke jeden Winkel auf depottaugliche Hohlräume abklopften.

In einem der Stahlbeine des Schreibtischs fanden sie zwölf USB-Sticks, auf denen mehrere Hundert Gigabyte an Daten gespeichert waren.

»Der feine Herr Siebert«, fasste Jensen zusammen, »hat sich in die Computer von Kinderporno-Konsumenten gehackt und diese mit dem pädophilen Bildmaterial auf ihren Festplatten erpresst. Nach derzeitigem Ermittlungsstand dürfte er dadurch ins Visier der Hintermänner von Tuchalsky & Co. geraten sein. Damit wir uns richtig verstehen, Hallstein, ich bin genau wie du davon überzeugt, dass die sogenannte *Zuchtanstalt* von schwerkriminellen Menschenhändlern als Fassade genutzt worden ist. Die haben dort in minus Zwo minderjährige Sexsklaven für Torturen aller Art feilgeboten – und Siebert ist ihnen offenbar in die Quere gekommen. Vermutlich waren es zumindest teilweise ihre eigenen Pädo-Kunden, die er erpresst hat, vielleicht sogar mit Bildern und Videos, auf denen ihre menschliche Ware zu sehen ist. Diese möglichen Zusammenhänge werden zurzeit noch von den Cyber-Kollegen geprüft.«

Mit einer herrischen Handbewegung winkte er den Wirt zu sich an den Tisch. »Eine Flasche Wasser, ungeöffnet und ohne Glas.« Der Wirt warf die eisgraue Restmähne über die Schulter und ließ die Muskeln unter seinem knapp geschnittenen Shirt spielen. »*Heul doch*«, stand vorne darauf, »*Hilft nix*« auf dem Rücken.

»Einzig und allein aus diesem Grund haben Tuchalsky und der Mann mit der Kilroy-Maske Siebert und die Hunold gekidnappt«, fuhr Jensen fort. »So wird ein Schuh daraus, Hallstein, alles andere ist musterverschmutzende Fantasterei. Deine kleine Bundesagentin hatte schlicht und ergreifend Pech. Woher auch immer sie den strammen Devin kannte, ausgerechnet als sie bei ihm zu Besuch war, sind Tuchalsky und der andere angerückt, um Siebert das Handwerk zu legen. Weil er im Revier ihrer Bosse gewildert hat.«

Der Wirt kam erneut angeschlurft, knallte eine Literflasche Sprudel vor Jensen auf den Tisch.

»Mach gleich noch zwei, Edgar«, sagte Hallstein und deutete auf die Schnapsgläser.

Jensen zog den Reißverschluss bis ganz nach unten auf und schüttelte den Daunenmantel mit ungelenken Bewegungen hinter sich auf die Stuhllehne. »Säufst du jetzt auch noch, Hallstein? Muss ich mir Sorgen machen?«

»A: nein, B: ja. Aber fantasier erst mal fertig, Leif.«

Er kniff die Lippen zusammen und beobachtete, wie sich vorn am Tresen die Nutten in Stellung brachten. Einer der einsamen Opas hatte einen Zwanziger auf die Theke gelegt und bewegte sich leicht taumelnd in Richtung Ausgang. Als er sich in der Tür umdrehte, knipsten alle vier Damen ihr schönstes Lächeln an, wackelten mit den Hüften, reckten ihm die Brüste entgegen.
»Berta, wie viel?«, krächzte der Alte. Seine beige Windjacke wies undefinierbare Flecken auf.
»'n Fuffi?«
»Dann Elli.« Die Erwählte, laut Kleinanzeige »*liebev. u. leidensch.*«, stöckelte hinter ihm her und rückte im Abgang die Louis-XIV-Perücke zurecht.
»Also Menschenhändler ja, weltweites Kartell mit Kinderhilfsstiftung, Privatinsel und sonstigem Verschwörungsblödsinn – eindeutig nein«, brachte Jensen seine Sicht der Dinge auf den Punkt. »Stand jetzt wurden Siebert und die Hunold in den Verliesen unter der *Zuchtanstalt* gefoltert, ohne dass Tycho Terry irgendetwas von den Geschehnissen auf Ebene -2 wusste oder gar aktiv daran beteiligt war. Was nicht ausschließt, dass er, genauso wie viele andere, teilweise gleichfalls prominente Gäste, gleichzeitig im offiziellen Clubbereich anwesend war.«
Er griff sich die Wasserflasche und drehte den Verschluss ab, setzte sie an den Mund und nahm einen vorsichtigen Schluck.
»Ist das alles, Leif?«
»Sekunde noch. Die Pointe kommt gleich.«
»Erst mal komm icke«, korrigierte der Wirt und knallte die beiden Schnäpse vor Hallstein auf den Tisch.
Jensen starrte schweigend an ihm vorbei, bis der Rocker sich in seinem Shirt zurechtgerückt und in schwarz-rot-goldenen Clogs zum Tresen zurückgeschlurft war.
»Er hat auch einen Mord gestanden, Siebert, meine ich. Auf einem der USB-Sticks hat er sich die Sache von der Seele geschrieben. Verschlüsselt, aber die KTler haben es geknackt.«
Hallsteins Pulsfrequenz stieg schlagartig an. *Erzählt er mir doch noch was Neues?*

»Essen-Scherbeck, wo Siebert herkommt, ist ein sozialer Brennpunkt«, fuhr Jensen fort. »Fast alle arbeitslos, jede Menge alleinerziehende Mütter und so weiter. Prost Mahlzeit.«
Er setzte die Flasche erneut an, leerte sie fast zur Hälfte in einem Zug. Hallstein behielt seinen Adamsapfel im Blick, der wie eine gefangene Ratte in seiner Kehle auf und ab sprang. Jensen unterdrückte einen Rülpser und redete in entsprechend gepresstem Tonfall weiter.
»In der entschlüsselten Datei beschreibt Siebert, wie er als Kind darunter gelitten hat, dass seine Mutter alle naselang einen anderen Kerl in ihr Bett ließ. Den mussten er und sein Bruder dann ›Papi‹ nennen, bis mit dem nächsten Liebhaber das gleiche Spiel von Neuem losging.«
Er schüttelte sich und stellte die Flasche so behutsam wie einen scharf geschalteten Sprengsatz wieder ab. »Einer dieser Typen war wohl besonders unangenehm, aus Gründen, die Siebert nicht näher ausführt. Jedenfalls scheint er diesen Friedrich Oertel abgrundtief gehasst zu haben. Die Liaison mit seiner Mutter hielt nur ein paar Monate, aber Siebert, der damals sieben oder acht war, hat den Oertel auch danach nicht aus den Augen gelassen. Jahre später ist Oertel nach Frankfurt (Oder) gezogen, und nochmals Jahre danach ist auch Siebert laut schriftlicher Selbstbezichtigung dorthin gefahren und hat ihn mit einem Baseballschläger totgeschlagen.«
Jensen lehnte sich zurück und verschränkte die Arme. »Wir haben das natürlich überprüft. Ein Friedrich Oertel, freiberuflicher Versicherungsmakler, ist vor sechs Jahren von Essen-Scherbeck nach Frankfurt (Oder) umgezogen und verstarb dort vor drei Jahren im Kleist-Park infolge stumpfer Gewalt gegen den Schädel. Vom Täter fehlte bislang jede Spur.«
Hallstein lockerte ihre Schultermuskeln. »Der Baseballschläger in Sieberts Wohnung ...«
»Bingo«, fiel ihr Jensen ins Wort. »Stand jetzt wurde Oertel damit erschlagen. Das Verletzungsmuster an seinem Hinterkopf passt zu den auffälligen Macken am Baseballschläger.«

»Und sein Motiv?« Hallstein ließ die beiden vollen Wodkagläser wie Wachsoldaten vor sich auf und ab marschieren. »Hat sich Siebert dazu auch ausgelassen?« Sie schob das vollere Glas zu Jensen hinüber und postierte es neben den beiden anderen.

Jensen schüttelte den Kopf. »Damit sollen sich die Psycho-Heinis amüsieren. Dieser Oertel war wohl ein ziemlicher Kotzbrocken. Wahrscheinlich hat er Sieberts Mutter so richtig mies behandelt, und das konnte Siebert ihm nicht vergessen. Und genau darauf will ich hinaus, Hallstein: Die Hintergründe von Mord- und Totschlagsdelikten sind fast immer total banal. Das weißt du eigentlich so gut wie ich, du warst ja auch lange genug mit dabei.«

Warst ist gut. Aber warte nur.

Er kniff die Augen zusammen und fixierte einen imaginären Punkt über ihrem Kopf. Vorn ging die Tür auf, ein breitschultriger, leicht untergewichtiger Mann mit angegrauten Wuschelhaaren kam herein und setzte sich zwischen der Hure Berta und einem angetrunkenen Endsechziger mit schütterem Pferdeschwanz an den Tresen. Der hagelvolle Opa, der zu Bertas Füßen am Boden lag, erwachte und verlangte lallend Nachschub. »Mach mal noch eins, Eddie.« Der Neuankömmling beugte sich zu ihm hinab, bekam ihn am Oberarm zu fassen und zog ihn auf die Füße. »Du hast genug, Herbert. Leg dich hinten auf die Couch, nachher bringt dich jemand heim.« Von alledem bekam Jensen offenbar nicht das Geringste mit.

Für ihn vermutlich nur musterverschmutzende Menschelei, sagte sich Hallstein.

»Makowski junior und senior mussten dran glauben, weil sie einem gewaltbereiten Einbrecher in die Quere gekommen sind«, steuerte Jensen weiter auf seine vermeintliche Pointe zu. »Devin Siebert wurde umgebracht, weil er sich als kleinkrimineller Amateur mit Profigangstern angelegt hat. Und seine Freundin Ria ist ganz einfach deshalb unter die Räder gekommen, weil sie ihn zum falschen Zeitpunkt besucht hat und Tuchalskys Hintermänner sie für seine Komplizin hielten. Kapierst du jetzt die

Pointe, Hallstein? Du hast Ria auf den jungen Makowski angesetzt, damit sie ihm kompromittierende Dokumente abluchst. Die ganz große James-Bond-Nummer, hast du dir eingebildet, mit Honigfalle und pipapo. Als dann Nikki tot und gleich darauf auch noch Ria weg war, hast du natürlich geglaubt, dass die böse Gegenseite beide aus dem Weg geräumt hat.«

Jensen blies die Backen auf und schüttelte den Kopf. »Nur war dann in Wahrheit alles viel banaler. Deine kleine Agentin war wie Tausende andere Zufallsopfer schlicht und ergreifend zur falschen Zeit am falschen Ort. Banaler geht es nicht, Hallstein. Was genau in der Nacht zum 13. Januar in Sieberts Apartment passiert ist, wissen wir natürlich nicht, aber wir nehmen an, dass Tuchalsky und der Maskenmann Ria gekidnappt haben, um Siebert unter Druck zu setzen. Als er nicht eingelenkt hat, haben sie auch ihn noch einkassiert – so ungefähr. Aber darum geht es jetzt nicht, der springende Punkt ist doch: Es gab und gibt keine bösen Verschwörer, sondern wie immer nur ein Durcheinander aus schlechter Planung, blöden Zufällen, banalen Komplikationen und jede Menge Improvisation. Willkommen im wirklichen Leben, Hallstein.«

Er legt sich ja gehörig ins Zeug, dachte sie. Nur was er sich von seiner Predigt erhoffte, war ihr immer weniger klar, je mehr er sich ereiferte. Vorne am Tresen zog der neue Gast seine in die Jahre gekommene Lederjacke aus und bestellte sich einen Kaffee. *Matthes wird immer magerer*, dachte Hallstein, und Jensen redete weiter auf sie ein:

»Ria Hunold hätte in der Tatnacht auch bei den Makowskis übernachten können. Dann wäre sie möglicherweise auch getötet worden, aber wieder als schieres Zufallsopfer, weil Erjon Duko keine Zeugen gebrauchen konnte. Und wenn du dir nicht diese mordsmäßige Verschwörung zusammengesponnen hättest, würdest du genauso wie ich sehen, dass alles viel einfacher und banaler ist. Aber jetzt hast du ja die Chance, diese ganzen Verrücktheiten hinter dir zu lassen, und ich hoffe wirklich für dich, dass du diese Chance nutzt.«

Hallstein nickte gedankenverloren. Für ihn sah es vielleicht nach Zustimmung aus, doch für sie hieß es nur: *Also darauf willst du hinaus, Leif.* Dass Ria genau wie Devin aus Essen-Scherbeck kam, dass Friedrich Oertel eine Zeit lang auch der Liebhaber von Rias und Julias Mutter gewesen war, dass er Rias kleine Schwester mutmaßlich über Monate hinweg immer wieder vergewaltigt hatte, dass beide Schwestern auf der Insel der teuflischen Bruderschaft zu Tode gefoltert worden waren, all das behielt Hallstein für sich. Genauso wie die aus ihrer Sicht hochplausible Schlussfolgerung, dass Devin Sieberts Mordmotiv in eigener Missbrauchserfahrung gründete. Was in Essen-Scherbeck passiert war, als Devin und Ronja Kinder von elf, zwölf Jahren waren, würde sie noch herausfinden, sagte sich Hallstein, aber mit Jensen würde sie darüber ganz bestimmt nicht diskutieren.

Sheila

»Du bist krank, Hallstein«, sagte Jensen und bemühte sich um einen mitfühlenden Gesichtsausdruck. »Ich sage das nicht, weil ich dich ärgern will, du brauchst professionelle Hilfe, verstehst du? Ich mache mir wirklich Sorgen.«
»Um deinen Job? Dazu hast du allen Grund.« Wieder griff sie nach ihrem Smartphone, doch Jensen wedelte mit der Hand, bis sie es zurücklegte.
»Okay, kurz zu Sheila. Keine große Sache.« Er schluckte, auf seinen mehlig weißen Wangen breitete sich ein Flächenbrand aus. »Ich habe mich da – wie soll ich sagen – ein bisschen engagiert. Aber Herrschaftszeiten, du hast nichts in der Hand, Hallstein, das weißt du genau. Sheila ist keine Zwangsprostituierte, wie du neulich unterstellt hast. Sie ist auch von mir in keiner Weise abhängig, sie wird nämlich nicht mehr als unsere Informantin geführt. Womit willst du mich also bitte sehr unter Druck setzen? Sie hat eine eigene kleine Wohnung gefunden, und ab und zu treffe ich mich mit ihr. Das ist alles. Sie fasziniert mich, keine Ahnung, warum, aber außer ihr und mir geht das keinen was an.

Wenn du mich mit dieser vermeintlichen Schmonzette erpressen willst – viel Glück.«

»Das kannst du besser gebrauchen, Leif.« Sie zog nun doch ihr Handy zu sich heran, klickte eine Bilddatei auf und hielt sie Jensen mit links vor die Nase, während sie mit rechts den nächsten Wodka kippte. »Falls deine Thai-Kenntnisse nicht ausreichen sollten, in dieser notariell beglaubigten Erklärung versichert Sheila an Eides statt, dass sie von ›mächtigen Persönlichkeiten‹ speziell auf dich angesetzt worden ist, um dich – je nach Gelegenheit – auszuhorchen und/oder zu kompromittieren. Auf Seite zwei ist das Gleiche in Englisch, falls du das besser können solltest. Auch die Fotos hier« – sie zeigte auf ihr Handy –, »mit ihr und dir in ihrer kleinen Wohnung, sind von Sheila.«

»Das ist doch Schwachsinn.« Jensens Gesicht glühte mit seinen Augen um die Wette. Dazu die weißblonden Haare, er sah fast wie die französische Flagge aus. »Wieso auf mich angesetzt? Und von welchen ›Persönlichkeiten‹, Herrgott noch mal?«

»Auf dich, weil du mein Nachfolger warst. Die Namen der ›mächtigen Persönlichkeiten‹ wollte Sheila nicht nennen, begreiflicherweise. Natürlich weiß sie auch, dass sie sonst nicht mehr lange leben würde. So wie Eric Menz das wusste, Marc Dutroux und viele andere.«

Jensen griff sich ein Wodkaglas, kippte den Inhalt herunter und schüttelte sich. »Schwachsinn«, sagte er erneut, doch es klang schon nicht mehr ganz so überzeugt. »Also wieder die ›Bruderschaft‹, ja?« Er versuchte sich an einem hämischen Grinsen. »Die sitzen hinter jedem Busch, so siehst du das doch? Und die sind außerdem hellseherisch begabt, ja? Wie sonst konnten sie wissen, dass ich auf eine Transe abfahren würde?« Er schnappte sich das nächste Glas, kippte es, schüttelte sich, knallte es zurück auf den Tisch. »Obwohl ich selbst davon keine Ahnung hatte, bis ich Sheila zum ersten Mal gesehen habe?«

Gute Frage, dachte Hallstein. Auch sie hatte nie verstanden, wie die Brüder wissen konnten, dass sie sich auf den ersten Blick in Lou verlieben würde, einen ziemlich abgedrehten Kunststudenten, der zwanzig Jahre jünger war als sie. Aber Tatsache war, dass sie es voraussahen, ihr Zusammentreffen in einer Trash-Galerie in Neukölln arrangierten und Hallstein dem (laut Max) »bleichen Bub« sofort rettungslos verfiel.

»Mit diesem Trick kriechen sie in deinen Kopf«, sagte sie mehr zu sich selbst. »Mich haben sie damit um die halbe Welt und fast in die Falle gelockt.«

Er starrte sie aus zusammengekniffenen Augen an. »Schwachsinn«, sagte er zum dritten Mal. »Durch irgendwelche Drohungen hast du Sheila dazu gebracht, dieses Lügenmärchen zu unterschreiben. Aber was willst du damit beweisen? Dass du verängstigte Menschen unter Druck setzen kannst, damit sie durch Falschaussagen deinen Verschwörungsblödsinn plausibler erscheinen lassen? Okay, Hallstein, das kannst du wirklich gut. Bravo, meine Gratulation.«

Tatsächlich hatte sie Sheila einen Deal vorgeschlagen, in den die junge Transsexuelle nach einigem Zögern eingewilligt hatte. Sie erhielt eine neue Identität, dazu passende thailändische Papiere sowie ein Rückflugticket nach Bangkok und fünftausend Euro für den Start ins neue Leben. Vor drei Jahren war sie mit dem Versprechen, in einer Travestie-Show auftreten zu können, nach Berlin gelockt worden, und hatte sich seither durch Prostitution über Wasser gehalten. Die Kathoey war nicht gerade begeistert von der Aussicht, ruhmlos nach Bangkok zurückzukehren, aber sie hätte wohl jede Chance ergriffen, um den riesenwüchsigen Cop loszuwerden, der sie mehrmals pro Woche heimsuchte und stöhnend betatschte, um anschließend wieder fluchtartig zu verschwinden.

Außerdem hatte Hallstein ihr klargemacht, dass diejenigen, die sie auf Jensen angesetzt hatten, bereits in wenigen Tagen jedes Interesse an ihm verlieren würden. Womit ihre ergiebigste Geldquelle versiegen würde, und bei der Vorstellung, von Jensens Zuwendungen abhängig zu sein, verdüsterten sich Sheilas schwermütige Züge noch mehr. Der logistisch nicht ganz anspruchslose Deal war von OIL – den »*Orphans in Law*« – finanziert und umgesetzt worden. Gerade in diesen Minuten, während Jensen um Fassung rang und vorne am Tresen die Gläser gegeneinanderklirrten, musste Sheila am Flughafen Tegel eintreffen, wenn alles nach Plan lief. Dort würde sie von einer thailändischen forensischen Psychiaterin in Empfang genommen werden, die in Berlin einen Fachkongress besucht hatte und Sheila bis Bangkok unter ihre Fittiche nehmen würde.

»Und jetzt, Hallstein?«, ereiferte sich Leif. »Glaubst du, das ändert auch nur das Geringste daran, dass du offensichtlich psychisch gestört bist? Hör dir doch mal einen Moment lang zu: Eine perverse Bruderschaft, die sich eine wohltätige Stiftung unter den Nagel gerissen hat, um hilflose Kinder und Teenager zu missbrauchen und zu Tode zu foltern? Die eine Tropeninsel extra für diesen abartigen Zweck unter ihre Kontrolle gebracht haben soll? Die es auch noch irgendwie geschafft hat, einen hoch angesehenen Medienstar als ihren Frontmann einzuspannen? Und die mit alledem seit Jahren und Jahrzehnten durchkommt, weil weltweit alles nach ihrer Pfeife tanzt? Das ist doch vollkommen irre, Hallstein. Solche Räuberpistolen bekommen normalerweise nur Psychiater zu hören. Und genau das solltest du jetzt auch machen: Erzähl das Ganze einem Psychiater. Lass dir von ihm erklären, wie du in dieses Wahngespinst hineingeraten bist. Vor allem aber: Mach dir klar, dass die Naturkatastrophe auf der Insel für die Stiftung ein schreckliches Unglück ist – für *dich* aber das Beste, was dir passieren konnte. Die angeblichen Verschwörer sind alle tot. *Dignity* zieht sich von der Insel zurück und gibt weltweit einen großen Teil seiner Einrichtungen auf. Das ging vor ein paar Tagen erst durch die Medien.«

Hallstein nickte. *Neuer Träger soll die Caritas werden. Die Kinderkliniken, Hospize und so weiter werden also künftig unter dem Mantel der katholischen Kirche betrieben, der größten und langlebigsten Kinderschänderstruktur aller Zeiten.*

»Nach dem Aderlass, den die Naturkatastrophe für die Stiftung bedeutet, bleibt ihnen wohl keine andere Wahl«, fuhr Jensen fort. »Aber *du* hast jetzt die Wahl, Hallstein: Du kannst weiter

deinen Wahngespinsten hinterherjagen – oder endlich aufhören, gegen sie zu kämpfen.«
Jetzt lässt er die Katze aus dem Sack, dachte Hallstein. Doch sie würde den Sack rechtzeitig wieder zumachen.
»Okay, probieren wir's«, sagte sie. »Stell dir vor, du wärst mein Psychiater. Und hör mir einfach mal kurz zu.«
Jensen hob einen Arm bis knapp unter die Decke und machte das Victory-Zeichen.

Überall Verschwörer

»Wusstest du, dass in der Pfadfinderorganisation *Boy Scouts of America*, kurz BSA, seit den Siebzigerjahren mindestens achthundert, höchstwahrscheinlich aber viele Tausend Jungen von ihren Betreuern über Jahre hinweg missbraucht worden sind? Die BSA-Führung jedenfalls wusste, dass ihre Organisation von einem pädophilen Netzwerk unterwandert worden war, sie kannte sogar die Namen der Missbrauchstäter in ihren Reihen. Aber niemand schritt gegen sie ein, warum auch?
›Wir haben es mit Menschenhandel zu tun‹, sagt dazu einer der Opferanwälte. ›Die Pfadfinder sind der größte Pädophilenring der Welt.‹ Das vielleicht nicht, aber sie sind ganz vorne mit dabei. Bei dem großen, weltweiten Rattenrennen, Leif: Greif dir die Kiddies, fick sie, foltere sie, verscherbele sie. Das Risiko, erwischt zu werden, ist viel geringer als bei Drogen- oder Waffenhandel – und die Rendite ist sogar noch viel größer.«
Ohne es zu wollen, hatte sie ihre Stimme erhoben, sie spürte die Blicke von Matthes und Edgar und dimmte sich wieder herunter. »Du kennst doch ›Hänsel und Gretel‹? Keine *hard facts*, glaubst du? Im norditalienischen Bibbiano hat man das jahrelang ganz anders gesehen. Kennst du den Fall, Leif? Ach so, der ist auch an dir vorbeigegangen? In Bibbiano hat ein Netzwerk aus korrupten Sozialarbeitern, Ärzten, Psychologen und kommunalen Beamten die Bambini so richtig zum Bibbern gebracht. Dutzende Kinder wurden mit Psychoterror und Gehirnwäsche

bearbeitet, bis sie sich an vermeintlichen Missbrauch durch ihre Väter erinnerten.« Sie malte Anführungszeichen in die Luft. »Zum Einsatz kamen unter anderem Wolfsmasken und Elektroschocks. Die Kinder wurden aus ihren Familien genommen und an Heime und Pflegeeltern verschachert. Drehscheibe des Netzwerks war eine bekannte Kinderklinik in Turin, die tatsächlich *Hansel e Gretel* heißt. Die Bande verdiente an der sogenannten therapeutischen Behandlung der Opfer, an eigens eingerichteten angeblichen Fortbildungsmaßnahmen und an öffentlichen Zuwendungen für die aufnehmenden Heime und Pflegeeltern, und die zahlten an *Hansel e Gretel* natürlich saftige Provisionen.«

Jensen versuchte sichtlich, gelangweilt auszusehen, aber Hallstein spürte, dass Wut und Angst in ihm um die Vorherrschaft rangen.

»Machst du gerne Campingurlaub, Leif?«, fuhr sie fort. »Laut Sheila hast du davon fantasiert, mit ihr im Wohnmobil durch Skandinavien zu touren. Nur du und deine Transe. Daraus wird jetzt leider nichts, schade. Aber auf dem Campingplatz im westfälischen Lügde wärt ihr wohl sowieso nicht vorbeigekommen. Schon mal gehört? Dort wurden bis 2018 über Jahre hinweg mindestens vierzig, wahrscheinlich sehr viel mehr Kinder tausendfach missbraucht. Die Vergewaltigungen wurden gefilmt, die Videos auf DVD gebrannt und an Kinderporno-Kunden verkauft. Dabei profitierte das Pädophilen-Netzwerk von sogenannten schweren Fehlern des Jugendamtes, das noch 2016 ein sechsjähriges Mädchen in die pflegerische Obhut des alleinstehenden, arbeitslosen Dauercampers Andreas V. gegeben hat. Außerdem kamen dem Netzwerk angebliche Schlampereien seitens der Polizei zugute, die im Zuge der Ermittlungen kistenweise Datenträger mit kinderpornografischem Material verloren oder versehentlich vernichtet hat. Sieht das für dich nach Behördenversagen aus – oder vielleicht doch eher nach gezielter Hilfeleistung, ähnlich wie beim belgischen Jahrhundertfall Dutroux? Dort kamen bekanntlich Tausende Asservate aus dem Verlies abhanden, in dem Du-

troux minderjährige Mädchen gefangen hielt; unter anderem Haare, anhand derer man die Identität der Kunden hätte feststellen können, die die Mädchen im Kerker heimgesucht haben.«
Jensen kniff Augen und Lippen zusammen, er sah jetzt aus wie ein chinesischer Lampion.
»Okay, das wird zu düster, sorry, Leif. Also wenden wir uns den heiteren Seiten des Lebens zu, dem Showbusiness, von dem ja auch Sheila träumt. 2011 ist der Star-DJ und BBC-Moderator Jimmy Savile verstorben. Kanntest du seine Sendung *Top of the Pops?* Savile war im Vereinigten Königreich über viele Jahrzehnte so populär wie die Queen. Laut Scotland Yard war er außerdem der schlimmste Sexualverbrecher in der Geschichte des Landes Großbritannien.
Unglücklicherweise rafften sich unsere Londoner Kollegen erst nach Ableben des perversen Promis zu dieser Einschätzung und zu nennenswerten Ermittlungen auf. Zuvor ließ man Savile jahrzehntelang beim Missbrauch von Hunderten, meist minderjährigen, überwiegend weiblichen Opfern gewähren, obwohl schon Anfang der Sechziger zum ersten Mal entsprechende Vorwürfe gegen ihn aktenkundig wurden.
Savile verfügte über ein Netzwerk aus reichen und mächtigen Persönlichkeiten, darunter Industrielle, Showgrößen und Spitzenpolitiker einschließlich Margaret Thatcher. Trotzdem soll er nach offizieller Lesart ein psychopathischer Einzeltäter gewesen sein, der sich behördliche Versäumnisse und Duckmäusertum zunutze gemacht habe. Das klingt nicht nur extrem unglaubwürdig, sondern erinnert wiederum an den Fall Dutroux. Die Einzelheiten sind mittlerweile etwas in Vergessenheit geraten, deshalb kurz zur Auffrischung: Nach seiner Verhaftung im Sommer 1996 wurde Marc Dutroux von Behörden und Medien als Auftrags-Kidnapper und -Killer eingestuft. Polizei und Staatsanwaltschaft ermittelten fieberhaft gegen ein mutmaßliches Netzwerk, dem Reiche und Einflussreiche aus Belgien und den Niederlanden bis hin zum belgischen Königshaus angehören sollten. Zeuginnen, die von Psychiatern und Psychologen als

glaubwürdig eingestuft wurden, berichteten von exzessiven Orgien, bei denen Minderjährige vergewaltigt und vor allem die männlichen Opfer oftmals zu Tode gefoltert worden seien.

Doch dann die überraschende Wende: Plötzlich sollte Dutroux ein psychopathischer Einzeltäter gewesen sein, der seine mächtigen Auftraggeber erfunden habe, um sich wichtigzutun. Wesentliche Fragen sind allerdings bis heute unbeantwortet: Wie konnte ein angeblicher Einzeltäter jahrelang mitten in Europa auf Menschenjagd gehen und seine Opfer unter anderem im Keller seines Reihenhauses gefangen halten, ohne dass irgendwer Verdacht schöpfte? Oder: Wieso blieb er auch dann noch unbehelligt, als angeblich mit Hochdruck nach dem Kidnapper diverser vermisster Mädchen gefahndet wurde – obwohl er schon zehn Jahre zuvor wegen Freiheitsberaubung und Vergewaltigung verurteilt worden war? Oder: Warum wurde der Prozess gegen Dutroux acht Jahre lang verschleppt, und wie ist zu erklären, dass in dieser Zeit nicht weniger als siebenundzwanzig Zeugen unter größtenteils dubiosen Umständen ums Leben kamen?

Hörst du mir noch zu, Leif? Das mehr oder weniger gleiche Muster findet sich zwanzig Jahre später auch im Fall Savile: Als 2012 publik wurde, dass der BBC-Starmoderator Hunderte, meist minderjährige Opfer missbraucht haben sollte, wurde zunächst eifrig nach Mittätern gesucht. Dass er innerhalb der BBC jahrzehntelang gedeckt worden sein musste, lag auf der Hand. Seine Sendung *Jimmy'll fix it* richtete sich an ein kindliches Publikum; Savile war ständig von Scharen minderjähriger Fans umgeben. Dann stellte sich auch noch heraus, dass er als Schirmherr von Kinderkliniken und Kinderheimen freien Zugang zu diesen Einrichtungen hatte, teilweise mit eigenem Schlüssel. Er überfiel seine Opfer in den Krankenzimmern, er vergewaltigte sogar sterbende Kinder in Hospizen und verging sich in Leichenhallen an Toten. Neben minderjährigen Mädchen zählten auch Jungen und erwachsene Frauen zu seiner Beute. Ohne Helfer vor Ort und mächtige Verbündete in diversen Behörden wäre all das of-

fensichtlich nicht möglich gewesen, weder die Anzahl der Übergriffe noch die zeitliche Erstreckung seines Treibens.
Fühlst du dich allmählich reif für die Insel, Leif? Okay, machen wir einen Abstecher nach Jersey. Zu den Kinderheimen, die Savile häufig heimsuchte, gehörten tatsächlich mehrere Einrichtungen auf der Insel Jersey, die vor allem als Steueroase bekannt geworden ist. In den dortigen Kinderheimen kam es über Jahrzehnte hinweg zu hundertfachem Kindesmissbrauch – durch Savile und eine Vielzahl weiterer Täter. Der Versuch, dieses Pädophilen-Netzwerk auf seiner Insel auszuheben, wurde sogar Lenny Harper, dem Polizeichef von Jersey persönlich, zum Verhängnis: Er wurde gezwungen, sein Amt aufzugeben; die Untersuchung gegen das Netzwerk verlief im Sande, laut Harper typisch für ›systematische Korruption und Vertuschung auf der Insel‹, wie er es ausdrückte.
Der angesehene Unterhaus-Abgeordnete Tom Watson, heute stellvertretender Vorsitzender der Labour-Party, sah das genauso, allerdings in landesweitem Maßstab: Er ordnete den Fall Savile von Anfang an in den größeren Zusammenhang eines Netzwerks aus Spitzenpolitikern, Geschäftsleuten und sonstigen Upper-Class-Angehörigen ein, die sich seit Jahrzehnten am Missbrauch von Kindern und Jugendlichen in öffentlichen Einrichtungen beteiligt hätten.
In einer parlamentarischen Anfrage sprach Watson von einem organisierten Kinderschänderring im Vereinigten Königreich, dem möglicherweise ein hochrangiger Politiker angehöre, der einen hohen Posten in einer ehemaligen Regierung hatte. Aufgrund seiner Anschuldigungen erhielt er Morddrohungen, doch er ließ sich nicht einschüchtern. Vielmehr veröffentlichte er die Aussagen zahlreicher mutmaßlicher Opfer des Netzwerks, die sich an ihn gewandt hatten: ›Sie haben von Psychopathen erzählt, die Kinder mit Stanleymessern *markiert* haben, um sie als ihren *Besitz* zu kennzeichnen. Sie sprachen von Partys, auf denen Kinder zwischen Männern herumgereicht wurden.‹ Durch Watsons Engagement ermutigt, meldeten sich Hunderte weite-

rer Opfer telefonisch bei Kinderschutzorganisationen und berichteten von ähnlichen Erlebnissen – mit Savile als ihrem Peiniger, aber auch zahlreichen anderen Tätern.
Du brauchst nur noch ein bisschen Geduld, Leif, gleich komme ich zu *meiner* Pointe. Wie gesagt: In der Anfangsphase der Ermittlungen ging vernünftigerweise auch Scotland Yard von einem Täter-Netzwerk aus. Etliche Personen wurden wegen des Verdachts der Mittäterschaft in Untersuchungshaft genommen, darunter hochrangige BBC-Manager und Showgrößen. Die weit überwiegende Mehrzahl wurde jedoch wieder auf freien Fuß gesetzt, ohne dass es zur Anklage gekommen wäre. Ähnlich wie im Fall Dutroux wurden die Ermittlungen Zug um Zug eingedampft, bis von dem sehr viel plausibleren Netzwerk nur noch der höchst unwahrscheinliche Einzeltäter Savile übrig war.«
Der schwächelnde Zecher vorne am Tresen machte Anstalten, erneut in sich zusammenzusacken. Matthes sprang von seinem Barhocker, packte Herbert unter der Achsel und geleitete ihn zu den Separees. Als er kurz darauf allein zurückkam, sah er Hallstein fragend an. Sie nickte, worauf auch Jensen sie fragend ansah.
»Fragst du dich, was Mami zu alledem sagt?«, leitete sie unbekümmert über. »Savile nannte seine Mutter Agnes öffentlich nur ›Duchess‹, Herzogin. Er lebte bis zu ihrem Tod im Jahr 1973 mit ihr zusammen. Da war er im zarten Alter von 47 und untröstlich, weil ihn die – mit seinen Worten – einzige wahre Liebe seines Lebens allein zurückließ. Die endgültige Trennung zögerte er nach Kräften hinaus, indem er volle fünf Tage mit dem Leichnam seiner Mutter verbrachte.
Und so weiter und so fort«, sagte Hallstein. »Du kannst hinschauen, wo du willst, Leif, überall das gleiche üble Spiel. Zum Beispiel in Sachsen, speziell in Leipzig, Stichwort *Sachsensumpf*: Ein Netzwerk aus hochrangigen Beamten, Politikern und Managern hielt dort in den Neunzigern minderjährige Mädchen gefangen und zwang sie zur Prostitution. Oder in Rotherham, Mittelengland: Zwischen 1997 und 2013 wurden dort weit mehr als

tausend Kinder und Jugendliche durch ein pakistanisch-britisches Netzwerk systematisch eingeschüchtert, vergewaltigt und zur Prostitution gezwungen, während Polizei und Sozialarbeiter genauso systematisch wegschauten.
Sind das wirklich alles nur Einzelfälle, die man auf keinen Fall verallgemeinern darf? Oder ist es doch eher so, dass diese vermeintlichen Ausnahmen die schauerliche Regel sind? Dass wir alle fast immer nur die Wohlfühlkulisse sehen – und nur ganz selten mal, wie es backstage tatsächlich zugeht? Vorne das kitschige Lügenspiel, genannt Zivilisation, Kultur, wie auch immer – und hinter der Pappwand der reale Horror?«
Hallstein wurde bewusst, dass sie sich in Rage geredet hatte. Das war hier definitiv der falsche Rahmen, also hielt sie den Mund und kippte lieber den nächsten Wodka, der mittlerweile lau geworden war.
»Ich sag's ja, du bist krank.« Jensen sah angeschlagen aus, seine Stimme klang belegt. »Du tust mir wirklich leid, Hallstein. Du hast gerade selbst vorgeführt, was bei dir nicht mehr richtig funktioniert. Aber du kapierst es nicht, oder?«
»Was funktioniert bei mir denn nicht richtig?«
»Du ratterst hier die ganze Zeit Fälle runter, von denen du jede Einzelheit parat hast. Besonders von dem Fall Savile scheinst du geradezu besessen zu sein. Du hättest auch Jeffrey Epstein noch erwähnen können, der soll ja einen Pädophilenring mit Lolitas beliefert haben, und der lud seine Kunden tatsächlich auf eine Tropeninsel ein. Aber, Hallstein.«
Er legte eine dramatische Pause ein, beugte sich kurz vor und ließ sich wieder gegen die Lehne fallen. »Jetzt kommt der springende Punkt: Nur weil Kinderkliniken, Inseln und ein Popstar auch bei diesen Fällen eine Rolle spielen, kannst du doch nicht ernsthaft glauben, dass die Kinderstiftung *Dignity* gleichfalls eine Tarnorganisation von perversen Menschenhändlern wäre! Ja, sie haben auch eine Insel, auf der sie Einrichtungen für Kinder betreiben, wenn auch nicht mehr lange. Und ja, sie haben – beziehungsweise hatten – auch einen ehemaligen Popstar als

ihr Zugpferd gewonnen. Aber verflucht noch mal, das beweist doch nichts.«

Er kippte seinen dritten Wodka und schüttelte sich. Hallstein lehnte sich zurück, bewegte vorsichtig ihre rechte Schulter und sah ihn schweigend an.

»Ich hatte in Potsdam einen Kollegen«, sagte Jensen. »Der Mann war brillant, aber mit den Jahren wurde er immer kauziger. Was zuerst wie ein harmloser Spleen aussah, wurde zu einer ausgewachsenen Macke. Er schwor auf seine Intuition, und mit der Zeit glaubte er wohl wirklich, dass er so etwas wie hellseherische Kräfte hätte. ›Du musst auf deine Eingebungen hören, auf die geheimen Zeichen achten‹, solchen Stuss gab er immer öfter zum Besten. Und weißt du, wo der arme Kerl am Ende gelandet ist?«

»Am Ende landen sie alle im Grab.« Hallstein starrte ihn unverwandt an. »Die einen früher, die anderen später. Mit einem sauberen Loch in der Stirn oder mit zertrümmerten Knochen und eingeschlagenen Schädeln. Als angebliche Opfer einer Geröll- und Schlammlawine, wie sie auf Maipaan nie zuvor beobachtet worden ist. Geologisch nicht unmöglich, aber extrem unwahrscheinlich. Zumal die Regenzeit bisher eher unterdurchschnittliche Niederschläge gebracht hat.«

Schweigend sah sie zu, wie ihre Worte in ihn einsickerten und die Bedeutung in ihm aufging wie ein Bukett mitternachtsblauer Blumen.

»Sagt wer?«, brachte er schließlich hervor.

»Die Experten?« Hallstein zuckte mit der linken Schulter. »Du hast recht, Leif, die Geschehnisse auf der Insel sind für mich ein Befreiungsschlag. Die prominenten Opfer standen alle auf meiner Liste, teilweise seit vielen Jahren, und jetzt sind sie tot. *Bamm!* Ende, aus.« Mit ihrem hochschnellenden linken Arm ahmte sie pantomimisch eine Explosion nach. »Großartig, Leif. Du kannst dir gar nicht vorstellen, wie prima sich das anfühlt.«

Er sah jetzt sehr beunruhigt aus. Matthes vorn am Tresen auch, aber Hallstein machte ihm ein Zeichen, *alles okay*.

»Du meinst doch nicht, Hallstein ... du willst doch nicht etwa ...«
»Etwas Geduld noch, gleich erfährst du, was ich will. Obwohl ich ja eigentlich glaube, dass du es mittlerweile kapiert hast, Leif. Du bist doch ein helles Köpfchen, wie man so hört. Allerdings nicht gerade beliebt, als Kollege eine Katastrophe und als Lover sowieso. Sagt Sheila.«
Sie ließ ihn nicht aus den Augen, während sie erneut nach ihrem Smartphone griff, den Browser öffnete und einen Link eintippte.
»Hier, wirf mal einen Blick drauf. Auf dem ersten Bild ist das Mädchen, wegen dem Niklas so außer sich war. Daria. Ihre Patientenakte wollte er Ria übergeben, aber die Brüder haben ihn vorher kaltgemacht.«
Sie hielt ihm eines der Fotos vor die Nase, die Max im zweiten Stock des Jagdschlosses geschossen hatte. Auch wenn sie gegen die Rückseite ihres Smartphones schaute, sah sie das Bild in allen Einzelheiten vor sich.
Das Mädchen mit den langen, dunkelbraunen Haaren in Rückenlage in dem altertümlichen Klinikbett. Das blutige Laken heruntergezogen bis zu ihren Füßen.
Jensen stöhnte auf.
»Du willst mehr? Bitte sehr.« Sie klickte weiter. Auf dem Display erschien die erste Seite der Krankenakte von Daria Marianu, vierzehn geworden. »David hat kurz vor seinem Tod noch offenbart, dass Niklas die Akte in seinem Zimmer in der Klinik unterm Parkett versteckt hatte.«
»David Ballhaus? Der junge Pfleger?«
Hallstein gab ihm keine Antwort. Stattdessen klickte sie sich weiter durch die Bildergalerie auf der Website *www.dignity-leak.com*, die die IT-Cracks von OIL eingerichtet hatten, die aber bislang nicht freigeschaltet worden war.
»Hier, das ist Samuela. Sieh dir an, was er mit ihr gemacht hat.«
Der tote Körper im Bett von Zimmer 10, mit Verletzungen aller Art übersät. Ein unbekleidetes, untergewichtiges Mädchen, circa dreizehn, vierzehn geworden. Das Gesicht von Beulen und Hämatomen entstellt, die Augen starr, der Schädel mit einem

turbanartigen Verband umwickelt. Ihre Hände über der flachen Brust gefaltet, verstümmelt, die Zeigefinger fehlen.

»Verdammt noch mal, Hallstein, jetzt hör auf, mir Horrorbilder unter die Nase zu halten. Wer hat diese Kinder so zugerichtet?«

»Samuela war auch Patientin der *Dignity*-Klinik in Steglitz.« Hallstein klickte weiter. »Wer das gemacht hat? Fragst du das im Ernst? Hier, Leif, das ist *meine* Pointe. Aber die kennst du ja eigentlich schon.«

Sie hielt ihm das Foto hin, das Max im Bad der Folteretage geschossen hatte. Tycho Terry, gefesselt, geknebelt und mit Augenbinde in der Wanne. Die Haut krebsrot, die Stirn blutrot. Der Arztkittel, sein einziges Kleidungsstück, aufgeknöpft, tropfnass und von oben bis unten mit Blut bespritzt, mit Gewebefetzen und glitzernden Klebertupfern übersät. Genauso wie die Kilroy-Maske auf dem Wannenrand.

»Jetzt sag nur nicht wieder, dass er wegen der Augenbinde nicht identifiziert werden kann«, fügte Hallstein in warnendem Tonfall hinzu. Sie zog das Handy zurück, klickte abermals weiter, hielt es ihm wieder hin. »Zum Abschluss noch ein paar Satellitenbilder. Der Felsvorsprung zwischen Berg und Schloss ist komplett weggeplatzt, daher der freie Blick auf den hinteren Schlosshof.«

Auf die zerschmetterten Körper, die kreuz und quer über- und nebeneinanderliegen, die geborstenen Schädel, zerfetzten Raubtiermasken, verwischten Skelettmuster auf Brust und Rücken. Und auf die Unmengen von Ratten. Kein Körper, auf dem nicht mindestens ein Dutzend Allesfresser herumwuseln, in den sie nicht ihre Zähne und Krallen schlagen. Kein einziges Mal konnte Hallstein die Bilder bisher ansehen, ohne Wonneschauer am ganzen Körper zu spüren. Und ohne sich zu wünschen, dass sie alle, alle bei lebendigem Leib gefressen worden waren. Grohlich, von Bolstedt, Martens, Sievering, Mixner, Terry, alle, alle, alle.

Kummer bereitete ihr nur, dass Tom Astor auf keinem der Bilder zu sehen war. *Hat der Oberbruder etwa überlebt?* Auch damit würde sie sich später befassen.

»Wo hast du die Bilder her?« Jensen klang jetzt zornig, seine Haltung war drohend. Als würde er sich im nächsten Moment auf sie stürzen.

»Sagen wir einfach mal, die wurden geleakt.« Sie zuckte mit der linken Schulter und schüttelte gleichzeitig in Richtung Tresen den Kopf. »Jetzt zur Sache, Leif, ja? Du bist doch immer so für die *hard facts*. Hier kommen sie: Du beantragst noch heute deine Versetzung zum LKA 44. Da ist gerade eine Stelle frei geworden, bestimmt nur ein banaler Zufall. Aber Bandenkriminalität, Einbruch- und Erpressungsserien et cetera sind doch genau dein Ding.«

Sie griff sich eines der Schnapsgläser, die der Wirt auf Jensens Tischseite platziert hatte, und leerte es, ohne ihr Gegenüber aus den Augen zu lassen.

»Und wenn nicht?«, fragte Jensen, dessen Stimme auf einmal eine halbe Oktave höher war.

Sie klickte weiter bis zu einem Standbild aus dem Videostrom der Satellitenkamera, das exakt den Moment festhielt, in dem die Felsnase zwischen Berg und Schloss abgesprengt worden war. Die Brocken flogen in alle Richtungen, lawinenuntypisch. Hallstein hielt ihm das Bild vor die Nase und starrte ihn an. »*Bamm!*«, sagte sie und ahmte wieder pantomimisch die Explosion nach. »Wie gesagt, früher oder später landen alle im Grab. Aber wenn du meinen Rat hören willst: *Enjoy your life,* Leif. Solange du noch eines hast.«

Jensen wollte sich aus seinem Stuhl hochschrauben, aber Matthes Herbst war schon bei ihm und hielt ihn bei den Schultern fest. »Keine Dummheiten, bitte.«

»Herrgott noch mal, lassen Sie mich los. Wer sind Sie überhaupt?« Der Wirt machte Anstalten, hinter seinem Tresen hervorzukommen, sogar die älteren, stark alkoholisierten Herren auf den Barhockern schickten sich an, zu Hallsteins Verteidigung auszurücken. Kein Wunder, sie und Matthes hatten hier schon unzählige halbe Nächte verbracht. Und die andere Hälfte jeweils in seiner Kellerwohnung um die Ecke.

»Der beste Freund von Tobias.« Matthes nahm die Hände von Jensens Schultern, stellte sich neben Hallstein und winkte in Richtung Tresen ab.
»Scheiße, nein, von ihrem Killer-Bruder?«
»Als wir Schuljungen waren.«
»Und seit einem Vierteljahrhundert mein Gelegenheits-Lover«, steuerte Hallstein bei.
»Na, prost Mahlzeit.« Jensen kippte seinen Schnaps und schüttelte sich. Er sah jetzt weniger wütend als verängstigt aus.
»Du weißt, was du zu tun hast, Leif.« Hallstein sprang auf, schnappte sich ihr Smartphone vom Tisch, ihre Jacke von der Lehne und hängte sich bei Matthes ein. Sie schlang ihm den linken Arm um den Hals, zog seinen Kopf zu sich herunter und küsste ihn hart auf den Mund.
Max, der in diesem Augenblick die *Tangarossa-Bar* betrat, blieb wie angewurzelt auf der Schwelle stehen.
»Und vergiss nicht, die Zeche zu zahlen, Leif«, sagte Hallstein über die Schulter und zog Matthes mit sich zur Tür. »Da bist du ja, Max. Matthes kennst du, oder?«
Er nickte zögernd. Draußen war es mittlerweile stockdunkel und immer noch bitterkalt. Hallstein hängte sich mit ihrem immer noch lädierten rechten Arm vorsichtig bei Max ein. »Zu dritt, was meint ihr, Jungs?« Sie schaute abwechselnd Matthes und Max an. »Was guckt ihr denn so? Ich hab mein Leben zurück, das wird man doch wohl noch feiern dürfen?«

Nachwort

Als mir die taffe Hauptkommissarin vor rund fünf Jahren zum ersten Mal vorschlug, ihren »größten Fall kriminalliterarisch zu begleiten«, war ich zunächst wenig interessiert. Als Co-Autor und Ghostwriter von sendungsbewussten Größen aus Wirtschaft und Wissenschaft war ich bestens im Geschäft und konnte ständig zwischen mehreren Projekten wählen, die mich thematisch herausforderten und komfortabel honoriert wurden. Auch wenn ein Projektangebot diese beiden Kriterien erfüllte, lehnte ich ab, sofern mir der designierte Cover-Autor, also derjenige, dessen Name prominent auf dem Buchdeckel stehen sollte, spontan nicht sympathisch war. Schließlich müssen Sie bei einem solchen Projekt mit dem Betreffenden monatelang eng zusammenarbeiten.

Wie die Hauptkommissarin mit Klarnamen heißt, tut hier nichts zur Sache. Die Idee, sie in unseren Büchern Hallstein zu nennen, stammt von ihr, und sie machte unmissverständlich klar, dass es kein Vorschlag war. »Hallstein, basta.« Das war bei unserem zweiten Meeting, das sie auf den Folgetag ansetzte, obwohl ich bei unserem ersten Treffen genauso unmissverständlich erklärt hatte, dass ich nicht interessiert sei.

Die schiere Dimension ihres Falls, die weltweite Ausdehnung, Macht und Skrupellosigkeit der schwerkriminellen Strukturen, denen sie auf der Spur war, schüchterten mich ein. Von komfortabler Honorierung konnte keine Rede sein. Vor allem aber war mir meine potenzielle Co-Autorin zwar auf Anhieb sympathisch, doch ich sah klar voraus, dass es höllisch anstrengend wäre, mit ihr zu arbeiten. Obwohl es ihr Wunsch war, dass »unsere True-Crime-Thriller« viele Leser fänden, würde sie keinerlei Kompromisse machen, um dem von Verlagen als Naturgesetz erachteten Leserbedürfnis nach liebenswürdigen Protagonisten, bilderbuchmäßigen Schurken und im letzten Moment geretteten Opfern entgegenzukommen.

»Die Leser werden die Handlung größtenteils aus der Perspektive der Ermittler erleben, also vor allem aus meiner Sicht«, erklärte mir Hallstein in einem Ton, der keinen Widerspruch duldete. »Und soweit ich es bisher mitbekommen habe, tun sich manche Leute schwer, sich mit mir zu identifizieren.« Sie sei ein krasser Charakter, führte sie weiter aus, das sei durch ihre Biografie bedingt und natürlich durch ihren Beruf. »Da brauchen Sie keinen Kopf, an dem ein liebes Lächeln klebt, sondern einen Schädel, mit dem Sie sich notfalls durch Beton rammen können.« Ihr Juniorpartner immerhin, fügte sie mit einem leicht schrägen Grinsen hinzu, Oberkommissar Moritz L. (in unseren Thrillern dann Oberkommissar Max L.), sei ein grundsympathischer Pfundskerl, den vor allem die Leserinnen ins Herz schließen würden. Außerdem müsse ich darauf gefasst sein, dass einzelne Kapitel auch aus dem Blickwinkel »total durchgeknallter, schwer psychopathischer Schwerverbrecher erzählt« würden, fuhr sie fort, noch bevor ich vorsichtig aufatmen konnte.

Ob ich mitmachen würde oder nicht, war bei diesem zweiten Meeting schon kein Thema mehr. Hallstein riss mich mit ihrer Leidenschaft, ihrem Ermittlerfuror mit, und wie sie mir bereits am Vortag klargemacht hatte: Ich hatte keine Wahl. »Ich beobachte Sie seit Langem, mein Bester«, hatte sie mir da eröffnet, »ich weiß genau, welche Luxuslimousine wann bei Ihnen vorgefahren ist, um Sie zu welchen Großkopferten zu bringen, denen Sie zu Bestseller- und Talkshow-Meriten verholfen haben. Was glauben Sie, was passiert, wenn ich den Medien stecke, wer die Bücher geschrieben hat, mit denen sich diese Genies schmücken?«

Ungerührt zählte sie ein Dutzend meiner V.-I.-P.-Klienten auf, und sie hätte wohl noch lange so weitergemacht, wenn ich nicht irgendwann kapitulierend die Hände gehoben hätte. »Bitte, Hallstein, hören Sie auf. Es wäre ein Skandal. Am Ende wäre ich ruiniert, schließlich habe ich mich in allen Fällen verpflichtet...«

»So weit muss es nicht kommen«, fiel sie mir ins Wort. »Nicht, wenn Sie mein Angebot annehmen, und das haben Sie ja bereits getan. Oder, Gößling?« Sie spießte mich mit ihrem Blick auf wie einen Schmetterling; ich wedelte zaghaft mit den Flügeln. »Sie bekommen von mir alle Materialien, die Sie benötigen«, fuhr sie fort, »auf dem Buchdeckel stehen immer nur Sie, und das Honorar fließt gleichfalls allein in Ihre Tasche, ich will keinen Cent davon haben. Sie machen aus dem Stoff eine Reihe spannender Thriller, bei der Dramaturgie rede ich Ihnen nicht rein. Aber an den Basisfakten wird nicht rumgefummelt, verstanden?« Ich wedelte erneut. »Wir werden alles schonungslos so darstellen, wie es dort tatsächlich zugeht«, ordnete Hallstein an. »Seit vielen Jahren bin ich hinter diesem Kartell von Menschenhändlern, Mördern und Vergewaltigern her. Sie werden drei Bücher schreiben, und am Ende, im letzten Band der Trilogie, werde ich die Bruderschaft zur Strecke bringen.«

Blenden wir uns an dieser Stelle wieder aus dem mittlerweile schon historischen Meeting aus. Alles, was in den drei Bänden unserer Trilogie steht, ist von Hallstein persönlich abgesegnet. Glauben Sie mir, ich habe immer wieder versucht, eine versöhnliche Note oder eine kleine märchenhafte Wendung in die düstere, hammerharte Handlung einzuschmuggeln. Aber Hallstein hat jede »Verfälschung«, wie sie es nannte, bemerkt und mit harschen Kommentaren getilgt.

Auch die folgende karge Danksagung stammt von ihr: *Mein aufrichtiger Dank gilt wie immer allen, die mich unterstützt haben.* Glauben Sie mir, ich habe Hallstein sieben Seiten voll herzlicher Dankesbekundungen zur Genehmigung vorgelegt, aber das meiste wurde von ihr gestrichen »wg. Gefühlsüberschwang«. Sie war nicht immer so, mit den Jahren wurde sie immer düsterer und strenger. Sie ist eine großartige Frau, der meine ganze Bewunderung gilt, auch wenn sie ziemlich anstrengend sein kann. Trotzdem will ich keine Minute mit ihr missen und bereue keine einzige Seite, die ich unter ihren Argusaugen geschrieben habe.

Andreas Gößling
Berlin, im Frühjahr 2020

PS
Durch einen Trick brachte ich schließlich doch noch die folgende Liste durch:
Ich danke Carolin Graehl und Nina Hübner für ihr engagiertes Lektorat; außerdem Verlegerin Doris Janhsen und Belletristik-Verlagsleiter Steffen Haselbach sowie meinem Freund und Literaturagenten Roman Hocke, weil sie die tierische Trilogie ermöglicht und unterstützt haben; vor allem aber meiner Frau Anne, weil ich das literarische Bestiarium nur durch sie all die Jahre ertragen konnte.